기출은 합격

기계직 공무원

# 기계설계
## 기출문제집

서울고시각

**Stand by
Strategy
Satisfaction**

새로운 출제경향에 맞춘 수험서의 완벽서

공무원 기계직 필수과목의 하나인 ≪기계설계≫ 과목은 계산 문제가 높은 빈도로 출제되고 있습니다만 출제 패턴이 매년 유사합니다. 따라서 합격의 가장 효과적인 지름길은 기출문제 중심의 핵심 학습 전략으로 접근하는 방법입니다.

본 교재는 ≪기계설계≫ 과목의 기출문제를 명쾌하고 상세하게 설명하였으며 기존 출간된 타 출판사의 교재에서는 전혀 찾아볼 수 없는 아래와 같은 특징의 새로운 틀로 구성되었습니다.

> **1. 수록된 내용** : 2012년~2024년 국가직/지방직/서울시/국회직 9급 기출문제와 해설
>   ※ 2023, 2024년 기출문제와 해설은 **부록으로 수록**
> **2. 난이도 표기** : 문제마다 상/중/하로 표기
> **3. 키워드** : 문제에서 무엇을 묻고 어떤 방향으로 문제를 풀어야 하는지를 설명
> **4. 해설** : 상세하고 명쾌한 해설과 오답풀이
> **5. 참고** : 해설 외 추가 보충설명

여러분 모두 수험생활 동안 만나게 되는 어려움과 유혹을 이기시고 합격의 목적이 이끄는 삶을 영위하시어 공무원 합격의 영광을 맛보시기를 기원 드립니다.

끝으로 이 책이 세상의 빛을 보기까지 많은 애정을 보이셨던 김용관 회장님과 김용성 사장님께 감사를 드립니다. 아울러 편집부 직원들의 노고에 감사를 드립니다.

편저자 기계기술사

**박병호** 드림

## 1 시험과목

| 구분 | 1차 | 2차 |
|---|---|---|
| 국가직 9급 공무원 | 국어, 영어, 한국사, 기계일반, **기계설계** | |
| 국가직 7급 공무원 | 언어논리영역, 자료해석영역, 상황판단영역, 영어(영어능력검정시험으로 대체), 한국사(한국사능력검정시험으로 대체) | 물리학개론, 기계공작법, **기계설계**, 자동제어 |

※ 공업직(일반기계) 국가공무원에 합격하면 산업통상자원부, 특허청, 조달청, 그 밖의 수요부처 등에서 근무

## 2 응시자격

(1) 응시결격사유

해당 시험의 최종시험 시행예정일(**면접시험 최종예정일**) 현재를 기준으로 『국가공무원법』 제33조의 결격사유에 해당하거나, 『국가공무원법』 제74조(정년)에 해당하는 자 또는 『공무원임용시험령』 등 관계법령에 의하여 응시자격이 상실되거나 정지된 자는 응시할 수 없음

(2) 응시연령

| 시험명 | 응시연령 |
|---|---|
| 7, 9급 공개경쟁채용시험 | 18세 이상 |

※ 단, 교정 및 보호직렬은 20세 이상(2005.12.31. 이전 출생자)

(3) 학력 및 경력

제한 없음

(4) 장애인 구분모집 응시대상자

『장애인복지법시행령』 제2조에 따른 장애인 및 『국가유공자 등 예우 및 지원에 관한 법률 시행령』 제14조 제3항에 따른 상이등급기준에 해당하는 자

① 장애인 구분모집에 응시하고자 하는 자는 응시원서 접수마감일까지 장애인으로 유효하게 등록되거나, 상이등급기준에 해당하는 자로서 유효하게 등록·결정되어 있어야 함
② 장애인은 장애인 구분모집 직렬(직류) 외의 다른 직렬(직류)에도 비장애인과 동일한 조건으로 응시할 수 있음
③ 장애인 구분모집 응시자격 확인은 필기시험 합격자를 대상으로 실시함

(5) 저소득층 구분모집 응시대상자

다음 조건 중 한 가지에 해당하는 기간(이 기간의 시작은 급여 또는 지원을 신청한 날로 봄)이 응시원서 접수일 또는 접수마감일까지 계속하여 2년 이상인 자

- 『국민기초생활보장법』에 따른 수급자(생계·주거·교육·의료급여 중 한 가지 이상의 급여를 받는 자)
- 『한부모가족지원법』에 따른 지원대상자

※ 단, 수급자 또는 지원대상자에 해당하는 기간이 합산하여(중간 공백없이) 계속하여 2년 이상인 경우도 응시 가능

(6) 지역별 구분모집의 거주기간 제한 및 임용 안내

① 9급 공채시험 중 지역별로 구분 모집하는 시험은 당해 연도 1월 1일을 포함하여 **3개월** 이상 해당 지역에 주민등록이 되어 있어야 응시할 수 있음(다만, 서울·인천·경기 지역은 주민등록지와 관계없이 누구나 응시할 수 있음)
② 9급 공채 행정직 지역별 구분모집 시험의 합격자는 해당 지역에 소재한 각 중앙행정기관의 소속기관에 임용됨
③ 지역별 구분모집 응시자격 확인은 필기시험 합격자를 대상으로 실시함

# GUIDE

## ❸ 응시원서 제출기간 및 시험일정

### (1) 국가직

| 구분 | 제출기간 | 취소기간<br>(추가취소기간) | 시험 | 장소<br>공고일 | 시험일 | 합격자<br>발표일 |
|---|---|---|---|---|---|---|
| 7급 | 5.12.(월) 09:00~<br>5.16.(금) 21:00 | 5.17.(토) 09:00~<br>5.19.(월) 18:00<br>(7. 7.(월) 09:00~<br>7. 9.(수) 18:00) | 제1차시험 | 7.11.(금) | 7.19.(토) | 8.20.(수) |
| | | | 제2차시험 | 8.20.(수) | 9.20.(토) | 10.30.(목) |
| | | | 제3차시험 | 10.30.(목) | 11.24.(월)~<br>11.27.(목) | 12.12.(금) |
| 9급 | 2.3.(월) 09:00~<br>2.7.(금) 21:00 | 2. 8.(토) 09:00~<br>2.10.(월) 18:00<br>(3.24.(월) 09:00~<br>3.26.(수) 18:00) | 필기시험 | 3.28.(금) | 4. 5.(토) | 5.9.(금) |
| | | | 면접시험 | 5.9.(금) | 5.28.(수)~<br>6. 2.(월) | 6.20.(금) |

### (2) 지방직

| 구분 | 제출기간 | 시험일 | 합격자 발표일 |
|---|---|---|---|
| 7급 | 7.21.(월) 09:00~7.25.(금) 18:00 | 11.1.(토) | 각 시·도별로<br>일정이 상이함 |
| 9급 | 3.24.(월) 09:00~3.28.(금) 18:00 | 6.21.(토) | |

8·9급 공개경쟁임용시험의 국어·영어과목 시험시간이 5분씩 연장되면서 시험시간이 100분에서 110분으로 연장되었다. 다만 서울시 출제 국어·영어(9급) 과목은 2026년부터 시험시간이 변경되며, 일부 직렬(방호, 기계시설, 전기시설 등)이 해당되므로 반드시 본인이 응시하는 직렬과 지역을 꼼꼼하게 확인하기를 요한다.

# CONTENTS

## PART 01　기계설계 총론　　1

| CHAPTER 01 | 물리량 | 3 |
| CHAPTER 02 | 재료의 강도 및 변형 | 6 |
| CHAPTER 03 | 기계제도 일반 | 44 |
| CHAPTER 04 | 치공구설계 | 59 |

## PART 02　결합용 기계요소　　63

| CHAPTER 01 | 나사 | 65 |
| CHAPTER 02 | 키·핀·코터 | 95 |
| CHAPTER 03 | 리벳이음·용접이음 | 108 |
| | 1. 리벳이음 | 108 |
| | 2. 용접이음 | 120 |

# CONTENTS

## PART 03 운동용 기계요소　139

| CHAPTER 01 | 전동용 기계요소 | 141 |
|---|---|---|
| | 1. 마찰차 | 141 |
| | 2. 기어 | 156 |
| | 3. 벨트 · 로프 · 체인 | 198 |
| | 4. 캠 | 225 |
| CHAPTER 02 | 축용 기계요소 | 226 |
| | 1. 축 | 226 |
| | 2. 축이음 | 255 |
| | 3. 베어링 | 269 |

## PART 04 제어용 기계요소　295

| CHAPTER 01 | 완충용 기계요소 | 297 |
|---|---|---|
| CHAPTER 02 | 제동용 기계요소 | 314 |

## PART 05 관계 기계요소　335

## 부록　기출문제　355

PART

# 01

# 기계설계 총론

제1장 • 물리량

제2장 • 재료의 강도 및 변형

제3장 • 기계제도 일반

제4장 • 치공구설계

기계설계 기출문제집

# 01 물리량

**01** [2022 | 국가직 9급]

물체에 가해지는 힘 $P$와 속도 $v$가 주어졌을 때, 동력 $H$를 구하는 식으로 옳지 않은 것은? (단, $1PS = 75 kg_f \cdot m/s$이고, 중력가속도는 $9.8 m/s^2$이다)

① $H[kW] = \dfrac{P[N] \times v[m/s]}{1,000}$

② $H[kW] = \dfrac{P[kg_f] \times v[mm/s]}{9,800}$

③ $H[PS] = \dfrac{P[N] \times v[m/s]}{735}$

④ $H[PS] = \dfrac{P[kg_f] \times v[mm/s]}{75,000}$

**Keyword**
동력 $H$=힘×속도이며 단위 환산을 적용한다.

| 해설 |
② $H[kW] = \dfrac{P[kg_f] \times v[mm/s]}{(1,000/9.8) \times 1,000} = \dfrac{P[kg_f] \times v[mm/s]}{102,040} \simeq \dfrac{P[kg_f] \times v[mm/s]}{102,000}$

**02** [2022 | 지방직 9급]

600rpm으로 회전하고 2N·m의 토크를 전달하기 위해 전동축에 필요한 동력[W]은? (단, $\pi = 3$이다)

① 0.12  
② 1.2  
③ 12  
④ 120

**Keyword**
동력 $H = Fv = \omega T$
(여기서, $F$ : 힘, $v$ : 속도, $\omega$ : 각속도, $T$ : 토크)

| 해설 | 동력 $H = Fv = \omega T = \dfrac{2\pi n}{60} \times T = \dfrac{3 \times 600}{30} \times 2 = 120[W]$

정답 | 01 ② 02 ④

## 03 [2021 | 지방직 9급] 상 중 하

짝지어진 두 개의 물리량을 SI 기본단위(m, kg, s)로 환산할 경우, 동일한 단위로 연결되지 않은 것은?

① PS – J
② mmHg – Pa
③ $kg_f/m^2$ – $N/m^2$
④ $kg_f \cdot m/s$ – W

**해설** ① PS는 동력의 단위이며, J은 일, 에너지의 단위이다.
② mmHg – Pa : 압력의 단위
③ $kg_f/m^2$ – $N/m^2$ : 응력, 압력의 단위
④ $kg_f \cdot m/s$ – W : 동력, 일률의 단위

## 04 [2018 | 국가직 9급] 상 중 하

반지름이 $R[m]$인 드럼이 $N[rpm]$으로 회전하면서 무게 $F_W[N]$인 추를 $H[m]$ 들어 올리고자 할 때, 필요한 동력[W]은?

① $\dfrac{\pi R F_W N}{30}$
② $\dfrac{\pi R F_W N}{60H}$
③ $\dfrac{\pi R F_W N}{120H}$
④ $\dfrac{\pi R F_W N}{735}$

**해설** 동력 $H = Fv = F_W \times \dfrac{\pi dn}{60}[W]$

$= F_W \times \dfrac{\pi \times 2R \times N}{60}[W]$

$= \dfrac{\pi R F_W N}{30}$

**Keyword**
동력 $H = Fv$

정답 | 03 ① 04 ①

## 05 [2017 | 지방직 9급] 상 중 하

고속도로를 108km/h의 속도로 주행하던 승용차가 장애물을 보고 브레이크를 밟아서 5초 후에 완전히 정지하였다. 제동에 의해 발산되어야 할 동력[kW]은? (단, 승용차의 질량은 1,000kg이다)

① 45　　② 90
③ 180　　④ 450

**해설** 108km/h의 속도는 $v = \dfrac{108 \times 10^3}{3,600} = 30[\text{m/s}]$이며

동력 $H = \dfrac{\text{에너지 변화량}}{t} = \dfrac{1}{2}mv^2 \times \dfrac{1}{5} = \dfrac{1}{2} \times 1,000 \times 30^2 \times \dfrac{1}{5} = 90,000[\text{W}] = 90[\text{kW}]$

**참고** 동력 혹은 일률(power)은 일을 하는 능력을 측정하는 방법의 하나로 일과 시간을 동시에 포함하는 개념이며 단위 시간당 한 일 혹은 단위 시간당 에너지 변화량으로 측정가능하다.

**Keyword**

동력 $H = \dfrac{\text{에너지 변화량}}{t}$

($t$ : 시간)

## 06 [2015 | 국가직 9급] 상 중 하

실린더형 공기스프링이 있다. 실린더의 지름이 30[mm], 길이는 200[mm]이고, 0.3[MPa]로 압축된 공기가 채워져 있다. 실린더가 압축되는 방향으로 하중 500[N]이 작용하여 평형을 이룰 때, 실린더의 이동거리[mm]는? (단, 압축된 공기는 이상기체이며, 온도는 일정한 것으로 가정하고, $\pi = 3$으로 한다)

① 79　　② 81
③ 119　　④ 121

**해설** $P_1 V_1 = P_2 V_2$ ($P$ : 압력, $V$ : 부피)이므로 $0.3 \times 200 = P \times (200-x)$ ($x$ : 이동거리)이다.

여기서 압력 $P = \dfrac{60}{200-x}[\text{MPa}]$이며 $P = \dfrac{W}{A}$ ($W$ : 하중, $A$ : 단면적)에서 $W = P \times A$이므로

$500 = \dfrac{60}{200-x} \times \dfrac{\pi \times 30^2}{4}$이며 이것은 $500 = \dfrac{60}{200-x} \times \dfrac{3 \times 900}{4}$이다.

따라서 $200-x = \dfrac{60}{500} \times \dfrac{2,700}{4}$이며 $200-x = \dfrac{60}{500} \times \dfrac{2,700}{4} = 81$에서

$x = 200 - 81 = 119[\text{mm}]$이다.

**참고** 보일의 법칙(Boyle's law) : 일정 온도에서 이상기체의 압력과 그 부피는 서로 반비례한다는 법칙 (1662년 아일랜드 R. 보일 발견)으로 보일-마리오트의 법칙(1676년 E. 마리오트 발견)이라고도 한다. 용기 속에 넣어 둔 기체에 외부의 힘을 가해 기체의 부피를 감소시키면, 기체의 밀도가 증가하여 충돌횟수도 증가하므로 기체의 압력은 증가한다. 반대로 부피가 늘어나면 압력은 감소한다. 이렇듯, 보일은 실험에서 일정한 온도에서 일정량의 기체의 부피는 압력에 반비례한다는 사실을 발견했지만, 실제 기체에 보일의 법칙을 액면 그대로 적용할 수는 없다.

**Keyword**

이상기체의 온도가 일정할 때 압력($P$)과 부피($V$)는 반비례하며 '$PV$=일정'의 등식이 성립한다.

**정답** | 05 ② 06 ③

# CHAPTER 02 재료의 강도 및 변형

**01** [2019 | 국가직 9급] (상)**(중)**(하)

금속재료의 기계적 성질 중 단위가 같은 것만을 모두 고른 것은?

> ㉠ 탄성계수(elastic modulus)　　㉡ 항복강도(yield strength)
> ㉢ 인장강도(tensile strength)　　㉣ 피로한도(fatigue limit)

① ㉡, ㉢
② ㉡, ㉢, ㉣
③ ㉠, ㉡, ㉢
④ ㉠, ㉡, ㉢, ㉣

| 해설 | 탄성계수(elastic modulus), 항복강도(yield strength), 인장강도(tensile strength), 피로한도(fatigue limit) 등은 모두 힘을 면적으로 나눈 값이므로 단위가 같다.

**Keyword**
금속재료의 기계적 성질은 최적설계에서 가장 중요한 요인 중의 하나이다.

---

**02** [2018 | 지방직 9급] (상)**(중)**(하)

S-N 곡선(Stress versus Number of cycles curve)과 내구한도에 대한 설명으로 옳지 않은 것은?

① 실제 부품 설계를 할 때는 하중의 종류, 표면효과, 사용온도 등을 고려한 수정 내구한도를 사용한다.
② 내구한도는 어느 한계값 이하의 응력에서 무수히 많은 반복을 하여도 피로파괴가 일어나지 않는 재료의 한계응력값을 의미한다.
③ 철강과 같이 체심입방구조(BCC)를 갖는 금속은 일반적으로 명확한 내구한도를 갖는다.
④ S-N 곡선에서는 양진 반복응력의 진폭을 가로축에 표시한다.

| 해설 | S-N 곡선에서는 양진 반복응력의 진폭을 세로축에 표시한다.

| 참고 | 반복하중이 작용하는 부분은 설계할 때, 이 피로한도를 기준강도로 잡고, 이보다 작은 응력이 작용하도록 설계한다.

**Keyword**
S-N 곡선은 피로시험에 얻은 응력진폭의 크기(S)와 응력반복회수(N)의 관계를 나타낸 것이다.

정답 | 01 ④　02 ④

## 03 [2018 | 서울시 9급]

〈보기〉와 같이 임의의 단면에 수평방향으로 300MPa의 인장응력이 작용하고 수직방향으로 100MPa의 압축응력이 작용하는 경우 최대 전단응력의 크기는? (단, 최대 전단응력 이론을 따른다)

Keyword
$$\tau_{max} = \sqrt{\left(\frac{\sigma_x - \sigma_y}{2}\right)^2}$$

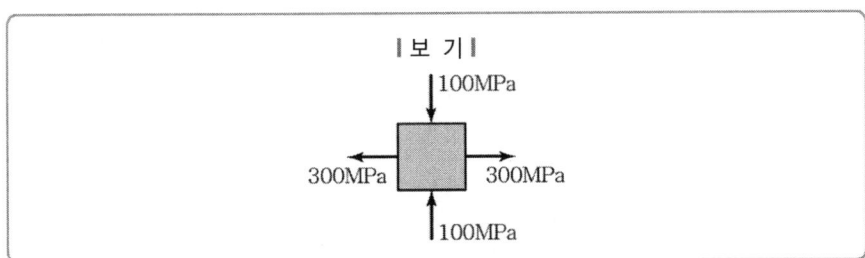

① 100MPa  ② 200MPa
③ 300MPa  ④ 400MPa

**해설** $\sigma_x = 300[\text{MPa}]$, $\sigma_y = -100[\text{MPa}]$

$$\tau_{max} = \sqrt{\left(\frac{\sigma_x - \sigma_y}{2}\right)^2} = \sqrt{\left(\frac{300-(-100)}{2}\right)^2} = 200[\text{MPa}]$$

## 04 [2018 | 서울시 9급]

단면 지름이 40mm인 봉에 80N/mm²의 인장응력과 30N/mm²의 전단응력이 동시에 작용할 경우 최대 주응력의 크기는?

Keyword
$$\sigma_{max} = \frac{80}{2} + \sqrt{\left(\frac{80}{2}\right)^2 + 30^2}$$

① 70N/mm²  ② 80N/mm²
③ 90N/mm²  ④ 100N/mm²

**해설**
$$\sigma_{max} = \frac{80}{2} + \sqrt{\left(\frac{80}{2}\right)^2 + 30^2} = 40 + 50 = 90[\text{N/mm}^2]$$

## 05 [2020 | 지방직 9급]

기계설계에서 안전율(safety factor)에 대한 설명으로 옳지 않은 것은?

① 안전율은 재료의 기준강도를 허용응력으로 나눈 값으로 나타낼 수 있다.
② 안전율을 지나치게 크게 하면 경제성이 떨어질 수 있다.
③ 동일 조건에서 노치(notch)가 없을 때보다 노치가 있을 때에 안전율을 작게 한다.
④ 제품의 가공정밀도에 따라 안전율을 다르게 정할 수 있다.

**해설** 동일 조건에서 노치(notch)가 없을 때보다 노치가 있을 때에 안전율을 크게 한다.

Keyword
노치, 홈, 구멍, 단붙이 등에서 응력집중이 발생된다. 응력집중은 국부적으로 큰 응력이 발생되는 현상이며 이것이 재료의 한계강도를 초과하면 균열이 발생되어 파손을 초래하는 원인이 된다. 따라서 노치가 있으면 안전율을 더 크게 해야 한다.

정답 | 03 ② 04 ③ 05 ③

## 06  [2018 | 국가직 9급] 상 중 하

인장항복응력이 400[MPa]인 재료가 $\sigma_x = 120[\text{MPa}]$, $\sigma_y = -80[\text{MPa}]$인 평면응력상태에 있을 때, 최대 전단응력설에 따른 안전계수는?

① 6  
② 4  
③ 3  
④ 2

**Keyword**

$$\tau_{\max} = \sqrt{\left(\frac{\sigma_x - \sigma_y}{2}\right)^2},$$
$$SF = \frac{\tau_Y}{\tau_{\max}}$$

**해설**

$$\tau_{\max} = \sqrt{\left(\frac{\sigma_x - \sigma_y}{2}\right)^2} = \frac{120-(-80)}{2} = 100[\text{MPa}], \quad \tau_Y = \frac{\sigma_Y}{2} = \frac{400}{2} = 200[\text{MPa}]$$

안전계수 $SF = \dfrac{\tau_Y}{\tau_{\max}} = \dfrac{200}{100} = 2$

## 07  [2017 | 국가직 9급] 상 중 하

푸아송비(Poisson's ratio)가 0.2, 지름이 20mm, 길이가 200mm인 둥근 봉에 인장하중이 작용하여 길이가 0.2mm 늘어났다. 길이가 늘어난 후 단면의 지름 [mm]은?

① 19.92  
② 19.996  
③ 20.02  
④ 20.004

**Keyword**

푸아송비(Poisson's ratio)  
재료 내부에 생기는 가로 변형과 세로 변형과의 비이며 탄성한도 내에서는 동일 재료에 대하여 일정하다. 푸아송비는 $\nu = \dfrac{\varepsilon_x}{\varepsilon_y}$ ($\varepsilon_x$ : 가로변형률, $\varepsilon_y$ : 세로변형률)로 나타낸다.

**해설** 가로방향으로 줄어든 길이(줄어든 지름)를 $x$라고 하면, 푸아송비(Poisson's ratio)가 0.2이므로

$$0.2 = \dfrac{\dfrac{x}{20}}{\dfrac{0.2}{200}}$$에서 $x = 0.004[\text{mm}]$이다. 따라서 길이가 늘어난 후 단면의 지름은 줄어든 지름을 뺀 값인 $d = 20 - 0.004 = 19.996[\text{mm}]$가 된다.

**참고** 푸아송비는 $0 < \nu < 0.5$의 범위에서 존재하며 푸아송비는 주철 0.2~0.29, 강 0.28~0.3, 구리 0.33, 알루미늄 0.34, 유리 0.244, 고무 0.50 등이며 푸아송 역비를 푸아송 수(m)라고 하며 $\nu = \dfrac{1}{m}$로 나타낸다.

## 08  [2021 | 지방직 9급] 상 중 하

길이 50mm, 지름 20mm, 푸아송비($\nu$) 0.3인 봉에 1,200kN의 인장하중이 작용하여 봉의 횡방향 압축변형률($\epsilon_d$)이 0.006이 되었을 때, 이 봉의 세로탄성계수 $E$ [GPa]는? (단, $\pi = 3$이고 봉의 변형은 비례한도 내에 있다)

① 100  
② 150  
③ 200  
④ 250

**Keyword**

- 변형량 $\delta = \dfrac{PL}{AE}$
- 횡방향압축변형률 $\varepsilon_d = \dfrac{\delta}{L}\nu = \dfrac{P}{AE}\nu$
- 세로탄성계수 $E = \dfrac{P\nu}{A\varepsilon_d} = \dfrac{4p\nu}{\pi d^2 \varepsilon_d}$

**해설**

변형량 $\delta = \dfrac{PL}{AE}$

횡방향압축변형률 $\varepsilon_d = \dfrac{\delta}{L}\nu = \dfrac{P}{AE}\nu$에서

세로탄성계수 $E = \dfrac{P\nu}{A\varepsilon_d} = \dfrac{4p\nu}{\pi d^2 \varepsilon_d} = \dfrac{4 \times (1,200 \times 10^3) \times 0.3}{3 \times 20^2 \times 0.006} = 200,000[\text{MPa}] = 200[\text{GPa}]$

**정답** | 06 ④  07 ②  08 ③

## 09 [2017 | 지방직 9급]

길이가 1.0m이고 단면적이 100cm²인 봉에 1,000N의 인장하중이 축방향으로 작용할 때, 이 봉이 하중방향으로 늘어난 길이[cm]는? (단, 봉은 탄성 변형하며, 세로탄성계수는 $1.0 \times 10^4 \text{N/cm}^2$이다)

① 0.1  
② 0.5  
③ 1  
④ 5

**Keyword**

$\delta = \dfrac{Pl}{AE}$

($\delta$ : 늘어난 길이, $P$ : 하중, $l$ : 길이, $A$ : 단면적, $E$ : 세로탄성계수)

**해설** $\delta = \dfrac{Pl}{AE} = \dfrac{1,000 \times 100}{100 \times 1.0 \times 10^4} = 0.1 [\text{cm}]$

**참고** 인장 또는 압축의 경우, 수직응력과 그 방향의 세로변형률과의 비를 세로탄성계수 또는 영계수라 하고 이것을 $E$로 표시한다.

## 10 [2017 | 서울시 9급]

다음의 내구선도 중 조더버그선(Soderberg line)을 나타내는 것은? [단, $\sigma_m$은 평균응력, $\sigma_a$는 교번응력(응력진폭), $\sigma_Y$는 항복강도, $\sigma_u$는 극한강도, $\sigma_e$는 피로한도이다]

① $\dfrac{\sigma_a}{\sigma_e} + \dfrac{\sigma_m}{\sigma_u} = 1$

② $\dfrac{\sigma_a}{\sigma_e} + \dfrac{\sigma_m}{\sigma_Y} = 1$

③ $\dfrac{\sigma_a}{\sigma_e} + \left(\dfrac{\sigma_m}{\sigma_u}\right)^2 = 1$

④ $\left(\dfrac{\sigma_a}{\sigma_e}\right)^2 + \left(\dfrac{\sigma_m}{\sigma_Y}\right)^2 = 1$

**Keyword**

조더버그선(Soderberg line)

$\dfrac{\sigma_a}{\sigma_e} + \dfrac{\sigma_m}{\sigma_Y} = 1$

**오답풀이**
① Goodman선 : $\dfrac{\sigma_a}{\sigma_e} + \dfrac{\sigma_m}{\sigma_u} = 1$

③ Gerber선 : $\dfrac{\sigma_a}{\sigma_e} + \left(\dfrac{\sigma_m}{\sigma_u}\right)^2 = 1$

④ ASME선 : $\left(\dfrac{\sigma_a}{\sigma_e}\right)^2 + \left(\dfrac{\sigma_m}{\sigma_Y}\right)^2 = 1$

**참고** 조더버그선(Soderberg line), Goodman선, Gerber선, ASME선 등은 모두 피로한도선도를 나타내는 내구선도들이다. 실제 부품의 피로한도는 다음 요소들의 영향을 받는다.
- **노치효과** : 반복하중인 경우 노치부분에 금(crack)이 발생하여 피로한도가 작아지는 현상
- **치수효과** : 치수가 다르고 형상이 같은 여러 물체의 경우 가장 큰 치수의 물체가 더 적은 피로한도 값을 갖는 현상
- **표면효과** : 표면조도, 부식, 표면경화 등에 의한 피로한도의 변화 현상
- **압입효과** : 부품을 조립하는 과정에서 발생하는 압입과 열박음으로 응력이 발생하여 피로한도가 저하되는 현상

정답 | 09 ① 10 ②

**11** [2021 | 국가직 9급]

그림과 같이 중앙에 지름 $d$ = 40mm의 구멍이 뚫린 폭 D = 100mm, 두께 10mm인 평판에 인장하중 P = 12kN이 작용할 때, 평판에 발생하는 최대 응력[N/mm²]에 가장 가까운 값은? (단, 응력집중계수는 $a_k$이다)

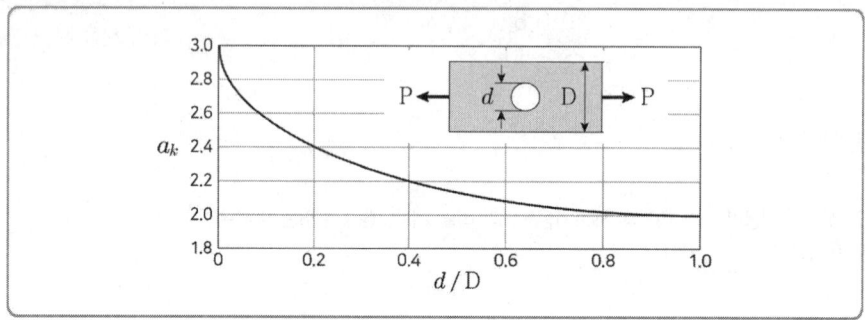

① 20
② 44
③ 200
④ 440

**해설** $\dfrac{d}{D} = \dfrac{40}{100} = 0.4$이므로 응력집중계수 $a_k = 2.2$

∴ $\sigma_{max} = 2.2 \times \dfrac{12 \times 10^3}{(100-10) \times 10} = 44[\text{N/mm}^2]$

**12** [2019 | 지방직 9급]

두께 5mm, 폭 50mm인 평판 부재의 중앙에 한 변의 길이가 10mm인 정사각형 관통구멍이 있다. 탄성한계 내에서 평판 양단에 5kN의 인장하중($P$)이 작용할 때, 구멍 부분에서 응력의 최댓값[N/mm²]은? (단, 구멍의 응력집중계수는 2.0이다)

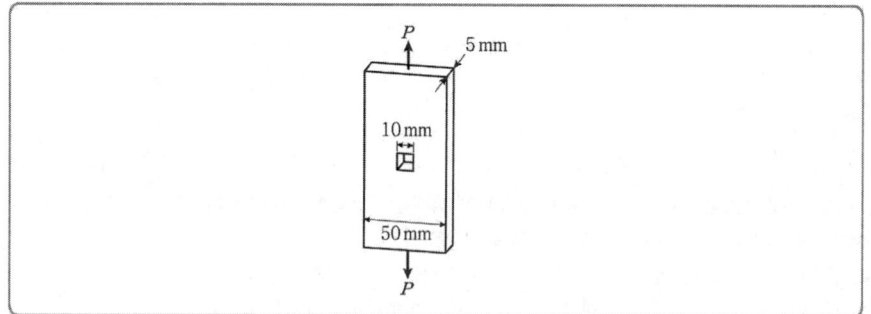

① 20
② 25
③ 40
④ 50

**해설** 응력집중계수 $\alpha = \dfrac{\sigma_{max}}{\sigma_{av}}$에서

최대 응력 $\sigma_{max} = \sigma_{av} \times \alpha = \dfrac{5 \times 1{,}000 \times 2}{(50-10) \times 5} = 50[N/mm^2]$

**Keyword**

응력집중계수 $\alpha = \dfrac{\sigma_{max}}{\sigma_{av}}$

($\sigma_{max}$ : 최대 응력, $\sigma_{av}$ : 평균 응력)

정답 | 11 ② 12 ④

## 13

2017 | 서울시 9급

그림과 같이 두께가 20mm, 폭이 100mm인 평판에 반원형 노치(notch)가 파여 있다. 평판의 양단에는 9kN의 인장하중이 작용하고 있다. 반원형 노치부분의 응력집중계수가 $K=3.1$일 때, 평판에 발생하는 최대 응력은?

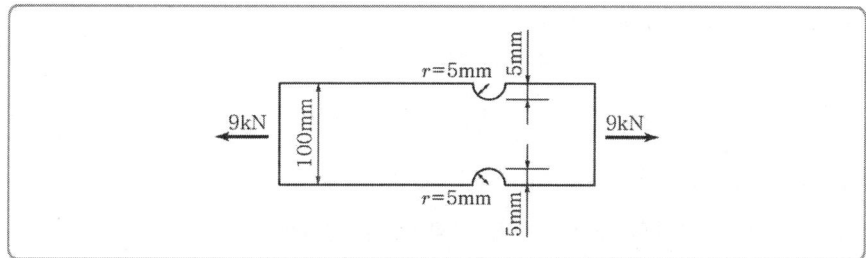

① $6.2\text{N/mm}^2$
② $9.3\text{N/mm}^2$
③ $12.4\text{N/mm}^2$
④ $15.5\text{N/mm}^2$

**Keyword**
평판에 발생하는 최대 응력
$\sigma_{\max} = K \times \dfrac{W}{t \times d}$
($K$: 응력집중계수, $W$: 인장하중, $t$: 두께, $d$: 노치부 제외 폭)

**해설**
$\sigma_{\max} = 3.1 \times \dfrac{9 \times 10^3}{20 \times 90} = 15.5[\text{N/mm}^2]$

**참고** 응력집중은 국부적으로 특별히 큰 응력이 발생하는 현상으로 축의 키홈, 구멍, 단이 진 부분 등 단면이 크게 변하는 부분에서 잘 발생된다. 단면부의 평균응력에 대한 최대 응력의 비를 응력집중계수(stress concentration factor) $\alpha$라고 한다. 응력집중 경감대책은 다음과 같다.
- 필렛 반지름을 크게 한다.
- 제1, 제3의 단면변화형상을 설치한다.
- 보강재로 결합한다.
- 열처리를 실시한다.

## 14

2017 | 서울시 9급

지름이 $d$인 원형 단면봉이 굽힘 모멘트 $M$과 비틀림 모멘트 $T$를 동시에 받고 있다. 전단변형 에너지설을 적용하여 재료의 파손 여부를 판단할 때 사용하는 유효응력(von Mises응력)은?

① $\sigma_{VM} = \dfrac{32}{\pi d^3}\sqrt{M^2 + \dfrac{3}{2}T^2}$
② $\sigma_{VM} = \dfrac{32}{\pi d^3}\sqrt{M^2 + \dfrac{3}{4}T^2}$
③ $\sigma_{VM} = \dfrac{16}{\pi d^3}\sqrt{M^2 + \dfrac{3}{2}T^2}$
④ $\sigma_{VM} = \dfrac{16}{\pi d^3}\sqrt{M^2 + \dfrac{3}{4}T^2}$

**Keyword**
비틀림응력과 굽힘응력이 동시에 작용할 때 전단변형 에너지설을 적용한 유효응력은 $\sigma_{VM} = \sqrt{\sigma^2 + 3\tau^2}$ 이다.

**해설**
$\sigma_{VM} = \sqrt{\sigma^2 + 3\tau^2} = \sqrt{\left(\dfrac{32M}{\pi d^3}\right)^2 + 3\left(\dfrac{16T}{\pi d^3}\right)^2} = \dfrac{32}{\pi d^3}\sqrt{M^2 + \dfrac{3}{4}T^2}$

**참고** 파괴이론에 의해 환산된 응력인 폰미제스응력(von Mises)은 유효응력(effective stress) 또는 등가응력 혹은 상당응력이라고도 한다.

정답 | 13 ④  14 ②

## 15. [2017 | 국가직 7급]

정하중을 받는 시편의 응력집중계수(stress concentration factor)에 대한 설명으로 옳지 않은 것은?

① 응력집중계수는 1 이상이다.
② 응력집중계수는 기하학적 형상에 따라 다르다.
③ 동일 형상의 시편에서 응력집중계수는 재질에 따라 다르다.
④ 응력집중계수는 작용하는 하중 또는 모멘트에 따라 다르다.

**해설** 시편의 재질이 달라도 형상이 동일하면 응력집중계수는 같은 값을 나타낸다.

**참고** 응력집중은 구멍, 홈, 노치 및 단붙이 축의 필릿 등의 부위에서 국부적인 큰 응력이 발생되는 현상이며 이때 응력집중계수 혹은 형상계수가 적용된다.

**Keyword**
응력집중계수는 최대 응력을 공칭응력으로 나눈 값으로 기하학적 형상, 작용하는 하중 또는 모멘트 등에 따라 다르며 항상 1 이상의 값을 갖는다.

## 16. [2020 | 국가직 9급]

저탄소강 시편의 공칭응력 – 공칭변형률 선도에서 정의되는 응력을 크기 순서대로 바르게 나열한 것은?

① 인장강도 > 비례한도 > 항복강도 > 탄성한도
② 인장강도 > 항복강도 > 탄성한도 > 비례한도
③ 항복강도 > 인장강도 > 비례한도 > 탄성한도
④ 항복강도 > 인장강도 > 탄성한도 > 비례한도

**해설**

P : 비례한도
E : 탄성한도
Y₁ : 상항복점
Y₂ : 하항복점
M : 최대하중점, 인장강도
Z : 파괴점

**Keyword**
재료의 시편에 가한 하중과 변형을 측정하여 얻은 그래프. 물체에 작용하는 하중에 의해 내부에 생기는 응력과 변형의 관계를 나타내는 선도로 응력–변형률곡선이라고도 하며 공칭응력(nominal stress)과 공칭변형률(nominal elongation)을 사용하여 나타낸다. 일정한 간격을 두고 측정한 변형률(변형된 양)에 대하여 인장 또는 압축하중을 측정하여 작성된다.

## 17. [2017 | 국가직 7급]

진응력($\sigma_T$), 진변형률($\varepsilon_T$), 공칭응력($\sigma$), 공칭변형률($\varepsilon$)에 대한 설명으로 옳지 않은 것은?

① 공칭응력과 공칭변형률은 변형 전의 단면적 또는 길이를 기준으로 계산된 응력과 변형률이다.
② 소성영역에서는 진응력과 진변형률을 사용하는 것이 바람직하다.
③ 소성영역의 변형에서 진응력 $\sigma_T = \sigma(1+2\varepsilon)$이다.
④ 소성영역의 변형에서 진변형률 $\varepsilon_T = \ln(1+\varepsilon)$이다.

**Keyword**
소성영역의 변형에서는 재료가 변형되어도 재료의 부피에는 변함이 없다고 가정한다.

**정답** | 15 ③ 16 ② 17 ③

**해설** 소성영역의 변형에서 진응력은 $\sigma_T = \sigma(1+\varepsilon)$이다.

**참고** 진응력과 진변형률
- 진응력(true stress) : 변화된 단면에 대한 하중의 비
- 진변형률(true strain) : 변화된 길이에 대해 늘어난 길이의 비

## 18 [2020 | 국가직 9급] (상)(중)(하)

체적불변조건을 이용하여, 진응력($\sigma_T$)을 공칭응력($\sigma_N$)과 공칭변형률($\varepsilon_N$)로 바르게 표현한 것은?

① $\sigma_T = \sigma_N \cdot (1+\varepsilon_N)$
② $\sigma_T = \sigma_N \cdot \ln(1+\varepsilon_N)$
③ $\sigma_T = \sigma_N \cdot (1+\dfrac{1}{\varepsilon_N})$
④ $\sigma_T = \sigma_N \cdot \ln(1+\dfrac{1}{\varepsilon_N})$

**해설** $A_0 L_0 = A_f L_f = A_f(L_0 + \Delta L) = A_f L_0(1+\varepsilon_N)$에서 $A_f = \dfrac{A_0}{1+\varepsilon_N}$이므로

$$\sigma_T = \dfrac{F}{A_f} = \dfrac{F}{\dfrac{A_0}{1+\varepsilon_N}} = \sigma_N(1+\varepsilon_N)$$

**Keyword** 공칭응력과 공칭변형률은 변형 전의 단면적 또는 길이를 기준으로 계산된 응력과 변형률이다. 소성영역의 변형에서는 재료가 변형되어도 재료의 부피에는 변함이 없다고 가정한다. 소성영역에서는 진응력과 진변형률을 사용하는 것이 바람직하다.

## 19 [2017 | 국가직 7급] (상)(중)(하)

응력 관계식 $\dfrac{\sigma_a}{S_e} + \dfrac{\sigma_m}{S_u} \leq 1$로 표현되는 피로파손기준은? (단, $\sigma_a$는 응력진폭, $\sigma_m$은 평균응력, $S_e$는 내구한도, $S_u$는 극한강도이다)

① 거버(Gerber) 기준
② 소더버그(Soderberg) 기준
③ 굿맨(Goodman) 기준
④ ASME 기준

**오답풀이**
① 거버(Gerber) 기준 : $\dfrac{\sigma_a}{\sigma_e} + \left(\dfrac{\sigma_m}{\sigma_u}\right)^2 \leq 1$

② 더버그(Soderberg) 기준 : $\dfrac{\sigma_a}{\sigma_e} + \dfrac{\sigma_m}{\sigma_Y} \leq 1$

④ ASME 기준 : $\left(\dfrac{\sigma_a}{\sigma_e}\right)^2 + \left(\dfrac{\sigma_m}{\sigma_Y}\right)^2 \leq 1$

**참고** 피로파손(fatigue failure) : 반복 동하중 작용하에서 인장강도 혹은 항복응력보다 낮은 응력에서 재료가 갑자기 파괴되는 현상

**Keyword** 응력 관계식 $\dfrac{\sigma_a}{S_e} + \dfrac{\sigma_m}{S_u} \leq 1$로 표현되는 피로파손기준은 굿맨(Goodman) 기준이다.

**정답** 18 ① 19 ③

## 20 [2017 | 국가직 7급]

힘과 동력의 단위에 대한 설명으로 옳지 않은 것은?

① $1[kg_f]$는 힘의 단위로 질량 $1[kg]$의 물체를 중력가속도로 움직였을 때의 힘의 크기이다.

② $1[N]$은 힘의 단위로 질량 $1[kg]$의 물체를 $1[m/s^2]$의 가속도로 움직였을 때의 힘의 크기이다.

③ $1[PS]$는 동력의 단위로 질량 $75[kg]$의 물체를 1초에 $1[m]$를 움직이게 하는 일률을 말한다.

④ $1[W]$는 동력의 단위로 1초에 $1[J]$의 일을 하는 일률을 말한다.

|해설| $1[PS]$는 동력의 단위로 무게(중량) $75[kg_f]$의 물체를 1초에 $1[m]$를 움직이게 하는 일률을 말한다.

|참고| HP는 영어 Horsepower(마력), PS는 독일어 Pferdestarke(마력)의 약어

**Keyword**
HP와 PS
- 1마력(HP) : 1초에 550파운드(lb)인 물체를 1ft 움직이는 일률. 약 745.7[W]
- 1마력(PS) : 1초에 75kg을 1m 움직이는 일률. 약 735.5[W]
- HP−PS = 10.2[W]
- HP = 1.013PS

## 21 [2017 | 국가직 7급]

그림과 같이 질량이 100[kg]인 물체를 지지하고 있는 장치에서, 도르래 $C$의 베어링에 작용하는 $x$방향의 힘($F_x$)과 $y$방향의 힘($F_y$)의 크기[N]는? (단, 중력가속도는 $-y$방향으로 작용하며 $10[m/s^2]$으로 계산하고, 도르래와 줄의 무게는 무시한다)

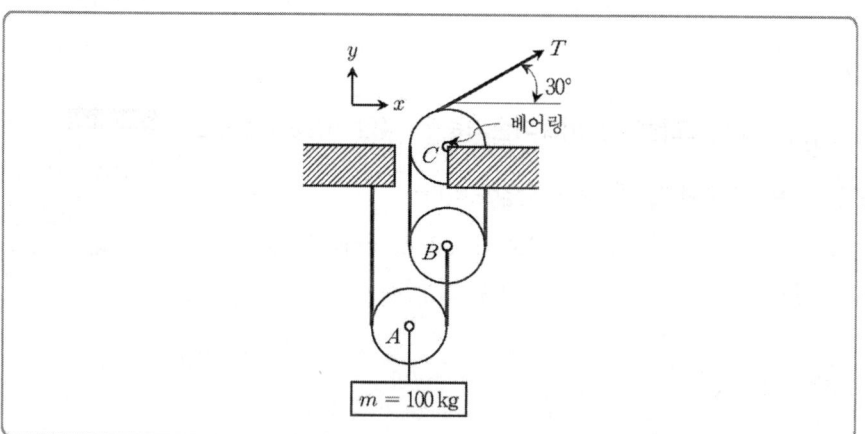

| | $F_x$ | $F_y$ |
|---|---|---|
| ① | $125\sqrt{3}$ | 125 |
| ② | $125\sqrt{3}$ | 250 |
| ③ | $250\sqrt{3}$ | 125 |
| ④ | $250\sqrt{3}$ | 250 |

**Keyword**
힘의 분해식을 이용하여 $x$방향의 힘과 $y$방향으로 힘을 계산한다.

정답 | 20 ③ 21 ①

| 해설 | $T = 25 \times 10 = 250[N]$ 이며
$F_x = T\cos 30° = 125\sqrt{3}[N]$
$F_y = T\sin 30° = 125[N]$

| 참고 | **힘의 분해** : 물체에 하나의 힘이 작용하는 것을 여러 개의 힘으로 나누어 표현하는 것

## 22 [2017 | 국가직 7급]

단면이 원형인 곧은 토션 바의 한쪽 끝을 고정하고 다른 쪽 끝에 토크 $T$를 가할 때, 토션 바의 최소 허용지름은? (단, 토션 바 재료의 단축인장 시험에서의 항복강도는 $\sigma_Y$, 안전계수는 2이며, 최대 전단응력설을 적용한다)

① $\sqrt[3]{\dfrac{16T}{\pi\sigma_Y}}$     ② $\sqrt[3]{\dfrac{32T}{\pi\sigma_Y}}$

③ $\sqrt[3]{\dfrac{64T}{\pi\sigma_Y}}$     ④ $\sqrt[3]{\dfrac{128T}{\pi\sigma_Y}}$

**Keyword**
토션 바의 전단 항복강도
$\tau_{YS} = \dfrac{\sigma_Y}{2}$

| 해설 | 전단 항복강도는 $\tau_{YS} = \dfrac{\sigma_Y}{2}$ 이며 안전계수 2를 감안하면 $\dfrac{\sigma_Y}{4} = \dfrac{T \times \dfrac{d}{2}}{\dfrac{\pi d^4}{32}}$ 이므로 $d = \sqrt[3]{\dfrac{64T}{\pi\sigma_Y}}$ 이다.

| 참고 | **토션 바(torsion bar spring)** : 곧바른 봉의 한 끝을 고정하고 다른 쪽 끝을 비틀어, 그때의 비틀림 변위를 이용하는 스프링으로 다른 스프링에 비하여 단위 체적당 얻을 수 있는 탄성에너지가 크고, 모양이 간단해서 좁은 장소에도 설치할 수 있다.

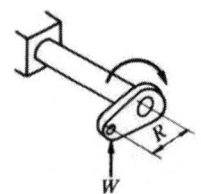

## 23 [2017 | 국회직 9급]

다음 중 재료의 인장시험으로 얻을 수 있는 기계적 성질로 옳지 않은 것은?

① 탄성계수     ② 항복응력
③ 연신율      ④ 인장강도
⑤ 상당응력

**Keyword**
재료의 인장시험으로 얻을 수 있는 기계적 성질
탄성계수, 항복응력, 연신율, 인장강도, 단면수축률 등

| 해설 | 상당응력은 재료의 인장시험으로는 알 수 없다.

| 참고 | **인장시험** : 시험편의 늘어난 길이를 알기 위해 일정한 거리에 타점을 찍고 인장시험기에 시편 양쪽 끝을 물린 후 양끝을 잡아당겨서 변화를 관찰하고 측정하는 실험

정답 | 22 ③  23 ⑤

**24** [2017 | 국회직 9급] (상)**(중)**(하)

수차 프로펠러의 축지름이 200mm로서 2,200kgf의 스러스트를 받고 있다. 칼라 베어링(collar bearing)의 바깥지름을 300mm라 할 때 몇 개의 칼라가 필요한가? (단, 최대 허용압력은 $0.01\text{kgf/mm}^2$이다)

① 3
② 4
③ 5
④ 6
⑤ 7

**Keyword**
수차 프로펠러가 받는 스러스트
$F = P_a \times A \times Z$
($P_a$ : 최대 허용압력, $A$ : 단면적, $Z$ : 칼라의 수)

|해설| $0.01 \times \dfrac{\pi(300^2 - 200^2)}{4} \times Z = 2,200$

$Z = \dfrac{88}{5\pi} \approx 5.6$이므로 6개의 칼라가 필요하다.

---

**25** [2016 | 국가직 9급] (상)**(중)**(하)

한 쪽이 고정된 지름 10mm의 중실 원형봉에 토크 $T$가 작용할 때 최대 비틀림응력은 $\tau$이다. 동일한 토크 $T$에서 원형봉의 지름이 11mm로 되었을 때 원형봉에 발생하는 최대 비틀림응력에 가장 가까운 것은? (단, $\dfrac{1}{1.1} = 0.9$로 계산한다)

① $0.66\tau$
② $0.73\tau$
③ $0.81\tau$
④ $0.90\tau$

**Keyword**
토크 $T = \tau_{\max} \dfrac{\pi \times d^3}{16}$
($\tau_{\max}$ : 최대 비틀림응력, $d$ : 지름)

|해설| $T = \tau_1 \dfrac{\pi \times 10^3}{16} = \tau_2 \dfrac{\pi \times 11^3}{16}$ 에서 $\dfrac{\tau_2}{\tau_1} = \left(\dfrac{10}{11}\right)^3 = 0.9^3 = 0.730$이므로 $\tau_2 = 0.73\tau_1$

|참고| 비틀림응력은 물체의 단면상에 존재하며 접선 방향으로 작용하므로 전단응력(shear stress)에 해당된다. 가느다란 봉의 단면에 발생하는 비틀림응력의 크기는 봉 단면의 중심에서는 0이 되고 중심으로부터의 반경에 비례하여 증가한다. 그러므로 비틀림응력은 가느다란 봉 단면의 테두리에서 최대값을 가진다. 그리고 비틀림응력의 크기는 단면의 극관성 모멘트(polar moment of inertia)에 반비례한다.

정답 | 24 ④  25 ②

**26** [2016 | 국가직 9급]

단면적이 1,000mm²인 봉에 1,000N의 추를 달았더니 이 봉에 발생한 응력이 설계 허용인장응력에 도달하였다. 이 봉재의 항복점 1,000N/cm²가 기준강도이면 안전율은?

① 5
② 10
③ 15
④ 20

**Keyword**
안전율 $S = \dfrac{\sigma_u}{\sigma_a}$
($\sigma_u$ : 극한강도, $\sigma_a$ : 허용응력)

|해설| $\sigma = \dfrac{1,000}{10} = 100$이므로 $S = \dfrac{1,000}{100} = 10$

|참고| 안전율(안전계수)를 결정할 때 고려하여야 할 중요 사항
- 재질의 균질성
- 응력계산의 정확성
- 공작 및 조립 정밀도와 잔류응력
- 하중계산의 정확성
- 사용조건(온도, 습도, 마찰, 부식) 등의 영향
- 수명

**27** [2016 | 지방직 9급]

지름 50[mm] 원형단면봉이 80[N/mm²]의 인장응력과 30[N/mm²]의 전단응력을 동시에 받고 있을 때 최대 주응력[N/mm²]은?

① 80
② 90
③ 110
④ 140

**Keyword**
최대 주응력
$\sigma_1 = \dfrac{\sigma}{2} + \sqrt{\left(\dfrac{\sigma}{2}\right)^2 + \tau^2}$
($\sigma$ : 인장응력, $\tau$ : 전단응력)

|해설| $\sigma_1 = \dfrac{80}{2} + \sqrt{\left(\dfrac{80}{2}\right)^2 + 30^2} = 40 + 50 = 90[\text{N/mm}^2]$

**28** [2020 | 지방직 9급]

그림과 같은 연강의 응력 – 변형률 선도에서 훅(Hooke)의 법칙이 성립되는 구간은?

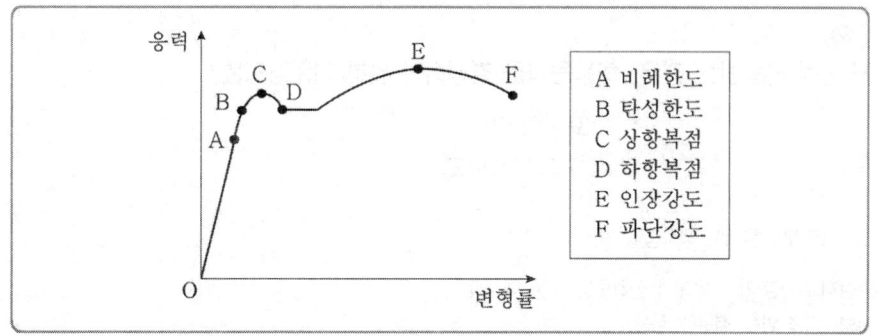

A 비례한도
B 탄성한도
C 상항복점
D 하항복점
E 인장강도
F 파단강도

① OA
② AB
③ CD
④ EF

**Keyword**
공칭응력 – 변형률 선도(stress-strain diagram)
재료의 시편에 가한 하중과 변형을 측정하여 얻은 그래프. 물체에 작용하는 하중에 의해 내부에 생기는 응력과 변형의 관계를 나타내는 선도로 응력 – 변형률곡선이라고도 하며 공칭응력(nominal stress)과 공칭변형률(nominal elongation)을 사용하여 나타낸다. 일정한 간격을 두고 측정한 변형률(변형된 양)에 대하여 인장 또는 압축하중을 측정하여 작성된다.

|해설| 비례한도(proportional limit) : 응력과 변형률이 정비례의 관계를 유지하는 범위로 후크의 법칙이 적용된다.

정답 | 26 ② 27 ② 28 ①

## 29  `2016 | 지방직 9급`  상 **중** 하

그림과 같은 응력-변형률 선도에서 a, b, c에 대한 설명으로 모두 옳은 것은?

**Keyword**
전체 변형률 $c = a + b =$ 소성변형률 + 탄성변형률

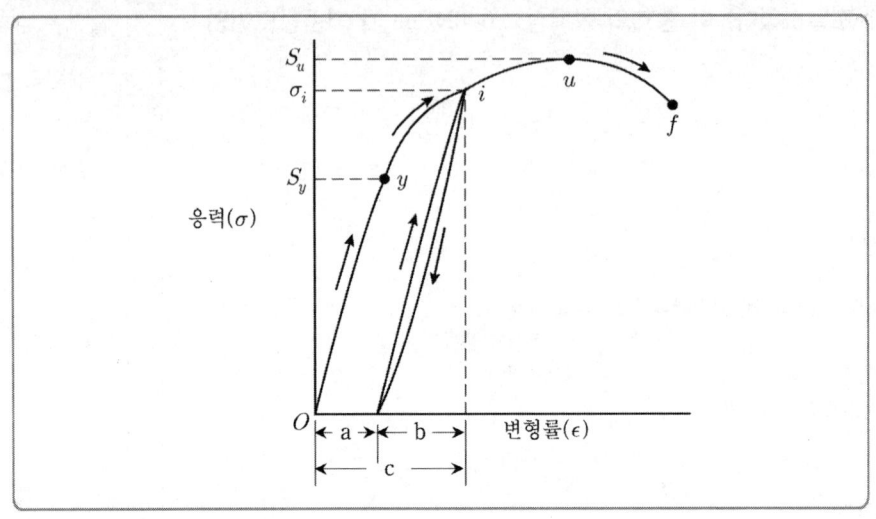

|   | a | b | c |
|---|---|---|---|
| ① | 탄성변형률 | 소성변형률 | 전체 변형률 |
| ② | 소성변형률 | 항복변형률 | 영구 변형률 |
| ③ | 소성변형률 | 탄성변형률 | 전체 변형률 |
| ④ | 탄성변형률 | 소성변형 | 영구 변형률 |

|해설| 항복점($y$)을 넘어 소성영역 $i$점까지 응력을 받은 후에 하중을 제거하여 영구소성변형 $a$(소성변형률)가 발생하였으며 다시 $i$점에 해당하는 하중이 가해지면 $b$(탄성변형률)만큼 탄성적으로 변형된다.

## 30  `2016 | 서울시 9급`  상 중 **하**

취성재료가 상온에서 정하중을 받는 경우, 허용응력을 결정하기 위한 기준강도는?

① 항복강도  
② 극한강도  
③ 피로한도  
④ 크리프한도  

|해설| ② 극한강도 – 취성재료가 상온에서 정하중을 받을 때 적용

|오답풀이| ① 항복강도 – 연성재료(연강)가 상온에서 정하중을 받을 때 적용  
③ 피로한도 – 교번하중을 받는 경우에 적용  
④ 크리프한도 – 고온에서 정하중을 받을 때 적용

|참고| 기준강도의 선정 : 재질, 사용조건 및 수명 등 고려

정답 | 29 ③  30 ②

**31** [2020 | 국회직 9급]

기계요소에 사용되는 재료에 대한 설명 중 옳지 않은 것은?

① 인장력을 받는 연성 재료의 진응력은 공칭응력보다 작다.
② 연성 재료의 항복응력 이상으로 하중을 가하면 소성 변형이 발생한다.
③ 표면 압축잔류응력을 발생시키기 위하여 숏피닝 처리를 한다.
④ 연강의 공칭응력–공칭변형률 선도에서의 최대응력은 극한강도이다.
⑤ 재료의 피로강도는 인장강도보다 작다.

| 해설 | 진응력($\sigma_T$)은 $\sigma_T = \sigma(1+\varepsilon)$이므로 인장력을 받는 연성 재료의 진응력은 공칭응력(nominal stress, $\sigma$)보다 크다.

**Keyword**
진응력 $\sigma_T = \sigma(1+\varepsilon)$
($\sigma$ : 공칭응력, $\varepsilon$ : 연신율)

---

**32** [2016 | 서울시 9급]

다음 금속 구조물 중 온도변화로 인해 내부응력이 생성되는 구조물을 모두 고르면?

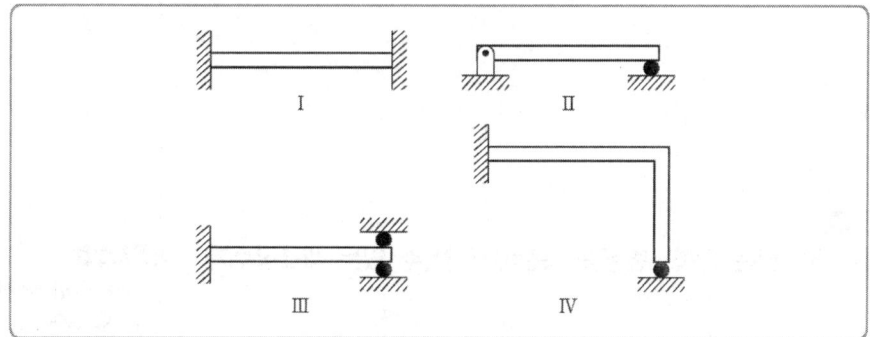

① I
② III
③ I, IV
④ II, III, IV

| 해설 | 내부응력이 생성되는 구조물은 길이방향으로 구속되어 있는 I 구조물과 IV 구조물이다.

| 참고 | 이때 발생되는 내부응력은 열응력이다.

**Keyword**
온도변화로 열응력이 생기기 위해서는 부재가 길이방향으로 구속되어 있어야 한다.

---

**33** [2016 | 서울시 9급]

2축 인장응력 $\sigma_x = 2\text{kg/mm}^2$, $\sigma_y = 4\text{kg/mm}^2$을 받고 있는 평판에서 유효응력(Von Mises응력)의 크기는?

① $3\text{kg/mm}^2$
② $2\sqrt{5}\text{kg/mm}^2$
③ $2\sqrt{3}\text{kg/mm}^2$
④ $1\text{kg/mm}^2$

| 해설 | $\sigma_{VM} = \sqrt{\sigma_x^2 + \sigma_y^2 - \sigma_x\sigma_y + 3\tau_{xy}^2} = \sqrt{2^2 + 4^2 - 2\times 4} = \sqrt{12} = 2\sqrt{3}\,[\text{kg/mm}^2]$

| 참고 | Von Mises응력(폰미제스응력) = 유효응력(effective stress) = 등가응력(equivalent stress)

**Keyword**
유효응력(Von Mises응력)
$\sigma_{VM} = \sqrt{\sigma_x^2 + \sigma_y^2 - \sigma_x\sigma_y + 3\tau_{xy}^2}$

정답 | 31 ① 32 ③ 33 ③

## 34

2016 | 국가직 7급

두께 1[cm]의 강판에 펀치를 이용하여 지름 6[cm]의 천공 작업을 한다. 둥근 봉 펀치와 다이스를 이용하여 펀칭 구멍을 뚫을 수 있는 최소 펀칭력[kN]은? (단, 강판은 500[Mpa] 이상의 전단응력이 가해질 때 천공된다)

① $3\pi \times 10^2$
② $3\pi \times 10^5$
③ $4.5\pi \times 10^2$
④ $4.5\pi \times 10^5$

**Keyword**
최소 펀칭력 $P = \tau\pi dt$
($\tau$ : 전단응력, $d$ : 천공 지름, $t$ : 강판의 두께)

|해설| $P = \tau\pi dt$
$= 500[\text{MPa}] \times \pi \times 6[\text{cm}] \times 1[\text{cm}]$
$= 500 \times 10^6[\text{Pa}] \times \pi \times 0.06[\text{m}] \times 0.01[\text{m}]$
$= 500 \times 10^6[\text{N/m}] \times \pi \times 0.06[\text{m}] \times 0.01[\text{m}]$
$= 300,000\pi[\text{N}]$
$= 300\pi[\text{kN}] = 3\pi \times 10^2[\text{kN}]$

## 35

2016 | 국가직 7급

표준시편을 인장시험하여 얻는 응력-변형률 곡선에서 알 수 있는 재료상수가 아닌 것은?

① 항복점 혹은 내력(proof stress)
② 종탄성계수 혹은 영계수(Young's modulus)
③ 극한인장강도(ultimate strength)
④ 푸아송 비(Poisson's ratio)

**Keyword**
응력-변형률 곡선에서 알 수 있는 재료상수
항복점 혹은 내력(proof stress), 종탄성계수 혹은 영계수(Young's modulus), 극한인장강도(ultimate strength) 등

|해설| 푸아송 비(Poisson's ratio)는 알 수 없다.

|참고| **응력-변형률 곡선** : 재료의 시편에 가한 하중과 변형을 측정하여 얻은 그래프. 일정한 간격을 두고 측정한 변형률(변형된 양)에 대하여 인장 또는 압축 하중을 측정하여 작성된다.

정답 | 34 ① 35 ④

## 36 | 2016 | 국가직 7급 |

그림과 같은 단면 형상에서 x축에 대한 단면 2차 모멘트($I_{xx}$)를 계산한 것으로 옳은 것은? (단, x축은 단면의 중심에 위치한다)

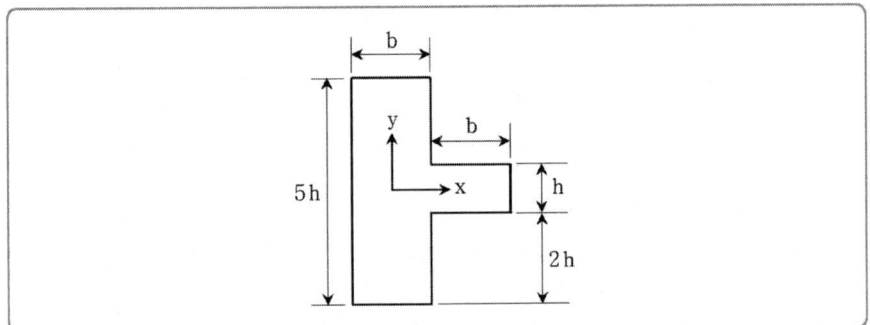

① $\dfrac{125}{6}bh^3$    ② $\dfrac{125}{12}bh^3$

③ $\dfrac{29}{6}bh^3$    ④ $\dfrac{21}{2}bh^3$

**Keyword**
단면 2차 모멘트
$$I_{xx} = \frac{2bh^3}{12} + 2\left\{\frac{b\times(2h)^3}{12} + b\times 2h \times \left(\frac{3h}{2}\right)^2\right\}$$

| 해설 | 
$$I_{xx} = \frac{2bh^3}{12} + 2\left\{\frac{b\times(2h)^3}{12} + b\times 2h \times \left(\frac{3h}{2}\right)^2\right\} = \frac{bh^3}{6} + \frac{8bh^3}{6} + 9bh^3$$
$$= \frac{bh^3}{6}(1+8+54) = \frac{63}{6}bh^3 = \frac{21}{2}bh^3$$

| 참고 | **단면 2차 모멘트** : 단면의 관성 모멘트(area moment of inertia) 또는 간단히 관성 모멘트(moment of inertia)라고도 하며 휨 또는 처짐에 대한 저항을 예측하는 데 사용되는 단면의 성질을 말한다. 비틀림에 대한 저항을 나타내는 극관성 모멘트와 비슷하다.

정답 | 36 ④

## 37 〔2016 | 국회직 9급〕 (상)(중)(하)

**다음 중 굽힘 모멘트 선도와 전단력 선도에 대한 설명으로 옳지 않은 것은?**

① 집중 하중만을 받는 보의 굽힘 모멘트 선도는 부분적인 1차식으로 도시된다.
② 굽힘 모멘트 선도는 항상 연속적이지 않을 수도 있다.
③ 단순보에서 양단의 굽힘 모멘트는 하중의 종류에 관계없이 0의 값을 갖는다.
④ 최대 굽힘 모멘트는 전단력이 0이 되는 지점에서 발생할 수 있다.
⑤ 단순 지지된 지점에서는 굽힘 모멘트가 반력만큼 증가 혹은 감소하게 된다.

|해설| 단순 지지된 지점에서는 전단력이 반력만큼 증가 혹은 감소하게 된다.

|참고|
- **굽힘 모멘트 선도**(bending moment curve) : 선체에 작용하는 굽힘 모멘트의 크기를 가로 방향의 각 위치에 대해서 나타낸 곡선이다. 임의의 위치에 작용하는 굽힘 모멘트의 크기는 그 위치로부터 왼쪽의 전단력곡선으로 둘러싸인 면적과 같다. 굽힘 모멘트곡선은 전후단에서 0(zero)이고 중앙 부근에서 최대가 된다.
- **전단력 선도**(shearing force diagram) : 전단력이 빔(beam)의 각부에 작용하는 상태를 나타낸 그림이다.

**Keyword**
집중 하중만을 받는 보의 굽힘 모멘트 선도는 부분적인 1차식으로 도시되며 굽힘 모멘트 선도는 항상 연속적이지 않을 수도 있다. 단순보에서 양단의 굽힘 모멘트는 하중의 종류에 관계없이 0의 값을 갖고 최대 굽힘 모멘트는 전단력이 0이 되는 지점에서 발생할 수 있다.

## 38 〔2016 | 국회직 9급〕 (상)(중)(하)

**그림과 같이 가운데 구멍이 있는 평판의 양단에 인장력이 작용하고 있다. 평판 재료의 허용응력이 300MPa이고 응력집중계수가 3이라고 할 때, 작용할 수 있는 인장력[N]의 최대값은? (단, b=30mm, h=1mm, d=3mm이다)**

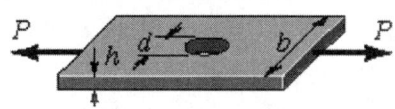

① 900
② 2,700
③ 3,000
④ 9,000
⑤ 27,000

|해설| $3 = \dfrac{300}{\sigma_n}$ 이므로 공칭응력은 $\sigma_n = 100[\text{MPa}]$이며
$F = 100 \times (30-3) \times 1 = 2,700[\text{N}]$

**Keyword**
최대 인장력
$F = \sigma_n (b-d) \times h$
($\sigma_n$ : 공칭응력, $b$ : 평판의 폭, $d$ : 구멍 지름, $h$ : 평판 두께)

정답 | 37 ⑤  38 ②

## 39

[2016 | 국회직 9급] 상중하

그림과 같은 풀리에 장력이 각각 3,000N, 1,000N이 작용하고 있다. 이때 1,000N이 2,000N으로 증가되었을 때 나타나는 현상을 설명한 것으로 옳지 않은 것은?

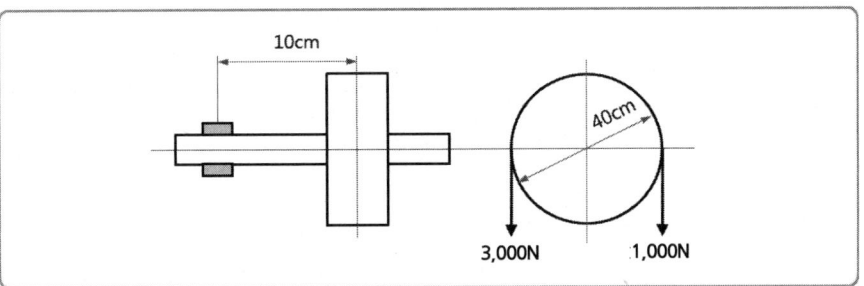

① 풀리의 유효장력은 감소한다.
② 축에 가해지는 굽힘 모멘트는 증가한다.
③ 축에 가해지는 비틀림 모멘트는 감소한다.
④ 전달동력은 감소한다.
⑤ 상당 굽힘 모멘트는 변화가 없다.

**Keyword**
상당 굽힘 모멘트는 변화가 있다.

| 해설 | ⑤ 굽힘 모멘트와 비틀림 모멘트가 변하므로 상당 굽힘 모멘트 또한 변한다.

| 오답풀이 | ① 풀리의 유효장력은 $3,000-1,000=2,000[N]$에서 $3,000-2,000=1,000[N]$으로 감소한다.
② 풀리에 작용하는 전단력의 크기는 $3,000+1,000=4,000[N]$에서 $3,000+2,000=5,000[N]$으로 증가하므로 축에 가해지는 굽힘 모멘트는 $4,000\times0.1=400[N\cdot m]$에서 $5,000\times0.1=500[N\cdot m]$로 증가한다.
③ 풀리의 유효장력이 감소하므로 축에 가해지는 비틀림 모멘트 또한 감소한다.
④ 전달동력 $H=T_e v$에서 유효장력이 감소하였으므로 전달동력은 감소한다.

## 40

[2022 | 국가직 9급] 상중하

**크리프(creep) 현상에 대한 설명으로 옳지 않은 것은?**

① 크리프 곡선의 제1기 크리프에서는 변형률 속도가 증가한다.
② 크리프 곡선의 제2기 크리프에서는 변형률 속도가 거의 일정하게 나타난다.
③ 가스터빈, 제트엔진, 로켓 등 고온에 노출되는 부품은 크리프 특성이 중요시 된다.
④ 일정한 하중이 작용하는 경우 온도가 높아지면 파단에 이르는 시간이 짧아진다.

**Keyword**
크리프(creep) 현상
물체에 일정한 하중이 가해진 상태에서 시간의 경과에 따라 물체의 변형이 계속되는 현상

| 해설 | 크리프 곡선의 제1기 크리프는 천이 크리프(transient creep)라고도 부르며 이 영역에서는 변형률 속도가 감소한다.

정답 | 39 ⑤ 40 ①

## 41 [2015 | 국가직 9급] 상중하

크리프 현상에 대한 설명으로 옳지 않은 것은?

① 천이(transient) 크리프 동안에는 시간이 경과함에 따라 크리프 속도는 감소한다.
② 일정한 온도에서 하중의 크기가 클수록 크리프 속도가 증가하여 파단에 이르는 시간이 짧아진다.
③ 고온, 고하중의 경우 크리프 속도가 증가하여 빨리 파단이 발생된다.
④ 크리프 속도가 최대가 될 때 크리프 한계응력이 발생한다.

**Keyword**

크리프 현상은 고온에서 일정 응력이 가해졌을 때 시간에 흐르면서 변형이 진행되는 현상이다. 일정온도에서 일정하중을 가하고 얻은 시간-변형률 측정 결과의 곡선을 크리프(creep) 곡선이라고 한다.

| 해설 | 크리프 속도가 최소(0)가 될 때 크리프 한계응력이 발생한다.

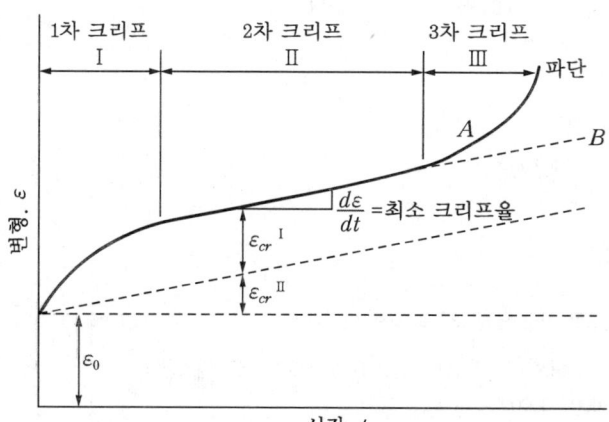

[크리프 곡선]

- 1차 크리프(천이 크리프) : 시간에 따라 변형 진행, 변형률 감소
- 2차 크리프(정상 크리프) : 일정한 변형률로 변형 진행
- 3차 크리프(가속 크리프) : 시간에 따라 변형률이 증가하다 시료 파단

| 참고 | 
- 크리프 현상이 일어나는 기구
  - 1차 크리프(천이 크리프) : 시간에 따라 변형이 진행되고 변형률이 감소. 가공경화로 묶였던 전위가 고온에서 응력하에서 이동하여 변형이 진행되고 전위가 많아져 서로 엉키고 크리프 속도가 감소된다.
  - 2차 크리프(정상 크리프) : 일정한 변형률로 변형 진행. 가공경화와 회복(고온)에 의한 연화가 평형을 이루면서 크리프 속도가 일정하게 된다.
  - 3차 크리프(가속 크리프) : 시간에 따라 변형률이 증가하다 시료 파단. 원자공공 농도가 증가되어 원자확산이 빨라지고 전위이동 쉬워져 크리프 속도가 증가된다. 그리고 원자공공이 결정립계에 모여 공동이 결합되고 미세균열이 형성되어 파단된다.
  - 크리프 현상에 영향 미치는 조건 : 온도가 높을수록, 응력이 증가할수록 크리프 현상이 두드러짐
- 재료에 따른 크리프 곡선 특성 : 순금속에서는 정상단계가 짧고 취성재료에서는 가속단계 없이 갑자기 파단된다.
- 크리프 특성 표기법 : 온도, 응력조건 표기
- 크리프 강도 : 일정온도, 일정한 하중에서, 크리프에 의해 기울기가 규정한 값에 이르는 응력
- 파단강도 : 어떤 규정된 시간에 크리프 파단을 나타내는 응력

| 정답 | 41 ④

## 42 [2015 | 지방직 9급] 상중하

기계부품 설계시에 재료 파괴의 기준강도로 사용되는 것이 아닌 것은?

① 항복강도　　　　　　　　② 종탄성계수
③ 피로한도　　　　　　　　④ 크리프한도

**오답풀이**
① **항복강도** : 연성재료(연강)가 상온에서 정하중을 받을 때 적용
③ **피로강도(피로한도)** : 반복하중을 받는 경우에 적용
④ **크리프강도(크리프한도)** : 고온에서 정하중을 받을 때 적용

**참고** 상기 이외의 기준강도
- 극한강도 – 정하중이 취성재료에 작용
- 피로한도 – 교번하중
- 반복피로한도 – 반복하중
- 내구선도로부터 응력진폭, 최대응력 및 최소응력 – 임의의 평균응력 작용
- 저온취성을 고려한 기준강도 – 저온이나 천이온도 이하
- 좌굴응력 – 긴 기둥이나 편심하중
- 붕괴하지 않는 최대하중 – 소성설계, 극한설계

**Keyword**
기준강도는 파괴의 기준이 되는 강도로써 종탄성계수는 기준강도가 될 수 없다.

## 43 [2015 | 지방직 9급] 상중하

균일 단면봉에 축방향 인장하중이 작용하여 횡방향 수축(작용하중 방향에 수직인 수축)이 일어날 때, 푸아송비(Poisson's ratio) $\nu$의 크기는?

① $\dfrac{\text{축방향 변형길이}}{\text{횡방향 변형길이}}$　　② $\dfrac{\text{축방향 변형률}}{\text{횡방향 변형률}}$

③ $\dfrac{\text{횡방향 변형길이}}{\text{축방향 변형길이}}$　　④ $\dfrac{\text{횡방향 변형률}}{\text{축방향 변형률}}$

**해설**
푸아송비(Poisson's ratio) $\nu = \dfrac{\text{횡방향 변형률}}{\text{축방향 변형률}}$

**참고** 푸아송비(Poisson's ratio)의 범위는 $0 < \nu < 0.5$이다. $\nu = 0.5$는 변형이 일어나도 체적이 일정하며 푸아송 비가 클수록 팽창하기 쉽다.

**Keyword**
푸아송비(Poisson's ratio)
재료에 생긴 가로변형과 세로변형과의 비

정답 | 42 ②　43 ④

## 44

[2015 | 서울시 9급]

두께가 20mm, 폭 100mm인 평판 중앙에 지름 40mm 구멍이 파여 있고, 평판의 양단에 9kN의 인장하중이 작용하고 있다. 구멍부분의 응력집중계수가 $K_c = 2.4$일 때 최대 응력은 얼마인가?

① $10\text{N/mm}^2$
② $18\text{N/mm}^2$
③ $20\text{N/mm}^2$
④ $22\text{N/mm}^2$

**해설** 최대 응력 $\sigma_{\max} = 2.4 \times \dfrac{9 \times 10^3}{(100-40) \times 20} = 18[\text{N/mm}^2]$

**Keyword**
최대 응력
$\sigma_{\max} = K_c \times \dfrac{W}{(b-d) \times t}$
($K_c$ : 응력집중계수, $W$ : 인장하중, $b$ : 평판의 폭, $d$ : 구멍의 지름, $t$ : 평판의 두께)

## 45

[2015 | 국가직 7급]

그림과 같은 동일한 사각단면 보에 2가지 방향의 순수굽힘 모멘트를 각각 가할 때, 하중 1에서의 최대 처짐을 d라고 하면 하중 2의 최대 처짐은? (단, 굽힘 모멘트의 크기는 같다)

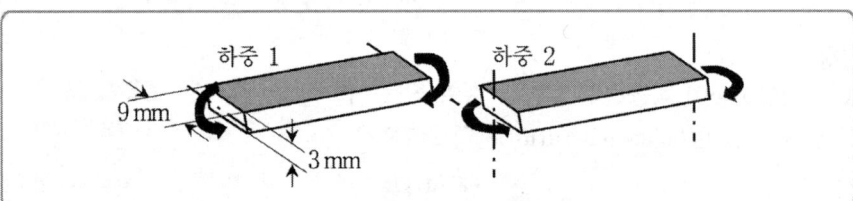

① $\dfrac{d}{9}$
② $\dfrac{d}{3}$
③ $3d$
④ $9d$

**해설** 처짐량은 단면 2차 모멘트에 반비례하므로 처짐량의 비는 9 : 1이므로 하중 2의 최대 처짐은 $\delta_{\max} = \dfrac{d}{9}$이다.

**Keyword**
하중 1과 하중 2의 중립축에 대한 단면 2차 모멘트의 비는
$9 \times 3^3 : 3 \times 9^3 = 3^5 : 3^7 = 1 :$
이며 처짐량은 단면 2차 모멘트에 반비례하므로 처짐량의 비는 9 : 이다.

정답 | 44 ② 45 ①

**46**  120[rpm]으로 회전하는 잇수 30인 스프로킷으로 잇수 60인 후륜에 동력을 전달하고 있다. 후륜타이어 직경이 400[mm]일 때, 타이어의 원주속도[mm/sec]는?

① $100\pi$   ② $200\pi$
③ $400\pi$   ④ $800\pi$

|해설| 타이어의 원주속도 $v = \dfrac{\pi dn}{60} = \dfrac{\pi \times 400 \times 120/2}{60} = 400\pi [\text{mm/sec}]$

**Keyword**
타이어의 원주속도는
$v = \dfrac{\pi dn}{60}[\text{mm/sec}]$
($d$ : 타이어 직경, $n$분당 회전수)

**47**  중앙집중하중 $P$가 작용하는 길이 $l$인 회전축의 양단이 각각 베어링 1개로 지지되는 경우(단순지지)의 처짐량을 $\delta_1$, 각각 베어링 2개로 지지되는 경우(고정지지)의 처짐량을 $\delta_2$라고 할 때, 두 처짐량의 비 $\left(\dfrac{\delta_1}{\delta_2}\right)$는?

① 2   ② 4
③ 6   ④ 8

|해설| $\delta_1 = \dfrac{Pl^3}{48EI}$ 이며 $\delta_2 = \dfrac{Pl^3}{192EI}$ 이므로 $\left(\dfrac{\delta_1}{\delta_2}\right) = \dfrac{192}{48} = 4$이다.

**Keyword**
단순지지의 처짐량
$\delta_1 = \dfrac{Pl^3}{48EI}$,
고정지지의 처짐량
$\delta_2 = \dfrac{Pl^3}{192EI}$
($P$ : 중앙집중하중, $l$ : 회전축의 길이, $E$ : 탄성계수, $I$ : 단면 2차 모멘트)

정답 | 46 ③  47 ②

**48** 다음의 그림은 어떤 기계재료의 인장시험 결과이다. 실선은 공칭응력-변형률 선도를 나타내고, 점선은 진응력-변형률 선도를 나타낸다. 그림으로부터 Young률(Young's modulus)과 극한강도(ultimate strength)를 올바르게 얻은 것은? (단, 아래의 보기는 [Young률]-[극한강도] 순으로 제시되어 있음)

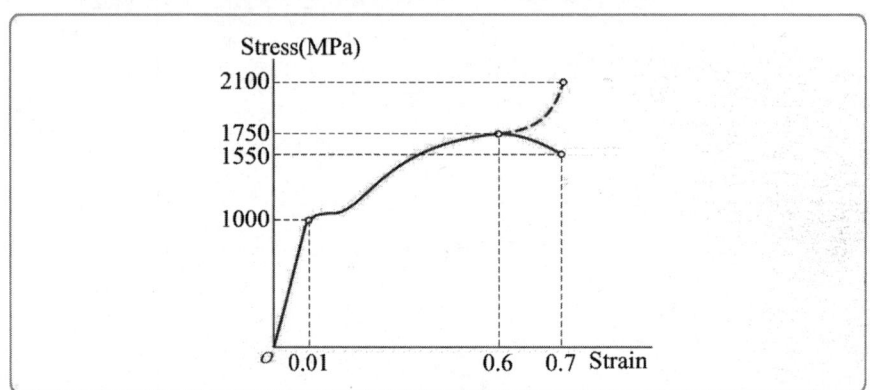

① [100GPa] − [1,750MPa]  ② [100GPa] − [2,100MPa]
③ [1,000MPa] − [1,550MPa]  ④ [1,000MPa] − [1,750MPa]
⑤ [1,000MPa] − [2,100MPa]

**Keyword**
영률 $E = \dfrac{\sigma}{\varepsilon}$ 이며 극한강도는 인장의 경우에는 인장강도, 압축의 경우에는 압축강도, 전단의 경우에는 전단강도 등으로 나타낸다.

| 해설 | 영률은 $E = \dfrac{\sigma}{\varepsilon} = \dfrac{1,000}{0.01} = 10^5 [\text{MPa}] = 100[\text{GPa}]$ 이며, 극한강도는 선도상에서 최고 응력점인 1,750[MPa]이다.

---

**49** 원형 단면봉의 한 점에 $8\text{N}/\text{mm}^2$ 의 인장응력과 $3\text{N}/\text{mm}^2$ 의 전단응력이 동시에 작용될 때, 이 점의 최대 주응력은 얼마인가?

① $3\text{N}/\text{mm}^2$   ② $6\text{N}/\text{mm}^2$
③ $9\text{N}/\text{mm}^2$   ④ $12\text{N}/\text{mm}^2$
⑤ $15\text{N}/\text{mm}^2$

**Keyword**
최대 주응력
$\sigma_1 = \dfrac{\sigma}{2} + \sqrt{\left(\dfrac{\sigma}{2}\right)^2 + \tau^2}$
($\sigma$ : 인장응력, $\tau$ : 전단응력)

| 해설 | 최대 주응력 $\sigma_1 = \dfrac{\sigma}{2} + \sqrt{\left(\dfrac{\sigma}{2}\right)^2 + \tau^2} = \dfrac{8}{2} + \sqrt{\left(\dfrac{8}{2}\right)^2 + 3^2} = 4 + 5 = 9[\text{N}/\text{mm}^2]$

정답 | 48 ① 49 ③

## 50

[ 2015 | 국회직 9급 ]

그림과 같은 단면을 가진 보가 있다. 중심선에 대한 보의 단면 2차 모멘트는 얼마인가?

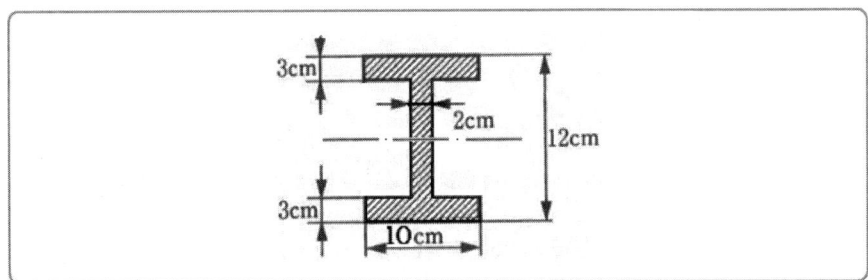

① $948\text{cm}^4$
② $1,024\text{cm}^4$
③ $1,296\text{cm}^4$
④ $1,448\text{cm}^4$
⑤ $2,048\text{cm}^4$

| 해설 | $I = \dfrac{1}{12} \times 10 \times 12^3 - \dfrac{1}{12} \times 8 \times 6^3 = 1,440 - 144 = 1,296 [\text{cm}^4]$

**Keyword**

$I = \dfrac{b_1 h_1^3}{12} - \dfrac{b_2 h_2^3}{12}$

## 51

[ 2015 | 국회직 9급 ]

그림과 같이 원형 구멍을 가지는 충분히 긴 판재가 인장하중을 받고 있다. 이때 구멍의 직경(a)과 판재의 너비(b)가 각각 20mm와 120mm이며, 판재의 두께가 10mm이다. 판재의 양단에 12kN의 인장하중(P)이 가해질 때, 최대 인장응력은 얼마인가? (단, 주어진 형상 및 치수에 대한 응력집중계수는 2.0이다)

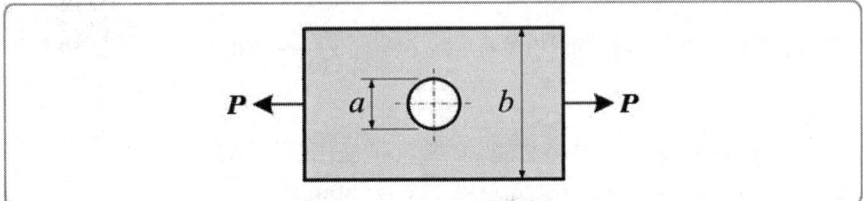

① 4.0MPa
② 6.0MPa
③ 12.0MPa
④ 24.0MPa
⑤ 36.0MPa

| 해설 | $\sigma_{\max} = 2 \times \dfrac{12 \times 10^3}{10 \times (120-20)} = 24 [\text{MPa}]$

**Keyword**

최대 인장응력

$\sigma_{\max} = 2 \times \dfrac{P}{t \times (b-a)}$

($P$ : 인장하중, $t$ : 판재의 두께, $b$ : 판재의 너비, $a$ : 구멍의 직경)

| 정답 | 50 ③  51 ④

**52** 다음의 그림이 나타내는 파손이론에 대한 설명으로 옳지 않은 것은?

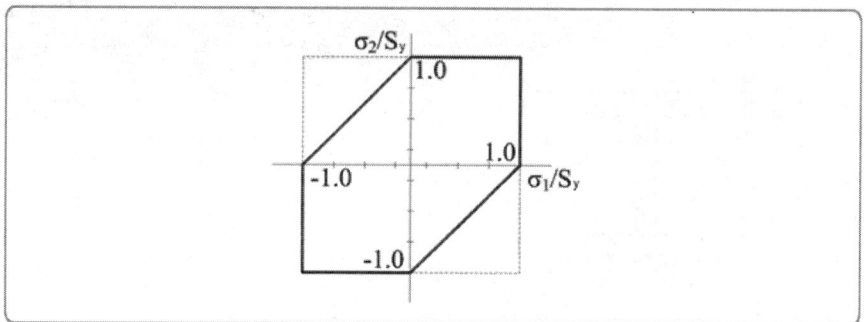

① 최대 전단응력설을 나타낸다.
② 최대 인장응력설보다 응력 허용범위가 넓다.
③ 전단변형률 에너지설보다 보수적인 파손이론이다.
④ 취성재료에 비해 연성재료에 보다 적합하다.
⑤ Tresca에 의해 제안되었다.

| 해설 | 최대 전단응력설을 나타내며 이것은 최대 인장응력설보다 응력 허용범위가 좁다.

**Keyword**
실선 영역은 최대 전단응력설의 경우이며, 최대 인장응력설의 경우는 점선의 영역도 포함하는 정사각형의 영역이다.

**53** 기계에 사용되는 금속재료의 성질을 설명하는 것 중에 옳지 않은 것은?

① 종탄성계수를 E, 푸아송비를 $\nu$라 할 때, 전단탄성계수는 $G = \dfrac{E}{2(1+\nu)}$ 의 식이 성립한다.
② 취성재료나 비철금속 등의 항복점은 변형률 0.2%를 오프셋(offset)하여 응력-변형률선도의 직선부분과 평행하게 선을 그어 만나는 점으로 정한다.
③ 강의 푸아송비(Poisson's ratio)는 0.3 정도이다.
④ 고탄소강은 저탄소강보다 충격에 약하다.
⑤ 일반적으로 진응력(true stress)은 공칭응력(nominal stress)보다 더 작다.

| 해설 | 일반적으로 진응력(true stress)은 공칭응력(nominal stress)보다 더 크다.

**Keyword**
공칭응력(nominal stress)은 최초 단면의 면적에 대한 하중의 비이며, 진응력(true stress)은 변화된(줄어든) 단면의 면적에 대한 하중의 비이다.

정답 | 52 ② 53 ⑤

## 54

[2015 | 국회직 9급]

그림과 같이 경질고무 블록이 z방향으로 자유롭게 열려있는 채널형 홈에 꼭 맞춰 끼워지게 조립된 후, 압력 p = 5MPa가 y평면(윗면)에 작용하고 있다. 이 재료의 탄성계수 E = 20MPa일 때, x방향 압축응력 $\sigma_x$는 얼마인가? (단, 푸아송비 $\nu = 0.4$이고, 변형 중에 벽면과의 마찰은 없다고 가정한다)

**Keyword**
$x$방향의 압축응력
$\sigma_x = \nu(\sigma_y + \sigma_z)$
($\nu$ : 푸아송비, $\sigma_y$ : $y$방향의 압축응력, $\sigma_z$ : $z$방향의 압축응력)

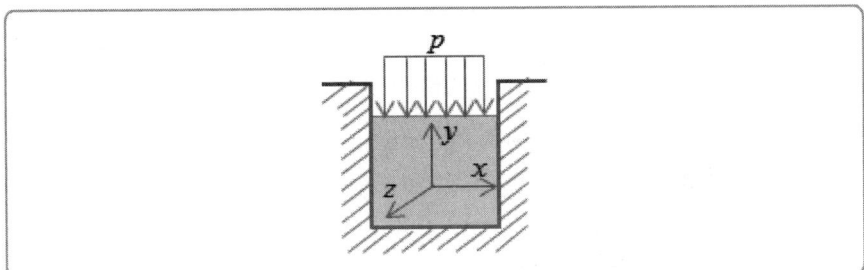

① $\sigma_x = 1.0\,\text{MPa}$
② $\sigma_x = 1.5\,\text{MPa}$
③ $\sigma_x = 2.0\,\text{MPa}$
④ $\sigma_x = 2.5\,\text{MPa}$
⑤ $\sigma_x = 3.0\,\text{MPa}$

**해설** $\sigma_y = 5\,[\text{MPa}]$, $\sigma_z = 0$

$$\varepsilon_x = \frac{1}{E}\{\sigma_x - \nu(\sigma_y + \sigma_z)\} = 0$$

$$\sigma_x = \nu(\sigma_y + \sigma_z) = 0.4 \times (5+0) = 2\,[\text{MPa}]$$

## 55

[2019 | 지방직 9급]

재료의 피로에 대한 설명으로 옳지 않은 것은?

① 정하중이 작용할 때의 항복응력보다 낮은 응력에서도 반복횟수가 많으면 파괴되는 현상을 피로파괴라 한다.
② 가해지는 반복하중의 크기가 작을수록 파괴가 일어날 때까지의 반복횟수가 줄어든다.
③ 피로강도는 재료의 성질, 표면조건, 부식 등에 영향을 받는다.
④ 엔진, 터빈, 축, 프로펠러 등의 기계부품 설계에 반복하중의 영향을 고려한다.

**Keyword**
피로시험에서 반복횟수는 가해지는 반복하중에 반비례한다.

**해설** 가해지는 반복하중의 크기가 클수록 파괴가 일어날 때까지의 반복횟수가 줄어든다.

정답 | 54 ③ 55 ②

## 56 [2015 | 국회직 9급]

굽힘응력(교번응력)을 받는 강의 축에 관한 피로강도 성질인 S-N선도에서 피로강도와 피로한도를 저하시키는 인자가 아닌 것은?

① 노치(notch)의 존재
② 축의 고주파 담금질
③ 축의 압입압력의 증가
④ 축의 표면거칠기(조도)의 증가
⑤ 축 직경(치수)의 증가

**해설** 축에 고주파 담금질을 하면 피로한도가 저하되는 것이 아니라 상승된다.

**참고** 피로강도와 피로한도를 향상시키는 인자 : 열처리, 고주파 담금질, 침탄처리, 질화처리, 표면압연, 숏피닝 및 표면의 압축잔류응력 등

**Keyword**
피로강도와 피로한도를 저하시키는 인자
노치(notch) 및 결함의 존재, 축의 압입압력의 증가, 평균응력 증가, 축의 표면거칠기(조도)의 증가, 축 직경(치수)의 증가, 부식 및 표면의 인장잔류응력 등

## 57 [2015 | 국회직 9급]

아래의 그림은 어떤 재료의 S-N선도를 보여준다. 그림에서 내구한도는?

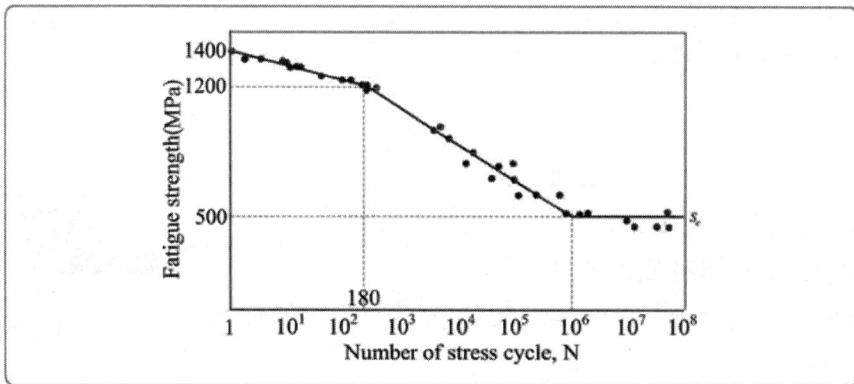

① 500MPa
② 1,200MPa
③ 1,400MPa
④ 180
⑤ $10^6$

**해설** 내구한도는 $10^6$ 사이클에 해당하는 500[MPa]이다.

**Keyword**
피로한도(fatigue limit) 또는 내구한도(endurance limit)
S-N곡선에서 응력 진폭이 일정값 이하로 되면 사이클 수가 무한히 증가되더라도 파괴되지 않는 수평직선으로 되는 현상(강재 : 사이클수 $10^6 \sim 10^7$ 근방)

**정답** 56 ② 57 ①

## 58

[2014 | 국가직 9급]

길이가 1.0m이고 단면이 20mm × 40mm인 사각 봉에 축방향 힘 16kgf이 작용할 때 1.0mm 늘어났다. 봉의 탄성계수[MPa]는? (단, 중력가속도 g = 10m/s² 으로 한다)

① 20
② 200
③ 40
④ 400

**해설** $\delta = \dfrac{Pl}{AE}$ 에서 $E = \dfrac{Pl}{A\delta} = \dfrac{16 \times 10 \times 10^3}{20 \times 40 \times 1} = 200[\text{MPa}]$

**Keyword**
$\delta = \dfrac{Pl}{AE}$ 이므로 $E = \dfrac{Pl}{A\delta}$ 이다.

## 59

[2014 | 지방직 9급]

피로파손 이론에서 조더버그선(Soderberg line) 기준에 의한 응력관계식은? (단, $\sigma_a$는 교번응력, $\sigma_m$은 평균응력, $S_e$는 피로강도, $S_u$는 극한강도, $S_f$는 파괴강도, $S_y$는 항복강도이다)

① $\dfrac{\sigma_a}{S_u} + \dfrac{\sigma_m}{S_y} = 1$
② $\dfrac{\sigma_a}{S_e} + \dfrac{\sigma_m}{S_y} = 1$
③ $\dfrac{\sigma_a}{S_e} + \dfrac{\sigma_m}{S_u} = 1$
④ $\dfrac{\sigma_a}{S_u} + \dfrac{\sigma_m}{S_e} = 1$

**해설** ② $\dfrac{\sigma_a}{S_e} + \dfrac{\sigma_m}{S_y} = 1$ : Soderberg선

**오답풀이** ③ $\dfrac{\sigma_a}{S_e} + \dfrac{\sigma_m}{S_u} = 1$ : Goodman선

**Keyword**
조더버그선(Soderberg line)
$\dfrac{\sigma_a}{S_e} + \dfrac{\sigma_m}{S_y} = 1$

정답 | 58 ② 59 ②

**60** [2019 | 지방직 9급]

일정한 단면을 갖는 길이 250mm인 원형 단면봉에 길이방향 하중을 작용하여 길이가 1mm 늘어났을 때, 반경방향 변형률(strain)의 절대값은? [단, 봉은 재질이 균질하고 등방성이며, 세로탄성계수(Young's modulus)는 100GPa이고, 전단탄성계수(shear modulus of elasticity)는 40GPa이다]

① 0.001
② 0.004
③ 0.015
④ 0.25

**Keyword**

$G = \dfrac{E}{2(1+\nu)}$

($G$ : 전단탄성계수, $E$ : 세로탄성계수, $\nu$ : 푸아송비)

|해설| 세로방향 변형률 $= \dfrac{1}{250} = 0.004$

$G = \dfrac{E}{2(1+\nu)}$ 에서 $\nu = \dfrac{E}{2G} - 1 = \dfrac{100}{2 \times 40} - 1 = \dfrac{1}{4}$

푸아송비 $\nu = \dfrac{\text{반경방향 변형률}}{\text{세로방향 변형률}}$ 에서

반경반향 변형률 $= \nu \times$ 세로방향 변형률 $= \dfrac{1}{4} \times 0.004 = 0.001$

**61** [2014 | 서울시 9급]

종탄성계수 E = 260GPa, 횡탄성계수 G = 100GPa인 재료의 푸아송비를 구하시오.

① 0.2
② 0.25
③ 0.3
④ 0.35
⑤ 0.4

**Keyword**

$G = \dfrac{E}{2(1+\nu)}$

|해설| $G = \dfrac{E}{2(1+\nu)}$ 이므로 $\nu = \dfrac{E}{2G} - 1 = \dfrac{260}{2 \times 100} - 1 = 1.3 - 1 = 0.3$

정답 | 60 ① 61 ③

## 62

[2014 | 서울시 9급]

외팔보의 자유단에 집중하중이 작용할 때의 최대 처짐량은, 양단 고정의 보의 중앙에 집중하중이 작용할 때의 최대 처짐량의 몇 배인가? (단, 보와 하중은 동일하다)

① 4
② 8
③ 16
④ 32
⑤ 64

**해설** 외팔보의 자유단에 집중하중이 작용할 때의 최대 처짐량은 $\delta_{max} = \dfrac{Pl^3}{3EI}$ 이며 양단 고정보의 중앙에 집중하중이 작용할 때의 최대 처짐량은 $\delta_{max} = \dfrac{Pl^3}{192EI}$ 이므로 $\dfrac{Pl^3}{3EI} / \dfrac{Pl^3}{192EI} = 64$ 이다.

**Keyword** 외팔보의 자유단에 집중하중이 작용할 때의 최대 처짐량은 $\delta_{max} = \dfrac{Pl^3}{3EI}$ 이며 양단 고정 보의 중앙에 집중하중이 작용할 때의 최대 처짐량은 $\delta_{max} = \dfrac{Pl^3}{192EI}$ 이다.

## 63

[2014 | 국가직 7급]

순수굽힘 상태에 있는, 노치가 없는 회전축의 피로강도가 $\sigma_e$ 이다. 동일한 재료의 회전축에 노치를 생성할 때, 피로강도는? (단, 정하중에 대한 응력집중계수는 3이고, 노치민감도계수는 0.5로 가정한다)

① $0.25\sigma_e$
② $0.50\sigma_e$
③ $0.75\sigma_e$
④ $1.00\sigma_e$

**해설** 노치민감도계수  $q = \dfrac{K_f - 1}{K_c - 1}$ 이므로 $0.5 = \dfrac{K_f - 1}{3 - 1}$ 에서 $K_f = 2$이며 $2 = \dfrac{\sigma_e}{\sigma_e{'}}$ 이므로 $\sigma_e{'} = 0.5\sigma_e$ 이다.

**참고** 노치민감도계수(notch sensitivity factor) : 노치가 재료의 피로 파괴에 미치는 민감도

**Keyword** 노치민감도계수 $q = \dfrac{K_f - 1}{K_c - 1}$ ($K_f$ : 피로응력집중계수 혹은 노치계수, $K_c$ : 정하중에 대한 응력집중계수)

## 64

[2014 | 국가직 7급]

취성재료에 적용하기에 적합한 파손이론은?

① 최대 주응력설
② 최대 전단응력설
③ 전단변형률 에너지설
④ 최대 주변형률설

**해설** 최대 전단응력설, 전단변형률 에너지설, 최대 주변형률설 등은 연성재료에 적합한 파괴이론이다.

**참고** 최대 주응력설(maximum principal stress theory) : 인장응력이나 압축응력에 의하여 재료가 파손된다는 이론

**Keyword** 주철과 같은 취성재료에 적용하기에 적합한 파손이론은 최대 주응력설(maximum principal stress theory)이다.

**정답** | 62 ⑤  63 ②  64 ①

**65** [2014 | 국가직 7급]

실린더형 링(Ring)에 핀(Pin)을 억지끼워맞춤으로 조립할 때, 각 부재의 접촉면에 걸리는 원주 접선방향 응력상태로 옳은 것은? (단, 두 부재의 길이는 동일하다고 가정한다)

| | 링(Ring) | 핀(Pin) |
|---|---|---|
| ① | 인장응력 | 인장응력 |
| ② | 압축응력 | 인장응력 |
| ③ | 인장응력 | 압축응력 |
| ④ | 압축응력 | 압축응력 |

**해설** 억지끼워맞춤이므로 링(Ring)은 인장응력, 핀(Pin)은 압축응력을 받는다.

**Keyword**
억지끼워맞춤에서는 죔새가 발생하므로 구멍은 인장응력을 받고 축은 압축응력을 받는다.

---

**66** [2013 | 국가직 9급]

양단 지지된 기둥에서 좌굴 판단을 위한 임계하중 계산에는 유효길이가 필요하다. 다음 중 유효길이가 가장 큰 지지조건 조합은?

① 고정 – 핀
② 핀 – 핀
③ 고정 – 자유
④ 고정 – 고정

**해설** ③ 고정 – 자유 : $2l$

**오답풀이**
① 고정 – 핀 : $\dfrac{l}{\sqrt{2}}$
② 핀 – 핀 : $l$
④ 고정 – 고정 : $\dfrac{l}{2}$

**Keyword**
유효길이가 큰 지지조건 조합순
고정 – 자유 > 핀 – 핀 > 고정 – 핀 > 고정 – 고정

정답 | 65 ③  66 ③

**67** 2013 | 국가직 9급

그림과 같이 사각 알루미늄 평판에 지름 D인 원형 관통구멍이 2개 뚫려 있으며, 이 두 구멍의 중심거리가 L이다. 주변온도가 상승하여 평판 전체의 온도가 고르게 상승할 경우, D와 L의 치수 변화로 옳은 것은? (단, 평판에 기하학적인 구속조건은 없는 것으로 가정한다)

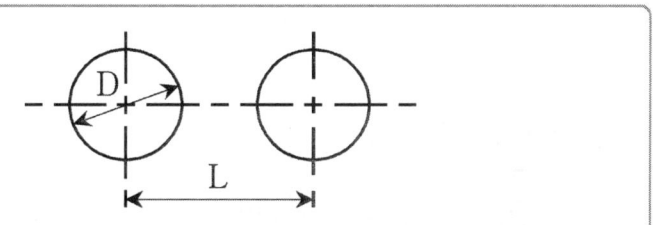

① D는 증가, L도 증가
② D는 증가, L은 감소
③ D는 감소, L은 증가
④ D는 감소, L도 감소

| 해설 | 열팽창에 의하여 D와 L 모두가 증가된다.

**Keyword**
주변 온도가 상승하여 평판 전체의 온도가 고르게 상승할 경우, 열팽창 현상이 일어난다.

---

**68** 2013 | 국가직 9급

2차원 순수전단 조건에서 인장항복강도가 $\sigma_Y$인 소재에 대해 최대 전단응력설과 전단변형률 에너지설을 적용할 때, 각각의 전단항복강도로 옳은 것은?

① $0.5\sigma_Y$, $0.577\sigma_Y$
② $0.5\sigma_Y$, $0.677\sigma_Y$
③ $1.0\sigma_Y$, $0.5\sigma_Y$
④ $1.0\sigma_Y$, $1.0\sigma_Y$

| 해설 |
- 최대 전단응력설 : $\tau_Y = \sqrt{\left(\dfrac{\sigma_Y}{2}\right)^2} = \dfrac{\sigma_Y}{2} = 0.5\sigma_Y$
- 전단변형률 에너지설 : $\sigma_Y = \sqrt{3\tau_Y^2} = \sqrt{3}\tau_Y$, $\tau_Y = \dfrac{1}{\sqrt{3}}\sigma_Y = 0.577\sigma_Y$

**Keyword**
최대 전단응력설에서
$\tau_Y = \sqrt{\left(\dfrac{\sigma_Y}{2}\right)^2}$ 이며
전단변형률 에너지설에서는
$\sigma_Y = \sqrt{3\tau_Y^2}$ 이다.

정답 | 67 ① 68 ①

**69** [2013 | 국가직 9급]

모터가 무게 W = 96[kg$_f$]인 물체를 축의 중앙에 위치한 풀리(pulley)와 로프로 들어 올리고 있다. 축의 지름, 길이, 탄성계수가 각각 d[mm], L[mm], E = [kg$_f$/mm$^2$]일 때, 이 축의 최대 처짐을 구하는 식으로 옳은 것은? (단, 축의 양단은 단순지지이며, 풀리와 로프의 자중 및 모든 동적 영향은 무시한다)

Keyword
$$\delta_{max} = \frac{2WL^3}{48EI}$$

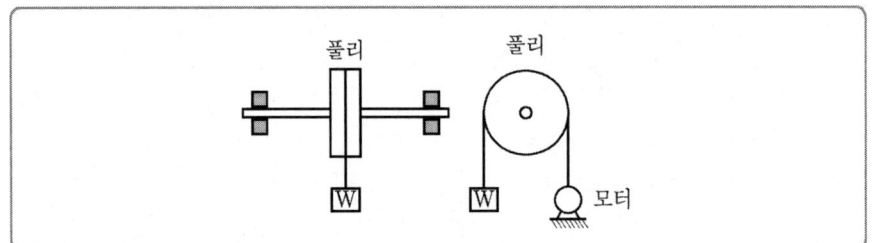

① $\dfrac{256L^3}{\pi Ed^4}$   ② $\dfrac{128L^3}{\pi Ed^4}$

③ $\dfrac{128L^3}{\pi Ed^3}$   ④ $\dfrac{64L^3}{\pi Ed^3}$

|해설| $\delta_{max} = \dfrac{2WL^3}{48EI} = \dfrac{4L^3}{E \times \dfrac{\pi d^4}{64}} = \dfrac{256L^3}{\pi Ed^4}$

---

**70** [2022 | 국가직 9급]

연성 재료의 순수 전단의 경우, 정적 파손이론으로 변형에너지설(Von Mises theory)을 적용할 때, 최대 전단응력은? (단, $\sigma_Y$는 항복응력, $\nu$는 포아송비이다)

Keyword
연성 재료의 순수 전단의 경우, 정적 파손이론으로 변형에너지설(Von Mises theory)을 적용할 때, 항복응력 $\sigma_Y = \sqrt{3}\,\tau_{max}$

① $\dfrac{\sigma_Y}{\sqrt{1+\nu}}$   ② $\dfrac{\sigma_Y}{\sqrt{2}}$

③ $\dfrac{\sigma_Y}{\sqrt{3}}$   ④ $\dfrac{\sigma_Y}{2\sqrt{(1+\nu)}}$

|해설| 연성 재료의 순수 전단의 경우, 정적 파손이론으로 변형에너지설(Von Mises theory)을 적용할 때, 항복응력 $\sigma_Y = \sqrt{3}\,\tau_{max}$ 이므로 최대 전단응력 $\tau_{max} = \dfrac{\sigma_Y}{\sqrt{3}}$

정답 | 69 ① 70 ③

**71** [2013 | 국가직 7급]

취성재료의 파단인장강도 $S_f = 150[\text{MPa}]$일 때, 평면응력 상태에 있는 $\sigma_x = 100[\text{MPa}]$, $\sigma_y = 20[\text{MPa}]$, $\tau_{xy} = 30[\text{MPa}]$에 대해 최대 전단응력설을 적용하여 계산된 안전계수로 가장 가까운 값은? [단, 파단전단강도($S_{fs}$)는 파단인장강도의 0.5배이다]

① 1.5
② 2.0
③ 2.5
④ 3.0

**해설**
$$\tau_{\max} = \sqrt{\left(\frac{100-20}{2}\right)^2 + 30^2} = 50[\text{MPa}]$$
$$S = \frac{S_{fs}}{\tau_{\max}} = \frac{150 \times 0.5}{50} = 1.5$$

**Keyword**
$$\tau_{\max} = \sqrt{\left(\frac{\sigma_x - \sigma_y}{2}\right)^2 + \tau_{xy}^2}$$

**72** [2013 | 국가직 7급]

지름 d의 균일한 원형단면을 갖는 외팔보의 자유단 끝에 수직하중 P가 작용하고 있다. 외팔보의 단면 형상을 한 변의 길이가 d인 정사각형으로 변경할 경우, 수직하중 P에 대한 최대 처짐은 변경 전의 몇 배가 되는가? (단, 자중에 의한 영향은 무시한다)

① $\frac{3}{16}\pi$
② $\frac{3}{8}\pi$
③ $\frac{3}{4}\pi$
④ $\frac{3}{2}\pi$

**해설**
단면 2차 모멘트($I$)가 $\frac{\pi d^4}{64}$에서 $\frac{d^4}{12}$로 변경되므로 최대 처짐량의 비는 $\frac{64}{\pi d^4} : \frac{12}{d^4} = \frac{16}{\pi} : 3$이 된다. 따라서 최대 처짐량은 변경 전의 $\frac{3}{16}\pi$배가 된다.

**Keyword**
단면 2차 모멘트($I$)가 $\frac{\pi d^4}{64}$에서 $\frac{d^4}{12}$로 변경되므로 최대 처짐량의 비는 $\frac{64}{\pi d^4} : \frac{12}{d^4} = \frac{16}{\pi} : 3$이 된다.

정답 | 71 ① 72 ①

## 73

[2013 | 국가직 7급]  상 중 하

$xy$ 평면에 응력 $\sigma_x = 10[\text{MPa}]$, $\sigma_y = 2[\text{MPa}]$, $\tau_{xy} = 3[\text{MPa}]$이 작용하고 있다. $xy$축을 반시계방향으로 $\theta[\text{rad}]$만큼 회전시켜 주응력 방향을 찾으려고 할 때, $\theta$로 옳은 것은?

① $\dfrac{1}{2}\tan^{-1}\dfrac{3}{8}$
② $\tan^{-1}\dfrac{3}{8}$
③ $\dfrac{1}{2}\tan^{-1}\dfrac{3}{4}$
④ $\tan^{-1}\dfrac{3}{4}$

**Keyword**
모어원의 반지름
$= \sqrt{\left(\dfrac{\sigma_x - \sigma_y}{2}\right)^2 + \tau^2 xy}$

| 해설 | 모어원의 반지름은 $\sqrt{\left(\dfrac{10-2}{2}\right)^2 + 3^2} = 5$이므로 주응력 방향 $\tan 2\theta = \dfrac{3}{4}$이다.

따라서 $\theta = \dfrac{1}{2}\tan^{-1}\dfrac{3}{4}$

## 74

[2012 | 국가직 9급]  상 중 하

기계재료의 표준인장시험에서 얻어지는 진변형률($\varepsilon_T$)을 공칭응력($\sigma$)과 진응력($\sigma_T$)으로 나타낸 것으로 옳은 것은?

① $\varepsilon_T = \dfrac{\sigma_T}{\sigma}$
② $\varepsilon_T = \dfrac{\sigma}{\sigma_T}$
③ $\varepsilon_T = \ln\left(\dfrac{\sigma_T}{\sigma}\right)$
④ $\varepsilon_T = \ln\left(\dfrac{\sigma}{\sigma_T}\right)$

**Keyword**
소성영역의 변형에서는 재료가 변형되어도 재료의 부피에는 변함이 없다고 가정한다.

| 해설 | $A_0 L_0 = A_f L_f = A_f(L_0 + \Delta L) = A_f L_0 (1+\varepsilon)$에서 $A_f = \dfrac{A_0}{1+\varepsilon}$이며

진응력은 $\sigma_T = \dfrac{F}{A_f} = \dfrac{F}{\dfrac{A_0}{1+\varepsilon}} = \sigma(1+\varepsilon)$,

진변형률은 $\varepsilon_T = \displaystyle\int_{L_0}^{L_f} \dfrac{dL}{L} = \ln\left(\dfrac{L_f}{L_0}\right) = \ln\dfrac{L_0(1+\varepsilon)}{L_0} = \ln(1+\varepsilon) = \ln\left(\dfrac{\sigma_T}{\sigma}\right)$이다.

정답 | 73 ③  74 ③

**75** [2012 | 국가직 9급]

지름이 20mm, 길이가 7cm인 시편이 시험 후 지름이 10mm, 길이가 8cm가 되었을 때, 단면수축률은?

① 0.55  ② 0.65
③ 0.75  ④ 0.85

**Keyword**

단면수축률 = $\dfrac{A_0 - A_f}{A_0}$

|해설| 단면수축률 = $\dfrac{A_0 - A_f}{A_0} = 1 - \dfrac{A_f}{A_0} = 1 - \dfrac{\frac{\pi \times 10^2}{4}}{\frac{\pi \times 20^2}{4}} = 1 - 0.5^2 = 0.75$

**76** [2012 | 지방직 9급]

공업재료의 기계적 성질에 대한 설명으로 옳은 것은?

① 진응력(true stress)은 공칭응력(nominal stress)보다 작다.
② 영구변형율이 0.2%가 되는 응력을 탄성한도(elastic limit)라 한다.
③ 소재의 강도는 힘의 단위로 표현된다.
④ 동일 소재의 경우 피로한도는 항복강도보다 작다.

**Keyword**
동일 소재의 경우 피로한도는 항복강도보다 작다.

|오답풀이|
① 진응력(true stress, $\sigma_T$)은 $\sigma_T = \sigma(1+\varepsilon)$이므로 공칭응력(nominal stress, $\sigma$)보다 크다.
② 영구변형율이 0.2%가 되는 응력을 항복응력(yield stress)이라 한다.
③ 소재의 강도는 압력 단위로 표현된다.

**77** [2012 | 국회직 9급]

기계설계에서는 재료의 인장강도, 항복응력 및 허용응력 등의 용어가 쓰이고 있다. 동일 재료에서 이 세 가지 응력의 크기를 순서대로 나열한 것은?

① 항복응력 > 허용응력 > 인장강도
② 인장강도 > 허용응력 > 항복응력
③ 허용응력 > 인장강도 > 항복응력
④ 허용응력 > 항복응력 > 인장강도
⑤ 인장강도 > 항복응력 > 허용응력

|해설| 응력의 크기 : 인장강도 > 항복응력 > 허용응력

**Keyword**
응력-변형률선도
응력-변형률선도에서 나타난 바와 같이, 인장강도는 최대응력이 작용하는 극한강도에 해당하며 항복응력은 변형이 급격하게 증대되는 현상인 항복이 발생되는 점에서의 응력으로 인장강도보다 작은 응력이 작용된다. 그리고 허용응력은 인장강도를 안전계수로 나눈 값으로 항복강도보다 작은 응력이다. 따라서 응력의 크기는 인장강도 > 항복응력 > 허용응력의 순이다.

정답 | 75 ③  76 ④  77 ⑤

**78** [2012 | 국회직 9급]

지름이 $d$ 인 원형 봉에 비틀림 하중 $T$ 가 작용할 때 봉의 중심축에서 $r$ 만큼 떨어진 위치에서의 전단응력 크기는? (단, $0 < r \leq \dfrac{d}{2}$ 이다)

① $\dfrac{32Tr}{\pi d^4}$  ② $\dfrac{16Tr}{\pi d^4}$

③ $\dfrac{\pi d^4}{32Tr}$  ④ $\dfrac{\pi d^4}{16Tr}$

⑤ $\dfrac{\pi Tr d^4}{32}$

**Keyword**

전단응력 $\tau = \dfrac{Tr}{I_p}$

($T$: 비틀림하중, $r$: 봉의 중심축에서 떨어진 위치의 거리, $I_p$: 극관성모멘트)

|해설| 전단응력 $\tau = \dfrac{Tr}{I_p} = \dfrac{Tr}{\dfrac{\pi d^4}{32}} = \dfrac{32Tr}{\pi d^4}$

---

**79** [2012 | 국가직 9급]

그림과 같이 5kN의 물체를 지탱하고 있는 유압크레인에서 핀의 허용면압이 25MPa이고 폭경비가 2일 때, 핀의 직경[mm]은?

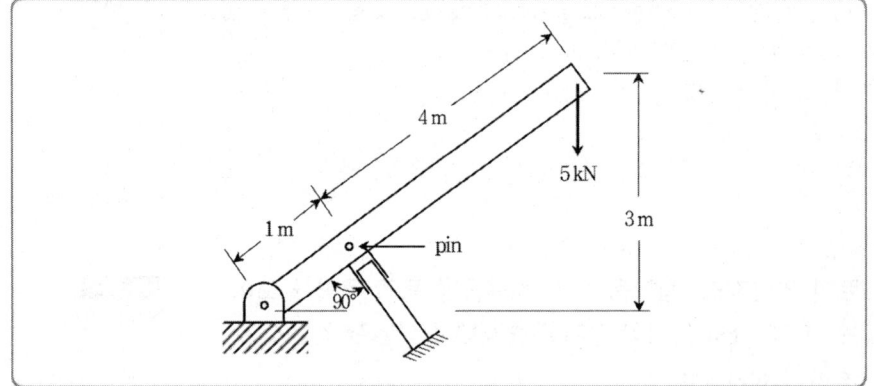

① 20  ② 25
③ 30  ④ 40

**Keyword**

모멘트 평형으로부터 반력을 구하고 인장방향의 힘의 크기를 계산하여 핀의 직경을 유도한다.

|해설| 반력을 $R$이라 하고 모멘트 평형 $\sum M = 0$에서 $5 \times 5 - 1 \times R = 0$이므로 $5 \times 5 = 1 \times R$이 되며 여기서 $R = 25[\text{kN}]$을 구한다. 핀의 인장방향 힘의 크기는 $25 \times \dfrac{4}{5} = 20[\text{kN}]$이다. 따라서 $\dfrac{20 \times 10^3}{2d \times d} = 25$에서 $d = \sqrt{\dfrac{10^4}{25}} = \dfrac{100}{5} = 20[\text{mm}]$이다.

정답 | 78 ① 79 ①

**80** [2020 | 국회직 9급]

그림과 같은 돌출보에서 A지점의 반력($R_A$)과 B지점의 반력($R_B$)이 옳은 것은?

**Keyword**
$\sum M = 0$

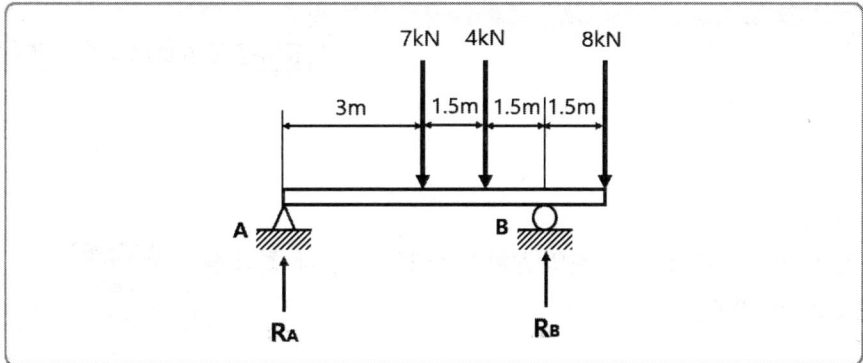

① $R_A = 5kN$, $R_B = 12.5kN$
② $R_A = 3.5kN$, $R_B = 15kN$
③ $R_A = 5kN$, $R_B = 14kN$
④ $R_A = 3.75kN$, $R_B = 15.25kN$
⑤ $R_A = 2.5kN$, $R_B = 16.5kN$

|해설| $7 \times 3 + 4 \times 4.5 - R_B \times 6 + 8 \times 7.5 = 0$에서 $R_B = 16.5$
$R_A + R_B = 7 + 4 + 8 = 19[kN]$이므로 $R_A = 19 - 16.5 = 2.5[kN]$

정답 | 80 ⑤

# 03 기계제도 일반

## 01

[2018 | 서울시 9급 2차] 상 중 하

기준치수에 대한 구멍의 공차가 $\phi 62^{+0.08}_{0}$, 축의 공차가 $\phi 62^{+0.03}_{-0.08}$일 때 최대 죔새는? (단, 모든 단위는 mm이다)

① 0.03
② 0.08
③ 0.16
④ 0.92

|해설| 최대 죔새 = 0.03 − 0 = 0.03[mm]

**Keyword**
최대 죔새 = 축의 최대 허용치수 − 구멍의 최소 허용치수

## 02

[2018 | 지방직 9급] 상 중 하

치수와 공차에 대한 설명으로 옳지 않은 것은?

① 허용한계치수는 기준치수로부터 벗어남이 허용되는 대소의 극한치수로, 최대 허용치수와 최소 허용치수를 의미한다.
② 기준치수는 호칭치수라고도 하며, 허용한계치수의 기준이 되는 치수이다.
③ 위치수 허용차는 최소 허용치수에서 기준치수를 뺀 값이다.
④ 치수공차는 최대 허용치수와 최소 허용치수의 차이이다.

|해설| 위치수 허용차는 최대 허용치수에서 기준치수를 뺀 값이다.

**Keyword**
치수공차는 치수의 정밀함을 나타내는 척도로 사용된다.

## 03

[2018 | 국가직 9급] 상 중 하

구멍의 공차역은 $30^{+0.025}_{+0.00}$이고, 축의 공차역은 $30^{+0.011}_{-0.005}$일 때, 이 축과 구멍의 결합에 대한 설명으로 옳은 것은?

① 최대 죔새는 0.011이다.
② 최대 틈새는 0.014이다.
③ 최소 틈새는 0.014이다.
④ 억지 끼워맞춤이다.

|오답풀이|
② 최대 틈새는 0.025−(−0.005) = 0.030이다.
③ 최소 틈새는 구멍과 축의 치수가 30으로 같을 때 0이다.
④ 실체 치수에 따라 틈새가 생길 수도 있고, 죔새가 생길 수도 있으므로 중간 끼워맞춤이다.

**Keyword**
최대 죔새는
0.011−0.00 = 0.011이다.

정답 | 01 ① 02 ③ 03 ①

## 04 | 2018 | 국가직 9급 |

공작물의 표면거칠기가 다음과 같은 삼각파형으로 측정되었을 때, 해당 공작물의 중심선 평균거칠기($Ra$)[$\mu m$]는? (단, $d=8[\mu m]$이며 $l=80[\mu m]$이다)

**Keyword**
중심선 평균거칠기
$$R_a = \frac{\int_0^L |f(x)|dx}{L}$$

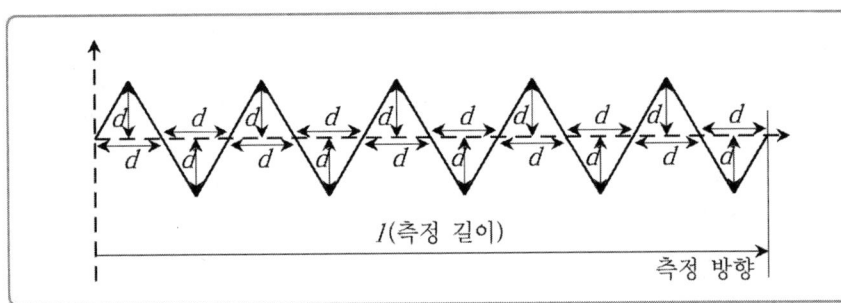

① 2　　　　　　　　② 4
③ 6　　　　　　　　④ 8

**| 해설 |**
$$R_a = \frac{\int_0^L |f(x)|dx}{L} = \frac{10 \times \frac{d^2}{2}}{10d} = \frac{d}{2} = \frac{8}{2} = 4[\mu m]$$

## 05 | 2017 | 국가직 9급 |

구멍과 축의 끼워맞춤에 대한 설명으로 옳지 않은 것은?

① 틈새는 구멍의 치수가 축의 치수보다 클 때 구멍과 축의 치수 차를 말한다.
② 헐거운 끼워맞춤은 항상 틈새가 있는 끼워맞춤으로서 구멍의 최소 치수가 축의 최대 치수보다 작다.
③ 억지 끼워맞춤은 항상 죔새가 생기는 끼워맞춤을 말한다.
④ 중간 끼워맞춤은 구멍과 축의 허용한계 치수에 따라 틈새가 생길 수도 있고, 죔새가 생길 수도 있는 끼워맞춤이다.

**Keyword**
헐거운 끼워맞춤은 항상 틈새가 생기는 끼워맞춤이며, 억지 끼워맞춤은 항상 죔새가 생기는 끼워맞춤이다.

**| 해설 |** 헐거운 끼워맞춤은 항상 틈새가 있는 끼워맞춤으로서 구멍의 최소 치수가 축의 최대 치수보다 크다.

**| 참고 | 끼워맞춤 기준방식**
- **구멍기준 끼워맞춤**(basic hole fit) : 기초가 되는 치수 허용차 EI가 0인 H 등급의 구멍을 기준으로 이에 적당한 축을 선정하여 죔새나 틈새를 얻는 방식이다. 일반적으로 이 방식을 많이 사용한다.
- **축기준 끼워맞춤**(basic shaft fit) : 기초가 되는 치수 허용차 es가 0인 h 등급의 축을 기준으로 이에 적당한 구멍을 선정하여 죔새나 틈새를 얻는 방식이다.

정답 | 04 ② 05 ②

## 06  2017 | 지방직 9급

그림과 같은 기하공차 기호의 종류를 옳게 짝지은 것은?

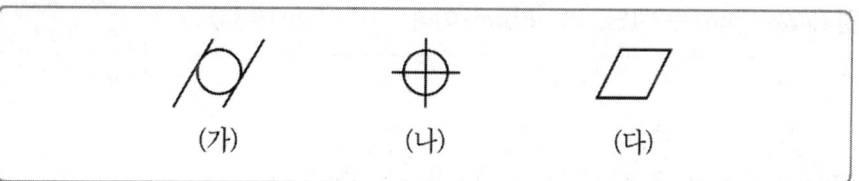

| | (가) | (나) | (다) |
|---|---|---|---|
| ① | 원통도 | 위치도 | 평면도 |
| ② | 진원도 | 동심도 | 평면도 |
| ③ | 원통도 | 위치도 | 평행도 |
| ④ | 진원도 | 동심도 | 평행도 |

**해설**

⌭ : 원통도, ⊕ : 위치도, ▱ : 평면도

**참고**

| 규정되는 정도의 특성 | | | 기호 | 비고 |
|---|---|---|---|---|
| 형상 정도 | 단독 형체 | 진직도(straightness) | — | 모양공차 |
| | | 평면도(flatness) | ▱ | |
| | | 진원도(roundness) | ○ | |
| | | 원통도(cylindricity) | ⌭ | |
| | 단독 또는 관련 형체 | 선의 윤곽도(profile of any line) | ⌒ | |
| | | 면의 윤곽도(profile of any surface) | ⌓ | |
| | 상관 형상 | 평행도(parallelism) | ∥ | 자세공차 |
| | | 직각도(perpendicularity, squareness) | ⊥ | |
| | | 경사도(angularity) | ∠ | |
| | | 원주 흔들림(run out) | ↗ | 흔들림공차 |
| | | 온 흔들림(total run out) | ↗↗ | |
| 위치 정도 | | 위치도(position) | ⊕ | 위치공차 |
| | | 동심도 혹은 동축도(concentricity) | ◎ | |
| | | 대칭도(symmetry) | ═ | |

정답 | 06 ①

## 07 | 2021 | 국가직 9급 | 상 중 하

다음 IT 기본 공차표를 이용하여, $\phi 62 H 9$의 일반공차 표기법으로 옳은 것은?

(단위 : $\mu m$)

| 치수 구분(mm) | 공차등급 | IT6 | IT7 | IT8 | IT9 |
|---|---|---|---|---|---|
| 30 초과 | 50 이하 | 16 | 25 | 39 | 62 |
| 50 초과 | 80 이하 | 19 | 30 | 46 | 74 |

① $\phi 62^{+0.062}_{-0.074}$
② $\phi 62^{\ 0}_{-0.074}$
③ $\phi 62^{+0.074}_{-0.074}$
④ $\phi 62^{+0.074}_{\ 0}$

**|해설|** $\phi 62$이므로 치수구분은 50 초과 80 이하이며 대문자 H가 사용되었으므로 구멍기준이며 H9이므로 IT9 등급이므로 표에서 $74[\mu m]$가 공차이다.
따라서 $\phi 62 H 9$의 일반공차는 $\phi 62^{+0.074}_{\ 0}$로 표기한다.

**Keyword**
치수구분과 공차등급, 공차기준(축, 구멍)을 파악하여 표에서 공차를 찾는다.

## 08 | 2022 | 국가직 9급 | 상 중 하

기준치수가 동일한 구멍과 축에서 구멍의 공차역이 H7일 때, 헐거운 끼워맞춤에 해당하는 축의 공차역은?

① g6
② js6
③ k6
④ m6

**|해설|**
① H7/g6 : 헐거운 끼워맞춤
② H7/js6 : 중간 끼워맞춤
③ H7/k6 : 중간 끼워맞춤
④ H7/m6 : 중간 끼워맞춤

**Keyword**
구멍의 공차역이 H7일 때
• 헐거운 끼워맞춤 : a~h
• 중간 끼워맞춤 : js, k, m, n
• 억지 끼워맞춤 : o~z

정답 | 07 ④ 08 ①

## 09 [ 2017 | 지방직 9급 ] 상 중 하

축과 구멍의 끼워맞춤에서 구멍 치수를 $\phi 50H7$로 하여 구멍기준 헐거운 끼워맞춤으로 축을 설계할 때, 축의 치수로 가장 적합한 것은?

① $\phi 50f7$
② $\phi 50js7$
③ $\phi 50m5$
④ $\phi 50r6$

**Keyword**
헐거운 끼워맞춤이므로 구멍의 최소 치수가 축의 최대 치수보다 커야 한다.

|해설| 보기 중 해당하는 구멍의 최소 치수가 축의 최대 치수보다 큰 것은 ①인 $\phi 50f7$이다.

|참고| **구멍과 축에 대한 공차의 용도**

| 구 분 | 게이지 제작공차 | 끼워맞춤 공차 | 끼워맞춤 이외의 공차 |
|---|---|---|---|
| 구 멍 | IT 01 ~ IT 5 | IT 6 ~ IT 10 | IT 11 ~ IT 18 |
| 축 | IT 01 ~ IT 4 | IT 5 ~ IT 9 | IT 10 ~ IT 18 |

## 10 [ 2017 | 국가직 7급 ] 상 중 하

구멍의 치수가 $150^{+0.01}_{0}$이고 축의 치수가 $150^{-0.01}_{-0.02}$일 때, 최대 틈새와 최소 틈새의 합은? (단, 모든 단위는 [mm]이다)

① 0.01
② 0.02
③ 0.03
④ 0.04

**Keyword**
최대 틈새 = 0.01 + 0.02 = 0.03[mm]이며 최소 틈새 = 0 + 0.01 = 0.01[mm]이다.

|해설| 최대 틈새 = 0.01 + 0.02 = 0.03[mm]이며 최소 틈새 = 0 + 0.01 = 0.01[mm]이므로
최대 틈새 + 최소 틈새 = 0.03 + 0.01 = 0.04[mm]

정답 | 09 ① 10 ④

## 11 [2017 | 국가직 7급] 상⦁중⦁하

다음과 같은 표면거칠기 기호를 사용하여 가공하는 부품으로 가장 적절한 것은?

$$\overset{y}{\triangledown} = \overset{1.6}{\triangledown}, 6.3S$$

① 게이지 류의 측정면
② 정밀기어 이의 맞물림면
③ 키홈면
④ 스패너의 손잡이면

**해설** 보기 기호의 의미
- $\overset{y}{\triangledown}$ : 정밀기어 이의 맞물림면과 같이 끼워맞춤이 있고 마찰이 되어 서로 회전운동이나 직선왕복 운동 등을 하는 표면
- $\overset{1.6}{\triangledown}$ : 중심선 평균거칠기 $R_a = 1.6[\mu m]$
- $6.3S$ : 최대 높이거칠기 $3.6S = 6.3[\mu m]$
- ② 정밀기어 이의 맞물림면 : 상다듬질면 $\overset{}{\triangledown}$

**오답풀이**
① 게이지 류의 측정면 : 정밀다듬질면 $\overset{}{\triangledown}$
③ 키홈면 : 중다듬질면 $\overset{}{\triangledown}$
④ 스패너의 손잡이면 : 미가공면 $\overset{}{\triangledown}$

**참고** 표면거칠기의 지시와 다듬질 기호(KS B 0617)

(단위 : $\mu m$)

| 명칭 | 다듬질 기호 | | 가공방법 및 표시 부분 |
|---|---|---|---|
| | (과거 기호) | (현재 기호) | |
| 미가공 | ∼ | ∇ | • 절삭가공 및 기타 제거가공을 하지 않는 부분으로 특별히 규정하지 않는다.<br>• 예 주물의 표면부가 대표적 |
| 거친 다듬질 | ▽ | W∇ | • 밀링, 선반, 드릴링머신 등 기타 여러 공작기계로 일반 절삭가공만 하고 끼워맞춤은 없는 표면에 표시한다.<br>• 절삭가공이 거칠다.<br>• 예 드릴구멍, 각종 공작기계에 의한 선삭가공부 등<br>• 평균거칠기값 : 약 $25 \sim 100 \mu m$ |
| 중 다듬질 | ▽▽ | X∇ | • 가공된 부분으로 단지 끼워맞춤만 있고 마찰운동은 하지 않는 표면에 표시한다.<br>• 예 커버와 몸체와의 끼워맞춤부, 키홈, 기타 축과 회전체와의 결합부 등<br>• 평균거칠기값 : 약 $6.3 \sim 25 \mu m$ |
| 상 다듬질 | ▽▽▽ | Y∇ | • 끼워맞춤이 있고 마찰이 되어 서로 회전운동이나 직선왕복운동 등을 하는 표면에 표시한다.<br>• 예 베어링과 같이 정밀 다듬질된 축계 기계요소 등이 끼워지는 표면, 연삭가공 및 기타 정밀가공이 요구되는 가공표면 등<br>• 평균거칠기값 : 약 $0.8 \sim 6.3 \mu m$ |
| 정밀 다듬질 | ▽▽▽▽ | Z∇ | • 각종 정밀가공이 요구되는 가공표면으로 대단히 매끄럽고 각종 게이지류, 피스톤, 실린더 등 이 정도의 높은 정밀도가 요구되는 부속품이 아니고는 되도록 이 지시 기호를 사용하지 않는다.<br>• 예 호닝 등 각종 정밀 입자가공 등<br>• 평균거칠기값 : 약 $0.1 \sim 0.8 \mu m$ |

**정답** | 11 ②

## 12
[2016 | 지방직 9급]

축과 구멍의 공차역(tolerance zone)에 대한 설명으로 옳지 않은 것은?

① a~h 공차역에서 축의 아래치수 허용차는 위치수 허용차에 정밀도 치수공차(IT)를 뺀 값이다.
② A~H 공차역에서 구멍의 위치수 허용차는 아래치수 허용차에 정밀도 치수공차(IT)를 더한 값이다.
③ k~zc 공차역에서 축의 위치수 허용차는 기초치수 허용차가 되며 그 값은 음수(−)이다.
④ M~ZC 공차역에서 구멍의 위치수 허용차는 기초치수 허용차가 되며 그 값은 음수(−)이다.

|해설| k~zc 공차역에서 축의 아래치수 허용차는 기초치수 허용차가 되며 그 값은 양수(+)이다.

**Keyword**
구멍의 공차역은 알파벳 대문자로 표시하며 A쪽으로 갈수록 구멍의 지름이 커지며, 축의 공차역은 알파벳 소문자로 표시하며 a쪽으로 갈수록 축의 지름이 작아진다.

## 13
[2016 | 서울시 9급]

구멍기준 상용 끼워맞춤에서 기준구멍의 공차역이 H7일 때, 죔새가 최대가 되는 축의 공차역은?

① f6
② h6
③ js6
④ s6

|해설| '최대 죔새 = 축의 최대 허용치수 − 구멍의 최소 허용치수'이므로 축의 최대 허용치수가 제일 큰 s6 공차역일 때 최대 죔새가 된다.

|참고| **구멍의 공차역(tolerance zone)**
- 구멍의 공차역 : A B C CD D E EF F FG G H J JS K M N P R S T U V X Y Z ZA ZB ZC(28종)
- A쪽으로 갈수록 실치수가 호칭치수보다 크고 구멍이 커진다.
- Z쪽으로 갈수록 실치수가 호칭치수보다 작고 구멍도 작아진다.
- 구멍의 공차역 H의 최소치수는 기준치수와 같고, 공차는 0이 된다.
- 구멍의 공차역 JS에서는 위치수 허용차와 아래치수 허용차의 크기는 같다.

**Keyword**
최대 죔새 = 축의 최대 허용치수 − 구멍의 최소 허용치수

정답 | 12 ③ 13 ④

## 14

[2019 | 국가직 9급]

그림에서 ㉠~㉣로 표시된 도면기호에 대한 설명으로 옳지 않은 것은?

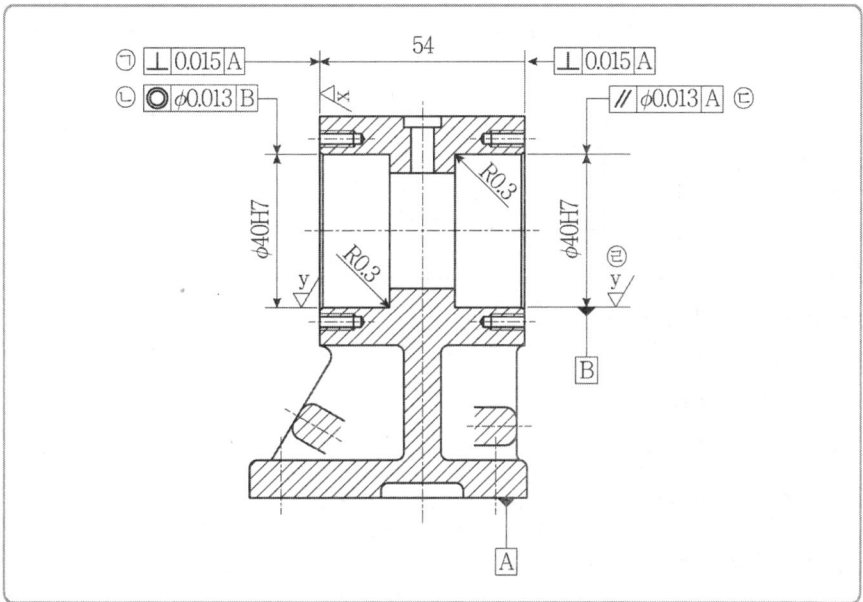

① ㉠ – 직각도 공차이며, 지시선의 화살표로 나타내는 면은 데이텀 A에 수직하고 0.015mm만큼 떨어진 두 개의 가상 평행 평면 사이에 있어야 한다.

② ㉡ – 동축도 공차이며, 지시선의 화살표로 나타낸 구멍의 중심축은 데이텀 B의 중심축을 기준으로 하는 지름 0.013mm인 원통 안에 있어야 한다.

③ ㉢ – 평행도 공차이며, 지시선의 화살표로 나타내는 지름 40mm 구멍의 중심축은 데이텀 A와 B에 평행한 지름 0.013mm의 원통 내에 있어야 한다.

④ ㉣ – 표면 거칠기 기호이며, 선반이나 밀링 등에 의한 가공 흔적이 남아 있지 않은 상급 다듬질 면이어야 한다.

|해설| ㉢의 //는 평행도 공차 표시가 옳지만, 지시선의 화살표로 나타내는 지름 40mm 구멍의 중심축은 데이텀 A에 평행한 지름 0.013mm의 원통 내에 있어야 한다는 의미이다.

정답 | 14 ③

## 15. [2016 | 국회직 9급]

다음에 표기된 기하공차 기호에 대하여 옳은 것은?

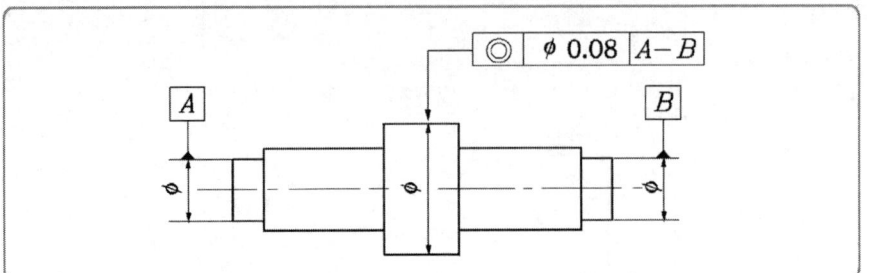

① 위치공차로 동심도에 관한 기호이다.
② 자세공차로 평행도에 관한 기호이다.
③ 형상공차로 평면도에 관한 기호이다.
④ 자세공차로 경사도에 관한 기호이다.
⑤ 위치공차로 위치도에 관한 기호이다.

**해설** ① 위치공차로 동심도에 관한 기호 : ◎

**오답풀이**
② 자세공차로 평행도에 관한 기호 : //
③ 형상공차로 평면도에 관한 기호 : ▱
④ 자세공차로 경사도에 관한 기호 : ∠
⑤ 위치공차로 위치도에 관한 기호 : ⊕

**Keyword**
◎ | ⌀0.08 | A−B
데이텀 A−B를 기준으로 동심도 ⌀0.08 이내일 것

## 16. [2015 | 지방직 9급]

일반적으로 사용되는 공차역 기호 h를 기준으로, 기호 h에서 기호 a에 가까워질 때의 치수변화에 대한 설명으로 옳은 것은?

① 축의 최대 허용치수가 기준치수(호칭치수)보다 작아진다.
② 축의 최대 허용치수가 기준치수(호칭치수)보다 커진다.
③ 구멍의 최대 허용치수가 기준치수(호칭치수)보다 작아진다.
④ 구멍의 최대 허용치수가 기준치수(호칭치수)보다 커진다.

**해설** 기호 h에서 기호 a에 가까워질 때 축의 최대 허용치수가 기준치수(호칭치수)보다 작아진다.

**참고** 축의 공차역(tolerance zone)
- 축의 공차역 : a b c cd d e ef f fg g h js k m n p r s t u v x y z za zb zc(28종)
- a쪽으로 갈수록 실치수가 호칭치수보다 작고 축이 작아진다.
- z쪽으로 갈수록 실치수가 호칭치수보다 크고 축도 커진다.
- 축의 공차역 h의 최대치수는 기준치수와 같고, 공차는 0으로 된다.
- 축의 공차역 js에서는 위치수 허용차와 아래치수 허용차의 크기는 같다.

**Keyword**
h에서 기호 a에 가까워질 때 축의 최대 허용치수가 기준치수(호칭치수)보다 작아진다.

**정답** | 15 ① 16 ①

**17** 2015 | 국가직 7급

그림에 나타난 기하공차에 대한 설명으로 옳은 것은?

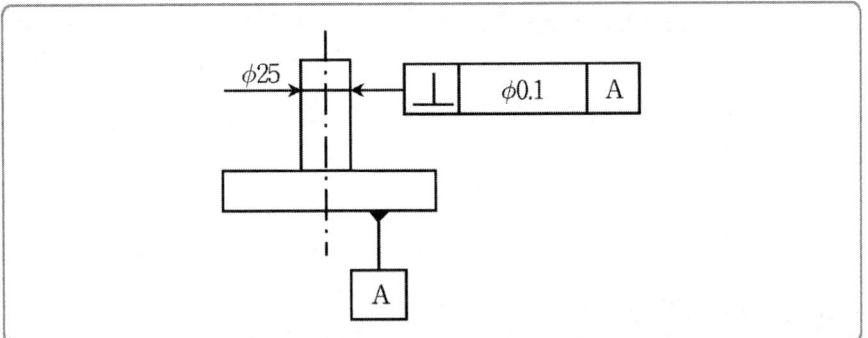

① 지름 25[mm]의 원통의 축선이 데이텀 A에 대해 직각에서 0.1° 각도 안에 있어야 한다.
② 지름 25[mm]의 원통 외형의 흔들림이 데이텀 A에 대해 직각에서 0.1[mm] 이내이어야 한다.
③ 지름 25[mm]의 원통의 축선이 데이텀 A에 대해 직각이고 동심도 공차가 0.1[mm] 이내이어야 한다.
④ 지름 25[mm]의 원통의 축선이 데이텀 A에 대해 직각인 지름 0.1[mm]인 원통 안에 있어야 한다.

|해설| 직각도를 표시하고 있으므로 지름 25[mm]의 원통의 축선이 데이텀 A에 대해 직각인 지름 0.1[mm]인 원통 안에 있어야 한다.

**Keyword**
데이텀 A를 기준으로 한 직각도를 의미한다.

정답 | 17 ④

**18** [ 2014 | 국가직 7급 ] (상)(중)(하)

다음 표를 참고하여 $\phi 60k8$의 축지름 치수 범위로 옳은 것은?

〈표 1〉 치수공차의 IT 등급별 크기

| 기준치수의 구분[mm] | | IT 등급 | | |
|---|---|---|---|---|
| | | IT 6급 | IT 7급 | IT 8급 |
| 초과 | 이하 | 단위[$\mu m$] | | |
| 30 | 50 | 16 | 25 | 39 |
| 50 | 80 | 19 | 30 | 46 |

〈표 2〉 축의 치수 허용차를 표시하는 소문자 기호

| 기준치수의 구분[mm] | | 적용되는 IT 등급 | |
|---|---|---|---|
| | | IT 4~7급 | IT 3급 이하<br>IT 8급 이하 |
| 초과 | 이하 | 아래 치수 허용차 [$\mu m$] | |
| | | k | |
| 40 | 50 | +2 | 0 |
| 50 | 65 | +2 | 0 |

① $\phi 60 \sim \phi 60.046$
② $\phi 60.002 \sim \phi 60.032$
③ $\phi 60.002 \sim \phi 60.048$
④ $\phi 60 \sim \phi 60.030$

|해설| 표 1과 2에서 축지름 치수 범위는 $\phi 60 \sim 60.046$이다.

**Keyword**
〈표 1〉로부터 IT 등급은 8급, 기준치수가 50~80[mm] 범위에 있으므로 IT 기본공차는 46[$\mu m$]이다. 〈표 2〉로부터 IT 등급은 8급, 기준치수가 50~65[mm] 범위에 있으므로 아래치수 허용차는 0이다.

**19** [ 2022 | 지방직 9급 ] (상)(중)(하)

축과 구멍의 끼워맞춤에 대한 설명으로 옳지 않은 것은?

① 중간 끼워맞춤은 가공된 실제 치수에 따라 틈새 또는 죔새가 생긴다.
② 억지 끼워맞춤은 죔새가 있는 것으로 축의 최소 허용치수가 구멍의 최대 허용치수보다 크다.
③ 헐거운 끼워맞춤은 틈새가 있는 것으로 구멍의 최소 허용치수가 축의 최대 허용치수보다 크다.
④ 축기준 끼워맞춤은 축의 공차역을 H(H5~H9)로 정하고, 필요한 죔새 또는 틈새에 따라 구멍의 공차역을 정한다.

|해설| 축기준 끼워맞춤은 축의 공차역을 h(h5~h9)로 정하고, 필요한 죔새 또는 틈새에 따라 구멍의 공차역을 정한다.

**Keyword**
기본공차의 적용

| 용도 | 게이지<br>제작공차 | 끼워맞춤<br>공차 | 끼워맞춤<br>이외의<br>공차 |
|---|---|---|---|
| 구멍 | IT01~<br>IT5 | IT6~<br>IT10 | IT11~<br>IT18 |
| 축 | IT01~<br>IT4 | IT5~<br>IT9 | IT10~<br>IT18 |

정답 | 18 ① 19 ④

**20** [2013 | 국가직 9급]

끼워맞춤에 대한 설명으로 옳은 것은?

① 축기준 끼워맞춤은 구멍의 공차역을 H(H5~H10)로 정하고 구멍에 끼워맞출 축의 공차역에 따라 죔새나 틈새가 생기게 하는 것이다.
② 구멍기준 끼워맞춤은 구멍에 끼워맞출 축의 공차역을 정하는 방식이며, 구멍의 위치수 허용차가 0이다.
③ 축기준 끼워맞춤 방식에서 φ30H7/h6은 헐거운 끼워맞춤이다.
④ 일반적으로 구멍보다 축의 가공이 쉬워 축기준 끼워맞춤을 많이 사용하고, 구멍보다 축의 정밀도를 높게 한다.

|오답풀이| ① 축기준 끼워맞춤은 축의 공차역을 h(h4~h9)로 정하고 구멍에 끼워맞출 축의 공차역에 따라 죔새나 틈새가 생기게 하는 것이다.
② 구멍기준 끼워맞춤은 구멍의 공차역을 정하는 방식이며, 구멍의 아래치수 허용차가 0이다.
④ 일반적으로 구멍보다 축의 가공이 쉬워 구멍기준 끼워맞춤을 많이 사용하고, 구멍보다 축의 정밀도를 높게 한다.

**Keyword**
축기준 끼워맞춤 방식에서 φ30H7/h6은 헐거운 끼워맞춤이다.

**21** [2013 | 국가직 7급]

다음 그림과 같이 도면에 표시된 흔들림공차에 대한 설명으로 옳은 것은?

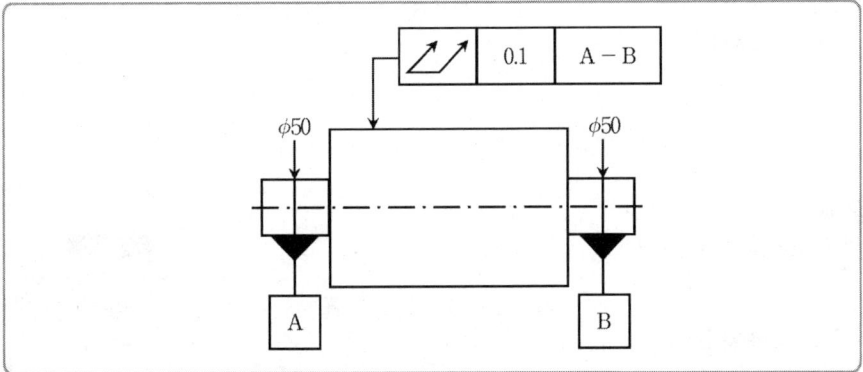

① 데이텀 축직선 A-B가 중심축이고 반지름 차이가 0.1mm인 두 동심원통 사이의 영역에 있어야 한다.
② 데이텀 축직선 A-B가 중심축이고 지름 차이가 0.1mm인 두 동축원통 사이의 영역에 있어야 한다.
③ 데이텀 축직선 A-B가 중심축이고 반지름 차이가 0.1mm인 두 동축원통 사이의 영역에 있어야 한다.
④ 데이텀 축직선 A-B가 중심축이고 지름 차이가 0.1mm인 두 동심원통 사이의 영역에 있어야 한다.

|해설| 데이텀 축직선 A-B가 중심축이고 반지름 차이가 0.1 mm인 두 동축원통 사이의 영역에 있어야 한다.

**Keyword**
반지름 방향의 온 흔들림
데이텀 축직선에 수직인 방향으로 데이텀 축직선에서부터 대상 표면까지 거리의 최대치와 최소치와의 차이로서 원통 표면상의 전 영역에서 규제된 공차만큼 떨어진 두 개의 동축원통 사이의 영역이다.

정답 | 20 ③ 21 ③

## 22 [2012 | 지방직 9급]

기계요소의 설계에 있어서 공차와 거칠기를 정하기 위한 고려사항을 설명한 것으로 옳은 것은?

① 기계요소의 공차는 기준치수의 크기와 제품의 사용목적에 맞도록 하되 가급적 공차를 작게 주어 정밀하게 가공되어야 한다.
② 기계요소를 설계할 때, 표면거칠기는 가공방법을 감안하여야 하고, 설계요구조건이 허용하는 한도에서 가급적 크게 주어 가공비용을 낮추어야 한다.
③ 구멍기준 끼워맞춤 방식은 구멍의 기준치수가 최소치수로 정해지므로 가공상의 관점에서 축기준 방식보다 비경제적이다.
④ 도면에 치수를 기입하는 방법으로는 공차역을 기호로 표시하는 방법과 위/아래 치수허용차를 직접 기입하는 방법이 있으며, 대량생산에서 한계게이지를 사용하여 측정하는 경우에는 치수 표시방식이 편리하다.

**Keyword**
기계요소를 설계할 때, 표면거칠기는 가공방법을 감안하여야 하고, 설계요구조건이 허용하는 한도에서 가급적 크게 주어 가공비용을 낮추어야 한다.

|오답풀이| ① 기계요소의 공차는 기준치수의 크기와 제품의 사용목적에 맞도록 한다. 한편, 공차를 너무 작게 주게 되면 더 정밀한 가공은 이루어지지만 제조원가가 상승되어 낭비 요소가 된다.
③ 구멍기준 끼워맞춤 방식은 구멍의 기준치수가 최소치수로 정해지므로 가공상의 관점에서 축기준 방식보다 경제적이다.
④ 도면에 치수를 기입하는 방법으로는 공차역을 기호로 표시하는 방법과 위/아래 치수허용차를 직접 기입하는 방법이 있으며, 대량생산에서 한계게이지를 사용하여 측정하는 경우에는 공차역을 기호로 표시하는 방법이 편리하다.

## 23 [2012 | 지방직 9급]

기계제도에서 기준치수(basic size)는?

① 실제치수
② 최대 허용치수 – 최소 허용치수
③ 최대 허용치수 – 위치수 허용차
④ 최소 허용치수 – 위치수 허용차

**Keyword**
기준치수(basic size)
허용한계치수의 기준이 되는 치수

|해설| 기계제도에서 기준치수(basic size)는 '최대 허용치수 – 위치수 허용차' 혹은 '최소 허용치수 – 아래 치수 허용차'이다.

정답 | 22 ② 23 ③

## 24

[2012 | 국가직 7급]

**축과 구멍의 공차역(tolerance zone)에 대한 설명으로 옳지 않은 것은?**

① 축의 경우 a~h 공차역에서는 위치수 허용차가 기초 허용치수가 되며 그 값은 음수(-)이다.
② 구멍의 경우 A~H 공차역에서는 위치수 허용차가 기초 허용치수가 되며 그 값은 음수(-)이다.
③ 축의 경우 j~zc 공차역에서는 아래치수 허용차가 기초 허용치수가 되며 그 값은 양수(+)이다.
④ 구멍의 경우 J~ZC 공차역에서는 위치수 허용차가 기초 허용치수가 되며 그 값은 음수(-)이다.

|해설| ② 구멍의 경우 A ~ H 공차역에서는 아래치수 허용차가 기초 허용치수가 되며 그 값은 양수(+)이다.

|참고| 위치수 허용차와 아래치수 허용차
 • 위치수 허용차(upper deviation) : 최대 허용치수 기준치수
 • 아래치수 허용차(lower deviation) : 최소 허용치수 기준치수

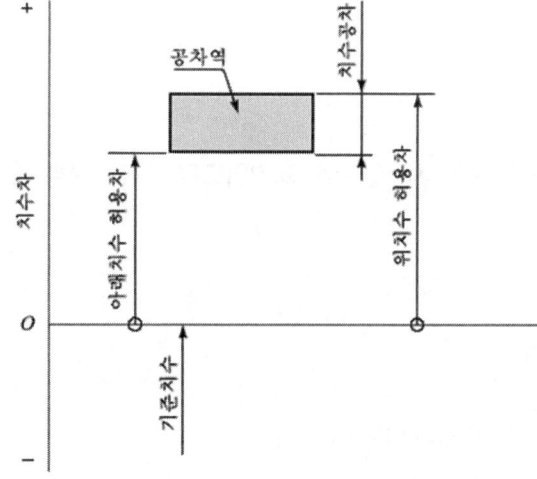

정답 | 24 ②

## 25 [2020 | 국가직 9급]

다음에 주어진 치수 허용표기에 대한 설명으로 옳지 않은 것은?

- $\phi 12H6$
- 위 표기에 대한 기본 공차 수치는 $11\mu m$ 임

① 직경이 12mm인 구멍에 대한 공차표현이다.
② IT공차는 6급이다.
③ 헐거운 끼워맞춤으로 결합되는 상대 부품의 공차역은 g5이다.
④ $\phi 12H6$을 일반공차 표기로 나타내면 $\phi 12^{\ 0}_{-0.011}$이다.

|해설| $\phi 12H6$을 일반공차 표기로 나타내면 $\phi 12^{+0.011}_{\ 0}$이다.

**Keyword**
구멍은 대문자로 표기하고 축은 소문자로 표기한다. 문자 뒤의 숫자는 등급을 나타낸다.

## 26 [2012 | 국회직 9급]

설계 도면상에 $50H6(50^{+0.016}_{-0})$와 같이 치수공차를 표기하였다. 다음 설명 중 틀린 것은?

① 치수공차는 $16\mu m$이다.
② 위치수 허용차는 $16\mu m$이다.
③ 아래치수 허용차는 $0\mu m$이다.
④ 축의 치수공차를 나타낸다.
⑤ 이 제품의 최대 허용치수는 50.016mm이다.

|해설| ④ 대문자로 표시되었으므로 구멍의 치수공차를 나타낸다.

**Keyword**
$50H6(50^{+0.016}_{-0})$
구멍 치수공차($16\mu m$)이다. 위치수 허용차는 $16\mu m$, 아래치수 허용차는 $0\mu m$이며, 최대 허용치수는 50.016mm이다.

정답 | 25 ④ 26 ④

# 04 치공구설계
CHAPTER

**01** [2021 | 국가직 9급] 상중하
치공구에서 위치결정구의 요구사항으로 옳지 않은 것은?
① 교환이 가능할 것
② 청소가 용이할 것
③ 가시성이 우수할 것
④ 경도가 높지 않을 것

| 해설 | 치공구에서 위치결정구는 내마모성이 좋아야 하므로 경도가 높아야 한다.

> **Keyword**
> 치공구설계의 핵심은 위치결정점, 고정점, 지지점을 찾아내고 각각에 대해 위치결정구, 고정구, 지지구를 설계하는 것이다.

**02** [2019 | 지방직 9급] 상중하
기계부품 가공 등의 작업에 쓰이는 보조 도구에 대한 설명으로 옳지 않은 것은?
① 드릴링 작업에 쓰이는 안내 부시는 공작물을 고정하는 보조 도구이다.
② 클램프는 공작물을 고정하는 데 쓰이는 보조 도구이다.
③ 지그는 작업종류에 따라 공작물에 맞춘 보조 도구이다.
④ 바이스는 조(jaw)가 공작물을 고정할 수 있는 보조 도구이다.

| 해설 | 드릴링 작업에 쓰이는 안내 부시는 절삭공구인 드릴을 원하는 위치로 잘 진행되도록 안내하는 지그이다.

> **Keyword**
> 기계부품 가공 등의 작업에 쓰이는 보조 도구는 지그(jig)에 속한다.

정답 | 01 ④ 02 ①

## 03 [2019 | 지방직 9급]

치공구를 사용하여 얻을 수 있는 이득으로 옳은 것만을 모두 고르면?

> ㉠ 제품 검사에 소요되는 시간을 줄일 수 있다.
> ㉡ 숙련되지 않은 작업자도 비교적 쉽게 작업할 수 있다.
> ㉢ 가공에 따른 불량을 줄이고 생산능률을 향상시킬 수 있다.

① ㉠, ㉡
② ㉠, ㉢
③ ㉡, ㉢
④ ㉠, ㉡, ㉢

**해설** 치공구를 사용하면 생산성(생산능률)과 품질 향상 및 제조 및 검사의 소요시간 단축 그리고 제조의 용이성을 좋게 하여 미숙련공도 쉽게 작업할 수 있게 한다.

**Keyword**
치공구는 반복 작업으로 대량 생산하는 부품을 일정한 위치에 놓고 고정시킨 후 일감이 휘거나 움직이지 않도록 하여 반복 작업을 보조하는 장치류이다.

## 04 [2018 | 지방직 9급]

다음 설명에 해당하는 지그는?

> • 고정장치가 없어 별도의 핀으로 위치를 잡아준다.
> • 일감의 특정한 부분의 모양에 맞추어 작업할 수 있도록 만들어진다.
> • 부시를 사용하지 않을 때에는 지그판 전체를 열처리하여 경화시킨 후 사용한다.
> • 정밀도 향상보다는 빠른 작업속도와 노동력 절감을 위하여 사용되므로 비교적 제작비용이 적게 든다.

① 형판 지그(template jig)
② 평판 지그(plate jig)
③ 박스 지그(box jig)
④ 앵글판 지그(angle plate jig)

**오답풀이**
② 평판 지그(plate jig) : 지그 본체, 간단한 위치결정구와 클램핑장치로 구성되며 생산수량에 따라 부시 사용 여부를 결정한다.
③ 박스 지그(box jig) 혹은 상자형 지그 : 상자형으로 지그를 회전시키면서 모든 면을 가공하며 위치결정이 정밀하고 견고한 클램핑이 가능하다. 제작에 많은 시간이 소요되며 구조적으로 칩배출이 곤란할 수 있으므로 칩배출에 각별히 신경 써서 설계해야 하며 제작비가 많이 든다.
④ 앵글판 지그(angle plate jig) 혹은 니형 지그 : 위치결정면에 직각으로 가공될 공작물을 지지하며 풀리, 기어, 칼라 등을 가공할 때 사용된다.

**참고** 치공구의 3요소 : 위치결정면, 위치결정구, 클램프

**Keyword**
형판 지그(template jig)는 일감의 특정한 부분의 모양에 맞추어 작업할 수 있도록 만들어지며 고정장치가 없어 별도의 핀으로 위치를 잡아준다. 부시를 사용하지 않을 때에는 지그판 전체를 열처리하여 경화시킨 후 사용하며 정밀도 향상보다는 빠른 작업속도와 노동력 절감을 위하여 사용되므로 비교적 제작비용이 적게 든다.

정답 | 03 ④  04 ①

## 05 [2017 | 지방직 9급]

**치공구 설계에 대한 기본 원칙으로 옳지 않은 것은?**

① 중요 구성부품은 표준 규격품을 사용할 것
② 충분한 강도를 유지하되 경량화 설계할 것
③ 가능한 한 정밀한 공차를 유지할 것
④ 치공구 본체는 칩과 절삭유가 배출될 수 있도록 설계할 것

**|해설|** 치공구의 공차는 가공품 공차의 20~50[%]로 설계한다.

**|참고|** [참고 1] 치공구 설계에 대한 기본 원칙
- 중요 구성부품은 표준 규격품을 사용할 것
- 충분한 강도를 유지하되 경량화 설계할 것
- 치공구의 공차는 제품 공차에 대하여 20~50% 정도로 하며 정확한 작업을 요하는 부분에 대하여 지나치게 정밀한 공차를 주지 않도록 할 것
- 치공구 본체는 칩과 절삭유가 배출될 수 있도록 설계할 것
- 공작물의 수량과 납기 등을 고려하여 공작물에 적합하고 단순하게 치공구를 결정할 것
- 표준범용 치공구의 이용 및 사용하지 않는 치공구를 개조하거나 수리를 고려할 것
- 치공구를 설계할 때는 중요 구성부품은 전문 업체에서 생산되는 표준 규격품을 사용할 것
- 손으로 조작하는 치공구는 충분한 강도를 가지면서 가볍게 설계할 것
- 클램핑 힘이 걸리는 거리를 되도록 짧게 하고 단순하게 설계할 것
- 치공구 본체에 가공을 위한 공구위치 및 측정을 위한 세트블록을 설치할 것
- 가공압력은 클램핑 요소에서 받지 않고 위치결정면에 하중이 작용하도록 할 것
- 단조품의 분할면, 주형의 분할면 탕구 및 삽탕구의 위치는 피할 것
- 클램핑 요소에서는 되도록 스패너, 핀, 쐐기, 망치와 같이 여러 가지 부품을 사용하지 않도록 설계할 것
- 치공구의 제작비와 손익 분기점을 고려할 것
- 제품의 재질을 고려하여 이에 적합한 것으로 할 것
- 정밀도가 요구되지 않거나 조립이 되지 않는 불필요한 부분에 대해서는 기계가공 등의 작업을 하지 않을 것
- 치공구 도면에 주기 등을 표시하여 최대한 단순화할 수 있도록 할 것

**|참고|** [참고 2] 치공구는 지그와 고정구 및 게이지로 분류하며 기계, 자동차, 컴퓨터, 전자, 항공, 조선분야 등에서 각종 제품 생산시 흔히 사용하고 있거나 접하고 있는 기술분야이다. 치공구의 사용은 기계가공, 조립, 검사, 용접 등 전 기술분야에서 널리 사용되고 있으며 기계설계의 기본이다.

**Keyword**
치공구의 공차는 제품 공차에 대하여 20~50% 정도로 하며 정확한 작업을 요하는 부분에 대하여 지나치게 정밀한 공차를 주지 않도록 해야 한다.

**정답 | 05 ③**

## 06

[ 2013 | 국가직 9급 ] (상)(중)(하)

다음은 직육면체 형상의 공작물 A를 머시닝 센터의 테이블 위에 정확한 위치와 자세로 고정하기 위한 고정구(fixture) 맞춤 핀(pin) B의 배치를 나타낸 것으로, 위에서 본 그림이다. 맞춤 핀 B의 배치로 가장 적합한 것은?

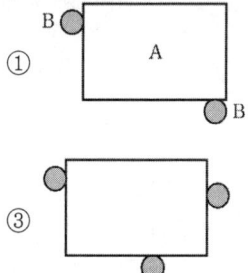
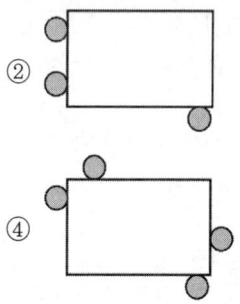

**Keyword**

3-2-1 위치결정법을 고려한다. 이 그림에서는 최초 기준면이 되는 3개의 위치결정구는 이미 제대로 배치된 것을 가정한다.

|해설| 3-2-1 위치결정법에 의하면 가장 넓은 면인 바닥면에 우선적으로 3개의 위치결정구를 배치하며 이 면을 기준면이라고 한다. 그 다음은 2번째 넓은 면에 2개의 위치결정구를 배치하고 나머지 한 면에 1개의 위치결정구를 배치한다. 이 룰에 의하면 정답은 없으나 ①~④ 중에서는 ②의 경우가 나머지의 배치보다는 더 낫다. 그림에서는 3개의 위치결정구는 일단 바닥면에 배치하였고, 나머지 위치결정구를 제대로 배치하려면, ②의 경우 가로면이 더 길게 나타나 있으므로 여기에 위치결정구를 2개 배치하고 수직면에는 1개를 배치하는 것이 옳다.

정답 | 06 ②

PART

# 02

# 결합용 기계요소

제1장 • 나사

제2장 • 키·핀·코터

제3장 • 리벳이음·용접이음

기계설계 기출문제집

# 01 나사
CHAPTER

01 [ 2019 | 국가직 9급 ] 상ⓒ하

그림은 나사와 도르래를 이용하여 무게 119.4N의 물체 M을 들어 올리는 장치이다. 적용된 나사가 바깥지름 22mm, 유효지름 20mm, 피치 3mm인 사각나사일 때, 물체를 들어올리기 위해 필요한 최소 힘 $P$[N]는? (단, 핸들의 지름은 180mm, 사각나사의 마찰계수는 0.1이며, $\pi = 3.0$으로 한다. 또한, 물체 M 외 다른 부품의 무게는 모두 무시한다)

**Keyword**

나사를 돌리는 데 필요한 토크
$$T = Q \times \frac{d_2}{2} \times \frac{p + \mu\pi d_2}{\pi d_2 - \mu p}$$
($Q$ : 나사의 축방향 하중, $p$ : 피치, $\mu$ : 마찰계수, $d_2$ : 유효지름)

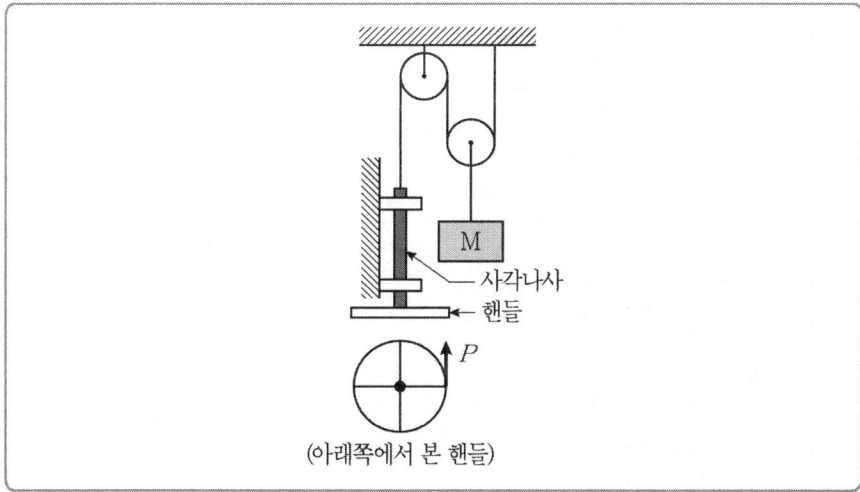

① 0.5
② 0.7
③ 1.0
④ 2.0

**해설**

나사를 돌리는 데 필요한 토크 $T = P \times \frac{180}{2} = Q \times \frac{d_2}{2} \times \frac{p + \mu\pi d_2}{\pi d_2 - \mu p}$

$T = P \times \frac{180}{2} = \frac{119.4}{2} \times \frac{20}{2} \times \frac{3 + 0.1 \times 3 \times 20}{3 \times 20 - 0.1 \times 3} = 90$이므로

$P = 1.0[N]$

정답 | 01 ③

## 02 [ 2019 | 국가직 9급 ] 상(중)하

그림과 같이 피치 2mm, 유효지름 10mm, 나사면 마찰계수 0.3인 삼각나사를 죄기 위한 토크가 100N·mm일 때, 나사의 축방향으로 미는 힘 $Q$[N]에 가장 가까운 값은? (단, $\pi = 3.0$으로 하고, 계산에 필요한 삼각함수는 주어진 값을 적용한다)

$\sin 30° = 0.5, \ \cos 30° = 0.9, \ \tan 30° = 0.6$
$\sin 60° = 0.9, \ \cos 60° = 0.5, \ \tan 60° = 1.7$

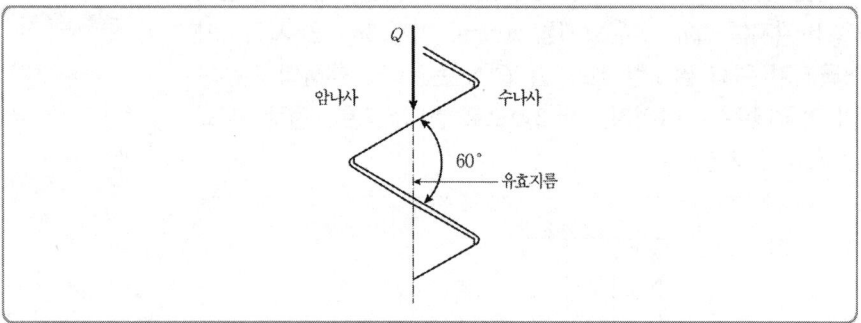

① 21  ② 27
③ 49  ④ 66

**해설** 상당마찰계수 $\mu' = \dfrac{\mu}{\cos \dfrac{\beta}{2}} = \dfrac{0.3}{\cos 30°} = \dfrac{0.3}{0.9} = \dfrac{1}{3}$

리드각이 $\alpha$일 때, $\tan\alpha = \dfrac{p}{\pi d_e} = \dfrac{2}{3.0 \times 10} = \dfrac{1}{5}$이며

따라서 $100 = \dfrac{10}{2} \times Q \times \dfrac{1/15 + 1/3}{1 - \dfrac{1}{15} \times \dfrac{1}{3}}$이므로 $Q = \dfrac{440}{9} \simeq 49[N]$

## 03 [ 2021 | 국가직 9급 ] 상**중**하

마찰각 $\rho$, 리드각 $\alpha$, 마찰계수 $\mu = \tan\rho$인 사각나사에서 $\alpha = \rho$일 때, 나사효율은? (단, 자리면의 마찰은 무시한다)

① $\dfrac{1}{2}(1 - \tan^2\rho)$   ② $\dfrac{1}{2}(1 + \tan^2\rho)$
③ $\dfrac{1}{2}(1 - \tan^2 2\rho)$   ④ $\dfrac{1}{2}(1 + \tan^2 2\rho)$

**Keyword** 나사효율 $\eta = \dfrac{\tan\alpha}{\tan(\alpha+\rho)}$

**해설** 나사효율 $\eta = \dfrac{\tan\alpha}{\tan(\alpha+\rho)}$에서 $\alpha = \rho$이므로

$\eta = \dfrac{\tan\alpha}{\tan(\alpha+\rho)} = \dfrac{\tan\rho}{\tan(\rho+\rho)} = \dfrac{\tan\rho}{\tan 2\rho} = \dfrac{\tan\rho}{\left(\dfrac{2\tan\rho}{1-\tan^2\rho}\right)} = \dfrac{1}{2}(1 - \tan^2\rho)$

정답 | 02 ③ 03 ①

**04** [2018 | 서울시 9급 2차] 상 중 하

사각 나사 효율($\eta$)에 대한 설명으로 가장 옳은 것은? (단, $\rho$는 마찰각, $\lambda$는 리드각이다)

① $\eta = \dfrac{\text{마찰이 있는 경우의 회전력}}{\text{마찰이 없는 경우의 회전력}}$

② $\eta = \dfrac{\tan(\rho+\lambda)}{\tan\lambda}$

③ $\eta_{\max} = \tan^2\left(45° - \dfrac{\rho}{2}\right)$ ($\eta_{\max}$ : 최대 효율)

④ 자립상태를 유지하는 사각 나사의 효율은 50% 이상이다.

|오답풀이| 
① $\eta = \dfrac{\text{마찰이 없는 경우의 회전력}}{\text{마찰이 있는 경우의 회전력}}$

② $\eta = \dfrac{\tan\lambda}{\tan(\rho+\lambda)}$

④ 자립상태를 유지하는 사각 나사의 효율은 50% 미만이다.

**Keyword**
최대 효율
$\eta_{\max} = \tan^2\left(45° - \dfrac{\rho}{2}\right)$

---

**05** [2018 | 서울시 9급] 상 중 하

미터 치수를 사용하는 나사의 호칭지름은 무엇으로 나타내는가?

① 암나사의 유효지름
② 암나사의 바깥지름
③ 체결되는 수나사의 바깥지름
④ 체결되는 수나사의 유효지름

|해설| 미터 치수를 사용하는 나사의 호칭지름은 체결되는 수나사의 바깥지름으로 나타낸다.

**Keyword**
미터 치수 표기법에서 M은 수나사의 바깥지름이다.

---

**06** [2019 | 지방직 9급] 상 중 하

나사에 대한 설명으로 옳은 것은?

① 미터 가는 나사는 지름에 대한 피치의 크기가 미터 보통 나사보다 커서 기밀성이 우수하다.
② 둥근 나사는 수나사와 암나사 사이에 강구를 배치하여 운동시 마찰을 최소화한다.
③ 유니파이 나사는 나사산각이 55°인 인치계 삼각 나사이고, 나사의 크기는 1인치당 나사산수로 한다.
④ 톱니 나사는 하중의 작용방향이 일정한 경우에 사용하고 하중을 받는 반대쪽은 삼각 나사 형태로 만든다.

|오답풀이|
① 미터 가는 나사는 지름에 대한 피치의 크기가 미터 보통나사보다 작아서 기밀성이 우수하다.
② 볼나사는 수나사와 암나사 사이에 강구를 배치하여 운동시 마찰을 최소화한다.
③ 유니파이 나사는 나사산각이 60°인 인치계 삼각 나사이고, 나사의 크기는 1인치당 나사산수로 한다.

**Keyword**
톱니 나사는 하중의 작용방향이 일정한 경우에 사용하고 하중을 받는 반대쪽은 삼각 나사 형태로 만든다.

---

|정답| 04 ③ 05 ③ 06 ④

## 07 [2018 | 지방직 9급]

**나사에 대한 설명으로 옳지 않은 것은?**

① 미터 나사는 나사산각이 60°인 미터계 삼각 나사이며, 미터 가는 나사는 자립성이 우수하여 풀림 방지용으로 사용한다.
② 일반적으로 삼각 나사는 체결용 기계요소이고, 사각 나사는 회전운동을 직선운동으로 바꾸는 운동용 기계요소이다.
③ 3/8-16 UNC는 유니파이 보통 나사로 수나사의 호칭지름이 3/8인치이고 1인치당 나사산수가 16개임을 의미한다.
④ 사각 나사는 다른 나사에 비해 나사효율이 낮으나 가공이 쉽다.

**해설** 사각 나사는 다른 나사에 비해 나사효율이 높으나 가공이 어렵다.

**Keyword**
사각 나사는 회전운동을 직선운동으로 바꾸는 운동용 기계요소이며 나사효율이 높다.

## 08 [2020 | 국가직 9급]

**내경 80mm 관의 한쪽 끝에 볼트 4개로 덮개를 고정하여 관 내부 압력을 100kgf/cm² 으로 유지하려고 할 때, 볼트의 최소 골지름[cm]은? [단, 볼트의 허용인장응력은 $\sigma_a$[kgf/cm²]이다]**

① $\dfrac{20}{\sqrt{\sigma_a}}$  
② $\dfrac{30}{\sqrt{\sigma_a}}$  
③ $\dfrac{40}{\sqrt{\sigma_a}}$  
④ $\dfrac{50}{\sqrt{\sigma_a}}$

**해설**
$$100 \times \frac{\pi \times 80^2}{4} = 4 \times \sigma_a \times \frac{\pi d^2}{4}$$
$$d = \frac{400}{\sqrt{\sigma_a}}[mm] = \frac{40}{\sqrt{\sigma_a}}[cm]$$

**Keyword**
볼트의 허용인장응력
$\sigma_a = \dfrac{F}{A}$
($F$ : 인장하중, $A$ : 단면적)

## 09 [2018 | 국가직 9급]

**아이볼트에 축방향으로 3[kN]의 인장하중이 작용할 때, 사용 가능한 볼트의 최소 바깥지름[mm]은? (단, 허용인장응력은 40[N/mm²], 골지름($d_1$)과 바깥지름($d$)의 비율 $\dfrac{d_1}{d} = 0.5$, $\pi = 3$으로 한다)**

① 10  ② 12
③ 16  ④ 20

**해설**
$40 \times \dfrac{\pi d_1^2}{4} = 3 \times 10^3$에서 $d_1 = \sqrt{\dfrac{3 \times 10^3}{\pi \times 10}} = 10[mm]$이며 $d = \dfrac{d_1}{0.5} = \dfrac{10}{0.5} = 20[mm]$

**Keyword**
$40 \times \dfrac{\pi d_1^2}{4} = 3 \times 10^3$

**정답** | 07 ④  08 ③  09 ④

**10** [2018 | 지방직 9급]

그림과 같이 아이볼트(eye bolt)에 축방향 하중($P$) 2kN이 작용할 때, 하중을 지지하기 위한 아이볼트의 최소 골지름($d$)[mm]은? (단, 아이볼트의 허용인장응력은 80N/mm²이며, 아이볼트는 골지름 단면에서 파괴된다고 가정한다)

Keyword
$\sigma = \dfrac{P}{A}$

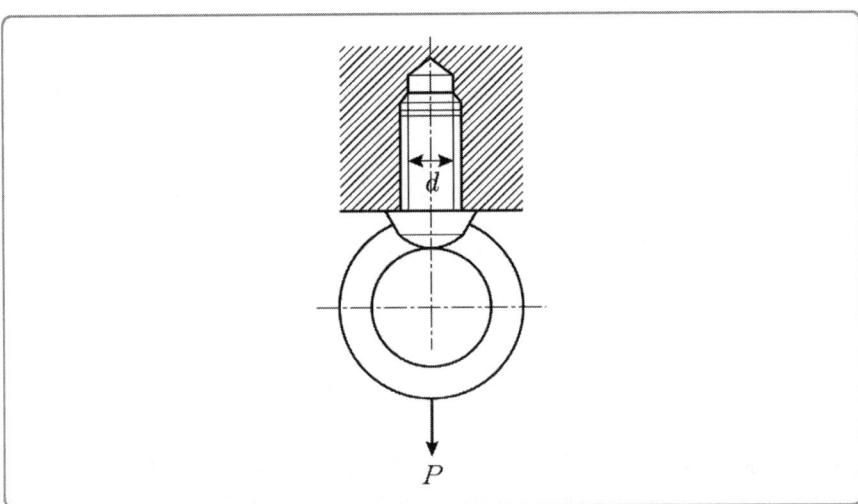

① $\sqrt{\dfrac{5}{\pi}}$  ② $\sqrt{\dfrac{20}{\pi}}$

③ $\sqrt{\dfrac{50}{\pi}}$  ④ $\sqrt{\dfrac{100}{\pi}}$

|해설| $\sigma = \dfrac{P}{A}$ 에서 $80 = \dfrac{2 \times 10^3}{\dfrac{\pi d^2}{4}}$ 이므로 $d = \sqrt{\dfrac{4 \times 2 \times 10^3}{\pi \times 80}} = \sqrt{\dfrac{100}{\pi}}$ [mm]이다.

---

**11** [2018 | 국가직 9급]

나선면의 마찰각이 7°, 리드각이 3°인 사각 나사를 조일 때의 효율은? (단, 사각 나사의 자리면 마찰을 무시하고, tan(3°)≒0.05, tan(4°)≒0.07, tan(7°)≒0.12, tan(10°)≒0.18로 근사하여 계산한다)

Keyword
$\eta = \dfrac{\tan 3°}{\tan(3° + 7°)}$

① $\dfrac{2}{3}$  ② $\dfrac{7}{12}$

③ $\dfrac{7}{18}$  ④ $\dfrac{5}{18}$

|해설| $\eta = \dfrac{\tan 3°}{\tan(3°+7°)} = \dfrac{\tan 3°}{\tan 10°} = \dfrac{0.05}{0.18} = \dfrac{5}{18}$

정답 | 10 ④  11 ④

**12** [2018 | 국가직 9급]

사각 나사의 안지름이 8[mm], 바깥지름이 12[mm], 피치는 $\pi$[mm]일 때, 1,000[N]의 축방향 하중을 견딜 수 있는 너트의 최소 높이[mm]는? (단, 재료의 허용접촉면압력은 10[N/mm$^2$]이다)

① 1
② 5
③ 10
④ 12

| 해설 |

나사산수 $Z = \dfrac{1,000}{\dfrac{\pi}{4} \times (12^2 - 8^2) \times 10} = \dfrac{5}{\pi}$

너트의 최소 높이 $H = Zp = \dfrac{5}{\pi} \times \pi = 5[\text{mm}]$

**Keyword**

나사산수
$Z = \dfrac{1,000}{\dfrac{\pi}{4} \times (12^2 - 8^2) \times 10}$
너트의 최소 높이 $H = Zp$

---

**13** [2019 | 국가직 9급]

그림과 같은 압력용기에서 내부압력에 의해 용기 뚜껑에 작용하는 전체 하중이 10kN이고, 용기 뚜껑을 볼트 4개로 체결할 때, 나사산의 면압력만을 고려한 너트의 높이 $H$[mm]는? (단, 나사의 허용 접촉 면압력 10MPa, 피치 2mm이고, 볼트의 바깥지름과 골지름은 각각 11mm, 9mm이다. 또한, 너트의 각 나사산에 작용하는 축방향 하중은 균등하다)

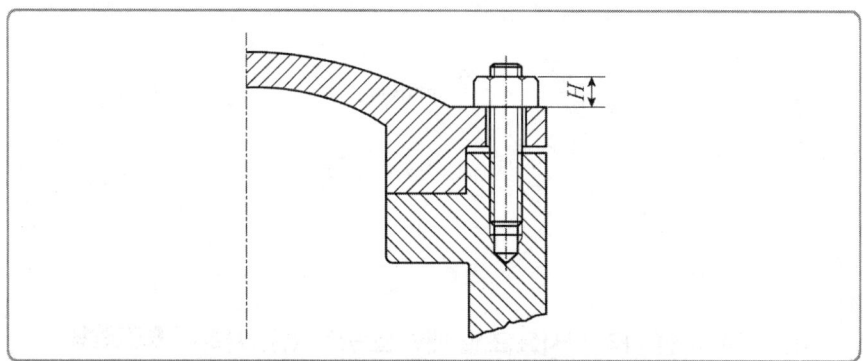

① $\dfrac{20}{\pi}$
② $\dfrac{30}{\pi}$
③ $\dfrac{40}{\pi}$
④ $\dfrac{50}{\pi}$

| 해설 |

나사산의 수 $Z = \dfrac{10 \times 1,000 \times \dfrac{1}{4}}{\dfrac{\pi}{4}(11^2 - 9^2) \times 10} = \dfrac{25}{\pi}$

너트의 높이 $H = Zp = \dfrac{25}{\pi} \times 2 = \dfrac{50}{\pi}[mm]$

**Keyword**

너트의 높이 $H = Zp$
($Z$ : 나사산의 수, $p$ : 피치)

정답 | 12 ② 13 ④

**14** [2020 | 국가직 9급]

다음 중 나사의 풀림을 방지하기 위한 방법으로 옳은 것만을 모두 고르면?

> ㉠ 로크 너트(lock nut) 적용
> ㉡ 절입 너트(split nut) 적용
> ㉢ 코킹(caulking) 적용
> ㉣ 톱니붙이 와셔(toothed washer) 적용
> ㉤ 멈춤 나사 적용
> ㉥ 플러링(fullering) 적용

① ㉠, ㉡, ㉣, ㉤
② ㉠, ㉢, ㉤, ㉥
③ ㉡, ㉢, ㉣, ㉤
④ ㉡, ㉣, ㉤, ㉥

|해설| 코킹과 풀러링은 리벳작업 후 기밀성을 주기 위한 작업이다.

**Keyword**
코킹은 리벳작업 후 기밀성을 주기 위하여 리벳의 둘레 및 강판 끝을 정처럼 생긴 공구로 두드려 틈막이작업을 하는 것을 의미한다. 코킹은 볼트 풀림방지를 위한 방법으로도 사용되지만 원래의 목적은 아니다.

**15** [2017 | 국가직 9급]

너트의 풀림 방지 대책이 아닌 것은?

① 스프링 와셔(spring washer)를 이용하는 방법
② 로크 너트(lock nut)를 이용하는 방법
③ 부싱(bushing)을 이용하는 방법
④ 멈춤 나사(set screw)를 이용하는 방법

|해설| 너트의 풀림 방지 대책
- 스프링 와셔(spring washer)를 이용하는 방법
- 로크 너트(lock nut)를 이용하는 방법
- 멈춤 나사(set screw)를 이용하는 방법
- 분할핀을 이용하는 방법
- 플라스틱이 삽입된 너트를 이용하는 방법
- 탄성력이 있는 와셔를 사용하는 방법(스프링와셔, 이붙이와셔)
- 작은 나사를 사용하는 방법
- 클로 또는 철사를 사용하는 방법
- 와셔의 일부를 접어 굽히거나 코킹(caulking)하는 방법
- 너트의 측면에 금속편을 맞대는 방법
- 자리면에 가하는 힘을 이용하는 방법
- 자동죔 너트(self-locking nut)에 의한 방법

**Keyword**
부싱(bushing)을 이용하는 방법으로는 너트 풀림 방지가 불가능하다. 부싱은 축의 회전진동의 최소화, 유류의 밀봉, 절연 등을 위해서 사용되는 원통 모양의 부품이다.

정답 | 14 ① 15 ③

## 16 [2017 | 국가직 7급]

진동, 충격 및 반복하중 등에 의한 나사의 풀림 방지를 위한 방법으로 옳지 않은 것은?

① 캡(cap)너트를 사용한다.
② 멈춤나사를 삽입한다.
③ 분할핀을 사용한다.
④ 플라스틱이 삽입된 너트를 사용한다.

|해설| 캡너트로는 나사 풀림 방지를 할 수 없다.

**Keyword**
캡너트
한쪽 면을 막아 볼트가 관통하지 않는 모양으로 제작한 너트. 외관을 좋게 하거나 기밀성 유지를 위해 사용

## 17 [2017 | 국가직 9급]

그림과 같은 아이볼트(eye bolt)가 축 하중(axial load)만을 받고 있다. 나사산의 골지름은 8.0mm, 유효지름은 9.0mm, 바깥지름은 10.0mm라고 가정한다. 이 아이볼트의 허용인장응력이 120MPa이라고 한다면 허용하중[N]에 가장 가까운 값은? (단, $\pi=3.14$로 한다)

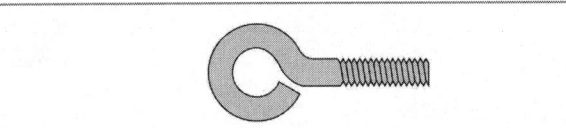

① 6,000
② 7,500
③ 8,900
④ 9,400

|해설| $120 \times \dfrac{\pi \times 8^2}{4} = 6,031.9[N]$이며 가장 가까운 값인 ① 6,000[N]이 정답이다.

**Keyword**
허용인장응력 $\sigma_a = \dfrac{W}{A}$에서 $W = \sigma_a A$ ($W$: 허용하중, $A$: 아이볼트의 단면적)

## 18 [2017 | 지방직 9급]

사다리꼴 나사에 대한 설명으로 옳은 것은?

① 사각 나사에 비해 제작이 쉽고 나사산의 강도가 크다.
② 큰 하중이 한쪽 방향으로만 작용되는 경우에 적합하다.
③ 먼지와 모래 및 녹 가루 등이 나사산으로 들어갈 염려가 있는 곳에 사용된다.
④ 나사 홈에 강구를 넣을 수 있도록 가공하여 볼의 구름 접촉을 통해 나사 운동을 시킨다.

|오답풀이| ② 큰 하중이 한쪽 방향으로만 작용되는 경우에 적합한 나사는 톱니 나사이다.
③ 먼지와 모래 및 녹 가루 등이 나사산으로 들어갈 염려가 있는 곳에 사용되는 나사는 둥근 나사이다.
④ 나사 홈에 강구를 넣을 수 있도록 가공하여 볼의 구름 접촉을 통해 나사 운동을 시키는 나사는 볼나사이다.

**Keyword**
사다리꼴 나사는 사각 나사에 비해 제작이 쉽고 나사산의 강도가 크다.

정답 | 16 ① 17 ① 18 ①

**19** [2017 | 지방직 9급] 상 **중** 하

$Q$의 하중을 올리기 위한 한줄 사각 나사의 효율을 나타내는 식으로 옳지 않은 것은? (단, $p$는 피치, $d_2$는 유효지름, $P$는 접선방향의 회전력, $T$는 회전토크, $\rho$는 마찰각, $\lambda$는 리드각, 자리면 마찰은 무시한다)

① $\dfrac{pQ}{\pi d_2 P}$  ② $\dfrac{pQ}{2\pi T}$

③ $\dfrac{pP}{4\pi T}$  ④ $\dfrac{p}{\pi d_2 \tan(\rho+\lambda)}$

| 해설 | 나사의 효율 $\eta = \dfrac{출력일}{입력일} = \dfrac{pQ}{\pi d_2 P} = \dfrac{p}{\pi d_2 \tan(\rho+\lambda)} = \dfrac{pQ}{2\pi \times \dfrac{d_2}{2} \times P} = \dfrac{pQ}{2\pi T}$

**Keyword**

나사의 효율 $\eta = \dfrac{출력일}{입력일}$

---

**20** [2017 | 지방직 9급] 상 중 **하**

2N M12-6H 나사에 대한 설명으로 옳지 않은 것은?

① 미터 보통 나사이다.  ② 두줄 나사이다.
③ 오른 나사이다.  ④ 수나사이다.

| 해설 | ④ 6등급의 암나사(6H)이다.

| 오답 풀이 | ① 미터 보통 나사(M12)이다.
② 두줄 나사(2N)이다.
③ 오른 나사의 경우는 별도의 표시가 없으며, 왼나사의 경우는 L로 표시한다.

**Keyword**

나사의 표기
나사산의 감김방향, 나사산의 줄수, 나사의 호칭, 나사 등급

---

**21** [2017 | 지방직 9급] 상 중 **하**

미터 보통 나사 호칭 M16을 옳게 설명한 것은?

① 암나사 골지름 16mm  ② 암나사 유효지름 16mm
③ 수나사 골지름 16mm  ④ 수나사 유효지름 16mm

| 해설 | ① 암나사 골지름 16mm

| 오답 풀이 | ② M16만으로 암나사 유효지름을 알 수 없다.
③ 수나사 바깥지름 16mm
④ M16만으로 수나사 유효지름을 알 수 없다.

**Keyword**

미터 보통 나사 호칭 M16은 수나사의 바깥지름 '16mm'를 나타내며 암나사의 경우 골지름이다.

---

정답 | 19 ③  20 ④  21 ①

## 22. [2019 | 서울시 9급 2차]

축방향 하중은 $Q$, 리드각은 $\alpha$, 마찰각은 $\rho$ 라고 하고 자리면의 마찰은 무시한다. 사각 나사를 풀 때 필요한 회전력($P'$)을 표현한 식으로 가장 옳은 것은?

① $Q\tan(\rho-\alpha)$
② $Q\sin(\rho-\alpha)$
③ $Q\tan(\alpha-\rho)$
④ $Q\sin(\alpha-\rho)$

**해설** 사각 나사를 풀 때 필요한 회전력

$$P' = Q\frac{\mu\cos\alpha - \sin\alpha}{\cos\alpha + \mu\sin\alpha} = Q\frac{\tan\rho\cos\alpha - \sin\alpha}{\cos\alpha + \tan\rho\sin\alpha} = Q\frac{\tan\rho - \tan\alpha}{1 + \tan\rho\tan\alpha} = Q\tan(\rho - \alpha)$$

**Keyword**
사각 나사를 풀 때 필요한 회전력 $P' = Q\tan(\rho-\alpha)$

## 23. [2017 | 서울시 9급]

축방향 하중 $Q$를 받는 사각 나사를 죄기 위해 접선 방향으로 가해야 하는 회전력 $P$는? [단, 리드각(나선각)은 $\alpha$, 마찰각은 $\rho$이다]

① $Q\tan(\rho+\alpha)$
② $Q\tan(\rho-\alpha)$
③ $Q\cos(\rho+\alpha)$
④ $Q\cos(\rho-\alpha)$

**해설** 회전력 $P = Q\dfrac{\sin\alpha + \mu\cos\alpha}{\cos\alpha - \mu\sin\alpha}$ 에서 마찰계수 $\mu = \tan\rho$ 이므로

$$P = Q\frac{\sin\alpha + \mu\cos\alpha}{\cos\alpha - \mu\sin\alpha} = Q\frac{\sin\alpha + \tan\rho\cos\alpha}{\cos\alpha - \tan\rho\sin\alpha}$$ 가 되며 분모, 분자를 $\cos\alpha$로 나누면

$$P = Q\frac{\tan\alpha + \tan\rho}{1 - \tan\rho\tan\alpha} = Q\tan(\rho+\alpha)$$

**Keyword**
회전력 $P = Q\tan(\rho+\alpha)$

## 24. [2022 | 국가직 9급]

마찰각이 $\rho$, 리드각이 $\beta$, 유효지름이 $d_m$인 사각나사를 이용하여 축하중 $Q$인 물체를 들어올리기 위해 나사 유효지름의 원주에서 접선방향으로 가하는 회전력 $P_1 = Q\tan(\rho+\beta)$, 토크 $T_1 = Q\dfrac{d_m}{2}\tan(\rho+\beta)$ 이다. 동일한 사각나사를 이용하여 축하중 $Q$인 물체를 내리기 위해 나사 유효지름의 원주에서 접선방향으로 가하는 회전력 $P_2$와 토크 $T_2$를 구하는 식은? (단, 자리면 마찰은 무시한다)

| | $P_2$ | $T_2$ | | $P_2$ | $T_2$ |
|---|---|---|---|---|---|
| ① | $Q\tan(\rho-\beta)$ | $Q\dfrac{d_m}{2}tan(\rho-\beta)$ | ② | $Q\tan(\beta-\rho)$ | $Q\dfrac{d_m}{2}tan(\rho-\beta)$ |
| ③ | $Q\tan(\rho-\beta)$ | $Q\dfrac{d_m}{2}tan(\beta-\rho)$ | ④ | $Q\tan(\beta-\rho)$ | $Q\dfrac{d_m}{2}tan(\beta-\rho)$ |

**해설** 물체를 내리기 위해 나사 유효지름의 원주에서 접선방향으로 가하는,

회전력 $P_2 = Q\tan(\rho-\beta)$

토크 $T_2 = Q\dfrac{d_m}{2}tan(\rho-\beta)$

**Keyword**
물체를 들어올리기 위해 나사 유효지름의 원주에서 접선방향으로 가하는,
회전력 $P_1 = Q\tan(\rho+\beta)$
토크
$T_1 = Q\dfrac{d_m}{2}tan(\rho+\beta)$

**정답** 22 ① 23 ① 24 ①

## 25 | 2022 | 지방직 9급

**사각나사를 사용한 나사잭으로 물건을 들어 올릴 때의 효율에 대한 설명으로 옳지 않은 것은? (단, 자리면 마찰은 무시한다)**

① 나사의 효율은 나선각이 45°일 때 최대이다.
② 나선각이 0°에 가까워지면 효율은 0%에 가까워진다.
③ 자립 유지 상태에서 나사의 최대 효율은 50%를 넘지 못한다.
④ 나선각이 같은 경우 나사면의 마찰계수가 커지면 효율은 낮아진다.

|해설| 나사의 효율은 리드각(나선각) $\lambda$의 함수이며 효율이 최대가 되는 리드각 $\lambda$는 0과 $\frac{\pi}{2}-\rho$의 중간 즉, 나선각이 $45°-\frac{\rho}{2}$일 때이다. (여기서, $\rho$ : 마찰각)

**Keyword**
마찰계수가 일정할 때 나선각(리드각)이 커지면 효율은 낮아질 수도 있고 증가될 수도 있다.

## 26 | 2017 | 국가직 7급

**나사의 효율에 대한 설명으로 옳은 것은?**

① 마찰계수가 일정할 때 리드각이 커지면 효율은 항상 낮아진다.
② 마찰계수와 리드각이 일정할 때 사각 나사보다 삼각 나사의 효율이 높다.
③ 리드각이 일정할 때 마찰계수가 커지면 효율은 높아진다.
④ 나사를 조일 때 자립조건을 만족하는 나사의 최대효율은 50% 미만이다.

|오답풀이| ① 마찰계수가 일정할 때 리드각이 커지면 효율은 낮아질 수도 있고 증가될 수도 있다.
  자리면 마찰을 무시하는 경우 나사의 효율은 $\eta = \frac{\tan\alpha}{\tan(\rho+\alpha)}$이고, 나사의 효율과 리드각의 관계에서 $0 < \alpha < \left(\frac{\pi}{4}-\frac{\rho}{2}\right)$인 영역에서는 리드각이 증가함에 따라 효율이 증가되고 $\left(\frac{\pi}{4}-\frac{\rho}{2}\right) < \alpha < \left(\frac{\pi}{4}-\rho\right)$인 영역에서는 리드각이 증가함에 따라 효율이 감소된다.
② 상당 마찰계수가 사각나사보다 삼각나사의 경우가 크기 때문에, 마찰계수와 리드각이 일정할 때 삼각나사보다 사각나사의 효율이 높다.
③ 리드각이 일정할 때 마찰계수가 커지면 효율은 낮아진다.

**Keyword**
나사를 조일 때 자립조건을 만족하는 나사의 최대효율은 50% 미만이다.

**정답** 25 ① 26 ④

## 27

[2017 | 국가직 7급]

유효지름 $d$, 피치 $p$인 2줄 사각 나사를 사용한 나사잭에 토크 $T$를 작용시킬 때, 들어 올릴 수 있는 하중은? (단, 나사면의 마찰계수는 $\mu$이다)

① $\dfrac{T\left(1-\dfrac{p\mu}{\pi d}\right)}{d\left(\dfrac{p}{\pi d}+\mu\right)}$

② $\dfrac{2T\left(1-\dfrac{p\mu}{\pi d}\right)}{d\left(\dfrac{p}{\pi d}+\mu\right)}$

③ $\dfrac{T\left(1-\dfrac{2p\mu}{\pi d}\right)}{d\left(\dfrac{2p}{\pi d}+\mu\right)}$

④ $\dfrac{2T\left(1-\dfrac{2p\mu}{\pi d}\right)}{d\left(\dfrac{2p}{\pi d}+\mu\right)}$

**Keyword**

$T = P\dfrac{d}{2} = Q\tan(\rho+\alpha)\dfrac{d}{2}$

| 해설 |

$T = P\dfrac{d}{2} = Q\tan(\rho+\alpha)\dfrac{d}{2}$ 이므로 $Q = \dfrac{2T}{d\tan(\rho+\alpha)} = \dfrac{2T}{d\times\dfrac{\mu+\dfrac{2p}{\pi d}}{1-\mu\times\dfrac{2p}{\pi d}}} = \dfrac{2T\left(1-\dfrac{2p\mu}{\pi d}\right)}{d\left(\dfrac{2p}{\pi d}+\mu\right)}$

## 28

[2017 | 국회직 9급]

리이드가 $l$이며 피치가 $p$인 2줄 나사가 있다. 나사를 죌 때 필요한 토크가 $T$이고, 이 때 발생하는 나사의 축방향 하중이 $Q$일 때 나사의 효율을 구하는 식으로 옳은 것은?

① $Qp/T$
② $Qp/2\pi T$
③ $Ql/T$
④ $Ql/2\pi T$
⑤ $Qp/Tl$

**Keyword**

나사의 효율 $\eta = \dfrac{\text{출력일}}{\text{입력일}}$

| 해설 |

나사의 효율 $\eta = \dfrac{\text{출력일}}{\text{입력일}} = \dfrac{2pQ}{\pi d_2 P} = \dfrac{lQ}{2\pi\times\dfrac{d_2}{2}\times P} = \dfrac{Ql}{2\pi T}$

($Q$ : 나사의 축방향 하중, $p$ : 피치, $d_2$ : 유효지름, $P$ : 접선방향의 회전력, $T$ : 회전토크, $\rho$ : 마찰각, $\lambda$ : 리드각)

정답 | 27 ④  28 ④

**29** [2017 | 국회직 9급]

내경 400mm의 원통형 가열기 뚜껑에 $0.2\text{kgf}/\text{mm}^2$의 내압이 가해지고 있다. 이 뚜껑은 본체와 원주 방향 동일 간격으로 놓여진 16개의 볼트로 죄어 있다. 볼트의 인장강도가 $40\text{kgf}/\text{mm}^2$이고 안전율을 2로 한다면 볼트의 안지름은 최소한 몇 mm로 설계하는 것이 안전한가?

① 5
② 10
③ 15
④ 20
⑤ 25

**해설** $0.2 \times \dfrac{\pi \times 400^2}{4} = \dfrac{40}{2} \times \dfrac{\pi d^2}{4} \times 16$이므로 $d = 10[\text{mm}]$이다.

**Keyword**

하중 $W = PA_1$
$= \dfrac{\sigma}{S} \times A_2 \times Z$

($P$ : 내압, $A_1$ : 가열기 뚜껑의 단면적, $\sigma$ : 볼트의 인장강도, $S$ : 안전율, $A_2$ : 볼트의 단면적, $Z$ : 볼트의 개수)

---

**30** [2017 | 국회직 9급]

아래의 내용에서 설명하는 나사는?

- 동력전달용 나사
- 한 방향으로만 축하중을 전달할 수 있음
- 나사산의 각도는 30°와 45°인 두 가지 종류가 있음
- 바이스, 압착기 등의 이송 나사로 널리 사용

① 사각 나사
② 사다리꼴 나사
③ 톱니 나사
④ 둥근 나사
⑤ 볼나사

**오답풀이**
① **사각 나사** : 동력전달용 나사로, 나사산의 단면이 사각으로 되어 있어 마찰저항이 적으므로 힘을 필요로 하는 잭, 나사 프레스 및 선반 등의 이송 나사에 사용된다.
② **사다리꼴 나사** : 동력전달용 나사로, 애크미 나사라고도 한다. 나사산의 각도는 미터 계열이 30°이고, 휘트워스 계열이 29°이며, 사각 나사보다 가공이 쉽다.
④ **둥근 나사** : 나사산의 단면이 원호 모양의 나사로서, 너클(knuckle) 나사라고도 하며 모난 곳이 없으므로 전구 나사처럼 먼지나 가루 등이 나사부에 끼이기 쉬운 곳에 적합하다.
⑤ **볼나사** : 수나사와 암나사의 홈을 서로 맞붙여 나선형의 홈에 강구를 넣은 나사로서 마찰이 작고 효율이 높으므로 공작기계의 수치제어에 의한 위치 결정이나, 자동차용 스티어링 기어 등 운동용 나사로 많이 사용된다.

**Keyword**

**톱니 나사**
동력전달용 나사로 한 방향으로만 축하중을 전달할 수 있으므로 바이스, 압착기 등의 이송 나사로 널리 사용되며 나사산의 각도는 30°와 45°인 두 가지 종류가 있다.

**정답** | 29 ② 30 ③

**31** [2016 | 국가직 9급]

골지름이 $d_1$인 수나사에 축방향 인장하중 $W$와 비틀림모멘트 $T = \dfrac{3}{32}Wd_1$이 복합적으로 작용한다. 이때 나사부에 생기는 최대 전단응력은?

① $\dfrac{7W}{2\pi d_1^2}$  ② $\dfrac{6W}{2\pi d_1^2}$

③ $\dfrac{5W}{2\pi d_1^2}$  ④ $\dfrac{4W}{2\pi d_1^2}$

**Keyword**
- 인장응력 $\sigma = \dfrac{4W}{\pi d_1^2}$
- 전단응력 $\tau = \dfrac{T}{Z_p}$

($Z_p$ : 극단면계수)

| 해설 |

최대 전단응력 $\tau_{\max} = \sqrt{\left(\dfrac{\sigma}{2}\right)^2 + \tau^2} = \sqrt{\left(\dfrac{2W}{\pi d_1^2}\right)^2 + \left(\dfrac{3Wd_1 \times 16}{32\pi d_1^3}\right)^2} = \dfrac{5W}{2\pi d_1^2}$

**32** [2019 | 국가직 9급]

세 줄 나사로 된 만년필 뚜껑을 480° 회전시켰더니 3mm 움직였다면, 이때 만년필 뚜껑에 사용된 나사의 피치[mm]는?

① 0.25  ② 0.5
③ 0.75  ④ 1.0

**Keyword**
움직인 거리 $L = lr = npr$
($l$ : 리드, $n$ : 줄수, $p$ : 피치, $r$ : 회전수)

| 해설 |

움직인 거리 $L = lr = npr$이므로 $3 = 3 \times p \times \dfrac{480°}{360°} = 4p$이며

따라서 $p = \dfrac{3}{4} = 0.75$

정답 | 31 ③  32 ③

## 33
[2016 | 지방직 9급]

그림과 같이 볼트와 너트를 이용하여 세 개의 중공 실린더를 조임량 0.1[mm] 이상으로 체결하고자 한다. 각 부품의 평균 치수와 공차가 다음과 같을 때, d의 치수로 적합한 것은? (단, a는 볼트 생크부의 길이, b, c, d는 중공 실린더의 길이)

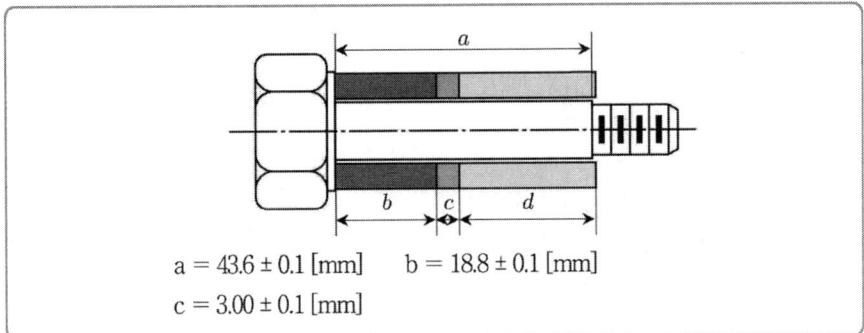

a = 43.6 ± 0.1 [mm]    b = 18.8 ± 0.1 [mm]
c = 3.00 ± 0.1 [mm]

① $22.0 \pm 0.1$[mm]   ② $22.1 \pm 0.1$[mm]
③ $22.2 \pm 0.1$[mm]   ④ $22.3 \pm 0.1$[mm]

| 해설 | 너트를 돌려 조일 때, 조임량$=b+c+d-a$이며 조임량$=b+c+d-a \geq 0.1$에서 $d \geq a-b-c+0.1$이므로 $d$는 $a-b-c+0.1$의 최댓값보다 커야 하며 $a-b-c+0.1$은 $a$가 최대, $b$와 $c$가 최소일 때 최대 치수를 가지므로
$a-b-c+0.1 = 43.7-18.7-2.9+0.1 = 22.2$[mm]이며 따라서 $d$의 최소 치수는 22.2[mm]이며 $d$의 치수는 이것보다는 최소한 커야 하므로 보기 중 ④가 정답이다.

**Keyword**
너트를 돌려 조일 때, 조임량 $=b+c+d-a \geq 0.1$인 조건이다.

## 34
[2016 | 국가직 7급]

인치당 나사산의 수가 20개이고, 유효지름이 12.7[mm]인 세줄 나사에서 나선각(리드각)을 λ라고 하면, tanλ는? (단, π는 3.0으로 한다)

① $\dfrac{1}{10}$   ② $\dfrac{1}{20}$
③ $\dfrac{1}{30}$   ④ $\dfrac{1}{40}$

| 해설 | 1인치당 나사산의 수가 20개이므로 피치 $p=\dfrac{25.4}{Z}=\dfrac{25.4}{20}$[mm]이며 리드 $l=np=3 \times \dfrac{25.4}{20}$

$\tan\lambda = \dfrac{l}{\pi d_2} = \dfrac{3 \times \dfrac{25.4}{20}}{\pi \times 12.7} = \dfrac{3 \times \dfrac{25.4}{20}}{3 \times 12.7} = \dfrac{1}{10}$ 이다.

**Keyword**
$\tan\lambda = \dfrac{l}{\pi d_2}$ (λ : 리드각, $l$ : 리드, $d_2$ : 유효지름)

정답 | 33 ④  34 ①

## 35

[2016 | 국가직 7급]

그림과 같은 압력강관에 내압이 걸리기 전, 전체 볼트에는 60[kN]의 예하중이 걸려 있다. 여기에 내부 가압으로 인한 하중 60[kN]이 추가로 작용할 때, 볼트에 걸리는 최대 인장응력[MPa]은? (단, 하중 변화에 따른 볼트와 플랜지의 변형은 선형적이라 가정하며, 압력강관에 사용한 볼트는 총 12개, 볼트 각각의 단면적은 200[mm²]이고, 나사의 강성계수에 대한 플랜지의 강성계수 비는 4이다)

**Keyword**

볼트에 작용하는 인장력
$Q_b = Q + Q \times \dfrac{k_b}{k_p + k_b}$
($Q$: 하중, $k_p$: 플랜지의 강성계수, $k_b$: 나사의 강성계수)
볼트에 걸리는 최대 인장응력
$\sigma_t = \dfrac{Q_b}{A}$ ($A$: 볼트의 총 단면적 = 볼트 1개의 단면적 × 볼트의 개수)

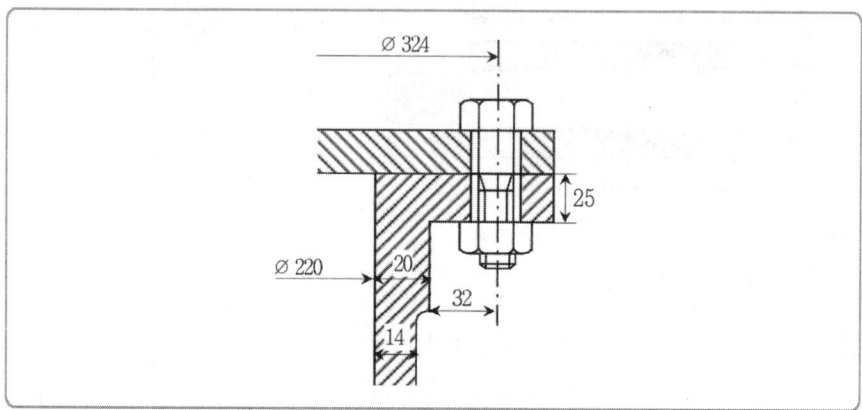

① 5
② 20
③ 25
④ 30

**해설**

$Q_b = Q + Q \times \dfrac{k_b}{k_p + k_b}$ 이며 $k_p = 4k_b$이므로

$Q_b = Q + Q \times \dfrac{k_b}{k_p + k_b} = Q + Q \times \dfrac{k_b}{4k_b + k_b} = 60 + 60 \times \dfrac{1}{5} = 60 + 12 = 72[\text{kN}]$이며

따라서 최대 인장응력은

$\sigma_t = \dfrac{Q_b}{A} = \dfrac{72[\text{kN}]}{12 \times 200[\text{mm}^2]} = \dfrac{72 \times 10^3[\text{N}]}{12 \times 200 \times 10^{-6}[\text{m}^2]} = 30 \times 10^6 [\text{N/m}^2] = 30 \times 10^6 [\text{Pa}]$
$= 30[\text{MPa}]$이다.

## 36

[2016 | 국가직 7급]

M4 볼트가 인장하중 3,000[N]의 하중을 견딘다면 같은 재질의 M8 볼트가 견디는 최대 하중[kN]은? (단, 최대하중의 계산은 볼트의 바깥지름을 사용한다)

① 6
② 12
③ 24
④ 27

**Keyword**

M4 볼트와 M8 볼트의 면적의 비는 1 : 4이므로 견디는 인장하중의 비 또한 1 : 4이다.

**해설** M4와 M8의 면적의 비 1 : 4는 견디는 인장하중의 비와 같으므로 M8 볼트가 견디는 하중
$W = 4 \times 3,000 = 12,000[\text{N}] = 12[\text{kN}]$이다.

정답 | 35 ④  36 ②

## 37 [2016 | 국회직 9급] 상 중 하

바깥지름 12mm, 안지름 10mm, 피치 1mm인 사각 나사 프레스에 10kN의 축력이 가해진다. 허용면압이 10MPa일 때, 필요한 너트의 높이[mm]로 옳은 것은?

① $\dfrac{250}{11\pi}$
② $\dfrac{500}{11\pi}$
③ $\dfrac{1,000}{11\pi}$
④ $\dfrac{2,000}{11\pi}$
⑤ $\dfrac{4,000}{11\pi}$

**Keyword**

너트의 높이 $H = Zp$
$= \dfrac{4Qp}{\pi(d^2 - d_1^2) \times p_m}$
($Z$ : 접촉 나사산의 수, $p$ : 피치, $d$ : 바깥지름, $d_1$ : 안지름, $p_m$ : 허용면압)

**해설** 너트의 높이 $H = Zp = \dfrac{4Qp}{\pi(d^2 - d_1^2) \times p_m} = \dfrac{4 \times 10 \times 10^3 \times 1}{\pi(12^2 - 10^2) \times 10} = \dfrac{4,000}{44\pi}[\text{mm}] = \dfrac{1,000}{11\pi}[\text{mm}]$

**참고** 너트의 높이는 나사산의 전단 등에 의한 응력을 고려하여 정해야 한다.

## 38 [2015 | 국가직 9급] 상 중 하

볼트의 호칭지름이 30[mm]일 때, 보통높이 너트의 높이[mm]로 가장 적합한 것은? (단, 볼트와 너트는 동일한 강재질이다)

① 15
② 27
③ 35
④ 60

**Keyword**

보통 너트의 높이는 볼트의 호칭지름과 같게 한다.

**해설** 볼트의 호칭지름 $d$일 때 보통 너트의 높이는 $H = d$로 하므로 30[mm]이므로 이 값과 가장 가까운 27[mm]가 정답이다.

**참고** 보통 볼트의 머리 높이는 나사부의 바깥지름의 0.65~0.75배 정도로 한다.

## 39 [2015 | 서울시 9급] 상 중 하

나사에 축하중 Q가 작용할 때 나사부 머리부에 발생하는 전단응력 $\tau$를 나사에서 발생하는 인장응력 $\sigma$의 0.5배까지 허용한다면 나사 머리부의 높이 H는 나사 지름 $d$의 몇 배가 되는가?

① $\dfrac{1}{2}$
② 1
③ $\dfrac{4}{3}$
④ $\dfrac{5}{2}$

**Keyword**

인장응력 $\sigma = \dfrac{Q}{\dfrac{\pi d^2}{4}} = \dfrac{4Q}{\pi d^2}$,

전단응력 $\tau = 0.5\sigma = \dfrac{Q}{\pi dH}$

**해설** 인장응력은 $\sigma = \dfrac{Q}{\dfrac{\pi d^2}{4}} = \dfrac{4Q}{\pi d^2}$이며 전단응력은 $\tau = 0.5\sigma = \dfrac{Q}{\pi dH}$이므로 $0.5 \times \dfrac{4Q}{\pi d^2} = \dfrac{Q}{\pi dH}$이다.

따라서 $d = 2H$이므로 $H = \dfrac{1}{2}d$이다.

**정답** | 37 ③  38 ②  39 ①

## 40 [ 2015 | 국가직 7급 ] 상 중 하

드라이버의 핸들을 밀어 축방향 힘을 가하면 나사축이 회전하는, 즉 직선운동을 역구동의 회전운동으로 바꾸는 반자동 나사 드라이버를 제작하려고 한다. 드라이버 나사를 사각 나사로 할 때, 역구동이 불가능한 경우는? (단, 나사와 너트 사이의 마찰계수는 0.16, π는 3.0이다)

|   | 피치[mm] | 평균 직경[mm] |
|---|---|---|
| ① | 10 | 25 |
| ② | 20 | 25 |
| ③ | 20 | 30 |
| ④ | 30 | 30 |

**해설**

① $\tan\alpha = \dfrac{10}{\pi \times 25} = \dfrac{10}{75} = \dfrac{2}{15} \simeq 0.133$이므로 $\tan\alpha < \tan\rho$이므로 역구동 불가

**오답풀이**

② $\tan\alpha = \dfrac{20}{\pi \times 25} = \dfrac{20}{75} = \dfrac{4}{15} \simeq 0.266$이므로 $\tan\alpha > \tan\rho$이므로 역구동 가능

③ $\tan\alpha = \dfrac{20}{\pi \times 30} = \dfrac{20}{90} = \dfrac{2}{9} \simeq 0.222$이므로 $\tan\alpha > \tan\rho$이므로 역구동 가능

④ $\tan\alpha = \dfrac{30}{\pi \times 30} = \dfrac{30}{90} = \dfrac{1}{3} \simeq 0.333$이므로 $\tan\alpha > \tan\rho$이므로 역구동 가능

**Keyword**
역구동이 가능하려면 리드각 $\alpha$가 마찰각 $\rho$보다 더 커야 한다. 마찰계수가 0.16이므로 $\tan\rho = 0.16$이다.

## 41 [ 2022 | 지방직 9급 ] 상 중 하

축 방향 인장하중 $Q$가 작용하는 아이볼트(eye bolt)에서 골지름이 바깥지름의 0.8배일 때, 최소 바깥지름은? (단, $\sigma_s$는 기준강도, $S$는 안전율이다)

① $\dfrac{2}{5}\sqrt{\dfrac{QS}{\pi\sigma_s}}$  ② $\dfrac{5}{2}\sqrt{\dfrac{QS}{\pi\sigma_s}}$

③ $\sqrt{\dfrac{4QS}{\pi\sigma_s}}$  ④ $\sqrt{\dfrac{QS}{4\pi\sigma_s}}$

**해설**

안전율 $S = \dfrac{\sigma_s}{\sigma_a}$이므로 $\sigma_a = \dfrac{\sigma_s}{S}$

바깥지름을 $d$라 하고 골지름을 $d_1$이라 하면 $d_1 = 0.8d$

∴ $\sigma_a = \dfrac{Q}{A} = \dfrac{Q}{\pi d_1^2/4} = \dfrac{4Q}{\pi \times (0.8d)^2} = \dfrac{\sigma_s}{S}$

∴ 바깥지름 $d = \sqrt{\dfrac{4}{0.8^2}} \times \sqrt{\dfrac{QS}{\pi\sigma_s}} = \dfrac{2}{0.8} \times \sqrt{\dfrac{QS}{\pi\sigma_s}} = \dfrac{5}{2}\sqrt{\dfrac{QS}{\pi\sigma_s}}$

**Keyword**
- 축방향 허용인장응력
  $\sigma_a = \dfrac{Q}{A}$
  (여기서, $Q$ : 축 방향 인장하중, $A$ : 아이볼트의 단면적)
- 안전율 $S = \dfrac{\sigma_s}{\sigma_a}$
  (여기서, $\sigma_s$ : 기준강도, $\sigma_a$ : 축방향 허용인장응력)

정답 | 40 ① 41 ②

**42** [2015 | 지방직 9급] 상 중 하

축방향으로 인장하중 $Q[\text{kg}_f]$만 작용하는 아이볼트(eye bolt)에서, 기준강도 $\sigma_s[\text{kg}_f/\text{mm}^2]$와 안전율 $S$를 적용하여 구한 아이볼트의 최소 골지름[mm]은?

① $\sqrt{\dfrac{4QS}{\pi\sigma_s}}$  ② $\sqrt{\dfrac{2QS}{\pi\sigma_s}}$

③ $\sqrt{\dfrac{4Q}{\pi\sigma_s S}}$  ④ $\sqrt{\dfrac{2Q}{\pi\sigma_s S}}$

| 해설 | $\sigma_a = \dfrac{\sigma_s}{S} = \dfrac{Q}{\dfrac{\pi d^2}{4}}$ 이므로 $d = \sqrt{\dfrac{4QS}{\pi\sigma_s}}$

**Keyword**
안전계수
$S = \dfrac{\sigma_s}{\sigma_a} = \dfrac{\sigma_s}{\dfrac{Q}{A}} = \dfrac{A\sigma_s}{Q}$

($\sigma_s$ : 기준강도, $\sigma_a$ : 허용응력, $Q$ : 인장하중, $A$ : 아이볼트의 단면적)

---

**43** [2014 | 국가직 9급] 상 중 하

$1{,}000\text{kg}_f$의 물체가 허용인장응력이 $10\text{kg}_f/\text{mm}^2$인 훅 2개로 지지될 때, 훅 나사부의 바깥지름[mm]은? (단, 안지름은 바깥지름의 0.8배이다)

① 4  ② 6
③ 8  ④ 10

| 해설 | $1{,}000 = 2 \times 10 \times \dfrac{\pi d_1^2}{4}$에서 $d_1 = \sqrt{\dfrac{1{,}000 \times 4}{20\pi}} = 10\sqrt{\dfrac{2}{\pi}} \approx 10 \times \dfrac{1.4}{1.7} \approx 8.0[mm]$이므로

바깥지름은 $d = \dfrac{d_1}{0.8} = \dfrac{8.0}{0.8} = 10[mm]$

**Keyword**
하중 $W = Z \times \sigma_a A$
$= Z \times \sigma_a \times \dfrac{\pi d_1^2}{4}$

($Z$ : 훅의 개수, $\sigma_a$ : 허용인장응력, $d_1$ : 훅 나사부의 안지름)

---

**44** [2014 | 국가직 9급] 상 중 하

나사의 회전력이 $P$, 축방향 하중이 $Q$, 유효 반지름이 $r$, 회전당 전진길이가 $l$일 때, 나사의 효율은?

① $\dfrac{Ql}{2\pi rP}$  ② $\dfrac{2\pi rP}{Ql}$

③ $\dfrac{Ql}{\pi rP}$  ④ $\dfrac{\pi rP}{Ql}$

| 해설 | 나사를 회전시키는데 쓰인 일의 양은 $P \times 2\pi r = 2\pi rP$이고, 축방향 이동에 쓰인 일의 양은 $Ql$이므로 나사의 효율은 $\eta = \dfrac{Ql}{2\pi rP}$이다.

**Keyword**
나사의 효율 $\eta = \dfrac{\text{축방향 이동에 쓰인 일의 양}}{\text{나사 회전에 쓰인 일의 양}}$

정답 | 42 ① 43 ④ 44 ①

**45** 나사의 피치가 $p$, 유효지름이 $d_2$, 바깥지름이 $d$인 1줄 사각 나사를 조일 때의 효율은? (단, 마찰각은 $\rho$이고, 자리면 마찰은 무시한다)

① $\dfrac{\dfrac{p}{\pi d_2}}{\tan\left(\rho+\tan^{-1}\left(\dfrac{p}{\pi d_2}\right)\right)}$

② $\dfrac{\dfrac{p}{\pi d_2}}{\tan\left(\rho-\tan^{-1}\left(\dfrac{p}{\pi d_2}\right)\right)}$

③ $\dfrac{\dfrac{p}{\pi d}}{\tan\left(\rho+\tan^{-1}\left(\dfrac{p}{\pi d}\right)\right)}$

④ $\dfrac{\dfrac{p}{\pi d}}{\tan\left(\rho-\tan^{-1}\left(\dfrac{p}{\pi d}\right)\right)}$

| 해설 | 리드각 $\alpha$일 때 $\tan\alpha=\dfrac{p}{\pi d_2}$ 이므로 사각 나사의 효율은

$\eta=\dfrac{\tan\alpha}{\tan(\alpha+\rho)}=\dfrac{\dfrac{p}{\pi d_2}}{\tan\left[\rho+\tan^{-1}\left(\dfrac{p}{\pi d_2}\right)\right]}$ 이다.

**Keyword**

나사의 효율

$\eta = \dfrac{\text{유효한 일}}{\text{실제로 행한 일}}$

$= \dfrac{Qp}{2\pi T}$

$= \dfrac{Q\pi d_2 \tan\alpha}{Q\pi d_2 \tan(\alpha+\rho)}$

$= \dfrac{\tan\alpha}{\tan(\alpha+\rho)}$

($Q$ : 하중, $p$ : 피치, $T$ : 장력, $d_2$ : 유효지름, $\alpha$ : 리드각, $\rho$ : 마찰각)

---

**46** 사각 나사의 리드각을 $\beta$, 마찰각을 $\rho$라고 할 때, 사각 나사가 자립되는 한계 조건에서 나사의 효율은?

① $\dfrac{\tan 2\beta}{\tan\beta}$

② $\dfrac{\tan\rho}{\tan\beta+\tan\rho}$

③ $\dfrac{1}{2}+\dfrac{1}{2}\tan^2\beta$

④ $\dfrac{1}{2}-\dfrac{1}{2}\tan^2\beta$

| 해설 | 나사가 스스로 풀리지 않는 한계인 자립상태를 유지하는 한계는 리드각과 마찰각이 같을 때이므로 이때의 효율은

$\eta=\dfrac{\tan\beta}{\tan(\beta+\rho)}=\dfrac{\tan\beta}{\tan(\beta+\beta)}=\dfrac{\tan\beta(1-\tan^2\beta)}{2\tan\beta}=\dfrac{1}{2}-\dfrac{1}{2}\tan^2\beta \leq 0.5$

**Keyword**

사각 나사가 자립되는 한계 조건에서 나사의 효율

$\eta = \dfrac{1}{2}-\dfrac{1}{2}\tan^2\beta$

---

정답 | 45 ① 46 ④

**47** 1줄 사각 나사에서 마찰각을 $\rho$, 리드각을 $\lambda$, 마찰계수를 $\mu$라 할 때, 나사의 자립상태를 유지하기 위한 조건은? (단, 나사가 저절로 풀리다가 어느 지점에서 정지하는 경우도 자립상태로 본다)

① $\rho \geq \lambda$  ② $\rho \leq \lambda$
③ $\rho \geq \mu$  ④ $\rho \leq \mu$

|해설| 자립상태를 유지하기 위해서는 마찰각이 리드각보다 크거나 같아야 하므로 $\rho \geq \lambda$이 성립한다.

**Keyword**
자립상태를 유지하기 위해서는 마찰각이 리드각보다 크거나 같아야 한다.

**48** 무게 $W = 1,000\,\text{N}$의 물체가 볼트에 매달려 있고, 볼트의 허용인장응력이 10MPa일 때, 필요한 볼트의 최소 골지름 $d_1[\text{mm}]$은?

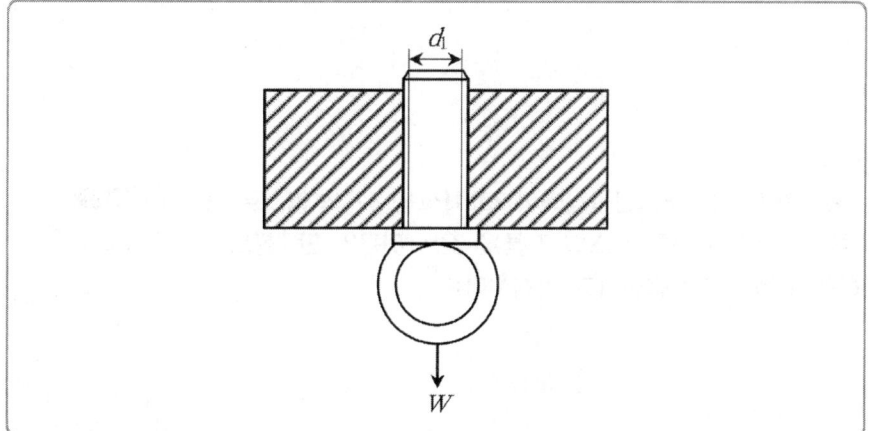

① $\sqrt{\dfrac{200}{\pi}}$  ② $\sqrt{\dfrac{400}{\pi}}$
③ $\sqrt{\dfrac{600}{\pi}}$  ④ $\sqrt{\dfrac{800}{\pi}}$

|해설| 허용인장응력 $\sigma_a = \dfrac{W}{A}$이므로 $W = \sigma_a A$이며 따라서 $1,000 = 10 \times \dfrac{\pi d_1^2}{4}$이다. 이 식으로부터 골지름을 구하면 $d_1 = \sqrt{\dfrac{4 \times 1,000}{10\pi}} = \sqrt{\dfrac{400}{\pi}}\,[\text{mm}]$이다.

**Keyword**
허용인장응력 $\sigma_a = \dfrac{W}{A}$
($W$: 하중, $A$: 단면적)

정답 | 47 ① 48 ②

**49** [2014 | 서울시 9급]

리드각이 $\lambda$이고 마찰각이 $\rho$인 사각 나사의 자립상태 유지 한계에서 효율은 얼마인가?

① $\dfrac{\tan\lambda}{2\tan 2\lambda}$ 　　② $\dfrac{\tan 2\lambda}{2\tan\lambda}$

③ $\dfrac{\tan 4\lambda}{2\tan\lambda}$ 　　④ $\dfrac{\tan\lambda}{2\tan 4\lambda}$

⑤ $\dfrac{\tan\lambda}{\tan 2\lambda}$

**Keyword**
나사의 효율
$\eta = \dfrac{\tan\lambda}{\tan(\lambda+\rho)}$

|해설| 자립상태 유지 한계 조건은 $\lambda = \rho$이므로 나사의 효율은 $\eta = \dfrac{\tan\lambda}{\tan(\lambda+\rho)} = \dfrac{\tan\lambda}{\tan 2\lambda}$이다.

**50** [2014 | 서울시 9급]

12kN의 힘을 받는 용기의 뚜껑을 허용인장응력이 20MPa인 4개의 볼트로 죌 때, 다음 볼트의 종류 중 사용 가능한 최소의 지름을 갖는 것은? (단, 볼트는 인장하중과 비틀림하중이 동시에 작용한다고 가정한다)

① M16　　② M17
③ M18　　④ M19
⑤ M20

**Keyword**
$d = \sqrt{\dfrac{8Q}{3\sigma_a}}$
($Q$ : 축방향하중, $\sigma_a$ : 허용인장응력)

|해설| $d = \sqrt{\dfrac{8Q}{3\sigma_a}} = \sqrt{\dfrac{8\times 3\times 10^3}{3\times 20}} = 20[\text{mm}]$

정답 | 49 ⑤　50 ⑤

**51** 다음 그림과 같이 바깥지름 $d[\text{mm}]$, 유효지름 $d_2[\text{mm}]$, 피치 $p[\text{mm}]$인 한 줄 사각 나사를 사용하는 나사잭으로 하중 $Q[\text{N}]$를 들어 올리려고 한다. 나사 부분의 마찰계수가 $\mu$이고 나사잭 손잡이 길이가 $L[\text{mm}]$일 때, 손잡이 끝을 잡고 돌리는 힘 $F[\text{N}]$는? (단, 나사잭의 자중은 무시한다)

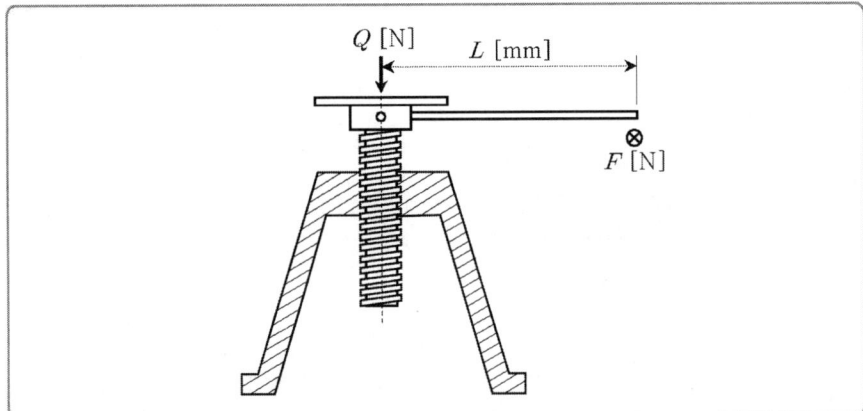

① $Q\dfrac{d_2}{2}\left(\dfrac{p+\mu\pi d_2}{\pi d_2-\mu p}\right)$  ② $Q\dfrac{d_2}{2L}\left(\dfrac{p+\mu\pi d_2}{\pi d_2-\mu p}\right)$

③ $Q\dfrac{d}{2}\left(\dfrac{p-\mu\pi d_2}{\pi d_2+\mu p}\right)$  ④ $Q\dfrac{d}{2L}\left(\dfrac{p-\mu\pi d_2}{\pi d_2+\mu p}\right)$

**Keyword**

토크 $T=FL$
$=Q\tan(\alpha+\rho)\dfrac{d_2}{2}$
($F$ : 손잡이 끝을 잡고 돌리는 힘, $L$ : 나사잭 손잡이 길이, $Q$ : 하중, $\alpha$ : 리드각, $\rho$ : 마찰각, $d_2$ : 유효지름)

**해설** $T=FL=Q\tan(\alpha+\rho)\dfrac{d_2}{2}$ 이므로

$F=Q\dfrac{d_2}{2L}\tan(\alpha+\rho)=Q\dfrac{d_2}{2L}\times\dfrac{\mu+\dfrac{p}{\pi d_2}}{1-\mu\dfrac{p}{\pi d_2}}=Q\dfrac{d_2}{2L}\left(\dfrac{p+\mu\pi d_2}{\pi d_2-\mu p}\right)$

정답 | 51 ②

## 52 | 2013 | 국가직 9급 | 상⦁중⦁하

그림과 같이 강철제 압력용기 뚜껑이 등간격으로 배열된 12개의 관통볼트에 의해 체결되어 있다. 용기 내압이 4.8[MPa]일 때, 다음 중 용기의 체결을 유지할 수 있는 볼트 골지름[mm]의 최소값은? (단, 볼트의 허용인장응력은 80[MPa]이다)

**Keyword**
용기에 걸리는 하중
$W = PA_1 = \sigma_a A_2 Z$
($P$ : 용기내압, $A_1$ : 용기 내부 단면적, $\sigma_a$ : 볼트의 허용인장응력, $A_2$ : 볼트의 단면적, $Z$ : 볼트의 개수)

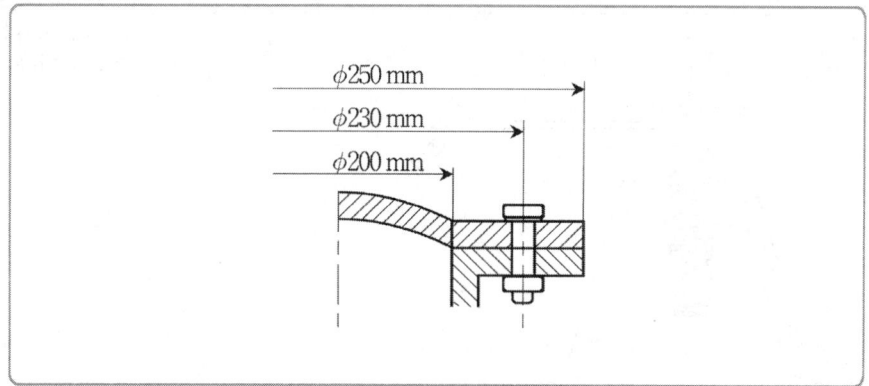

① 25　　② 21
③ 17　　④ 13

**해설** 용기에 걸리는 하중 $W = PA_1 = \sigma_a A_2 Z$ 이므로 $4.8 \times \dfrac{\pi \times 200^2}{4} = 80 \times \dfrac{\pi d_1^2}{4} \times 12$ 이다.

따라서 골지름 $d_1 = \sqrt{\dfrac{4.8 \times 200^2}{80 \times 12}} = 14.14 \text{[mm]}$ 이다.

따라서 ①~④ 중에서 가장 적절한 최소값은 ③ 17[mm]이다.

정답 | 52 ③

## 53

[2013 | 국가직 9급]

그림과 같이 나사를 이용하여 질량 M=10[kg]인 물체를 체결하는 기구가 있다. 나사는 바깥지름 20[mm], 유효지름 18[mm], 피치 3.14[mm]인 사각 나사이다. 물체가 떨어지지 않도록 하는 최소 축력 Q를 발생시키기 위해 필요한 힘 P[N]로 가장 가까운 값은? (단, 나사면의 마찰계수는 0.1, 물체와 기구와의 마찰계수는 0.2이다)

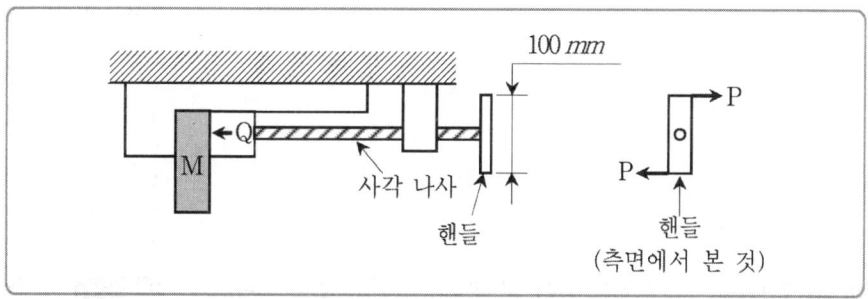

① 0.346
② 3.46
③ 0.692
④ 6.92

**Keyword**

물체에 걸리는 힘 $F=2\mu_1 Q=ma$, 장력 $T=PL=$

$$Q \times \frac{\mu_2 + \frac{p}{\pi d_2}}{1-\mu_2 \times \frac{p}{\pi d_2}} \times \frac{d_2}{2}$$

($\mu_1$ : 물체와 기구와의 마찰계수, $Q$ : 축력, $m$ : 물체의 질량, $a$ : 중력가속도, $P$ : 최소 축력을 발생시키기 위해 필요한 힘, $L$ : 핸들의 직경, $\mu_2$ : 나사면의 마찰계수, $p$ : 나사의 피치, $d_2$ : 나사의 유효지름)

**해설**

$2 \times 0.2 Q = 10 \times 9.8$에서 $Q = \frac{98}{0.4} = 245$[N]이며 $P \times 100 = 245 \times \frac{0.1 + \frac{3.14}{\pi \times 18}}{1 - 0.1 \times \frac{3.14}{\pi \times 18}} \times \frac{18}{2}$

에서 $P \times 100 = 245 \times \frac{28}{179} \times 9$이므로 $P = \frac{3,087}{895} \approx 3.45$[N]이다.

## 54

[2013 | 지방직 9급]

볼트에 축방향의 정하중 $W[\text{kg}_f]$가 작용할 때, 허용인장응력 $\sigma_a[\text{kg}_f/\text{mm}^2]$를 만족시키기 위한 볼트의 최소 바깥지름 $d$[mm]는? (단, 골지름 $d_1 = 0.8d$)

① $\sqrt{\dfrac{W}{2\sigma_a}}$
② $\sqrt{\dfrac{2W}{\sigma_a}}$
③ $\sqrt{\dfrac{3W}{\sigma_a}}$
④ $2\sqrt{\dfrac{W}{\sigma_a}}$

**Keyword**

하중 $W = \sigma_a A$
($\sigma_a$ : 허용인장응력, $A$ : 볼트의 단면적)

**해설**

$W = \sigma_a \times \dfrac{\pi \times (0.8d)^2}{4} = \sigma_a \times 0.5 d^2$에서 $d^2 = \dfrac{W}{0.5\sigma_a} = \dfrac{2W}{\sigma_a}$이므로 $d = \sqrt{\dfrac{2W}{\sigma_a}}$

정답 | 53 ② 54 ②

## 55 [2013 | 지방직 9급] 상 중 하

삼각 나사에 작용하는 축방향 하중을 $Q$, 마찰계수를 $\mu$, 나사산의 각을 $2\beta$라고 할 때, 나사면에 발생하는 마찰력은?

① $\mu Q$
② $\mu Q \cos \beta$
③ $\dfrac{\mu Q}{\cos \beta}$
④ $\dfrac{\mu Q}{\sin \beta}$

| 해설 | $F_f = \mu \dfrac{Q}{\cos \dfrac{\alpha}{2}}$ 에서 나사산의 각도가 $2\beta$이므로 마찰력 $F_f = \mu \dfrac{Q}{\cos \dfrac{2\beta}{2}} = \dfrac{\mu Q}{\cos \beta}$ 이다.

**Keyword**
삼각 나사에서의 나사면에 발생되는 마찰력
$F_f = \mu \dfrac{Q}{\cos \dfrac{\alpha}{2}}$
($\mu$ : 마찰계수, $Q$ : 축방향하중, $\alpha$ : 나사산의 각도)

## 56 [2013 | 국가직 7급] 상 중 하

사각 나사의 나선각(리드각)을 $\alpha$, 마찰각을 $\rho$라 할 경우, 너트와 와셔 사이의 마찰을 무시하고 나사면의 마찰만을 고려할 때, 나사효율에 대한 설명으로 옳지 않은 것은?

① 마찰각이 $20°$인 경우에 최대 효율을 얻는 나선각은 $35°$이다.
② 마찰각이 $30°$인 경우에 얻는 최대 효율은 $\dfrac{1}{\sqrt{3}}$ 이다.
③ 나선각이 $40°$인 경우에 최대 효율을 얻는 마찰각은 $10°$이다.
④ 나사의 최대 효율은 나사효율을 나선각으로 미분한 값이 0일 때 발생한다.

| 해설 |
① $\alpha = 45° - \dfrac{\rho}{2} = 45° - \dfrac{20°}{2} = 35°$

② $\eta_{\max} = \tan^2\left(45° - \dfrac{30°}{2}\right) = \tan^2 30° = \dfrac{1}{3}$

③ $40° = 45° - \dfrac{\rho}{2}$ 에서 $\rho = 2 \times (45-40) = 10°$

④ 나사효율 $\eta = \dfrac{\tan \alpha}{\tan(\rho + \alpha)}$ 을 나선각으로 미분하면

$\dfrac{d\eta}{d\alpha} = \dfrac{\sec^2\alpha \tan(\alpha+\rho) - \tan\alpha \sec^2(\alpha+\rho)}{\tan^2(\alpha+\rho)} = \dfrac{\cos(\alpha+\rho)}{\cos^2\alpha \sin(\alpha+\rho)} - \dfrac{\sin\alpha}{\cos\alpha \sin^2(\alpha+\rho)}$

$= \dfrac{\sin(\alpha+\rho)\cos(\alpha+\rho) - \sin\alpha\cos\alpha}{\cos^2\alpha \sin^2(\alpha+\rho)} = 0$ 에서 $\sin 2(\alpha+\rho) = \sin 2\alpha$ 이므로

$2(\alpha+\rho) + 2\alpha = \pi$ 에서 $\alpha = \dfrac{\pi}{4} - \dfrac{\rho}{2} = 45° - \dfrac{\rho}{2}$

**Keyword**
최대 효율을 얻는 조건은 나선각(리드각) $\alpha = 45° - \dfrac{\rho}{2}$ 이므로
나사효율 $\eta = \dfrac{\tan \alpha}{\tan(\rho+\alpha)}$ 에서 최대 나사효율
$\eta_{\max} = \dfrac{\tan\left(45° - \dfrac{\rho}{2}\right)}{\tan\left(45° + \dfrac{\rho}{2}\right)}$
$= \tan^2\left(45° - \dfrac{\rho}{2}\right)$ 이다.

정답 | 55 ③  56 ②

**57** [2013 | 국회직 9급]

그림과 같은 나사 잭(screw jack)에서 길이 $l = 100\,\text{mm}$인 레버의 끝에 16kgf의 힘을 가할 때 최대 몇 [kgf]의 물체를 들어 올릴 수 있는가? (사각 나사의 유효지름은 20mm, 피치는 10mm, 나사면의 마찰계수는 0.1이다. 단, $\pi = 3$으로 계산하시오)

**Keyword**

$F \times L = Q\left(\dfrac{p + \mu\pi d_2}{\pi d_2 - \mu p}\right) \times \dfrac{d_2}{2}$

($F$ : 레버 끝에 가해진 힘, $L$ : 레버의 길이, $Q$ : 최대로 들어 올릴 수 있는 물체의 무게, $p$ : 나사의 피치, $\mu$ : 나사면의 마찰계수, $d_2$ : 나사의 유효지름)

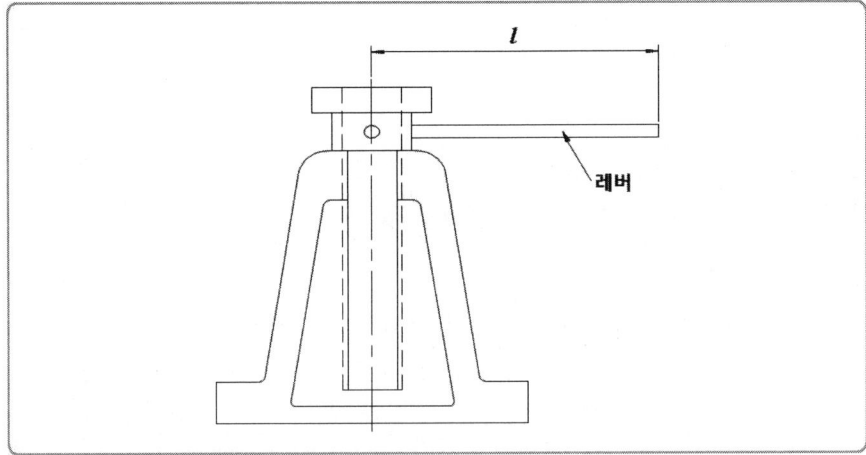

① 160   ② 295
③ 320   ④ 590
⑤ 750

|해설| $16 \times 100 = Q\left(\dfrac{p + \mu\pi d_2}{\pi d_2 - \mu p}\right) \times \dfrac{d_2}{2} = Q\left(\dfrac{10 + 0.1 \times 3 \times 20}{3 \times 20 - 0.1 \times 10}\right) \times \dfrac{20}{2}$

$160 = Q \times \dfrac{16}{59}$ 에서 $Q = 590\,[\text{kgf}]$

---

**58** [2012 | 국가직 9급]

2줄 나사의 리드각($\alpha$)을 계산하는 공식은? (단, $d$는 나사의 바깥지름, $d_1$은 나사의 골지름, $p$는 나사의 피치이다)

**Keyword**

$\tan\alpha = \dfrac{2p}{\pi \times \dfrac{d + d_1}{2}}$

① $\alpha = \tan^{-1}\left(\dfrac{2p}{\pi(d + d_1)}\right)$   ② $\alpha = \tan^{-1}\left(\dfrac{4p}{\pi(d + d_1)}\right)$

③ $\alpha = \tan^{-1}\left(\dfrac{2p}{\pi(d - d_1)}\right)$   ④ $\alpha = \tan^{-1}\left(\dfrac{4p}{\pi(d - d_1)}\right)$

|해설| $\tan\alpha = \dfrac{2p}{\pi \times \dfrac{d + d_1}{2}} = \dfrac{4p}{\pi(d + d_1)}$ 이므로 $\alpha = \tan^{-1}\left(\dfrac{4p}{\pi(d + d_1)}\right)$ 이다.

정답 | 57 ④  58 ②

**59** [2012 | 지방직 9급]

사각 나사로 구성된 잭(jack)으로 5ton의 무게를 들어 올리려고 한다. 사각 나사의 유효직경 $d_2 = 50.1$mm, 피치 $p = 3.14$mm일 때, 잭 핸들의 최소 유효길이 $l$[mm]로 가장 가까운 값은? (단, 핸들을 돌리는 힘은 30kgf, 사각 나사의 마찰계수는 0.1이다)

① 210
② 310
③ 510
④ 710

**Keyword**

$$FL = Q \times \frac{0.1 + \frac{p}{\pi d_2}}{1 - 0.1 \times \frac{p}{\pi d_2}} \times \frac{d_2}{2}$$

($F$: 핸들을 돌리는 힘, $L$: 잭 핸들의 최소 유효길이, $Q$: 들어 올리려는 물체의 무게, $p$: 나사의 피치, $d_2$: 나사의 유효지름)

**해설**

$FL = Q \times \dfrac{0.1 + \frac{p}{\pi d_2}}{1 - 0.1 \times \frac{p}{\pi d_2}} \times \dfrac{d_2}{2}$ 에서 $30L = 5 \times 10^3 \times \dfrac{0.1 + \frac{3.14}{3.14 \times 50.1}}{1 - 0.1 \times \frac{3.14}{3.14 \times 50.1}} \times \dfrac{50.1}{2}$ 이므로

$L = \dfrac{5{,}000 \times 0.12 \times 50.1}{2 \times 30} = 501.84$[mm]이다.

따라서 ①~④ 중에서 가장 가까운 값인 ③ 510[mm]를 정답으로 선택한다.

---

**60** [2012 | 국가직 7급]

리드각이 30°, 유효지름이 9mm인 3줄 나사의 피치(p)와 $\dfrac{1}{2}$ 회전시 축방향 이동거리($\ell$)[mm]는?

|   | p | $\ell$ |   | p | $\ell$ |
|---|---|---|---|---|---|
| ① | $\dfrac{\sqrt{3}}{3}\pi$ | $\dfrac{3\sqrt{3}}{4}\pi$ | ② | $\dfrac{\sqrt{3}}{3}\pi$ | $\dfrac{3\sqrt{3}}{2}\pi$ |
| ③ | $\sqrt{3}\pi$ | $\dfrac{3\sqrt{3}}{4}\pi$ | ④ | $\sqrt{3}\pi$ | $\dfrac{3\sqrt{3}}{2}\pi$ |

**Keyword**

$\tan\alpha° = \dfrac{np}{\pi d_2} = \dfrac{l}{\pi d_2}$

($n$: 나사의 줄수, $p$: 나사의 피치, $d_2$: 나사의 유효지름, $l$: 나사의 리드)

**해설**

$\tan\alpha° = \dfrac{np}{\pi d_2}$ 이므로 $\tan 30° = \dfrac{3 \times p}{\pi \times 9}$ 에서 $p = \dfrac{3\pi}{\sqrt{3}} = \sqrt{3}\pi$ 이다. 리드는 $l = 3\sqrt{3}\pi$이며

1/2 회전시의 축방향 이동거리는 $\dfrac{3\sqrt{3}}{2}\pi$가 된다.

정답 | 59 ③ 60 ④

**61** [2012 | 국가직 7급]

두 개의 평판부재가 볼트 너트에 의하여 결합되어 있으며 너트의 조임으로 볼트에 초기 인장력($F_i$)이 존재한다. 이때 결합된 부재에 외부로부터 인장하중($P$)이 볼트의 길이 방향으로 작용할 때, 볼트에 발생하는 최종 합력은? [단, 볼트와 부재의 강성상수(stiffness constant)를 각각 $k_b$, $k_m$이라고 한다]

① $\dfrac{k_b}{k_b+k_m}P+F_i$
② $\dfrac{k_m}{k_b+k_m}P+F_i$
③ $P+F_i$
④ $\dfrac{k_m}{k_b+k_m}P+\dfrac{k_b}{k_b+k_m}F_i$

| 해설 | 볼트에 발생하는 최종 합력 $=\dfrac{k_b}{k_b+k_m}P+F_i$

**Keyword**
볼트에 발생하는 최종 합력은 초기 인장력과 강성상수를 감안한 인장하중의 값을 합한 값이다.

---

**62** [2012 | 국회직 9급]

다음과 같은 사각 나사의 효율[%]은? (단, 마찰계수 $\mu=0.2$이고 호칭지름 d = 30mm, 골지름 $d_1=24$mm, 피치 $p=6$mm이며 1줄 나사이다. 단, $\pi=3.14$이다)

① 14.8
② 16.8
③ 19.8
④ 22.8
⑤ 25.8

| 해설 | 사각 나사의 유효지름 $d_e=\dfrac{30+24}{2}=27[\text{mm}]$, 사각 나사의 효율 $\eta=\dfrac{\tan\alpha}{\tan(\alpha+\rho)}=\dfrac{\dfrac{p}{\pi d_e}}{\dfrac{p+\pi d_e\mu}{\pi d_e-\mu p}}$

$=\dfrac{p(\pi d_e-\mu p)}{\pi d_e(p+\pi d_e\mu)}=\dfrac{6(27\pi-0.2\times 6)}{27\pi(6+27\pi\times 0.2)}=\dfrac{501.48}{1946.2}=0.2576\approx 0.258=25.8[\%]$

**Keyword**
사각 나사의 효율
$\eta=\dfrac{\tan\alpha}{\tan(\alpha+\rho)}$
($\alpha$ : 리드각, $\rho$ : 마찰각)

정답 | 61 ① 62 ⑤

**63** [2021 | 지방직 9급]

나사산 높이가 2mm이고 바깥지름이 40mm이며, 2회전할 때 축 방향으로 8mm 이동하는 한 줄 사각나사가 있다. 나사를 조일 때 나사 효율은? (단, 마찰각은 $\rho$이며, 자리면 마찰은 무시한다)

① $\dfrac{\frac{4}{38\pi}}{\tan\left(\rho+\tan^{-1}\frac{4}{38\pi}\right)}$  
② $\dfrac{\frac{8}{38\pi}}{\tan\left(\rho+\tan^{-1}\frac{8}{38\pi}\right)}$  
③ $\dfrac{\frac{4}{36\pi}}{\tan\left(\rho+\tan^{-1}\frac{4}{36\pi}\right)}$  
④ $\dfrac{\frac{8}{36\pi}}{\tan\left(\rho+\tan^{-1}\frac{8}{36\pi}\right)}$

**Keyword**
- 리드 $l = np$
- $\tan\lambda = \dfrac{p}{\pi d_2}$
- 나사의 효율 $\eta = \dfrac{\tan\lambda}{\tan(\lambda+\rho)}$

|해설| 리드 $l = np$에서 피치 $p = \dfrac{l}{n} = \dfrac{8}{2} = 4[\text{mm}]$, 유효지름 $d_2 = d - 0.5p = 40 - (0.5 \times 4) = 38[\text{mm}]$

$\tan\lambda = \dfrac{p}{\pi d_2} = \dfrac{4}{38\pi}$ 에서 나선각 $\lambda = \tan^{-1}\dfrac{4}{38\pi}$

나사의 효율 $\eta = \dfrac{\tan\lambda}{\tan(\lambda+\rho)} = \dfrac{\frac{4}{38\pi}}{\tan\left(\rho+\tan^{-1}\frac{4}{38\pi}\right)}$

---

**64** [2012 | 국회직 9급]

나사면의 마찰계수($\mu$)와 리드각($\alpha$)이 동일한 1줄 (a) 사각 나사, (b) 사다리꼴 나사, (c) 미터 나사가 있다. 다음 중 나사의 효율이 높은 순서로 나열된 것은?

① a > b > c  
② a > c > b  
③ c > b > a  
④ c > a > b  
⑤ b > a > c

**Keyword**
마찰계수는 삼각 나사가 가장 크고 나사효율은 사각 나사가 가장 우수하다.

|해설|
- 마찰계수 순 : 삼각 나사 > 사다리꼴 나사 > 사각 나사
- 나사효율 순 : 사각 나사 > 사다리꼴 나사 > 삼각 나사

---

**65** [2020 | 국회직 9급]

50PS, 500rpm의 동력을 전달하는 플랜지 축이음에 골지름 10mm의 볼트 4개를 사용할 때, 볼트에 발생하는 전단응력(kgf/mm²) 중 가장 가까운 값은? (플랜지 접촉면에는 마찰이 없고 볼트 구멍 중심이 이루는 피치원 지름은 200mm이다. 단, $\pi$는 원주율을 표시한다)

① $\dfrac{3}{\pi}$  
② $\dfrac{5}{\pi}$  
③ $\dfrac{7}{\pi}$  
④ $\dfrac{9}{\pi}$  
⑤ $\dfrac{11}{\pi}$

**Keyword**
축의 회전토크
$T = 716,200 \times \dfrac{H_{PS}}{n}[\text{kgf}\cdot\text{mm}]$
($n$ : 회전수)
볼트에 발생하는 전단응력
$\tau_B = \dfrac{8T}{\pi z \delta^2 D_s}[\text{kgf/mm}^2]$
($z$ : 볼트수, $\delta$ : 볼트의 골지름, $D_s$ : 볼트 중심원의 지름)

|해설| 축의 회전토크 $T = 716,200 \times \dfrac{H_{PS}}{n} = 716,200 \times \dfrac{50}{500} = 71,620[\text{kgf}\cdot\text{mm}]$

볼트에 발생하는 전단응력 $\tau_B = \dfrac{8T}{\pi z \delta^2 D_s} = \dfrac{8 \times 71,620}{\pi \times 4 \times 10^2 \times 200} \simeq \dfrac{7}{\pi}[\text{kgf/mm}^2]$

정답 63 ① 64 ① 65 ③

# 02 키·핀·코터
## CHAPTER

**01** [ 2020 | 지방직 9급 ] 상중하

그림과 같이 지름이 $d$인 축에 토크가 작용하고, $\dfrac{d}{4}$의 너비를 가지는 키가 $\dfrac{d}{8}$의 깊이로 삽입되어 있다. 키는 축의 최대 허용토크에서 압축력으로 전달되어 항복점에서 파손될 때, 필요한 평행키의 최소 길이는? (단, 항복강도는 $\sigma_Y$, 키의 허용전단강도는 $\dfrac{\sigma_Y}{\sqrt{3}}$ 이다)

**Keyword**

축의 회전토크 $T_1 = \dfrac{\pi d^3}{16}\tau$

키의 전달토크 $T_2 = t l \sigma_Y \dfrac{d}{2}$

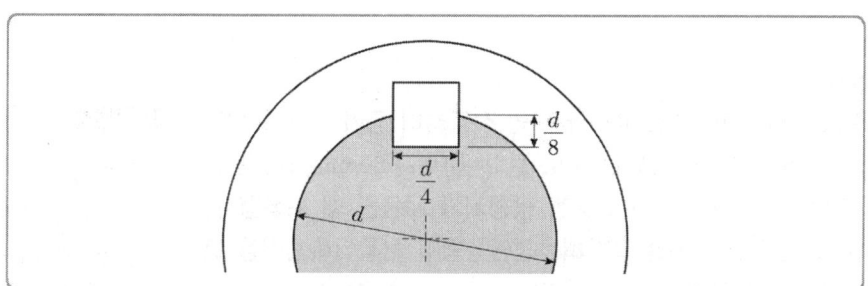

① $\dfrac{\pi d}{\sqrt{3}}$  ② $\dfrac{\pi d}{2\sqrt{3}}$

③ $\dfrac{\pi d}{3\sqrt{3}}$  ④ $\dfrac{\pi d}{4\sqrt{3}}$

| 해설 |

축의 회전토크 $T_1 = \dfrac{\pi d^3}{16}\tau$

키의 전달토크 $T_2 = t l \sigma_Y \dfrac{d}{2}$

$T_1 = T_2$ 이므로 $l = \dfrac{\pi \tau d^2}{8\sigma_Y t} = \dfrac{\pi\left(\dfrac{\sigma_Y}{\sqrt{3}}\right)d^2}{8\sigma_Y \times \dfrac{d}{8}} = \dfrac{\pi d}{\sqrt{3}}$

정답 | 01 ①

**02** [2018 | 서울시 9급]

동일한 재료로 제작된 평행키(혹은 묻힘키)와 축에서, 키가 받을 수 있는 토크와 축이 받을 수 있는 토크가 같을 때 키의 폭($b$)과 축의 직경($d$) 사이의 관계는? (단, 키의 길이는 축직경의 1.5배이며, $\pi = 3$이다)

① $b = d/4$　　② $b = d/2$
③ $b = d$　　　④ $b = 2d$

**Keyword**

키의 전단응력 $\tau_k = \dfrac{T \times \dfrac{2}{d}}{b \times 1.5d}$

축의 비틀림응력 $\tau_s = \dfrac{16T}{\pi d^3}$

|해설|

키의 전단응력 $\tau_k = \dfrac{T \times \dfrac{2}{d}}{b \times 1.5d} = \dfrac{2T}{1.5bd^2} = \dfrac{4T}{3bd^2}$

축의 비틀림응력 $\tau_s = \dfrac{16T}{\pi d^3}$

키재료의 전단응력과 축재료의 전단응력이 같을 때 $\dfrac{4T}{3bd^2} = \dfrac{16T}{\pi d^3}$ 이므로

$b = \dfrac{\pi}{12}d = \dfrac{3}{12}d = \dfrac{d}{4}$ 이다.

**03** [2018 | 지방직 9급]

그림과 같이 축지름 20[mm], 회전속도 100[rpm]인 전동축이 동력 5kW를 전달하고 있다. 이 전동축에 폭($b$)과 높이($h$)는 서로 같고 길이($l$) 50mm, 허용전단응력 100MPa, 허용압축응력 200MPa인 보통형 평행키가 사용될 때 보통형 평행키의 최소 폭($b$)[mm]은? (단, 평행키의 허용전단응력과 허용압축응력을 모두 고려하고, $\pi$는 3으로 계산하라)

**Keyword**

토크 $T = \dfrac{5 \times 10^3}{\dfrac{2\pi \times 100}{60}}$ [N·m]

접선력 $F = T \times \dfrac{2}{d}$ [N]

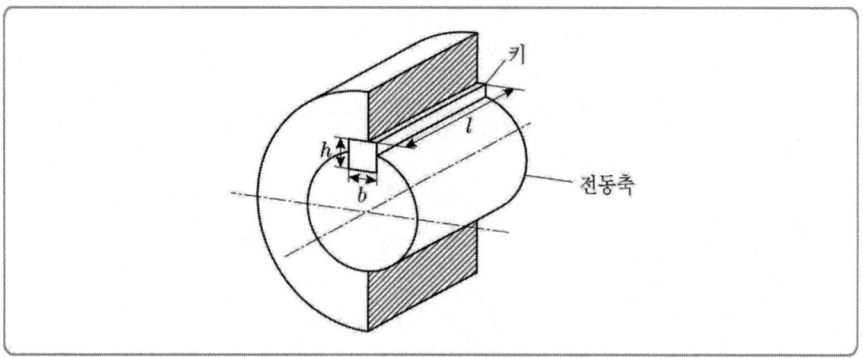

① 5　　② 10
③ 20　　④ 30

|해설|

토크 $T = \dfrac{5 \times 10^3}{\dfrac{2\pi \times 100}{60}} = 500$[N·m]

접선력 $F = T \times \dfrac{2}{d} = 500 \times 10^3 \times \dfrac{2}{20} = 5 \times 10^4$[N]

$\dfrac{5 \times 10^4}{b \times 50} = 100$이므로 $b = 10$[mm]

정답 | 02 ① 03 ②

**04** [2018 | 국가직 9급]

그림과 같이 지름이 $d$인 축에 평행키가 있을 때, 중심으로부터 $L$만큼 떨어져 있는 레버에 작용할 수 있는 최대 힘 $F$는? (단, 키의 너비, 깊이, 길이는 각각 $b$, $h$, $l$이고 단면에 작용하는 허용전단응력은 $\tau_0$이다)

Keyword
$\tau_0 = \dfrac{FL \times \dfrac{2}{d}}{bl}$

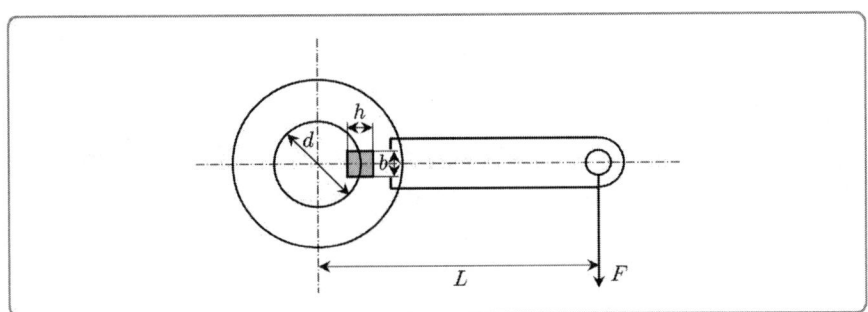

① $\dfrac{hl\tau_0 d}{2L}$  ② $\dfrac{bl\tau_0 d}{2L}$

③ $\dfrac{\sqrt{2}\,hl\tau_0 d}{L}$  ④ $\dfrac{l\tau_0}{2bdL}$

|해설| $\tau_0 = \dfrac{FL \times \dfrac{2}{d}}{bl}$ 에서 $F = \dfrac{bl\tau_0 d}{2L}$

**05** [2022 | 지방직 9급]

포크(fork)와 아이(eye)를 연결하는 핀(pin) 이음에 인장하중 $P=100\text{kN}$이 작용할 때, 핀의 허용전단응력이 $50\text{N/mm}^2$인 경우, 핀의 최소 지름 $d[\text{mm}]$는? (단, 핀의 전단만을 고려한다)

Keyword
핀의 허용전단응력 $\tau = \dfrac{P}{2A}$
(여기서, $P$ : 인장하중, $A$ : 핀의 단면적)

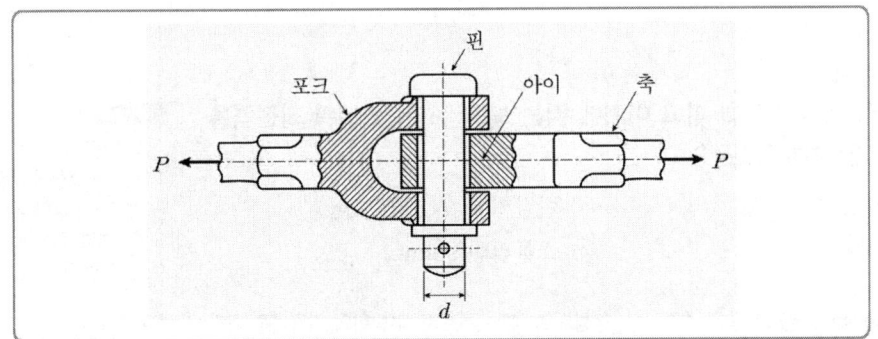

① $\sqrt{\dfrac{1000}{\pi}}$  ② $\sqrt{\dfrac{2000}{\pi}}$

③ $\sqrt{\dfrac{3000}{\pi}}$  ④ $\sqrt{\dfrac{4000}{\pi}}$

정답 | 04 ② 05 ④

| 해설 |
핀의 허용전단응력 $\tau = \dfrac{P}{2A} = \dfrac{P}{2 \times \dfrac{\pi}{4} \times d^2} = \dfrac{2P}{\pi d^2}$

∴ 핀의 지름 $d = \sqrt{\dfrac{2P}{\pi \tau}} = \sqrt{\dfrac{2 \times 100 \times 10^3}{\pi \times 50}} = \sqrt{\dfrac{4000}{\pi}}\,[\text{mm}]$

## 06 [ 2018 | 서울시 9급 ] 상 중 하

〈보기〉와 같은 핀이음에 인장하중 $F = 15\text{kN}$이 작용할 때 핀에 발생하는 전단응력이 100MPa 이하라면 다음 중 핀의 최소 지름($d$)은? (단, $\pi = 3$이다)

Keyword
$\tau = \dfrac{F}{\dfrac{\pi d^2}{4} \times 2}$

| 보 기 |

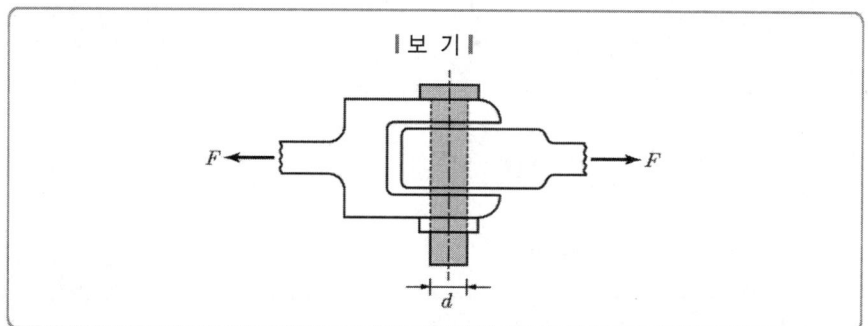

① 10mm
② 20mm
③ 30mm
④ 40mm

| 해설 |
$\tau = \dfrac{F}{\dfrac{\pi d^2}{4} \times 2}$ 에서 $d = \sqrt{\dfrac{2F}{\pi \tau}} = \sqrt{\dfrac{2 \times 15 \times 10^3}{\pi \times 100}} = 10\,[\text{mm}]$

## 07 [ 2017 | 국가직 9급 ] 상 중 하

축의 원주상에 여러 개의 키홈을 파고 여기에 맞는 보스(boss)를 끼워 회전력을 전달할 수 있도록 한 기계요소는?

① 접선키(tangential key)
② 반달키(woodruff key)
③ 둥근키(round key)
④ 스플라인(spline)

Keyword
스플라인(spline)
축의 원주상에 여러 개의 키홈을 파고 여기에 맞는 보스(boss)를 끼워 회전력을 전달할 수 있도록 한 기계요소

| 오답 풀이 |
① 접선키(tangential key) : 키홈을 축의 접선 방향으로 내어, 서로 반대 방향의 기울기를 가진 두 개의 키를 짝 짓는 체결방식이다.
② 반달키(woodruff key) : 반원판형의 키로서 축에 테이퍼가 있어도 사용할 수 있으므로 편리하지만 축에 홈을 깊이 파야 하므로 축이 약해지는 결점이 있어 큰 힘이 걸리지 않는 곳에 사용된다.
③ 둥근키(round key) : 단면이 원형으로 된 작은 키로서 작은 장치, 경하중에 사용된다.

정답 | 06 ① 07 ④

**08** [2017 | 국가직 9급]

지름이 30mm인 회전축에 평행키(묻힘키)가 고정되어 있다. 허용전단응력이 $50\text{N/mm}^2$인 평행키의 치수가 $b$(폭)$\times h$(높이)$\times l$(길이) $= 10\text{mm}\times 8\text{mm}\times 50\text{mm}$일 때 전달할 수 있는 토크[N·mm]는? (단, 키의 전단응력만을 고려한다)

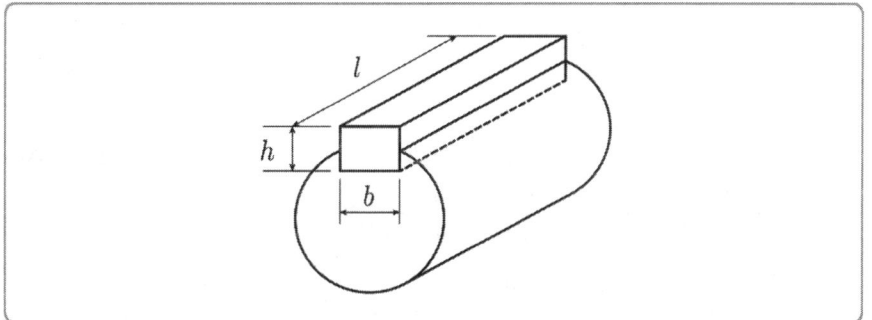

① 375,000
② 450,000
③ 575,000
④ 720,000

**Keyword**

전달토크 $T = \tau_a bl \times \dfrac{d}{2}$

($\tau_a$ : 허용전단응력, $b$ : 폭, $l$ : 길이, $d$ : 지름)

|해설| $T = 50 \times 10 \times 50 \times \dfrac{30}{2} = 375,000[\text{N}\cdot\text{mm}]$

---

**09** [2017 | 지방직 9급]

너클 핀 이음을 이용하여 1,000N의 인장하중을 받는 2개의 축을 연결하고자 한다. 핀과 접촉하는 아이(eye)의 폭은 핀 지름의 2배이다. 핀의 접촉면압이 20MPa일 때 핀의 지름[mm]은?

① 5.0
② 7.5
③ 8.0
④ 10.0

**Keyword**

핀의 접촉면압 $P = \dfrac{W}{bd}$

($W$ : 인장하중, $b$ : 아이의 폭, $d$ : 핀의 지름)

|해설| $P = \dfrac{W}{bd}$이며 아이의 폭 $b$는 핀의 지름 $d$의 2배이므로 $b = 2d$이다.

따라서 $20 = \dfrac{1,000}{bd} = \dfrac{1,000}{2d^2}$이므로 $d = \sqrt{\dfrac{1,000}{2\times 20}} = 5[\text{mm}]$이다.

정답 | 08 ① 09 ①

**10** [2017 | 서울시 9급]

성크키(묻힘키)에서 $T$를 전달토크, $b$를 키의 폭, $l$을 키의 길이, $d$를 회전축의 지름이라 할 때, 만약 키의 전단응력과 축의 비틀림응력이 같고 동시에 $l=2d$라면 다음 중 옳은 것은?

① $b=\dfrac{\pi}{8}d$   ② $b=\dfrac{\pi}{12}d$

③ $b=\dfrac{\pi}{16}d$   ④ $b=\dfrac{\pi}{32}d$

**해설** $l=2d$이므로 키의 전단응력은 $\tau=\dfrac{P}{bl}=\dfrac{2T}{bld}=\dfrac{2T}{b\times 2d\times d}=\dfrac{2T}{2bd^2}=\dfrac{T}{bd^2}$이며

축의 비틀림응력은 $T=\tau lb\dfrac{d}{2}=\dfrac{\pi d^3}{16}\tau_s$에서 $\tau_s=\dfrac{16T}{\pi d^3}$이다. $\tau=\tau_s$이므로 $\dfrac{T}{bd^2}=\dfrac{16T}{\pi d^3}$이며

이 식을 정리하면 $b=\dfrac{\pi}{16}d$가 유도된다.

**Keyword**
키의 전단응력은
$\tau=\dfrac{P}{bl}=\dfrac{2T}{bld}$이며
$T=\tau lb\dfrac{d}{2}=\dfrac{\pi d^3}{16}\tau_s$
($P$: 축에 의하여 키에 작용하는 접선력, $b$: 키의 폭, $l$: 키의 길이, $T$: 토크, $d$: 축의 지름, $\tau_s$: 축의 비틀림응력)

**11** [2017 | 국회직 9급]

직경 40mm인 전동축에 길이 100mm인 성크키가 설치되어 동력을 전달하고 있다. 성크키가 축보다 먼저 전단 파괴되지 않으려면 키의 폭을 최소 몇 mm 이상으로 설계해야 하는가? (단, 축과 성크키의 재료는 동일하다)

① 3.4   ② 5.2
③ 6.3   ④ 7.1
⑤ 8.0

**해설** 키의 전단응력은 $\tau=\dfrac{2T}{bld}=\dfrac{2T}{b\times 100\times 40}$이며 축의 비틀림응력은 $\tau_s=\dfrac{16T}{\pi d^3}=\dfrac{16T}{\pi\times 40^3}$이다.

키의 전단응력과 축의 비틀림응력이 같은 조건이므로 $\tau=\tau_s$이다.

따라서 $\dfrac{2T}{b\times 100\times 40}=\dfrac{16T}{\pi\times 40^3}$이므로 $b=2\pi=6.28\approx 6.3[\text{mm}]$이다.

**Keyword**
- 키의 전단응력 $\tau=\dfrac{2T}{bld}$
  ($T$: 토크, $b$: 키의 폭, $l$: 키의 길이, $d$: 축의 지름)
- 축의 비틀림응력 $\tau_s=\dfrac{16T}{\pi d^3}$
  ($T$: 토크, $d$: 축의 지름)

정답 | 10 ③  11 ③

**12** [2022 | 국가직 9급]

폭, 높이, 길이가 각각 $b$, $h$, $L$인 평행키가 키홈 깊이 $\frac{h}{2}$인 축에 삽입되어 있다. 이때 키에 생기는 전단응력이 $\tau$, 압축응력이 $\sigma_c$이고, $\sigma_c = 6\tau$라고 할 때, $\frac{h}{b}$는?

① $\frac{1}{6}$   ② $\frac{1}{3}$

③ $\frac{2}{3}$   ④ $\frac{3}{2}$

**Keyword**
평행키에서의 전단응력과 압축응력
- 전단응력 $\tau = \dfrac{T}{bld/2}$
- 압축응력 $\sigma_c = \dfrac{T}{hld/4}$

|해설| 전단응력 $\tau = \dfrac{T}{bld/2}$

압축응력 전단응력 $\tau = \dfrac{T}{bld/2}$

압축응력 $\sigma_c = \dfrac{T}{hld/4}$

$\sigma_c = 6\tau$이므로 $\dfrac{T}{hld/4} = 6 \times \dfrac{T}{bld/2}$

∴ $\dfrac{4T}{hld} = \dfrac{12T}{bld}$ ∴ $\dfrac{h}{b} = \dfrac{1}{3}$

**13** [2016 | 국가직 9급]

지름이 d = 20mm인 회전축에 b = 5mm, h = 7mm, 길이 = 90mm인 평행키가 고정되어 있을 때, 압축응력만으로 전달할 수 있는 최대 토크[N·mm]는? (단, 키의 허용압축응력은 4MPa이다)

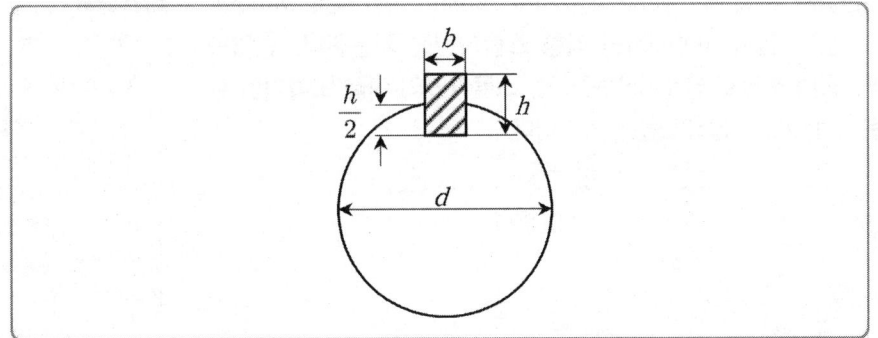

① 6,300   ② 12,600
③ 18,900   ④ 25,200

**Keyword**
키의 허용압축응력
$\sigma_c = \dfrac{P}{hl/2} = \dfrac{4T}{hld}$
($P$ : 축에 의하여 키에 작용하는 접선력, $h$ : 키의 높이, $l$ : 키의 길이, $T$ : 토크, $d$ : 회전축의 지름)

|해설| 키의 허용압축응력 $\sigma_c = \dfrac{P}{hl/2} = \dfrac{4T}{hld}$ 이므로

$T = \dfrac{\sigma_c hld}{4} = \dfrac{4 \times 7 \times 90 \times 20}{4} = 7 \times 90 \times 20 = 12,600 [\text{N·mm}]$

정답 | 12 ② 13 ②

## 14

[2016 | 지방직 9급]

지름 100[mm] 축에 풀리를 장착하기 위한 묻힘키(sunk key)를 설계할 때 키의 최소 높이[mm]는? (단, 축에서 키홈의 높이는 키 높이의 1/2, 축의 허용전단응력은 30[N/mm$^2$], 키의 허용압축응력은 80[N/mm$^2$], 키의 길이는 축지름의 1.5배, 키의 폭은 축지름의 0.25배이다)

① $\dfrac{25}{4}\pi$
② $\dfrac{25}{16}\pi$
③ $\dfrac{5}{4}\pi$
④ $\dfrac{5}{16}\pi$

**해설** 키의 허용압축응력 $\sigma_c = \dfrac{P}{hl/2} = \dfrac{4T}{hld}$ 에서 $T = \dfrac{\sigma_c hld}{4}$ 이며 축재료와 키의 재료가 같을 때 축의 비틀림응력과 축의 허용전단응력이 같다.

따라서 $\tau_s = \tau_a = \dfrac{16T}{\pi d^3}$ 이므로 $T = \dfrac{\tau_a \pi d^3}{16}$ 이다.

따라서 $T = \dfrac{\sigma_c hld}{4} = \dfrac{\tau_a \pi d^3}{16}$ 이므로 $h = \dfrac{\tau_a \pi d^3}{16} \times \dfrac{4}{\sigma_c ld} = \dfrac{\tau_a \pi d^3}{4} \times \dfrac{1}{\sigma_c \times 1.5d^2} = \dfrac{\tau_a \pi d^3}{6 \times \sigma_c \times d^2}$

$= \dfrac{\tau_a \pi d}{6\sigma_c} = \dfrac{30\pi \times 100}{6 \times 80} = \dfrac{5\pi \times 5}{4} = \dfrac{25\pi}{4}$ [mm]이다.

**Keyword**
- 키의 허용압축응력
$\sigma_c = \dfrac{P}{hl/2} = \dfrac{4T}{hld}$
($P$ : 축에 의하여 키에 작용하는 접선력, $h$ : 키의 높이, $l$ : 키의 길이, $T$ : 토크, $d$ : 회전축의 지름)
- 축의 비틀림응력
$\tau_s = \dfrac{16T}{\pi d^3}$
($T$ : 토크, $b$ : 키의 폭, $l$ : 키의 길이, $d$ : 축의 지름)

## 15

[2015 | 국가직 7급]

원통형 축에 동력 전달을 위해 홈수 10개, 이 너비 12[mm], 큰 지름 78[mm], 작은 지름 72[mm], 접촉 길이 100[mm]인 각형 스플라인을 사용한다. 면압을 고려하여 계산할 때, 최대 전달토크[N·m]는? (단, 스플라인의 이끝 모따기는 무시하고, 허용면압은 10[MPa], 접촉효율은 80%이다)

① 90
② 900
③ 1,125
④ 1,800

**해설** 스플라인의 최대 전달토크
$T = \eta z(h-2c)lp_a \dfrac{(d_1+d_2)}{4}$
$= 0.8 \times 10 \times \dfrac{78-72}{2} \times 100 \times 10 \times \dfrac{78+72}{4} = 0.8 \times 10 \times 3 \times 100 \times 10 \times 37.5$
$= 900,000[\text{N}\cdot\text{mm}] = 900[\text{N}\cdot\text{m}]$

**Keyword**
스플라인의 최대 전달토크
$T = \eta z(h-2c)lp_a \dfrac{(d_1+d_2)}{4}$
($\eta$ : 측면의 접촉효율, $z$ : 스플라인의 잇수, $h$ : 이의 두께, $c$ : 모따기, $l$ : 보스길이, $p_a$ : 접촉면의 허용압력, $d_1$ : 스플라인의 안지름, $d_2$ : 스플라인의 바깥지름)

정답 | 14 ① 15 ②

**16** [2015 | 지방직 9급]

축과 보스의 결합을 위해 사용된 보통형 평행키(묻힘키)에서, 회전토크에 의해 키가 전단되는 경우, 키의 길이 $l$이 축지름 $d$의 2배라면 키의 폭 $b$와 축지름 $d$의 관계로 옳은 것은? (단, 축과 키의 재료는 같고, 축과 키에 전달되는 회전토크도 같다)

① $b = \dfrac{\pi}{16}d$   ② $b = \dfrac{\pi}{12}d$

③ $b = \dfrac{\pi}{4}d$   ④ $b = \pi d$

**Keyword**
- 키의 허용전단응력 $\tau_a = \dfrac{2T}{bld}$
  ($T$ : 토크, $b$ : 키의 폭, $l$ : 키의 길이, $d$ : 회전축의 지름)
- 축의 비틀림응력 $\tau_s = \dfrac{16T}{\pi d^3}$
  ($T$ : 토크, $b$ : 키의 폭, $l$ : 키의 길이, $d$ : 축의 지름)

| 해설 | 키의 허용전단응력 $\tau_a = \dfrac{2T}{bld}$이며 축의 비틀림응력 $\tau_s = \dfrac{16T}{\pi d^3}$이며 축과 키의 재료가 같으면 키의 허용전단응력과 축의 비틀림응력이 같으므로 $\tau_a = \dfrac{2T}{bld} = \tau_s = \dfrac{16T}{\pi d^3}$이며 $l = 2d$이므로 $\dfrac{2T}{b \times 2d^2} = \dfrac{16T}{\pi d^3}$이며 이것을 정리하면 $\dfrac{1}{b} = \dfrac{16}{\pi d}$이므로 $b = \dfrac{\pi}{16}d$이다.

**17** [2014 | 국가직 7급]

높이 $h$, 키홈 높이 $t(=h/2)$, 폭 $b$, 길이 $l$인 보통형 평행키에 힘 $P$가 작용할 때, 키의 폭이 $h/2$로 변경되면 키의 압축응력에 대한 전단응력의 비는?

① 0.25   ② 0.5
③ 1      ④ 2

**Keyword**
- 키의 전단응력 $\tau = \dfrac{2T}{bld}$
  ($T$ : 토크, $b$ : 키의 폭, $l$ : 키의 길이, $d$ : 회전축의 지름)
- 키의 압축응력
  $\sigma_c = \dfrac{P}{hl/2} = \dfrac{4T}{hld}$
  ($P$ : 축에 의하여 키에 작용하는 접선력, $h$ : 키의 높이, $l$ : 키의 길이, $T$ : 토크, $d$ : 회전축의 지름)

| 해설 | 키의 전단응력 $\tau = \dfrac{2T}{bld}$에서 $b = \dfrac{h}{2}$이므로 $\tau = \dfrac{2T}{bld} = \dfrac{2T}{\left(\dfrac{h}{2}\right)ld} = \dfrac{4T}{hld}$이며

키의 압축응력 $\sigma_c = \dfrac{P}{hl/2} = \dfrac{4T}{hld}$이므로 키의 압축응력에 대한 전단응력의 비는 $\dfrac{\tau}{\sigma_c} = 1$이다.

정답 | 16 ①  17 ③

## 18

[2019 | 서울시 9급 2차]

키가 전달시킬 수 있는 회전토크가 $T$이고, 키의 폭이 $b$, 키의 높이가 $h$, 키의 길이가 $l$인 경우, 키에 발생하는 압축응력은? (단, 키홈의 깊이는 키의 높이 $h$의 절반이다)

① $\dfrac{4T}{hld}$
② $\dfrac{2T}{hld}$
③ $\dfrac{4Th}{ld}$
④ $\dfrac{2Th}{ld}$

**해설** 축에 의하여 키에 작용하는 접선력 $F = \dfrac{T}{d/2} = \dfrac{2T}{d}$

키에 생기는 압축응력 $\sigma_c = \dfrac{F}{hl/2} = \dfrac{4T}{hld}$

**Keyword**
키에 발생하는 압축응력
$\sigma_c = \dfrac{4T}{hld}$

## 19

[2013 | 국가직 9급]

축의 지름을 d[mm], 평행키의 폭 b[mm], 높이 h[mm], 길이 $l$[mm], 축의 회전 모멘트를 T[N·m]라 할 때, 키에 작용하는 전단응력 $\tau$를 나타낸 것으로 옳은 것은?

① $\dfrac{2T}{bld}$
② $\dfrac{4T}{bhl}$
③ $\dfrac{bld}{2T}$
④ $\dfrac{dhl}{4T}$

**해설** 키에 생기는 전단응력은 $\tau = \dfrac{P}{bl} = \dfrac{\left(\dfrac{T}{d/2}\right)}{bl} = \dfrac{2T}{bld}$ 이다($P$ : 축에 의하여 키에 작용하는 접선력).

**Keyword**
키에 생기는 전단응력
$\tau = \dfrac{2T}{bld}$
($T$ : 토크, $b$ : 키의 폭, $l$ : 키의 길이, $d$ : 회전축의 지름)

## 20

[2013 | 국가직 7급]

길이 $l$, 높이 h, 폭 b인 묻힘키(sunk key)가 체결된 직경 d인 축에 토크 T가 가해질 경우, 키에 발생하는 압축응력 $\sigma_c$에 대한 전단응력 $\tau$의 비($\dfrac{\tau}{\sigma_c}$)가 $\dfrac{1}{4}$이라면 키의 폭 b와 높이 h의 관계로 옳은 것은? (단, 축에 묻히는 키의 깊이 $t = \dfrac{h}{2}$이다)

① $b = \dfrac{h}{4}$
② $b = \dfrac{h}{2}$
③ $b = h$
④ $b = 2h$

**해설** $\dfrac{\tau}{\sigma_c} = \dfrac{\dfrac{2T}{bld}}{\dfrac{4T}{hdl}} = \dfrac{h}{2b} = \dfrac{1}{4}$ 이므로 $2b = 4h$이며 따라서 $b = 2h$이다.

**Keyword**
• 키의 전단응력 $\tau = \dfrac{2T}{bld}$
($T$ : 토크, $b$ : 키의 폭, $l$ : 키의 길이, $d$ : 회전축의 지름)
• 키의 압축응력
$\sigma_c = \dfrac{P}{hl/2} = \dfrac{4T}{hld}$
($P$ : 축에 의하여 키에 작용하는 접선력, $h$ : 키의 높이, $l$ : 키의 길이, $T$ : 토크, $d$ : 회전축의 지름)

정답 | 18 ① 19 ① 20 ④

**21** [2013 | 지방직 9급]

지름 100[mm]인 축에 평행키를 설치하였다. 분당 회전수 487[rpm]으로 2[kW]의 동력을 전달할 때, 키에 발생하는 전단응력[kg$_f$/mm$^2$]은? (단, 키의 폭, 높이, 길이는 각각 10[mm], 8[mm], 80[mm])

① 0.1
② 0.125
③ 0.25
④ 1

|해설| 회전토크 $T = 974,000 \times \dfrac{H_{kW}}{n} = 974,000 \times \dfrac{2}{487} = 4,000[\text{kg}_f \cdot \text{mm}]$ 이므로 키의 전단응력은 $\tau = \dfrac{2T}{bld} = \dfrac{2 \times 4,000}{10 \times 80 \times 100} = \dfrac{1}{10} = 0.1[\text{kg}_f/\text{mm}^2]$ 이다.

**Keyword**
• 키의 전단응력 $\tau = \dfrac{2T}{bld}$
($T$ : 토크, $b$ : 키의 폭, $l$ : 키의 길이, $d$ : 회전축의 지름)
• 회전토크
$T = 974,000 \times \dfrac{H_{kW}}{n}$
($H_{kW}$ : 동력, $n$ : 분당 회전수)

---

**22** [2013 | 국회직 9급]

지름($d$)이 50mm인 축에 보스를 끼웠을 때 키의 길이($l$)가 60mm, 나비($b$)가 10mm, 높이($h$)가 10mm이다. 이 축에 30,000 kgf·mm의 회전력이 작용할 때 키의 전단응력($\tau$)과 압축응력($\sigma_c$)은 각각 몇 kgf/mm$^2$인가?

① $\tau = 1, \sigma_c = 2$
② $\tau = 2, \sigma_c = 1$
③ $\tau = 3, \sigma_c = 6$
④ $\tau = 2, \sigma_c = 4$
⑤ $\tau = 4, \sigma_c = 2$

|해설|
• 키의 전단응력 $\tau = \dfrac{2T}{bld} = \dfrac{2 \times 30,000}{10 \times 60 \times 50} = 2[\text{kgf}/\text{mm}^2]$
• 키의 압축응력 $\sigma_c = \dfrac{4T}{hld} = \dfrac{4 \times 30,000}{10 \times 60 \times 50} = 4[\text{kgf}/\text{mm}^2]$

**Keyword**
• 키의 전단응력 $\tau = \dfrac{2T}{bld}$
($T$ : 토크, $b$ : 키의 폭, $l$ : 키의 길이, $d$ : 회전축의 지름)
• 키의 압축응력
$\sigma_c = \dfrac{P}{hl/2} = \dfrac{4T}{hld}$
($P$ : 축에 의하여 키에 작용하는 접선력, $h$ : 키의 높이, $l$ : 키의 길이, $T$ : 토크, $d$ : 회전축의 지름)

---

**23** [2012 | 국가직 9급]

묻힘키(sunk key)와 축에 동일 토크가 부가되고, 축과 키의 재료가 같다. 축 지름이 20mm, 묻힘키의 길이가 50mm일 때, 필요한 키의 최소 폭[mm]은?

① 1
② 2
③ 3
④ 4

|해설| 키의 전단응력은 $\tau = \dfrac{2T}{bld} = \dfrac{2T}{b \times 50 \times 20}$ 이며 축의 비틀림응력은 $\tau_s = \dfrac{16T}{\pi d^3} = \dfrac{16T}{\pi \times 20^3}$ 이다.
키의 전단응력과 축의 비틀림응력이 같은 조건이므로 $\tau = \tau_s$ 이다.
따라서 $\dfrac{2T}{b \times 50 \times 20} = \dfrac{16T}{\pi \times 20^3}$ 이므로 $b = \pi = 3.14[\text{mm}]$ 이므로 ①~④ 중에서 가장 가까운 ④ 4[mm]를 정답으로 한다.

**Keyword**
• 키의 전단응력 $\tau = \dfrac{2T}{bld}$
($T$ : 토크, $b$ : 키의 폭, $l$ : 키의 길이, $d$ : 축의 지름)
• 축의 비틀림응력
$\tau_s = \dfrac{16T}{\pi d^3}$
($T$ : 토크, $d$ : 축의 지름)

---

정답 | 21 ① 22 ④ 23 ④

## 24 [2012 | 국가직 9급]

키의 높이가 h, 폭이 b, 길이가 $l$인 묻힘키(sunk key)에서 높이와 폭을 같게 하였을 때, 키에 작용하는 힘(P)에 의하여 키에 발생하는 전단응력($\tau$)과 압축응력($\sigma$)의 비($\frac{\sigma}{\tau}$)는?

① 0.25　　　　　　　　② 0.50
③ 1.00　　　　　　　　④ 2.00

|해설|

$$\frac{\sigma}{\tau} = \frac{\frac{4T}{hld}}{\frac{2T}{bdl}} = \frac{2b}{h}$$ 이며 $b = h$의 조건이므로 $\frac{\sigma}{\tau} = \frac{2b}{h} = 2$이다.

**Keyword**
- 키의 전단응력 $\tau = \frac{2T}{bld}$
  ($T$ : 토크, $b$ : 키의 폭, $l$ : 키의 길이, $d$ : 회전축의 지름)
- 키의 압축응력
  $\sigma = \frac{P}{hl/2} = \frac{4T}{hld}$
  ($P$ : 축에 의하여 키에 작용하는 접선력, $h$ : 키의 높이, $l$ : 키의 길이, $T$ : 토크, $d$ : 회전축의 지름)

## 25 [2012 | 지방직 9급]

W의 하중을 받는 b(폭)×h(높이)×$l$(길이)인 평행키(구 묻힘키)의 폭이 높이의 $\frac{1}{2}$일 때, 키의 전단응력($\tau$)과 압축응력($\sigma$)의 비$\left(\frac{\tau}{\sigma}\right)$는?

① 0.25　　　　　　　　② 0.5
③ 1　　　　　　　　　④ 2

|해설| 키의 전단응력 $\tau = \frac{2T}{bld}$에서 $b = \frac{h}{2}$이므로 $\tau = \frac{2T}{bld} = \frac{2T}{\left(\frac{h}{2}\right)ld} = \frac{4T}{hld}$이며

키의 압축응력 $\sigma_c = \frac{P}{hl/2} = \frac{4T}{hld}$이므로 키의 압축응력에 대한 전단응력의 비는 $\frac{\tau}{\sigma_c} = 1$이다.

**Keyword**
- 키의 전단응력 $\tau = \frac{2T}{bld}$
  ($T$ : 토크, $b$ : 키의 폭, $l$ : 키의 길이, $d$ : 회전축의 지름)
- 키의 압축응력
  $\sigma_c = \frac{P}{hl/2} = \frac{4T}{hld}$
  ($P$ : 축에 의하여 키에 작용하는 접선력, $h$ : 키의 높이, $l$ : 키의 길이, $T$ : 토크, $d$ : 회전축의 지름)

정답 | 24 ④　25 ③

**26** [2015 | 국가직 9급] (상)(중)(하)

그림과 같이 하중 500[kgf]이 너클 조인트의 양단에 가해지고 있다. 이때 전단하중을 고려하여 설계할 경우, 너클 핀의 지름[mm]은? (단, 허용전단응력은 5[kgf/mm$^2$]이다)

> **Keyword**
> 하중은 핀과 너클이 접촉하는 두 면에서 발생하는 전단력과 같으므로 $W = \tau_a \times 2A$이다 (하중, 허용전단응력, 너클 핀의 단면적).

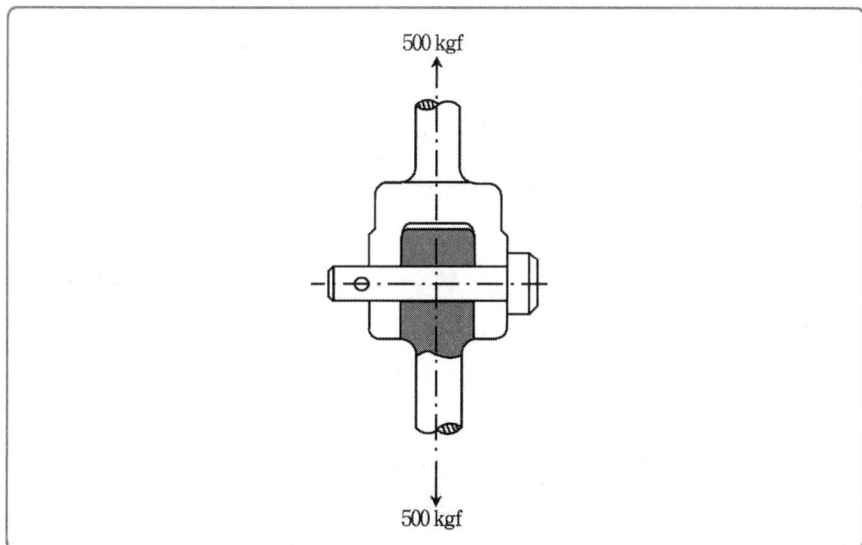

① $\sqrt{\dfrac{200}{\pi}}$  ② $\sqrt{\dfrac{125}{\pi}}$

③ $\sqrt{\dfrac{400}{\pi}}$  ④ $\sqrt{\dfrac{250}{\pi}}$

| 해설 |
하중 $W = \tau_a \times 2A$이므로 $500 = 5 \times 2 \times \dfrac{\pi d^2}{4}$이다. 따라서 $d = \sqrt{\dfrac{4 \times 500}{10\pi}} = \sqrt{\dfrac{200}{\pi}}$ [mm]이다.

---

**27** [2019 | 국가직 9급] (상)(중)(하)

축의 원통 외면 또는 구멍의 원통 내면에 조립되는 부품을 축방향으로 고정하거나 이탈을 방지하는 기계요소로 고정링, 혹은 멈춤링으로 불리는 것은?

① 키  ② 스냅링
③ 록너트  ④ 코터

> **Keyword**
> 스냅링
> 축의 원통 외면 또는 구멍의 원통 내면에 조립되는 부품을 축방향으로 고정하거나 이탈을 방지하는 기계요소로 고정링, 혹은 멈춤링으로 불리는 기계요소

| 오답풀이 |
① 키 : 기어, 벨트풀리, 커플링 등을 축에 고정하여 토크를 전달하는 기계요소
③ 록너트 : 잠금너트
④ 코터 : 인장 또는 압축을 받는 2개의 봉을 연결하는 기계요소

정답 | 26 ① 27 ②

# 03 리벳이음·용접이음
CHAPTER

## 1 리벳이음

**01** [2021 | 지방직 9급]

리벳에 대한 설명으로 옳지 않은 것은?
① 리벳의 호칭지름은 리벳 자루의 끝부분에서 측정한다.
② 리벳구멍이 없는 판에 대한 리벳구멍이 있는 판의 인장강도 비를 판의 효율이라고 한다.
③ 리벳의 머리모양에 따라 둥근머리, 접시머리, 납작머리, 냄비머리, 둥근접시머리 리벳 등으로 구분한다.
④ 보일러와 같이 기밀이 필요할 때는 리벳머리 둘레와 강판의 가장자리를 정과 같은 공구로 코킹작업을 한다.

**해설** 자루는 머리 쪽보다 끝 쪽이 약간 가늘게 되어 있으므로 목 밑으로부터 리벳 길이의 1/4이 되는 곳에서 측정한 리벳의 지름을 호칭지름으로 한다.

**Keyword**
리벳은 강판 또는 형강 등을 영구적으로 결합하는데 사용하는 기계요소로서 구조가 비교적 간단하고 잔류변형이 없기 때문에 사용 범위가 넓다.

**02** [2018 | 서울시 9급]

한줄 겹치기 리벳이음을 하고자 한다. 단일 전단면에서 리벳의 전단력과 리벳구멍 부분에서 판재의 압축력을 같게 하고자 할 때, 리벳의 직경은 판재 두께의 몇 배로 설계해야 하는가? (단, 최대 전단응력이론을 따른다)
① $2/\pi$
② $4/\pi$
③ $8/\pi$
④ $12/\pi$

**해설** 리벳의 전단력 $F_r = \dfrac{\pi}{4}d^2\tau$

판재의 압축력 $F_c = td\sigma_c$

최대 전단응력이론에서 $\tau = \dfrac{\sigma_c}{2}$ 이므로 $t = \dfrac{\pi}{8}d$ 이며

따라서 리벳의 직경은 판재 두께의 $\dfrac{8}{\pi}$ 배로 설계한다.

**Keyword**
리벳의 전단력 $F_r = \dfrac{\pi}{4}d^2\tau$,
판재의 압축력 $F_c = td\sigma_c$

정답 | 01 ① 02 ③

## 03 [2020 | 지방직 9급]

리벳 이음에서 리벳지름이 $d$, 피치가 $2p$인 판의 효율은?

① $\dfrac{p-d}{p}$  ② $\dfrac{2p-d}{p}$

③ $\dfrac{2p-d}{2p}$  ④ $\dfrac{d-2p}{2p}$

**해설** 피치가 $2p$이므로 판의 효율 $\eta = 1 - \dfrac{d}{2p} = \dfrac{2p-d}{2p}$

**Keyword**
판의 효율($\eta_1$)
1피치 사이에 구멍이 있는 강판의 인장강도와 구멍이 없는 원래 강판의 인장강도와의 비
$\eta_1 = \dfrac{\text{1피치 사이에 구멍이 있는 강판의 인장강도}}{\text{1피치 사이에 구멍이 없는 원래 강판의 인장강도}}$
$= 1 - \dfrac{d}{p}$ (리벳의 지름, $p$ : 리벳구멍의 피치)

## 04 [2018 | 지방직 9급]

1줄 겹치기 리벳이음을 한 두께 10mm인 판재가 있다. 리벳 구멍지름 20mm, 리벳이음 피치 50mm일 때, 인장력을 받고 있는 판재의 효율[%]은?

① 20  ② 40
③ 60  ④ 80

**해설** $\eta = 1 - \dfrac{d}{p} = 1 - \dfrac{20}{50} = \dfrac{3}{5} = 60[\%]$

**Keyword**
판재의 효율 $\eta = 1 - \dfrac{d}{p}$

## 05 [2018 | 국가직 9급]

그림과 같은 리벳이음에서 6,000[N]의 하중(F)이 작용할 때, 가장 왼쪽의 리벳에 작용하는 전단력의 크기[N]와 방향은?

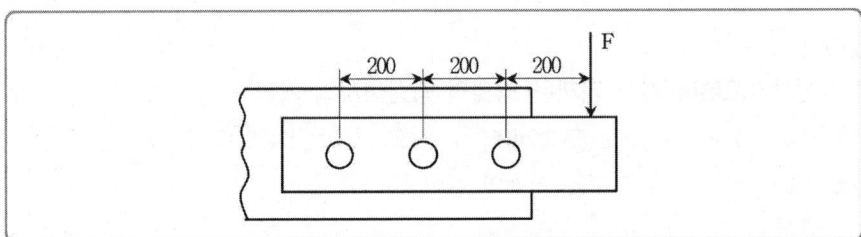

① 8,000, ↑  ② 8,000, ↓
③ 4,000, ↑  ④ 4,000, ↓

**해설** 각 리벳에 작용하는 직접 전단력 $F_D = \dfrac{P}{n} = \dfrac{6,000}{3} = 2,000[N]$ ↓

편심하중으로 발생한 모멘트에 의한 전단력은 $6,000 \times 400 = 2 \times F \times 200$에서 $F = 6,000[N]$ 왼쪽 리벳에는 ↑방향으로 6,000[N], 오른쪽 리벳에는 ↓방향으로 6,000[N]만큼의 전단력이 발생한다. 따라서 가장 왼쪽의 리벳에 작용하는 전단력의 크기와 방향은 $6,000↑ - 2,000↓ = 4,000[N]$ ↑이다.

**참고** 왼쪽에서 두 번째 리벳에는 ↓방향으로 2,000[N], 왼쪽에서 세 번째 리벳에는 ↓방향으로 $6,000 + 2,000 = 8,000[N]$의 전단력이 발생한다.

**Keyword**
각 리벳에 작용하는 직접 전단력
$F_D = \dfrac{P}{n}$ ($P$ : 하중, $n$ : 리벳의 개수)

정답 | 03 ③ 04 ③ 05 ③

## 06 [2017 | 지방직 9급] 상 중 하
얇은 판재의 한줄 리벳이음 설계에서 고려해야 할 내용으로 옳지 않은 것은?
① 리벳 구멍에서 판재가 받게 될 압축응력의 크기는 리벳의 지름 $d$에 비례한다.
② 전체 리벳의 전단저항력과 구멍 부분을 제외한 판의 인장저항력이 같도록 설계한다.
③ 리벳의 전단저항력과 해당 리벳구멍에서 판재의 압축저항력이 같도록 설계한다.
④ 마진 $e$가 작을 경우, 판 끝이 리벳에 의해 갈라져 파괴될 수 있다.

| 해설 | 리벳 구멍에서 판재가 받게 될 압축응력의 크기는 리벳의 지름 $d$에 반비례한다.

**Keyword**
압축응력 $\sigma_c = \dfrac{W}{tdn}$
($W$ : 판에 작용하는 1피치당 인장하중, $t$ : 판재 두께, $d$ : 리벳 지름, $n$ : 리벳의 수)

## 07 [2019 | 지방직 9급] 상 중 하
한줄 겹치기 리벳 이음의 파손 유형에 대한 대책으로 옳지 않은 것은?
① 리벳이 전단에 의해 파손되는 경우, 리벳 지름을 더 크게 한다.
② 리벳 구멍 사이에서 판재가 절단되는 경우, 리벳 피치를 줄인다.
③ 판재 끝이 리벳에 의해 갈라지는 경우, 리벳 구멍과 판재 끝 사이의 여유를 더 크게 한다.
④ 리벳 구멍 부분에서 판재가 압축 파손되는 경우, 판재를 더 두껍게 한다.

| 해설 | 리벳 구멍 사이에서 판재가 절단되는 경우, 리벳 피치를 더 크게 한다.

**Keyword**
리벳 구멍의 간격이 작을수록 판재절단의 가능성이 증가된다.

## 08 [2017 | 국가직 7급] 상 중 하
리벳이음에서 판의 가장자리로부터 가장 가까운 리벳의 중심까지의 거리는?
① 피치
② 뒷피치
③ 마진
④ 리벳의 길이

| 해설 | 리벳이음에서 판의 가장자리로부터 가장 가까운 리벳의 중심까지의 거리를 마진(margin)이라고 한다.

| 오답풀이 | ① **피치** : 같은 줄에 있는 이웃한 리벳의 중심 사이의 거리(각 줄의 중심 간의 거리가 다를 경우는, 바깥쪽 줄에서의 리벳 중심 사이의 거리)
② **뒷피치** : 여러 줄의 리벳이음에서 리벳의 줄과 줄 사이의 거리
④ **리벳의 길이** : 리벳의 머리 부분을 제외한 자루의 길이

| 참고 | 리벳의 용어(나머지)
• **모재의 두께** : 잇고자 하는 대상 공작물의 두께
• **맞대기 판의 두께** : 맞대기 이음에서 덮개판의 두께

정답 | 06 ① 07 ② 08 ③

## 09 | 2017 | 국회직 9급 | 상 중 하

그림과 같이 너비 $b=100$mm인 2장의 강판을 2개의 리벳으로 접합하였다. 이 리벳이음에서 리벳에 의한 판의 압축 파괴만을 고려할 때 하중 $W$는 최대 몇 kgf 까지 가능한가? (단, 리벳의 지름은 20mm, 각 판의 두께 $t$는 10mm, 허용압축응력 $\sigma_c$는 10kgf/mm² 이다)

**Keyword**

압축응력 $\sigma_c = \dfrac{W}{tdn}$

($W$ : 판에 작용하는 1피치당 인장하중, $t$ : 판재 두께, $d$ : 리벳 지름, $n$ : 리벳의 수)

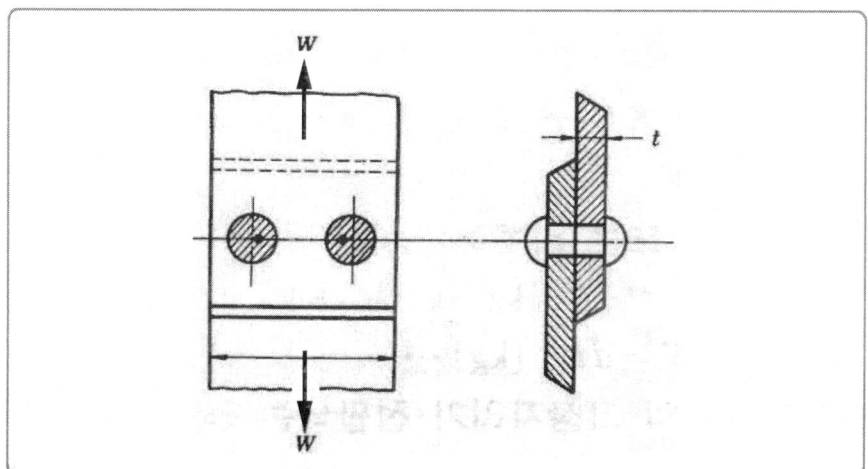

① 500
② 1,000
③ 2,000
④ 3,000
⑤ 4,000

**해설** 압축응력 $\sigma_c = \dfrac{W}{tdn}$ 이므로 $10 = \dfrac{W}{10 \times 20 \times 2}$ 에서 $W = 4,000$[kgf]

## 10 | 2021 | 국가직 9급 | 상 중 하

인장하중 54kN을 받는 양쪽 덮개판 1줄 맞대기 리벳이음에서 리벳의 지름 10mm, 리벳의 허용전단응력 100MPa일 때, 전단에 의해 파괴되지 않을 리벳의 최소 개수는?

① 2
② 3
③ 4
④ 5

**해설** $100 \times \dfrac{\pi}{4} \times 10^2 \times 1.8n = 54 \times 10^3$

$\therefore n = \dfrac{12}{\pi} \simeq 4$[개]

정답 | 09 ⑤  10 ③

## 11

[2016 | 서울시 9급]

그림과 같은 리벳이음에서 세 개의 리벳에 작용하는 전단력 중 최댓값은?

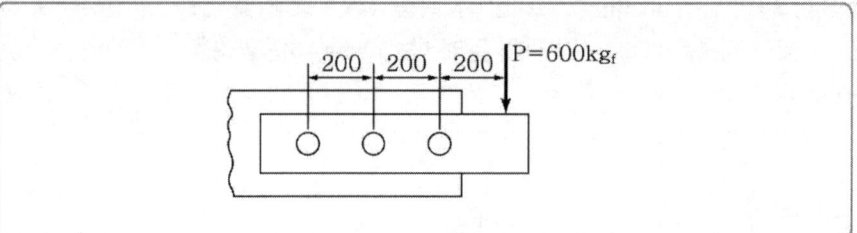

① 200kgf  
② 600kgf  
③ 800kgf  
④ 900kgf  

**해설** 각 리벳에 작용하는 직접 전단력 $F_D = \dfrac{P}{n} = \dfrac{600}{3} = 200[\text{kgf}] \downarrow$

편심하중으로 발생한 모멘트에 의한 전단력은 $600 \times 400 = 2 \times F \times 200$에서 $F = 600[\text{kgf}]$
왼쪽 리벳에는 ↑방향으로 $600[\text{kgf}]$, 오른쪽 리벳에는 ↓방향으로 $600[\text{kgf}]$ 만큼의 전단력이 발생한다. 따라서 최대 전단응력은 오른쪽 리벳에서 발생하고 그 크기는 $200 + 600 = 800[\text{kgf}]$이다.

**Keyword**
각 리벳에 작용하는 직접 전단력
$F_D = \dfrac{P}{n}$
($P$ : 하중, $n$ : 리벳의 개수)

## 12

[2015 | 지방직 9급]

두께가 10[mm]인 판 두 장을 2줄 겹치기 리벳이음을 하고자 한다. 리벳 지름이 20[mm]이고 피치(리벳의 중심 간 거리)가 80[mm]일 때, 리벳이음의 효율 중 리벳효율[%]은? (단, 리벳의 허용전단응력은 판의 허용인장응력의 80%이고, $\pi$는 3으로 한다)

① 30  
② 40  
③ 50  
④ 60  

**해설** 리벳효율 $\eta_2 = \dfrac{n\pi d^2 \tau}{4pt\sigma_t} = \dfrac{2 \times 3 \times 20^2 \times 0.8\sigma_t}{4 \times 80 \times 10 \times \sigma_t} = 0.6 = 60[\%]$

**참고** 리벳이음을 한 강관의 인장강도와 구멍, 노치 등이 없는 순수 강판의 인장강도와의 비를 리벳이음 효율이라고 하며 리벳이음의 강도를 나타내는 기준으로 삼는다. 특히 1피치 사이에 구멍이 있는 강판의 인장강도와 구멍이 없는 원래 강판의 인장강도와의 비를 강판효율이라고 하며 1피치 사이에 리벳의 전단강도와 구멍이 없는 원래 강판의 인장강도와의 비를 리벳효율이라고 한다.

**Keyword**
리벳효율 $\eta_2 =$
$\dfrac{\text{1피치 사이에 있는 리벳의 전단강도}}{\text{1피치 사이에 구멍이 없는 강판의 인장강도}}$
$= \dfrac{n \dfrac{\pi d^2}{4} \tau}{pt\sigma_t} = \dfrac{n\pi d^2 \tau}{4pt\sigma_t}$
($n$ : 1피치 사이에 있는 리벳의 전단면수, $d$ : 리벳의 지름, $\tau$ : 리벳의 전단강도, $p$ : 리벳의 피치, $t$ : 강판의 두께, $\sigma_t$ : 강판의 인장강도)

정답 | 11 ③ 12 ④

## 13 [2015 | 서울시 9급]

허용전단강도가 $6\text{kg}_f/\text{mm}^2$이고, 지름이 12mm인 1줄 겹치기 리벳이음작업을 한다고 할 때, 리벳의 허용전단강도를 고려하여 6ton의 하중을 버티기 위한 리벳의 최소 수는 얼마인가?

① 6개  ② 7개
③ 8개  ④ 9개

**해설** 허용전단강도 $\tau_a = \dfrac{W}{An}$ 에서 리벳의 개수는 $n = \dfrac{4W}{\pi d^2 \tau_a} = \dfrac{4 \times 6 \times 1,000}{3.14 \times 12^2 \times 6} = 8.846 \simeq 9$개이다.

**Keyword**
허용전단강도 $\tau_a = \dfrac{W}{An}$
($W$ : 인장하중, $A$ : 리벳의 단면적, $n$ : 리벳의 개수)

## 14 [2015 | 국회직 9급]

리벳이음에서 일반적으로 파괴되는 형태 중 옳지 않은 것은?

① 리벳 구멍 사이 판이 절단된다.
② 리벳이 전단으로 파괴된다.
③ 리벳 때문에 판 끝이 갈라진다.
④ 리벳 구멍 부분에서 판재가 압축파괴된다.
⑤ 리벳이 인장으로 파괴된다.

**해설** 리벳이음에서 일반적으로 파괴되는 형태
- 리벳 구멍 사이에서 판이 절단되는 경우
- 리벳이 전단에 의해 파괴되는 경우
- 판 끝이 리벳에 의해 갈라지는 경우
- 리벳 구멍 부분에서 판재가 압축파괴되는 경우

**Keyword**
리벳이음에서 일반적으로 파괴되는 형태 중 리벳이 인장으로 파괴되는 형태는 없다.

## 15 [2014 | 국가직 9급]

그림과 같은 1줄 겹치기 리벳이음에서 리벳의 지름이 5mm이고 허용전단응력이 $4\text{kg}_f/\text{mm}^2$일 때, $750\,\text{kg}_f$의 하중 $P$를 지지하기 위한 리벳의 최소 개수는? (단, $\pi = 3$으로 한다)

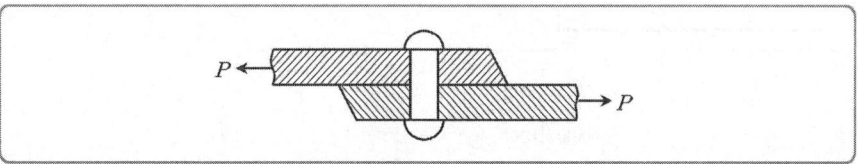

① 4  ② 6
③ 8  ④ 10

**해설** 허용전단응력 $\tau_a = \dfrac{W}{An}$ 에서 리벳의 개수는 $n = \dfrac{4W}{\pi d^2 \tau_a} = \dfrac{4 \times 750}{3 \times 5^2 \times 4} = 10$개이다.

**Keyword**
허용전단응력 $\tau_a = \dfrac{W}{An}$
($W$ : 인장하중, $A$ : 리벳의 단면적, $n$ : 리벳의 개수)

**정답** | 13 ④  14 ⑤  15 ④

**16** [2020 | 국가직 9급]

양쪽 덮개판 한줄 맞대기 리벳이음에서 리벳지름은 10mm, 강판두께는 10mm, 리벳피치는 50mm이다. 리벳 전단강도가 강판 인장강도의 50%일 때, 가장 가까운 리벳효율[%]은? (단, $W$ = 인장하중, $\pi$ = 4이다)

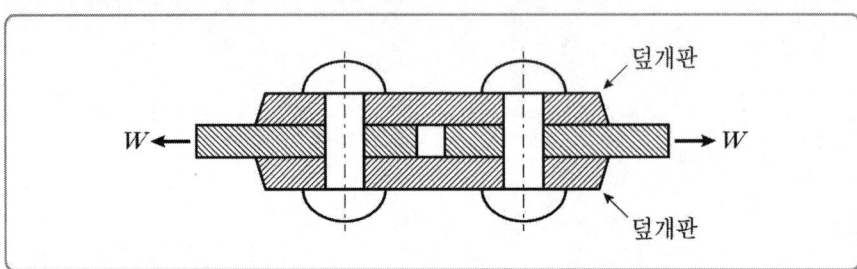

① 18  ② 24
③ 30  ④ 36

**Keyword**
리벳효율($\eta_2$)
1피치 사이에 리벳의 전단강도와 구멍이 없는 원래 강판의 인장강도와의 비 $\eta_2 =$

$\dfrac{1피치\ 사이에\ 있는\ 리벳의\ 인장강도}{1피치\ 사이에\ 구멍이\ 없는\ 강판의\ 인장강도}$

$= \dfrac{n\dfrac{\pi d^2}{4}\tau}{pt\sigma_t} = \dfrac{n\pi d^2 \tau}{4pt\sigma_t}$

($n$ : 1피치 사이에 있는 리벳의 전단면수, $d$ : 리벳의 지름, $\tau$ : 리벳의 전단강도, $p$ : 리벳의 피치, $t$ : 강판의 두께, $\sigma_t$ : 강판의 인장강도)

|해설| $\eta = \dfrac{n\pi d^2 \tau}{4pt\sigma_t} = \dfrac{2\times\pi\times 10^2 \times \tau}{4\times 50\times 10\times \sigma_t} = \dfrac{800\tau}{2,000\sigma}$ 이며 $\dfrac{\tau}{\sigma} = \dfrac{1}{2}$ 이므로

$\eta = \dfrac{800}{2,000\times 2} = 0.2 = 20[\%]$ 이므로 ①의 18[%]가 가장 가까운 수치이므로 ①이 정답이다.

**17** [2014 | 지방직 9급]

그림과 같은 300N의 편심하중을 받는 리벳이음에서 리벳에 생기는 최대 전단력의 크기[N]는?

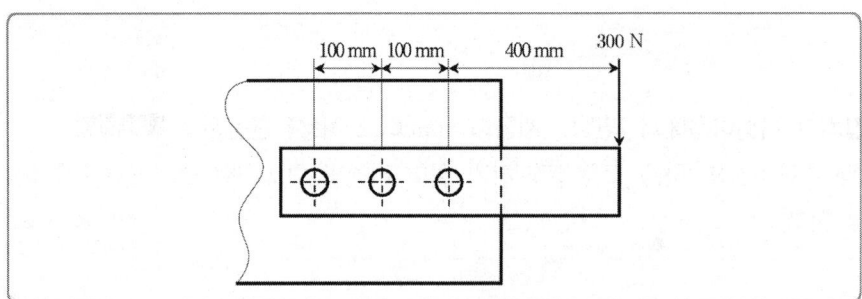

① 650  ② 750
③ 850  ④ 950

**Keyword**
각 리벳에 작용하는 직접 전단력 $F_D = \dfrac{P}{n}$
($P$ : 하중, $n$ : 리벳의 개수)

|해설| 각 리벳에 작용하는 직접 전단력은 $F_D = \dfrac{P}{n} = \dfrac{300}{3} = 100[N]$ ↓방향이며
편심하중으로 발생한 모멘트에 의한 전단력은 $300\times 500 = 2\times F\times 100$에서 $F = 750[N]$이다.
왼쪽 리벳에는 ↑방향으로 750[N], 오른쪽 리벳에는 ↓방향으로 750[N]의 전단력이 발생한다.
따라서 최대 전단력은 오른쪽 리벳에서 발생하고 그 크기는 $100 + 750 = 850[N]$이다.

정답 | 16 ① 17 ③

**18** [2014 | 국가직 7급]

두께가 20mm인 강판 2장을 지름이 20mm인 리벳 및 리벳 구멍을 이용하여 1줄 겹치기 이음을 하고자 한다. 한 피치 구간에서 판에 작용하는 인장하중이 20kN이고 강판의 이음효율이 60%라면, 강판의 인장응력[MPa]은?

① 30.00  
② 33.33  
③ 40.00  
④ 43.75

**해설** 강판의 이음효율 $\eta = 1 - \dfrac{20}{p} = 0.6$에서 $p = 50[\text{mm}]$이며 강판의 인장응력은 $\sigma_t = \dfrac{W}{(p-d)t}$
$= \dfrac{20 \times 10^3}{(50-20) \times 20} = 33.33[\text{MPa}]$이다.

**Keyword**
- 강판의 이음효율
$\eta_1 = 1 - \dfrac{d}{p}$
($d$ : 리벳의 지름, $p$ : 리벳구멍의 피치)
- 강판의 인장응력
$\sigma_t = \dfrac{W}{(p-d)t}$
($W$ : 인장하중, $p$ : 리벳구멍의 피치, $d$ : 리벳의 지름)

**19** [2013 | 국가직 9급]

그림과 같이 하중 P가 작용하는 판재를 리벳이음으로 설계할 때, 고려해야 할 사항으로 관계가 가장 적은 것은?

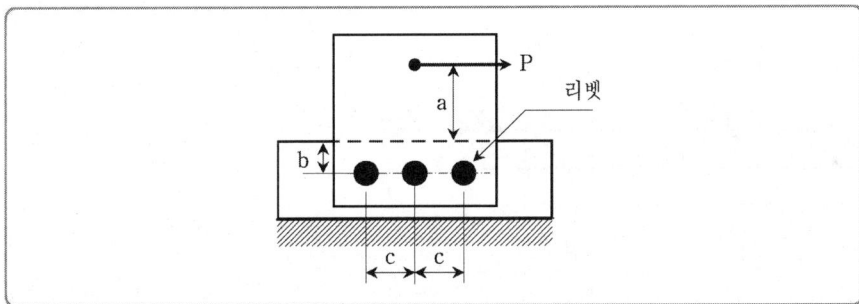

① 리벳의 전단강도  
② 리벳의 인장강도  
③ 판재의 압축강도  
④ 판재의 인장강도

**해설** 리벳이음의 파괴형태는 리벳의 전단강도, 판재의 압축강도, 판재의 인장강도, 판재의 굽힘강도 등이므로 리벳의 인장강도는 리벳이음 설계 고려사항으로 가장 거리가 멀다.

**오답풀이**
① **리벳의 전단강도** : 리벳이 전단에 의해 파괴되지 않도록 고려한 설계
③ **판재의 압축강도** : 리벳 구멍의 부분에서 판재가 압축파괴되지 않도록 고려한 설계
④ **판재의 인장강도** : 리벳 구멍 사이에서 판이 절단되지 않도록 고려한 설계
그리고 판끝이 리벳에 의해 갈라지지 않도록 판재의 굽힘강도를 고려해야 한다.

정답 | 18 ② 19 ②

## 20

[2022 | 지방직 9급] 상 중 **하**

두께가 같은 2개의 강판을 4개의 리벳(A, B, C, D)으로 네 줄 겹치기 이음할 때, 인장하중 $P$에 의해 발생하는 전단응력이 가장 큰 리벳 2개는?

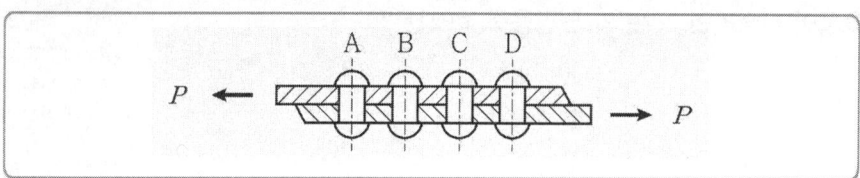

① A, B  
② A, D  
③ B, C  
④ C, D

**해설** 두께가 같은 2개의 강판을 4개의 리벳(A, B, C, D)으로 네 줄 겹치기 이음할 때, 인장하중 $P$에 의해 발생하는 전단응력이 가장 큰 리벳 2개는 하중을 가장 크게 받는 A, D이다.

**Keyword**  
다줄 리벳팅에서 전단응력이 가장 크게 걸리는 리벳은 하중이 제일 크게 걸리는 리벳이다.

## 21

[2013 | 국가직 7급] 상 **중** 하

다음 그림과 같이 동일한 리벳을 사용한 5줄 리벳 이음에서 전단 파단에 가장 취약한 리벳은? (단, 두 판은 동일한 재질이고 위판과 아래판의 두께는 각각 5[mm], 10[mm]이며, 인접하는 리벳의 중심 간 거리는 같다)

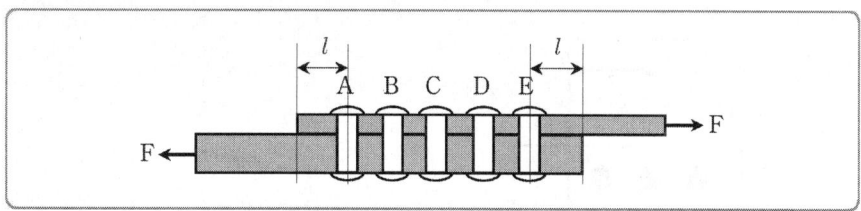

① A와 E  
② A  
③ C  
④ E

**해설** 두께가 작은 판의 하중에 제일 가까운 리벳 E에 가장 큰 하중이 작용하므로 가장 취약하다.

## 22

[2022 | 지방직 9급] [2013 | 국가직 9급] 상 **중** 하

용접에 비해 리벳이음이 갖는 특징으로 옳지 않은 것은?

① 판의 재질이 용접만큼 문제되지 않는다.  
② 시공 후 검사가 용접보다 쉽고, 이음이 기계적 결합이다.  
③ 잔류응력이 존재하지 않기 때문에 용접과 달리 소재의 비틀림 문제가 없다.  
④ 코킹(caulking)과 플러링(fullering) 같은 작업을 하기 때문에 용접보다 기밀성이 좋다.

**해설** 리벳이음에서 코킹(caulking)과 플러링(fullering) 같은 작업을 하여도 용접의 기밀성이 리벳이음의 기밀성보다 더 우수하다.

**Keyword**  
리벳이음에 비해 용접이 갖는 장점 중의 하나는 우수한 기밀성이다.

정답 | 20 ② 21 ④ 22 ④

**23** [2022 | 국가직 9급]

지름 10mm 리벳 20개로 강판에 1줄 겹치기 리벳이음을 한 후, 이 강판에 60kN의 인장력을 가하였다. 이때 리벳 1개에 발생하는 전단응력[MPa]은? (단, $\pi = 3$이다)

① 30
② 40
③ 50
④ 60

**해설** 리벳의 전단응력

$$\tau = \frac{W}{An} = \frac{W}{\pi d^2/4} = \frac{60 \times 10^3}{(3 \times 10^2 \times 20)/4} = 40[\text{MPa}]$$

**Keyword**
1줄 겹치기 리벳이음에서, 리벳의 전단응력 $\tau = \dfrac{W}{An}$

---

**24** [2019 | 서울시 9급 2차]

180kN의 인장력이 작용하고 있는 양쪽 덮개판 맞대기 이음에서 리벳의 단면적이 $100\text{mm}^2$이고 리벳의 허용전단응력이 $250\text{N/mm}^2$라면 리벳은 최소 몇 개가 필요한가? (단, 1열 리벳이음으로 가정한다)

① 4개
② 6개
③ 8개
④ 10개

**해설** 맞대기 이음에서 리벳의 허용전단응력 $\tau_a = \dfrac{W}{2nA}$에서

$$n = \frac{W}{2\tau_a A} = \frac{180,000}{2 \times 250 \times 100} = \frac{90}{25} = \frac{75+15}{25} = 3\frac{3}{5} \simeq 4\text{개}$$

**Keyword**
맞대기 이음에서 리벳의 허용전단응력 $\tau_a = \dfrac{W}{2nA}$
($W$: 전단하중, $n$: 리벳의 개수, $A$: 리벳의 단면적)

---

**25** [2012 | 지방직 9급]

140kN의 인장력을 받는 양쪽 덮개판 맞대기 이음에서 리벳의 허용전단응력이 $70\text{N/mm}^2$, 리벳의 지름이 20mm일 때 요구되는 리벳의 최소 개수는?

① 4
② 5
③ 6
④ 7

**해설** 허용전단응력 $\tau_a = \dfrac{W}{An \times 2}$에서

리벳의 개수는 $n = \dfrac{4W}{\pi d^2 \tau_a \times 2} = \dfrac{4 \times 140 \times 1,000}{3.14 \times 20^2 \times 70 \times 2} = 3.18 \simeq 4$개이다.

**Keyword**
양쪽 덮개판 맞대기 이음에서 리벳의 허용전단응력
$\tau_a = \dfrac{W}{An \times 2}$
($W$: 인장하중, $A$: 리벳의 단면적, $n$: 리벳의 개수)

---

정답 | 23 ② 24 ① 25 ①

## 26 [2013 | 국회직 9급]

1줄 겹치기 리벳이음이 되어 있는 두께 10mm인 판이 9kN의 인장하중을 받고 있다. 판의 너비 사이에 지름 20mm인 리벳 2개가 사용되었을 때, 리벳에 작용하는 전단응력, $\tau$[MPa]를 구하시오. 단, $\pi=3$으로 계산하시오.

① 3.75　　② 7.5
③ 10　　④ 15
⑤ 30

**해설** 허용전단응력 $\tau_a = \dfrac{W}{An} = \dfrac{4W}{\pi d^2 n} = \dfrac{4 \times 9{,}000}{3 \times 20^2 \times 2} = 15$[MPa]

**Keyword**
허용전단응력 $\tau_a = \dfrac{W}{An}$
($W$ : 인장하중, $A$ : 리벳의 단면적, $n$ : 리벳의 개수)

## 27 [2012 | 국가직 7급]

리벳이음에서 리벳 지름을 크게 할 때, 판의 효율($\eta_1$)과 리벳의 효율($\eta_2$)의 변화에 대한 설명으로 옳은 것은? (단, 리벳 지름 이외의 조건은 모두 동일하다)

① $\eta_1$과 $\eta_2$가 모두 증가한다.　　② $\eta_1$과 $\eta_2$가 모두 감소한다.
③ $\eta_1$은 증가하고 $\eta_2$는 감소한다.　　④ $\eta_1$은 감소하고 $\eta_2$는 증가한다.

**해설** 판의 효율 $\eta_1 = 1 - \dfrac{d}{p}$, 리벳의 효율 $\eta_2 = \dfrac{n\pi d^2 \tau}{4pt\sigma_t}$이므로 리벳 지름이 증가하면 판의 효율은 감소하고 리벳의 효율은 증가한다.

**Keyword**
- 판의 효율 $\eta_1 = 1 - \dfrac{d}{p}$
  ($d$ : 리벳의 지름, $p$ : 리벳 구멍의 피치)
- 리벳의 효율 $\eta_2 = \dfrac{n\pi d^2 \tau}{4pt\sigma_t}$
  ($n$ : 1피치 사이에 있는 리벳의 전단면수, $d$ : 리벳의 지름, $\tau$ : 리벳의 전단강도, $p$ : 리벳의 피치, $t$ : 강판의 두께, $\sigma_t$ : 강판의 인장강도)

## 28 [2012 | 국회직 9급]

다음 그림과 같은 리벳이음에서 판의 절단 및 리벳 구멍의 압축을 야기시키는 힘 $T$와 $C$가 서로 같을 때, 리벳 사이의 피치 $p$와 리벳의 지름 $d$와의 관계를 나타낸 것은? (단, 판재의 허용인장응력과 허용압축응력은 동일하다)

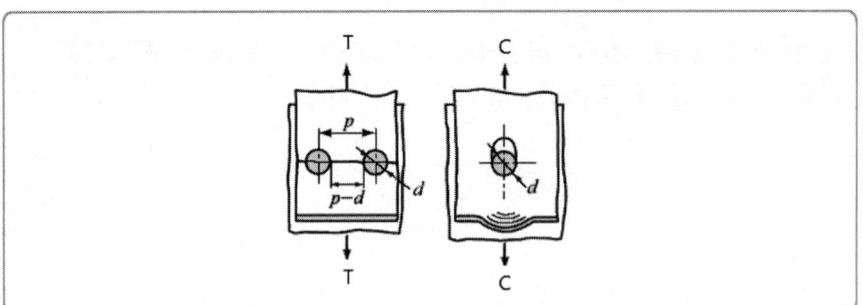

① $p = d$　　② $p = 2d$
③ $p = 3d$　　④ $p = 4d$
⑤ $p = 5d$

**해설** 판 두께 $t$일 때 판 절단력 $T = \sigma(p-d)t$이며 리벳 구멍의 압축력 $C = \sigma dt$이므로 $\sigma(p-d)t = \sigma dt$로부터 $p = 2d$가 된다.

**Keyword**
판 두께 $t$일 때 판 절단력 $T = \sigma(p-d)t$이며 리벳 구멍의 압축력 $C = \sigma dt$이다.

정답 | 26 ④ 27 ④ 28 ②

**29** [2012 | 국회직 9급]

다음 그림과 같이 편심하중이 작용하는 리벳이음에서 리벳에 걸리는 최소 전단력 및 최대 전단력의 크기를 순서대로 나타낸 것은?

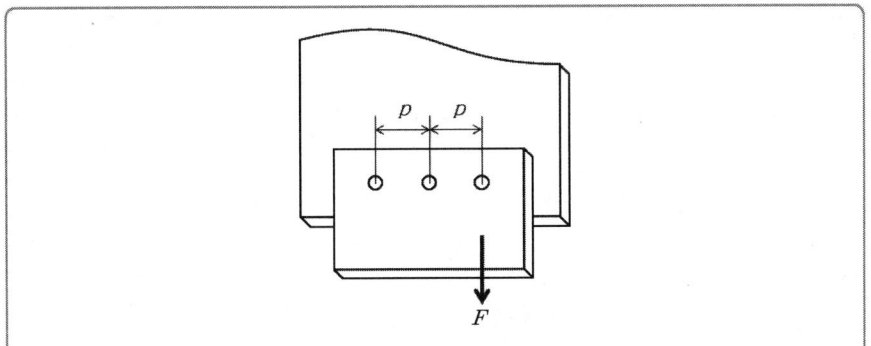

① $\frac{1}{4}F$, $\frac{3}{4}F$   ② $\frac{1}{6}F$, $\frac{1}{3}F$

③ $\frac{1}{3}F$, $\frac{2}{3}F$   ④ $\frac{1}{6}F$, $\frac{5}{6}F$

⑤ $\frac{1}{4}F$, $\frac{1}{2}F$

**해설** 구멍을 왼쪽부터 A, B, C라고 하면 편심하중에 의한 모멘트로 인하여 발생되는 하중은 리벳군의 중심점 B에 대해 모멘트 평형을 이루므로 $Fp = R_A p + R_C p$이며 $R_A = R_C$이므로 $R_A = R_C = \frac{F}{2}$이며 $R_A$는 ↓방향이고 $R_C$는 ↑방향이다. 따라서 최소 전단력은 C에 작용하고 그 크기는 $\frac{F}{2} - \frac{F}{3} = \frac{1}{6}F$이며 최대 전단력은 A에 작용하고 그 크기는 $\frac{F}{2} + \frac{F}{3} = \frac{5}{6}F$이다.

**Keyword**
중심점에 대해 모멘트 평형을 이룬다는 것을 활용한다.

## 2 용접이음

**01** [2021 | 지방직 9급]

용접이음에 대한 설명으로 옳지 않은 것은?

① 용접의 종류에는 압접, 융접 등이 있다.
② 열응력에 의한 잔류변형이 생기지 않는다.
③ 정밀한 작업 시 작업자의 숙련도가 요구된다.
④ 리벳이음에 비하여 기밀성과 수밀성이 양호하다.

|해설| 열응력에 의한 잔류변형이 생긴다.

**Keyword**
용접이음은 금속재료에 열과 압력 등을 가하여 고체 사이에 직접 결합이 되도록 접합시키는 방법이므로 기밀성은 우수하지만, 열응력에 의한 잔류변형이 생긴다.

**02** [2020 | 국가직 9급]

양쪽에 동일한 형태로 필릿용접(fillet welding)한 부재에 28kN의 하중($P$)이 작용할 때, 용접부에 걸리는 전단응력[N/mm²]은? (단, $l$ = 100mm, $f$ = 10mm, $\sin 45° = 0.7$이다)

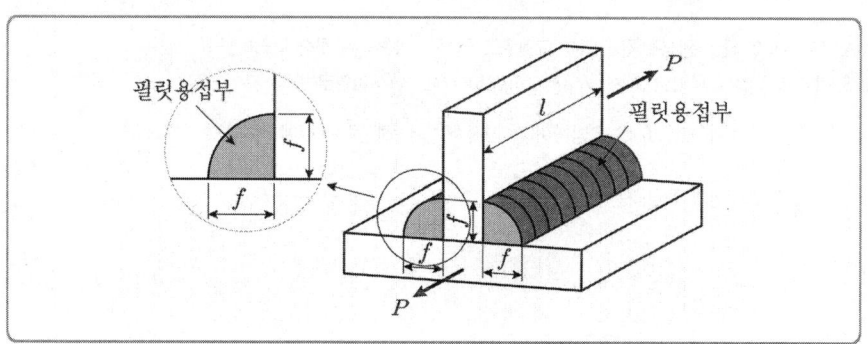

① 10  ② 20
③ 30  ④ 40

|해설| 용접부에 걸리는 전단응력

$$\tau = \frac{P}{2 \times f \sin 45° \times l} = \frac{P}{1.4 fl} = \frac{28 \times 10^3}{1.4 \times 10 \times 100} = 20 [N/mm^2]$$

**Keyword**
용접부에 걸리는 전단응력
$\tau = \dfrac{P}{2 \times f \sin 45° \times l}$

정답 | 01 ② 02 ②

**03** [ 2019 | 지방직 9급 ]  (상)(중)(하)

직육면체 구조물이 수평 천장에 필렛(fillet) 용접(음영 부분)되어 있을 때, 목두께를 기준으로 용접부가 견딜 수 있는 구조물의 최대 중량[kN]은? (단, 용접부 단면은 직각 이등변삼각형이고 목두께는 3mm, 용접 재료의 허용인장응력은 30MPa이다)

**Keyword**

허용인장응력 $\sigma = \dfrac{W}{2lt}$

($W$: 구조물의 중량, $l$: 용접길이, $t$: 용접두께)

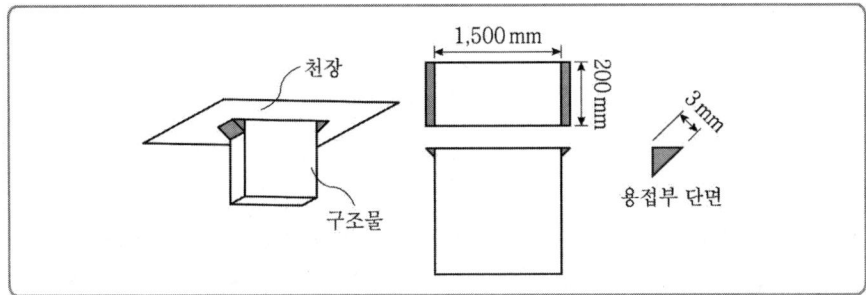

① 18  ② 20
③ 25  ④ 36

| 해설 | 허용인장응력 $\sigma = \dfrac{W}{2lt}$ 에서 $W = 2\sigma l t = 2 \times 30 \times 200 \times 3 = 36,000[N] = 36[kN]$


**04** [ 2018 | 서울시 9급 2차 ]  (상)(중)(하)

〈보기〉와 같이 용접 사이즈(치수)가 $f$[mm], 용접부의 길이가 $l$[mm], 인장하중이 $F$[N]인 전면 필릿 용접에서 발생하는 전단응력을 $\tau_1$[N/mm²]이라 할 때, 동일한 조건에서 용접 사이즈 $f$와 길이 $l$을 각각 두 배로 할 때 발생하는 전단응력 $\tau_2$[N/mm²]와의 비($\dfrac{\tau_2}{\tau_1}$)는?

**Keyword**

전단응력 $\tau = \dfrac{F}{fl}$

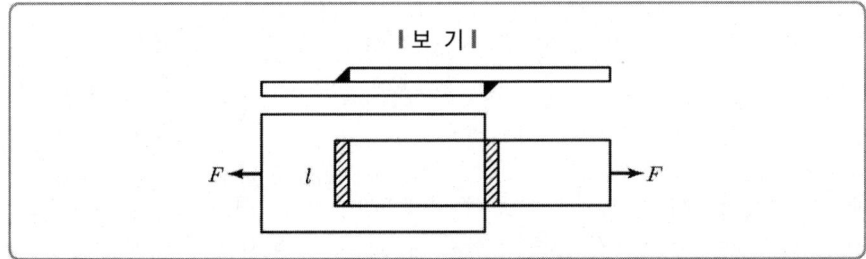

① $\dfrac{1}{4}$  ② $\dfrac{1}{2}$
③ 1  ④ 2

| 해설 | 목두께 $t = f \times \cos 45° = \dfrac{f}{\sqrt{2}}$

$A_1 = 2tl = 2 \times \dfrac{f}{\sqrt{2}} \times l = \sqrt{2}\,fl$

정답 | 03 ④  04 ①

$$\therefore \tau_1 = \frac{F}{A_1} = \frac{F}{\sqrt{2}fl}$$

$$A_2 = 2t_2 l_2 = 2\times(2t)\times(2l) = 2\times\left(2\times\frac{f}{\sqrt{2}}\right)\times 2l = 4\sqrt{2}fl$$

$$\therefore \tau_2 = \frac{F}{A_2} = \frac{F}{4\sqrt{2}fl} = \frac{1}{4}\times\tau_1$$

$$\therefore \frac{\tau_2}{\tau_1} = \frac{1}{4}$$

**05** [2018 | 국가직 9급] 상 중 하

그림과 같이 필렛 용접된 두 금속판의 좌우로 10[kN]의 하중이 가해질 때, 필요한 용접부 최소 길이 m, n에 가장 근사한 치수[mm]는? (단, 용접부의 허용 전단응력은 10[N/mm²]이다)

**Keyword**

외력 10[kN]에 대항하여 전단응력을 받는 용접부의 저항력을 $P_1$, $P_2$라 하면
$P_1 + P_2 = 10$
도심점에 대한 모멘트 평형에 의해 $50P_1 = 100P_2$이므로
$P_1 = 2P_2$

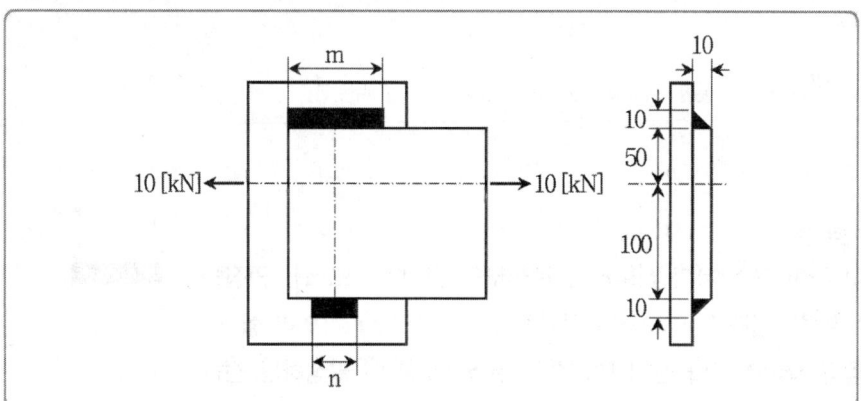

|   | m | n |
|---|---|---|
| ① | 188 | 94 |
| ② | 137 | 69 |
| ③ | 110 | 55 |
| ④ | 95 | 48 |

|해설| 외력 10[kN]에 대항하여 전단응력을 받는 용접부의 저항력을 $P_1$, $P_2$라 하면 $P_1 + P_2 = 10$
도심점에 대한 모멘트 평형에 의해 $50P_1 = 100P_2$이므로 $P_1 = 2P_2$

$P_1 = \frac{20}{3}$[kN], $P_2 = \frac{10}{3}$[kN]

$P_1 = 10\times\frac{10}{\sqrt{2}}\times m = \frac{100}{\sqrt{2}}m = \frac{20}{3}\times 10^3$이므로 $m = \frac{200\sqrt{2}}{3} \fallingdotseq 95$[mm]

$P_2 = 10\times\frac{10}{\sqrt{2}}\times n = \frac{100}{\sqrt{2}}n = \frac{10}{3}\times 10^3$이므로 $n = \frac{100\sqrt{2}}{3} \fallingdotseq 48$[mm]

정답 | 05 ④

**06** 2018 | 서울시 9급 (상)**중**(하)

〈보기〉와 같은 측면 필릿 용접이음에서 허용전단응력이 5kgf/mm² 일 때, 용접부의 최소 길이로 가장 적합한 것은? (단, $\sqrt{2} = 1.414$이다)

Keyword
$$5 = \frac{500}{\frac{5}{\sqrt{2}} \times l \times 2}$$

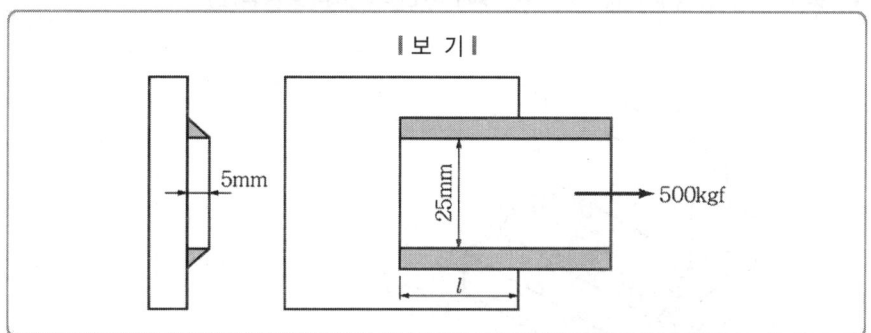

① 5.0mm  ② 7.1mm
③ 13.8mm  ④ 14.8mm

|해설| $5 = \dfrac{500}{\dfrac{5}{\sqrt{2}} \times l \times 2}$ 에서 $l = \dfrac{20}{\sqrt{2}} = 10\sqrt{2} \fallingdotseq 14.14[\text{mm}]$

최소 길이가 14.14[mm]이므로 보기 중에서 가장 가까운 값인 ④ 14.8[mm]가 정답이다.

**07** 2017 | 국가직 9급 (상)(중)**하**

모재의 상대적 위치에 따라 분류된 용접이음의 종류가 아닌 것은?
① 맞대기 용접이음  ② 덮개판 용접이음
③ T형 용접이음  ④ 지그재그형 용접이음

Keyword
지그재그형 용접이음은 모재의 상대적 위치에 따라 분류된 용접이음의 종류가 아니라 용접부의 모양에 따른 분류이다.

|해설| ④ 지그재그형 용접이음 : 연속성이 없는 필릿 용접인 단속 용접의 한 종류로 용접이 한 곳에 집중되지 않도록 지그재그로 배치한 용접을 말한다.

|오답풀이| ① 맞대기 용접이음 : 모재가 거의 같은 평면 내의 용접이음이다.
② 덮개판 용접이음 : 모재 표면과 판과의 끝면의 필릿 용접으로 한쪽 덮개판 이음 및 양쪽 덮개판 이음이 있다.
③ T형 용접이음 : 한 판의 끝면을 다른 판의 표면에 놓고 T형을 이루며 거의 직각으로 한 용접이음이다.

정답 | 06 ④  07 ④

## 08 [2022 | 지방직 9급]

판의 두께 $b$, 용접치수 $f$, 용접부의 길이 $h$로 양쪽 필릿(fillet) 용접한 부재에 굽힘모멘트 $M$이 작용할 때, 목단면(목두께 $a = \dfrac{f}{\sqrt{2}}$)에 대한 최대 굽힘응력은?

**Keyword**
최대 굽힘응력 $\sigma_{b,\max} = \dfrac{M}{Z}$
(여기서, $M$ : 굽힘모멘트, $Z$ : 단면계수)

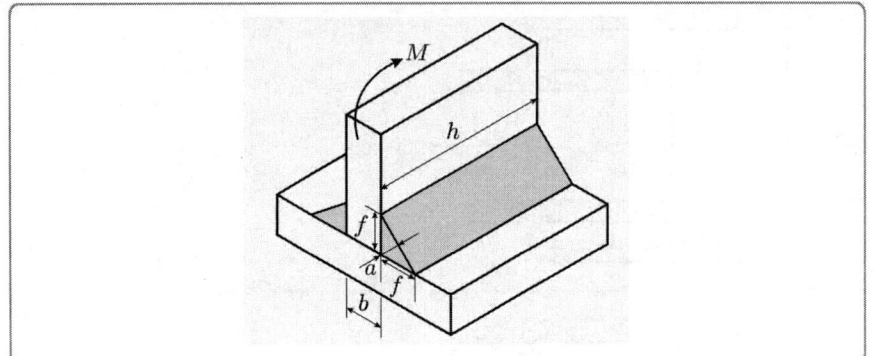

① $\dfrac{6M}{ah^2}$
② $\dfrac{3\sqrt{2}\,M}{fh^2}$
③ $\dfrac{3M}{fh^2}$
④ $\dfrac{6\sqrt{2}\,M}{ah^2}$

**해설** 최대 굽힘응력

$$\sigma_{b,\max} = \frac{M}{Z} = \frac{M}{2\dfrac{ah^2}{6}} = \frac{M}{2 \times \dfrac{(f/\sqrt{2}) \times h^2}{6}} = \frac{3\sqrt{2}\,M}{fh^2}$$

정답 | 08 ②

## 09

2017 | 지방직 9급

그림과 같이 필릿 용접된 정사각 단면의 보에 굽힘 모멘트 $M$이 작용할 때, 용접 목단면에 대한 최대 굽힘응력은?

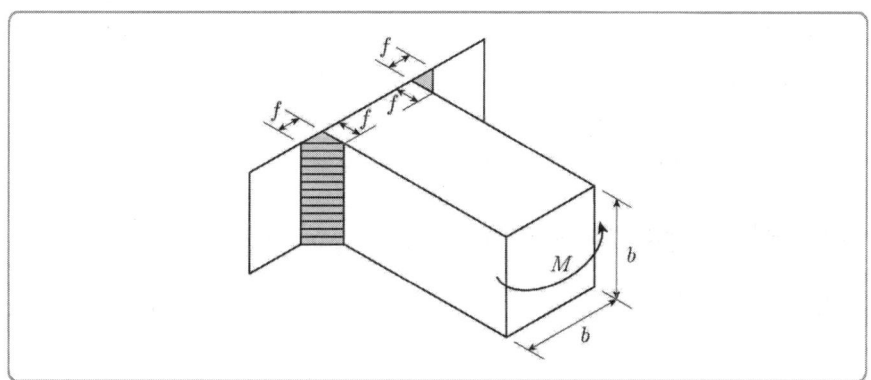

**Keyword**

목단면에 대한 최대 굽힘응력 $\sigma_{b,\max}$

$$= \frac{M\left(\dfrac{t}{2}+a\right)}{\dfrac{l(t+2a)^3}{12}-\dfrac{lt^3}{12}}$$

($M$ : 굽힘 모멘트, $t$ : 보의 폭, $a$ : 목 두께, $l$ : 용접부의 길이)

① $\dfrac{6M}{fb^2}$

② $\dfrac{6M}{\sqrt{2}\,fb^2}$

③ $\dfrac{f+b}{(f+b)^3-b^3}\dfrac{6M}{b}$

④ $\dfrac{\sqrt{2}\,f+b}{(\sqrt{2}\,f+b)^3-b^3}\dfrac{6M}{b}$

**해설** $t=b$, $l=b$이며 $a=\dfrac{f}{\cos 45°}=\dfrac{f}{\sqrt{2}}$ 이므로

목단면에 대한 최대 굽힘응력은

$$\sigma_{b,\max}=\frac{M\left(\dfrac{t}{2}+a\right)}{\dfrac{l(t+2a)^3}{12}-\dfrac{lt^3}{12}}=\frac{M\left(\dfrac{b}{2}+\dfrac{f}{\sqrt{2}}\right)}{\dfrac{b(b+\sqrt{2}f)^3}{12}-\dfrac{b^4}{12}}=\frac{\sqrt{2}\,f+b}{(\sqrt{2}f+b)^3-b^3}\frac{6M}{b}$$ 이다.

## 10

2017 | 지방직 9급

용접에서 용접부의 변형과 잔류응력을 완화하기 위한 방법으로 옳지 않은 것은?

① 냉각 후 수축이 예상되는 곳에 미리 인장력을 가한다.
② 맞대기면의 경사각을 키워서 수축각을 줄인다.
③ 용접부 주위를 미리 고르게 예열한다.
④ 용접부를 풀림 열처리한다.

**해설** ② 맞대기면의 경사각을 줄이면 수축각이 작아져 변형과 인장잔류응력을 완화할 수 있다.

**오답풀이** ① 냉각 후 수축이 예상되는 곳에 미리 인장력을 가한다.
③ 용접부 주위를 미리 고르게 예열하면 용가재와의 온도차가 감소되므로 변형이나 인장잔류응력이 감소된다.
④ 용접부를 풀림 열처리하면 인장잔류응력이 감소한다.

정답 | 09 ④ 10 ②

**11** 용접이음과 리벳이음에 대한 설명으로 옳지 않은 것은?

① 용접이음은 리벳이음에 비하여 기밀성이 좋다.
② 용접이음의 효율은 이음의 종류에 따라 다르다.
③ 리벳이음의 효율은 리벳 구멍이 없는 판재의 인장강도에 대한 리벳이음의 강도 비이다.
④ 용접이음은 리벳이음에 비하여 변형이 적고 잔류응력이 남지 않는다.

|해설| 리벳이음은 용접이음에 비하여 변형이 적고 잔류응력이 남지 않는다.

**Keyword**
용접이음은 기밀성이 우수한 장점이 있는 반면, 인장잔류응력이 남는다는 단점이 있다.

**12** 그림과 같은 필릿 용접이음에서, 용접물 위의 임의의 각도 $\theta$에서의 용접 목두께 $AB$의 길이는?

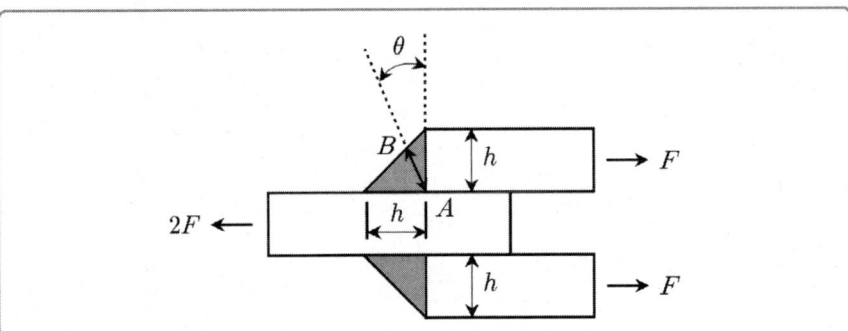

① $\dfrac{h}{\cos\theta - \sin\theta}$
② $\dfrac{h}{\cos\theta + \sin\theta}$
③ $\dfrac{h}{\sin\theta - \cos\theta}$
④ $\dfrac{2h}{\cos\theta + \sin\theta}$

|해설| 사인의 법칙에 의하면 $\dfrac{\overline{AB}}{\sin 45°} = \dfrac{h}{\sin(135°-\theta)}$ 이므로

$$\overline{AB} = \dfrac{\sin 45° \times h}{\sin(135°-\theta)} = \dfrac{\sin 45° \times h}{\sin 135° \cos\theta - \sin\theta \cos 135°} = \dfrac{h}{\cos\theta + \sin\theta}$$

**Keyword**
사인의 법칙 $\dfrac{\overline{AB}}{\sin 45°} = \dfrac{h}{\sin(135°-\theta)}$ 을 활용하여 용접 목두께 값을 구한다.

정답 | 11 ④ 12 ②

**13** [2017 | 국회직 9급] 상 중 하

아래 그림에서 위 강판의 옆면 AB와 CD는 아래판과 볼록 필렛 용접으로 용접되어 있다. 용접 재료의 전단강도는 150MPa이다. 안전계수가 3이고 용접길이가 60mm, 용접다리(leg length)가 4mm일 때, 가할 수 있는 하중 $F$는 몇 kN인가?

**Keyword**

$\dfrac{\tau}{S} = \dfrac{F}{\sqrt{2}\,fl}$

($\tau$ : 전단강도, $S$ : 안전계수, $F$ : 하중, $f$ : 용접다리길이, $l$ : 용접길이)

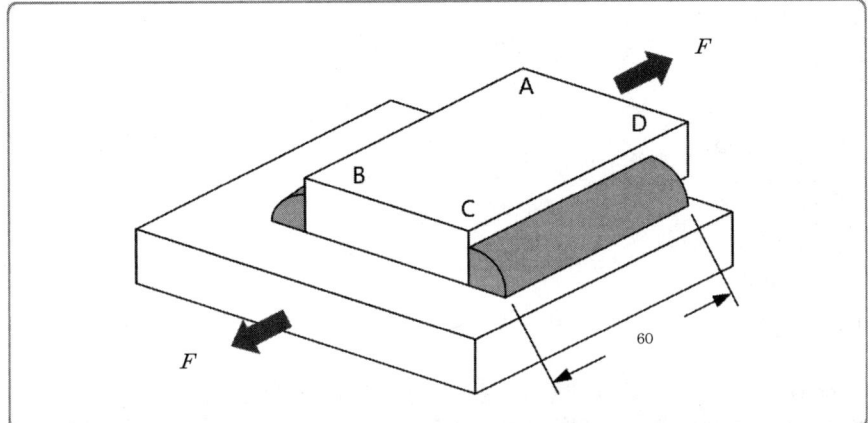

① $6\sqrt{2}$
② $12\sqrt{2}$
③ $18\sqrt{2}$
④ $24\sqrt{2}$
⑤ $30\sqrt{2}$

| 해설 | $\dfrac{\tau}{S} = \dfrac{F}{\sqrt{2}\,fl}$ 에서 $\dfrac{150}{3} = \dfrac{F}{\sqrt{2}\times 4 \times 60}$ 이므로 $F = 12{,}000\sqrt{2}\,[\text{N}] = 12\sqrt{2}\,[\text{kN}]$

**14** [2016 | 국가직 7급] 상 중 하

KS B 0052 규격에 있는 아래 용접기호의 의미로 옳은 것은?

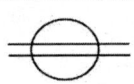

① 심(seam)용접
② 점용접
③ 플러그(plug) 용접
④ 이면 용접

| 해설 | ① 심(seam)용접 기호 : ⊖

| 오답 풀이 | ② 점용접 기호 : ○

③ 플러그(plug) 용접 기호 : ⊓

④ 이면 용접 기호 : ⌣

정답 | 13 ② 14 ①

## 15

**2016 | 국회직 9급**

그림과 같이 접합하고자 하는 모재의 한쪽에 구멍을 뚫고 용접하여 다른 쪽의 모재와 접합하는 용접방식은?

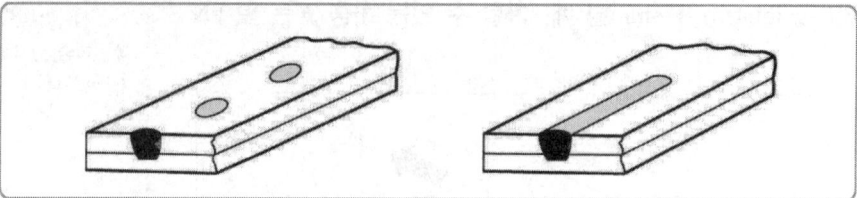

① 그루브 용접(groove welding)
② 필렛 용접(fillet welding)
③ 비드 용접(bead welding)
④ 플러그 용접(plug welding)
⑤ 덧붙이 용접(built-up welding)

**Keyword**
플러그 용접(plug welding) 접합하고자 하는 모재의 한쪽에 구멍을 뚫고 용접하여 다른 쪽의 모재와 접합하는 용접방식

|오답풀이|
① 그루브 용접(groove welding) : 두 부재 사이의 홈을 파서 용접하여 서로 접합시키는 용접방식
② 필렛 용접(fillet welding) : 수직에 가까운 두 면을 접합하는 용접방식
③ 비드 용접(bead welding) : 접합 또는 덧살붙이기의 의미를 가지지 않고 단순히 평판 위에 용접비드를 연속으로 용착시키는 용접방식
⑤ 덧붙이 용접(built-up welding) : 치수가 부족한 부분이나 마모된 표면을 보충시키는 용접방식

## 16

**2015 | 국가직 9급**

다음 그림과 같이 4.5[ton]의 인장력을 맞대기 용접한 판에 작용시킬 때, 용접부에 발생하는 인장응력[kgf/mm²]은?

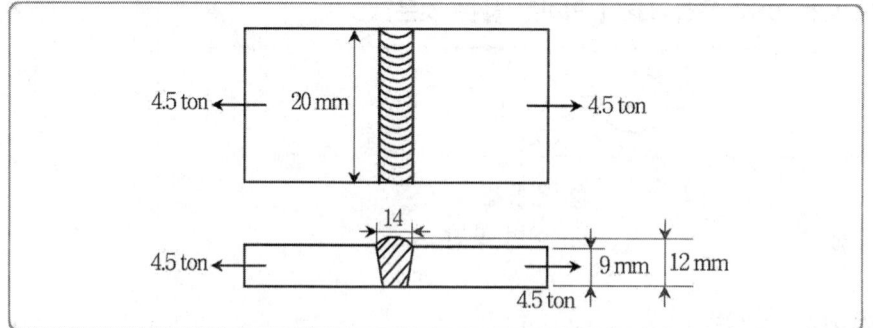

① 19
② 25
③ 27
④ 42

**Keyword**
인장응력 $\sigma_t = \dfrac{W}{A} = \dfrac{W}{tl}$
($W$ : 인장하중, $A$ : 용접부 면적, $t$ : 용접 두께, $l$ : 용접부의 길이)

|해설| 인장응력 $\sigma_t = \dfrac{W}{A} = \dfrac{W}{tl} = \dfrac{4.5 \times 10^3}{9 \times 20} = 25[\text{kgf/mm}^2]$

**정답** | 15 ④  16 ②

**17** 접착이음에 대한 설명으로 옳지 않은 것은?

① 비금속재료 및 이종재료까지 접착이 가능하고, 진동 및 충격의 흡수가 가능하다.
② 다량의 동시접착으로 자동화가 가능하나, 접착제의 내구성이 약하고 접착 강도의 평가가 어렵다.
③ 접착이음의 파괴는 계면파괴, 응집파괴 그리고 접착체 파괴로 구분되며, 계면파괴가 가장 흔하게 발생한다.
④ 접착이음의 강도를 향상시키려면 인장응력을 증가시키고 전단응력을 감소시키면 된다.

| 해설 | 접착이음의 강도를 향상시키려면 인장응력을 감소시키고 전단응력을 증가시키면 된다.

**Keyword**
인장하중보다는 전단하중하에서 강도가 더 크기 때문에 접착이음의 설계는 접착제가 인장보다는 전단하중을 받도록 설계하는 것이 바람직하다.

---

**18** 그림과 같이 두께가 $t_1[\text{mm}]$과 $t_2[\text{mm}]$로 서로 다른 두 판의 맞대기 용접이음에서, 용접길이 $l[\text{mm}]$의 수직 방향으로 판의 중앙에 인장하중 $P[\text{kg}_f]$가 작용할 때, 용접부에 생기는 인장응력$[\text{kg}_f/\text{mm}^2]$은? (단, $t_1 < t_2$이다)

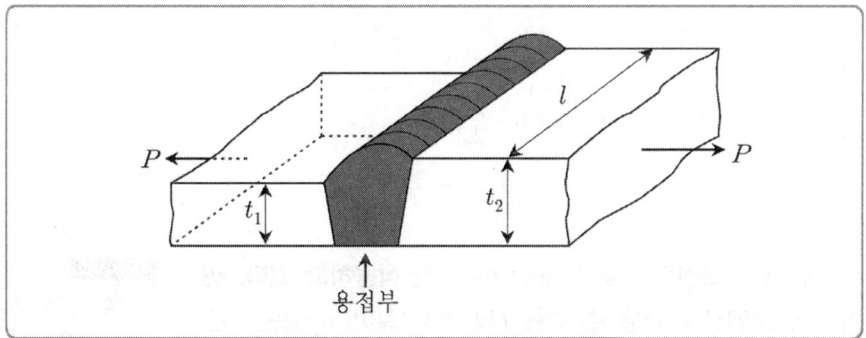

① $\dfrac{2P}{(t_1+t_2)l}$
② $\dfrac{P}{t_2 l}$
③ $\dfrac{2P}{(t_2-t_1)l}$
④ $\dfrac{P}{t_1 l}$

| 해설 | 목두께는 두께가 얇은 쪽 모재의 두께이므로 인장응력은 $\dfrac{P}{t_1 l}$이다.

**Keyword**
인장응력 $\sigma_t = \dfrac{W}{A} = \dfrac{W}{tl}$
($W$: 인장하중, $A$: 용접부 면적, $t$: 용접 두께, $l$: 용접부의 길이)

**19** [2015 | 서울시 9급] 

맞대기 용접이음에서 인장응력이 $\sigma_t = \text{kg}_f/\text{mm}^2$ 이고, 모재의 두께는 $t = 5\text{mm}$ 이며, 용접길이가 $l = 20\text{mm}$ 일 경우에 허용하중 P는?

① $1{,}000\text{kg}_f$  
② $2{,}000\text{kg}_f$  
③ $3{,}000\text{kg}_f$  
④ $4{,}000\text{kg}_f$

|해설| 인장응력 $\sigma_t = \dfrac{W}{A} = \dfrac{W}{tl}$ 이므로 인장하중(허용하중) $W = P = \sigma_t tl = 20 \times 5 \times 20 = 2{,}000[\text{kg}_f]$

Keyword  
인장응력 $\sigma_t = \dfrac{W}{A} = \dfrac{W}{tl}$  
($W$: 인장하중, $A$: 용접부 면적, $t$: 용접 두께, $l$: 용접부의 길이)

**20** [2020 | 지방직 9급]

그림과 같이 용접부의 치수 $t_1$ 10mm, $t_2$ 12mm, 폭($b$) 60mm인 맞대기 용접이음에서 굽힘모멘트($M$) 20,000N·mm가 작용할 때, 목두께에서의 굽힘응력[N/mm²]은?

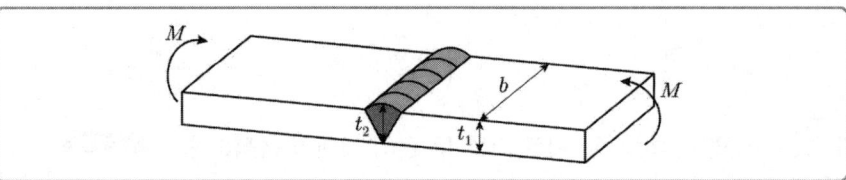

① $\dfrac{125}{9}$  
② 20  
③ $\dfrac{250}{9}$  
④ 30

|해설| 굽힘모멘트 $M = \sigma_b Z$에서 $\sigma_b = \dfrac{M}{Z} = \dfrac{6M}{t_1^2 b} = \dfrac{6 \times 20{,}000}{10^2 \times 60} = 20[N/mm^2]$

Keyword  
굽힘모멘트 $M = \sigma_b Z$  
($\sigma_b$: 굽힘응력, $Z$: 단면계수)

**21** [2015 | 국가직 7급]

그림과 같이 용접부위에 굽힘 모멘트 $1{,}000[\text{kg}_f \cdot \text{mm}]$가 작용하고 있다. 판의 두께가 10[mm]일 때, 모멘트를 견딜 수 있는 $l$의 최소 길이[mm]는? (단, 허용전단응력은 $5[\text{kg}_f/\text{mm}^2]$, 허용인장응력은 $10[\text{kg}_f/\text{mm}^2]$이다)

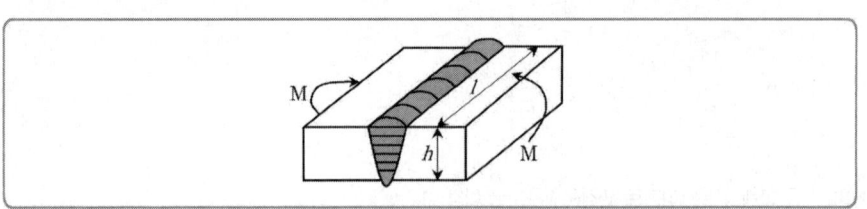

① 6  
② 10  
③ 12  
④ 20

|해설| 굽힘 모멘트 $M = \sigma_b Z$에서 $\sigma_b = \dfrac{M}{Z} = \dfrac{6M}{t^2 l}$이므로 $l = \dfrac{6M}{\sigma_b t^2} = \dfrac{6 \times 1{,}000}{10 \times 10^2} = 6[mm]$이다.

Keyword  
굽힘 모멘트 $M = \sigma_b Z$  
($\sigma_b$: 굽힘응력, $Z$: 단면계수)

정답 | 19 ② 20 ② 21 ①

**22** [2014 | 국가직 9급]

그림과 같은 양쪽 측면 필릿 용접에서 용접사이즈가 5mm이고 허용전단응력이 100MPa일 때, 최대 하중 $P[\text{kN}]$는? (단, $\cos 45° = 0.7$로 한다)

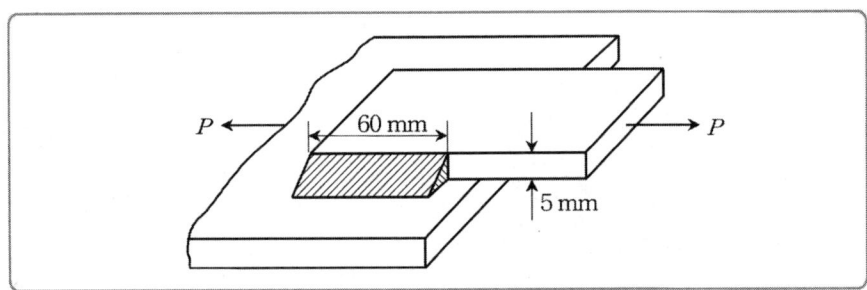

① 21
② 35
③ 42
④ 60

**Keyword**

전단응력 $\tau_a = \dfrac{P}{2tl}$
$= \dfrac{P}{2 \times 0.7 hl}$
($P$: 최대 하중, $t$: 목 두께, $l$: 용접부의 길이, $h$: 용접부 높이)

|해설| 전단응력 $\tau_a = \dfrac{P}{2 \times 0.7 hl}$ 이므로 $P = 2 \times 0.7 hl\tau_a = 1.4 \times 5 \times 60 \times 100 = 42{,}000[\text{N}] = 42[\text{kN}]$

**23** [2013 | 지방직 9급]

그림과 같이 하중 $P$가 용접선에 평행하게 작용할 때, 용접부에 발생하는 최대 전단응력은?

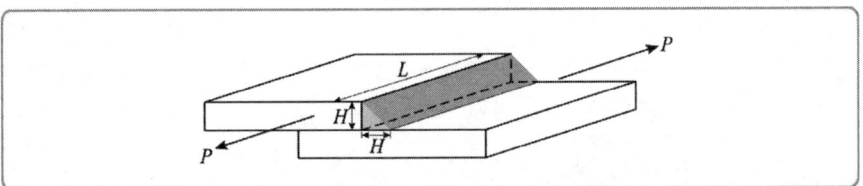

① $\sqrt{2}\,\dfrac{P}{HL}$
② $\dfrac{2}{\sqrt{3}}\,\dfrac{P}{HL}$
③ $\dfrac{P}{HL}$
④ $2\,\dfrac{P}{HL}$

**Keyword**

최대 전단응력 $\tau_{\max} = \dfrac{P}{tl}$
($P$: 하중, $t$: 목 두께, $l$: 용접부의 길이)

|해설| 최대 전단응력 $\tau_{\max} = \dfrac{P}{tl} = \dfrac{P}{tL} = \dfrac{P}{\dfrac{HL}{\sqrt{2}}} = \sqrt{2}\,\dfrac{P}{HL}$

정답 | 22 ③  23 ①

**24** [2020 | 국회직 9급]

다음 그림과 같은 양쪽 측면 필릿 용접이음에서 용접 치수 $f = 4mm$, 용접부의 길이 $l = 50mm$이다. 이 용접이음에 인장하중 $F = 4,000N$이 작용할 때, 용접부의 전단응력(MPa)은?

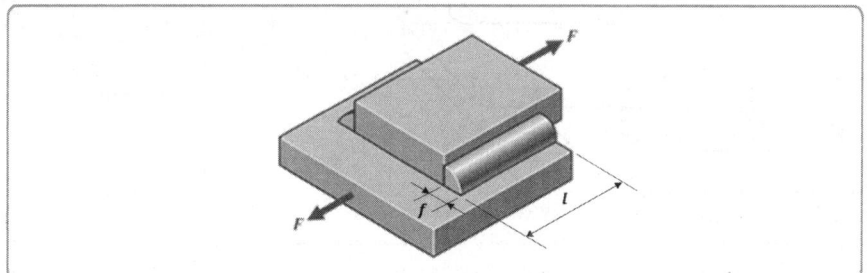

① 7.3
② 14.1
③ 28.2
④ 42.3
⑤ 56.4

**Keyword**
- 필릿용접부의 전단응력
  $\tau = \dfrac{W}{2tl}$ ($W$ : 최대 하중, $t$ : 목두께, $l$ : 용접부의 길이)
- 목두께는 $t = \dfrac{f}{\sqrt{2}}$
  ($f$ : 용접치수)

|해설| 필릿용접부의 전단응력 $\tau = \dfrac{W}{2tl} = \dfrac{W}{2 \times \dfrac{f}{\sqrt{2}} \times l} = \dfrac{4,000}{2 \times \dfrac{4}{\sqrt{2}} \times 50} \simeq 14.1 [MPa]$

**25** [2014 | 지방직 9급]

지름 $D$인 원통을 판재 위에 놓고 접합 부위의 둘레를 용접크기 $f$로 필렛 용접한 후, 굽힘 모멘트 $M$을 작용시켰을 때 용접 부위에 발생하는 최대 굽힘응력의 크기는?

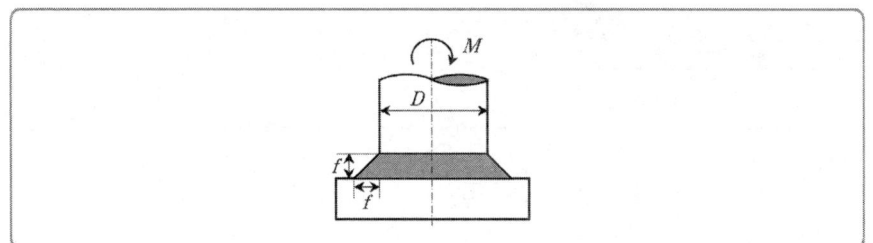

① $\dfrac{32M(D+\sqrt{2}f)}{\pi\{(D+\sqrt{2}f)^4 - D^4\}}$
② $\dfrac{64M(D+\sqrt{2}f)}{\pi\{(D+\sqrt{2}f)^4 - D^4\}}$
③ $\dfrac{64M(D+2f)}{\pi\{(D+2f)^4 - D^4\}}$
④ $\dfrac{32M(D+2f)}{\pi\{(D+2f)^4 - D^4\}}$

**Keyword**
목두께, 바깥지름을 계산하고 $\sigma = \dfrac{M_c}{I}$의 식으로 최대 굽힘응력을 구한다.

|해설| 목두께는 $\dfrac{f}{\sqrt{2}}$ 이므로 바깥지름은 $D + 2 \times \dfrac{f}{\sqrt{2}} = D + \sqrt{2}f$가 되며

$\sigma = \dfrac{M_c}{I} = \dfrac{M \times \dfrac{D+\sqrt{2}f}{2}}{\dfrac{\pi\{(D+\sqrt{2}f)^4 - D^4\}}{64}} = \dfrac{32M(D+\sqrt{2}f)}{\pi\{(D+\sqrt{2}f)^4 - D^4\}}$

정답 | 24 ② 25 ①

## 26

[ 2022 | 국가직 9급 ]

지름 20mm인 봉을 강판에 필릿용접하고 토크 $T = 65,000 \text{kg}_f \cdot \text{mm}$를 가할 때, 용접부에 발생하는 최대 전단응력[$\text{kg}_f/\text{mm}^2$]은? (단, $f = \dfrac{10}{\sqrt{2}}$ mm, $\pi = 3.2$이고, 봉의 무게는 무시한다)

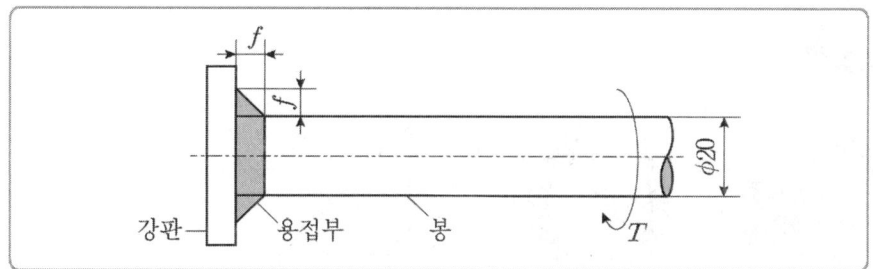

① 6
② 9
③ 12
④ 15

**Keyword**

용접부에 발생하는 최대 전단응력을 중공으로 고려하여 계산한다.
- 용접두께 $t = f \times \cos 45°$
- 용접부 안쪽의 직경을 $d_1$, 용접부 바깥쪽의 직경을 $d_2$라 하면, 직경비 $x = \dfrac{d_1}{d_2}$
- 극단면계수
  $Z_p = \dfrac{\pi d_2^3}{16}(1 - x^4)$
- 용접부에 발생하는 최대 전단응력 $\tau_{\max} = \dfrac{T}{Z_p}$

**| 해설 |**

용접두께 $t = f \times \cos 45° = \dfrac{10}{\sqrt{2}} \times \dfrac{\sqrt{2}}{2} = 5[\text{mm}]$

용접부 안쪽의 직경을 $d_1$, 용접부 바깥쪽의 직경을 $d_2$라 하면

$d_1 = 20[\text{mm}]$

$d_2 = d_1 + 2t = 20 + 2 \times 5 = 30[\text{mm}]$

직경비 $x = \dfrac{d_1}{d_2} = \dfrac{20}{30} = \dfrac{2}{3}$

$Z_p = \dfrac{\pi d_2^3}{16}(1 - x^4) = \dfrac{3.2 \times 30^3}{16}\left\{1 - \left(\dfrac{2}{3}\right)^4\right\} = \dfrac{3.2 \times 30^3}{16}\left\{1 - \dfrac{16}{81}\right\} = \dfrac{3.2 \times 30^3}{16} \times \dfrac{65}{81}$

용접부에 발생하는 최대 전단응력

$\tau_{\max} = \dfrac{T}{Z_p} = \dfrac{65,000}{\dfrac{3.2 \times 30^3}{16} \times \dfrac{65}{81}} = \dfrac{65,000 \times 16 \times 81}{3.2 \times 30^3 \times 65}$

$= \dfrac{16 \times 9 \times 9}{3.2 \times 9 \times 3} = \dfrac{16 \times 30}{16 \times 2} = \dfrac{30}{2} = 15[\text{kg}_f/\text{mm}^2]$

정답 | 26 ④

**27** [2013 | 국가직 7급]

다음 그림과 같이 용접치수 h로 필릿(fillet) 용접을 한 직경 D인 둥근 봉에 비틀림 모멘트 T가 작용할 때, 용접부의 뿌리에 생기는 전단응력은? (단, 용접부의 극단면 2차 모멘트 $I_p = \frac{\pi}{4}D^3 a$이고, 여기서 $a$는 목두께이다)

**Keyword**

전단응력 $\tau = \dfrac{T \times \dfrac{D}{2}}{I_p}$

($T$: 비틀림 모멘트, $D$: 봉의 지름, $I_p$: 용접부의 극단면 2차 모멘트)

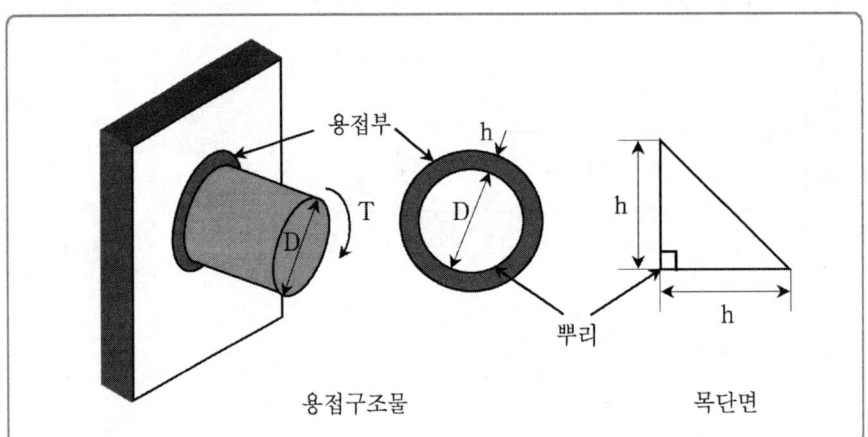

① $\dfrac{2\sqrt{2}\,T}{\pi D^2 h}$      ② $\dfrac{2T}{\pi D^2 h}$

③ $\dfrac{4\sqrt{2}\,T}{\pi D^2 h}$      ④ $\dfrac{4T}{\pi D^2 h}$

**| 해설 |**

전단응력 $\tau = \dfrac{T \times \dfrac{D}{2}}{I_p} = \dfrac{T \times \dfrac{D}{2}}{\dfrac{\pi}{4}D^3 \times \dfrac{h}{\sqrt{2}}} = \dfrac{2\sqrt{2}\,T}{\pi D^2 h}$

정답 | 27 ①

## 28

[2013 | 국회직 9급]

그림과 같이 용접길이 120mm인 앞면 필릿 용접에서 판이 하중 W = 30kN을 받고 있다. 판 두께 h = 10mm일 때, 판에 작용하는 인장응력, $\sigma_t$[MPa]를 구하시오.

**Keyword**
인장응력 $\sigma_t = \dfrac{W}{\sqrt{2}\,hl}$
($W$ : 하중, $h$ : 판 두께, $l$ : 용접 길이)

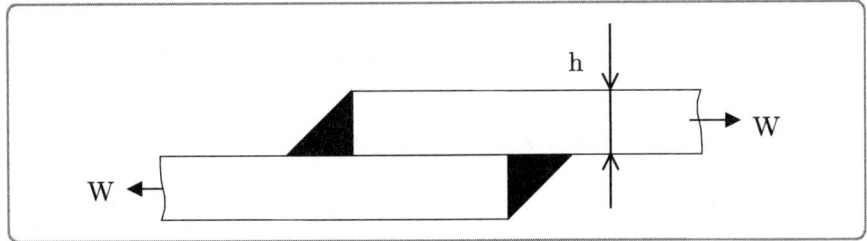

① 16.7
② 17.7
③ 18.7
④ 19.7
⑤ 20.7

**해설** 인장응력 $\sigma_t = \dfrac{W}{\sqrt{2}\,hl} = \dfrac{30 \times 1{,}000}{\sqrt{2} \times 10 \times 120} = \dfrac{100}{\sqrt{2} \times 4} = \dfrac{25\sqrt{2}}{2} = 17.7\text{[MPa]}$

## 29

[2012 | 국가직 9급]

허용인장응력이 100N/mm², 두께가 10mm인 강판을 용접길이가 150mm, 용접효율을 80%로 맞대기 이음을 하고자 한다. 용접부의 허용응력이 80N/mm²일 때, 목두께[mm]는?

① 10
② 12
③ 15
④ 16

**Keyword**
• 강판의 허용인장응력
$\sigma_1 = \dfrac{W}{\eta t l}$
($W$ : 인장력, $\eta$ : 용접효율, $t$ : 강판의 두께, $l$ : 용접길이)
• 용접부의 허용응력
$\sigma_2 = \dfrac{W}{hl}$
($W$ : 인장력, $h$ : 목 두께, $l$ : 용접길이)

**해설** 강판의 허용인장응력이 $\sigma_1 = \dfrac{W}{\eta t l}$ 이므로

인장력 $W = \sigma_1 \eta t l = 100 \times 0.8 \times 10 \times 150 = 120\text{[kN]}$이며

용접부의 허용응력 $\sigma_2 = \dfrac{W}{hl}$ 이므로 $h = \dfrac{W}{\sigma_2 l} = \dfrac{120 \times 10^3}{80 \times 150} = 10\text{[mm]}$가 된다.

정답 | 28 ② 29 ①

## 30

[2012 | 지방직 9급]

**용접이음에 대한 설명으로 옳지 않은 것은?**

① 용접부의 이음효율은 이음의 형상계수 및 용접계수에 따라 결정된다.
② 용접계수는 용접품질에 따라 변화하는데 아래보기 용접에 대한 위보기 용접의 효율이 가장 크다.
③ 플러그(plug) 용접은 모재의 한쪽에 구멍을 뚫고 용접하여 다른 쪽 모재와 접합시키는 방식이다.
④ 필릿(fillet) 용접에서 용접다리의 길이가 다를 경우, 짧은 쪽을 한 변으로 하는 이등변 삼각형을 기준으로 목두께를 정한다.

|해설| 용접계수는 용접품질에 따라 변화하는데 아래보기 용접에 대한 위보기 용접의 효율이 가장 작다.

**Keyword**
용접효율
• 95[%] : 아래보기 용접에 대한 수직보기 용접의 효율
• 90[%] : 공장용접에 대한 현장용접의 효율, 아래보기 용접에 대한 수평보기 용접의 효율
• 80[%] : 아래보기 용접에 대한 위보기 용접의 효율

## 31

[2012 | 국가직 7급]

**다음 그림과 같이 비틀림 모멘트가 작용하는 두 개의 정사각형 단면의 판을 두 가지 필릿 용접방식으로 결합하려고 할 때, 가장 큰 전단응력이 작용하는 위치는? (단, 용접부 목두께 치수는 모두 동일하다)**

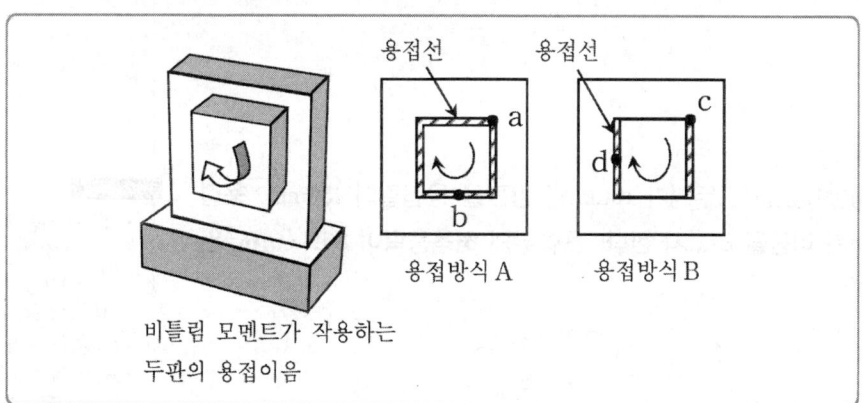

① a
② b
③ c
④ d

|해설| 비틀림 모멘트에 의한 전단응력 $\tau = \dfrac{Tc}{I_p}$ 이며 극관성 모멘트 $I_p$는 $A > B$이므로 극관성 모멘트가 작고 도심으로부터 가장 멀리 떨어져있는 c지점에 가장 큰 전단응력이 작용한다.

**Keyword**
비틀림 모멘트에 의한 전단응력 $\tau = \dfrac{Tc}{I_p}$ 이며 극관성 모멘트 $I_p$는 $A > B$이다.

정답 | 30 ② 31 ③

## 32

[ 2012 | 국회직 9급 ]

다음 그림과 같은 양 옆면 필렛 용접이음의 용접부에 작용하는 전단응력 $\tau$ 크기는? (단, 용접부의 각장은 $h$로 일정하고 한 면의 용접선 길이는 $l$이다)

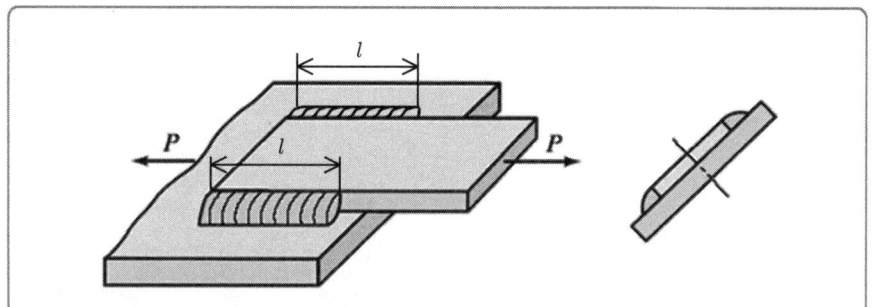

① $\dfrac{P}{hl}$

② $\dfrac{P}{0.707hl}$

③ $\dfrac{P}{1.414hl}$

④ $\dfrac{P}{2hl}$

⑤ $\dfrac{P}{4hl}$

**| 해설 |** 목두께는 $t = \dfrac{h}{\sqrt{2}}$ ($h$ : 용접부 높이)이므로

전단응력 $\tau_a = \dfrac{P}{2tl} = \dfrac{P}{2 \times \left(\dfrac{h}{\sqrt{2}}\right) \times l} = \dfrac{P}{\sqrt{2}\,hl} = \dfrac{P}{1.414hl}$

**Keyword**

전단응력 $\tau = \dfrac{P}{2tl}$

($P$ : 최대 하중, $t$ : 목 두께, $l$ : 용접부의 길이)

정답 | 32 ③

기계설계 기출문제집

PART

# 03

# 운동용
# 기계요소

제1장 • 전동용 기계요소

제2장 • 축용 기계요소

기계설계 기출문제집

# 01 전동용 기계요소
CHAPTER

## 1 마찰차

**01** [ 2020 | 국가직 9급 ] 상중**하**

두 축 사이에 동력을 전달할 때, 마찰차를 사용하는 경우로 옳지 않은 것은?

① 무단 변속이 필요한 경우
② 작은 동력을 전달하는 경우
③ 정확한 속도비가 요구되는 경우
④ 두 축 사이의 동력을 자주 단속할 필요가 있는 경우

| 해설 | 마찰차는 약간씩 밀리기 때문에 정확한 속도비를 얻을 수 없다.

**Keyword**

마찰차는 이론상으로는 접촉선 위의 한 점에서 두 바퀴의 표면속도는 항상 같지만, 실제로는 약간의 미끄럼이 발생하는 것이 불가피하므로 확실한 속도비를 얻을 수 없으며 큰 동력전달에는 사용이 적당하지 않다.

**02** [ 2020 | 국가직 9급 ] **상**중하

외접하는 두 원통 마찰차의 중심거리가 400mm이고, 회전수는 각각 150rpm, 50rpm이다. 이때, 밀어붙이는 힘 5kN, 전달 동력이 3PS(마력)이면, 두 원통 마찰차 표면의 마찰계수에 가장 가까운 값은? (단, $\pi = 3$이다)

① 0.11
② 0.14
③ 0.22
④ 0.30

| 해설 | $\dfrac{D_2}{D_1} = \dfrac{150}{50}$에서 $D_2 = 3D_1$이므로 $\dfrac{D_1 + D_2}{2} = \dfrac{4D_1}{2} = 400$에서 $D_1 = 200[mm]$

따라서 $D_2 = 3D_1 = 3 \times 200 = 600[mm]$

전달동력 $H = Fv = \mu \times 5 \times 1,000 \times \dfrac{\pi \times 600 \times 50}{1,000} = 3[PS]$에서

$\mu \times 5 \times 1,000 \times \dfrac{3 \times 600 \times 50}{1,000 \times 60} = 3 \times 75 \times 9.8 \approx 3 \times 75 \times 10[N \cdot m/s]$이므로

$\mu = \dfrac{3 \times 75 \times 10 \times 60}{5 \times 3 \times 600 \times 50} = 0.3$

**Keyword**

- 최대 토크(전달토크)
  $T = WL = \dfrac{\mu QD_2}{2}[N \cdot m]$
  (단, $\mu$ : 마찰계수, $Q$ : 서로 밀어붙이는 힘)
- 원통 마찰차의 전달력(회전력)
  $F = \mu Q$ ($\mu$ : 마찰계수, $Q$ : 두 마찰차 서로 미는 힘)
- 전달동력 : $H = Fv = \omega T$

정답 | 01 ③  02 ④

## 03

[2018 | 서울시 9급 2차]

동일 평면 내에서 원동차와 종동차가 교차하여 동력을 전달하는 외접 원추마찰차에서 회전속도비가 $i = \dfrac{w_2}{w_1}$ 으로 정의될 때, 두 축이 이루는 축각이 $\delta_s = \delta_1 + \delta_2$ 인 경우 옳은 것을 〈보기〉에서 모두 고른 것은?

| 구분 | 평균지름[mm] | 각속도[rad/s] | 원추각[deg., 꼭지각의 $\dfrac{1}{2}$] |
|---|---|---|---|
| 원동차 | $D_1$ | $\omega_1$ | $\delta_1$ |
| 종동차 | $D_2$ | $\omega_2$ | $\delta_2$ |

|보기|

㉠ 원동차의 원추각 $\tan\delta_1 = \dfrac{\sin\delta_s}{\cos\delta_s + \dfrac{1}{i}}$ 이다.

㉡ 회전속도비 $i = \dfrac{D_1}{D_2} = \dfrac{\sin\delta_1}{\sin\delta_2}$ 이다.

㉢ $\delta_s = \delta_1 + \delta_2 = 90°$일 경우 회전속도비 $i = \tan\delta_1 = \dfrac{1}{\tan\delta_2}$ 이다.

① ㉠, ㉡
② ㉠, ㉢
③ ㉡, ㉢
④ ㉠, ㉡, ㉢

**Keyword**
외접 원추마찰차에서 회전속도비와 원추각과의 관계

|해설|

㉠ 원동차의 원추각 $\tan\delta_1 = \dfrac{\sin\delta_s}{\cos\delta_s + \dfrac{1}{i}}$

㉡ 회전속도비 $i = \dfrac{D_1}{D_2} = \dfrac{R_1}{R_2} = \dfrac{L\sin\delta_1}{L\sin\delta_2} = \dfrac{\sin\delta_1}{\sin\delta_2}$

㉢ $\delta_s = \delta_1 + \delta_2 = 90°$일 경우 회전속도비 $\tan\delta_1 = \dfrac{1}{1/i} = i$ 이며 $\tan\delta_2 = 1/i$이므로 $i = \tan\delta_1 = \dfrac{1}{\tan\delta_2}$

정답 | 03 ④

**04** [2018 | 국가직 9급]

지름이 $D[\text{mm}]$, 허용선접촉압력이 $p_0[\text{kgf/mm}]$, 마찰계수가 $\mu$인 마찰차를 사용하여 $N[\text{rpm}]$의 회전속도로 동력 $H[\text{PS}]$를 전달하기 위해 필요한 마찰차의 최소 너비 $b[\text{mm}]$는? (단, 맞물린 두 마찰차 사이에 상대운동은 없다)

① $\dfrac{(4.5\times 10^3)\mu H}{p_0 \pi DN}$  
② $\dfrac{(4.5\times 10^6)\mu H}{p_0 \pi DN}$  
③ $\dfrac{(4.5\times 10^3) H}{p_0 \mu \pi DN}$  
④ $\dfrac{(4.5\times 10^6) H}{p_0 \mu \pi DN}$

**Keyword**

$$H = \mu p_0 b \times \frac{D}{2} \times 10^{-3} \times \frac{2\pi N}{60} \times \frac{1}{75}$$

|해설| $H = \mu p_0 b \times \dfrac{D}{2} \times 10^{-3} \times \dfrac{2\pi N}{60} \times \dfrac{1}{75}$ 이므로 $b = \dfrac{60 \times 75 \times H}{p_0 \mu \pi DN \times 10^{-3}} = \dfrac{(4.5 \times 10^6) H}{p_0 \mu \pi DN}$

---

**05** [2017 | 국가직 9급]

원동차의 지름과 회전속도가 400mm, 300rpm이고 종동차의 회전속도가 200rpm으로 외접하는 원통 마찰차에서, 두 마찰차 축 중심 사이의 거리[mm]는?

① 100  ② 400  
③ 500  ④ 600

|해설| $\dfrac{n_2}{n_1} = \dfrac{D_1}{D_2}$에서 $\dfrac{200}{300} = \dfrac{400}{D_2}$이므로 종동차의 지름은 $D_2 = \dfrac{300 \times 400}{200} = 600[\text{mm}]$이며 축간거리는 $C = \dfrac{D_2 + D_1}{2} = \dfrac{400 + 600}{2} = 500[\text{mm}]$이다.

**Keyword**

• 속도비

$$i = \frac{\omega_2}{\omega_1} = \frac{n_2}{n_1} = \frac{D_1}{D_2}$$

($\omega_1$ : 원동차의 각속도, $\omega_2$ : 종동차의 각속도, $n_1$ : 원동차의 회전수, $n_2$ : 종동차의 회전수, $D_1$ : 원동차의 지름, $D_2$ : 종동차의 지름)

• 축간거리

$$C = \frac{D_2 + D_1}{2} \text{ (외접일 때)}$$

---

**06** [2017 | 국가직 9급]

평 마찰차와 홈의 각도가 30°인 V홈 마찰차의 마찰계수는 0.1이다. 원동차와 종동차가 서로 밀치는 힘이 평 마찰차의 경우와 V홈 마찰차의 경우가 같을 때, 평 마찰차 전달력을 $F_a$라고 하고 V홈 마찰차 전달력을 $F_b$라고 하면 $\dfrac{F_b}{F_a}$에 가장 가까운 값은? (단, sin15°=0.26, cos15°=0.97, sin30°=0.50, cos30°=0.87로 한다)

① 1.0  ② 1.1  
③ 1.7  ④ 2.8

**Keyword**

• 평 마찰차의 전달력  
$F_a = \mu Q$ ($\mu$ : 마찰계수, $Q$ : 두 마찰차 서로 미는 힘)

• V홈 마찰차의 전달력  
$F_b = 2\mu R$  
$= \dfrac{\mu Q}{\sin\dfrac{\alpha}{2} + \mu\cos\dfrac{\alpha}{2}}$

($\mu$ : 마찰계수, $R$ : 홈의 측면에 작용하는 수직력, $Q$ : 두 마찰차 서로 미는 힘, $\alpha$ : 홈의 각도)

---

정답 | 04 ④  05 ③  06 ④

| 해설 | 평 마찰차의 전달력은 $F_a = \mu Q$이며 V홈 마찰차의 전달력은 $F_b = \dfrac{\mu Q}{\sin\dfrac{\alpha}{2} + \mu\cos\dfrac{\alpha}{2}}$이므로

$$\dfrac{F_b}{F_a} = \dfrac{\dfrac{\mu Q}{\sin\dfrac{\alpha}{2} + \mu\cos\dfrac{\alpha}{2}}}{\mu Q} = \dfrac{1}{\sin\dfrac{\alpha}{2} + \mu\cos\dfrac{\alpha}{2}} = \dfrac{1}{\sin 15° + 0.1\cos 15°} = \dfrac{1}{0.26 + 0.1 \times 0.97}$$

$$= \dfrac{1}{0.357} \simeq 2.8 \text{이다.}$$

| 참고 | 이와 같이 평 마찰차와 V홈 마찰차의 전달력의 비가 2.8이므로 전달력이 같으면 평 마찰차보다 V홈 마찰차의 경우, 미는 힘이 더 작아도 되며 전동효율도 더 우수하다.

## 07  [2019 | 서울시 9급 2차] 상 중 하

원판에 의한 무단 변속장치에서 그림과 같이 종동차(2)가 원동차(1)의 중심에서 $x$ 거리만큼 떨어져 구름접촉을 할 때 속도비와 회전토크비로 가장 옳은 것은?
[단, $N_1$과 $N_2$는 각각 원동축(Ⅰ축)과 종동축(Ⅱ축)의 회전속도이고, $T_1$과 $T_2$는 각각 원동차와 종동차의 회전토크이다]

Keyword
$\dfrac{N_2}{N_1} = \dfrac{x}{R_2},\ \dfrac{T_2}{T_1} = \dfrac{R_2}{x}$

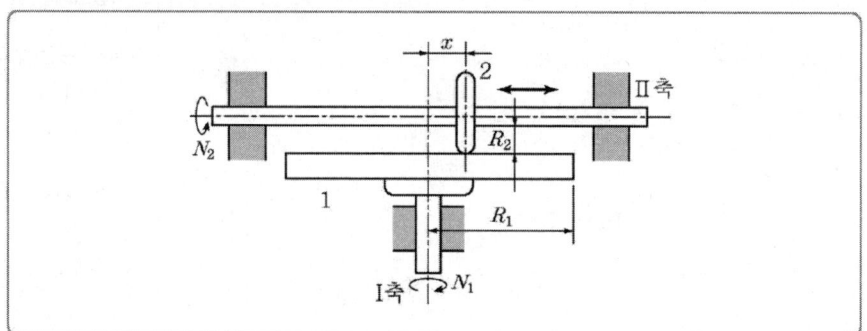

① $\dfrac{N_2}{N_1} = \dfrac{R_2}{x},\ \dfrac{T_2}{T_1} = \dfrac{x}{R_2}$  ② $\dfrac{N_2}{N_1} = \dfrac{R_1}{x},\ \dfrac{T_2}{T_1} = \dfrac{x}{R_1}$

③ $\dfrac{N_2}{N_1} = \dfrac{x}{R_2},\ \dfrac{T_2}{T_1} = \dfrac{R_2}{x}$  ④ $\dfrac{N_2}{N_1} = \dfrac{x}{R_1},\ \dfrac{T_2}{T_1} = \dfrac{R_1}{x}$

| 해설 | 속도비 $\dfrac{N_2}{N_1} = \dfrac{x}{R_2}$

회전토크비 $\dfrac{T_2}{T_1} = \dfrac{R_2}{x}$

정답 | 07 ③

## 08 [2017 | 국가직 7급]

무단변속기구에서 원판차 $A$의 회전속도($N_A$)가 100[rpm]이다. 지름($D_B$)이 200[mm]인 원판차 $B$의 회전속도($N_B$)가 300[rpm]이 되기 위한 위치 $x$[mm]는? (단, 원판차 $A$와 $B$ 사이의 미끄럼은 발생하지 않는다)

**Keyword**
속도비 $i = \dfrac{N_B}{N_A} = \dfrac{D_A}{D_B}$
($N_A$ : 원동차의 회전수, $N_B$ : 종동차의 회전수, $D_A$ : 원동차의 지름, $D_B$ : 종동차의 지름)

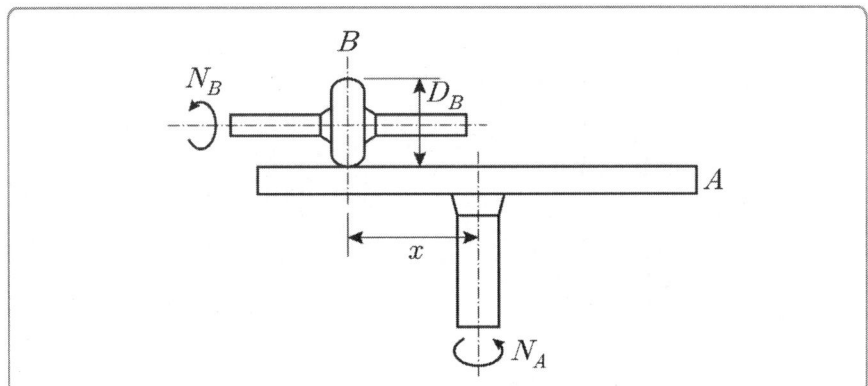

① 150 ② 200
③ 300 ④ 600

**해설** 속도비 $i = \dfrac{N_B}{N_A} = \dfrac{D_A}{D_B}$ 이므로 $\dfrac{300}{100} = \dfrac{D_A}{200}$ 에서 $D_A = 3 \times 200 = 600[\text{mm}]$ 이며

$x = \dfrac{D_A}{2} = \dfrac{600}{2} = 300[\text{mm}]$ 이다.

## 09 [2017 | 지방직 9급]

지름 400mm의 원통 마찰차가 회전속도 300rpm으로 5PS을 전달하고 있을 때, 원통 마찰차의 원주속도[m/s]는? (단, $\pi = 3.0$으로 한다)

**Keyword**
원주속도
$v = \dfrac{\pi dn}{1,000 \times 60}[\text{m/s}]$
($d$ : 마찰차의 직경, $n$ : 마찰차의 회전속도)

① 1.5 ② 3.0
③ 4.5 ④ 6.0

**해설** 원주속도 $v = \dfrac{\pi dn}{1,000 \times 60}[\text{m/s}] = \dfrac{3 \times 400 \times 300}{1,000 \times 60}[\text{m/s}] = 6[\text{m/s}]$

정답 | 08 ③ 09 ④

**10** [2017 | 서울시 9급]

그림과 같은 무단변속 마찰차에서 원동차 A와 종동차 B의 회전수가 각각 1,200rpm, 800rpm이 되기 위한 원동차 A의 위치 $x$는? (단, 원동차와 종동차의 접촉부에서 미끄러짐이 없다고 가정하며, $D_A = 400\text{mm}$이다)

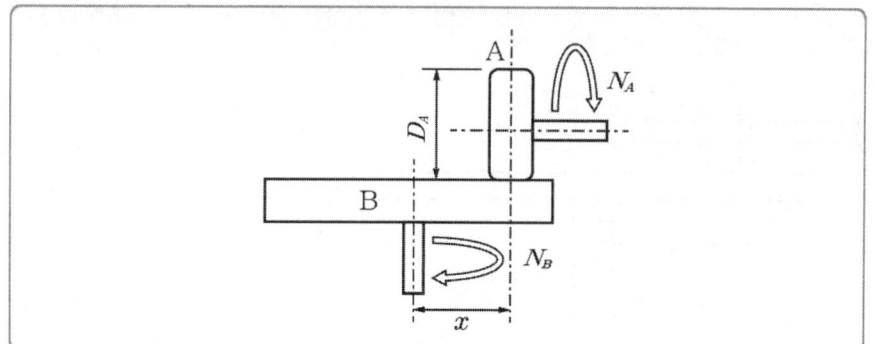

① 280mm  ② 300mm
③ 320mm  ④ 350mm

**| 해설 |** 속도비 $i = \dfrac{N_B}{N_A} = \dfrac{D_A}{D_B}$ 이므로 $\dfrac{800}{1,200} = \dfrac{400}{D_B}$ 에서 $D_B = \dfrac{1,200 \times 400}{800} = 600[\text{mm}]$이며

$x = \dfrac{D_B}{2} = \dfrac{600}{2} = 300[\text{mm}]$이다.

**Keyword**
속도비 $i = \dfrac{N_B}{N_A} = \dfrac{D_A}{D_B}$
($N_A$ : 원동차의 회전수, $N_B$ : 종동차의 회전수, $D_A$ : 원동차의 지름, $D_B$ : 종동차의 지름)

---

**11** [2017 | 국가직 7급]

원추각이 $\alpha$인 원동차와 원추각이 $\beta$인 종동차가 서로 외접하는 원추 마찰차에서 $\alpha + \beta = 90°$인 경우, 원동차의 회전수($N_1$)에 대한 종동차의 회전수($N_2$)의 비 $\left(\dfrac{N_2}{N_1}\right)$가 3이면 $\tan\alpha + \tan\beta$는?

① 1  ② 3
③ $\dfrac{4}{3}$  ④ $\dfrac{10}{3}$

**| 해설 |** $\tan\alpha = \dfrac{\sin\theta}{\cos\theta + \dfrac{n_1}{n_2}}$ 이므로 $\tan\alpha = \dfrac{\sin 90°}{\cos 90° + \dfrac{n_1}{n_2}} = \dfrac{1}{0 + \dfrac{1}{3}} = 3$이며

$\tan\beta = \dfrac{\sin\theta}{\cos\theta + \dfrac{n_2}{n_1}}$ 이므로 $\tan\beta = \dfrac{\sin 90°}{\cos 90 + \dfrac{n_2}{n_1}} = \dfrac{1}{0 + 3} = \dfrac{1}{3}$이므로

$\tan\alpha + \tan\beta = 3 + \dfrac{1}{3} = \dfrac{10}{3}$이다.

**Keyword**
• $\tan\alpha = \dfrac{\sin\theta}{\cos\theta + \dfrac{n_1}{n_2}}$
($\alpha$ : 원동차 원추 마찰차의 원추각, $\theta = \alpha + \beta$, $n_1$ : 원동차의 회전수, $n_2$ : 종동차의 회전수)

• $\tan\beta = \dfrac{\sin\theta}{\cos\theta + \dfrac{n_2}{n_1}}$
($\beta$ : 종동차 원추 마찰차의 원추각, $\theta = \alpha + \beta$, $n_1$ : 원동차의 회전수, $n_2$ : 종동차의 회전수)

정답 | 10 ② 11 ④

## 12 ⌞2021 | 지방직 9급⌟ 상 **중** 하

원동차와 종동차의 지름이 각각 200mm, 600mm이며 서로 외접하는 원통마찰차가 있다. 원동차가 1,200rpm으로 회전하면서 종동차를 10kN으로 밀어붙여 접촉한다면 최대 전달동력[kW]은? (단, 마찰계수는 $\mu = 0.2$이다)

① $2\pi$   ② $4\pi$
③ $8\pi$   ④ $12\pi$

**해설** 최대 전달동력 $H = \mu P v = \mu P \times \dfrac{\pi d n}{1,000 \times 60}$

$= 0.2 \times (10 \times 10^3) \times \dfrac{\pi \times 200 \times 1,200}{1,000 \times 60} = 8,000\pi [W] = 8\pi [kW]$

**Keyword**
최대 전달동력
$H = \mu P v$
$= \mu P \times \dfrac{\pi d n}{1,000 \times 60}$

## 13 ⌞2017 | 국회직 9급⌟ 상 **중** 하

원동차의 직경 $D_1 = 200$mm, 종동차의 직경 $D_2 = 500$mm인 외접 원통 마찰차에서 원동차가 1,000rpm으로 회전할 때, 양차를 밀어붙이는 힘의 크기는 약 몇 kgf인가? (단, 원통 마찰차의 전달동력은 12마력이며, 마찰계수는 0.2로 한다)

① 430   ② 650
③ 810   ④ 1,260
⑤ 1,420

**해설** 원주속도는 $v = \dfrac{\pi d n}{1,000 \times 60} = \dfrac{3.14 \times 200 \times 1,000}{1,000 \times 60} = 10.47 [m/s]$이며

전달마력은 $H_{PS} = \dfrac{\mu Q v}{75}$이므로

두 마찰차를 밀어 붙이는 힘은 $Q = \dfrac{75 H_{PS}}{\mu v} = \dfrac{75 \times 12}{0.2 \times 10.47} = 429.8 \simeq 430 [kgf]$

**Keyword**
- 전달마력 $H_{PS} = \dfrac{\mu Q v}{75}$
  ($\mu$ : 마찰계수, $Q$ : 두 마찰차를 밀어 붙이는 힘, $v$ : 원주속도)
- 원주속도
  $v = \dfrac{\pi d n}{1,000 \times 60} [m/s]$
  ($d$ : 마찰차의 지름, $v$ : 마찰차의 회전수)

정답 | 12 ③  13 ①

## 14 [2022 | 국가직 9급] 상 중 하

내접원통마찰차에서 축간거리가 450mm, 원동차의 회전속도가 300rpm, 종동차의 회전속도가 100rpm일 때, 원동차 지름 $D_A$[mm]와 종동차 지름 $D_B$[mm]는? (단, 마찰차 간 미끄럼은 없다고 가정한다)

| | $D_A$ | $D_B$ |
|---|---|---|
| ① | 450 | 1,350 |
| ② | 900 | 2,700 |
| ③ | 1,350 | 450 |
| ④ | 2,700 | 900 |

**| 해설 |**

속도비 $i = \dfrac{n_B}{n_A} = \dfrac{D_A}{D_B} = \dfrac{D_A}{3D_A} = \dfrac{1}{3}$

중심거리 $C = \dfrac{D_B - D_A}{2} = \dfrac{3D_A - D_A}{2} = D_A = 450$[mm]

∴ 원동차 지름 $D_A = 450$[mm]

∴ 종동차 지름 $D_B = 3D_A = 3 \times 450 = 1,350$[mm]

**Keyword**

내접원통 마찰차에서,

속도비 $i = \dfrac{n_B}{n_A} = \dfrac{D_A}{D_B}$

중심거리 $C = \dfrac{D_B - D_A}{2}$

## 15 [2016 | 서울시 9급] 상 중 하

원통 마찰차에서 축간거리가 300mm, 원동축이 1,200rpm, 종동축이 600rpm으로 내접하여 회전할 때, 500N의 힘으로 밀어서 접촉시킨다면, 최대 전달동력[W]은 얼마인가? (단, 마찰계수는 0.2이다)

① $600\pi$  
② $1,200\pi$  
③ $1,800\pi$  
④ $2,400\pi$

**| 해설 |**

속도비 $i = \dfrac{n_2}{n_1} = \dfrac{D_1}{D_2}$에서 $\dfrac{600}{1,200} = \dfrac{D_1}{D_2}$이므로 $D_2 = 2D_1$이며

축간거리 $C = \dfrac{D_2 - D_1}{2}$에서 $300 = \dfrac{D_2 - D_1}{2}$이므로 $D_2 - D_1 = 600$이므로 $D_1 = 600$[mm]이다.

원주속도는 $v = \dfrac{\pi d n}{1,000 \times 60} = \dfrac{\pi \times 600 \times 1,200}{1,000 \times 60} = 12\pi$[m/s]이며 $Q = 500$[N]이므로

전달동력은 $H_W = \mu Q v = 0.2 \times 500 \times 12\pi = 1,200\pi$[W]이다.

**Keyword**

- 전달동력 $H_W = \mu Q v$
  ($\mu$ : 마찰계수, $Q$ : 두 마찰차를 밀어 붙이는 힘, $v$ : 원주속도)
- 원주속도
  $v = \dfrac{\pi d n}{1,000 \times 60}$[m/s]
  ($d$ : 마찰차의 지름, $v$ : 마찰차의 회전수)
- 속도비
  $i = \dfrac{\omega_2}{\omega_1} = \dfrac{n_2}{n_1} = \dfrac{D_1}{D_2}$
  ($\omega_1$ : 원동차의 각속도, $\omega_2$ : 종동차의 각속도, $n_1$ : 원동차의 회전수, $n_2$ : 종동차의 회전수, $D_1$ : 원동차의 지름, $D_2$ : 종동차의 지름)
- 축간 거리 $C = \dfrac{D_2 - D_1}{2}$
  (내접일 때)

정답 | 14 ① 15 ②

**16** | 2022 | 지방직 9급 |

지름이 200mm인 원통마찰차가 2rad/s로 회전하면서 전달할 수 있는 최대 동력이 80W일 때, 원통마찰차의 최소 폭[mm]은? (단, 원통마찰차의 마찰계수는 0.2이고, 폭 1mm당 허용하중은 10N이다)

① 100  ② 150
③ 200  ④ 250

**해설** 최대 동력 $H = 80[W] = 80[J/s] = 80[N \cdot m/s] = 80 \times 10^3 [N \cdot mm/s]$
원통마찰차의 최소 폭을 $x[mm]$라 하면,
원통마찰차의 전달동력은 $H = Fv = \omega T$이므로
$80 \times 10^3 = 2 \times \dfrac{\mu PD}{2} = \mu PD = 0.2 \times 10x \times 200$

∴ 원통마찰차의 최소 폭 $x = \dfrac{80 \times 10^3}{0.2 \times 10 \times 200} = 200[mm]$

**Keyword**
- 원통마찰차의 전달동력
$H = Fv = \omega T$
(여기서, $F$ : 접선력, $v$ : 원주속도, $\omega$ : 각속도, $T$ : 전달토크)
- 전달토크
$T = \dfrac{FD}{2} = \dfrac{\mu PD}{2}$
(여기서, $F$ : 접선력, $\mu$ : 마찰계수, $P$ : 하중)

**17** | 2015 | 국가직 9급 |

원통 마찰차의 원동차 지름이 300[mm], 회전수 600[rpm], 단위 길이[mm]당 허용수직힘이 2.5[kgf/mm]일 때, 최대 전달동력 9[PS]를 전달하기 위해 필요한 바퀴의 최소 폭[mm]은? (단, 원동차의 표면재료는 목재, 종동차는 주철재이며, 마찰계수는 0.15, $\pi = 3$으로 한다)

① 100  ② 150
③ 200  ④ 300

**해설** 원주속도 $v = \dfrac{\pi dn}{1,000 \times 60} = \dfrac{3 \times 300 \times 600}{1,000 \times 60} = 9[m/s]$이며

전달마력은 $H_{PS} = \dfrac{\mu Qv}{75} = 9 = \dfrac{0.15 \times Q \times 9}{75}$이므로

두 마찰차를 밀어붙이는 힘 $Q = \dfrac{75}{0.15} = 500[kgf]$이다.

$Q = fb$에서 $500 = 2.5b$이므로 바퀴의 최소 폭은 $b = \dfrac{500}{2.5} = 200[mm]$이다.

**Keyword**
- 전달마력 $H_{PS} = \dfrac{\mu Qv}{75}$
($\mu$ : 마찰계수, $Q$ : 두 마찰차를 밀어 붙이는 힘, $v$ : 원주속도)
- 두 마찰차를 밀어붙이는 힘 $Q = fb$ ($f$ : 단위길이마다 마찰차를 미는 힘, $b$ : 마찰차의 폭)
- 원주속도
$v = \dfrac{\pi dn}{1,000 \times 60} [m/s]$
($d$ : 마찰차의 지름, $v$ : 마찰차의 회전수)

정답 | 16 ③ 17 ③

## 18  [2015 | 서울시 9급]

원동차 지름 200mm, 종동차 지름 300mm인 원통 마찰차의 원동차를 10분간 600회 회전시, 종동차는 20분간 몇 회전하는가?

① 800회전  ② 1,000회전
③ 1,200회전  ④ 1,400회전

**| 해설 |** 원동차가 10분에 600회전하므로 분당은 $n_1 = \dfrac{600}{10} = 60[\text{rpm}]$이다.

따라서 $\dfrac{n_2}{n_1} = \dfrac{D_1}{D_2}$에서 $\dfrac{n_2}{60} = \dfrac{200}{300}$이므로 $n_2 = 40[\text{rpm}]$이며

이것이 20분 동안 돌면 $20 \times n_2 = 20 \times 40 = 800$회전을 돈다.

**Keyword**

속도비 $i = \dfrac{\omega_2}{\omega_1} = \dfrac{n_2}{n_1} = \dfrac{D_1}{D_2}$

($\omega_1$ : 원동차의 각속도, $\omega_2$ : 종동차의 각속도, $n_1$ : 원동차의 회전수, $n_2$ : 종동차의 회전수, $D_1$ : 원동차의 지름, $D_2$ : 종동차의 지름)

## 19  [2015 | 국가직 7급]

원동차가 $500[\text{rpm}]$, 종동차가 $200[\text{rpm}]$으로 회전하는 외접 원추 마찰차의 축각이 90°일 때, 관계식으로 옳지 않은 것은? (단, 원동차의 원추각은 $\delta_1$이고, 종동차의 원추각은 $\delta_2$이다)

① $\sin\delta_1 = 0.4\sin\delta_2$

② $\dfrac{\text{원동축 축방향 하중}}{\text{원동축 반경방향 하중}} = 0.4$

③ $\dfrac{\text{종동축 축방향 하중}}{\text{종동축 반경방향 하중}} = 2.5$

④ $\tan\delta_1 = 2.5$

**| 해설 |** ④ $\tan\delta_1 = 0.4$

**| 오답 풀이 |**
① $\tan\delta_1 = \dfrac{\sin\delta_1}{\cos\delta_1} = 0.4$이므로 $\sin\delta_1 = 0.4\cos\delta_1$이며 $\delta_1 + \delta_2 = 90°$이므로

$\cos\delta_1 = \sin(90-\delta_1)° = \sin\delta_2$이며 따라서 $\sin\delta_1 = 0.4\sin\delta_2$이 성립한다.

② $\dfrac{\text{원동축 축방향 하중}}{\text{원동축 반경방향 하중}} = \tan\delta_1 = 0.4$

③ $\dfrac{\text{종동축 축방향 하중}}{\text{종동축 반경방향 하중}} = \tan\delta_2 = 2.5$

**Keyword**

$\tan\delta_1 = \dfrac{\sin 90°}{\cos 90° + \dfrac{500}{200}}$

$= \dfrac{2}{5}$

$\tan\delta_2 = \dfrac{\sin 90°}{\cos 90° + \dfrac{200}{500}}$

$= \dfrac{5}{2}$

**정답 |** 18 ① 19 ④

**20** [2015 | 국가직 7급]

원통 마찰차의 마찰력에 문제가 발생하여 같은 크기의 홈 마찰차로 변경하고자 한다. 원통 마찰차의 마찰계수를 0.2, 홈의 각도를 40°로 하였을 때, 홈 마찰차의 원통 마찰차에 대한 회전력의 비가 속하는 범위는? (단, $\sin 20° \simeq 0.34$, $\cos 20° \simeq 0.94$, $\sin 40° \simeq 0.64$, $\cos 40° \simeq 0.77$이다)

① 1~1.5
② 1.5~2
③ 2~2.5
④ 2.5~3

**Keyword**
같은 크기의 홈 마찰차로 바꾸더라도 반경방향으로 밀어서 접촉시키는 힘 $P$는 변하지 않는다.

| 해설 | 같은 크기의 홈 마찰차로 바꾸더라도 반경방향으로 밀어서 접촉시키는 힘 $P$는 변하지 않으므로 홈 마찰차의 마찰면에 수직으로 작용하는 힘 $Q = \dfrac{1}{\sin\alpha + \mu\cos\alpha}P$이므로 원통 마찰차에 대한 홈 마찰차의 회전력의 비는 $\dfrac{\mu Q}{\mu P} = \dfrac{1}{\sin\alpha + \mu\cos\alpha} = \dfrac{1}{\sin 20° + 0.2\cos 20°} = \dfrac{1}{0.34 + 0.2 \times 0.94} = \dfrac{1}{0.528}$ $\simeq 1.89$이다. 따라서 홈 마찰차의 원통 마찰차에 대한 회전력의 비가 속하는 범위는 1.5~2이다.

**21** [2015 | 국회직 9급]

폭이 50mm이며 지름이 100mm인 원통 마찰차가 600rpm으로 회전하면서 2.0kN의 힘으로 밀어붙여 지름 150mm의 종동차에 회전을 전달한다. 이때의 마찰계수가 0.3일 때 전달동력은 몇 kW인가? [단, 원주율($\pi$)는 3.0으로 가정한다]

① 1.6
② 1.8
③ 2.0
④ 2.2
⑤ 2.4

**Keyword**
- 전달동력 $H_W = \mu Qv$
  ($\mu$ : 마찰계수, $Q$ : 두 마찰차를 밀어 붙이는 힘, $v$ : 원주속도)
- 원주속도
  $v = \dfrac{\pi dn}{1,000 \times 60}$[m/s]
  ($d$ : 마찰차의 지름, $v$ : 마찰차의 회전수)

| 해설 | 원주속도 $v = \dfrac{\pi dn}{1,000 \times 60} = \dfrac{3 \times 100 \times 600}{1,000 \times 60} = 3$[m/s]이므로
전달동력은 $H_W = \mu Qv = 0.3 \times 2.0 \times 3 = 1.8$[kW]이다.

정답 | 20 ② 21 ②

## 22 | 2014 | 국가직 9급

회전속도가 200rpm, 접촉력이 200kgf, 마찰계수가 0.3, 지름이 750mm인 마찰차의 최대 전달동력[PS]은? (단, $\pi=3$으로 한다)

① 2.0　　② 4.0
③ 6.0　　④ 8.0

**해설** 원주속도는 $v = \dfrac{\pi d n}{1{,}000 \times 60} = \dfrac{3 \times 750 \times 200}{1{,}000 \times 60} = 7.5 [\text{m/s}]$ 이므로

전달마력 $H_{PS} = \dfrac{\mu Qv}{75} = \dfrac{\mu Qv}{75} = \dfrac{0.3 \times 200 \times 7.5}{75} = 6 [\text{PS}]$ 이다.

**Keyword**
- 전달마력 $H_{PS} = \dfrac{\mu Qv}{75}$
($\mu$: 마찰계수, $Q$: 두 마찰차를 밀어 붙이는 힘, $v$: 원주속도)
- 원주속도 $v = \dfrac{\pi d n}{1{,}000 \times 60}[\text{m/s}]$
($d$: 마찰차의 지름, $v$: 마찰차의 회전수)

## 23 | 2014 | 서울시 9급

원추 마찰차에서 축방향 하중을 $P$, 원추각을 $\alpha$라 하면 마찰면에 작용하는 수직하중은?

① $\dfrac{P}{\cos\alpha}$　　② $\dfrac{P}{\sin\alpha}$
③ $\dfrac{P}{\tan\alpha}$　　④ $P\sin\alpha$
⑤ $P\cos\alpha$

**해설** $\sin\alpha = \dfrac{P}{Q}$ 이므로 $Q = \dfrac{P}{\sin\alpha}$ 가 된다.

**Keyword**
$\sin\alpha = \dfrac{P}{Q}$
($\alpha$: 원추각, $P$: 축방향하중, $Q$: 마찰면에 작용하는 수직하중)

## 24 | 2022 | 국가직 9급

축각(shaft angle)이 90°인 원추 마찰차가 있다. 원동차의 평균 지름이 600mm이고 회전수가 100rpm이다. 회전속도비가 1이고 마찰계수가 0.2일 때, 3kW의 동력을 전달하기 위하여 원동축에 가해야 할 축방향 하중[N]은? (단, $\pi=3$, $\sin45°=0.7$이다)

① 2,000　　② 2,500
③ 3,000　　④ 3,500

**해설** 원주속도 $v = \dfrac{\pi d n}{60 \times 1{,}000} = \dfrac{3 \times 600 \times 100}{60 \times 1{,}000} = 3[\text{m/s}]$

전달동력 $H = \dfrac{\mu P_1 v}{\sin\alpha}$ 에서

축방향 하중 $P_1 = \dfrac{H \times \sin\alpha}{\mu \times v} = \dfrac{(3 \times 10^3) \times \sin45°}{0.2 \times 3} = 3{,}500[\text{N}]$

**Keyword**
원추 마찰차에서,
- 원주속도 $v = \dfrac{\pi d n}{60 \times 1{,}000}[\text{m/s}]$
- 전달동력 $H = \dfrac{\mu P_1 v}{\sin\alpha}$
(여기서, $P_1$: 축방향 하중)

**정답** | 22 ③　23 ②　24 ④

**25** [2014 | 국가직 7급]

1.5kN의 힘으로 마찰차를 눌러 12kW의 동력을 전달하기 위한 원주속도[m/s]는? (단, 마찰계수는 0.2이다)

① 20  
② 30  
③ 40  
④ 50  

**Keyword**
전달동력 $H_W = \mu Q v$
($\mu$ : 마찰계수, $Q$ : 두 마찰차를 밀어 붙이는 힘, $v$ : 원주속도)

|해설| 전달동력 $H_W = \mu Q v$에서 $12 = 0.2 \times 1.5 \times v$이므로 $v = \dfrac{12}{0.2 \times 1.5} = 40[\text{m/s}]$이다.

**26** [2014 | 서울시 9급]

그림은 두 축 사이에 원판과 롤러의 접촉으로 동력을 전달하는 무단변속장치이다. 원판 A의 입력속도 $n_1$이 2,000rpm일 때, 원판 C의 출력속도 $n_3$를 8,000rpm으로 만드는 길이 $x$를 구하시오. (단, 각 요소별 마찰은 무시한다)

**Keyword**
$\dfrac{n_B}{n_A} \times \dfrac{n_C}{n_B} = \dfrac{100-x}{R} \times \dfrac{R}{x}$

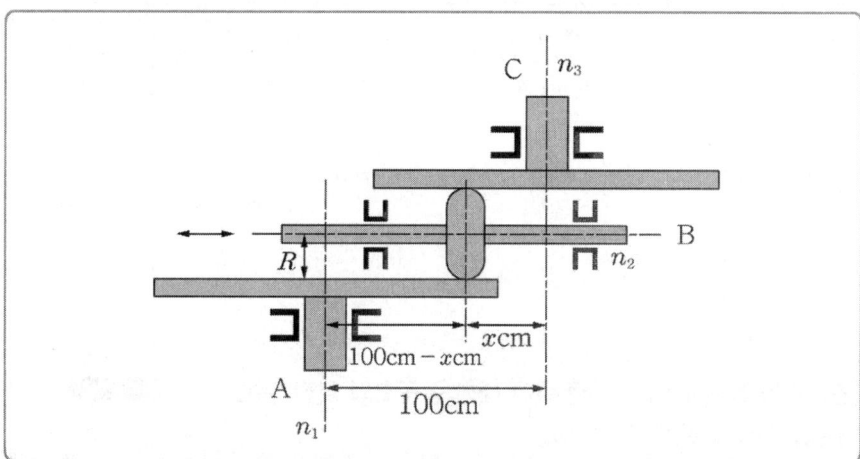

① 20cm  
② 25cm  
③ 30cm  
④ 35cm  
⑤ 40cm  

|해설| $\dfrac{n_B}{n_A} \times \dfrac{n_C}{n_B} = \dfrac{100-x}{R} \times \dfrac{R}{x} = \dfrac{8,000}{2,000}$ 에서 $\dfrac{100-x}{x} = 4$이므로 $5x = 100$이며 $x = 20[\text{cm}]$이다.

정답 | 25 ③  26 ①

**27** [2013 | 지방직 9급]

다음 그림과 같은 원통 마찰차에서, 원동차(A)의 직경 $D_A = 120[\text{mm}]$, 중간차(B)의 직경 $D_B = 50[\text{mm}]$, 종동차(C)의 직경 $D_C = 240[\text{mm}]$이고, 원동차(A)의 분당 회전수가 $700[\text{rpm}]$이면, 종동차(C)의 분당 회전수[rpm]는? (단, 마찰차 사이에서 미끄럼이 전혀 없으며 회전속도비 손실은 무시한다)

**Keyword**

속도비 $i = \dfrac{\omega_2}{\omega_1} = \dfrac{n_2}{n_1} = \dfrac{D_1}{D_2}$

($\omega_1$ : 원동차의 각속도, $\omega_2$ : 종동차의 각속도, $n_1$ : 원동차의 회전수, $n_2$ : 종동차의 회전수, $D_1$ : 원동차의 지름, $D_2$ : 종동차의 지름)

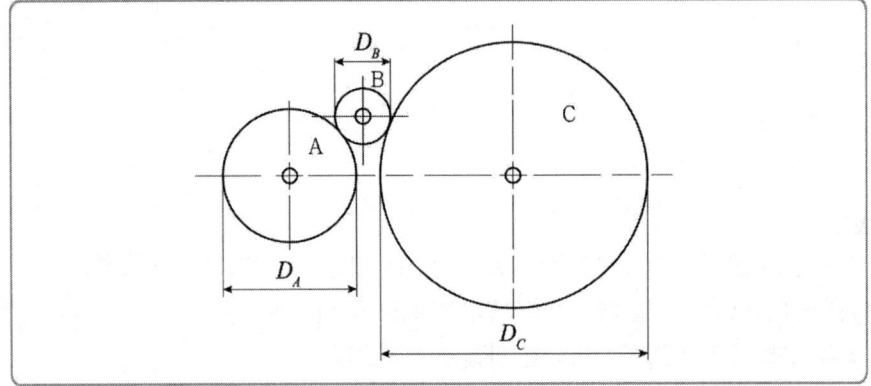

① 270
② 350
③ 700
④ 1,400

**해설**  $\dfrac{n_2}{n_1} = \dfrac{D_1}{D_2}$에서 $\dfrac{n_2}{700} = \dfrac{120}{240}$이므로 $n_2 = \dfrac{120}{240} \times 700 = 0.5 \times 700 = 350[\text{rpm}]$이다.

---

**28** [2013 | 국회직 9급]

원통 마찰차에서 축간거리가 500mm이고, 원동축에 대한 종동축의 회전각속도비가 3일 때, 원동차와 종동차의 지름을 구하시오.

① 원동차 200mm, 종동차 800mm
② 원동차 800mm, 종동차 200mm
③ 원동차 300mm, 종동차 700mm
④ 원동차 250mm, 종동차 800mm
⑤ 원동차 750mm, 종동차 250mm

**Keyword**

• 속도비
$i = \dfrac{\omega_2}{\omega_1} = \dfrac{n_2}{n_1} = \dfrac{D_1}{D_2}$

($\omega_1$ : 원동차의 각속도, $\omega_2$ : 종동차의 각속도, $n_1$ : 원동차의 회전수, $n_2$ : 종동차의 회전수, $D_1$ : 원동차의 지름, $D_2$ : 종동차의 지름)

• 축간거리
$C = \dfrac{D_2 + D_1}{2}$ (외접일 때)

**해설**  축간거리 $C = \dfrac{D_2 + D_1}{2}$에서 $500 = \dfrac{D_2 + D_1}{2}$이므로 $D_2 + D_1 = 1,000$이며

속도비 $i = \dfrac{\omega_2}{\omega_1} = \dfrac{n_2}{n_1} = \dfrac{D_1}{D_2}$에서 $3 = \dfrac{D_1}{D_2}$이므로 $D_1 = 3D_2$이다.

따라서 $D_2 + 3D_2 = 1,000$에서 $4D_2 = 1,000$이므로 $D_2 = 250[\text{mm}]$이며 $D_1 = 3D_2$에서 $D_1 = 3 \times 250 = 750[\text{mm}]$이다.

정답 | 27 ② 28 ⑤

## 29

[2012 | 국가직 9급] 상(중)(하)

축각이 120°인 원추 마찰차의 바깥지름 $D_1$이 300mm일 때 원추각을 $\delta_1$, 바깥지름 $D_2$가 150mm일 때 원추각을 $\delta_2$라 할 때, 원추 마찰차의 원추각 비 $\left(\dfrac{\delta_1}{\delta_2}\right)$는?

① $\dfrac{1}{3}$  
② $\dfrac{1}{2}$  
③ 2  
④ 3

**Keyword**
- 속도비
$$\frac{n_2}{n_1} = \frac{D_1}{D_2} = \frac{\sin\delta_1}{\sin\delta_2}$$
- 축각 $\theta = \delta_1 + \delta_2 = 120°$

**해설** 속도비 $\dfrac{n_2}{n_1} = \dfrac{D_1}{D_2} = \dfrac{\sin\delta_1}{\sin\delta_2}$에서 $\dfrac{n_2}{n_1} = \dfrac{300}{150} = 2 = \dfrac{\sin\delta_1}{\sin\delta_2}$이며 축각 $\theta = \delta_1 + \delta_2$이므로

$$\frac{n_2}{n_1} = \frac{\sin\delta_1}{\sin\delta_2} = \frac{\sin\delta_1}{\sin(\theta-\delta_1)} = \frac{\sin\delta_1}{\sin\theta\cos\delta_1 - \cos\theta\sin\delta_1}$$이며 분자와 분모를 $\cos\delta_1$로 나누면

$$\frac{n_2}{n_1} = \frac{\tan\delta_1}{\sin\theta - \cos\theta\tan\delta_1}$$이므로 $\tan\delta_1 = \dfrac{\sin\theta}{n_1/n_2 + \cos\theta}$가 된다.

여기서 $n_1/n_2 = 1/2$이며 축각 $\theta = \delta_1 + \delta_2 = 120°$이므로

$$\tan\delta_1 = \frac{\sin\theta}{n_1/n_2 + \cos\theta} = \frac{\sin 120°}{1/2 + \cos 120°} = \frac{\sin\left(\dfrac{\pi}{2}+30°\right)}{1/2 + \cos\left(\dfrac{\pi}{2}+30°\right)} = \frac{\cos 30°}{1/2 - \sin 30°}$$

$$= \frac{\sqrt{3}/2}{1/2 - 1/2} = \infty$$이므로 $\delta_1 = 90°$이며 $\delta_1 + \delta_2 = 120°$이므로 $\delta_2 = 30°$이다.

따라서 $\dfrac{\delta_1}{\delta_2} = \dfrac{90°}{30°} = 3$이다.

정답 | 29 ④

## 2 기어

**01** [2022 | 국가직 9급] 상**중**하

평행하지도 교차하지도 않는 두 축 사이에 동력을 전달하기 위해 사용하는 기어는?

① 스퍼 기어
② 베벨 기어
③ 크라운 기어
④ 하이포이드 기어

| 해설 | ① 스퍼 기어 : 평행한 두 축 사이에 동력을 전달하기 위해 사용하는 기어
② 베벨 기어 : 교차한 두 축 사이에 동력을 전달하기 위해 사용하는 기어
③ 크라운 기어 : 교차한 두 축 사이에 동력을 전달하기 위해 사용하는 기어

**Keyword**
하이포이드 기어
평행하지도 교차하지도 않는 두 축 사이에 동력을 전달하기 위해 사용하는 기어

**02** [2022 | 지방직 9급] 상**중**하

평기어에 대한 명칭과 관계식으로 옳은 것은? (단, $D$는 피치원 지름, $Z$는 잇수, $m$은 모듈이다)

① 모듈 $= \dfrac{Z}{D}$

② 원주피치 $= \dfrac{\pi D}{Z}$

③ 피치원지름 $= \dfrac{Z}{m}$

④ 피치 원주상 이두께 $= (Z+2)m$

| 해설 | ① 모듈 $m = \dfrac{D}{Z}$
③ 피치원지름 $D = mZ$
④ 피치 원주상 이두께 $t = \dfrac{\pi m}{2}$

**Keyword**
스퍼기어의 설계
• 모듈(module) : 피치원 지름 $D(mm)$을 잇수 $Z$로 나눈 값, 미터단위 사용 $m = D/Z$
• 지름 피치(diametral pitch, $P_d$) : 기어 잇수 $Z$를 피치원 지름 $D_i(inch)$로 나눈 값, 모듈의 역수, 인치단위 사용 $P_d = Z/D_i$
• 원주 피치(circular pitch) : 피치원의 원둘레(피치원의 원주 $\pi D$)를 잇수($Z$)로 나눈 값, 잘 사용하지 않음 $P = \pi(D/Z) = \pi m$
• 기초원 피치(법선 피치) : 기초원의 원둘레를 잇수로 나눈 값
$P_b = \dfrac{\pi D}{Z} \cos\alpha = p\cos\alpha$
($D$ : 피치원 지름, $Z$ : 기어 잇수, $\alpha$ : 공구압력각)

정답 | 01 ④  02 ②

**03** 2021 | 국가직 9급

기어에 발생하는 언더컷 방지법에 대한 설명으로 옳은 것만을 모두 고르면?

> ㉠ 치형수정을 한다.
> ㉡ 압력각을 증가시킨다.
> ㉢ 피니언의 잇수를 최소 잇수 이상으로 한다.
> ㉣ 이 높이를 높인다.

① ㉠, ㉡
② ㉢, ㉣
③ ㉠, ㉡, ㉢
④ ㉠, ㉡, ㉢, ㉣

**Keyword**
기어에 발생하는 언더컷을 방지하려면 이높이를 낮춘다.

| 해설 | 이높이를 높이면, 언더컷이 더 발생된다.

**04** 2020 | 지방직 9급

기어의 모듈 5, 작은 기어의 잇수 20인 표준 보통이 평기어에서 작은 기어의 회전속도는 300rpm, 큰 기어의 회전속도는 100rpm일 때, 작은 기어와 큰 기어의 이끝원 지름[mm]은?

① 105, 305
② 105, 310
③ 110, 305
④ 110, 310

**Keyword**
이끝원 지름 $D_o = m(Z+2)$

| 해설 | 작은 기어의 잇수를 $Z_1$, 큰 기어의 잇수를 $Z_2$라 하면
작은 기어의 이끝원 지름 $D_o = m(Z_1 + 2) = 5 \times 22 = 110 [mm]$
$\dfrac{Z_2}{20} = \dfrac{300}{100}$에서 $Z_2 = \dfrac{300}{100} \times 20 = 60$[개]
큰 기어의 이끝원 지름 $D_o = m(Z_2 + 2) = 5 \times 62 = 310 [mm]$

**05** 2019 | 지방직 9급

잇수 42개, 이끝원지름(바깥지름) 132mm인 표준 보통이 스퍼 기어의 모듈은?

① 2
② 3
③ 4
④ 5

**Keyword**
이끝원지름(바깥지름)
$D_o = m(Z+2)$
($m$ : 모듈, $Z$ : 잇수)

| 해설 | 이끝원지름(바깥지름) $D_o = m(Z+2)$에서
$m = \dfrac{D_o}{Z+2} = \dfrac{132}{42+2} = \dfrac{132}{44} = 3$

정답 | 03 ③ 04 ④ 05 ②

## 06 [2018 | 서울시 9급 2차]

헬리컬 기어의 치수가 〈보기〉와 같을 때 축직각 모듈($m_s$)과 치직각 모듈($m_n$)은?

| 보 기 |

| 구 분 | 치 수 |
|---|---|
| 피치원 지름($D_s$) | 280mm |
| 잇수($Z_s$) | 70개 |
| 비틀림 각($\beta$) | 30° |

① $m_s = \dfrac{2}{\sqrt{3}}$, $m_n = 2$
② $m_s = 2\sqrt{3}$, $m_n = 4$
③ $m_s = 4$, $m_n = 2\sqrt{3}$
④ $m_s = 2$, $m_n = \dfrac{2}{\sqrt{3}}$

| 해설 | 축직각 모듈 $m_s = D_s/Z_s = 280/70 = 4$
치직각 모듈 $m_n = m_s \cos\beta = 4\cos 30° = 2\sqrt{3}$

**Keyword**
축직각 모듈 $m_s = D_s/Z_s$
치직각 모듈 $m_n = m_s \cos\beta$

## 07 [2019 | 지방직 9급]

맞물려 회전하는 기어에서 축의 자세에 따른 기어의 설명으로 옳지 않은 것은?

① 베벨 기어는 두 축이 교차할 때 사용한다.
② 스퍼 기어는 두 축이 평행할 때 사용한다.
③ 하이포이드 기어는 두 축이 만나지 않을 때 사용한다.
④ 헬리컬 기어는 두 축이 평행하지도 만나지도 않을 때 사용한다.

| 해설 | 헬리컬 기어는 두 축이 평행할 때 사용한다.

**Keyword**
맞물려 회전하는 기어에서 일반적인 축의 자세는 두 축이 평행할 경우이며 그 외에 두 축이 교차할 때 그리고 두 축이 평행하지도 만나지도 않을 때 등이 있다.

## 08 [2018 | 서울시 9급 2차]

서로 맞물리는 기어의 두 축이 만나지도 평행하지도 않는 기어의 종류에 해당하는 것은?

① 스퍼 기어
② 베벨 기어
③ 헬리컬 기어
④ 웜 기어

| 해설 | ① **스퍼 기어** : 잇줄이 축에 평행한 직선의 원통 기어이다. 제작이 용이하므로 동력전달용으로 가장 흔히 사용된다.
② **베벨 기어** : 두 축이 교차를 이루는 기어로 직선 베벨 기어, 스파이럴 베벨 기어, 제롤 베벨 기어 등이 있다.
③ **헬리컬 기어** : 잇줄이 나선인 원통 기어이다. 평기어(스퍼 기어)보다 강하고 조용하며 폭 넓게 사용되지만 축방향력(스러스트)이 발생된다.

**Keyword**
웜 기어
서로 맞물리는 기어의 두 축이 만나지도 평행하지도 않는 기어이다.

정답 | 06 ③ 07 ④ 08 ④

**09** [2019 | 서울시 9급 2차]

기어에 대한 설명으로 가장 옳지 않은 것은?

① 언더컷을 방지하려면 압력각을 크게 한다.
② 하이포이드 기어는 두 축이 교차할 때 사용하는 기어의 종류이다.
③ 인벌류트 치형은 사이클로이드 치형에 비해 강도가 우수하다.
④ 전위기어는 표준기어에 비해 설계가 복잡하다.

**해설** 하이포이드 기어는 두 축이 평행하지도 교차하지도 않는 경우에 사용하는 기어의 종류이다.

**Keyword**
기어를 구동축과 종동축이 놓이는 상태에 따라 두 축이 평행할 경우, 두 축이 교차할 때, 두 축이 평행하지도 만나지도 않을 때 등으로 분류한다.

**10** [2018 | 서울시 9급]

치형 곡선의 기구학적 조건에 대한 설명으로 가장 옳은 것은?

① 맞물려 돌아가는 두 기어가 특정 물림위치에서 일정한 각속도비를 가져야 한다.
② 맞물려 돌아가는 두 기어의 접촉점에서 공통법선은 피치점을 통과해야 한다.
③ 맞물려 돌아가는 두 기어의 접촉점에서 법선방향의 속도 차이는 있어도 된다.
④ 맞물려 돌아가는 두 기어의 접촉점에서 접선방향의 속도는 반드시 같아야 한다.

**해설** 카뮈의 정리(Theory of Camus)에 의하면, 치형곡선의 기구학적 조건은 맞물려 돌아가는 두 기어의 접촉점에서 공통법선은 피치점을 통과해야 한다.

**Keyword**
카뮈의 정리(Theory of Camus)는 '맞물려 돌아가는 한 쌍의 기어가 일정한 각속도비를 가지고 회전하려면 접촉점에서 공통법선은 일정점을 통과해야 한다.'는 것이다. 역으로 접촉점에서의 법선이 일정점을 통과하는 곡선은 치형곡선이 된다.

**11** [2018 | 국가직 9급]

헬리컬 기어(helical gear)의 특징으로 옳지 않은 것은?

① 이가 잇면을 따라 연속적으로 접촉하므로 이의 물림길이가 길다.
② 두 기어의 비틀림각의 방향이 반대이고 각의 크기가 서로 다를 경우, 축은 평행하지 않고 교차한다.
③ 최소 잇수가 평기어보다 적기 때문에 잇수가 적은 기어에서 사용된다.
④ 임의로 비틀림각을 선정할 수 있으나 두 기어의 중심거리를 조정할 수 없다.

**해설** 헬리컬 기어는 임의로 비틀림각을 선정할 수 있으므로 두 기어의 중심거리를 조정할 수 있다.

**Keyword**
헬리컬 기어(helical gear)는 잇줄이 나선인 원통 기어로 평기어보다 강하고 조용한 기어로서 폭 넓게 사용되지만 축방향력(스러스트)이 발생된다.

**정답** 09 ② 10 ② 11 ④

## 12 [2021 | 지방직 9급] (상)(중)(하)

외접하는 표준 스퍼 기어 두 개의 잇수가 각각 40, 60개이고 원주피치가 $3\pi$ mm일 때, 두 축 사이의 중심거리[mm]는?

① 100
② 150
③ 200
④ 250

**Keyword**
원주피치 $p = \dfrac{\pi D}{Z} = \pi m$
중심거리 $C = \dfrac{m(Z_1 + Z_2)}{2}$

**해설** 원주피치 $p = \dfrac{\pi D}{Z} = \pi m = 3\pi$이므로 모듈 $m = 3$

중심거리 $C = \dfrac{m(Z_1 + Z_2)}{2} = \dfrac{3 \times (40+60)}{2} = 150[\text{mm}]$

## 13 [2018 | 서울시 9급] (상)(중)(하)

비틀림각이 30°인 헬리컬 기어 한 쌍이 맞물려 돌아가고 있다. 각각 기어의 잇수가 30개와 40개이고 치직각 모듈 $m = 2$mm일 때 두 기어의 중심거리는?

① 70mm
② $\dfrac{70}{\sqrt{3}}$ mm
③ 140mm
④ $\dfrac{140}{\sqrt{3}}$ mm

**Keyword**
축직각 모듈 $m_s = \dfrac{m}{\cos 30°}$,
중심거리 $C = \dfrac{m_s(Z_1 + Z_2)}{2}$

**해설** 축직각 모듈 $m_s = \dfrac{m}{\cos 30°} = \dfrac{2}{\frac{\sqrt{3}}{2}} = \dfrac{4}{\sqrt{3}}$

중심거리 $C = \dfrac{m_s(Z_1 + Z_2)}{2} = \dfrac{4}{\sqrt{3}} \times \dfrac{(30+40)}{2} = \dfrac{140}{\sqrt{3}}[\text{mm}]$

## 14 [2018 | 지방직 9급] (상)(중)(하)

피치면이 원추(cone) 형태이면서, 같은 평면상의 평행하지 않은 두 축을 연결하기 위해 사용하는 기어는?

① 베벨 기어
② 헬리컬 기어
③ 스퍼 기어
④ 나사 기어

**Keyword**
베벨 기어
피치면이 원추(cone) 형태이면서, 같은 평면상의 평행하지 않은 두 축을 연결하기 위해 사용하는 기어이다.

**해설**
② **헬리컬 기어** : 잇줄이 나선인 원통 기어로 평기어보다 강하고 조용한 기어로서 폭 넓게 사용되지만 축방향력(스러스트)이 발생된다.
③ **스퍼 기어(평기어)** : 잇줄이 축에 평행한 직선의 원통 기어로 제작이 쉽고 동력전달용으로 가장 많이 사용되는 기어이다.
④ **나사 기어** : 원통 기어 한쌍을 어긋난 축 사이의 운동전달에 이용되는 기어이다. 헬리컬 기어 간 또는 헬리컬 기어와 평기어의 조합으로 사용된다. 조용하지만 비교적 경부하가 아니면 사용할 수 없다.

정답 | 12 ② 13 ④ 14 ①

**15** [2019 | 국가직 9급] 상⦁중⦁하

두 개의 표준 스퍼기어를 사용하여 주축의 회전수가 3,000rpm일 때, 종동축의 회전수를 2,000rpm으로 감속하고자 한다. 양축의 중심 거리는 300mm이고, 기어 모듈을 3으로 하였을 때, 사용할 기어의 잇수는?

① 20, 30
② 40, 60
③ 60, 90
④ 80, 120

**Keyword**

속도비 $i = \dfrac{\omega_2}{\omega_1} = \dfrac{Z_1}{Z_2}$

|해설| 중심거리 $300 = \dfrac{3 \times (Z_1 + Z_2)}{2}$ 이므로 $Z_1 + Z_2 = 200[mm]$

속도비 $i = \dfrac{\omega_2}{\omega_1} = \dfrac{Z_1}{Z_2} = \dfrac{Z_1}{200 - Z_1}$ 에서 $\dfrac{2,000}{3,000} = \dfrac{Z_1}{200 - Z_1}$ 이므로

$Z_1 = 80$개이며 $Z_2 = 120$개이다.

**16** [2019 | 서울시 9급 2차] 상⦁중⦁하

스퍼 기어의 중심거리가 100mm이고, 모듈이 5일 때, 회전각속도비가 1/4배로 감속한다면 각 기어의 피치원 지름과 각 기어의 잇수를 순서대로 바르게 나열한 것은?

① 40mm, 160mm, 8개, 32개
② 10mm, 80mm, 8개, 32개
③ 10mm, 160mm, 4개, 16개
④ 40mm, 160mm, 4개, 32개

**Keyword**

속도비
$i = \dfrac{N_2}{N_1} = \dfrac{D_1}{D_2} = \dfrac{Z_1}{Z_2}$

중심거리
$a = \dfrac{D_1 + D_2}{2} = \dfrac{m(Z_1 + Z_2)}{2}$

|해설| 중심거리 $a = \dfrac{D_1 + D_2}{2} = \dfrac{m(Z_1 + Z_2)}{2}$ 에서

$100 = \dfrac{5 \times (Z_1 + Z_2)}{2}$ 이므로 $Z_1 + Z_2 = 40$개

속도비 $i = \dfrac{N_2}{N_1} = \dfrac{D_1}{D_2} = \dfrac{Z_1}{Z_2} = \dfrac{1}{4}$ 에서 $4Z_1 = Z_2$

$Z_1 + Z_2 = Z_1 + 4Z_1 = 40$이며 따라서 $Z_1 = 8$, $Z_2 = 32$

중심거리 $a = \dfrac{D_1 + D_2}{2} = \dfrac{m(Z_1 + Z_2)}{2}$ 에서

$a = \dfrac{D_1 + D_2}{2} = 100$이므로 $D_1 + D_2 = 200$

속도비 $i = \dfrac{N_2}{N_1} = \dfrac{D_1}{D_2} = \dfrac{Z_1}{Z_2} = \dfrac{1}{4}$ 에서 $4D_1 = D_2$

$D_1 + D_2 = D_1 + 4D_1 = 200$이며 따라서 $D_1 = 40[mm]$, $D_2 = 160[mm]$

정답 | 15 ④  16 ①

**17** [2018 | 서울시 9급] 상 **중** 하

중심거리 $C$ = 180mm, 모듈 $m$ = 3mm일 때 회전속도를 1/2로 감속하는 표준 스퍼 기어의 구동기어와 피동기어의 잇수는?

| | 구동기어 잇수 | 피동기어 잇수 |
|---|---|---|
| ① | 10개 | 20개 |
| ② | 20개 | 40개 |
| ③ | 40개 | 80개 |
| ④ | 60개 | 120개 |

Keyword

중심거리 $C = \dfrac{m(Z_1 + Z_2)}{2}$

| 해설 | 중심거리 $C = \dfrac{m(Z_1 + Z_2)}{2}$ 에서 $180 = \dfrac{3(Z_1 + Z_2)}{2}$ 이므로 $Z_1 + Z_2 = 120$이며 회전속도를 1/2로 감속하므로 구동기어의 잇수는 40개이며 피동기어의 잇수는 80개이다.

---

**18** [2019 | 국가직 9급] 상 **중** 하

표준 스퍼기어를 사용하는 유성기어 장치에서 태양기어 잇수는 20이고, 유성기어 잇수는 25이다. 링기어를 고정하고 태양기어를 입력, 캐리어를 출력으로 사용하고자 할 때, 입력 토크가 90N·m이면 출력 토크[N·m]는? (단, 기어의 전동효율은 100%이다)

① 20  
② 45  
③ 405  
④ 450

Keyword

$\dfrac{T_C}{T_S} = \dfrac{\omega_S}{\omega_C}$

| 해설 | $\dfrac{T_C}{T_S} = \dfrac{\omega_S}{\omega_C}$ 에서 $\dfrac{T_C}{90} = \dfrac{20 + (2 \times 25)}{20} = \dfrac{9}{2}$ 이므로

$T_C = 90 \times \dfrac{9}{2} = 405[N \cdot m]$

정답 | 17 ③  18 ③

## 19 | 2018 | 국가직 9급 |

그림과 같이 차동 피니언 잇수 24개, 측면 기어 잇수 36개인 차동기어 장치에서 왼쪽 측면 기어의 회전속도가 40[rpm]이고, 오른쪽 측면 기어의 회전속도가 50[rpm]일 때, 차동 피니언의 회전속도[rpm]는?

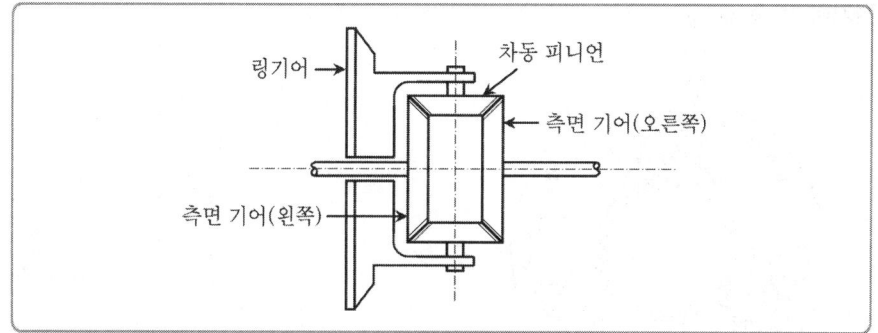

① 7.5
② 10
③ 15
④ 20

**Keyword**
링기어의 각속도
$\omega_G = \dfrac{40+50}{2} = 45[\text{rpm}]$
차동 피니언의 반지름을 $r_p$, 오른쪽 측면 기어의 반지름을 $r_s$라고 하면 차동 피니언과의 접촉점에서의 속도는 같으므로 $r_s \times (50-45) = r_p \omega_p$

**| 해설 |** 링기어의 각속도 $\omega_G = \dfrac{40+50}{2} = 45[\text{rpm}]$

차동 피니언의 반지름을 $r_p$, 오른쪽 측면 기어의 반지름을 $r_s$라고 하면 차동 피니언과의 접촉점에서의 속도는 같으므로 $r_s \times (50-45) = r_p \omega_p$이며

따라서 $\omega_p = 5 \times \dfrac{r_s}{r_p} = 5 \times \dfrac{Z_s}{Z_p} = 5 \times \dfrac{36}{24} = \dfrac{15}{2} = 7.5[\text{rpm}]$

**| 참고 |** 차동 피니언의 각속도 $\omega_p = \dfrac{|\omega_L - \omega_R|}{2} \times \dfrac{r_s}{r_p} = \dfrac{|\omega_L - \omega_R|}{2} \times \dfrac{Z_s}{Z_p}$

## 20 | 2018 | 국가직 9급 |

태양기어 1개, 유성기어 3개인 유성기어장치에서 내접기어를 고정할 때, 태양기어에 대한 캐리어의 각속도비는? (단, 기어는 표준기어를 사용하고, 태양기어 잇수는 20개, 유성기어의 잇수는 40개이다)

① $\dfrac{1}{4}$
② $\dfrac{1}{5}$
③ $\dfrac{1}{6}$
④ $\dfrac{1}{8}$

**Keyword**
내접기어의 잇수를 먼저 구한다.

**| 해설 |** 내접기어의 잇수 $Z_I = 20 + 2 \times 40 = 100$

$\dfrac{N_C}{N_S} = \dfrac{20}{100+20} = \dfrac{1}{6}$

**정답 | 19 ① 20 ③**

## 21

[2018 | 지방직 9급]

그림과 같이 태양기어(S), 캐리어(C), 내접기어(R), 유성피니언(P)으로 구성된 유성기어장치가 있다. 태양기어는 고정기어이며, 내접기어가 150rpm의 속도로 회전할 때, 캐리어의 회전속도[rpm]는? (단, 태양기어 잇수 30개, 유성피니언 잇수 15개, 내접기어 잇수 60개)

**Keyword**

$\dfrac{N_C}{N_R} = \dfrac{Z_R}{Z_C}$ 로부터 $N_C$를 구한다.

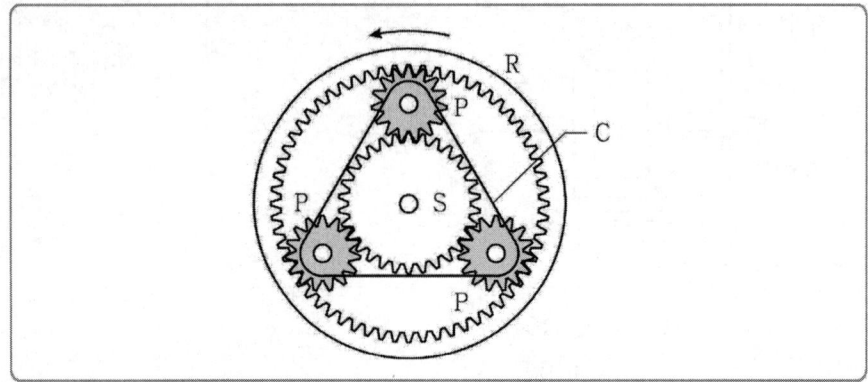

① 50
② 100
③ 150
④ 225

|해설| $\dfrac{N_C}{N_R} = \dfrac{60}{60+30} = \dfrac{2}{3}$ 이므로 $N_C = \dfrac{2}{3} \times 150 = 100 [\text{rpm}]$

## 22

[2017 | 국가직 9급]

두 축이 평행하지도 않고 교차하지도 않는 경우에 사용하는 기어는?

① 랙과 피니언(rack and pinion)
② 스퍼 기어(spur gear)
③ 베벨 기어(bevel gear)
④ 웜과 웜 기어(worm gear)

|해설| ④ 웜과 웜 기어(worm gear) : 두 축이 평행하지도 않고 교차하지도 않는 경우에 사용하는 기어이다.

|오답풀이| ① 랙과 피니언(rack and pinion) : 랙은 기어의 지름이 무한대로 늘어난 것이며 랙과 함께 쓰이는 기어를 피니언이라고 하며 이 기어는 회전운동을 직선운동으로 바꾸거나 직선운동을 회전운동으로 바꿀 때 사용된다.
② 스퍼 기어(spur gear) : 잇줄이 축에 대하여 평행인 평기어이다.
③ 베벨 기어(bevel gear) : 두 기어의 축이 직각으로 교차하는 기어이다.

정답 | 21 ② 22 ④

**23** [2017 | 국가직 9급]

스퍼 기어(spur gear)의 모듈에 대한 설명으로 옳지 않은 것은?

① 모듈이 같은 경우 피치원 지름과 잇수는 비례한다.
② 모듈은 이끝원의 지름을 잇수로 나눈 값이다.
③ 피치원 지름이 같은 경우 잇수와 모듈은 반비례한다.
④ 피치원 지름이 같은 경우 모듈이 커질수록 이의 크기는 커진다.

| 해설 | 모듈은 피치원의 지름을 잇수로 나눈 값이다.

> **Keyword**
> 피치원 지름이 일정할 때 모듈 값이 클수록 치형이 크고 잇수가 적어진다.

**24** [2017 | 국가직 9급]

원동기어 잇수가 40개, 종동기어 잇수가 60개이고, 압력각이 30°, 모듈이 2이고 외접하는 한 쌍의 스퍼 기어(spur gear)에 대한 설명으로 옳지 않은 것은? (단, 두 기어의 치형곡선은 인벌류트 치형이다)

① 원동기어의 피치원 지름은 80mm이다.
② 두 기어의 중심거리는 100mm이다.
③ 두 기어의 법선피치는 $3\pi$이다.
④ 종동기어의 원주피치는 $2\pi$이다.

| 해설 | ③ 두 기어의 법선피치는 $2\pi \times \cos 30° = \sqrt{3}\pi$이다.

| 오답풀이 | ① 원동기어의 피치원 지름은 $40 \times 2 = 80[mm]$이다.
② 두 기어의 중심거리는 $a = \dfrac{2(40+60)}{2} = 100[mm]$이다.
④ 두 기어의 원주피치(원동기어, 종동기어)의 원주피치는 $p = \pi \times 2 = 2\pi$이다.

**25** [2017 | 국가직 7급]

회전운동을 직선운동으로 또는 직선운동을 회전운동으로 변환하는 동력전달 장치가 아닌 것은?

① 태양기어와 유성기어
② 래크와 피니언
③ 드럼과 컨베이어 벨트
④ 피스톤과 크랭크

| 해설 | 태양기어와 유성기어는 회전운동을 회전운동으로 전달하는 동력전달 장치이다.

> **Keyword**
> 회전운동을 직선운동으로 또는 직선운동을 회전운동으로 변환하는 동력전달 장치에는 래크와 피니언, 드럼과 컨베이어 벨트, 피스톤과 크랭크, 캠, 볼나사, 링크 등 여러 가지가 있다.

정답 | 23 ② 24 ③ 25 ①

## 26 기어에 대한 각속도비로 옳지 않은 것은?

① 베벨 기어의 각속도비는 피동 회전각속도 $N_2$의 구동 회전각속도 $N_1$에 대한 비이다.
② 베벨 기어의 각속도비는 구동 피치원 추각 $\delta_1$의 사인값의 피동 피치원 추각 $\delta_2$의 사인값에 대한 비이다.
③ 웜 기어의 각속도비는 웜의 피치원 지름 $D_w$의 웜휠의 피치원 지름 $D_g$에 대한 비이다.
④ 웜 기어의 각속도비는 웜의 리드 $l$의 웜휠의 피치원 원주 $\pi D_g$에 대한 비이다.

|해설| ③ 웜 기어의 각속도비는 웜의 리드 $l$의 웜휠의 피치원 원주 $\pi D_g$에 대한 비이다.

|오답풀이| ①, ② 베벨 기어의 각속도비 $i = \dfrac{n_2}{n_1} = \dfrac{\sin\delta_1}{\sin\delta_2}$ 이므로 베벨 기어의 각속도비는 피동 회전각속도 $N_2$의 구동 회전각속도 $N_1$에 대한 비이며 또한 구동 피치원 추각 $\delta_1$의 사인값의 피동 피치원 추각 $\delta_2$의 사인값에 대한 비이다.

④ 웜 기어의 각속도비는 $i = \dfrac{n_g}{n_w} = \dfrac{z_w}{z_g} = \dfrac{\frac{l}{p_a}}{\frac{\pi D_g}{p_s}} = \dfrac{l}{\pi D_g}$ 이므로 웜 기어의 각속도비는 웜의 리드 $l$의 웜휠의 피치원 원주 $\pi D_g$에 대한 비이다.

## 27 인벌류트(involute) 치형을 갖는 평기어에 대한 설명으로 옳지 않은 것은?

① 작용선은 두 개의 기초원의 공통접선과 일치한다.
② 법선피치의 길이는 기초원 피치의 길이보다 항상 크다.
③ 한 쌍의 기어는 압력각이 같아야 작동한다.
④ 기초원의 지름은 피치원의 지름보다 항상 작다.

|해설| 법선피치의 길이는 기초원 피치의 길이와 같다.

**Keyword**
인벌류트(involute) 치형은 기초원(base circle) 위에 감긴 줄 끝을 당기면서 풀 때, 그 끝이 그리는 궤적으로 형성되며 단일곡선이므로 제작이 간단하며 강도 높고 압력각이 일정하다. 주로 일반 전동용 치형에 적용된다.

정답 | 26 ③ 27 ②

## 28

[ 2017 | 지방직 9급 ]

전달토크가 $T[\text{N}\cdot\text{m}]$, 치직각 모듈이 $m_n[\text{mm}]$, 잇수가 $Z_s$, 치직각 압력각이 $\alpha_n$, 비틀림각이 $\beta$인 헬리컬 기어에서, 그림과 같이 피치원에 작용하는 하중 $F_n[\text{N}]$은?

**Keyword**
• 축직각 모듈
$$m_s = \frac{m_n}{\cos\beta}$$
• 전달토크 $T=$
$$F_t \times \frac{m_n}{\cos\beta}Z_s \times \frac{10^{-3}}{2}$$
$$= \frac{10^{-3}}{2}F_t\frac{m_n Z_s}{\cos\beta}$$

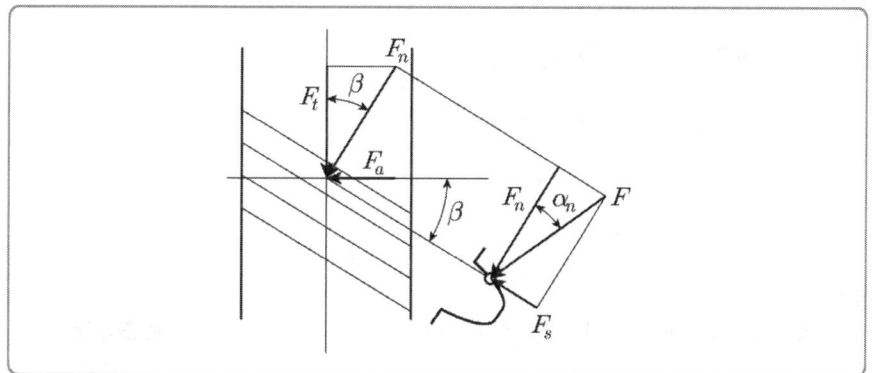

① $F_n = T\cos\alpha_n/(m_n Z_s)$
② $F_n = 2{,}000\,T/(m_n Z_s \cos\beta)$
③ $F_n = 2{,}000\,T/(m_n Z_s)$
④ $F_n = 2T/(m_n Z_s \cos^2\beta)$

| 해설 | 축직각 모듈은 $m_s = \frac{m_n}{\cos\beta}$, 전달토크는 $T = F_t \times \frac{m_n}{\cos\beta}Z_s \times \frac{10^{-3}}{2} = \frac{10^{-3}}{2}F_t\frac{m_n Z_s}{\cos\beta}$ 이며
$F_t = F_n \cos\beta$ 이므로 $F_n = \frac{F_t}{\cos\beta} = \frac{2{,}000\,T\cos\beta}{m_n Z_s} \times \frac{1}{\cos\beta} = 2{,}000\,T/(m_n Z_s)$ 이다.

## 29

[ 2017 | 지방직 9급 ]

헬리컬 기어에서 실제 기어 잇수 $Z_s$, 비틀림각 $\beta$라 할 때, 상당평기어 잇수 $Z_e$는?

**Keyword**
상당 평기어의 잇수
$$Z_e = \frac{Z_s}{\cos^3\beta}$$
($Z_s$ : 실제 기어 잇수, $\beta$ : 비틀림각)

① $\dfrac{Z_s}{\cos^3\beta}$
② $Z_s\cos^3\beta$
③ $\dfrac{Z_s}{\cos\beta}$
④ $Z_s\cos\beta$

| 해설 | 모듈 $m_n$의 잇수 $Z_e$를 상당 평기어의 잇수라고 하며
$$Z_e = \frac{d_e}{m_n} = \frac{d}{m_n \cos^2\beta} = \frac{Z_s m_n}{\cos\beta} \times \frac{1}{m_n \cos^2\beta} = \frac{Z_s}{\cos^3\beta}$$ 이다.
($d_e$ : 상당 평기어의 피치원 지름, $d$ : 헬리컬 기어의 피치원 지름, $\beta$ : 비틀림각, $Z_s$ : 실제 기어 잇수)

정답 | 28 ③  29 ①

## 30. 다음 중 사이클로이드 치형의 특징이 아닌 것은? [2022 | 국가직 9급]

① 압력각이 변화한다.
② 전위기어를 사용할 수 없다.
③ 언더컷이 발생하고 인벌류트 치형에 비해 소음이 크다.
④ 접촉면의 미끄럼률이 일정하며 치면의 마모가 균일하다.

**해설** 사이클로이드 치형에서는 언더컷이 발생하지 않고 인벌류트 치형에 비해 소음이 작다.

**Keyword**
인벌류트 치형에서는 언더컷이 발생하고 사이클로이드 치형에 비해 소음이 크다.

## 31. 기어의 치형 중 인벌류트 치형에 대한 설명으로 옳은 것은? [2017 | 지방직 9급]

① 마멸이 균일하다.
② 사이클로이드 치형에 비하여 조립이 어렵다.
③ 기어를 가공하는 랙(rack) 공구의 치형은 직선이다.
④ 맞물린 기어 간 중심거리의 미세 변화에 따라 속도비가 크게 달라진다.

**오답풀이** ①, ②, ④는 사이클로이드 치형에 관한 설명이다.

**Keyword**
인벌류트(involute) 치형은 기초원(base circle) 위에 감긴 줄 끝을 당기면서 풀 때, 그 끝이 그리는 궤적으로 형성되며 단일곡선이므로 제작이 간단하며 강도 높고 압력각이 일정하다. 주로 일반 전동용 치형에 적용되며 모듈, 압력각, 잇수에 의해서 정확하게 정의된다.

## 32. 기어의 종류별 특징에 대한 설명으로 옳지 않은 것은? [2021 | 국가직 9급]

① 웜과 웜휠은 큰 감속비를 얻을 수 있고, 항상 역회전이 가능하다.
② 래크와 피니언을 이용해 회전운동을 직선운동으로 변환할 수 있다.
③ 마이터 기어는 베벨 기어의 일종으로 잇수가 같은 한 쌍의 원추형 기어이다.
④ 헬리컬 기어는 스퍼 기어에 비해 운전이 정숙한 반면, 추력이 발생한다.

**해설** 웜기어(웜과 웜휠)는 큰 감속비를 얻을 수 있고, 역회전이 불가능하여 역전방지용으로도 사용된다.

**Keyword**
웜기어(웜과 웜휠)는 기어축의 향이 직각을 이루고 동력전달한다. 1/5~1/70의 큰 기어비 얻을 수 있어서 이를 이용한 감기로 많이 이용되며 역회전이 가능하여 역전방지용으로도 사용된다. 소음과 진동이 적으나, 찰손실이 크고 속도나 기어비 증가에 따라 효율성이 크게 떨진다. 웜의 재질은 보통 단단한 속으로 제작하고 웜휠은 알루늄 청동과 같이 상대적으로 부러운 금속으로 제작한다. 그 이는 줄수가 1~4인 웜에 비해 웜의 잇수가 상대적으로 많으므웜휠의 경도를 낮게 하여 웜의 찰계수를 줄여야 하기 때문이

**정답** 30 ③  31 ③  32 ①

**33** [2017 | 서울시 9급]

웜휠(worm wheel)의 축직각 모듈이 4mm이고, 웜에 대한 웜휠의 회전 각속도 비가 $\dfrac{1}{20}$인 웜 기어장치가 있다. 웜이 2줄 기어일 때, 웜휠의 피치원 지름은?

① 5mm
② 10mm
③ 80mm
④ 160mm

**해설** 각속도비 $i=\dfrac{\omega_2}{\omega_1}=\dfrac{z_1}{z_2}$에서 $\dfrac{2}{z_2}=\dfrac{1}{20}$이므로 $z_2=40$이며
웜휠의 피치원 지름은 $D=mz_2=4\times 40=160[\text{mm}]$이다.

**Keyword**

- 각속도비 $i=\dfrac{\omega_2}{\omega_1}=\dfrac{z_1}{z_2}$
  ($\omega_1$ : 웜의 각속도, $\omega_2$ : 웜휠의 회전 각속도, $z_1$ : 웜의 줄수, $z_2$ : 웜휠의 잇수)
- 웜휠의 피치원 지름 $D=mz_2$ ($m$ : 축직각 모듈)

---

**34** [2022 | 지방직 9급]

웜(worm)과 웜휠(worm wheel) 장치에 대한 설명으로 옳지 않은 것은?

① 웜과 웜휠의 두 축이 서로 평행하다.
② 큰 감속비를 얻을 수 있다.
③ 웜과 웜휠에 추력이 생긴다.
④ 웜과 웜휠 사이의 역전을 방지할 수 있다.

**해설** 웜과 웜휠의 두 축은 서로 평행하지도 않고 만나지도 않는다.

**Keyword**

피치원통에 기어의 이를 나사 모양으로 만들었을 때 이 나사 모양의 기어를 웜(worm)이라 하고 웜과 물리는 기어를 웜휠(worm wheel)이라고 하며 이 둘을 합하여 웜기어라고 한다.

---

**35** [2017 | 국가직 7급]

웜 기어장치에 대한 설명으로 옳지 않은 것은?

① 웜 기어장치는 작은 공간에서 큰 감속비를 얻을 수 있다.
② 웜에 축방향 하중이 발생하고 이로 인해 웜휠(웜 기어)이 회전한다.
③ 웜 기어장치는 리드각이 작은 경우 역전방지용으로 사용될 수 있다.
④ 웜휠은 웜보다 마모에 강한 재질로 제작되어야 한다.

**해설** 웜의 이는 웜휠의 이보다 미끄럼 마찰력이 작용하는 시간이 훨씬 길기 때문에 웜은 웜휠보다 마모에 강한 재질로 제작되어야 한다.

**Keyword**

웜 기어장치는 웜에 축방향 하중이 발생하고 이로 인해 웜휠(웜 기어)이 회전하며 작은 공간에서 큰 감속비를 얻을 수 있고 리드각이 작은 경우 역전방지용으로 사용될 수 있다.

---

정답 | 33 ④ 34 ① 35 ④

**36** [2020 | 국가직 9급] 상 중 하

웜(worm)과 웜휠(worm wheel)에서 웜의 리드각이 $\gamma$, 웜의 피치원 지름이 $D_1$, 웜휠의 피치원 지름이 $D_2$이다. 웜의 회전속도를 $n_1$, 웜휠의 회전속도를 $n_2$로 할 때, $\dfrac{n_2}{n_1}$는?

① $\dfrac{D_1 \tan\gamma}{\pi D_2}$  ② $\dfrac{\pi D_1}{D_2 \tan\gamma}$

③ $\dfrac{D_1}{D_2 \tan\gamma}$  ④ $\dfrac{D_1 \tan\gamma}{D_2}$

|해설| $\dfrac{n_2}{n_1} = \dfrac{Z_1}{Z_2} = \dfrac{l/p}{\pi D_2/p} = \dfrac{l}{\pi D_2} = \dfrac{\pi D_1 \tan\gamma}{\pi D_2} = \dfrac{D_1 \tan\gamma}{D_2}$

**Keyword**
웜기어의 속도비
$i = \dfrac{n_2}{n_1} = \dfrac{\omega_2}{\omega_1} = \dfrac{Z_1}{Z_2}$
$= \dfrac{l/p}{\pi D/p} = \dfrac{l}{\pi D}$
[$n_1$ : 웜의 회전수(구동차), $n_2$ : 웜휠의 회전수(종동차), $\omega_1$ : 웜의 각속도, $\omega_2$ : 웜휠의 각속도, $Z_1$ : 웜의 줄수, $Z_2$ : 웜휠의 잇수, $l$ : 웜의 리드, $p$ : 피치, $D$ : 웜휠의 피치원 지름]

**37** [2020 | 국회직 9급] 상 중 하

웜 및 웜기어에 대한 다음 특징 중 옳지 않은 것은?

① 웜은 미끄럼 마찰에 의한 동력 손실이 적어서 효율이 좋다.
② 주로 웜이 구동기어가 되고, 웜 기어는 피동기어가 되어 감속된다.
③ 웜의 이는 웜기어보다 마모에 강한 재질을 사용한다.
④ 작은 공간에서 큰 감속비(1/8~1/40)를 얻을 수 있다.
⑤ 웜기어에서 두 축은 90°를 이루면서 떨어져 있다.

|해설| 웜기어 장치의 효율은 평기어의 효율보다 낮다.

**Keyword**
웜기어 장치는 웜에 축 방향 하중이 발생하고 이로 인해 웜휠(웜기어)이 회전하며 작은 공간에서 큰 감속비를 얻을 수 있고 리드각이 작은 경우 역전방지용으로 사용될 수 있다.

정답 | 36 ④ 37 ①

**38** [2017 | 국가직 7급] (상)(중)(하)

치직각 모듈이 4, 피니언의 잇수가 30, 기어의 잇수가 70인 한 쌍의 헬리컬 기어에서 중심거리는 $100\sqrt{5}$ [mm]이다. 피니언이 240[rpm]으로 회전하며 7.2[kW]의 동력을 전달할 때, 피니언에 작용하는 축방향 하중[N]은? (단, $\pi$는 3으로 계산한다)

① $\sqrt{5} \times 10^3$
② $2\sqrt{5} \times 10^3$
③ $3\sqrt{5} \times 10^3$
④ $4\sqrt{5} \times 10^3$

**해설** 중심거리 $a = \dfrac{(z_1+z_2)m_s}{2} = 100\sqrt{5} = \dfrac{(30+70)m_s}{2}$ 에서 축직각 모듈은 $m_s = 2\sqrt{5}$ [mm]이며

중심거리 $a = \dfrac{(z_1+z_2)m_n}{2\cos\beta} = 100\sqrt{5} = \dfrac{(30+70)\times 4}{2\cos\beta}$ 에서 $\cos\beta = 2/\sqrt{5}$ 이므로

나선각은 $\beta \approx 27°$이다.

피니언의 지름은 $d = m_s \times z_1 = 2\sqrt{5} \times 30 = 60\sqrt{5}$ [mm]이므로

원주속도는 $v = \dfrac{\pi d n}{1,000 \times 60} = \dfrac{3 \times 60\sqrt{5} \times 240}{1,000 \times 60} = 0.72\sqrt{5}$ [m/s]이다.

전달동력 $H_w = F_t v$로부터 전달하중은 $F_t = \dfrac{H_w}{v} = \dfrac{7,200}{0.72\sqrt{5}} = \dfrac{7,200 \times \sqrt{5}}{0.72 \times 5} = 2\sqrt{5} \times 10^3$ [N]

이므로 추력은 $F_a = F_t \tan\beta = 2\sqrt{5} \times 10^3 \times \tan 27° = 2\sqrt{5} \times 10^3 \times \dfrac{1}{2} = \sqrt{5} \times 10^3$ [N]이다.

**Keyword**
- 중심거리
$$a = \dfrac{(z_1+z_2)m_s}{2}$$
$$= \dfrac{(z_1+z_2)m_n}{2\cos\beta}$$
($z_1$ : 피니언의 잇수, $z_2$ : 기어의 잇수, $m_s$ : 축직각 모듈, $m_n$ : 치직각 모듈, $\beta$ : 나선각)
- 피니언의 지름 $d = m_s z_1$
- 원주속도
$$v = \dfrac{\pi d n}{1,000 \times 60}\text{[m/s]}$$
($d$ : 피니언의 지름, $n$ : 피니언의 회전수)
- 전달동력 $H_w = F_t v$
($F_t$ : 전달하중, $v$ : 원주속도)
- 추력 $F_a = F_t \tan\beta$
($F_t$ : 전달하중, $\beta$ : 나선각)

**39** [2017 | 국가직 7급] (상)(중)(하)

치형 곡선에 따른 평기어의 특징에 대한 설명으로 옳지 않은 것은?

① 인벌류트 치형 기어는 압력각이 일정하고 언더컷이 잇수에 따라 발생할 수 있다.
② 사이클로이드 치형 기어는 구름원의 크기에 따라 많은 종류의 가공용 커터가 필요하다.
③ 인벌류트 치형 기어는 치면의 모든 곳에서 미끄럼률이 일정하여 균일한 마모가 발생한다.
④ 사이클로이드 치형 기어는 내전과 외전 사이클로이드 곡선을 합해서 이루어진 치형으로, 물림률이 비교적 크다.

**해설** 치면의 모든 곳에서 미끄럼률이 일정하여 균일한 마모가 발생하는 기어는 인벌류트 치형 기어가 아니라 사이클로이드 치형 기어이다.

**참고** 사이클로이드 치형과 인벌류트 치형
- **사이클로이드(cycloid) 치형** : 피치원에서 구르는 원 위의 한 점이 그리는 궤적으로 형성되며 Slip이 적어서 마모상 유리하지만, 압력각이 위치마다 변화되므로 복합곡선으로 되어 있어서 제작이 용이하지 않고 뿌리부분의 강도가 취약하다. 산업용으로 많이 적용되지 않지만, 계기용, 시계용 등에 사용된다.
- **인벌류트(involute) 치형** : 기초원(base circle) 위에 감긴 줄 끝을 당기면서 풀 때, 그 끝이 그리는 궤적으로 형성되며 단일곡선이므로 제작이 간단하며 강도가 높고 압력각이 일정하다. 산업용 기어 대부분의 치형이며 주로 일반 전동용 치형에 적용된다.

정답 | 38 ① 39 ③

**40** [2017 | 국가직 7급] (상)(중)(하)

전달동력이 300[W]인 모터에 감속비가 $\frac{1}{60}$이고, 전달효율이 50%인 웜 기어 감속기가 설치되어 있다. 웜 기어 감속기의 출력축에 지름 200mm인 로프드럼이 연결되어 있을 때, 로프의 최대 허용하중[N]은? (단, 모터의 회전속도는 1,800[rpm], $\pi = 3$으로 한다)

① 500
② 1,000
③ 2,000
④ 4,000

**해설** 속도비 $i = \frac{n_2}{n_1} = \frac{d_1}{d_2}$에서 $\frac{1}{60} = \frac{n_2}{1,800}$이므로 로프드럼의 회전수는 $n_2 = 30[\text{rpm}]$이며

원주속도는 $v = \frac{\pi d_2 n}{1,000 \times 60} = \frac{3 \times 200 \times 30}{1,000 \times 60} = 0.3[\text{m/s}]$이다.

전달동력 $H_w = F_t v / \eta$이므로 로프의 최대 허용하중은 $F_t = \frac{H_w}{v} \times \eta = \frac{300}{0.3} \times 0.5 = 500[\text{N}]$이다.

> **Keyword**
> • 속도비 $i = \frac{n_2}{n_1} = \frac{d_1}{d_2}$
> ($n_1$ : 모터의 회전수, $n_2$ : 로프 드럼의 회전수, $d_1$ : 웜 기어의 지름, $d_2$ : 로프드럼의 지름)
> • 로프드럼의 원주속도
> $v = \frac{\pi d_2 n}{1,000 \times 60}[\text{m/s}]$
> ($d_2$ : 로프드럼의 지름, $v$ : 로프의 회전수)
> • 전달동력 $H_w = F_t v / \eta$
> ($F_t$ : 로프의 최대 허용하중, $v$ : 로프드럼의 원주속도, $\eta$ : 전달효율)

**41** [2017 | 국회직 9급] (상)(중)(하)

웜 기어장치의 특징으로 옳지 않은 것은?

① 큰 감속비를 얻을 수 있으며, 부하용량이 크다.
② 웜과 웜휠에 추력이 생긴다.
③ 미끄러짐이 일어나며 소음과 진동이 작다.
④ 웜 기어장치의 효율은 평기어의 효율보다 낮다.
⑤ 웜의 이의 형상은 인벌류트 곡선이다.

**해설** 웜의 이의 형상은 인벌류트 곡선이 아니라 나사 모양이다.

> **Keyword**
> 웜 기어는 피치원통에 기어의 이를 나사 모양으로 만든 기어인 웜(worm)과 웜과 물리는 기어인 웜휠(worm wheel)로 구성된다.

**42** [2017 | 국회직 9급] (상)(중)(하)

재료의 허용굽힘응력이 $10\,\text{kgf/mm}^2$인 평기어가 있다. 모듈 $m = 4$, 치폭 $b = 51\text{mm}$, 모듈기준 치형계수 $Y = 0.3$, 원주속도 $v = 3.05\text{m/s}$일 때 이 평기어의 전달동력은 몇 kW인가? [단, 속도계수($f_v$)는 $\frac{3.05}{3.05 + v}$로 계산하고, 하중계수($f_w$)는 1이다]

① 3.05
② 6.10
③ 9.15
④ 12.20
⑤ 15.25

**해설** 평균하중은 $F = f_v f_w \sigma_0 mbY = \frac{3.05}{3.05 + 3.05} \times 1 \times 10 \times 4 \times 51 \times 0.3$
$= 306[\text{kgf}] = 306 \times 9.8 \approx 3,000[\text{N}] = 3[\text{kN}]$이며
전달동력은 $H = Fv = 3 \times 3.05 = 9.15[\text{kN} \cdot \text{m/s}] = 9.15[\text{kW}]$가 된다.

> **Keyword**
> • 평균하중
> $F = f_v f_w \sigma_0 mbY$
> ($f_v$ : 속도계수, $f_w$ : 하중계수, $\sigma_0$ : 허용굽힘응력, $m$ : 모듈, $b$ : 치폭, $Y$ : 치형계수)
> • 전달동력 $H = Fv$
> ($F$ : 평균하중, $v$ : 원주속도)

**정답** 40 ① 41 ⑤ 42 ③

**43** 베벨 기어의 모듈이 4mm, 피치원추각이 60°, 잇수가 40일 때, 베벨 기어의 대단부 바깥지름[mm]은? (단, 이끝높이와 모듈은 같다고 가정한다)

① 164
② 168
③ 172
④ 174

**해설** 베벨 기어의 대단부 바깥지름
$$d_o = m(z+2\cos\delta) = 4(40+2\cos 60°) = 4(40+2\times\frac{1}{2}) = 4\times 41 = 164[\text{mm}]$$

**Keyword**
베벨 기어의 대단부 바깥지름
$d_o = m(z+2\cos\delta)$
($m$ : 모듈, $Z$ : 잇수, $\delta$ : 피치원추각)

---

**44** 인벌류트 기어의 작용선에 대한 설명으로 옳지 않은 것은?

① 두 기어가 맞물려 회전할 때 접촉점에서 힘이 전달되는 방향을 나타낸다.
② 두 기어가 맞물려 회전할 때 접촉점이 이동하는 궤적이 된다.
③ 두 기어 기초원의 공통접선이 된다.
④ 두 기어가 맞물려 회전할 때 치면의 접촉점에서 세운 공통 접선이다.

**해설** 인벌류트 기어의 작용선은 두 기어가 맞물려 회전할 때 치면의 접촉점에서 세운 공통 법선이다.

**Keyword**
인벌류트 기어의 작용선은 두 기어가 맞물려 회전할 때 치면의 접촉점에서 세운 두 기어 기초원의 공통 법선으로 두 기어가 맞물려 회전할 때 접촉점에서 힘이 전달되는 방향을 나타내며 두 기어가 맞물려 회전할 때 접촉점이 이동하는 궤적이 된다.

---

**45** 그림과 같은 기어열에서 모터의 회전수는 9,600rpm이고 기어 d의 회전수는 100rpm일 때, 웜 기어의 잇수는? (단, 웜은 1줄 나사이고, $Z_a$, $Z_b$, $Z_c$, $Z_d$는 각 스퍼 기어의 잇수이다)

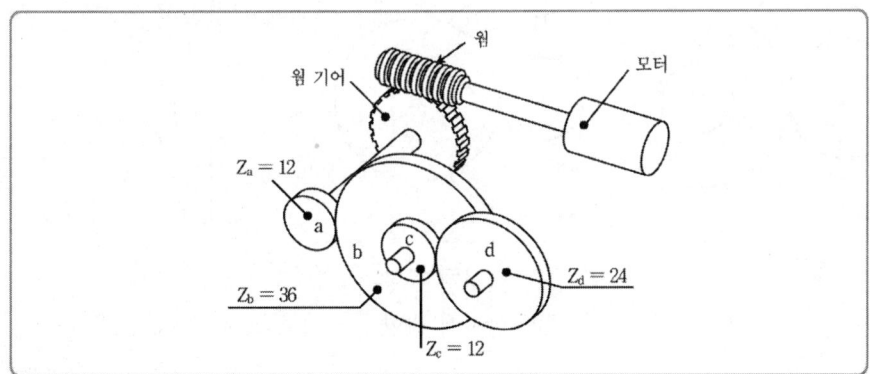

① 14
② 16
③ 18
④ 20

**Keyword**
속도비
$i = \dfrac{\text{처음 기어의 회전수}}{\text{마지막 기어의 회전수}}$
$= \dfrac{\text{종동기어의 잇수의 곱}}{\text{원동기어의 잇수의 곱}}$

**해설** 속도비 $i = \dfrac{\text{처음 기어의 회전수}}{\text{마지막 기어의 회전수}} = \dfrac{\text{종동기어의 잇수의 곱}}{\text{원동기어의 잇수의 곱}}$ 이므로
$i = \dfrac{9,600}{100} = \dfrac{z\times 36\times 24}{1\times 12\times 12} = 6Z$ 이므로 $z = \dfrac{9,600}{100\times 6} = 16$개이다.

**정답** 43 ① 44 ④ 45 ②

## 46

[2016 | 지방직 9급]

잇수가 30개, 모듈이 4인 보통이 표준기어에서 바깥지름[mm]과 이끝높이[mm]는?

| | 바깥지름 | 이끝높이 |
|---|---|---|
| ① | 128 | 4 |
| ② | 120 | 4 |
| ③ | 128 | 8 |
| ④ | 120 | 8 |

**Keyword**
- 피치원 지름 $d = mz$ ($m$ : 모듈, $z$ : 잇수)
- 보통 이(full depth form)의 경우 이끝높이 $h_a = m$
- 바깥지름 $d_a = d + 2h_a$

|해설| 피치원 지름 $d = mz = 4 \times 30 = 120[\text{mm}]$
보통 이(full depth form)의 경우 이끝높이 $h_a = m$이므로 $h_a = 4[\text{mm}]$이다.
바깥지름 $d_a = d + 2h_a = 120 + 2 \times 4 = 128[\text{mm}]$

## 47

[2016 | 지방직 9급]

그림과 같은 기어 트레인에서 가장 왼쪽 기어 A가 840[rpm]의 속도로 반시계 방향으로 회전할 때, 가장 오른쪽 기어 F의 회전수[rpm]와 회전 방향은? (단, Z는 각 기어의 잇수를 나타낸다)

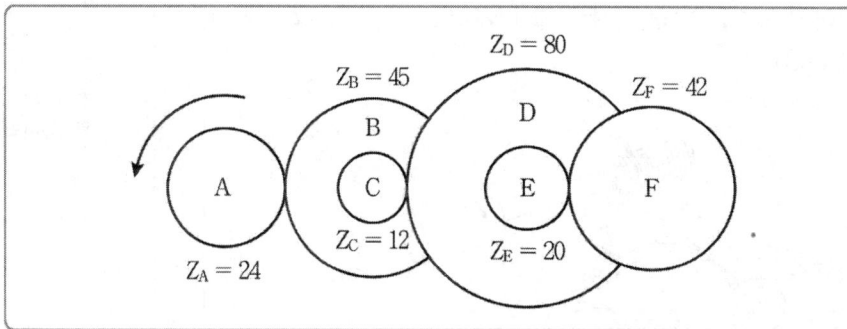

① 16, 시계 방향
② 16, 반시계 방향
③ 32, 시계 방향
④ 32, 반시계 방향

**Keyword**

$$\frac{n_B}{n_A} \times \frac{n_D}{n_C} \times \frac{n_F}{n_E} = \frac{Z_A}{Z_B} \times \frac{Z_C}{Z_D} \times \frac{Z_E}{Z_F}$$

|해설| $\dfrac{n_F}{840} = \dfrac{n_B}{n_A} \times \dfrac{n_D}{n_C} \times \dfrac{n_F}{n_E} = \dfrac{Z_A}{Z_B} \times \dfrac{Z_C}{Z_D} \times \dfrac{Z_E}{Z_F}$ 에서 $\dfrac{n_F}{840} = \dfrac{24}{45} \times \dfrac{12}{80} \times \dfrac{20}{42}$ 이므로 $n_F = 32[\text{rpm}]$
이며 A가 반시계 방향으로 회전하므로 F는 시계 방향으로 회전한다.

정답 | 46 ① 47 ③

**48** 2016 | 서울시 9급

표준 스퍼 기어에서 압력각이 $\beta$일 때 언더컷 방지를 위한 피니언의 잇수($Z$)는?

① $Z \geq \dfrac{2}{\cos \beta}$
② $Z \geq \dfrac{2}{\cos^2 \beta}$
③ $Z \geq \dfrac{2}{\tan^2 \beta}$
④ $Z \geq \dfrac{2}{\sin^2 \beta}$

|해설| 언더컷이 발생하지 않을 조건 $Z \geq \dfrac{2}{\sin^2 \beta}$

**Keyword**
압력각이 $\beta$일 때 언더컷을 일으키지 않는 피니언의 최소 잇수는 $Z = \dfrac{2}{\sin^2 \beta}$이다.

**49** 2016 | 서울시 9급

다음 중 인벌류트(involute) 치형을 갖는 기어의 특징은?

① 압력각이 일정하다.
② 미끄럼률이 일정하여 마모가 균일하다.
③ 일반적으로 언더컷이 발생하지 않는다.
④ 정밀기계에 주로 사용되며 조립이 어려운 편이다.

|해설| ① 압력각이 일정하다. → 인벌류트 기어

|오답풀이|
② 미끄럼률이 일정하여 마모가 균일하다. → 사이클로이드 기어
③ 일반적으로 언더컷이 발생하지 않는다. → 사이클로이드 기어
④ 정밀기계에 주로 사용되며 조립이 어려운 편이다. → 사이클로이드 기어

**Keyword**
인벌류트(involute) 치형
기초원(base circle) 위에 감긴 줄 끝을 당기면서 풀 때, 그 끝이 그리는 궤적으로 형성되며 단일곡선이므로 제작이 간단하며 강도가 높고 압력각이 일정하다. 산업용 기어 대부분의 치형이며 주로 일반 전동용 치형에 적용된다.

**50** 2016 | 국가직 7급

A, B 두 중실축은 각각 잇수 $Z_A = 24$, $Z_B = 72$인 평기어로 연결되어 동력을 전달하고 있다. 비틀림만 고려할 때, 두 축의 최소 지름 $d_A$, $d_B$의 옳은 관계식은? (단, 축의 재질은 동일하다)

① $(d_A/d_B)^4 = 1/3$
② $(d_A/d_B)^3 = 1/3$
③ $(d_A/d_B)^4 = 3$
④ $(d_A/d_B)^3 = 3$

|해설| $Z_A : Z_B = 24 : 72 = 1 : 3$이므로 속도비는 3 : 1이다. 같은 동력을 전달하므로 토크비는 1 : 3이다.
따라서 극단면계수의 비는 1 : 3이어야 한다.
$\dfrac{\pi d_A^3}{16} : \dfrac{\pi d_A^3}{16} = 1 : 3$이므로 $\left(\dfrac{d_A}{d_B}\right)^3 = \dfrac{1}{3}$

**Keyword**
속도비는 토크비와 역수의 관계를 지닌다.

정답 | 48 ④ 49 ① 50 ②

## 51

[2016 | 국가직 7급]

한 쌍의 표준 평기어가 중심거리 360mm, 모듈 4[mm]일 때, 구동기어와 피동기어의 회전속도비가 2 : 1이라면, 구동기어와 피동기어의 잇수는?

| | 구동기어의 잇수(개) | 피동기어의 잇수(개) |
|---|---|---|
| ① | 30 | 60 |
| ② | 40 | 80 |
| ③ | 50 | 100 |
| ④ | 60 | 120 |

**해설** 속도비가 2 : 1이므로 잇수비는 1 : 2이다. 따라서 $\frac{4(z_1+2z_1)}{2}=360[mm]$이므로 $z_1=60$개이며 $z_2=2z_1=120$개이다.

**Keyword**
속도비는 잇수비와 역수 관계를 지닌다.

## 52

[2019 | 지방직 9급]

베벨 기어와 스퍼 기어를 이용하여 모터의 동력을 축 A와 축 B에 전달하고 있다. 모터의 회전속도가 100rpm일 때, 축 A와 축 B의 회전속도 차이[rpm]는? (단, $a$, $b$는 베벨 기어이고 $c$, $d$, $e$, $f$는 스퍼 기어이며, $Z_a \sim Z_f$는 각 기어의 잇수이다)

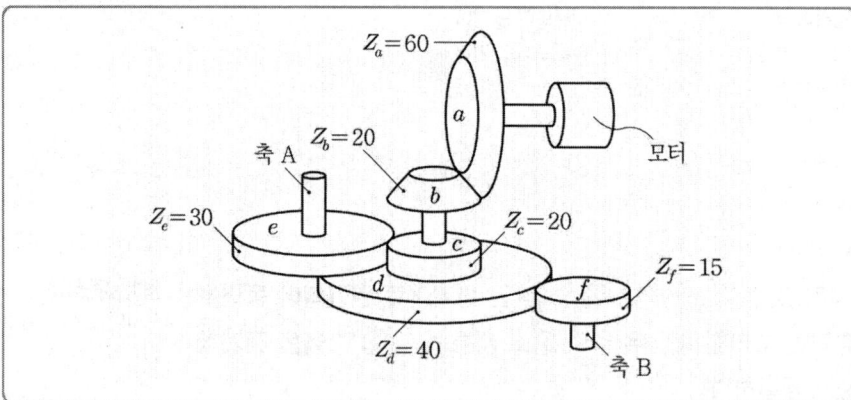

① 460
② 500
③ 560
④ 600

**해설**
$\frac{\omega_e}{\omega_a}=\frac{Z_a}{Z_b}\times\frac{Z_c}{Z_e}=\frac{60}{20}\times\frac{20}{30}=2$에서 $\omega_e=\omega_a\times 2=100\times 2=200[rpm]=$ 축 A의 회전수

$\frac{\omega_f}{\omega_a}=\frac{Z_a}{Z_b}\times\frac{Z_d}{Z_f}=\frac{60}{20}\times\frac{40}{15}=8$에서 $\omega_f=\omega_a\times 2=100\times 8=800[rpm]=$ 축 B의 회전수

축 B의 회전수 – 축 A의 회전수 $= 800-200=600[rpm]$

**Keyword**
속도비와 잇수는 반비례한다.

정답 | 51 ④ 52 ④

## 53

**2016 | 국가직 7급**

그림과 같이 4개의 기어로 구성된 기어열(gear train)이 모터의 토크를 전달하고 있다. 모터의 구동토크 $T = 150[\text{N} \cdot \text{m}]$일 때, 기어열의 출력축에 작용하는 토크 $T_d[\text{N} \cdot \text{m}]$는? (단, 기어 D는 기어 C와 동일한 형상을 가지고 있다)

**Keyword**
$$\frac{\omega_b}{\omega_a} \times \frac{\omega_d}{\omega_c} = \frac{d_a}{d_b} \times \frac{d_c}{d_d}$$

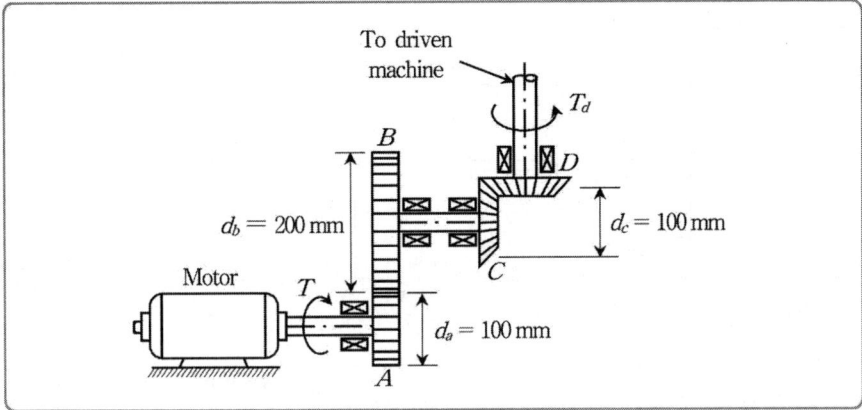

① 150
② 300
③ 600
④ 1,200

**해설**
$\frac{\omega_b}{\omega_a} \times \frac{\omega_d}{\omega_c} = \frac{d_a}{d_b} \times \frac{d_c}{d_d} = \frac{100}{200} \times \frac{100}{100} = \frac{1}{2}$ 에서 $\omega_d = 0.5\omega_a$이다.

$T_a \omega_a = T_d \omega_d$이므로 $T_d = T_a \times \frac{\omega_a}{\omega_d} = 150 \times 2 = 300[\text{N} \cdot \text{m}]$

## 54

**2016 | 국회직 9급**

다음 중 기어 이의 간섭을 방지하기 위한 방법으로 옳지 않은 것은?

① 기어 이 높이를 줄인다.
② 치형 수정을 한다.
③ 피니언의 잇수를 최소 치수 이상으로 한다.
④ 기어의 잇수를 한계치수 이하로 한다.
⑤ 압력각을 작게 한다.

**해설** 기어 이의 간섭을 방지하려면 압력각을 크게 한다.

**참고** 기어 이의 간섭을 방지하기 위한 방법
- 기어 이 높이를 줄인다.
- 치형 수정을 한다.
- 피니언의 잇수를 최소 치수 이상으로 한다.
- 기어의 잇수를 한계치수 이하로 한다.
- 압력각을 크게 한다.

## 55

[2016 | 국회직 9급]

그림과 같은 치차감속장치의 중간축이 구동축으로부터 동력을 받아서 회전한다. 기어와 베어링의 마찰을 무시할 때, 이 기계장치에 대한 설명으로 옳지 않은 것은?

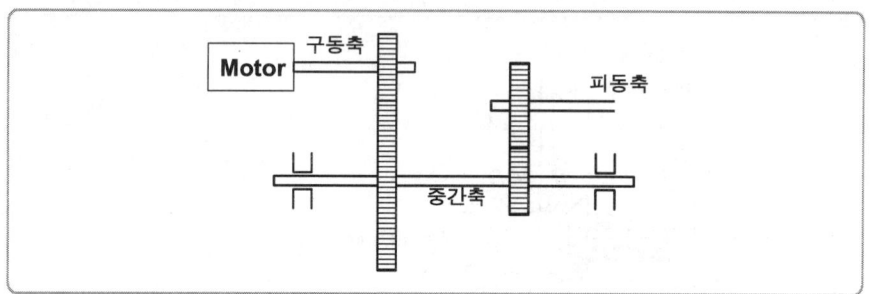

① 각 축의 회전속도는 구동축, 중간축, 피동축의 순서로 작아진다.
② 피동축의 토크는 구동축의 토크보다 크다.
③ 중간축에는 토크와 함께 굽힘모멘트도 작용된다.
④ 피동축의 동력은 구동축의 동력보다 크다.
⑤ 베어링은 횡방향의 힘은 지지하면서 토크를 구속하지 않는 역할을 한다.

**Keyword**
기어와 베어링의 마찰을 무시하므로 피동축의 동력과 구동축의 동력은 같다.

| 해설 | 구동축을 축 1, 중간축을 축 2, 피동축을 축 3으로 놓으면 ④ 기어와 베어링의 마찰을 무시하므로 피동축의 동력과 구동축의 동력은 같다.

| 오답 풀이 |
① 구동축과 중간축이 맞물리는 기어의 지름 $d_1 < d_{2a}$ 이므로 $\omega_1 > \omega_2$ 이다. 중간축과 피동축이 맞물리는 기어의 지름 $d_{2b} < d_3$ 이므로 $\omega_2 > \omega_3$ 이다. 따라서 $\omega_1 > \omega_2 > \omega_3$ 이므로 각 축의 회전속도는 구동축, 중간축, 피동축의 순서로 작아진다.
② $T_1\omega_1 = T_3\omega_3$ 에서 $\omega_1 > \omega_3$ 이므로 $T_1 < T_3$ 이다. 따라서 피동축의 토크는 구동축의 토크보다 크다.
③ 맞물리는 기어는 접촉한 치면에 수직한 방향으로 같은 크기의 하중을 서로 주고받으므로 하중에 의해 중간축에는 토크와 함께 굽힘모멘트도 작용한다.
⑤ 베어링은 횡방향의 힘은 지지하면서 토크를 구속하지 않는 역할을 한다.

## 56

[2016 | 국회직 9급]

표준 평기어의 중심거리가 240mm이고 모듈이 4일 때, 회전비가 1/2로 감속된다면 큰 기어의 잇수는 몇 개인가?

① 32
② 48
③ 60
④ 72
⑤ 80

**Keyword**
• 중심거리 $a = \dfrac{d_1 + d_2}{2} = \dfrac{m(z_1 + z_2)}{2}$
• 속도비 $i = \dfrac{\omega_2}{\omega_1} = \dfrac{z_1}{z_2}$

| 해설 | $240 = \dfrac{4(z_1 + z_2)}{2}$ 에서 $z_1 + z_2 = 120$ 이며 $\dfrac{z_1}{z_2} = \dfrac{\omega_2}{\omega_1} = \dfrac{1}{2}$ 이므로 $z_2 = 2z_1$ 이다. 이를 대입하면 $3z_1 = 120$ 에서 $z_1 = 40$ 이며 $z_2 = 80$ 이다.

정답 | 55 ④  56 ⑤

**57** 그림과 같은 기어열에서 기어 C, D의 잇수를 각각 1.5배로 증가시켰을 때 일어나는 현상을 설명한 것으로 옳은 것은?

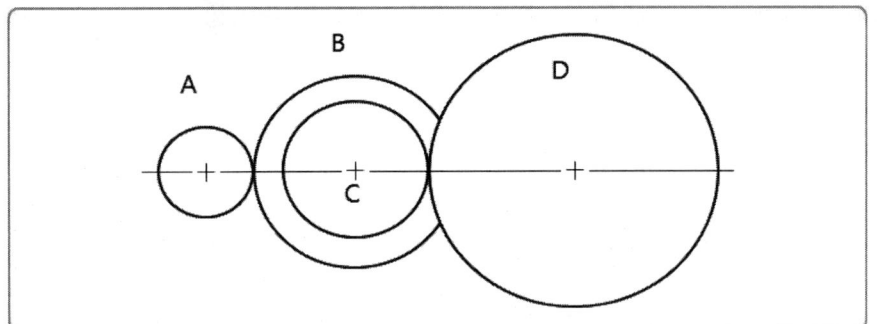

① 기어 D의 각속도에는 영향이 없다.
② 기어 A에 대한 기어 D의 각속도비가 2.25배 증가한다.
③ 기어 A에 대한 기어 D의 각속도비가 1/2.25배 감소한다.
④ 기어 A에 대한 기어 D의 각속도비가 1.5배 증가한다.
⑤ 기어 A에 대한 기어 D의 각속도비가 1/1.5배 감소한다.

| 해설 | $\frac{\omega_B}{\omega_A} \times \frac{\omega_D}{\omega_C} = \frac{Z_A}{Z_B} \times \frac{Z_C}{Z_D}$, $\frac{\omega_D}{\omega_A} = \frac{Z_A}{Z_B} \times \frac{Z_C}{Z_D}$ 이므로 기어 C, D의 잇수를 각각 1.5배로 증가시켜도 기어 A에 대한 기어 D의 각속도비는 변하지 않는다. 따라서 기어 D의 각속도에는 영향이 없다.

**Keyword**

- $\frac{\omega_B}{\omega_A} \times \frac{\omega_D}{\omega_C} = \frac{Z_A}{Z_B} \times \frac{Z_C}{Z_D}$
- $\frac{\omega_D}{\omega_A} = \frac{Z_A}{Z_B} \times \frac{Z_C}{Z_D}$

**58** 원통 위에 감은 실을 풀 때, 실 위의 한 점이 그리는 궤적을 곡선으로 한 기어 치형의 특징으로 옳지 않은 것은?

① 변형시킨 전위기어를 사용할 수 있다.
② 맞물리는 두 기어의 중심거리가 다소 틀려도 속도비에는 영향이 없다.
③ 미끄럼률 및 마멸이 균일하며 운동이 원활하다.
④ 제작상의 오차 및 조립상의 오차가 다소 있더라도 사용에 큰 영향을 미치지 않는다.

| 해설 | 원통 위에 감은 실을 풀 때, 실 위의 한 점이 그리는 궤적은 인벌류트 곡선이다. 미끄럼률 및 마멸이 균일하며 운동이 원활한 것은 사이클로이드 기어이다. 인벌류트 기어는 이끝부와 이뿌리로 갈수록 미끄럼률이 증가한다.

**Keyword**

원통 위에 감은 실을 풀 때, 실 위의 한 점이 그리는 궤적은 인벌류트 곡선이며, 미끄럼률 및 마멸이 균일하며 운동이 원활한 것은 사이클로이드 기어이다.

## 59

[2015 | 국가직 9급] 상⦿하

내접기어의 잇수가 72개, 태양기어의 잇수가 18개, 유성기어의 잇수가 27개인 유성기어장치에서, 내접기어를 고정하고 태양기어를 구동으로 하고, 캐리어를 종동으로 한다. 입력 토크가 10[N·m]일 때, 출력 토크[N·m]는? (단, 동력 전달시 손실이 없다고 가정한다)

① 2  
② 15  
③ 40  
④ 50  

|해설| 링기어 고정, 선기어 입력, 유성캐리어 출력인 경우 속도비 $i = \dfrac{Z_S + Z_R}{Z_S}$ 이므로

$i = \dfrac{Z_S + Z_R}{Z_S} = \dfrac{18 + 72}{18} = 5$ 이며 $i = \dfrac{T_2}{T_1}$ 이므로 $T_2 = iT_1 = 5 \times 10 = 50[\text{N} \cdot \text{m}]$

|참고| 유성기어장치의 작동($i$ : 감속비, $Z_S$ : 선기어 잇수, $Z_R$ : 링기어 잇수, $Z_P$ : 유성캐리어 잇수)

- 감속1 : (선기어 고정, 링기어 입력, 유성캐리어 출력) $i = \dfrac{Z_S + Z_R}{Z_R}$
- 감속2 : (링기어 고정, 선기어 입력, 유성캐리어 출력) $i = \dfrac{Z_S + Z_R}{Z_S}$
- 증속1 : (선기어 고정, 유성캐리어 입력, 링기어 출력) $i = \dfrac{Z_R}{Z_S + Z_R}$ (오버드라이브 변속)
- 증속2 : (링기어 고정, 유성캐리어 입력, 선기어 출력) $i = \dfrac{Z_S}{Z_S + Z_R}$ (사용하지 않음)
- 역전1 : (유성캐리어 고정, 링기어 입력, 선기어 출력) $i = \dfrac{Z_S}{-Z_R}$ (증속역전, 사용하지 않음)
- 역전2 : (유성캐리어 고정, 선기어 입력, 링기어 출력) $i = \dfrac{-Z_R}{Z_S}$ (감속역전, 후진기어)

**Keyword**
- 링기어 고정, 선기어 입력, 유성캐리어 출력인 경우 감속비 $i = \dfrac{Z_S + Z_R}{Z_S}$
 ($Z_S$ : 선기어 잇수, $Z_R$ : 링기어 잇수, $Z_P$ : 유성캐리어 잇수)
- 감속비 $i = \dfrac{T_2}{T_1}$
 ($T_1$ : 입력 토크, $T_2$ : 출력 토크)

## 60

[2015 | 국가직 9급] 상⦿하

**헬리컬 기어에 대한 설명으로 옳지 않은 것은?**

① 치직각 모듈은 축직각 모듈보다 작다.
② 좌비틀림 헬리컬 기어는 반드시 좌비틀림 헬리컬 기어와 맞물려야 한다.
③ 치직각 단면에서 피치원은 타원이 되며, 타원의 곡률 반지름 중 가장 큰 반지름을 상당 스퍼 기어 반지름이라고 한다.
④ 헬리컬 기어로 동력을 전달할 때는 일반적으로 축방향 하중이 발생된다.

|해설| 좌비틀림 헬리컬 기어는 반드시 우비틀림 헬리컬 기어와 맞물려야 한다.

**Keyword**
헬리컬 기어의 치직각 모듈은 축직각 모듈보다 작으며 치직각 단면에서 피치원은 타원이 되며, 타원의 곡률 반지름 중 가장 큰 반지름을 상당 스퍼 기어 반지름이라고 한다. 헬리컬기어로 동력을 전달할 때는 일반적으로 축방향 하중이 발생되며 좌비틀림 헬리컬 기어는 반드시 우비틀림 헬리컬 기어와 맞물려야 한다.

정답 | 59 ④  60 ②

## 61

**2015 | 국가직 9급**

**물림률이 1.5인 평기어에 대한 설명으로 옳은 것은?**

① 물림률이 1.5인 평기어는 물림길이에서 두 쌍의 기어 이가 물리는 길이는 1의 비율이고 한 쌍의 기어 이가 물리는 길이는 0.5의 비율이다.
② 물림률이 1.5인 평기어는 물림길이에서 두 쌍의 기어 이가 물리는 길이는 0.5의 비율이고 한 쌍의 기어 이가 물리는 길이는 1의 비율이다.
③ 물림률이 1.5인 평기어는 항상 한 쌍의 기어 이가 물려서 회전한다.
④ 물림률이 1.5인 평기어는 항상 두 쌍의 기어 이가 물려서 회전한다.

**[오답풀이]**
② 물림률이 1.5인 평기어는 물림길이에서 두 쌍의 기어 이가 물리는 길이는 1의 비율이고 한 쌍의 기어 이가 물리는 길이는 0.5의 비율이다.
③, ④ 물림률이 1.5인 평기어는 한 쌍 혹은 두 쌍의 기어 이가 물려서 회전한다.

**Keyword**
물림률이 1.5인 평기어는 물림길이에서 두 쌍의 기어 이가 물리는 길이는 1의 비율이고 한 쌍의 기어 이가 물리는 길이는 0.5의 비율이다.

## 62

**2015 | 지방직 9급**

**인벌류트 치형을 갖는 다음의 평기어 중 모듈이 가장 큰 것은?**

① 잇수 60, 피치원 지름 240[mm]
② 잇수 80, 이끝원 지름 246[mm]
③ 지름 피치 12.7[1/inch]
④ 원주 피치 4.712[mm]

**[해설]** 아래와 같이 계산한 결과 ①의 경우의 모듈이 가장 크다.

① $m = \dfrac{240}{60} = 4[\text{mm}]$

**[오답풀이]**
② $m = \dfrac{246 - 2m}{80}$ 이므로 $m = 3[\text{mm}]$

③ $m = \dfrac{2.54}{12.7} = 0.2[\text{mm}]$

④ $\pi m = 4.712$이므로 $m = \dfrac{4.712}{3.14} = 1.5[\text{mm}]$

**Keyword**
모듈의 크기가 큰 것이 기어의 크기가 크다.

정답 | 61 ① 62 ①

**63** [2015 | 서울시 9급]

비틀림각이 $\beta$인 헬리컬 기어에서 잇수가 각각 30개, 120개이고 치직각 모듈이 4일 때 중심거리는?

① $\dfrac{150}{\cos \beta}$  ② $\dfrac{300}{\cos \beta}$

③ $\dfrac{150}{\cos^2 \beta}$  ④ $\dfrac{150}{\cos^2 \beta}$

**Keyword**
- 축직각 모듈 $m = \dfrac{4}{\cos \beta}$
- 중심거리 $a = \dfrac{d_1 + d_2}{2}$
  $= \dfrac{m(z_1 + z_2)}{2}$

| 해설 | 축직각 모듈 $m = \dfrac{4}{\cos \beta}$

중심거리 $a = \dfrac{d_1 + d_2}{2} = \dfrac{m(z_1 + z_2)}{2} = \dfrac{4}{\cos \beta} \times \dfrac{30 + 120}{2} = \dfrac{300}{\cos \beta}$

**64** [2015 | 서울시 9급]

동적하중이 부가될 때 기어의 굽힘강도는 루이스의 공식을 이용하면 $P = f_v f_w \sigma_b m b Y$와 같이 계산할 수 있다. 여기서 $f_v$(속도계수), $f_w$(하중계수), $Y$(모듈기준 치형계수)에 대한 설명으로 옳지 않은 것은?

① $Y$는 압력각이 클수록 크다.
② $Y$는 잇수가 많아질수록 크다.
③ $f_v$는 속도가 커질수록 크다.
④ $f_w$는 하중이 정적일수록 크다.

**Keyword**
루이스의 공식에 의한 굽힘강도
$P = f_v f_w \sigma_b m b Y$
($f_v$ : 속도계수, $f_w$ : 하중계수, $Y$ : 모듈기준 치형계수)

| 해설 | 속도계수 $f_v$는 속도가 커질수록 작아진다.

정답 | 63 ② 64 ③

**65** [2015 | 국가직 7급] 상**중**하

유성기어 장치에서 입력축은 잇수가 40개인 태양기어에 출력축은 캐리어에 연결하고, 내접기어는 고정하였다. 유성피니언의 잇수가 20개일 때, 입력축의 각속도($N_i$)에 대한 출력축의 각속도($N_o$)의 비 $\left(\dfrac{N_o}{N_i}\right)$는?

① $\dfrac{1}{5}$   ② $\dfrac{1}{3}$

③ $\dfrac{1}{2}$   ④ 1

**해설** 내접기어(링기어)의 잇수는 $Z_R = Z_S + 2 \times Z_P = 40 + 2 \times 20 = 80$개이며

감속비 $i = \dfrac{Z_S + Z_R}{Z_S} = \dfrac{40 + 80}{40} = 3 = \dfrac{N_i}{N_o}$ 이므로 $\dfrac{N_o}{N_i} = \dfrac{1}{3}$ 이다.

**Keyword**
- 링기어 고정, 선기어 입력, 유성캐리어 출력인 경우 감속비 $i = \dfrac{Z_S + Z_R}{Z_S}$
  ($Z_S$: 선기어 잇수, $Z_R$: 링기어 잇수, $Z_P$: 유성캐리어 잇수)
- 감속비 $i = \dfrac{N_i}{N_o}$
  ($N_i$: 입력 각속도, $N_o$: 출력 각속도)

---

**66** [2015 | 국가직 7급] 상**중**하

잇수가 각각 10, 24이고 모듈 2인 전위 스퍼 기어로 구성된 기어쌍에서 중심거리 증가계수가 0.4일 때, 기어 사이의 중심거리[mm]는?

① 34   ② 34.4
③ 34.8   ④ 35.2

**해설** 표준거리의 중심거리 $a_0 = \dfrac{2(10+24)}{2} = 34$이며

중심거리 증가계수 $y = 0.4$, 모듈 $m = 2$이므로

전위기어의 중심거리는 $a = a_0 + ym = 34 + 0.4 \times 2 = 34.8$[mm]이다.

**Keyword**
- 중심거리 증가계수는 단위 모듈마다 중심거리 변화량을 나타낸다.
- 전위기어의 중심거리 $a = a_0 + ym$
  ($a_0$: 표준기어의 중심거리, $y$: 중심거리 증가계수, $m$: 모듈)

---

**67** [2015 | 국회직 9급] 상**중**하

표준 스퍼 기어의 동력전달에서 두 기어의 중심거리가 240mm, 기어쌍의 모듈은 4이고, 기어 전동에 의해 회전 각속도가 3배로 증가할 때, 종동기어의 피치원지름[mm]은?

① 120   ② 180
③ 240   ④ 300
⑤ 360

**해설** $\dfrac{\omega_2}{\omega_1} = \dfrac{d_1}{d_2} = 3$에서 $d_1 = 3d_2$이며 $\dfrac{d_1 + d_2}{2} = 240$이므로 $d_1 = 360$[mm]이며 $d_2 = 120$[mm]이다.

**Keyword**
- 속도비 $i = \dfrac{\omega_2}{\omega_1} = \dfrac{d_1}{d_2}$
  ($\omega_1, d_1$: 원동기어의 각속도와 피치원 지름, $\omega_2, d_2$: 종동기어의 각속도와 피치원 지름)
- 중심거리 $a = \dfrac{d_1 + d_2}{2}$

**정답** 65 ②  66 ③  67 ①

## 68

[2014 | 국가직 9급] 상 중 하

치직각 모듈이 10mm, 나선각이 60°, 잇수가 100인 헬리컬 기어의 피치원 지름[mm]은?

① 1,000
② 2,000
③ $1,000\sqrt{3}$
④ $2,000\sqrt{3}$

**해설**

축직각 모듈 $m_s = \dfrac{m_n}{\cos\beta} = \dfrac{10}{\cos 60°} = 20$ 이므로

피치원 지름은 $d = Zm_s = 100 \times 20 = 2,000[mm]$ 이다.

**Keyword**

- 축직각 모듈 $m_s = \dfrac{m_n}{\cos\beta}$
  ($m_n$ : 치직각 모듈, $\beta$ : 나선각)
- 피치원 지름 $d = Zm_s$

## 69

[2014 | 국가직 9급] 상 중 하

웜 기어의 축직각 모듈이 4mm, 웜과 웜 기어의 중심거리가 150mm, 그리고 2줄 웜으로 구성된 웜 기어 장치에서 1,800rpm 회전속도를 60rpm으로 감속시키고자 할 때, 웜의 피치 지름[mm]은?

① 30
② 40
③ 50
④ 60

**해설**

속도비 $i = \dfrac{n_2}{n_1} = \dfrac{z_1}{z_2}$ 에서 $\dfrac{60}{1,800} = \dfrac{2}{z_2}$ 이므로 웜휠의 잇수는 $z_2 = \dfrac{1,800 \times 2}{60} = 60$개이며

웜휠의 피치원 지름은 $D = mz_2 = 4 \times 60 = 240[mm]$ 이다.

중심거리 $a = \dfrac{d+D}{2} = \dfrac{d+240}{2} = 150$ 이므로 웜의 피치 지름은 $d = 300 - 240 = 60[mm]$ 이다.

**Keyword**

- 속도비 $i = \dfrac{n_2}{n_1} = \dfrac{z_1}{z_2}$
  ($n_1$ : 웜의 회전수, $n_2$ : 웜휠의 회전수, $z_1$ : 웜의 줄 수, $z_2$ : 웜휠의 잇수)
- 웜휠의 피치원 지름 $D = mz_2$
  ($m$ : 웜기어의 축직각 모듈)
- 중심거리 $a = \dfrac{d+D}{2}$
  ($d$ : 웜의 피치 지름, $D$ : 웜휠의 피치원 지름)

## 70

[2014 | 국가직 9급] 상 중 하

맞물린 한 쌍의 표준 스퍼 기어에서 구동기어의 잇수는 60, 피동 기어의 잇수는 36, 모듈은 3일 때 두 기어의 중심거리[mm]는?

① 32
② 48
③ 96
④ 144

**해설**

중심거리 $a = \dfrac{d_1+d_2}{2} = \dfrac{m(z_1+z_2)}{2} = \dfrac{3(60+36)}{2} = 144[mm]$

**Keyword**

- 중심거리
  $a = \dfrac{d_1+d_2}{2}$
  $= \dfrac{m(z_1+z_2)}{2}$

정답 | 68 ② 69 ④ 70 ④

## 71

[2014 | 국가직 7급]

**인벌류트 치형에 대한 설명으로 옳지 않은 것을 모두 고른 것은?**

㉠ 압력각이 일정하다.
㉡ 언더컷이 발생하지 않는다.
㉢ 약간의 중심거리 오차는 허용되므로 조립이 쉽다.
㉣ 이끝부와 이뿌리로 갈수록 미끄럼률이 증가한다.
㉤ 전위절삭이 불가능하다.

① ㉠, ㉣
② ㉡, ㉢
③ ㉡, ㉤
④ ㉣, ㉤

| 해설 | ㉡ 언더컷이 발생한다.
㉤ 전위절삭이 가능하다.

| 오답풀이 | ㉠ 압력각이 일정하다.
㉢ 약간의 중심거리 오차는 허용되므로 조립이 쉽다.
㉣ 이끝부와 이뿌리로 갈수록 미끄럼률이 증가한다.

**Keyword**

인벌류트 치형은 압력각이 일정하며 약간의 중심거리 오차는 허용되므로 조립이 쉽고 이끝부와 이뿌리로 갈수록 미끄럼률이 증가한다. 인벌류트 치형의 가공시 언더컷이 발생하게 되는데, 언더컷을 방지하는 방법 중 하나로 전위절삭을 실시한다.

## 72

[2021 | 지방직 9급]

**전위 기어의 사용목적으로 옳지 않은 것은?**

① 언더컷을 방지하려고 할 때 사용한다.
② 최소 잇수를 줄이려고 할 때 사용한다.
③ 물림률을 감소시키려고 할 때 사용한다.
④ 이의 강도를 증가시키려고 할 때 사용한다.

| 해설 | 물림률을 증가시키려고 할 때 사용한다.

**Keyword**

전위 기어란 표준 보통이기어의 치형 곡선을 비켜놓아 이끝원과 이뿌리원을 크거나 작게 만든 기어이다. 목적은 다음과 같다.
• 언더컷의 방지
• 최소 잇수 감소
• 물림률 증가
• 이의 강도를 증가시키려고 할 때 사용한다.
• 원하는 축간 거리의 조정
• 맞물림의 미끄럼을 감소
• 유효 치면의 증대
• 이뿌리를 두껍고 강하게 하여 강도 균형을 잡아 준다.

정답 | 71 ③ 72 ③

## 73

[2014 | 지방직 9급]

기어 A의 잇수가 150, 기어 B의 잇수가 50인 서로 맞물려 회전하는 한 쌍의 기어가 있다. 두 기어 사이의 중심거리가 1,000mm일 때, 기어 A의 피치원지름[mm]은?

① 1,000
② 1,500
③ 2,000
④ 2,500

|해설| 기어 A를 기어1, 기어 B를 기어2라고 하면

중심거리 $a = \dfrac{d_1 + d_2}{2} = \dfrac{m(z_1 + z_2)}{2} = \dfrac{m(150 + 50)}{2} = 1,000$에서 $m = 10$이므로

피치원 지름은 $d_1 = mz_1 = 10 \times 150 = 1,500[\text{mm}]$이다.

**Keyword**
- 중심거리
$a = \dfrac{d_1 + d_2}{2}$
$= \dfrac{m(z_1 + z_2)}{2}$
- 피치원 지름 $d = mz$

## 74

[2014 | 지방직 9급]

잇수 $Z$, 압력각 $\alpha$인 표준 평기어에서 원주 피치 $p$와 기초원지름 $D_g$의 관계식은?

① $p = \dfrac{\pi D_g \cos \alpha}{Z}$
② $p = \dfrac{\pi D_g}{Z \cos \alpha}$
③ $p = \dfrac{\pi D_g}{Z}$
④ $p = \dfrac{\pi Z}{D_g}$

|해설| $D_g = d\cos\alpha$에서 $d = \dfrac{D_g}{\cos\alpha}$이므로 원주 피치는 $p = \dfrac{\pi d}{Z} = \dfrac{\pi D_g}{Z\cos\alpha}$이다.

**Keyword**
원주 피치 $p = \dfrac{\pi d}{Z}$
$= \dfrac{\pi D_g}{Z\cos\alpha}$

## 75

[2014 | 서울시 9급]

다음 중 기어에 대한 설명으로 옳지 않은 것은?

① 사이클로이드 치형은 계측기나 시계 등에 사용된다.
② 웜 기어는 한 쌍의 원뿔 마찰면이 만나는 기어이다.
③ 인벌류트 치형은 가공이 쉽고 이뿌리 강도가 크다.
④ 큰 감속이 필요할 경우 웜과 웜 기어를 적용한다.
⑤ 헬리컬 기어는 물림길이가 길어 진동과 소음이 적다.

|해설| 한 쌍의 원뿔 마찰면이 만나는 기어는 웜 기어가 아니라 베벨 기어이다.

**Keyword**
웜 기어는 기어 전동장치의 하나로 2축이 서로 직교하는 경우에 사용되는 기어이다.

정답 | 73 ② 74 ② 75 ②

**76** [ 2014 | 서울시 9급 ] (상)(중)(하)

베벨 기어의 모듈이 $m$, 피치 원추각이 $\delta$, 잇수가 $Z$일 때 이끝원 지름은?

① $(m+2\sin\delta)Z$
② $(m+2\cos\delta)Z$
③ $(Z+2\cos\delta)m$
④ $(Z+2\sin\delta)m$
⑤ $(m+2\tan\delta)Z$

**해설** 이끝원 지름 $d_a = d+2h_a\cos\delta = mZ+2m\cos\delta = (Z+2\cos\delta)m$

**Keyword**
이끝원 지름
$d_a = d+2h_a\cos\delta$
($d$ : 피치원 지름, $h_a$ : 이끝 높이, $\delta$ : 피치 원추각)

**77** [ 2013 | 국가직 9급 ] (상)(중)(하)

랙 공구나 호브로 기어를 창성할 때, 간섭이 일어나 기어의 이뿌리가 가늘어지게 되는 언더컷(undercut)을 방지하기 위한 방법으로 옳지 않은 것은?

① 전위기어로 제작한다.
② 압력각을 감소시킨다.
③ 피니언(작은 기어)의 잇수를 최소 잇수 이상으로 선택한다.
④ 이(tooth) 높이를 줄여서 낮은 이로 제작한다.

**해설** 압력각을 증가시킨다.

**참고** 언더컷(undercut)을 방지하기 위한 방법
- 전위기어로 제작한다.
- 압력각을 증가시킨다.
- 피니언(작은 기어)의 잇수를 최소 잇수 이상으로 선택한다.
- 이(tooth) 높이를 줄여서 낮은 이로 제작한다.

정답 | 76 ③  77 ②

## 78. [2013 | 지방직 9급]

서로 맞물려 회전하는 보통이의 표준 평기어가 다음 규격과 같을 때, 작은 기어와 큰 기어의 이끝원 지름[mm]은 각각 얼마인가?

- 작은 기어의 잇수 30
- 큰 기어의 잇수 120
- 두 기어 축 사이의 중심거리 300[mm]

① 120, 480  
② 128, 480  
③ 120, 488  
④ 128, 488  

**Keyword**
- 중심거리 $a = \dfrac{m(z_1 + z_2)}{2}$
- 이끝원 지름 $d_a = (z+2)m$

| 해설 | 중심거리 $a = \dfrac{m(z_1 + z_2)}{2}$ 에서 $300 = \dfrac{m(120+30)}{2}$ 이므로 $m = 4$이며

따라서 작은 기어의 이끝원 지름은 $d_{a_1} = (z_1 + 2)m = (30+2) \times 4 = 32 \times 4 = 128[\text{mm}]$이며,
큰 기어의 이끝원 지름은 $d_{a_2} = (z_2 + 2)m = (120+2) \times 4 = 122 \times 4 = 488[\text{mm}]$이다.

## 79. [2013 | 지방직 9급]

헬리컬 기어의 잇수가 $Z$일 때, 상당 평기어의 잇수는? (단, $\beta$는 헬리컬 기어의 나선각임)

① $\dfrac{Z}{\cos \beta}$  
② $\dfrac{Z}{\cos^2 \beta}$  
③ $\dfrac{Z}{\cos^3 \beta}$  
④ $\dfrac{Z}{\cos^4 \beta}$  

**Keyword**
상당 평기어의 잇수
$Z_e = \dfrac{Z}{\cos^3 \beta}$
($Z$ : 실제 기어 잇수, $\beta$ : 비틀림각)

| 해설 | 모듈 $m_n$의 잇수 $Z_e$를 상당 평기어의 잇수라고 하며

$Z_e = \dfrac{d_e}{m_n} = \dfrac{d}{m_n \cos^2 \beta} = \dfrac{Z m_n}{\cos \beta} \times \dfrac{1}{m_n \cos^2 \beta} = \dfrac{Z}{\cos^3 \beta}$ 이다.

($d_e$ : 상당 평기어의 피치원 지름, $d$ : 헬리컬 기어의 피치원 지름, $\beta$ : 비틀림각, $Z$ : 실제 기어 잇수)

정답 | 78 ④ 79 ③

**80** [2013 | 국가직 7급]

잇수 Z = 25, 모듈 m = 4인 평기어를 사용하여 1,800[rpm]으로 1.8[kW]를 전달시키려고 할 때, 이 기어의 이에 작용하는 접선 방향의 하중[N]은? (단, $\pi = 3$으로 한다)

① 0.2
② 3.3
③ 33
④ 200

**해설** 피치원 지름 $d = mz = 4 \times 25 = 100$[mm]이며

원주속도 $v = \dfrac{\pi d n}{1,000 \times 60} = \dfrac{3 \times 100 \times 1,800}{1,000 \times 60} = 9$[m/s]이다.

전달동력 $H_w = F_t v$이므로 접선 방향의 하중은 $F_t = \dfrac{H_w}{v} = \dfrac{1,800}{9} = 200$[N]이다.

**Keyword**
- 피치원 지름 $d = mz$
- 원주속도
  $v = \dfrac{\pi d n}{1,000 \times 60}$[m/s]
  ($d$ : 피치원 지름, $n$ : 회전수)
- 전달동력 $H_w = F_t v$
  ($F_t$ : 접선 방향의 하중, $v$ : 원주속도)

**81** [2013 | 국가직 7급]

비틀림각이 $\psi$인 헬리컬 기어가 5[m/s]의 원주속도로 30[PS]를 전달할 때, 이 기어에 작용하는 축방향 하중[kg$_f$]은? (단, $\cos\psi = 0.9$, $\sin\psi = 0.4$, $\tan\psi = 0.5$이다)

① 180
② 225
③ 405
④ 450

**해설** $1[PS] = 75$[kgf · m/s]이며

전달동력 $H = F_t v$에서 접선 방향의 하중은 $F_t = \dfrac{H}{v} = \dfrac{30 \times 75}{5} = 450$[kg$_f$]이며

축방향 하중은 $F_a = F_t \tan\psi = 450 \times 0.5 = 225$[kg$_f$]이다.

**Keyword**
- 전달동력 $H = F_t v$
  ($F_t$ : 접선 방향의 하중, $v$ : 원주속도)
- 축방향 하중 $F_a = F_t \tan\psi$
  ($\psi$ : 비틀림각)

**82** [2013 | 국회직 9급]

피치원의 지름 400mm인 스퍼 기어가 회전속도 500rpm, 동력 12PS를 전달할 때 기어의 회전력[kgf]을 구하시오. 단, $\pi = 3$으로 계산하시오.

① 90
② 95
③ 100
④ 105
⑤ 110

**해설** 원주속도 $v = \dfrac{\pi d n}{1,000 \times 60} = \dfrac{3 \times 400 \times 500}{1,000 \times 60} = 10$[m/s]이며 $1[PS] = 75$[kgf · m/s]이며

전달동력 $H = Fv$에서 기어의 회전력은 $F = \dfrac{H}{v} = \dfrac{12 \times 75}{10} = 90$[kgf]이다.

**Keyword**
- 원주속도
  $v = \dfrac{\pi d n}{1,000 \times 60}$[m/s]
  ($d$ : 피치원 지름, $n$ : 회전수)
- 전달동력 $H = Fv$
  ($F$ : 기어의 회전력, $v$ : 원주속도)

정답 | 80 ④ 81 ② 82 ①

**83** 그림과 같은 기어열에서 기어 A가 2,000rpm으로 회전할 때, 기어 D가 200rpm으로 회전한다. 기어 A, B, C의 잇수가 각각 10, 30, 27일 때, 기어 D의 잇수를 구하시오.

[2013 | 국회직 9급]

Keyword
$$\frac{n_A}{n_B} \times \frac{n_C}{n_D} = \frac{Z_B}{Z_A} \times \frac{Z_D}{Z_C}$$

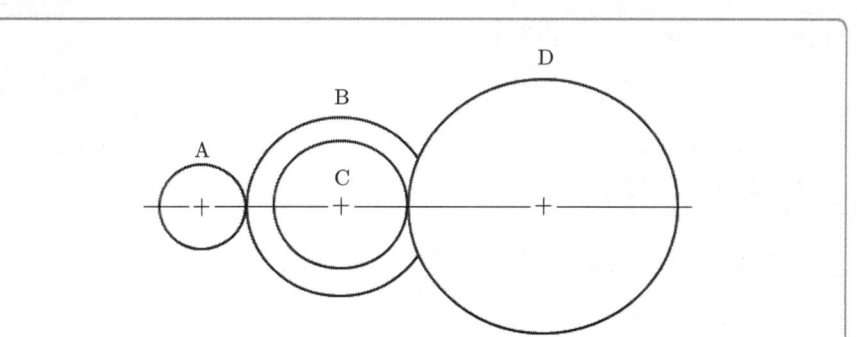

① 54
② 63
③ 72
④ 81
⑤ 90

|해설| $\frac{n_A}{n_D} = 10 = \frac{n_A}{n_B} \times \frac{n_C}{n_D} = \frac{Z_B}{Z_A} \times \frac{Z_D}{Z_C}$ 이며 $\frac{2,000}{\omega_B} \times \frac{\omega_C}{200} = \frac{Z_B}{Z_A} \times \frac{Z_D}{Z_C} = \frac{30}{10} \times \frac{Z_D}{27}$ 에서 $10 = 3 \times \frac{Z_D}{27}$ 이므로 $Z_D = 90$개가 된다.

**84** 모듈이 4mm, 중심거리가 150mm인 외접 스퍼 기어에서 회전 각속도비가 0.5일 때, 구동기어의 잇수 $Z_1$과 피동기어의 잇수 $Z_2$를 곱한 값은?

[2012 | 국가직 9급]

Keyword
• 중심거리 $a = \frac{d_1 + d_2}{2}$
$= \frac{m(z_1 + z_2)}{2}$

① 800
② 1,250
③ 1,700
④ 2,150

|해설| 중심거리 $a = \frac{d_1 + d_2}{2} = \frac{m(z_1 + z_2)}{2} = \frac{4(z_1 + z_2)}{2} = 150$에서 $z_1 + z_2 = 75$이며

속도비 $i = \frac{\omega_2}{\omega_1} = \frac{z_1}{z_2} = 0.5$이므로 $z_1 = 25$, $z_2 = 50$이므로 $z_1 \times z_2 = 1,250$이다.

정답 | 83 ⑤ 84 ②

**85** 2012 | 국가직 9급  (상)(중)(하)

기어 이의 간섭이 발생하지 않도록 하기 위한 방법으로 옳지 않은 것은?

① 기어와 피니언의 잇수비를 크게 한다.
② 피니언의 잇수를 최소 치수 이상으로 한다.
③ 기어의 잇수를 한계치수 이하로 한다.
④ 압력각을 크게 한다.

| 해설 | 기어와 피니언의 잇수비를 작게 한다.

| 참고 | 이의 간섭이 발생하지 않도록 하기 위한 방법
- 기어와 피니언의 잇수비를 작게 한다.
- 피니언의 잇수를 최소 치수 이상으로 한다.
- 기어의 잇수를 한계치수 이하로 한다.
- 압력각을 크게 한다.

**86** 2012 | 국가직 9급  (상)(중)(하)

평기어를 설계할 때, 언더컷을 방지하기 위한 최소 잇수는 압력각에 따라 다르다. 표준치를 갖는 피니언과 맞물리는 기어가 랙일 때, 압력각(p)에 따른 피니언의 이론적 최소 잇수(N)는? (단, $\sin 20° = 0.34$, $\cos 20° = 0.94$, $\tan 20° = 0.36$, $\sin 25° = 0.42$, $\cos 25° = 0.91$, $\tan 25° = 0.47$이다)

① $p=20°$일 때 $N=18$, $p=25°$일 때 $N=12$
② $p=20°$일 때 $N=12$, $p=25°$일 때 $N=18$
③ $p=20°$일 때 $N=18$, $p=25°$일 때 $N=22$
④ $p=20°$일 때 $N=22$, $p=25°$일 때 $N=18$

Keyword
- $p=20°$일 때
$N \geq \dfrac{2}{\sin^2 20°}$
- $p=25°$일 때
$N \geq \dfrac{2}{\sin^2 25°}$

| 해설 | $p=20°$일 때 $N \geq \dfrac{2}{\sin^2 20°} = \dfrac{2}{0.34^2} = 17.301$이므로 최소 잇수는 $N=18$개이며

$p=25°$일 때 $N \geq \dfrac{2}{\sin^2 25°} = \dfrac{2}{0.42^2} = 11.3379$이므로 최소 잇수는 $N=12$개이다.

정답 | 85 ① 86 ①

## 87

2012 | 지방직 9급

다음과 같이 4개의 기어로 구성되어 있는 복합기어열의 기어 1에 대한 기어 4의 각속도비는? (단, $N_i$는 회전각속도, $Z_i$는 기어 잇수이다)

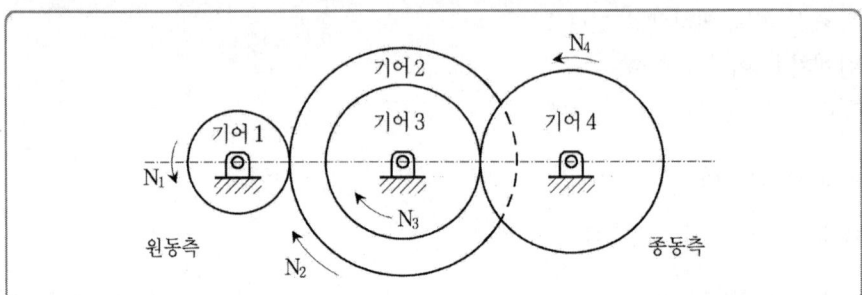

① $\dfrac{Z_1 Z_3}{Z_4 Z_2}$    ② $\dfrac{Z_2 Z_3}{Z_4 Z_1}$

③ $\dfrac{Z_4 Z_1}{Z_2 Z_3}$    ④ $\dfrac{Z_4 Z_2}{Z_1 Z_3}$

**|해설|** $\dfrac{N_4}{N_1} = \dfrac{N_2}{N_1} \times \dfrac{N_4}{N_3} = \dfrac{Z_1}{Z_2} \times \dfrac{Z_3}{Z_4}$ 에서 $\dfrac{N_4}{N_1} = \dfrac{Z_1 Z_3}{Z_4 Z_2}$

**Keyword**

$\dfrac{N_2}{N_1} \times \dfrac{N_4}{N_3} = \dfrac{Z_1}{Z_2} \times \dfrac{Z_3}{Z_4}$

## 88

2012 | 지방직 9급

**인벌류트 치형에 대한 설명으로 옳지 않은 것은?**

① 치형제작 가공이 용이하고 호환성이 좋다.
② 기어 중심 간 거리에 약간의 치수 오차가 있어도 사용 가능하다.
③ 이의 크기가 같으면 항상 호환 가능하다.
④ 정밀한 구동을 요구하지 않는 일반기계에 주로 쓰인다.

**|해설|** 원주 피치, 이의 크기와 압력각 등이 모두 같아야 호환 가능하다.

**Keyword**

인벌류트 치형은 치형제작 가공이 용이하고 호환성이 좋으나 호환이 가능하려면 원주 피치, 모듈(이의 크기), 압력각 등이 모두 같아야 한다. 기어 중심 간 거리에 약간의 치수 오차가 있어도 사용 가능하며 정밀한 구동을 요구하지 않는 일반기계에 주로 쓰인다.

정답 | 87 ① 88 ③

## 89

[2012 | 지방직 9급]

표준 스퍼 기어에 의한 동력전달에 있어서 중심거리가 120mm, 모듈이 2이고, 회전각속도가 3배로 증속될 때 종동기어의 바깥 지름[mm]은?

① 60
② 62
③ 64
④ 182

**해설** 중심거리 $a = \dfrac{d_1+d_2}{2} = \dfrac{(z_1+z_2)m}{2}$ 에서 $120 = \dfrac{(z_1+z_2) \times 2}{2}$ 이므로 $z_1+z_2 = 120$ 이며

속도비 $i = \dfrac{\omega_2}{\omega_1} = \dfrac{z_1}{z_2} = \dfrac{d_1}{d_2}$ 에서 $i=3$ 이므로 $3 = \dfrac{z_1}{z_2}$ 에서 $3z_2 = z_1$ 이므로

$z_1+z_2 = 120$ 은 $3z_2 + z_2 = 120$ 이 되며 여기서 $z_2 = 30$ 개이다.

따라서 이끝원 지름(바깥지름)은 $d_a = (z+2)m = (30+2) \times 2 = 32 \times 2 = 64 [mm]$ 이다.

**Keyword**
- 중심거리
$a = \dfrac{d_1+d_2}{2}$
$= \dfrac{(z_1+z_2)m}{2}$
- 속도비
$i = \dfrac{\omega_2}{\omega_1} = \dfrac{z_1}{z_2} = \dfrac{d_1}{d_2}$
- 이끝원 지름
$d_a = (z+2)m$

## 90

[2012 | 지방직 9급]

기어의 물림률(contact ratio)에 대한 설명으로 옳지 않은 것은?

① 모듈이 작은 기어를 사용하면 물림률이 높아진다.
② 압력각이 큰 기어를 사용하면 물림률이 나빠진다.
③ 잇수를 많게 하면 물림률이 높아진다.
④ 헬리컬 기어의 나선각을 작게 하면 전체 물림률이 높아진다.

**해설** 헬리컬 기어의 나선각을 작게 하면 전체 물림률이 나빠진다.

**Keyword**
헬리컬 기어의 상당 평치차의 잇수 $Z_e = \dfrac{Z_s}{\cos^3\beta}$ 에서 나선각 $\beta$를 작게 하면 상당 평치차의 잇수가 적어지므로 물림률이 작아진다.

정답 | 89 ③  90 ④

**91** [ 2012 | 지방직 9급 ] 상 중 하

기어가 맞물려 회전할 때, 한 쪽 기어의 이끝이 상대쪽 기어의 이뿌리에 부딪쳐서 회전이 곤란하게 되는 간섭(interference)과 언더컷(undercut) 현상의 원인과 대책에 대한 설명으로 옳지 않은 것은?

① 이의 간섭은 피니언의 잇수가 극히 적거나, 기어와 피니언의 잇수비가 매우 클 때 생긴다.
② 압력각이 너무 클 때 생기므로 압력각을 줄여 물림률을 높이면 간섭을 완화시킬 수 있다.
③ 기어의 이끝면을 깎아내거나, 피니언의 이뿌리면을 반경 방향으로 파냄으로써 기어회전을 유지할 수 있다.
④ 기어의 이높이를 줄이면, 언더컷은 방지되나 물림길이가 짧아져서 동력전달이 원활하지 않을 수 있다.

**Keyword**
간섭(interference)과 언더컷(undercut) 현상은 인벌류트 기어에서 발생되며 적절한 방지대책이 필요하다.

┃해설┃ 압력각이 너무 작을 때 생기므로 압력각을 더 크게 하여 물림률을 낮추면 간섭을 완화시킬 수 있다.

**92** [ 2012 | 국가직 7급 ] 상 중 하

링기어, 유성기어, 태양기어로 이루어진 단순한 유성기어장치에서 링기어는 잇수가 84개이고 모듈이 2이며, 유성기어는 잇수가 24개일 때, 유성기어와 태양기어 간의 중심거리[mm]는? (단, 모든 기어는 표준기어이고 백래쉬는 없는 것으로 한다)

① 27
② 30
③ 54
④ 60

**Keyword**
• 피치원 지름 $d = mz$
• 링기어의 잇수
 $Z_R = Z_S + 2Z_P$
 ($Z_S$ : 태양기어의 잇수,
 $Z_P$ : 유성기어의 잇수)
• 유성기어와 태양기어 간의
 중심거리 $a = \dfrac{d_S + d_P}{2}$
 ($d_S$ : 태양기어의 피치원 지름,
 $d_P$ : 유성기어의 피치원 지름)

┃해설┃ 링기어의 잇수 $Z_R = Z_S + 2Z_P$이므로 태양기어의 잇수는 $Z_S = Z_R - 2Z_P = 84 - 2 \times 24 = 36$개이며 피치원 지름 $d = mz$이므로 유성기어의 피치원 지름은 $d_P = mZ_P = 2 \times 24 = 48$[mm]이며 태양기어의 피치원 지름은 $d_S = mZ_S = 2 \times 36 = 72$[mm]이다.

따라서 유성기어와 태양기어 간의 중심거리 $a = \dfrac{d_P + d_S}{2} = \dfrac{48 + 72}{2} = \dfrac{120}{2} = 60$[mm]이다.

정답 | 91 ② 92 ④

**93** [2012 | 국가직 7급]

기어의 미끄럼률과 물림률에 대한 설명으로 옳지 않은 것은?

① 인벌류트 치형에서 미끄럼률은 피치점에서보다 이끝에서 크다.
② 사이클로이드 치형에서 미끄럼률은 이끝에서 이뿌리까지 변화가 심하다.
③ 물림률은 맞물리는 두 기어의 접근물림률과 퇴거물림률의 합이다.
④ 물림률이 1보다 작으면 연속적인 회전이 불가능하게 된다.

|해설| ② 사이클로이드 치형에서 미끄럼률은 치면의 모든 곳에서 일정하다.

Keyword
인벌류트 치형에서 미끄럼률은 이끝에서 이뿌리까지 변화가 심하다.

**94** [2012 | 국회직 9급]

비틀림각 $\beta = 30°$인 헬리컬 기어에서 잇수 $Z_1 = 23$, $Z_2 = 79$이고 치직각 모듈 $m = 4$일 때 중심거리 $C[\text{mm}]$는? (단, $\sqrt{3} = 1.732$이다)

① 218.57
② 221.57
③ 235.57
④ 241.57
⑤ 251.57

|해설| 치직각 모듈 $m_n = m_s \cos\beta$에서 $4 = m_s \cos 30°$이므로

축직각 모듈은 $m_s = \dfrac{4}{\cos 30°} = \dfrac{8}{\sqrt{3}}$이며

중심거리는 $a = \dfrac{d_1 + d_2}{2} = \dfrac{(z_1 + z_2)m_s}{2} = \dfrac{23 + 79}{2} \times \dfrac{8}{\sqrt{3}} = \dfrac{408}{\sqrt{3}} \approx 235.57[\text{mm}]$이다.

Keyword
• 치직각 모듈 $m_n = m_s \cos\beta$
 ($m_s$ : 축직각 모듈, $\beta$ : 비틀림각)
• 중심거리
$a = \dfrac{d_1 + d_2}{2}$
$= \dfrac{(z_1 + z_2)m_s}{2}$

**95** [2020 | 국회직 9급]

모듈 4, 치폭 35mm, 루이스(Lewis) 형상계수 0.4인 스퍼기어 재료의 허용굽힘응력이 150MPa일 때, 루이스 식을 사용한 허용굽힘하중(N)은? (단, 응력집중계수와 속도계수는 고려하지 않는다)

① 4,500
② 5,800
③ 6,300
④ 8,400
⑤ 10,500

|해설| 허용굽힘하중 $P = f_v f_w \sigma_b mbY = 150 \times 4 \times 35 \times 0.4 = 8,400[N]$

Keyword
루이스(Lewis)식
동적하중이 부가될 때 허용굽힘하중 $P = f_v f_w \sigma_b mbY$
($f_v$ : 속도계수, $f_w$ : 하중계수, $\sigma_b$ : 허용굽힘응력, $m$ : 모듈, $b$ : 치폭, $Y$ : 치형계수)

정답 | 93 ② 94 ③ 95 ④

## 96

[2012 | 국회직 9급] 상 **중** 하

표준 평기어에서 피치원 접선방향의 전달력을 구하려면 이의 굽힘강도에 관한 루이스(Lewis)식이 널리 사용된다. 루이스식에서 치형계수는 압력각($\alpha$)과 잇수($Z$)에 따라 달라진다. $\alpha = 20°$일 경우 치형계수는 $y = 0.154 - \dfrac{0.912}{Z}$로 표현된다고 가정할 때, 잇수가 26개에서 40개로 증가할 경우 접선방향 전달력 변화를 루이스식을 이용하여 계산한 결과는?

① 5% 증가
② 10% 증가
③ 15% 증가
④ 20% 증가
⑤ 25% 증가

**Keyword**
루이스의 공식에 의한 굽힘강도
$P = f_v f_w \sigma_b m b Y$
($f_v$ : 속도계수, $f_w$ : 하중계수, $Y$ : 모듈기준 치형계수)

**해설** 루이스의 공식에 의한 굽힘강도 $P = f_v f_w \sigma_b m b Y$이므로 치형계수를 계산하여 비교한다.

$Z = 26$일 때 $y_{26} = 0.154 - \dfrac{0.912}{26} = 0.1189$이며

$Z = 40$일 때 $y_{40} = 0.154 - \dfrac{0.912}{40} = 0.1312$이므로

따라서 $\dfrac{y_{40}}{y_{26}} = \dfrac{0.1312}{0.1189} = 1.103$가 되므로 약 10[%]가 증가된다.

## 97

[2012 | 국회직 9급] 상 **중** 하

평기어에서 언더컷(이의 간섭)이 발생하지 않도록 하기 위한 다음 방법 중 틀린 것은?

① 작은 기어의 잇수를 최소 잇수($Z_g = 2/\sin^2\alpha$, $\alpha$ : 압력값) 이상으로 한다.
② 압력각을 작게 한다.
③ 총 이높이를 낮게 한다.
④ 큰 기어와 작은 기어의 잇수비를 작게 한다.
⑤ 양(+)의 전위량으로 전위기어를 설계한다.

**해설** 평기어에서 언더컷(이의 간섭)이 발생하지 않도록 하기 위해서는 압력각을 크게 한다.

**참고** 언더컷, 이의 간섭이 발생하지 않도록 하기 위한 방법
- 작은 기어의 잇수를 최소 잇수 이상으로 한다.
- 압력각을 크게 한다.
- 총 이높이를 낮게 한다.
- 큰 기어와 작은 기어의 잇수비를 작게 한다.
- 양(+)의 전위량으로 전위기어를 설계한다.

정답 | 96 ② 97 ②

## 98

[ 2020 | 국가직 9급 ]

유성기어열에서 기어 A, B, C의 피치원 지름은 각각 200mm, 100mm, 400mm 이다. 암 D를 일정한 각속도($\omega_D$ = 10rad/s)로 반시계방향으로 돌릴 때, 태양기어 A의 각속도와 회전방향은? (단, A = 태양기어, B = 유성기어, C = 고정된 링기어, D = 암)

**Keyword**
열치
$$e = -\frac{Z_A}{Z_B} \times \frac{Z_B}{Z_C}$$
$$= -\frac{D_A}{D_B} \times \frac{D_B}{D_C}$$

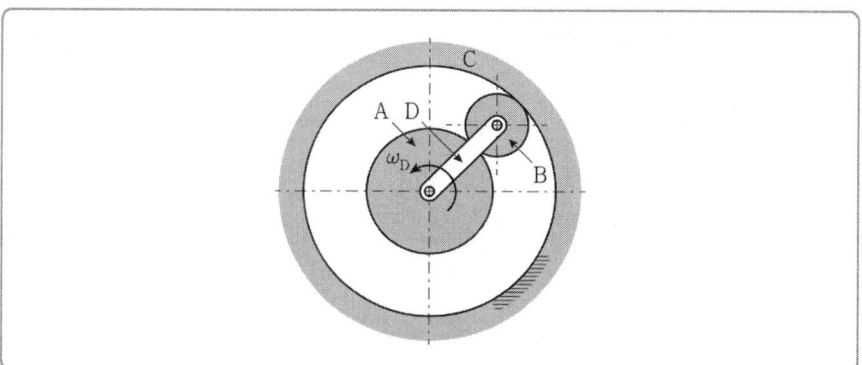

| 각속도 | 회전방향 |
|---|---|
| ① 30 rad/s | 반시계방향 |
| ② 30 rad/s | 시계방향 |
| ③ 45 rad/s | 반시계방향 |
| ④ 45 rad/s | 시계방향 |

**해설**

열치 $e = -\dfrac{200}{100} \times \dfrac{100}{400} = -\dfrac{1}{2} = \dfrac{\omega_C - \omega_D}{\omega_A - \omega_D} = \dfrac{0 - (-10)}{\omega_A - (-10)}$에서

$\omega_A = -30[rad/s]$이며 방향은 반시계방향이다.

정답 | 98 ①

## 3 벨트 · 로프 · 체인

**01** [2022 | 지방직 9급]

그림과 같은 표준 V벨트에서 각도 $\theta$는?

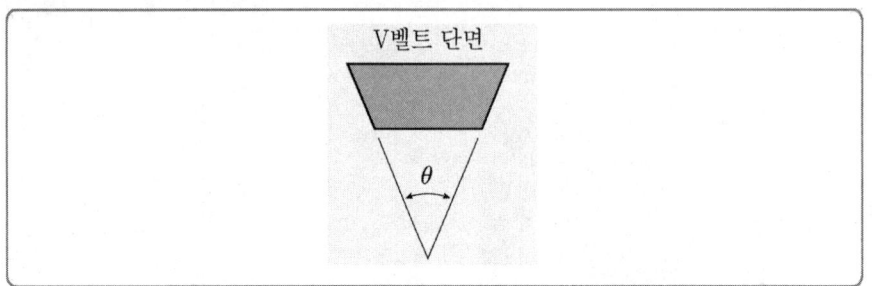

① 30°
② 35°
③ 40°
④ 45°

| 해설 | 표준 V벨트의 단면각은 40°이다.

> **Keyword**
> 표준 V벨트의 단면각은 40° 이며 풀리의 홈 각도는 V벨트 의 각도인 40°보다 작게 하여 34°, 36°, 38° 등의 3종류가 사용된다.

**02** [2018 | 서울시 9급 2차]

3m/s로 8PS를 전달하는 벨트 전동장치에서 필요한 벨트의 유효장력[kgf]은?

① 150
② 200
③ 250
④ 300

| 해설 | $T_e = \dfrac{8 \times 75}{3} = 200[\text{kgf}]$

> **Keyword**
> 동력 $H = T_e v$
> ($T_e$ : 유효장력, $v$ : 원주속도)

**03** [2019 | 지방직 9급]

평벨트 전동에서 벨트의 긴장측과 이완측의 장력이 각각 2.4kN, 2.0kN이고 원동측 벨트풀리의 지름과 회전속도가 각각 200mm, 300rpm일 때, 벨트가 전달하는 동력[kW]은? (단, 벨트에 걸리는 응력은 허용범위 이내이고 벨트의 원심력과 두께는 무시하며 벨트와 벨트풀리 사이의 미끄럼은 없다)

① $0.4\pi$
② $0.6\pi$
③ $0.8\pi$
④ $1.2\pi$

| 해설 | 벨트가 전달하는 동력 $H = Fv = (2.4 - 2.0) \times \dfrac{\pi d n}{1{,}000 \times 60} = 0.4 \times \dfrac{\pi \times 200 \times 300}{1{,}000 \times 60} = 0.4\pi [kW]$

> **Keyword**
> 벨트가 전달하는 동력
> $H = Fv$ ($F$ : 유효장력, $v$ : 원주속도)

정답 | 01 ③  02 ②  03 ①

**04** [2018 | 서울시 9급 2차]

두 축의 중심거리가 1,000mm이고, 지름이 각각 200mm, 400mm인 두 풀리 간에 바로걸기 평벨트를 감을 경우, 벨트의 길이[mm]로 가장 옳은 것은? (단, $\pi = 3$ 으로 계산한다)

① 2,900
② 2,910
③ 2,920
④ 2,930

| 해설 |
$$L = 2 \times 1{,}000 + \frac{\pi(200+400)}{2} + \frac{(400-200)^2}{4 \times 1{,}000} = 2{,}910 [\text{mm}]$$

**Keyword**

바로걸기 평벨트의 길이
$$L = 2C + \frac{\pi}{2}(D_1 + D_2) + \frac{(D_2 - D_1)^2}{4C}$$
($C$ : 두 축 간의 중심거리, $D_1$, $D_2$ : 풀리의 지름)

---

**05** [2018 | 서울시 9급 2차]

타이밍 벨트 전동장치의 일반적인 특성으로 가장 옳지 않은 것은?

① 광범위한 전동속도를 갖는다.
② 엇걸기로만 가능하고 충격을 잘 흡수하지 못한다.
③ 미끄럼이 일어나지 않고 정확한 회전비와 높은 전동효율을 얻을 수 있다.
④ 벨트의 큰 장력이 필요 없으므로 베어링에 걸리는 부하가 작고 축의 지름도 최소로 할 수 있다.

| 해설 | 타이밍 벨트는 바로걸기만 가능하며 충격에 대한 흡수력은 좋지 못하다.

**Keyword**

타이밍 벨트는 미끄럼이 없으며 회전비가 매우 정확하지만 엇걸기는 불가능하며 충격 흡수력이 좋지 않다.

---

**06** [2018 | 지방직 9급]

평벨트 전동장치에서 벨트 속도 $v[\text{m/s}]$, 긴장측 장력 $T_t[\text{N}]$, 마찰계수 $\mu$, 벨트 접촉각 $\theta[\text{rad}]$가 주어졌을 때, 최대 전달동력[kW]은? (단, 벨트의 원심력은 무시한다)

① $\dfrac{T_t v}{1{,}000}\left(\dfrac{e^{\mu\theta}}{1 - e^{\mu\theta}}\right)$
② $\dfrac{T_t v}{1{,}000}\left(\dfrac{1 - e^{\mu\theta}}{e^{\mu\theta}}\right)$
③ $\dfrac{T_t v}{1{,}000}\left(\dfrac{e^{\mu\theta} - 1}{e^{\mu\theta}}\right)$
④ $\dfrac{T_t v}{1{,}000}\left(\dfrac{e^{\mu\theta}}{e^{\mu\theta} - 1}\right)$

| 해설 |
$$P = \frac{(T_t - T_s)v}{1{,}000} = \frac{\left(T_t - \dfrac{T_t}{e^{\mu\theta}}\right)v}{1{,}000} = \frac{T_t v}{1{,}000}\left(\frac{e^{\mu\theta} - 1}{e^{\mu\theta}}\right) [\text{kW}]$$

**Keyword**

$$P = \frac{(T_t - T_s)v}{1{,}000} = \frac{\left(T_t - \dfrac{T_t}{e^{\mu\theta}}\right)v}{1{,}000}$$

---

정답 | 04 ② 05 ② 06 ③

## 07  [2018 | 국가직 9급]

벨트 전동에서 벨트의 장력으로 인해 베어링에 전달되는 하중($F_d$)과 이완측 장력($T_s$) 사이의 관계($F_d/T_s$)로 옳은 것은? (단, 마찰계수는 $\mu$이고, 벨트의 접촉각은 $\theta$이며, 원심력의 영향은 무시한다)

① $\left(e^{2\mu\theta} - 2e^{\mu\theta}\cos\theta + 1\right)^{1/2}$
② $e^{2\mu\theta} - 2e^{\mu\theta}\cos\theta + 1$
③ $\left(e^{2\mu\theta} + 2e^{\mu\theta}\cos\theta + 1\right)^{1/2}$
④ $e^{2\mu\theta} + 2e^{\mu\theta}\cos\theta + 1$

| 해설 | 벨트의 긴장측 장력을 $T_t$라고 하면

$$F_d = \sqrt{T_t^2 + T_s^2 - 2T_tT_s\cos\theta} = \sqrt{(e^{\mu\theta}T_s)^2 + T_s^2 - 2e^{\mu\theta}T_tT_s\cos\theta}$$
$$= T_s\sqrt{e^{2\mu\theta} + 1 - 2e^{\mu\theta}\cos\theta} \text{ 이며}$$

따라서 $\dfrac{F_d}{T_s} = \left(e^{2\mu\theta} - 2e^{\mu\theta}\cos\theta + 1\right)^{1/2}$

**Keyword**
벨트의 장력으로 인해 베어링에 전달되는 하중
$F_d = \sqrt{T_t^2 + T_s^2 - 2T_tT_s\cos}$

## 08 [2017 | 국가직 9급]

5m/s의 속도로 움직이면서 0.1kW의 동력을 전달하는 평벨트 장치가 있다. 긴장측 장력이 40N일 경우 장력비 $e^{\mu\theta}$의 값은? (단, 원심력의 영향은 무시한다)

① 1
② 2
③ 3
④ 4

| 해설 | 전달동력 $H = T_ev$에서 유효장력은 $T_e = \dfrac{H}{v} = \dfrac{100}{5} = 20[\text{N}]$이며

유효장력 $T_e = T_1 - T_2$에서 이완측 장력은 $T_2 = T_1 - T_e = 40 - 20 = 20[\text{N}]$이므로

장력비는 $e^{\mu\theta} = \dfrac{T_1}{T_2} = \dfrac{40}{20} = 2$가 된다.

**Keyword**
• 전달동력 $H = T_ev$
  ($T_e$ : 유효장력, $v$ : 벨트속도)
• 유효장력 $T_e = T_1 - T_2$
  ($T_1$ : 긴장측 장력, $T_2$ : 이완측 장력)
• 장력비 $e^{\mu\theta} = \dfrac{T_1}{T_2}$
  ($\mu$ : 마찰계수, $\theta$ : 접촉각)

정답 | 07 ① 08 ②

**09** [2017 | 지방직 9급]

그림과 같은 평벨트 바로걸기 전동에서 벨트에 발생하는 장력 $T_a$와 $T_b$ 중 $T_a$는 135N이다. 벨트의 폭 40mm, 허용인장응력 0.5N/mm², 이음효율 0.9일 때 벨트의 최소 두께[mm]는? (단, 벨트에 작용하는 굽힘응력과 원심력은 무시하며, 장력비는 2.0이다)

**Keyword**
$T_a$의 방향이 구동축의 회전방향과 같으므로 $T_a$는 이완측 장력이 된다.

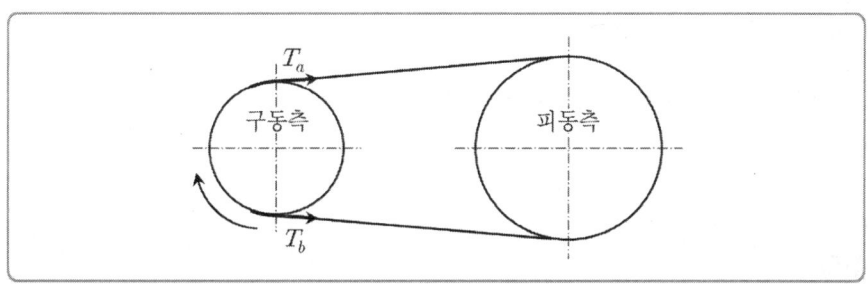

① 7.5  ② 15
③ 20   ④ 25

| 해설 | $T_a$의 방향이 구동축의 회전방향과 같으므로 $T_a$는 이완측 장력이 되고

긴장측 장력 $T_b = 2 \times 135 = 270[N]$이며 $\frac{270}{40t} = 0.5 \times 0.9$이므로 $t = 15[mm]$이다.

---

**10** [2017 | 서울시 9급]

장력비가 $k$인 평행걸기 벨트 전동장치가 있다. 긴장측 장력을 $T_t$, 이완측 장력을 $T_s$, 유효장력을 $T_e$라 할 때 $(T_t + T_s)/T_e$의 값은? (단, 벨트의 회전으로 인한 원심력 효과는 무시한다)

① $\dfrac{k-1}{k+1}$  ② $\dfrac{k+1}{k-1}$

③ $\dfrac{1+k}{1-k}$  ④ $\dfrac{1-k}{1+k}$

**Keyword**
• 유효장력 $T_e = T_1 - T_2$
 ($T_1$ : 긴장측 장력, $T_2$ : 이완측 장력)
• 장력비 $e^{\mu\theta} = \dfrac{T_1}{T_2}$
 ($\mu$ : 마찰계수, $\theta$ : 접촉각)

| 해설 |
$$\frac{T_t + T_s}{T_e} = \frac{T_t + T_s}{T_t - T_s} = \frac{\frac{T_t}{T_s}+1}{\frac{T_t}{T_s}-1} = \frac{k+1}{k-1}$$

정답 | 09 ② 10 ②

## 11

[2017 | 서울시 9급] 상·중·하

**표준 V벨트의 호칭번호 'B40'의 의미는?**

① 단면이 B형이고 유효둘레가 40cm이다.
② 단면이 B형이고 유효둘레가 40인치이다.
③ 단면이 B형이고 홈각도가 40°이다.
④ 재료가 B호이고 유효둘레가 40인치이다.

|해설| 표준 V벨트의 호칭번호 'B40'의 의미 : 단면 B형, 유효둘레 40인치

> **Keyword**
> 표준 V벨트의 호칭
> 명칭, 단면 종류, (호칭번호), (V벨트의 호칭길이)

## 12

[2017 | 국가직 7급] 상·중·하

**평벨트 전동에서 긴장측 벨트장력이 10[kN]이고 벨트의 속도가 5[m/s]인 경우, 전달동력[kW]은? (단, 장력비는 5이고, 원심력의 영향은 무시한다)**

① 30
② 40
③ 50
④ 62.5

|해설| 장력비 $e^{\mu\theta} = \dfrac{T_1}{T_2} = 5$이므로 이완측 장력은 $T_2 = \dfrac{10}{5} = 2[\text{kN}]$이며

유효장력은 $T_e = T_1 - T_2 = 10 - 2 = 8[\text{kN}]$이므로

전달동력은 $H = T_e v = 8 \times 5 = 40[\text{kW}]$이다.

> **Keyword**
> • 전달동력 $H = T_e v$
>   ($T_e$ : 유효장력, $v$ : 벨트속도)
> • 유효장력 $T_e = T_1 - T_2$
>   ($T_1$ : 긴장측 장력, $T_2$ : 이완측 장력)
> • 장력비 $e^{\mu\theta} = \dfrac{T_1}{T_2}$
>   ($\mu$ : 마찰계수, $\theta$ : 접촉각)

## 13

[2017 | 국회직 9급] 상·중·하

**다음 중 벨트 전동장치에 대한 설명으로 옳지 않은 것은?**

① 마찰차 전동장치나 기어 전동장치보다 비교적 정숙하다.
② 타이밍 벨트는 V벨트보다 정확한 속도비를 갖는다.
③ 단차를 이용한 속도비의 변화가 가능하다.
④ 구동축과 종동축 사이의 거리는 두 풀리 직경의 합의 1/2이다.
⑤ 두 축의 회전방향이 반대일 때도 사용할 수 있다.

|해설| 구동축과 종동축 사이의 거리가 두 풀리 직경의 합의 1/2이라면 마찰차나 기어와 같은 직접 전동장치의 경우이며, 간접 전동장치인 벨트의 경우는 이것이 성립되지 않는다.

> **Keyword**
> 구동축과 종동축 사이의 거리가 두 풀리 직경의 합의 1/2이라면 직접 전동장치에 해당된다.

**정답** | 11 ② 12 ② 13 ④

**14** [2016 | 국가직 9급]

풀리 피치원의 큰쪽 지름이 $D_2$, 작은쪽 지름이 $D_1$, 두 축 간의 중심거리가 $C$인 평벨트로 동력을 전달할 때, 평행걸기(바로걸기)의 벨트길이에 비하여 엇걸기(십자걸기)의 벨트길이 증가는? (단, 벨트길이 근사계산은 $\sin\phi = \phi, \cos\phi = 1 - \frac{1}{2}\phi^2$을 이용한다)

① $\dfrac{D_1 D_2}{C}$  
② $\dfrac{2D_1 D_2}{C}$  
③ $\dfrac{C}{D_1 D_2}$  
④ $\dfrac{2C}{D_1 D_2}$

**해설**

평행걸기(바로걸기) 벨트길이 $L_1 = 2C + \dfrac{\pi(D_2 + D_1)}{2} + \dfrac{(D_2 - D_1)^2}{4C}$ 이며

엇걸기(십자걸기) 벨트길이 $L_2 = 2C + \dfrac{\pi(D_2 + D_1)}{2} + \dfrac{(D_2 + D_1)^2}{4C}$ 이므로

증가된 벨트의 길이 $= L_2 - L_1 = \dfrac{(D_2 + D_1)^2 - (D_2 - D_1)^2}{4C} = \dfrac{D_1 D_2}{C}$

**Keyword**

• 평행걸기(바로걸기) 벨트길이
$L_1 = 2C + \dfrac{\pi(D_2 + D_1)}{2} + \dfrac{(D_2 - D_1)^2}{4C}$

• 엇걸기(십자걸기) 벨트길이
$L_2 = 2C + \dfrac{\pi(D_2 + D_1)}{2} + \dfrac{(D_2 + D_1)^2}{4C}$

---

**15** [2016 | 지방직 9급]

벨트에 작용하는 하중의 상관관계식으로 옳은 것은? (단, 마찰계수 $\mu$, 접촉각 $\beta$, 긴장측 장력 $F_t$, 이완측 장력 $F_s$, 원심력 $F_c$이다)

① $\dfrac{F_t + F_c}{F_s + F_c} = e^{\mu\beta}$  
② $\dfrac{F_t - F_c}{F_s - F_c} = e^{\mu\beta}$  
③ $\dfrac{F_t + F_c}{F_s + F_c} = e^{-\mu\beta}$  
④ $\dfrac{F_t - F_c}{F_s - F_c} = e^{-\mu\beta}$

**해설**

아이텔바인(Eytelwein)식 $e^{\mu\beta} = \dfrac{F_t - F_c}{F_s - F_c}$ 이므로 정답은 $\dfrac{F_t - F_c}{F_s - F_c} = e^{\mu\beta}$ 이다.

**Keyword**

아이텔바인(Eytelwein)식
$e^{\mu\beta} = \dfrac{F_t - F_c}{F_s - F_c}$

정답 | 14 ① 15 ②

**16** [ 2016 | 국가직 7급 ] (상)(충)(하)

피치원 지름이 1,000mm이고, 회전수가 60[rpm]인 풀리에 체결된 벨트의 속도 [m/s]는? (단, 벨트와 풀리 사이의 미끄러짐은 없으며, 벨트의 두께는 무시한다)

① $0.5\pi$  ② $\pi$
③ $2\pi$    ④ $3\pi$

**해설** 벨트속도 $v = \dfrac{\pi dn}{1,000 \times 60} = \dfrac{\pi \times 1,000 \times 60}{1,000 \times 60} = \pi[\text{m/s}]$

**Keyword**
벨트속도
$v = \dfrac{\pi dn}{1,000 \times 60}[\text{m/s}]$
($d$ : 피치원 지름, $n$ : 회전수)

---

**17** [ 2016 | 국회직 9급 ] (상)(충)(하)

3m/s의 속도로 전동하고 있는 평벨트의 긴장측의 장력이 300kgf이고, 이완측의 장력이 150kgf이면 전달하고 있는 동력은 몇 PS인가?

① 3.75   ② 4
③ 6      ④ 7.25
⑤ 8

**해설** 전달동력 $H = T_e v = (300 - 150) \times 3 = 450[\text{kgf} \cdot \text{m/s}] = \dfrac{450}{75} = 6[\text{PS}]$

**Keyword**
전달동력 $H = T_e v$
($T_e$ : 유효장력, $v$ : 벨트속도)

---

**18** [ 2015 | 국가직 9급 ] (상)(충)(하)

동력전달을 위한 평벨트 전동장치에 대한 설명으로 옳지 않은 것은?

① 직물벨트는 가죽벨트보다 가볍고 인장강도는 크나 유연성이 좋지 않아 전동능력이 떨어진다.
② 바로걸기에서 벨트를 수평으로 걸어서 전동하는 경우 긴장측을 위쪽으로 하는 것이 좋다.
③ 운전 중에 벨트가 풀리에서 벗겨지지 않도록 풀리의 표면은 가운데를 약간 높게 한다.
④ 벨트 전동장치에서는 속도비를 일정하게 유지하기 곤란하다.

**해설** 바로걸기에서 벨트를 수평으로 걸어서 전동하는 경우 긴장측을 아래쪽으로 하고 인장측을 위쪽으로 하면 접촉각이 크게 되어 미끄럼이 적게 된다.

**Keyword**
바로걸기에서 벨트를 수평으로 걸어서 전동하는 경우 당겨지는 쪽인 긴장측을 아래쪽으로 하는 것이 좋다.

---

정답 | 16 ② 17 ③ 18 ②

**19** 회전하고 있는 평행걸기(바로걸기) 평벨트 전동장치의 장력비는 $k$이다. 긴장측 장력을 $T_t$, 이완측 장력을 $T_s$, 유효장력을 $T_e$라 할 때, $(T_t + T_s)/T_e$를 나타낸 것으로 옳은 것은? (단, 벨트 속도로 인한 원심력은 무시한다)

① $\dfrac{k-1}{k+1}$  
② $\dfrac{k+1}{k-1}$  
③ $\dfrac{1+k}{1-k}$  
④ $\dfrac{1-k}{1+k}$

**Keyword**
- 유효장력 $T_e = T_1 - T_2$  
  ($T_1$ : 긴장측 장력, $T_2$ : 이완측 장력)
- 장력비 $e^{\mu\theta} = \dfrac{T_1}{T_2}$  
  ($\mu$ : 마찰계수, $\theta$ : 접촉각)

|해설|
$$\frac{T_t+T_s}{T_e} = \frac{T_t+T_s}{T_t-T_s} = \frac{\frac{T_t}{T_s}+1}{\frac{T_t}{T_s}-1} = \frac{k+1}{k-1}$$

---

**20** 원동풀리의 지름이 750mm, 회전속도가 600rpm, 벨트 두께가 6mm이고, 종동풀리의 지름은 450mm이다. 벨트의 두께를 고려하여 종동풀리의 회전속도에 가장 가까운 값[rpm]은? (단, 미끄럼에 의해 종동풀리의 속도가 2% 만큼 감소한다)

① 974.8  
② 980  
③ 994.7  
④ 1,000

**Keyword**
벨트의 속도비  
$i = \dfrac{n_2}{n_1} = \dfrac{D_1+t}{D_2+t}$  
($n_1$ : 원동 풀리의 회전수, $n_2$ : 종동 풀리의 회전수, $D_1$ : 원동 풀리의 지름, $D_2$ : 종동 풀리의 지름, $t$ : 벨트 두께)

|해설| $\dfrac{n_2}{600} = \dfrac{750+6}{450+6}$, $n_2 = \dfrac{756}{456} \times 600 \simeq 994.7[rpm]$

미끄럼에 의해 종동풀리의 속도가 2[%]만큼 감소하므로 최종 종동풀리의 속도는  
$n_2' = 994.7 \times 0.98 \simeq 974.8[rpm]$

---

**21** 평행걸기(바로걸기) 평벨트 전동장치에서 원동 풀리 지름이 195[mm], 종동 풀리 지름이 95[mm]이고, 벨트 두께는 5[mm]이다. 원동 풀리가 1,000[rpm]으로 회전할 때, 벨트 두께를 고려하여 구한 종동 풀리의 회전수[rpm]는? (단, 풀리와 벨트 사이의 미끄럼은 고려하지 않는다)

① 1,000  
② 1,027  
③ 2,000  
④ 2,053

**Keyword**
속도비 $i = \dfrac{n_2}{n_1} = \dfrac{D_1+t}{D_2+t}$

|해설| 속도비 $i = \dfrac{n_2}{n_1} = \dfrac{D_1+t}{D_2+t}$에서 $\dfrac{n_2}{1,000} = \dfrac{195+5}{95+5} = \dfrac{200}{100} = 2$이므로  
$n_2 = 2 \times 1,000 = 2,000[rpm]$이다.

정답 | 19 ② 20 ① 21 ③

**22** [2022 | 지방직 9급] 상 중 하

종동 풀리의 지름이 500mm인 평벨트 풀리에 평행걸기된 벨트의 장력비가 2이다. 벨트의 너비는 100mm, 두께는 5mm, 허용인장응력은 2MPa, 이음효율은 80%이다. 유효장력에 의하여 종동 풀리에 전달되는 최대 토크[N·m]는? (단, 원심력은 고려하지 않으며, 토크 계산 시 벨트의 무게와 굽힘응력은 무시한다)

① 100  ② 300
③ 500  ④ 1,000

**Keyword**

긴장측 장력 $T_t$, 이완측 장력 $T_s$, 벨트의 너비 $b$, 벨트의 두께 $t$, 이음효율 $\eta$, 종동 풀리의 지름이 $D_2$일 때
- 벨트의 허용응력
$$\sigma_a = \frac{T_t}{bt\eta}$$
- 장력비 $e^{\mu\theta} = \frac{T_t}{T_s}$
- 유효장력 $T_e = T_t - T_s$
- 종동 풀리에 전달되는 최대 토크 $T_{max} = T_e \times \frac{D_2}{2}$

| 해설 | 벨트의 허용응력 $\sigma_a = \frac{T_t}{bt\eta}$ 에서

긴장측 장력 $T_t = \sigma_a bt\eta = 2 \times 100 \times 5 \times 0.8 = 800[N]$

장력비 $e^{\mu\theta} = \frac{T_t}{T_s}$ 에서

이완측 장력 $T_s = \frac{T_t}{e^{\mu\theta}} = \frac{800}{2} = 400[N]$

∴ 유효장력 $T_e = T_t - T_s = 800 - 400 = 400[N]$

∴ 종동 풀리에 전달되는 최대 토크
$T_{max} = T_e \times \frac{D_2}{2} = 400 \times \frac{500}{2} = 100000[N \cdot mm] = 100[N \cdot m]$

**23** [2022 | 국가직 9급] 상 중 하

평벨트 전동에서 벨트에 작용하는 긴장측 장력 900N, 벨트의 허용인장응력 $2N/mm^2$, 두께 2mm, 이음효율이 90%일 때, 벨트의 최소 폭[mm]은? (단, 벨트에 작용하는 원심력 및 굽힘응력은 무시한다)

① 125  ② 250
③ 375  ④ 500

**Keyword**

평벨트의 허용인장응력
$$\sigma_a = \frac{T_t}{bt\eta}$$

| 해설 | 벨트의 허용인장응력 $\sigma_a = \frac{T_t}{bt\eta}$ 에서

벨트의 최소폭 $b = \frac{T_t}{\sigma_a t\eta} = \frac{900}{2 \times 2 \times 0.9} = 250[mm]$

정답 | 22 ① 23 ②

## 24

[2015 | 서울시 9급]

원심력을 무시할 만큼의 저속의 평벨트 전동에서 유효장력이 1.5kN이고 긴장측 장력이 이완측 장력의 2배라 하면 이 벨트의 폭은 얼마로 설계해야 하는가? (단, 벨트의 허용인장응력은 5N/mm², 벨트의 두께는 10mm, 이음효율은 80%이다)

① 55mm
② 65mm
③ 75mm
④ 85mm

**해설** 긴장측 장력이 이완측 장력의 2배이므로 $T_1 = 2T_2$이고 $T_2 = 0.5T_1$이며
유효장력 $T_e = T_1 - T_2$에서 $1.5 = T_1 - 0.5T_1$이므로 $T_1 = 1.5 \times 2 = 3[\text{kN}]$
벨트의 소요 단면적은 $A = bt = \dfrac{T_1}{\sigma_a \eta}$이므로 $b \times 10 = \dfrac{3,000}{5 \times 0.8}$에서
벨트의 폭은 $b = \dfrac{3,000}{5 \times 0.8 \times 10} = 75[\text{mm}]$

**Keyword**
- 유효장력 $T_e = T_1 - T_2$
 ($T_1$ : 긴장측 장력, $T_2$ : 이완측 장력)
- 벨트의 소요 단면적
 $A = bt = \dfrac{T_1}{\sigma_a \eta}$
 ($b$ : 벨트폭, $t$ : 벨트두께, $\sigma_a$ : 허용인장응력, $\eta$ : 이음효율)

## 25

[2015 | 국가직 7급]

아이텔바인식에 대한 설명으로 옳지 않은 것은?

① 벨트가 풀리를 반경방향으로 누르고 있고, 벨트와 풀리 사이에 미끄럼 마찰이 일어나는 경우를 설명한다.
② 반경방향의 힘은 중요한 물리적 의미를 가지며, 벨트와 풀리 사이에 상대적인 미끄럼 운동이 반경방향으로 발생하려는 순간에 대하여 해석한다.
③ 피동측에서는 벨트가 풀리를 회전시키며 벨트가 풀리에 감기기 시작하는 쪽은 이완측이고, 풀리로부터 풀려나오는 쪽은 긴장측이다.
④ 크리핑 현상이 발생하면, 아이텔바인식에서 가정했던 마찰력의 방향이 바뀌게 되어 적용하기 어렵다.

**해설** 반경방향의 힘은 중요한 물리적 의미를 가지며, 벨트와 풀리 사이에 상대적인 미끄럼 운동이 원주방향으로 발생하려는 순간에 대하여 해석한다.

**Keyword**
아이텔바인식은
$$e^{\mu\theta} = \dfrac{T_1 - \dfrac{wv^2}{g}}{T_2 - \dfrac{wv^2}{g}}$$
로 표시되며 장력비라고도 한다.
($e$ : 자연대수의 밑으로 $e = 2.71828\cdots$, $\mu$ : 마찰계수, $\theta$ : 접촉각, $T_1, T_2$ : 각각 긴장측 장력, 이완측 장력, $w$ : 단위 길이당 벨트의 무게, $v$ : 벨트속도, $g$ : 중력가속도, $\dfrac{wv^2}{g}$ : 원심력에 의하여 벨트에 부가되는 부가장력)

## 26

[2015 | 국가직 7급]

벨트와 종동 풀리 및 원동 풀리 사이에서 각각 1%의 슬립이 일어나고 있다. 현재 벨트의 속도는 2[m/sec]이고, 전달력이 1,000[N]이면 종동축에서의 동력[kW]은?

① 1
② 2
③ 3
④ 4

**해설** 전달동력 $H = T_e v = 1,000 \times 2 = 2,000[\text{W}] = 2[\text{kW}]$

**Keyword**
전달동력 $H = T_e v$
($T_e$ : 유효장력, $v$ : 벨트속도)

**정답** | 24 ③ 25 ② 26 ②

**27** [2015 | 국회직 9급]

아래의 그림은 벨트-풀리에 의해 굽힘하중을 받는 회전축의 자유물체도를 나타낸다. 그림과 같이 풀리를 통해 500N의 힘이 축에 가해질 경우 힘이 가해지는 지점의 굽힘 모멘트는 얼마인가? (단, 그림에서 $R_1$, $R_2$는 단순지지되고 있는 지지점의 반력을 의미한다)

Keyword
- 반력 $R_1 = R_2$
- 굽힘 모멘트 $M = FL$

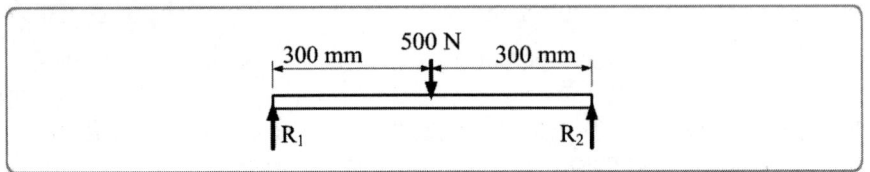

① 60Nm
② 65Nm
③ 70Nm
④ 75Nm
⑤ 80Nm

| 해설 | 반력 $R_1 = R_2 = 250[N]$이며 500[N] 지점의 굽힘 모멘트는 $M = FL = 250 \times 0.3 = 75[N \cdot m]$이다.

**28** [2021 | 지방직 9급]

벨트의 장력비 1.6, 벨트의 이완측 장력 500N, 벨트의 허용응력 1MPa, 벨트의 폭 10cm, 벨트의 이음효율 80%일 때, 필요한 벨트의 최소 두께[mm]는? (단, 벨트의 원심력 및 굽힘응력은 무시한다)

Keyword
- 장력비 $e^{\mu\theta} = \dfrac{T_t}{T_s}$
- 벨트의 허용응력 $\sigma_a = \dfrac{T_t}{bt\eta}$

① 5
② 10
③ 15
④ 20

| 해설 |
장력비 $e^{\mu\theta} = \dfrac{T_t}{T_s} = 1.6$

긴장측장력 $T_t = 1.6 T_s = 1.6 \times 500 = 800[N]$

벨트의 허용응력 $\sigma_a = \dfrac{T_t}{bt\eta}$ 에서

벨트의 최소 두께 $t = \dfrac{T_t}{b\eta\sigma_a} = \dfrac{800}{100 \times 0.8 \times 1} = 10[mm]$

정답 | 27 ④　28 ②

**29** [2014 | 국가직 9급]

벨트의 속도가 $v\,\text{m/s}$, 긴장측 장력이 $T_t\,\text{kg}_\text{f}$, 이완측 장력이 $T_s\,\text{kg}_\text{f}$, $T_t/T_s = 4$ 일 때, 최대 전달동력[PS]은? (단, 원심력은 무시한다)

① $\dfrac{T_t v}{136}$  ② $\dfrac{T_t v}{125}$

③ $\dfrac{T_t v}{100}$  ④ $\dfrac{T_t v}{75}$

|해설| $H = T_e v = (T_t - T_s)v = \left(T_t - \dfrac{T_t}{4}\right)\times v = \dfrac{3T_t}{4}\times v[\text{kg}_\text{f}\cdot\text{m/s}] = \dfrac{3T_t v}{4\times 75}[\text{PS}] = \dfrac{T_t v}{100}[\text{PS}]$

**Keyword**
- 전달동력 $H = T_e v$
  ($T_e$ : 유효장력, $v$ : 벨트속도)
- 유효장력
  $T_e = T_1 - T_2$
  ($T_1$ : 긴장측 장력, $T_2$ : 이완측 장력)

**30** [2014 | 지방직 9급]

벨트 전동장치에서 유효장력을 $T_e$, 긴장측의 장력을 $T_t$, 이완측의 장력을 $T_s$, 풀리와 벨트 사이의 접촉각을 $\theta$, 마찰계수를 $\mu$라 할 때, 옳은 식은? (단, 원심력의 영향은 무시한다)

① $T_s = (e^{\mu\theta}-1)T_e$  ② $T_s = \dfrac{e^{\mu\theta}}{e^{\mu\theta}-1}T_e$

③ $T_t = \dfrac{1}{e^{\mu\theta}-1}T_e$  ④ $T_t = \dfrac{e^{\mu\theta}}{e^{\mu\theta}-1}T_e$

|해설| $T_e = T_t - T_s = (e^{\mu\theta}-1)T_s = \dfrac{e^{\mu\theta}-1}{e^{\mu\theta}}T_t$, $T_t = \dfrac{e^{\mu\theta}}{e^{\mu\theta}-1}T_e$

**Keyword**
$T_e = T_t - T_s$
$= (e^{\mu\theta}-1)T_s$
$= \dfrac{e^{\mu\theta}-1}{e^{\mu\theta}}T_t$

정답 | 29 ③  30 ④

## 31 [2021 | 국가직 9급] 상⦁중⦁하

평벨트를 엇걸기에서 바로걸기로 변경할 때, 작은 풀리의 접촉각 차이를 나타낸 것은? (단, $D_1$ : 작은 풀리의 지름, $D_2$ : 큰 풀리의 지름, $C$ : 축간거리이다)

① $\sin^{-1}\left(\dfrac{D_2+D_1}{2C}\right) - \sin^{-1}\left(\dfrac{D_2-D_1}{2C}\right)$

② $\sin^{-1}\left(\dfrac{D_2+D_1}{2C}\right) + \sin^{-1}\left(\dfrac{D_2-D_1}{2C}\right)$

③ $2\sin^{-1}\left(\dfrac{D_2+D_1}{2C}\right) - 2\sin^{-1}\left(\dfrac{D_2-D_1}{2C}\right)$

④ $2\sin^{-1}\left(\dfrac{D_2+D_1}{2C}\right) + 2\sin^{-1}\left(\dfrac{D_2-D_1}{2C}\right)$

| 해설 |
엇걸기 작은 풀리의 접촉각 $\theta_1 = \pi + 2\sin^{-1}\left(\dfrac{D_2+D_1}{2C}\right)$

바로걸기 작은 풀리의 접촉각 $\theta_2 = \pi - 2\sin^{-1}\left(\dfrac{D_2-D_1}{2C}\right)$

∴ 접촉각의 차이 $= \theta_1 - \theta_2 = 2\sin^{-1}\left(\dfrac{D_2+D_1}{2C}\right) + 2\sin^{-1}\left(\dfrac{D_2-D_1}{2C}\right)$

**Keyword**
엇걸기 작은 풀리의 접촉각
$\theta_1 = \pi + 2\sin^{-1}\left(\dfrac{D_2+D_1}{2C}\right)$
바로걸기 작은 풀리의 접촉각
$\theta_2 = \pi - 2\sin^{-1}\left(\dfrac{D_2-D_1}{2C}\right)$

## 32 [2014 | 지방직 9급] 상⦁중⦁하

벨트 전동에서 원동 풀리의 지름이 $D_1$, 종동 풀리의 지름이 $D_2$이고, 풀리의 중심 간 거리가 $C$이다. 벨트를 평행걸기할 때, 원동 풀리에서 벨트와 풀리 사이의 접촉각[°]은? (단, $D_1 < D_2$)

① $\theta = 180 - \sin^{-1}\left(\dfrac{D_2-D_1}{2C}\right)$

② $\theta = 180 + \sin^{-1}\left(\dfrac{D_2-D_1}{2C}\right)$

③ $\theta = 180 + 2\sin^{-1}\left(\dfrac{D_2-D_1}{2C}\right)$

④ $\theta = 180 - 2\sin^{-1}\left(\dfrac{D_2-D_1}{2C}\right)$

| 해설 |
$\sin\phi = \dfrac{D_2-D_1}{2C}$ 에서 $\phi = \sin^{-1}\left(\dfrac{D_2-D_1}{2C}\right)$ 이며 원동 풀리가 작은 풀리이므로

접촉각은 $\theta = 180 - 2\phi_1 = 180 - 2\sin^{-1}\left(\dfrac{D_2-D_1}{2C}\right)$ 이다.

**Keyword**
작은 풀리의 접촉각은 180°보다 작고 큰 풀리에서의 접촉각은 180°보다 크다.

정답 | 31 ④  32 ④

**33** [2014 | 서울시 9급] 상 **중** 하

평벨트 전동에서 벨트의 속도가 7.5m/s, 이완측 장력이 30kg, 전달동력이 4PS라면 긴장측 장력은 얼마인가?

① 70kg
② 75kg
③ 80kg
④ 85kg
⑤ 90kg

**Keyword**
- 전달동력 $H = T_e v$
 ($T_e$ : 유효장력, $v$ : 벨트속도)
- 유효장력 $T_e = T_1 - T_2$
 ($T_1$ : 긴장측 장력, $T_2$ : 이완측 장력)

|해설| $4[\text{PS}] = 4 \times 75[\text{kgf} \cdot \text{m/s}] = 300[\text{kgf} \cdot \text{m/s}]$이며

전달동력 $H = T_e v = (T_t - T_s) v$에서 $300 = (T_t - 30) \times 7.5$이므로

긴장측의 장력은 $T_t = \dfrac{300}{7.5} + 30 = 40 + 30 = 70[\text{kgf}]$이다.

---

**34** [2014 | 국가직 7급] 상 **중** 하

작은 풀리의 접촉각이 $\theta[\text{rad}]$이고, 벨트속도가 $v[\text{m/s}]$인 평행걸기 벨트 전동장치가 있다. 전달동력 $H[\text{W}]$를 전달하기 위한 벨트의 단면적$[\text{m}^2]$은? (단, 벨트속도로 인한 원심력은 무시하고, 마찰계수는 $\mu$, 벨트의 이음효율은 $\eta$, 벨트의 허용인장응력은 $\sigma_t[\text{N/m}^2]$이다)

① $\left(\dfrac{e^{\mu\theta} - 1}{e^{\mu\theta}}\right) \dfrac{H}{v \sigma_t \eta}$

② $\left(\dfrac{e^{\mu\theta} - 1}{e^{\mu\theta}}\right) \dfrac{H\eta}{v \sigma_t}$

③ $\left(\dfrac{e^{\mu\theta}}{e^{\mu\theta} - 1}\right) \dfrac{H}{v \sigma_t \eta}$

④ $\left(\dfrac{e^{\mu\theta}}{e^{\mu\theta} - 1}\right) \dfrac{H\eta}{v \sigma_t}$

**Keyword**
- 유효장력
 $T_e = T_t - T_s = \dfrac{H}{v}$
- 긴장측 장력
 $T_t = \left(\dfrac{e^{\mu\theta}}{e^{\mu\theta} - 1}\right) \dfrac{H}{v}$

|해설| 유효장력 $T_e = T_t - T_s = \dfrac{H}{v}$이므로 긴장측 장력은 $T_t = \left(\dfrac{e^{\mu\theta}}{e^{\mu\theta} - 1}\right) \dfrac{H}{v}$이다.

벨트의 단면적을 $A$라 하면 $\eta \sigma_t = \dfrac{T_t}{A} = \dfrac{1}{A} \left(\dfrac{e^{\mu\theta}}{e^{\mu\theta} - 1}\right) \dfrac{H}{v}$에서 $A = \left(\dfrac{e^{\mu\theta}}{e^{\mu\theta} - 1}\right) \dfrac{H}{v \sigma_t \eta}$이다.

정답 | 33 ① 34 ③

## 35 [2014 | 국가직 7급]

다음 그림과 같은 평벨트에서 두 풀리의 지름이 각각 $D_1$, $D_2$이고 벨트 길이가 $L$일 때, 두 축 간의 중심거리 $C$는? (단, $\sin\phi \fallingdotseq \phi$, $\cos\phi \fallingdotseq 1 - \dfrac{1}{2}\phi^2$이다)

**Keyword**
$$L = 2C + \dfrac{\pi}{2}(D_2 + D_1) + \dfrac{(D_2 - D_1)^2}{4C}$$

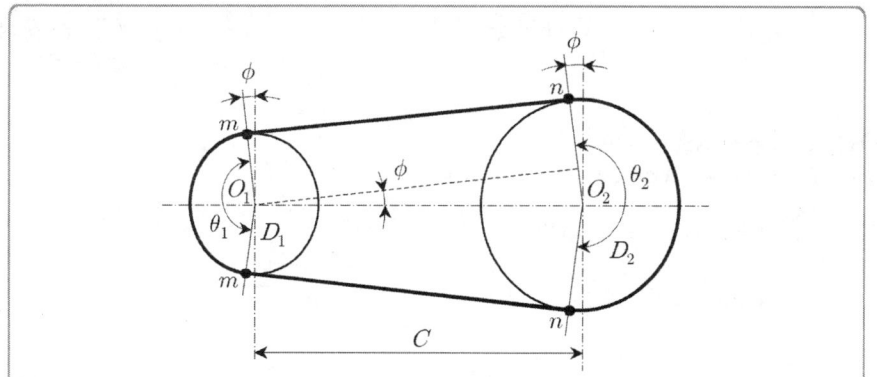

① $C \fallingdotseq \dfrac{H + \sqrt{H^2 - 2(D_2 - D_1)^2}}{4}$ 여기서 $H = \dfrac{\pi}{2}(D_2 + D_1) - L$

② $C \fallingdotseq \dfrac{H + \sqrt{H^2 - 2(D_2 - D_1)^2}}{4}$ 여기서 $H = L - \dfrac{\pi}{2}(D_2 + D_1)$

③ $C \fallingdotseq \dfrac{H + \sqrt{H^2 - 4(D_2 - D_1)^2}}{2}$ 여기서 $H = \dfrac{\pi}{2}(D_2 + D_1) - L$

④ $C \fallingdotseq \dfrac{H + \sqrt{H^2 - 4(D_2 - D_1)^2}}{2}$ 여기서 $H = L - \dfrac{\pi}{2}(D_2 + D_1)$

**| 해설 |**

$L = 2C + \dfrac{\pi}{2}(D_2 + D_1) + \dfrac{(D_2 - D_1)^2}{4C}$ 이므로 양변에 $C$를 곱하면

$LC = 2C^2 + \dfrac{\pi}{2}(D_2 + D_1)C + \dfrac{(D_2 - D_1)^2}{4}$ 이 되므로

이것은 $2C^2 + \dfrac{\pi}{2}(D_2 + D_1)C + \dfrac{(D_2 - D_1)^2}{4} - LC = 0$이 되며

이것을 정리하면 $2C^2 - \left[L - \dfrac{\pi}{2}(D_2 + D_1)\right]C + \dfrac{(D_2 - D_1)^2}{4} = 0$된다.

$L - \dfrac{\pi}{2}(D_2 + D_1) = H$로 치환시키면 $2C^2 - HC + \dfrac{(D_2 - D_1)^2}{4} = 0$으로 표현되며

이 $C$에 대한 2차 방정식에서 근의 공식을 이용하여 $C$값을 구하면,

$C = \dfrac{H + \sqrt{H^2 - 4 \times 2 \times \dfrac{(D_2 - D_1)^2}{4}}}{4} = \dfrac{H + \sqrt{H^2 - 2(D_2 - D_1)^2}}{4}$ 이 된다.

**| 참고 |** 2차 방정식 $ax^2 + bx + c = 0 \, (a \neq 0)$의 근의 공식

$x = \dfrac{-b \pm \sqrt{b^2 - 4ac}}{2a}$

**정답 | 35 ②**

**36** [2013 | 지방직 9급] 상 중 하

벨트 전동에서 인장측 장력이 이완측 장력의 3배이고 벨트의 유효장력이 100[kgf]일 때, 인장측 장력[kgf]은? (단, 원심력의 영향은 무시함)

① 50
② 67
③ 150
④ 200

**Keyword**
유효장력 $T_e = T_1 - T_2$
($T_1$: 긴장측 장력, $T_2$: 이완측 장력)

|해설| $T_e = T_1 - T_2$에서 $100 = T_1 - T_2$이므로 $T_2 = T_1 - 100$이며
$T_1 = 3T_2$이므로 $T_1 = 3(T_1 - 100)$에서 $T_1 = 3T_1 - 300$이고 $2T_1 = 300$이므로 $T_1 = 150[N]$이다.

**37** [2013 | 국가직 7급] 상 중 하

평벨트를 평행하게 설치하는 경우, 일반적으로 위쪽을 이완측이 되게 설계한다. 이와 같이 벨트를 설계하는 이유로 옳지 않은 것은?

① 동일 동력을 전달할 때, 아래쪽이 이완측일 경우보다 벨트의 수명이 증가한다.
② 아래쪽이 이완측일 경우보다 접촉각이 증대되어 최대 전달동력이 증가한다.
③ 아래쪽이 이완측일 경우보다 마찰각이 증대되어 마찰계수가 크게 된다.
④ 동일 동력을 전달할 때, 아래쪽이 이완측일 경우보다 긴장측 장력은 감소한다.

**Keyword**
벨트가 풀리에 감겨 접촉된 2개의 중심각을 접촉각이라고 하며 이 각이 클수록 미끄럼이 감소된다.

|해설| 이완 쪽이 원동차의 위쪽으로 오게 하거나 인장 풀리를 사용하면 접촉각이 크게 되어 미끄럼이 감소된다.

|참고| 엇걸기로 하면 바로걸기보다 접촉각이 커지므로 전동 효율이 우수해진다.

**38** [2013 | 국회직 9급] 상 중 하

긴장측 장력이 80kgf일 때, 최적의 벨트 단면적을 구하시오. (단, 벨트의 허용응력은 $0.2\text{kgf/mm}^2$이고, 벨트의 이음효율은 80% 이다)

① $100\text{mm}^2$
② $200\text{mm}^2$
③ $500\text{mm}^2$
④ $1,000\text{mm}^2$
⑤ $2,000\text{mm}^2$

**Keyword**
벨트의 소요 단면적
$A = bt = \dfrac{T_1}{\sigma_a \eta}$
($b$: 벨트폭, $t$: 벨트두께, $\sigma_a$: 허용인장응력, $\eta$: 이음효율)

|해설| 벨트의 소요 단면적 $A = bt = \dfrac{T_1}{\sigma_a \eta} = \dfrac{80}{0.2 \times 0.8} = 500[\text{mm}^2]$

정답 | 36 ③ 37 ③ 38 ③

**39** [2012 | 국가직 9급] (상)(중)(하)

저속으로 운전되는 벨트의 두께가 2mm, 폭이 20mm인 벨트 전동장치에서 유효장력이 400N, 풀리의 접촉각과 마찰계수 곱의 지수값 $e^{\mu\theta} = 3$일 때, 최대 인장응력[MPa]은?

① 5
② 10
③ 15
④ 20

**Keyword**
- 장력비 $\dfrac{T_1}{T_2} = e^{\mu\theta}$
  ($T_1$ : 긴장측 장력, $T_2$ : 이완측 장력)
- 유효장력 $T_e = T_1 - T_2$
- 최대 인장응력 $\sigma = \dfrac{T_1}{bt}$
  ($b$ : 벨트폭, $t$ : 벨트두께)

|해설| 장력비 $\dfrac{T_1}{T_2} = e^{\mu\theta} = 3$에서 $T_1 = 3T_2$이며 유효장력 $T_e = T_1 - T_2$에서 $400 = T_1 - T_2$이므로

$400 = T_1 - \dfrac{T_1}{3}$에서 $T_1 = \dfrac{400 \times 3}{2} = 600[N]$이다.

따라서 최대 인장응력은 $\sigma = \dfrac{T_1}{bt} = \dfrac{600}{20 \times 2} = \dfrac{600}{20 \times 2} = 15[MPa]$이다.

**40** [2012 | 지방직 9급] (상)(중)(하)

벨트 전동에서 벨트에 장력을 가하는 방법으로 옳지 않은 것은?

① 벨트 자중에 의한 방법
② 탄성변형에 의한 방법
③ 스냅 풀리를 사용하는 방법
④ 원심력에 의한 방법

**Keyword**
벨트에 장력을 가하는 방법
- 벨트 자중에 의한 방법
- 탄성변형에 의한 방법
- 스냅 풀리를 사용하는 방법 등

|해설| 원심력에 의한 방법으로는 벨트에 장력을 가할 수 없다.

**41** [2019 | 지방직 9급] (상)(중)(하)

평벨트를 벨트풀리에 거는 방법에 대한 설명으로 옳은 것만을 모두 고르면? (단, 원동축은 시계방향으로 회전한다)

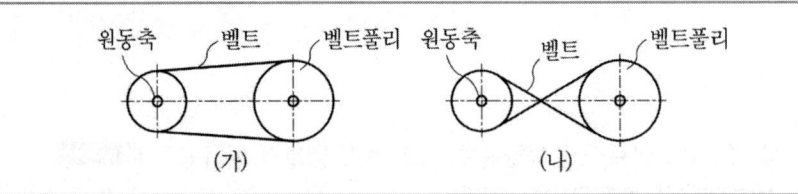

㉠ (가)는 위쪽 벨트가 이완측이 된다.
㉡ (나)는 원동축과 종동축의 회전방향이 같다.
㉢ (가)는 (나)보다 미끄럼이 작다.
㉣ (나)는 (가)보다 큰 동력을 전달할 수 있다.

① ㉠, ㉡
② ㉠, ㉣
③ ㉡, ㉢
④ ㉢, ㉣

**Keyword**
㉠ (가)는 아래쪽 벨트가 긴장측이고 위쪽 벨트가 이완측이 된다.
㉣ (나)는 엇걸기이므로 바로걸기인 (가)보다 접촉각이 더 크므로 더 큰 동력을 전달할 수 있다.

|해설| ㉡ (나)는 원동축과 종동축의 회전방향이 반대이다.
㉢ (가)는 (나)보다 미끄럼이 크다.

정답 | 39 ③ 40 ④ 41 ②

**42** [2020 | 국가직 9급] 상 중 하

엇걸기 벨트로 연결된 원동축 풀리와 종동축 풀리를 각각 1,500rpm, 300rpm으로 회전시키려고 한다. 이때 요구되는 평벨트의 길이에 가장 가까운 값[mm]은? (단, 원동축과 종동축 사이의 중심거리는 1m, 원동축 풀리의 직경은 200mm, 벨트의 두께는 무시하며, $\pi = 3$이다)

① 3,960
② 4,160
③ 4,460
④ 4,660

**Keyword**
엇걸기를 한 평벨트의 길이
$$L = \frac{\pi}{2}(D_1 + D_2) + 2C + \frac{(D_1 + D_2)^2}{4C}$$

| 해설 | $\frac{D_2}{200} = \frac{1,500}{300}$ 에서 $D_2 = 1,000[mm]$

$$L = \frac{\pi}{2}(D_1 + D_2) + 2C + \frac{(D_1 + D_2)^2}{4C}$$

$$L = 1.5 \times (200 + 1,000) + 2 \times 1,000 + \frac{(200 + 1,000)^2}{4 \times 1,000} = 4,160[mm]$$

**43** [2012 | 국가직 7급] 상 중 하

축간거리가 $C$인 벨트 전동장치에서 원동 풀리 지름이 $D_1$, 종동 풀리 지름이 $D_2$라 하면 바로걸기(평행걸기)로 했을 때와 엇걸기(십자걸기)를 했을 때의 벨트 길이 차이를 구하는 근사식은?

① $\frac{D_1 D_2}{4C}$
② $\frac{D_1 D_2}{2C}$
③ $\frac{D_1 D_2}{C}$
④ $\frac{2D_1 D_2}{C}$

**Keyword**
• 바로걸기 벨트의 길이
$$L_1 = 2C + \frac{\pi}{2}(D_1 + D_2) + \frac{(D_2 - D_1)^2}{4C}$$
• 엇걸기 벨트의 길이
$$L_2 = 2C + \frac{\pi}{2}(D_1 + D_2) + \frac{(D_2 + D_1)^2}{4C}$$

| 해설 | 바로걸기 벨트의 길이 $L_1 = 2C + \frac{\pi}{2}(D_1 + D_2) + \frac{(D_2 - D_1)^2}{4C}$ 이며 엇걸기 벨트의 길이

$L_2 = 2C + \frac{\pi}{2}(D_1 + D_2) + \frac{(D_2 + D_1)^2}{4C}$ 이므로 엇걸기 벨트길이의 바로걸기 벨트길이의 차이는

$L_3 = L_2 - L_1 = \frac{(D_2 + D_1)^2}{4C} - \frac{(D_2 - D_1)^2}{4C} = \frac{4D_2 \times D_1}{4C} = \frac{D_1 D_2}{C}$ 가 된다.

**44** [2012 | 국가직 7급] 상 중 하

벨트 전동장치의 전달동력에 대한 설명으로 옳지 않은 것은?

① 마찰계수가 클수록 큰 동력을 전달할 수 있다.
② 유효장력이 클수록 전달동력이 커진다.
③ 벨트의 속도가 커질수록 전달동력은 작아진다.
④ 접촉각이 클수록 전달동력이 커진다.

**Keyword**
벨트의 속도가 작아질수록 전달동력은 작아진다.

| 해설 | 벨트의 속도가 커질수록 전달동력은 커진다.

정답 | 42 ② 43 ③ 44 ③

## 45 [2012 | 국회직 9급]

평벨트 전동장치에서 벨트의 속도 v = 10m/s이고 긴장측의 장력 F = 20kgf라고 할 때 이 전동장치의 전달마력 H[PS]는? (단, 벨트의 원심력 성분은 무시하고 $e^{\mu\theta} = 2$이다)

① 1.33  
② 1.66  
③ 2.33  
④ 2.66  
⑤ 3.16

**Keyword**
- 장력비 $\dfrac{T_1}{T_2} = e^{\mu\theta}$
  ($T_1$ : 긴장측 장력, $T_2$ : 이완측 장력)
- 유효장력 $T_e = T_1 - T_2$
- 전달동력 $H = T_e v$
  ($T_e$ : 유효장력, $v$ : 벨트속도)

**해설** 장력비 $\dfrac{T_1}{T_2} = e^{\mu\theta} = 2$에서 $T_1 = 2T_2$이며 $20 = 2T_2$이므로 $T_2 = 10[\text{kgf}]$이다.

유효장력은 $T_e = T_1 - T_2 = 20 - 10 = 10[\text{kgf}]$이므로

전달동력은 $H = T_e v = 10 \times 10 = 100[\text{kgf} \cdot \text{m/s}] = \dfrac{100}{75}[\text{PS}] = 1.33[\text{PS}]$이다.

## 46 [2022 | 지방직 9급]

로프 전동장치에 대한 설명으로 옳지 않은 것은?

① 연속식 방법으로 로프를 거는 경우, 1개의 로프가 끊어지더라도 운전이 가능하다.  
② 로프에 사용되는 재료는 와이어, 섬유질 등이 있다.  
③ 전동경로가 직선이 아닌 경우에도 사용이 가능하다.  
④ 장거리 동력전달이 가능하다.

**Keyword**
로프를 2줄 이상 걸어 주는 경우, 병렬식과 연속식의 2가지 방식이 있다.

**해설** 연속식 방법으로 로프를 거는 경우, 1개의 로프가 끊어지면 운전이 불가능하다.

## 47 [2017 | 지방직 9급]

물체를 들어올리기 위하여 각 단면적이 $20\text{mm}^2$인 로프 5개를 사용한 크레인에서, 로프의 극한강도는 600MPa이고 안전율이 12일 때, 크레인의 최대 허용인장하중[N]은? (단, 5개의 로프에는 동일한 힘이 작용한다)

① 500  
② 1,000  
③ 1,200  
④ 5,000

**Keyword**
안전율 $S = \dfrac{\sigma_f}{\sigma_a}$
($\sigma_f$ : 극한강도, $\sigma_a$ : 허용 인장강도)

**해설** 로프 1개의 허용응력은 $\sigma_a = \dfrac{600}{12} = 50[\text{MPa}]$이므로

크레인의 최대 허용인장하중은 $50 \times 5 \times 20 = 5,000[\text{N}]$이다.

**정답** 45 ① 46 ① 47 ④

**48** [2017 | 국가직 7급] 상 중 하

속도 10[m/s]로 8[PS]를 전달하는 로프 전동장치에서 로프 풀리의 지름이 1,000[mm]일 때, 로프의 전달력[kgf]과 풀리의 회전속도[rpm]는? (단, $\pi = 3.0$으로 한다)

| 로프의 전달력 | 풀리의 회전속도 |
|---|---|
| ① 60 | 100 |
| ② 60 | 200 |
| ③ 70 | 100 |
| ④ 70 | 200 |

**해설** 전달동력 $H = Fv$에서 $8 \times 75 = F \times 10$이므로 로프의 전달력은 $F = \frac{8 \times 75}{10} = 60[\text{kg}_f]$이며

풀리의 원주속도 $v = \frac{\pi d n}{1,000 \times 60}$에서

풀리의 회전속도는 $n = \frac{60,000 v}{\pi d} = \frac{60,000 \times 10}{3 \times 1,000} = 200[\text{rpm}]$이다.

**Keyword**
- 전달동력 $H = Fv$ ($F$ : 로프의 전달력, $v$ : 속도)
- 풀리의 원주속도 $v = \frac{\pi d n}{1,000 \times 60}[\text{m/s}]$ ($d$ : 로프 풀리의 지름, $n$ : 풀리의 회전속도)

---

**49** [2015 | 국가직 9급] 상 중 하

번지점프에서 점프대는 로프 길이보다 충분히 높이 설치되어 있다. 로프 길이가 100[m]이고, 사람이 점프대에 한쪽 끝이 고정된 로프의 끝을 발목에 매고 점프대에서 뛰어내릴 때, 로프의 최대 늘어난 길이[m]의 근삿값으로 가장 적합한 것은? (단, 로프의 스프링 상수 k = 1,000[N/m]이고, 사람의 무게는 1,000[N]이며, 로프의 무게는 무시한다)

① 1  ② 15
③ 20  ④ 25

**해설** 점프대의 높이를 $h$라 하고 로프의 최대 늘어난 길이를 $x$라 하면

$mgh = mg\{h - (100+x)\} + \frac{1}{2} \times 1,000 \times x^2$에서

$500x^2 - 1,000(x + 100) = 0$이므로 $x^2 - 2x - 200 = 0$이며

$x = 1 \pm \sqrt{201}$에서 $x > 0$이므로 $x = 1 + \sqrt{201}$이며 $x = 1 + \sqrt{201} \approx 15.18[\text{m}]$이므로 15[m]가 정답이다.

**Keyword**
점프대의 높이를 $h$라 하고 로프의 최대 늘어난 길이를 $x$라 하면
$mgh = mg\{h - (100+x)\} + \frac{1}{2} \times 1,000 \times x^2$이다.

## 50

[2015 | 국가직 9급]

로프의 인장력 1,000[kgf]이 걸려 있는 상태에서 최대 처짐량을 5[cm] 정도로 유지하기 위한 로프 풀리의 두 축 사이의 거리[m]의 근사치로 가장 적당한 것은? (단, 로프의 단위길이당 무게는 1[kgf/m]이다)

① 10
② 15
③ 20
④ 30

**Keyword**

$T = \dfrac{wl^2}{8h} + wh$

**해설**  $T = \dfrac{wl^2}{8h} + wh$ 에서 $1,000 = \dfrac{1 \times l^2}{8 \times 0.05} + 1 \times 0.05$ 이므로 $l = \sqrt{399.98} \simeq \sqrt{400} = 20[\text{m}]$ 이다.

## 51

[2021 | 국가직 9급]

그림과 같이 회전속도가 일정한 스프로킷에 물려있는 체인의 최대 속도($V_{\max}$)와 최소 속도($V_{\min}$)의 비 $\left(\dfrac{V_{\min}}{V_{\max}}\right)$는? (단, $\theta = 60°$, $R = 100\text{mm}$이다)

**Keyword**

$V_{\max} = R\omega$

$V_{\min} = R\cos\dfrac{\theta}{2} \times \omega$

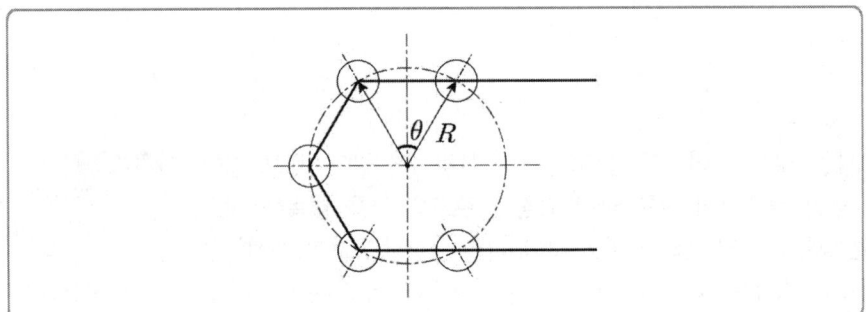

① $\dfrac{\sqrt{3}}{4}$
② $\dfrac{\sqrt{3}}{2}$
③ $\dfrac{1}{4}$
④ $\dfrac{1}{2}$

**해설**  $V_{\max} = R\omega$, $V_{\min} = R\cos\dfrac{\theta}{2} \times \omega$, ∴ $\dfrac{V_{\min}}{V_{\max}} = \cos\dfrac{\theta}{2} = \cos 30° = \dfrac{\sqrt{3}}{2}$

## 52

[2019 | 지방직 9급]

롤러체인 전동장치에서 체인의 피치가 10mm, 스프로킷의 잇수가 20개, 스프로킷 휠의 회전속도가 700rpm일 때, 체인의 평균 속도에 가장 가까운 값[m/s]은?

① 0.5
② 1.2
③ 2.3
④ 3.7

**Keyword**

체인의 평균속도

$v = \dfrac{pZn}{60 \times 1,000}[m/s]$

($p$ : 피치, $Z$ : 잇수, $n$ : 회전수)

**해설**  체인의 평균속도 $v = \dfrac{pZn}{60 \times 1,000} = \dfrac{10 \times 20 \times 700}{60 \times 1,000} \simeq 2.3[m/s]$

**정답** | 50 ③  51 ②  52 ③

**53** [2018 | 서울시 9급 2차] 상**중**하

스프로킷 휠의 피치가 30mm, 잇수가 48개, 200rpm으로 회전하는 원동축 체인의 평균속도[m/s]는?

① 2.4
② 4.8
③ 6.2
④ 8.6

Keyword
$v = \dfrac{NpZ}{60{,}000}$

| 해설 | $v = \dfrac{NpZ}{60{,}000} = \dfrac{200 \times 30 \times 48}{60{,}000} = \dfrac{24}{5} = 4.8[\text{m/s}]$

---

**54** [2018 | 지방직 9급] 상**중**하

롤러 체인을 이용하여 동력을 전달하고자 한다. 구동 스프로킷 휠의 잇수 20개, 롤러 체인의 피치 12.5mm, 롤러 체인 평균속도가 3m/s일 때 구동 스프로킷 휠의 회전속도[rpm]는?

① 720
② 840
③ 960
④ 1,200

Keyword
$v = \dfrac{NpZ}{60{,}000}$

| 해설 | $v = \dfrac{NpZ}{60{,}000} = \dfrac{N \times 12.5 \times 20}{60{,}000} = 3$ 이므로 $N = 720[\text{rpm}]$

---

**55** [2018 | 지방직 9급] 상중**하**

동력 전달요소들에 대한 설명으로 옳지 않은 것은?

① 웜과 웜 기어는 작은 공간에서 큰 감속비를 얻을 수 있다.
② 마찰차는 미끄럼이 발생하기 때문에 정확한 속도비를 전달할 수 없다.
③ 동력을 전달하는 두 축 사이의 거리가 먼 경우에는 벨트나 체인을 사용한다.
④ V벨트는 평벨트에 비해 접촉면적이 좁아 큰 장력으로 작은 동력을 전달한다.

| 해설 | V벨트는 평벨트에 비해 접촉면적이 넓어서 작은 장력으로 큰 동력을 전달한다.

Keyword
V벨트는 평벨트에 비해 접촉면적이 넓어서 작은 장력으로 큰 동력을 전달할 수 있으나 엇걸기는 불가능하며 바로걸기만 가능하다.

정답 | 53 ② 54 ① 55 ④

## 56

[2017 | 국가직 9급]

롤러 체인 전동장치에서 스프로킷 휠(sprocket wheel)의 피치원 지름을 $D$[cm], 스프로킷 휠의 회전속도를 $n$[rpm], 스프로킷 휠의 잇수를 $Z$[개], 체인의 피치를 $p$[cm]라고 할 때, 체인의 평균속도[m/s]를 구하는 식은?

① $\dfrac{pZn}{100 \times 60}$
② $\dfrac{100 \times 60}{pZn}$
③ $\dfrac{100 \times 60p}{Zn}$
④ $\dfrac{100pZn}{60}$

**Keyword**
$v = \dfrac{pZn \times 10^{-2}}{60}$

|해설| 1회전 거리는 $pZ$이므로 분당 $pZn$[cm] 만큼 회전한다.

따라서 속도는 $v = \dfrac{pZn \times 10^{-2}}{60} = \dfrac{pZn}{100 \times 60}$[m/s]

## 57

[2017 | 지방직 9급]

벨트 전동장치와 비교한 체인 전동장치에 대한 설명으로 옳지 않은 것은?

① 초기장력이 필요하지 않다.
② 체인속도의 변동이 없다.
③ 전동효율이 높다.
④ 열, 기름, 습기에 잘 견딘다.

**Keyword**
체인 전동장치는 회전각의 전달정확도가 좋지 않다.

|해설| 체인 장치는 회전각의 전달정확도가 좋지 않으므로 체인속도의 변동이 발생된다.

## 58

[2017 | 지방직 9급]

롤러 체인의 스프로킷 휠(sprocket wheel)의 잇수를 $Z$라 할 때, 체인의 속도변동률을 나타낸 식은?

① $1 - \sin\dfrac{\pi}{Z}$
② $1 - \cos\dfrac{\pi}{Z}$
③ $1 - \sin\dfrac{2\pi}{Z}$
④ $1 - \cos\dfrac{2\pi}{Z}$

**Keyword**
체인의 속도변동률
$\lambda = \dfrac{v_{max} - v_{min}}{v_{max}}$

|해설| 체인의 속도변동률 $\lambda = \dfrac{v_{max} - v_{min}}{v_{max}}$

체인의 속도변동률 $\lambda = \dfrac{v_{max} - v_{min}}{v_{max}} = \dfrac{D_p - D_p \cos(\pi/Z)}{D_p} = 1 - \cos\dfrac{\pi}{Z}$

($D_p$ : 스프로킷 피치원의 지름)

정답 | 56 ① 57 ② 58 ②

## 59

[2017 | 국가직 7급]

스프로킷 휠(sprocket wheel)의 회전수가 250[rpm]이며, 체인의 피치가 20mm, 유효장력이 2[kN]일 때, 동력 5[kW]를 전달하기 위한 스프로킷 휠의 잇수는?

① 20
② 25
③ 30
④ 35

**해설** 전달동력 $H = T_e v$에서 체인의 속도는 $v = \dfrac{H}{T_e} = \dfrac{5}{2} = 2.5[\text{m/s}]$이며

체인의 속도 $v = \dfrac{pZn}{1,000 \times 60}[\text{m/s}]$에서 $2.5 = \dfrac{20 \times Z \times 250}{1,000 \times 60}$이므로

스프로킷 휠의 잇수는 $Z = \dfrac{2.5 \times 60 \times 1,000}{20 \times 250} = 30$개가 된다.

**Keyword**
- 체인의 속도
$v = \dfrac{pZn}{1,000 \times 60}[\text{m/s}]$
($p$ : 체인의 피치, $Z$ : 스프로킷 휠의 잇수, $n$ : 회전수)
- 전달동력 $H = T_e v$
($T_e$ : 유효장력, $v$ : 체인의 속도)

## 60

[2017 | 국회직 9급]

톱니 수가 40개인 스프로킷 휠이 600rpm으로 회전하며 피치가 15mm인 롤러 체인을 전동시킬 때, 체인의 평균속도는 몇 m/s인가?

① 1
② 4
③ 6
④ 10
⑤ 12

**해설** 체인의 속도 $v = \dfrac{pZn}{1,000 \times 60} = \dfrac{15 \times 40 \times 600}{1,000 \times 60} = 6[\text{m/s}]$

**Keyword**
체인의 속도
$v = \dfrac{pZn}{1,000 \times 60}[\text{m/s}]$
($p$ : 체인의 피치, $Z$ : 스프로킷 휠의 잇수, $n$ : 회전수)

## 61

[2016 | 국가직 9급]

스프로킷과 롤러 체인을 이용하여 구성된 동력 전달장치의 총전달동력을 증가시키기 위한 방법으로 옳지 않은 것은?

① 잇수가 더 많은 스프로킷을 사용한다.
② 더 큰 피치를 가지는 체인을 사용한다.
③ 지름이 더 작은 스프로킷을 사용한다.
④ 스프로킷의 회전수를 증가시킨다.

**해설** 전달동력을 증가시키려면 지름이 더 큰 스프로킷을 사용해야 한다.

**Keyword**
전달동력
$H = T_e v = T_e \times \dfrac{pZn}{60 \times 1,00}$
($T_e$ : 유효장력, $p$ : 피치, $Z$ : 잇수, $n$ : 회전수)

**정답** | 59 ③  60 ③  61 ③

**62** 체인 전동의 특징에 대한 설명으로 가장 옳지 않은 것은?

① 인장강도가 높아 큰 동력을 전달하는 데 사용됨
② 초기장력이 필요하지 않아 이로 인한 베어링 반력이 발생되지 않음
③ 유지 및 수리가 간단하고 수명이 김
④ 미끄러짐이 발생하여 이에 대한 충분한 고려를 하여야 함

**해설** 체인 전동은 미끄러짐이 발생하지 않는다.

**Keyword**
벨트나 로프의 전동은 마찰력에 의존하지만 체인 전동은 스프로킷에 물리어 동력을 전달한다.

**63** 두 개의 스프로킷이 수평으로 설치된 체인 전동장치에 대한 설명으로 옳지 않은 것은?

① 이완측 체인에서 처짐이 부족한 경우 빠른 마모가 진행된다.
② 긴장측은 위쪽에 위치하고, 이완측은 아래쪽에 위치한다.
③ 체인의 피치가 작으면 낮은 부하와 고속에 적합하다.
④ 양방향회전의 경우에는 긴장측과 이완측의 체인 안쪽에 아이들러를 각각 설치한다.

**해설** 양방향회전의 경우에는 긴장측과 이완측의 체인 바깥쪽에 아이들러를 각각 설치한다.

**Keyword**
전동장치는 보통 2개의 스프로킷에 의해 수평으로 설치된다.

**64** 롤러 체인 전동장치에서 잇수가 $Z$, 피치가 $p$일 때 스프로킷 휠의 피치원 지름은?

① $\dfrac{p}{\sin\dfrac{90°}{Z}}$   ② $\dfrac{p}{\cos\dfrac{90°}{Z}}$

③ $\dfrac{p}{\tan\dfrac{90°}{Z}}$   ④ $\dfrac{p}{\cos\dfrac{180°}{Z}}$

⑤ $\dfrac{p}{\sin\dfrac{180°}{Z}}$

**해설** $\sin\dfrac{\alpha}{2} = \dfrac{p/2}{D_p/2} \times D_p = \dfrac{p}{\sin\dfrac{\alpha}{2}} = \dfrac{p}{\sin\dfrac{180°}{Z}}$

**Keyword**
잇수가 $Z$이므로 굴곡각은 $\alpha = \dfrac{360°}{Z}$ 이다.

정답 | 62 ④ 63 ④ 64 ⑤

**65** [2013 | 지방직 9급]

체인에서 원동축 스프로킷 휠의 피치가 24[mm], 잇수가 25개, 분당 회전수가 200[rpm], 체인의 전체 링크 수가 100개일 때, 체인의 평균속도[m/s]는?

① 2
② 2.4
③ 20
④ 24

**해설** 체인의 속도 $v = \dfrac{pZn}{1,000 \times 60} = \dfrac{24 \times 25 \times 200}{1,000 \times 60} = 2[\text{m/s}]$

**Keyword**
체인의 속도
$v = \dfrac{pZn}{1,000 \times 60}[\text{m/s}]$
($p$ : 체인의 피치, $Z$ : 스프로킷 휠의 잇수, $n$ : 회전수)

---

**66** [2013 | 국가직 7급]

체인 동력 전달장치에서 전달동력이 일정할 때, 체인장력(T)이 2T로 변경되면 체인의 평균속도는 변경 전의 몇 배가 되는가?

① 0.25
② 0.5
③ 2
④ 4

**해설** 전달동력 $H = T_e v$이므로 전달동력이 일정할 때 체인장력이 2배가 되면 체인의 평균속도는 0.5배가 된다.

**Keyword**
전달동력 $H = T_e v$
$= T_e \times \dfrac{pZn}{60 \times 1,000}$
($T_e$ : 유효장력, $p$ : 피치, $Z$ : 잇수, $n$ : 회전수)

---

**67** [2013 | 국가직 7급]

체중 60[$\text{kg}_f$]인 사람이 무게 20[$\text{kg}_f$]인 자전거를 타고 7.2[km/h]의 속도로 가고 있다. 지면과 자전거 바퀴 간의 마찰계수는 0.2이고, 뒷바퀴 지름 500[mm], 종동 스프로킷 휠의 피치지름을 100[mm]이라 할 때, 자전거 체인에 작용하는 인장하중[$\text{kg}_f$]은?

① 20
② 40
③ 60
④ 80

**해설** 자전거의 속도는 $v_1 = 7.2[\text{km/h}] = \dfrac{7.2 \times 1,000}{3,600} = 2[\text{m/s}]$이며

체인의 속도 $v_2 = v_1 \times \dfrac{100}{500} = 2 \times \dfrac{1}{5} = 0.4[\text{m/s}]$이다.

그리고 마찰력은 $F = \mu W = 0.2 \times (60+20) = 16[\text{kg}_f]$이다.

따라서 전달동력 $H = Fv_1 = T_e v_2$에서 $16 \times 2 = T_e \times 0.4$이므로 $T_e = \dfrac{16 \times 2}{0.4} = 80[\text{kg}_f]$이다.

**Keyword**
• 마찰력 $F = \mu W$
($\mu$ : 마찰계수, $W$ : 사람의 체중과 자전거의 무게의 합)
• 전달동력 $H = Fv_1 = T_e v_2$
[$F$ : 바퀴의 마찰력, $v_1$ : 바퀴의 속도, $T_e$ : 체인의 유효장력(체인에 작용하는 인장하중), $v_2$ : 체인의 속도]

---

**정답** | 65 ① 66 ② 67 ④

## 68 롤러 체인 전동에서 충격을 작게 하여 원활하게 운전하려면 다음 중 어느 것이 옳은가?

① 잇수도 적고 피치도 작을수록 좋다.
② 잇수는 적고 피치가 클수록 좋다.
③ 잇수는 많고 피치가 작을수록 좋다.
④ 잇수도 많고 피치도 클수록 좋다.
⑤ 잇수 및 피치에 상관없다.

| 해설 | 롤러 체인 전동에서 충격을 작게 하여 원활하게 운전하려면 잇수는 많고 피치가 작을수록 좋다.

**Keyword**
잇수가 많고, 피치가 작을수록 속도변동률이 감소하여 정숙한 운전을 한다.

정답 | 68 ③

## 4 캠

**01** [ 2016 | 지방직 9급 ]

그림은 두 개의 원을 이용하여 만든 판캠으로, B축의 행정거리가 15[mm]일 때 큰 원과 작은 원 간의 중심거리 $X$[mm]는?

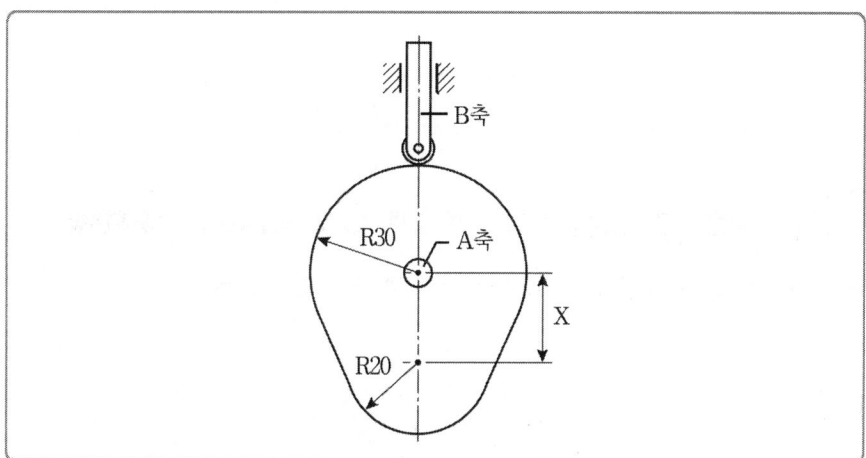

① 30
② 25
③ 20
④ 15

| 해설 | $15 = (x+20) - 30$
$\therefore x = 25 [\text{mm}]$

**Keyword**
B축의 행정거리
$= (x+20) - 30$

**02** [ 2014 | 국가직 9급 ]

캠선도에 해당하지 않는 것은?

① 변위선도
② 속도선도
③ 가속도선도
④ 운동량선도

| 해설 | 캠선도는 변위선도, 속도선도, 가속도선도의 3가지로 구성되므로 운동량선도는 이에 해당되지 아니한다. 특히 변위선도에서의 변위곡선은 기초곡선이라고 한다.

**Keyword**
변위선도, 속도선도, 가속도선도의 3가지로 구성되는 캠선도는 캠의 윤곽을 결정하는 기초가 된다.

정답 | 01 ② 02 ④

# 02 축용 기계요소
**CHAPTER**

## 1 축

**01** [2021 | 지방직 9급]

동일 재료로 제작된 길이 $l$, 지름 $d$인 중실축과 길이 $2l$, 지름 $2d$인 중실축이 각각 $T_1$과 $T_2$의 비틀림 모멘트를 받아 동일한 비틀림각이 발생하였다면 $\dfrac{T_1}{T_2}$은?

① $\dfrac{1}{2}$  ② $\dfrac{1}{4}$

③ $\dfrac{1}{8}$  ④ $\dfrac{1}{16}$

**Keyword**

비틀림각 $\theta = \dfrac{TL}{JG} = \dfrac{32TL}{\pi d^4}$

**해설** 비틀림각 $\theta = \dfrac{TL}{JG} = \dfrac{32TL}{\pi d^4}$

$\theta_1 = \dfrac{32T_1 l}{\pi d^4}$, $\theta_2 = \dfrac{32T_2(2l)}{\pi(2d)^4}$ 에서 $\theta_1 = \theta_2$ 이므로

$\dfrac{32T_1 l}{\pi d^4} = \dfrac{32T_2(2l)}{\pi(2d)^4}$ 에서 $\dfrac{T_1}{T_2} = \dfrac{2l}{l} \times \dfrac{d^4}{(2d)^4} = \dfrac{2}{2^4} = \dfrac{1}{8}$

**02** [2019 | 국가직 9급]

정하중 상태에서 비틀림 모멘트만을 받아 동력을 전달하는 지름 $d$, 허용전단응력 $\tau$, 전단탄성계수 $G$인 중실축이 전달할 수 있는 최대 토크는?

① $\dfrac{16}{\pi d^3 \tau}$  ② $\dfrac{\pi d^3 \tau}{16}$

③ $\dfrac{32}{\pi d^3 \tau}$  ④ $\dfrac{\pi d^3 \tau}{32}$

**Keyword**

비틀림 모멘트를 받는 중실축에 전달되는 토크 $T = \dfrac{\pi d^3}{16}$
($d$ : 지름, $\tau$ : 허용전단응력)

**해설** $T = \tau_{\max} Z_p = \tau_{\max} \dfrac{\pi}{16} d^3$

**정답** | 01 ③ 02 ②

## 03 [2020 | 지방직 9급] 상 중 하

중실축의 지름이 $d$이고, 중공축의 바깥지름이 $d$, 안지름이 $\frac{2}{3}d$이다. 두 축이 같은 재료일 때, 전달할 수 있는 토크비($\frac{T_{중공축}}{T_{중실축}}$)는?

① $\frac{15}{16}$
② $\frac{16}{81}$
③ $\frac{65}{81}$
④ $\frac{16}{15}$

**Keyword**

- $T_{중실축} = \frac{\pi d^3}{16}\tau$
- $T_{중공축}$
  $= \dfrac{\frac{\pi}{32}\left[d^4 - \left(\frac{2}{3}d\right)^4\right]}{d/2}\tau$

|해설|

$$\frac{T_{중공축}}{T_{중실축}} = \frac{\frac{\frac{\pi}{32}\left[d^4 - \left(\frac{2}{3}d\right)^4\right]}{d/2}\tau}{\frac{\pi d^3}{16}\tau} = \frac{\frac{\pi}{16} \times \frac{65}{81}d^3}{\frac{\pi d^3}{16}} = \frac{65}{81}$$

## 04 [2018 | 서울시 9급 2차] 상 중 하

지름 $d$, 길이 $l$, 단면 2차 모멘트 $I$인 연강축의 양쪽 끝이 단순지지되어 있고, 축의 중앙에 집중하중 $P$가 작용하고 있을 때 자중을 고려한 축의 위험속도를 구하고자 할 때 가장 옳지 않은 것은? (단, 연강의 세로탄성계수는 $E$, 단위길이에 대한 무게는 $w$, 중력가속도는 $g$이다)

① 축의 자중에 의한 최대 처짐량  $\delta_0 = \dfrac{5wl^4}{384EI}$ [mm]

② 집중하중에 의한 축의 중앙점에서의 처짐량  $\delta_0 = \dfrac{Pl^3}{48EI}$ [mm]

③ 자중에 의한 위험속도  $N_0 = \dfrac{1}{\pi}\sqrt{\dfrac{g}{\delta_0}}$ [rpm]

④ 축의 위험속도  $N_c = \sqrt{\dfrac{(N_0 \cdot N)^2}{N_0^2 + N^2}}$ [rpm] ($N$은 집중하중에 의한 축의 위험속도)

**Keyword**

축의 자중에 의한 최대 처짐량, 집중하중에 의한 축의 중앙점에서의 처짐량, 자중에 의한 위험 속도, 축의 위험속도 등의 공식을 기억한다.

|해설|  자중에 의한 위험속도  $N_0 = \dfrac{30}{\pi}\sqrt{\dfrac{g}{\delta_0}}$ [rpm]

## 05 [2019 | 국가직 9급] 상 중 하

회전축의 위험속도에 대한 설명으로 옳지 않은 것은?

① 굽힘과 비틀림 변형에너지가 축의 변형과 복원을 반복해서 일으키는 것과 관계가 있다.
② 진동현상이 발생되면 축이 파괴되기도 한다.
③ 축의 상용회전수는 위험속도로부터 ± 20% 내에 들어야 한다.
④ 세로진동은 비교적 위험성이 적으므로, 주로 휨진동과 비틀림진동을 고려해서 설계한다.

**Keyword**

회전축의 위험속도는 공진현상으로 불안정한 동적인 진동이 격렬하게 일어나 진폭이 차차 증대되어 결국은 파괴를 야기하는 회전축의 회전속도를 말하며 임계속도라고도 한다.

정답  03 ③  04 ③  05 ③

| 해설 | 축의 상용회전수는 위험속도로부터 적어도 ±25% 이내가 되지 않도록 하는 것이 좋다.

**06** [ 2019 | 지방직 9급 ] 상 중 하

동일한 재료로 제작된 중공축 A와 중공축 B에 토크가 각각 작용하고 있다. 축 A의 안지름은 2mm, 바깥지름은 4mm이고, 축 B의 안지름은 4mm, 바깥지름은 8mm이다. 허용응력 범위 내에서, 축 A가 전달할 수 있는 최대 토크($T_A$)에 대한 축 B가 전달할 수 있는 최대 토크($T_B$)의 비($\frac{T_B}{T_A}$)는? (단, 두 축은 비틀림 모멘트만 받는다)

① 2
② 4
③ 8
④ 16

> **Keyword**
> 비틀림 모멘트를 받을 때 중공축에 발생되는 토크
> $T = \frac{\pi}{16} d_2^3 (1-x^4)$
> ($d_2$ : 바깥지름, $x = d_1/d_2$ : 지름비, $d_1$ : 안지름)

| 해설 | 중공축 A의 지름비 $x_A = 2/4 = 1/2$, 중공축 B의 지름비 $x_B = 4/8 = 1/2$ 따라서 $x_A = x_B$

$$\frac{T_B}{T_A} = \frac{\frac{\pi}{16}d_{B2}^3(1-x_B^4)}{\frac{\pi}{16}d_{A2}^3(1-x_A^4)} = \frac{d_{B2}^3}{d_{A2}^3} = \frac{4^3}{2^3} = 8배$$

**07** [ 2018 | 서울시 9급 ] 상 중 하

〈보기〉와 같은 단면의 축이 전달할 수 있는 비틀림 모멘트의 비 $T_A/T_B$의 값은? (단, 두 축의 재료의 성질은 같다)

| 보 기 |

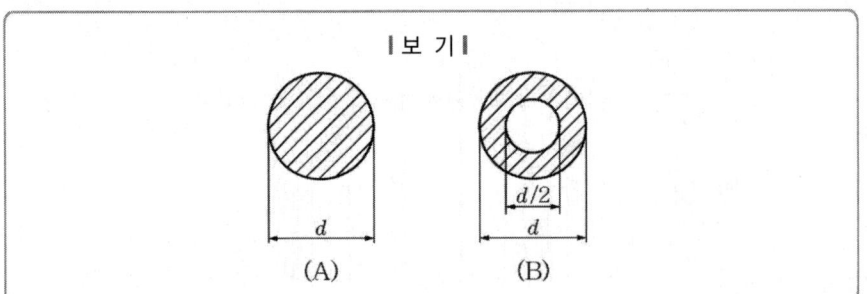

(A)  (B)

① 9/16
② 16/9
③ 15/16
④ 16/15

> **Keyword**
> $\tau_{max} = \frac{16 T_A}{\pi d^3}$
> $= \frac{T_B \times \frac{d}{2}}{\frac{\pi}{32}\left\{d^4 - \left(\frac{d}{2}\right)^4\right\}}$

| 해설 |

$$\tau_{\max} = \frac{16T_A}{\pi d^3} = \frac{T_B \times \frac{d}{2}}{\frac{\pi}{32}\left\{d^4-\left(\frac{d}{2}\right)^4\right\}} = \frac{32 \times 8 \times T_B}{15\pi d^3} \text{ 이므로 } \frac{T_A}{T_B} = \frac{16}{15}$$

| 정답 | 06 ③  07 ④

## 08
[2022 | 국가직 9급]

길이가 각각 $l_1$, $l_2$, $l_3$이고 극관성모멘트가 각각 $I_{P1}$, $I_{P2}$, $I_{P3}$인 축들이 그림과 같이 연결되어 있다. 축의 양 끝단에 비틀림 모멘트 $T$가 작용할 때 전체 비틀림각을 구하는 식은? (단, 축 재료의 횡탄성계수는 $G$이고 극관성모멘트는 축 단면의 중심에서 계산한 값이다)

**Keyword**
비틀림각 $\theta = \dfrac{Tl}{I_p G}$

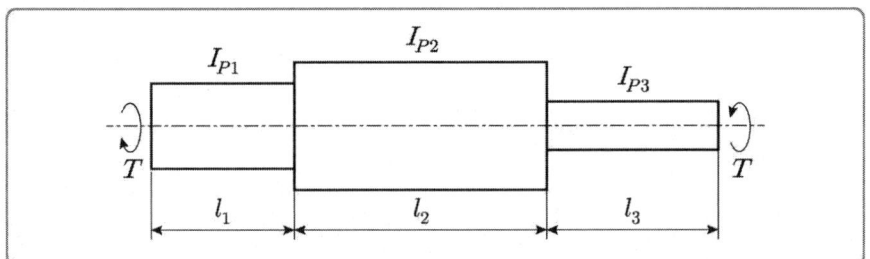

① $\dfrac{G}{T}\left(\dfrac{l_1}{I_{P1}} + \dfrac{l_2}{I_{P2}} + \dfrac{l_3}{I_{P3}}\right)$
② $\dfrac{T}{G}\left(\dfrac{I_{P1}}{l_1} + \dfrac{I_{P2}}{l_2} + \dfrac{I_{P3}}{l_3}\right)$
③ $\dfrac{G}{T}\left(\dfrac{I_{P1}}{l_1} + \dfrac{I_{P2}}{l_2} + \dfrac{I_{P3}}{l_3}\right)$
④ $\dfrac{T}{G}\left(\dfrac{l_1}{I_{P1}} + \dfrac{l_2}{I_{P2}} + \dfrac{l_3}{I_{P3}}\right)$

| 해설 |
비틀림각 $\theta = \dfrac{Tl}{I_p G}$이므로

전체 비틀림각 $\theta' = \dfrac{Tl_1}{I_{p1}G} + \dfrac{Tl_2}{I_{p2}G} + \dfrac{Tl_3}{I_{p3}G} = \dfrac{T}{G}\left(\dfrac{l_1}{I_{p1}} + \dfrac{l_2}{I_{p2}} + \dfrac{l_3}{I_{p3}}\right)$

## 09
[2018 | 국가직 9급]

비틀림 모멘트 T가 작용하면 비틀림각이 4° 발생하는 지름 $d$인 축에서 축지름만 변경하여 비틀림각을 1°로 줄이고자 할 때, 축지름 mm은? (단, 축은 실축이고, 탄성 거동한다고 가정한다)

**Keyword**
비틀림각 $\theta = \dfrac{Tl}{GI_p} \times \dfrac{360}{2\pi}$

① $\sqrt{2}\,d$
② $\sqrt[3]{2}\,d$
③ $\sqrt[3]{4}\,d$
④ $\sqrt[4]{2}\,d$

| 해설 |
비틀림각 $\theta = \dfrac{Tl}{GI_p} \times \dfrac{360}{2\pi} = \dfrac{32Tl}{\pi d^4 G} \times \dfrac{180}{\pi}$이므로 비틀림각 4°일 때의 직경을 $d_1$, 비틀림각 1°일 때의 직경을 $d_2$라 하고 직경만을 비교한다면 $\dfrac{1}{d_1^4} = 4°$에서 $d_1^4 = 1/4$이며 $d_2^4 = 1 = 4d_1^4$이므로 $d_2 = \sqrt[4]{4}\,d_1 = \sqrt{2}\,d_1$이다.

정답 | 08 ④ 09 ①

**10** [2018 | 서울시 9급]

축의 중앙에 설치된 회전체에 의하여 처짐 $\delta$가 0.98mm 발생하였다. 이 축의 위험속도는? (단, 중력가속도 $g = 9.8\text{m/s}^2$이다)

Keyword
$$N = \frac{30}{\pi}\sqrt{\frac{g}{\delta}}$$

① $\dfrac{3{,}000}{\pi}$ rpm
② 3,000rpm
③ $\dfrac{10{,}000}{\pi}$ rpm
④ 10,000rpm

**해설** $N = \dfrac{30}{\pi}\sqrt{\dfrac{g}{\delta}} = \dfrac{30}{\pi}\sqrt{\dfrac{9{,}800}{0.98}} = \dfrac{30}{\pi} \times 100 = \dfrac{3{,}000}{\pi}$ [rpm]

---

**11** [2017 | 지방직 9급]

100N·m의 토크를 전달하는 축의 최소 지름[mm]은? (단, 축의 전단강도는 400MPa, 안전계수는 2이다)

Keyword
$$d = \sqrt[3]{\frac{16T}{\pi\tau_a}}$$

① $\dfrac{2}{\sqrt[3]{2\pi}}$
② $\dfrac{2}{\sqrt[3]{\pi}}$
③ $\dfrac{20}{\sqrt[3]{2\pi}}$
④ $\dfrac{20}{\sqrt[3]{\pi}}$

**해설** $d = \sqrt[3]{\dfrac{16T}{\pi\tau_a}} = \sqrt[3]{\dfrac{16 \times 100 \times 10^3}{\pi \times 200}} = \dfrac{20}{\sqrt[3]{\pi}}$ [mm]

---

**12** [2017 | 지방직 9급]

회전축의 위험속도에 대한 설명으로 옳은 것은?

① 축이 회전 가능한 최대의 회전속도이다.
② 축의 이음 부분이 마찰에 의하여 마모되기 시작할 때의 회전속도이다.
③ 축의 고유진동수와 일치하는 축의 회전속도이다.
④ 전동축에서 안전율 10일 때의 회전속도이다.

**해설** 회전축의 위험속도는 축의 고유진동수와 일치하는 축의 회전속도이다.

Keyword
축의 고유진동수와 축의 회전속도가 일치할 때 공진현상이 발생되어 진동현상이 더욱 격렬하게 일어나고 진폭이 차차 증대되어 결국 축이 파괴하게 되는 회전수를 축의 위험속도(critical speed)라고 한다.

정답 | 10 ① 11 ④ 12 ③

## 13

[2017 | 지방직 9급]

그림의 동력 전달장치 조립도에 없는 기계요소는?

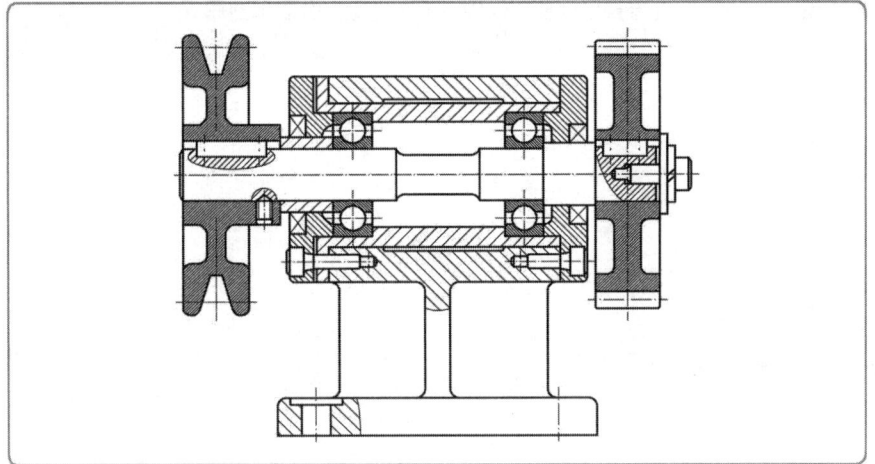

① 반경방향 하중을 지지하면서 원활한 축 회전을 돕는 기계요소
② 나사를 박음으로써 나사 끝에 발생하는 마찰저항으로 두 물체 사이에 상대운동이 생기지 않도록 하는 기계요소
③ 축과 보스를 결합하여 회전운동을 전달하는 기계요소
④ 분할된 두 개의 반원통으로 두 축을 덮어서 두 축을 연결하는 기계요소

**오답풀이**
① 반경방향 하중을 지지하면서 원활한 축 회전을 돕는 기계요소 : 베어링
② 나사를 박음으로써 나사 끝에 발생하는 마찰저항으로 두 물체 사이에 상대운동이 생기지 않도록 하는 기계요소 : 멈춤나사
③ 축과 보스를 결합하여 회전운동을 전달하는 기계요소 : 키

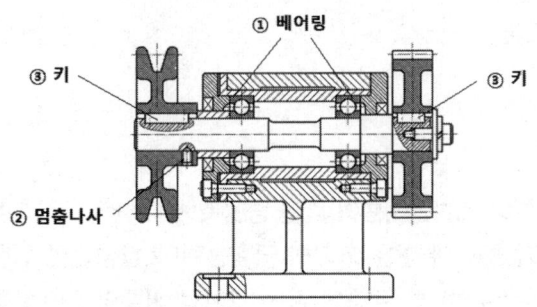

**Keyword**

분할된 두 개의 반원통으로 두 축을 덮어서 두 축을 연결하는 기계요소는 분할원통 커플링 또는 클램프 커플링인데 그림의 동력 전달장치에서는 보이지 않는다.

정답 | 13 ④

**14** [2021 | 국가직 9급]

1,000rpm으로 회전하면서 $100\pi$ kW의 동력을 전달시키는 회전축이 $4$kN·m의 굽힘모멘트를 받고 있을 때, 상당 비틀림모멘트 $T_e$에 대한 상당 굽힘모멘트 $M_e$의 비($\frac{M_e}{T_e}$)는?

① 0.6
② 0.7
③ 0.8
④ 0.9

**Keyword**

상당 굽힘모멘트
$M_e = \dfrac{M + T_e}{2}$

상당 비틀림모멘트
$T_e = \sqrt{M^2 + T^2}$

| 해설 | 비틀림모멘트 $T = \dfrac{100\pi}{\dfrac{2\pi \times 1,000}{60}} = 3[\text{kN}\cdot\text{m}]$, $M_e = \dfrac{M + T_e}{2} = \dfrac{4+5}{2} = 4.5$

$T_e = \sqrt{M^2 + T^2} = \sqrt{4^2 + 3^2} = 5[\text{kN}\cdot\text{m}]$, ∴ $\dfrac{M_e}{T_e} = \dfrac{4.5}{5} = 0.9$

**15** [2017 | 지방직 9급]

굽힘 모멘트 $M$과 비틀림 모멘트 $T$를 동시에 받고 있는 원형축에서 $M:T = 4:3$일 때, 축에 발생하는 최대 굽힘응력 $\sigma_{\max}$와 최대 전단응력 $\tau_{\max}$의 비($\sigma_{\max}/\tau_{\max}$)는?

① $\dfrac{9}{10}$
② $\dfrac{10}{9}$
③ $\dfrac{9}{5}$
④ $\dfrac{5}{9}$

**Keyword**

• $T_e = \sqrt{M^2 + T^2}$

• $\dfrac{\sigma_{\max}}{\tau_{\max}} = \dfrac{\dfrac{32M_e}{\pi d^3}}{\dfrac{16T_e}{\pi d^3}}$

| 해설 | $M = 4k$이며 $T = 3k$에서 $T_e = \sqrt{M^2+T^2} = \sqrt{(4k)^2+(3k)^2} = 5k$, $M_e = \dfrac{4k+5k}{2} = 4.5k$

$\dfrac{\sigma_{\max}}{\tau_{\max}} = \dfrac{\dfrac{32M_e}{\pi d^3}}{\dfrac{16T_e}{\pi d^3}} = \dfrac{2M_e}{T_e} = \dfrac{2\times 4.5k}{5k} = \dfrac{9}{5}$

**16** [2017 | 서울시 9급]

지름이 $d$인 중실축과 바깥지름이 $d_o$, 안지름이 $d_i$인 중공축에 대하여, 두 축에 같은 크기의 굽힘 모멘트를 가했을 때 같은 크기의 굽힘응력이 발생되기 위한 $d/d_o$의 값을 A라 하자. 또한, 유사하게 두 축에 같은 크기의 비틀림 모멘트를 가했을 때 같은 크기의 비틀림응력이 발생되기 위한 $d/d_o$의 값을 B라 하자. A와 B의 곱은? (단, 두 축은 동일한 재료이고, $x = d_i/d_o$라 한다)

① $\sqrt[4]{\dfrac{1}{(1-x^4)^2}}$
② $\sqrt[3]{\dfrac{1}{(1-x^4)^2}}$
③ $\sqrt[4]{(1-x^4)^2}$
④ $\sqrt[3]{(1-x^4)^2}$

**Keyword**

동일한 굽힘 모멘트를 가했을 때, 동일한 굽힘응력이 발생되려면 단면계수가 같아야 하며 동일한 비틀림 모멘트를 가했을 때, 동일한 비틀림응력이 발생되려면 극단면계수가 같아야 한다.

정답 | 14 ④ 15 ③ 16 ④

| 해설 | 동일한 굽힘 모멘트를 가했을 때, 동일한 굽힘응력이 발생되려면 단면계수가 같아야 하므로
$\dfrac{\pi d^3}{32} = \dfrac{\pi d_o^3 (1-x^4)}{32}$ 에서 $\left(\dfrac{d}{d_o}\right)^3 = 1-x^4$ 이므로 $A = \sqrt[3]{1-x^4}$ 이며

동일한 비틀림 모멘트를 가했을 때, 동일한 비틀림응력이 발생되려면 극단면계수가 같아야 하므로
$\dfrac{\pi d^3}{16} = \dfrac{\pi d_o^3 (1-x^4)}{16}$ 에서 $\left(\dfrac{d}{d_o}\right)^3 = 1-x^4$ 이므로 $B = \sqrt[3]{1-x^4}$ 이므로 $AB = \sqrt[3]{(1-x^4)^2}$ 이다.

**17** [2017 | 국가직 7급] (상)(중)(하)

축의 자중만 고려한 위험속도는 $3,000[\mathrm{rpm}]$, 축의 자중을 무시하고 회전체 $A$와 $B$를 각각 단독으로 설치한 경우 위험속도는 $2,000[\mathrm{rpm}]$과 $1,000[\mathrm{rpm}]$이다. 2개의 회전체를 축에 모두 설치했을 때, Dunkerley 실험식에 따른 위험속도$[\mathrm{rpm}]$는?

**Keyword**
$\dfrac{1}{N_{cr}^2} = \dfrac{1}{N_1^2} + \dfrac{1}{N_2^2} + \dfrac{1}{N_3^2}$

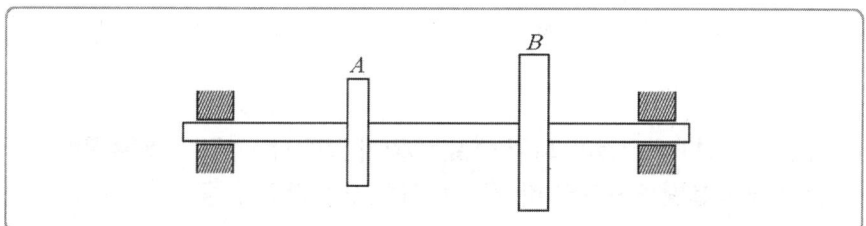

① $\dfrac{6}{11} \times 10^3$  ② $\dfrac{5}{7} \times 10^3$

③ $\dfrac{6}{7} \times 10^3$  ④ $\dfrac{10}{11} \times 10^3$

| 해설 | $\dfrac{1}{N_{cr}^2} = \dfrac{1}{3,000^2} + \dfrac{1}{2,000^2} + \dfrac{1}{1,000^2} = \dfrac{2^2 + 3^2 + 6^2}{6,000^2} = \dfrac{49}{6,000^2}$

$N_{cr} = \sqrt{\dfrac{6,000^2}{49}} = \dfrac{6}{7} \times 10^3 [\mathrm{rpm}]$

**18** [2017 | 국가직 7급] (상)(중)(하)

바깥지름은 $d_o$이고 안지름은 $xd_o$인 중공축이 굽힘 모멘트 $M$과 비틀림 모멘트 $T$를 동시에 받고 있을 때, 최대 전단응력은?

**Keyword**
• 상당 비틀림 모멘트
$M_e = \sqrt{M^2 + T^2}$
• $\tau = \dfrac{\sqrt{M^2+T^2}\,\dfrac{d_o}{2}}{\dfrac{\pi}{32}\{d_o^4 - (xd_o^4)\}}$

① $\dfrac{32}{\pi(1-x^4)d_o^3}\sqrt{M^2+T^2}$

② $\dfrac{16}{\pi(1-x^4)d_o^3}\sqrt{M^2+T^2}$

③ $\dfrac{16}{\pi(1-x^4)d_o^3}(M+\sqrt{M^2+T^2})$

④ $\dfrac{32}{\pi(1-x^4)d_o^3}(M+\sqrt{M^2+T^2})$

정답 | 17 ③  18 ②

| 해설 | 상당 비틀림 모멘트는 $M_e = \sqrt{M^2 + T^2}$ 이며

$$\tau = \frac{\sqrt{M^2+T^2}\frac{d_o}{2}}{\frac{\pi}{32}\{d_o^4 - (xd_o^4)\}} = \frac{16}{\pi(1-x^4)d_o^3}\sqrt{M^2+T^2}$$

## 19 [ 2017 | 국가직 7급 ] 상 중 하

축에서 베어링과 접촉하는 부분은?

① 저널(journal)  ② 보스(boss)
③ 플랜지(flange)  ④ 핀(pin)

> **Keyword**
> 축에서 베어링과 접촉하는 부분을 저널(journal)이라고 한다.

| 오답풀이 |
② 보스(boss) : 바퀴나 축이음 등에서 충분한 너비와 살 두께를 가진 축을 싸는 부분
③ 플랜지(flange) : 부품의 보강을 위하여 원기둥 위에 둘러 붙인 자루
④ 핀(pin) : 기계 등의 부품과 부품을 고정시키는 기계요소

## 20 [ 2017 | 국가직 7급 ] 상 중 하

외경이 $3d$, 내경이 $d$인 중공축($A$)과 외경이 $3d$인 중실축($B$)이 있을 때, 각각의 축이 전달할 수 있는 최대 비틀림 모멘트의 비($T_A/T_B$)는? (단, 재료는 동일하다)

① $\dfrac{81}{80}$  ② $\dfrac{80}{81}$

③ $\dfrac{27}{26}$  ④ $\dfrac{26}{27}$

> **Keyword**
> 최대 비틀림 모멘트의 비 $\dfrac{T_A}{T_B}$
> $= \dfrac{\tau\dfrac{\{(3d)^4-d^4\}}{32}\times\dfrac{2}{3d}}{\tau\dfrac{\pi(3d)^4}{32}\times\dfrac{2}{3d}}$

| 해설 | 축의 허용 비틀림 전단응력을 $\tau$라고 할 때 최대 비틀림 모멘트의 비($T_A/T_B$)는

$$\frac{T_A}{T_B} = \frac{\tau\dfrac{\{(3d)^4-d^4\}}{32}\times\dfrac{2}{3d}}{\tau\dfrac{\pi(3d)^4}{32}\times\dfrac{2}{3d}} = \frac{80}{81}$$

## 21 [ 2017 | 국가직 7급 ] 상 중 하

축의 위험속도를 계산하는 방법에 대한 설명으로 옳지 않은 것은?

① 레이레이(Rayleigh) 방법으로는 1차 고유진동수를 예측할 수 있다.
② 레이레이(Rayleigh) 방법은 위치에너지와 운동에너지의 관계에서 유도된 것이다.
③ 던커레이(Dunkerley) 방법으로는 정확한 위험속도보다 크게 계산된다.
④ 던커레이(Dunkerley) 방법으로 여러 개의 회전체가 있을 때 위험속도를 계산할 수 있다.

> **Keyword**
> 던커레이식은 고차의 고유진동수가 1차 고유진동수보다 상당히 크다는 사실에 착안한 식이며 운동에너지의 최댓값과 위치에너지의 최댓값이 같다는 사실을 이용한다. 레이레이식으로 계산한 축의 1차 고유진동수는 정확한 계산값보다 크다.

| 해설 | 던커레이식은 1차 고유진동수보다 낮은 진동수로 회전하는 기계에서 많이 사용되며 여러 개의 회전체가 있을 때 위험속도를 계산할 수 있지만, 정확한 위험속도보다 작게 계산된다.

정답 | 19 ① 20 ② 21 ③

**22** [2017 | 국가직 7급] 상(중)하

그림과 같은 단차(step pulley)에서 원동축의 회전속도는 $N$으로 일정하고, 종동축의 회전속도는 단차에 따라 $N_1, N_2, \cdots, N_m$일 때, 종동축의 회전속도가 $\dfrac{N_2}{N_1} = \dfrac{N_3}{N_2} = \cdots = \dfrac{N_m}{N_{m-1}} = \phi$와 같이 변한다고 하면, $\phi$는?

**Keyword**
원동축의 회전수는 $N$으로 일정하고 종동축의 회전수는
$\dfrac{N_2}{N_1} = \dfrac{N_3}{N_2} = \cdots = \dfrac{N_m}{N_{m-1}}$
$= \phi$로 등비급수로 회전한다.

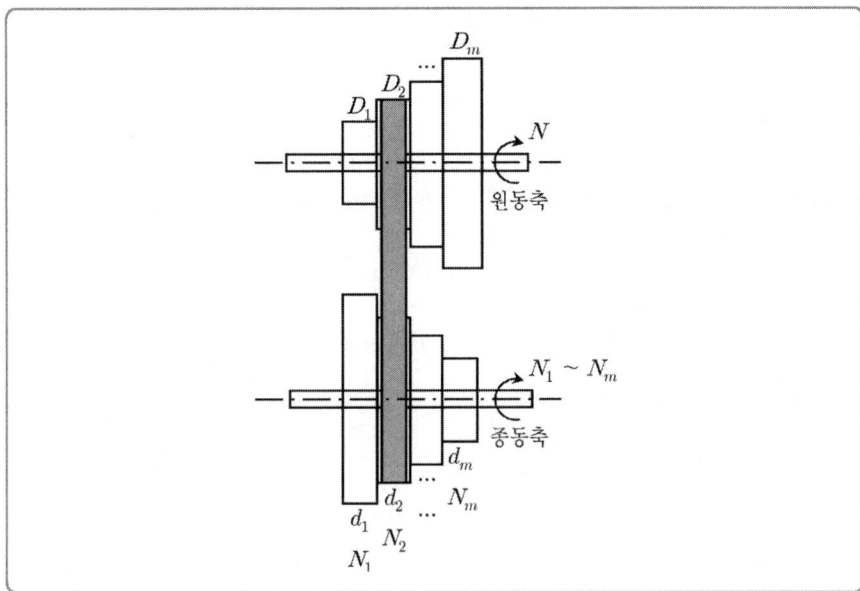

① $\sqrt[m]{\dfrac{N_m}{N_1} + 1}$

② $\sqrt[m]{\dfrac{N_m}{N_1} - 1}$

③ $\sqrt[m+1]{\dfrac{N_m}{N_1}}$

④ $\sqrt[m-1]{\dfrac{N_m}{N_1}}$

| 해설 | 원동축의 회전수는 $N$으로 일정하고 종동축의 회전수는 $\dfrac{N_2}{N_1} = \dfrac{N_3}{N_2} = \cdots = \dfrac{N_m}{N_{m-1}} = \phi$로 등비급수로 회전하므로 원동 풀리의 단차의 지름을 차례로 $D_1, D_2, D_3, \cdots, D_m$이라 하고 종동 풀리의 단차의 지름을 차례로 $d_1, d_2, d_3, \cdots, d_m$이라 하면 다음의 관계가 성립한다.

$N_1 = N\dfrac{D_1}{d_1}$ : 최소

$N_2 = N\dfrac{D_2}{d_2} = N_1\phi$

$N_3 = N\dfrac{D_3}{d_3} = N_2\phi = N_1\phi^2$

$\vdots$

$N_m = N\dfrac{D_m}{d_m} = N_{m-1}\phi = N_1\phi^{m-1}$ : 최대

그리고 최후의 식에서 $\phi = \sqrt[m-1]{\dfrac{N_m}{N_1}}$으로 된다.

정답 | 22 ④

## 23 [2017 | 국회직 9급]

원형 중실축이 $40\pi$ kgf·m의 비틀림 모멘트와 $30\pi$ kgf·m의 굽힘 모멘트를 동시에 받을 때 축경은 최소한 몇 mm로 설계해야 하는가? (단, 축 재료의 허용 비틀림응력 $\tau_a$는 $2\text{kgf/mm}^2$, 허용굽힘응력 $\sigma_a$는 $4\text{kgf/mm}^2$, $\pi$는 3.14를 의미한다)

① $10\sqrt[3]{240}$
② $10\sqrt[3]{400}$
③ $10\sqrt[3]{520}$
④ $10\sqrt[3]{640}$
⑤ $10\sqrt[3]{800}$

**Keyword**
- $T_e = \sqrt{(40\pi)^2 + (30\pi)^2}$
  $= 50\pi\,[\text{kgf}\cdot\text{m}]$
- $M_e = \dfrac{30\pi + 50\pi}{2}$
  $= 40\pi\,[\text{kgf}\cdot\text{m}]$

**해설**

$T_e = \sqrt{(40\pi)^2 + (30\pi)^2} = 50\pi\,[\text{kgf}\cdot\text{m}]$ 그리고 $M_e = \dfrac{30\pi + 50\pi}{2} = 40\pi\,[\text{kgf}\cdot\text{m}]$이다.

인장응력 기준의 직경은 $d = \sqrt[3]{\dfrac{32M_e}{\pi\sigma_a}} = \sqrt[3]{\dfrac{32 \times 40\pi \times 10^3}{\pi \times 4}} = 10\sqrt[3]{320}\,[\text{mm}]$이며

전단응력 기준의 직경은 $d = \sqrt[3]{\dfrac{16T_e}{\pi\tau_a}} = \sqrt[3]{\dfrac{16 \times 50\pi \times 10^3}{\pi \times 2}} = 10\sqrt[3]{400}\,[\text{mm}]$이다.

여기서 큰 값이 기준이므로 최소 $10\sqrt[3]{400}\,[\text{mm}]$ 이상이다.

## 24 [2020 | 국가직 9급]

비틀림 상태에 있는 중실축이 각속도 $\omega\,[\text{rad/s}]$로 회전하며 동력 $H\,[\text{W}]$를 전달하기 위한 최소 지름 $d\,[\text{mm}]$는? (단, 허용전단응력은 $\tau_a\,[\text{Pa}]$이다)

① $1000\sqrt[3]{\dfrac{16H}{\pi\tau_a\omega}}$
② $1000\sqrt[3]{\dfrac{32H}{\pi\tau_a\omega}}$
③ $1000\sqrt[3]{\dfrac{\pi H}{16\tau_a\omega}}$
④ $1000\sqrt[3]{\dfrac{\pi H}{32\tau_a\omega}}$

**Keyword**
동력 $H = \omega T$
$= \omega \times \tau_a Z_p = \omega \times \tau_a \dfrac{\pi d^3}{16}$

**해설**

동력 $H = \omega T = \omega \times \tau_a Z_p = \omega \times \tau_a \dfrac{\pi d^3}{16}$에서

$d^3 = \dfrac{16H}{\pi\tau_a\omega}$이므로 $d = \sqrt[3]{\dfrac{16H}{\pi\tau_a\omega}}\,[m] = 1000\sqrt[3]{\dfrac{16H}{\pi\tau_a\omega}}\,[mm]$

정답 | 23 ② 24 ①

**25** [2019 | 지방직 9급]

회전속도 $N$ [rpm]으로 동력 $H$ [W]를 전달할 수 있는 축의 최소 지름[m]은? (단, 축재료의 허용전단응력은 $\tau$ [N/m²]이며, 축은 비틀림 모멘트만 받는다)

① $\sqrt[3]{\dfrac{8H}{15\tau N}}$   ② $\sqrt[3]{\dfrac{16H}{15\tau N}}$

③ $\sqrt[3]{\dfrac{480H}{\pi^2 \tau N}}$   ④ $\sqrt[3]{\dfrac{960H}{\pi^2 \tau N}}$

**Keyword**
비틀림 모멘트만을 받는 축의 최소 지름 : $d = \sqrt[3]{\dfrac{480H}{\pi^2 \tau N}}$

| 해설 | 동력 $H = \omega T = \dfrac{2\pi N}{60} \times T$에서 $T = \dfrac{30H}{\pi N}$이며

비틀림 모멘트만을 받는 축의 최소 지름

$d = \sqrt[3]{\dfrac{16T}{\pi \tau}} = \sqrt[3]{\dfrac{16}{\pi \tau} \times \dfrac{30H}{\pi N}} = \sqrt[3]{\dfrac{480H}{\pi^2 \tau N}}$

---

**26** [2017 | 국회직 9급]

축의 강성 설계기준 중 바흐(Bach)의 축 공식은 어느 조건을 전제로 한 것인가?

① 축길이 1m에 대한 비틀림각이 0.25° 이내
② 축길이 1m에 대한 비틀림각이 1° 이내
③ 축직경의 20배인 축길이에 대하여 비틀림각이 0.25° 이내
④ 축직경의 20배인 축길이에 대하여 비틀림각이 1° 이내
⑤ 전체 축길이에 대하여 비틀림각이 1° 이내

**Keyword**
바흐(Bach)의 축 공식은 축길이 1m에 대한 비틀림각 0.25° 이내의 조건을 전제로 한 것으로 축의 강성 설계기준으로 사용된다.

| 해설 | 바흐(Bach)의 축 공식은 축길이 1m에 대한 비틀림각 0.25° 이내의 조건을 전제로 한 것이다.

---

**27** [2022 | 국가직 9급]

지름 2cm인 회전하는 중실축이 $30\text{kg}_f \cdot \text{cm}$의 굽힘모멘트와 $40\text{kg}_f \cdot \text{cm}$의 비틀림모멘트를 동시에 받고 있을 때, 발생하는 최대 굽힘응력[$\text{kg}_f/\text{cm}^2$]은? (단, $\pi = 3.2$이고, 최대 주응력 이론을 적용한다)

① 20   ② 30
③ 40   ④ 50

**Keyword**
• 상당 비틀림 모멘트
$T_e = \sqrt{M^2 + T^2}$
• 상당 굽힘 모멘트
$M_e = \dfrac{1}{2}(M + T_e)$
• 최대 굽힘응력 $\sigma = \dfrac{M_e}{Z}$

| 해설 | 상당 비틀림 모멘트 $T_e = \sqrt{M^2 + T^2} = \sqrt{30^2 + 40^2} = 50[\text{kg}_f \cdot \text{cm}]$

상당 굽힘 모멘트 $M_e = \dfrac{1}{2}(M + T_e) = \dfrac{1}{2}(30 + 50) = 40[\text{kg}_f \cdot \text{cm}]$

최대 굽힘응력 $\sigma = \dfrac{M_e}{Z} = \dfrac{M_e}{\pi d^3/32} = \dfrac{40}{(3.2 \times 2^3)/32} = 50[\text{kg}_f/\text{cm}^2]$

정답 | 25 ③  26 ①  27 ④

**28** [2016 | 국가직 9급] 상⊙하

굽힘 모멘트 $M = 8\text{kN} \cdot \text{m}$, 비틀림 모멘트 $T = 6\text{kN} \cdot \text{m}$를 동시에 받고 있는 원형 단면축의 상당 굽힘 모멘트 $M_e[\text{kN} \cdot \text{m}]$와 상당 비틀림 모멘트 $T_e[\text{kN} \cdot \text{m}]$는?

① $M_e = 9,\ T_e = 10$   ② $M_e = 10,\ T_e = 9$
③ $M_e = 18,\ T_e = 20$  ④ $M_e = 20,\ T_e = 18$

**Keyword**
- $M_e = \dfrac{1}{2}\left(M + \sqrt{M^2 + T^2}\right)$
- $T_e = \sqrt{M^2 + T^2}$

|해설|
$M_e = \dfrac{1}{2}\left(M + \sqrt{M^2 + T^2}\right) = \dfrac{1}{2}\left(8 + \sqrt{8^2 + 6^2}\right) = 9[\text{kN} \cdot \text{m}]$
$T_e = \sqrt{M^2 + T^2} = \sqrt{8^2 + 6^2} = 10[\text{kN} \cdot \text{m}]$

**29** [2016 | 지방직 9급] 상⊙하

여러 개의 회전체가 포함된 축의 위험속도를 계산하는 던커레이(Dunkerley)식은? (단, 모든 회전체를 포함한 축의 위험속도는 $N_{crit}[\text{rpm}]$, 회전체를 부착하지 않고 단지 축의 자중만 고려한 위험속도는 $N_0[\text{rpm}]$, 축의 자중을 무시하고 각 회전체를 축에 설치하였을 때의 위험속도들은 $N_1[\text{rpm}],\ N_2[\text{rpm}],\ \cdots$이다)

① $\dfrac{1}{N_{crit}} = \sqrt{\dfrac{1}{N_0} + \dfrac{1}{N_1} + \dfrac{1}{N_2} + \cdots}$

② $\dfrac{1}{\sqrt{N_{crit}}} = \dfrac{1}{N_0} + \dfrac{1}{N_1} + \dfrac{1}{N_2} + \cdots$

③ $\dfrac{1}{N_{crit}} = \dfrac{1}{N_0} + \dfrac{1}{N_1} + \dfrac{1}{N_2} + \cdots$

④ $\dfrac{1}{N_{crit}^2} = \dfrac{1}{N_0^2} + \dfrac{1}{N_1^2} + \dfrac{1}{N_2^2} + \cdots$

**Keyword**
던커레이(Dunkerley)식은 여러 개의 회전체가 포함된 축의 위험속도를 계산하는데 사용된다.

|해설| 던커레이(Dunkerley)식 : $\dfrac{1}{N_{crit}^2} = \dfrac{1}{N_0^2} + \dfrac{1}{N_1^2} + \dfrac{1}{N_2^2} + \cdots$

정답 | 28 ① 29 ④

## 30

[2016 | 서울시 9급] 상 ⓒ 하

그림과 같은 단면의 축이 전달할 수 있는 최대 비틀림 모멘트 $T_a$와 $T_b$가 동일할 때 $d = 15mm$이면 $d_o$에 가장 가까운 값은 얼마인가? (단, $d_i = d_o/2$이고 두 축은 같은 재료이다)

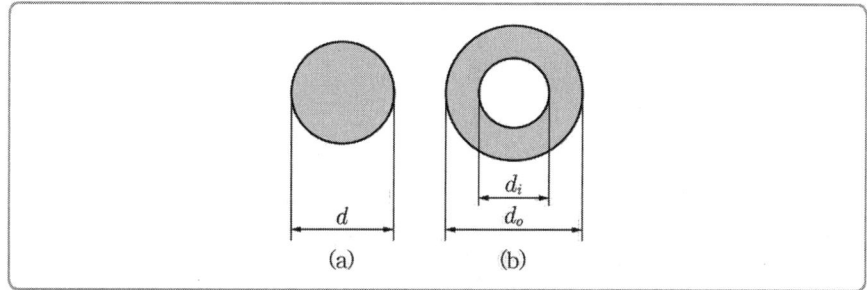

① 16mm  
② 20mm  
③ 24mm  
④ 26mm

**|해설|** 같은 재료이므로 최대 허용전단응력이 같고

$$T_a = \tau \times \frac{\pi d^3}{16}, \quad T_b = \tau \times \frac{\pi}{16 d_o}(d_o^4 - d_i^4) \text{이며 } T_a = T_b \text{이므로}$$

$$15^3 = \frac{1}{d_o}\left\{d_o^4 - \left(\frac{d_o}{2}\right)^4\right\} = \frac{15}{16}d_o^3$$

$$15^2 \times 16 = d_o^3 \text{에서 } d_o = 2\sqrt[3]{450} = 15.33[mm] \simeq 16[mm]$$

**Keyword**  
같은 재료이므로 최대 허용전단응력이 같다.

## 31

[2016 | 서울시 9급] 상 ⓒ 하

축의 위험속도를 추정하는 던커레이(Dunkerly)식과 레이레이(Rayleigh)식에 대한 설명으로 옳지 않은 것은?

① 던커레이식은 고차의 고유진동수가 1차 고유진동수보다 상당히 크다는 사실에 착안한 식이다.
② 1차 고유진동수보다 낮은 진동수로 회전하는 기계에서는 던커레이식을 많이 쓴다.
③ 레이레이식은 운동에너지의 최댓값과 위치에너지의 최댓값이 같다는 사실을 이용한다.
④ 레이레이식으로 계산한 축의 1차 고유진동수는 정확한 계산값보다 작다.

**|해설|** 레이레이(Rayleigh)식으로 계산한 축의 1차 고유진동수는 정확한 계산값보다 크다.

**Keyword**  
레이레이 방법은 위치에너지와 운동에너지의 관계에서 유도된 것이며 이 방법으로 1차 고유진동수를 예측할 수 있다. 그리고 던커레이 방법으로는 여러 개의 회전체가 있을 때 위험속도를 계산할 수 있지만, 정확한 위험속도보다 작게 계산된다.

정답 | 30 ① 31 ④

## 32 [2019 | 서울시 9급 2차]

중실축에 굽힘 모멘트 $M = 100 \text{N} \cdot \text{m}$와 비틀림 모멘트 $T = 100\sqrt{3} \text{ N} \cdot \text{m}$를 동시에 작용할 때 최대 전단응력은 최대 주응력의 몇 배인가?

① $\dfrac{2}{5}$ 배  
② $\dfrac{2}{3}$ 배  
③ $\dfrac{1}{\sqrt{3}}$ 배  
④ $\dfrac{1}{\sqrt{5}}$ 배  

**| 해설 |**
$$\dfrac{\tau_{\max}}{\sigma_{\max}} = \dfrac{\sqrt{M^2+T^2}}{M+\sqrt{M^2+T^2}} = \dfrac{\sqrt{100^2+(100\sqrt{3})^2}}{100+\sqrt{100^2+(100\sqrt{3})^2}}$$
$$= \dfrac{\sqrt{4\times 100^2}}{100+\sqrt{4\times 100^2}} = \dfrac{2\times 100}{100+2\times 100} = \dfrac{2}{1+2} = \dfrac{2}{3} \text{ 배}$$

**Keyword**
최대 전단응력
$\tau_{\max} = \dfrac{16}{\pi d^3}\sqrt{M^2+T^2}$
최대 주응력
$\sigma_{\max} = \dfrac{16}{\pi d^3}(M+\sqrt{M^2+T^2})$

## 33 [2016 | 국가직 7급]

비틀림 모멘트 T와 굽힘 모멘트 M = 2T 가 동시에 작용하고 있는 원형축의 최대 전단응력은 비틀림 모멘트 T만 작용하고 있을 때에 비하여 몇 배가 되는가?

① $\sqrt{2}$  
② $\sqrt{3}$  
③ 2  
④ $\sqrt{5}$  

**| 해설 |** 상당 비틀림 모멘트는 $T_e = \sqrt{(2T)^2 + T^2} = \sqrt{5}\,T$ 이므로 토크비는 $\sqrt{5} : 1$ 이다. 따라서 최대 전단응력은 $\sqrt{5}$ 배가 된다.

**Keyword**
상당 비틀림 모멘트
$T_e = \sqrt{(2T)^2 + T^2}$

## 34 [2016 | 국가직 7급]

양끝이 단순지지되어 있는 중실축 길이의 중앙에 집중하중이 작용할 때, 축의 위험 각속도의 제곱에 대한 설명으로 옳은 것은? (단, 축의 자중에 의한 영향은 무시한다)

① 축재료의 종탄성계수에 반비례한다.
② 축길이의 세제곱에 반비례한다.
③ 작용한 집중하중의 크기에 비례한다.
④ 축지름의 네제곱에 반비례한다.

**| 해설 |** ② 축길이의 세제곱에 반비례한다.

**| 오답풀이 |** ① 축재료의 종탄성계수에 비례한다.
③ 작용한 집중하중의 크기에 반비례한다.
④ 축지름의 네제곱에 비례한다.

**Keyword**
$\omega = \sqrt{\dfrac{g}{\delta}}$ 이므로
$\omega^2 = \dfrac{g}{\delta} = \dfrac{g}{\dfrac{Pl^3}{48EI}} = \dfrac{48EIg}{Pl^3}$ 이다.

**정답** | 32 ② 33 ④ 34 ②

## 35

[2016 | 국회직 9급]

**다음 중 토크를 받고 있는 원형축의 응력에 대한 설명으로 옳지 않은 것은?**

① 축의 최대 전단응력은 지름 d의 세제곱에 반비례한다.
② 같은 토크를 받았을 때, 같은 단면적을 가진 속이 빈 중공형 축의 전단응력은 속이 찬 중실형 축의 전단응력보다 작다.
③ 축 표면에서 축방향을 기준으로 하였을 때 순수전단 상태가 된다.
④ 축의 회전각은 지름 d의 제곱에 반비례한다.
⑤ 축의 표면에서 가장 큰 전단응력이 발생한다.

| 해설 | ④ 축의 회전각은 $\theta = \dfrac{TL}{I_p G} = \dfrac{32\,TL}{\pi d^4 G}$ 이므로 축의 회전각은 지름 d의 4제곱에 반비례한다.

| 오답
풀이 | ① 축의 최대 전단응력은 $\tau_{\max} = \dfrac{T}{Z_p} = \dfrac{16T}{\pi d^3}$ 이므로 축의 최대 전단응력은 지름 d의 세제곱에 반비례한다.

② 중실축의 지름 $d$, 중공축의 안지름 $d_i$, 중공축의 바깥지름 $d_o$에서 단면적이 같으므로

$\dfrac{\pi d^2}{4} = \dfrac{\pi}{4}(d_o^2 - d_i^2)$, $d^2 = d_o^2 - d_i^2$ 이다. 중공축과 중실축의 극단면계수를 비교하면

$\dfrac{\dfrac{\pi(d_o^4 - d_i^4)}{16 d_o}}{\dfrac{\pi d^3}{16}} = \dfrac{d_o^2 - d_i^2}{d_o d} = \dfrac{d_o^2 - d_i^2}{d_o \sqrt{d_o^2 - d_i^2}} = \sqrt{\dfrac{d_o^4 + 2d_o^2 d_i^2 + d_i^4}{d - dd}} > 1$ 이므로

같은 토크를 받았을 때, 같은 단면적을 가진 속이 빈 중공형 축의 극관성 모멘트가 중실형 축의 극관성 모멘트보다 크므로 전단응력은 중공형 축보다 중실형 축의 경우가 더 크다.
③ 축 표면에서 축 방향을 기준으로 하였을 때 순수전단 상태가 된다.
⑤ 전단응력은 $\tau = \dfrac{Tc}{I_p}$ 이므로 축의 표면에서 가장 큰 전단응력이 발생한다.

## 36

[2016 | 국회직 9급]

**원형축의 회전동력 장치에서 축의 지름을 2배로 증가시키고 회전수를 1/2배로 감소시키면 전달동력은 어떻게 변하는가?**

① 변화 없다
② 2배 증가
③ 4배 증가
④ 8배 증가
⑤ 16배 증가

**Keyword**
- $T = \dfrac{\pi d^3}{16}\tau$
- $P = T\omega$

| 해설 | $T = \dfrac{\pi d^3}{16}\tau$ 이므로 축의 지름이 2배로 증가되면 전달토크는 $2^3 = 8$배로 증가한다.

$P = T\omega$에서 토크는 8배, 각속도는 $\dfrac{1}{2}$배가 되었으므로 전달동력은 $8 \times \dfrac{1}{2} = 4$배 증가한다.

정답 | 35 ④ 36 ③

**37** [2019 | 서울시 9급 2차]

양단에 단순 지지된 중실축 중앙에 한 개의 회전체가 설치되어 있다. 축의 길이와 직경이 각각 2배가 되면 위험속도는 몇 배가 되는가? (단, 축의 자중은 무시한다)

① $\dfrac{1}{2}$ 배
② $\dfrac{1}{\sqrt{2}}$ 배
③ $\sqrt{2}$ 배
④ 2배

**Keyword**
위험속도 $n_{cr} = \dfrac{30}{\pi}\sqrt{\dfrac{g}{\delta}}$

**해설**

위험속도 $n_{cr} = \dfrac{30}{\pi}\sqrt{\dfrac{g}{\delta}}$

처짐량 $\delta = \dfrac{Wl^3}{48EI}$

면적 2차 모멘트 $I = \dfrac{\pi d^4}{64}$

축의 길이와 직경이 각각 2배가 되면 처짐량은 $\delta = \dfrac{2^3}{2^4} \times \dfrac{Wl^3}{48EI} = \dfrac{1}{2}\delta$ 이므로

위험속도는 $n_{cr}' = \sqrt{2} \times \dfrac{30}{\pi}\sqrt{\dfrac{g}{\delta}} = \sqrt{2}\,n_{cr}$

---

**38** [2016 | 국회직 9급]

중앙에 무게 W의 회전체가 있는 축이 있다. 이 회전체의 무게를 1/2배로 감소시키고, 축의 길이 및 축의 단면 2차 모멘트를 각각 2배로 증가시켰다. 이 때 축의 위험속도는 어떻게 바뀌는가? (단, 축의 자중은 무시한다)

① 2배 증가
② $\sqrt{2}$ 배 증가
③ 변화 없다
④ $\dfrac{1}{\sqrt{2}}$ 배 감소
⑤ 1/2배 감소

**Keyword**
$\delta_{max} = \dfrac{Wl^3}{48EI}$

**해설**

$\delta_{max} = \dfrac{Wl^3}{48EI}$ 이므로 회전체의 무게가 $\dfrac{1}{2}$ 배가 되고, 축의 길이 및 축의 단면 2차 모멘트가 각각 2배가 되면 처짐량은 $\delta_{max} = \dfrac{\dfrac{1}{2} \times 2^3}{2} = 2$배가 된다. 축의 위험속도 $n = \dfrac{30}{\pi}\sqrt{\dfrac{g}{\delta_{max}}}$ 이므로 축의 위험속도는 $\dfrac{1}{\sqrt{2}}$ 배 감소한다.

정답 | 37 ③ 38 ④

**39** [2016 | 국회직 9급]

$3 \times 10^4 \text{kgf} \cdot \text{mm}$ 의 비틀림 모멘트와 $4 \times 10^4 \text{kgf} \cdot \text{mm}$ 의 굽힘 모멘트를 동시에 받는 축의 상당 굽힘 모멘트는 약 몇 kgf · mm 인가?

① 45,000
② 50,000
③ 60,000
④ 90,000
⑤ 95,000

**Keyword**
- $T_e = \sqrt{M^2 + T^2}$
- $M_e = \frac{1}{2}(M + \sqrt{M^2 + T^2})$

|해설|
$T_e = \sqrt{(4 \times 10^4)^2 + (3 \times 10^4)^2} = 5 \times 10^4 \,[\text{kgf} \cdot \text{mm}]$

$M_e = \dfrac{4 \times 10^4 + 5 \times 10^4}{2} = 4.5 \times 10^4 \,[\text{kgf} \cdot \text{mm}] = 45,000 \,[\text{kgf} \cdot \text{mm}]$

**40** [2015 | 지방직 9급]

그림과 같이 정지해 있는 균일한 원형단면의 중실축인 철도차량용 차축에서, 차륜으로부터 $l[\text{mm}]$ 만큼 떨어진 지점에 작용하는 굽힘하중 $W[\text{kg}_f]$ 를 이용하여 구한 차축의 최소 지름[mm]은? (단, 차축의 허용굽힘응력은 $\sigma_a[\text{kg}_f/\text{mm}^2]$ 이고, 차축의 강성과 자중은 고려하지 않는다)

**Keyword**
$W = \sigma_a \times \dfrac{\pi d^3}{32}$

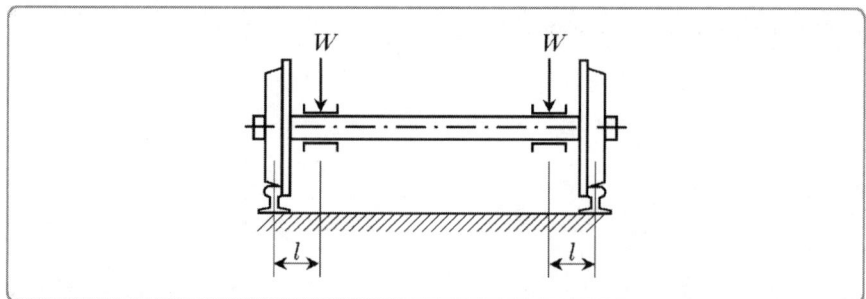

① $\sqrt[3]{\dfrac{Wl}{\pi \sigma_a}}$
② $\sqrt[3]{\dfrac{16\,Wl}{\pi \sigma_a}}$
③ $\sqrt[3]{\dfrac{32\,Wl}{\pi \sigma_a}}$
④ $\sqrt[3]{\dfrac{64\,Wl}{\pi \sigma_a}}$

|해설| 최대 굽힘 모멘트는 $Wl$ 이므로 $W = \sigma_a \times \dfrac{\pi d^3}{32}$ 에서 $d = \sqrt[3]{\dfrac{32\,Wl}{\pi \sigma_a}}$

정답 | 39 ① 40 ③

## 41. 2015 | 국회직 9급

원형 중실축이 3,000kgf·mm의 비틀림 모멘트와 4,000kgf·mm의 굽힘 모멘트를 동시에 받고 있다. 축의 허용전단응력이 5kgf/mm²이고, 허용인장응력과 허용압축응력이 8kgf/mm²라 할 때, 사용 가능한 축경은 최소 얼마 이상인가?

① $\sqrt[3]{14} \times 10\,\text{mm}$
② $\sqrt[3]{\dfrac{14}{\pi}} \times 10\,\text{mm}$
③ $\sqrt[3]{\dfrac{16}{\pi}} \times 10\,\text{mm}$
④ $\sqrt[3]{\dfrac{18}{\pi}} \times 10\,\text{mm}$
⑤ $\sqrt[3]{20} \times 10\,\text{mm}$

**Keyword**
- $T_e = \sqrt{M^2 + T^2}$
- $M_e = \dfrac{1}{2}\left(M + \sqrt{M^2 + T^2}\right)$

|해설| $T_e = \sqrt{3{,}000^2 + 4{,}000^2} = 5{,}000\,[\text{kgf}\cdot\text{mm}]$

$M_e = \dfrac{4{,}000 + 5{,}000}{2} = 4{,}500\,[\text{kgf}\cdot\text{mm}]$

인장응력 기준 $\sigma = \dfrac{M_e \dfrac{d}{2}}{\dfrac{\pi d^4}{64}} = \dfrac{32 M_e}{\pi d^3}$ 에서 $d = \sqrt[3]{\dfrac{32 M_e}{\pi \sigma}} = \sqrt[3]{\dfrac{32 \times 4{,}500}{\pi \times 8}} = \sqrt[3]{\dfrac{18}{\pi}} \times 10\,[\text{mm}]$

전단응력 기준 $\tau = \dfrac{T_e \dfrac{d}{2}}{\dfrac{\pi d^4}{32}} = \dfrac{16 T_e}{\pi d^3}$ 에서 $d = \sqrt[3]{\dfrac{16 T_e}{\pi \tau}} = \sqrt[3]{\dfrac{16 \times 5{,}000}{\pi \times 5}} = \sqrt[3]{\dfrac{16}{\pi}} \times 10\,[\text{mm}]$

에서 큰 값이 기준이어야 하므로 최소 $d = \sqrt[3]{\dfrac{18}{\pi}} \times 10\,[\text{mm}]$ 이상이다.

## 42. 2014 | 국가직 9급

다음 중 비틀림, 굽힘, 인장 또는 압축을 동시에 받는 축은?

① 선박의 프로펠러 축
② 수차의 축
③ 철도 차량의 차축
④ 공작기계의 스핀들

**Keyword**
선박의 프로펠러 축은 비틀림, 굽힘, 인장 또는 압축을 동시에 받는 축이다.

|해설| 비틀림, 굽힘, 인장 또는 압축을 동시에 받는 축은 선박의 프로펠러 축이다.

정답 | 41 ④ 42 ①

**43** 300rpm으로 회전하는 축이 $10\pi \text{J/s}$ 동력을 전달할 때, 축에 작용하는 비틀림 모멘트[N·m]는?

① $\pi$  
② $10\pi$  
③ 1  
④ 10

Keyword  
$T = \dfrac{H}{\dfrac{2\pi n}{60}}$

|해설| $T = \dfrac{10\pi}{\dfrac{2\pi \times 300}{60}} = 1[\text{N}\cdot\text{m}]$

---

**44** 비틀림 모멘트만 받고 있는 중실축의 강도설계에서 전달토크를 8배로 증가시키려면, 축지름은 몇 배로 증가되어야 하는가? (단, 다른 조건은 모두 동일하다)

① 2배  
② 4배  
③ 8배  
④ 16배

Keyword  
$T = \dfrac{\pi d^3}{16}\tau$

|해설| $T = \dfrac{\pi d^3}{16}\tau$ 이므로 전달토크를 8배로 증가시키려면 축지름은 2배로 증가시키면 된다.

---

**45** 다음 그림과 같이 지름이 $d$인 축에 비틀림 모멘트 $T$와 굽힘 모멘트 $M$이 동시에 작용할 때, 최대 전단응력은?

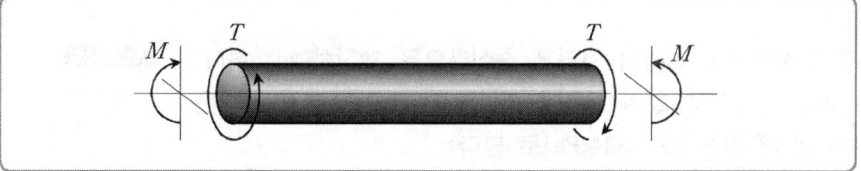

① $\dfrac{16}{\pi d^3}\sqrt{M^2 + T^2}$  
② $\dfrac{16}{\pi d^4}\sqrt{M^2 + T^2}$  
③ $\dfrac{32}{\pi d^3}\sqrt{M^2 + T^2}$  
④ $\dfrac{32}{\pi d^4}\sqrt{M^2 + T^2}$

Keyword  
• 상당 비틀림 모멘트  
$T_e = \sqrt{M^2 + T^2}$  
• 최대 전단응력  
$\tau = \dfrac{T_e \times \dfrac{d}{2}}{\dfrac{\pi d^4}{32}}$

|해설| 상당 비틀림 모멘트 $T_e = \sqrt{M^2 + T^2}$ 이므로 최대 전단응력은

$\tau = \dfrac{\sqrt{M^2+T^2} \times \dfrac{d}{2}}{\dfrac{\pi d^4}{32}} = \dfrac{16}{\pi d^3}\sqrt{M^2+T^2}$ 이다.

정답 | 43 ③  44 ①  45 ①

## 46

[ 2019 | 서울시 9급 2차 ] 상 중 하

구동축의 전단응력에 대한 설명 중 가장 옳은 것은? (단, 구동축은 중실축이다)

① 전단응력은 비틀림 모멘트에 비례하고 축경의 3승에 반비례한다.
② 전단응력은 비틀림 모멘트에 반비례하고 축경의 3승에 반비례한다.
③ 전단응력은 비틀림 모멘트에 비례하고 축경의 3승에 비례한다.
④ 전단응력은 비틀림 모멘트에 반비례하고 축경의 3승에 비례한다.

| 해설 | 구동축의 비틀림 모멘트 $T=\dfrac{\pi d^3}{16}\tau_a$ 에서

구동축의 전단응력 $\tau_a=\dfrac{16}{\pi d^3}T$ 이므로

구동축의 전단응력은 비틀림 모멘트에 비례하고 축경의 3승에 반비례한다.

**Keyword**
구동축의 비틀림 모멘트
$T=\dfrac{\pi d^3}{16}\tau_a$

## 47

[ 2014 | 국가직 7급 ] 상 중 하

중실축에서 축의 지름을 3배로 하면 전달토크는?

① $\dfrac{1}{3}$배
② $\dfrac{1}{9}$배
③ 9배
④ 27배

| 해설 | $T=\dfrac{\pi d^3}{16}\tau$ 이므로 축의 지름이 3배가 되면 전달토크는 $3^3=27$배가 된다.

**Keyword**
$T=\dfrac{\pi d^3}{16}\tau$

## 48

[ 2013 | 국가직 9급 ] 상 중 하

마이크로 모터의 축을 지름 1.0[mm]의 연강제 중실축으로 제작하려고 한다. 모터 회전수를 150,000[rpm]으로 할 때, 최대 전달동력[W]으로 가장 가까운 값은? (단, 축재료의 허용전단응력은 40[MPa]로 한다)

① 62,000
② 62
③ 123,000
④ 123

| 해설 | $H=\dfrac{\pi\times 1^3}{16}\times 40\times\dfrac{2\pi\times 150,000}{1,000\times 60}=12.5\pi^2\simeq 123[\text{W}]$

**Keyword**
전달동력 $H=T\omega$
($T$: 토크, $\omega$: 각속도)

정답 | 46 ① 47 ④ 48 ④

**49** [2013 | 국가직 9급]

비틀림 모멘트 $2\sqrt{3} \times 10^4 [\text{N} \cdot \text{m}]$과 굽힘 모멘트 $2 \times 10^4 [\text{N} \cdot \text{m}]$을 동시에 받는 축의 상당 비틀림 모멘트($T_e$)와 상당 굽힘 모멘트($M_e$)의 비($T_e : M_e$)는?

① 5 : 3
② 3 : 2
③ 4 : 3
④ 5 : 4

**Keyword**
- $T_e = \sqrt{T^2 + M^2}$
- $M_e = \dfrac{M + T_e}{2}$

|해설| $T : M = \sqrt{3} : 1$이므로 $T = \sqrt{3}M$이며 $M = k$로 놓으면
$T_e = \sqrt{T^2 + M^2} = \sqrt{3k^2 + k^2} = 2k$
$M_e = \dfrac{M + T_e}{2} = \dfrac{k + 2k}{2} = 1.5k$
따라서 $T_e : M_e = 2 : 1.5 = 4 : 3$

**50** [2013 | 지방직 9급]

회전하는 축에 2개의 회전체를 설치하였다. 축의 자중만에 의한 위험속도는 $N_0[\text{rpm}]$, 각 회전체를 단독으로 축에 설치했을 경우 축의 자중을 무시한 위험속도는 각각 $N_1[\text{rpm}]$, $N_2[\text{rpm}]$이다. 이때, 축의 위험속도 $N_c[\text{rpm}]$를 구하기 위한 던커레이(Dunkerley) 공식은?

① $N_c = N_0 + N_1 + N_2$
② $N_c^2 = N_0^2 + N_1^2 + N_2^2$
③ $\dfrac{1}{N_c} = \dfrac{1}{N_0} + \dfrac{1}{N_1} + \dfrac{1}{N_2}$
④ $\dfrac{1}{N_c^2} = \dfrac{1}{N_0^2} + \dfrac{1}{N_1^2} + \dfrac{1}{N_2^2}$

**Keyword**
던커레이(Dunkerley) 공식
$\dfrac{1}{N_c^2} = \dfrac{1}{N_0^2} + \dfrac{1}{N_1^2} + \dfrac{1}{N_2^2}$

|해설| 축의 위험속도 $N_c[\text{rpm}]$를 구하기 위한 던커레이(Dunkerley) 공식은 $\dfrac{1}{N_c^2} = \dfrac{1}{N_0^2} + \dfrac{1}{N_1^2} + \dfrac{1}{N_2^2}$ 이다.

정답 | 49 ③  50 ④

**51** [2013 | 지방직 9급] 상(중)(하)

내경과 외경의 비가 2인 중공축에 작용할 수 있는 허용 비틀림 모멘트는 T이다. 만약 내경을 고정한 상태에서 내경과 외경의 비를 4로 설계할 경우, 허용 비틀림 모멘트는? (단, 축 재료의 허용응력은 동일함)

① 4.5T
② 6.5T
③ 8.5T
④ 10.5T

**해설**

내경과 외경의 비가 2인 경우는 $T_2 = \dfrac{\dfrac{\pi}{32}\left[(2d)^4 - d^4\right]}{\dfrac{2d}{2}}\tau = \dfrac{15\pi d^3}{32}\tau$ 이며

내경과 외경의 비가 4인 경우는 $T_4 = \dfrac{\dfrac{\pi}{32}\left[(4d)^4 - d^4\right]}{\dfrac{4d}{2}}\tau = \dfrac{255\pi d^3}{64}\tau = \dfrac{17}{2} \times \dfrac{15\pi d^3}{32}\tau$

$= \dfrac{17}{2}T_2 = 8.5T_2$ 이다.

**Keyword**
- 내경과 외경의 비가 2인 경우
$T_2 = \dfrac{\dfrac{\pi}{32}\left[(2d)^4 - d^4\right]}{\dfrac{2d}{2}}\tau$

- 내경과 외경의 비가 4인 경우
$T_4 = \dfrac{\dfrac{\pi}{32}\left[(4d)^4 - d^4\right]}{\dfrac{4d}{2}}\tau$

**52** [2013 | 국가직 7급] 상(중)(하)

같은 재료로 만든 길이 $l$, 직경 $d$인 중실축과 길이 $2l$, 외경 $2d$, 내경 $d$인 중공축이 각각 $T_1$과 $T_2$의 비틀림 모멘트를 받아 동일한 각도만큼 비틀림이 발생하였다고 할 때, 비틀림 모멘트의 비 $\left(\dfrac{T_1}{T_2}\right)$는?

① $\dfrac{1}{32}$
② $\dfrac{1}{16}$
③ $\dfrac{1}{15}$
④ $\dfrac{2}{15}$

**해설**

$\dfrac{T_1 l}{\dfrac{\pi d^4}{32}G} = \dfrac{T \times 2l}{\dfrac{\pi\left[(2d)^4 - d^4\right]}{32}G}$

$15T_1 = 2T_2$ 이므로 $\dfrac{T_1}{T_2} = \dfrac{2}{15}$

**Keyword**

$\dfrac{T_1 l}{\dfrac{\pi d^4}{32}G} = \dfrac{T \times 2l}{\dfrac{\pi\left[(2d)^4 - d^4\right]}{32}G}$

정답 | 51 ③  52 ④

## 53

[ 2013 | 국가직 7급 ] 상⟨중⟩⟨하⟩

다음 그림과 같이 자중을 무시할 수 있는 축의 양끝이 스러스트(thrust) 베어링으로 지지되어 있고, 벨트 풀리가 좌측으로부터 a인 지점에 설치되어 있다. 다음 중 위험속도[rpm]가 가장 큰 것은? (단, $W$는 벨트 풀리의 무게, $l$은 축 길이, $l = a + b$이다)

**Keyword**
양끝이 스러스트 베어링으로 지지되어 있으므로 양단 고정보로 해석한다.

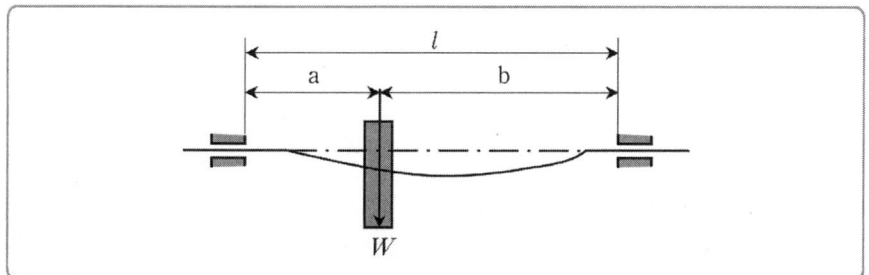

① 벨트 풀리가 축 중앙에 위치한 경우
② 벨트 풀리가 축의 좌측 끝으로부터 1/3인 지점에 위치한 경우
③ 벨트 풀리의 무게가 두 배로 변경되고 벨트 풀리가 축 중앙에 위치한 경우
④ 축 길이가 두 배로 변경되고 벨트 풀리가 축 중앙에 위치한 경우

|해설|

② $\delta_2 = \dfrac{Wa^3 b^3}{3EIl^3} = \dfrac{W\left(\dfrac{l}{3}\right)^3 \left(\dfrac{2l}{3}\right)^3}{3EIl^3} = \dfrac{8Wl^3}{3^7 EI}$

위험속도는 $N = \dfrac{30}{\pi}\sqrt{\dfrac{g}{\delta_1}}$ 이므로 위험속도는 최대 처짐량이 가장 작은 ②가 가장 크다.

|오답 풀이|

① $\delta_1 = \dfrac{Wl^3}{192EI}$

③ $\delta_3 = \dfrac{2Wl^3}{192EI} = \dfrac{Wl^3}{96EI}$

④ $\delta_4 = \dfrac{W(2l)^3}{192EI} = \dfrac{Wl^3}{24EI}$

정답 | 53 ②

**54** 2013 | 국가직 7급

균일 원형단면을 가지는 중실축에서 축방향의 인장하중 F에 대한 강성계수를 $k_\delta$ ($F = k_\delta \delta$, $\delta$는 축방향의 변형량), 비틀림 모멘트 T에 대한 강성계수를 $k_\theta$ ($T = k_\theta \theta$, $\theta$는 비틀림각)라고 할 때, 축지름(d)을 2d로 변경하면 강성계수의 곱 $k_\delta k_\theta$는 변경 전의 몇 배가 되는가?

① 8
② 16
③ 32
④ 64

**Keyword**
- $k_\delta = \dfrac{F}{\delta} = \dfrac{F}{\dfrac{FL}{AE}} = \dfrac{AE}{L}$
- $k_\theta = \dfrac{T}{\theta}$

|해설| 
$$k_\delta = \frac{F}{\delta} = \frac{F}{\frac{FL}{AE}} = \frac{AE}{L}$$

$$k_\theta = \frac{T}{\theta} = \frac{T}{\frac{TL}{I_p G}} = \frac{I_p G}{L}$$

축지름이 2배가 되면 단면적 $A$는 $2^2 = 4$배, 극관성 모멘트 $I_p$는 16배가 된다. 따라서 강성계수의 곱은 $4 \times 16 = 64$배가 된다.

**55** 2019 | 국가직 9급

균일분포하중을 받는 축에서 양단의 경계조건이 단순지지일 경우 최대 처짐각이 1도였다면, 경계조건이 고정/자유지지로 바뀔 경우 최대 처짐각은?

① 1도
② 2도
③ 3도
④ 4도

**Keyword**
최대 처짐각
- 단순지지의 경우
$$\theta_{\max} = \frac{wl^3}{24EI} \text{(양끝)}$$
- 고정/자유지지의 경우
$$\theta_{\max} = \frac{wl^3}{6EI} \text{(자유단)}$$

|해설| 최대 처짐각 $= \dfrac{\text{고정/자유지지시의 최대 처짐각}}{\text{단순지지시의 최대 처짐각}} = \left(\dfrac{wl^3}{6EI}\right) \div \left(\dfrac{wl^3}{24EI}\right) = 4$도

정답 | 54 ④ 55 ④

## 56
[2013 | 국회직 9급]

축의 양쪽 끝이 단순지지되어 있고, 축의 중앙에 회전체가 설치되어 있다. 축의 길이와 축 재료의 탄성계수가 각각 2배로 증가하면 축의 위험속도는 어떻게 변하는가?

① 변화 없다.
② 1/2배로 감소한다.
③ 2배로 증가한다.
④ 4배로 증가한다.
⑤ 1/4배로 감소한다.

**Keyword**
- 단순지지보에 중앙 집중하중이 걸리는 경우의 처짐량
$\delta = \dfrac{Wl^3}{48EI}$
- 위험속도 $N = \dfrac{30}{\pi}\sqrt{\dfrac{g}{\delta}}$

|해설| 단순지지보에 중앙 집중하중이 걸리는 경우 처짐량은 $\delta = \dfrac{Wl^3}{48EI}$이다. 따라서 축의 길이 $l$과 축재료의 탄성계수 $E$가 각각 2배 증가하는 경우 처짐량은 $\dfrac{2^3}{2} = 4$배 증가한다.

위험속도 $N = \dfrac{30}{\pi}\sqrt{\dfrac{g}{\delta}}$ 이므로 위험속도는 $\sqrt{\dfrac{1}{4}} = \dfrac{1}{2}$배로 감소한다.

## 57
[2012 | 지방직 9급]

굽힘 모멘트 $M = 400 kN \cdot m$, 비틀림 모멘트 $T = 300 kN \cdot m$를 동시에 받고 있는 축에서 최대 주응력설에 의한 상당 굽힘 모멘트 $M_e [kN \cdot m]$는?

① 450
② 550
③ 650
④ 700

**Keyword**
상당 굽힘 모멘트
$M_e = \dfrac{1}{2}(M + \sqrt{M^2 + T^2})$

|해설| 상당 굽힘 모멘트
$M_e = \dfrac{1}{2}(M + \sqrt{M^2 + T^2}) = \dfrac{1}{2}(400 + \sqrt{400^2 + 300^2}) = \dfrac{400 + 500}{2} = 450 [kN \cdot m]$

## 58
[2012 | 국가직 7급]

재료와 바깥지름($d$)이 같은 중공축과 중실축에 비틀림 모멘트만 작용할 때, 허용 전단응력을 견딜 수 있는 비틀림 모멘트의 크기가 중실축이 중공축에 비해 16배가 되는 중공축의 안지름은?

① $\sqrt[4]{\dfrac{15}{8}}d$
② $\sqrt[4]{\dfrac{15}{16}}d$
③ $\sqrt[4]{\dfrac{15}{24}}d$
④ $\sqrt[4]{\dfrac{15}{32}}d$

**Keyword**
$\dfrac{16T \times \dfrac{d}{2}}{\dfrac{\pi d^4}{32}} = \dfrac{T \times \dfrac{d}{2}}{\dfrac{\pi(d^4 - d_i^4)}{32}}$

|해설| $\dfrac{16T \times \dfrac{d}{2}}{\dfrac{\pi d^4}{32}} = \dfrac{T \times \dfrac{d}{2}}{\dfrac{\pi(d^4 - d_i^4)}{32}}$ 에서 $16 \times (d^4 - d_i^4) = d^4$이므로

중공축의 안지름은 $d_i = \sqrt[4]{\dfrac{15}{16}}d$이 된다.

정답 | 56 ② 57 ① 58 ②

## 59 [2012 | 국가직 7급] 상 **중** 하
다음 내용에 대한 설명으로 옳은 것은?

> 동일한 동력을 전달하는 동일한 두 축 A와 B의 운전속도가 각각 100rpm과 1,000rpm 이다.

① 축 A에 더 큰 토크가 작용한다.  ② 축 A의 고유진동수가 더 크다.
③ 축 A가 덜 비틀린다.  ④ 축 A의 허용 비틀림응력이 더 크다.

| 해설 | ① 운전속도의 비가 1 : 100이므로 토크의 비는 10 : 1이다. 따라서 축 A에 더 큰 토크가 작용한다.

| 오답 풀이 |
② 주어진 정보로 고유진동수는 비교할 수 없다.
③ 더 큰 토크가 작용하는 축 A가 더 비틀린다.
④ 동일한 두 축이므로 두 축의 허용 비틀림응력은 같다.

## 60 [2012 | 국가직 7급] 상 **중** 하
다음은 3차원 응력상태에 있는 축의 주응력이다. 이 때 재료의 파손이론 중 최대 전단응력설에 따르는 축의 최대 전단응력[MPa]은?

> $\sigma_1 = 10MPa$, $\sigma_2 = -15MPa$, $\sigma_3 = -20MPa$

① 12.5  ② 15.0
③ 17.5  ④ 20.0

**Keyword**
$\tau_{max} = \max\left(\dfrac{|\sigma_1 - \sigma_2|}{2}, \dfrac{|\sigma_2 - \sigma_3|}{2}, \dfrac{|\sigma_3 - \sigma_1|}{2}\right)$

| 해설 | $\tau_{max} = \max\left(\dfrac{|\sigma_1 - \sigma_2|}{2}, \dfrac{|\sigma_2 - \sigma_3|}{2}, \dfrac{|\sigma_3 - \sigma_1|}{2}\right) = \max(12.5,\ 2.5,\ 15) = 15[MPa]$

## 61 [2012 | 국가직 7급] **상** 중 하
균일 단면의 중실축이 양끝에서 레이디얼 베어링으로 지지되어 있다. 자중에 의해 지나치게 휘는 경우, 좀 더 굵은 축을 사용하여 처짐을 제한하고자 한다. 길이 변화 없이 축지름이 현재 지름의 두 배가 되면 최대 처짐은 몇 배가 되는가? (단, 원심력에 의한 영향은 무시한다)

① $\dfrac{1}{2}$  ② $\dfrac{1}{4}$
③ $\dfrac{1}{8}$  ④ $\dfrac{1}{16}$

**Keyword**
단순 지지보에서 자중에 의한 최대 처짐 $\delta_{max} = \dfrac{5wl^4}{384EI}$

| 해설 | 단순 지지보에서 자중에 의한 최대 처짐은 $\delta_{max} = \dfrac{5wl^4}{384EI}$ 이므로 축지름이 현재 지름의 두 배가 되면 부피는 $2^2 = 4$배가 되므로 무게가 4배가 되어 균일분포 하중 $w$는 4배가 되고, 단면 2차 모멘트 $I$는 $2^4 = 16$배가 되므로 최대 처짐은 $\dfrac{4}{16} = \dfrac{1}{4}$배가 된다.

정답 | 59 ① 60 ② 61 ②

**62** [2012 | 국회직 9급]

다음 그림과 같이 양 끝단이 볼베어링으로 지지된 축에 무게 W = 4,800 [kgf]인 회전체가 설치되어 회전하고 있을 경우 이 축의 위험속도[rpm]는? (단, 축 재료의 탄성계수 E = 25,000 kgf/mm², 길이 $l$ = 1,000 mm, 단면 2차 모멘트 I = 16 × 10⁵ [mm⁴]이며 $\sqrt{9.81}$ = 3.14로 한다. 그리고 축의 자중을 고려한 위험속도는 무시한다. 또한 볼베어링은 레이디얼 하중만을 받으며 양단은 단순지지라 가정한다)

Keyword
- $\delta = \dfrac{Wl^3}{48EI}$
- $n = \dfrac{30}{\pi}\sqrt{\dfrac{g}{\delta}}$

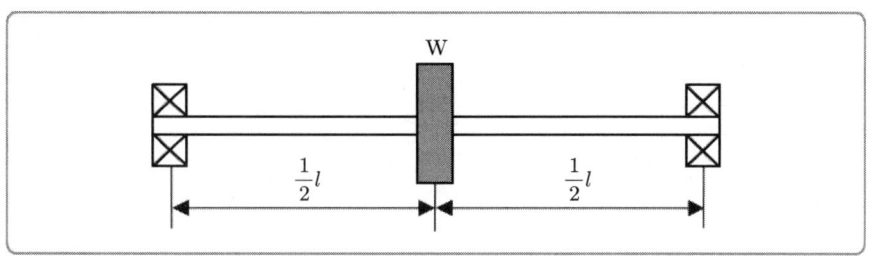

① 500
② 550
③ 600
④ 650
⑤ 700

|해설|
$\delta = \dfrac{Wl^3}{48EI} = \dfrac{4,800 \times 1,000^3}{48 \times 25,000 \times 16 \times 10^5} = \dfrac{10}{4} = 2.5\,[\text{mm}]$

$n = \dfrac{30}{\pi}\sqrt{\dfrac{g}{\delta}} = \dfrac{30}{\pi}\sqrt{\dfrac{9.8 \times 10^3}{2.5}} = 600\,[\text{rpm}]$

---

**63** [2012 | 국회직 9급]

굽힘 모멘트 M = 4,000 kgf · mm와 비틀림 모멘트 T = 3,000 kgf · mm를 동시에 받는 축이 있다. 이 축에 걸리는 상당 비틀림 모멘트($T_e$) [kgf · mm]와 상당 굽힘 모멘트($M_e$) [kgf · mm]는?

Keyword
- $T_e = \sqrt{M^2 + T^2}$
- $M_e = \dfrac{M + T_e}{2}$

① $T_e = 4,000,\ M_e = 5,000$
② $T_e = 4,500,\ M_e = 5,500$
③ $T_e = 5,000,\ M_e = 4,000$
④ $T_e = 5,000,\ M_e = 4,500$
⑤ $T_e = 5,500,\ M_e = 5,000$

|해설|
$T_e = \sqrt{M^2 + T^2} = \sqrt{4,000^2 + 3,000^2} = 5,000\,[\text{kgf} \cdot \text{mm}]$

$M_e = \dfrac{M + T_e}{2} = \dfrac{4,000 + 5,000}{2} = 4,500\,[\text{kgf} \cdot \text{mm}]$

정답 | 62 ③  63 ④

**64** [2020 | 지방직 9급] 상 중 하

지름이 10mm인 중실축이 50Hz의 주파수로 1kW의 동력을 전달할 때, 발생되는 최대 유효응력(Von Mises 응력)[MPa]은?

① $\dfrac{160}{\pi^2}$  ② $\dfrac{160\sqrt{3}}{\pi^2}$

③ $\dfrac{320}{\pi^2}$  ④ $\dfrac{320\sqrt{3}}{\pi^2}$

**Keyword**
- 축의 각속도 $\omega = 2\pi f$
- 축의 토크 $T = \dfrac{H}{\omega}$
- 축의 전단응력 $\tau = \dfrac{Tc}{J} = \dfrac{16T}{\pi d^3}$
- 최대 유효응력(Von Mises 응력) $\sigma_{VM} = \sqrt{3}\,\tau$

|해설|

축의 각속도 $\omega = 2\pi f = 2\pi \times 50 = 100\pi\,[rad/sec]$

축의 토크 $T = \dfrac{H}{\omega} = \dfrac{10^3}{100\pi} = \dfrac{10}{\pi}\,[N\cdot m]$

축의 전단응력 $\tau = \dfrac{Tc}{J} = \dfrac{16T}{\pi d^3} = \dfrac{16 \times \frac{10}{\pi} \times 10^3}{\rho \times 10^3} = \dfrac{160}{\pi^2}\,[MPa]$

최대 유효응력(Von Mises응력) $\sigma_{VM} = \sqrt{3}\,\tau = \dfrac{160\sqrt{3}}{\pi^2}\,[MPa]$

---

**65** [2021 | 국가직 9급] 상 중 하

그림과 같이 단면이 균일한 원형축에 집중하중 $W$[N]가 축의 중앙에 작용하고, 지지점의 허용경사각 $\beta_a$ [rad]일 때, 최소 축지름 $d$ [mm]는? (단, 축은 단순 지지되고 자중은 무시하며, 축의 길이는 $L$ [mm], 탄성계수는 $E$ [N/mm²]이다)

**Keyword**
허용경사각
$\beta_a = \dfrac{WL^2}{16E \times \dfrac{\pi d^4}{64}}$

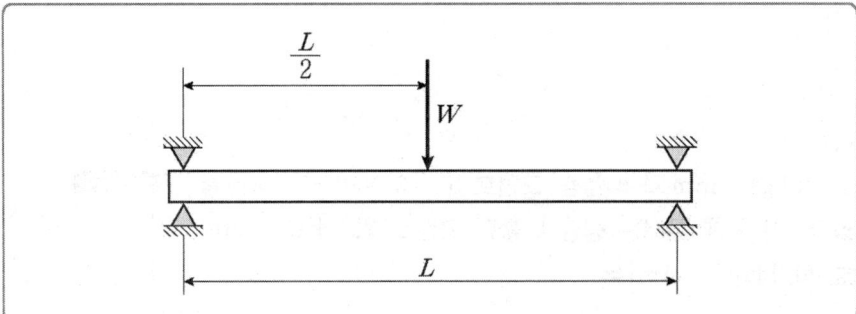

① $\sqrt[4]{\dfrac{2\,WL^3}{\pi E \beta_a}}$  ② $\sqrt[4]{\dfrac{4\,WL^2}{\pi E \beta_a}}$

③ $\sqrt[3]{\dfrac{4\,WL^3}{\pi E \beta_a}}$  ④ $\sqrt[3]{\dfrac{2\,WL^2}{\pi E \beta_a}}$

|해설|

허용경사각 $\beta_a = \dfrac{WL^2}{16E \times \dfrac{\pi d^4}{64}} = \dfrac{4\,WL^2}{\pi E d^4}$

∴ 최소 축지름 $d = \sqrt[4]{\dfrac{4\,WL^2}{\pi E \beta_a}}\,[mm]$

정답 | 64 ② 65 ②

## 2 축이음

**01** [ 2021 | 지방직 9급 ]

축이음에 대한 설명으로 옳지 않은 것은?

① 분할원통 커플링은 고정 커플링의 일종이다.
② 클러치는 운전 중에 단속이 가능한 축이음이다.
③ 플랜지 커플링은 약간의 축심 어긋남과 축의 팽창 및 수축을 흡수할 수 있다.
④ 유니버설 조인트는 일반적으로 두 축이 30° 이하로 교차할 때 사용하는 축이음이다.

|해설| 플렉시블 커플링은 약간의 축심 어긋남과 축의 팽창 및 수축을 흡수할 수 있다.

**Keyword**
플랜지 커플링은 고정 커플링이므로 약간의 축심 어긋남과 축의 팽창 및 수축을 흡수할 수 없다.

**02** [ 2019 | 서울시 9급 2차 ]

키가 있는 플랜지 고정 커플링에 허용전단강도가 200MPa이고, 전단면적이 400mm²인 볼트 6개가 체결되어 있고, 볼트의 기초원 지름은 200mm이다. 볼트의 전단응력은 균일하고, 플랜지와 키의 마찰은 무시하며, 토크 용량은 볼트의 허용전단강도에 의해 결정된다고 가정할 때, 허용전달토크의 값[kN·m]은?

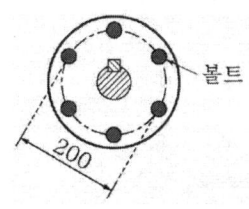

① 24kN·m
② 48kN·m
③ 72kN·m
④ 96kN·m

|해설| 볼트의 허용전단강도에 의해 결정된다고 가정할 때, 허용전달토크의 값

$$T = Z\mu Q \times \frac{D_m}{2} = 6 \times 1 \times (200 \times 10^6 \times 4 \times 10^{-4}) \times \frac{200 \times 10^{-3}}{2} = 48[kN \cdot m]$$

**Keyword**
볼트의 허용전단강도에 의해 결정된다고 가정할 때, 허용전달토크의 값
$T = Z\mu Q \times \dfrac{D_m}{2}$

**03** [ 2018 | 서울시 9급 2차 ]

다판 클러치에서 접촉면 안지름이 100mm, 바깥지름이 300mm, 접촉면압이 $0.01 kg_f/mm^2$인 경우 $60,000 kg_f \cdot mm$의 토크를 전달하기 위한 접촉면수는? (단, 마찰계수는 0.2이고 $\pi = 3$으로 한다)

① 2
② 3
③ 4
④ 5

**Keyword**
다판 클러치의 토크 $T = \dfrac{\mu\pi(D_2^2 - D_1^2)(D_2 + D_1)p_m Z}{16}$
($\mu$ : 마찰계수, $D_2$ : 바깥지름, $D_1$ : 안지름, $p_m$ : 접촉면압, $Z$ 판수)

정답 | 01 ③ 02 ② 03 ④

|해설| 다판 클러치의 토크 $T = \dfrac{\mu\pi(D_2^2 - D_1^2)(D_2 + D_1)p_m Z}{16}$

$= \dfrac{0.2 \times 3 \times (300^2 - 100^2)(300 + 100) \times 0.01 \times Z}{16}$ 이므로 $Z = 5$

## 04 [2018 | 서울시 9급] 상 중 하

유연성 축이음이 아닌 것은?

① 셀러 축이음(Seller coupling)
② 체인 축이음(Chain coupling)
③ 고무 축이음(Elastometic coupling)
④ 기어형 축이음(Gear coupling)

|해설| 유연성 축이음에는 체인 축이음(Chain coupling), 고무 축이음(Elastometic coupling), 기어형 축이음(Gear coupling) 등이 있다.

**Keyword**
셀러 축이음(Seller coupling)은 고정 축이음이다.

## 05 [2018 | 지방직 9급] 상 중 하

그림과 같이 유니버설 조인트 2개 사이에 중간축을 삽입하여 회전을 전달하고 있다. 한 쪽의 교차각 $\alpha_1$과 다른 쪽의 교차각 $\alpha_2$가 같을 때, 각속도비($\left|\dfrac{\omega_1}{\omega_2}\right|$)에 대한 설명으로 옳은 것은? (단, $\alpha_1$과 $\alpha_2$는 30° 이하이고, 그림의 모든 축은 동일 평면상에 있다)

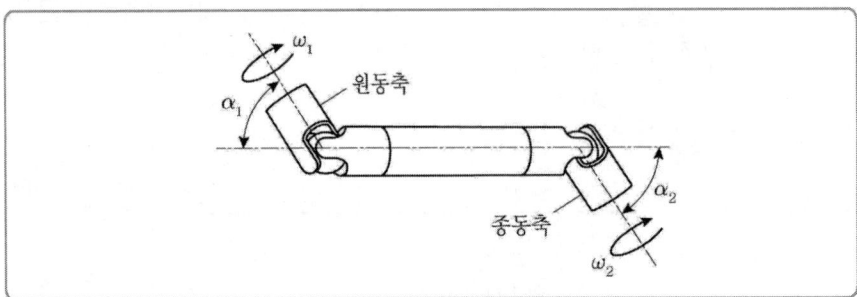

① $\left|\dfrac{\omega_1}{\omega_2}\right| < 1$

② $\left|\dfrac{\omega_1}{\omega_2}\right| = 1$

③ $\left|\dfrac{\omega_1}{\omega_2}\right| > 1$

④ 원동축의 회전각 증가에 따라 $\left|\dfrac{\omega_1}{\omega_2}\right|$은 증가했다가 감소한다.

|해설| 유니버설 커플링 2조를 사용하면 제1의 이음에서 생긴 각속도의 변화가 제2의 이음으로 상쇄되어 구동축의 각속도를 그대로 종동축에 전하여 항상 $\left|\dfrac{\omega_1}{\omega_2}\right| = 1$이 된다.

**Keyword**
유니버설 커플링 2조를 사용하면 제1의 이음에서 생긴 각속도의 변화가 제2의 이음으로 상쇄된다.

정답 | 04 ① 05 ②

**06** [2018 | 서울시 9급]

안지름 $D_1 = 60\text{mm}$, 바깥지름 $D_2 = 100\text{mm}$인 원판 클러치가 $N = 400\text{rpm}$으로 회전할 때 다음 중 최대 전달토크에 가장 가까운 값은? (단, 마찰계수 $\mu = 0.2$, 허용전달압력 $p = 1\text{N/mm}^2$, $\pi = 3$이다)

① 12N · m  ② 38N · m
③ 97N · m  ④ 153N · m

Keyword
$$T = \mu p \frac{\pi(D_2^2 - D_1^2)}{4} \times \frac{D_1 + D_2}{4}$$

|해설| $T = \mu p \dfrac{\pi(D_2^2 - D_1^2)}{4} \times \dfrac{D_1 + D_2}{4} = 0.2 \times 1 \times \dfrac{3 \times (100^2 - 60^2)}{4} \times \dfrac{60 + 100}{4}$
$= 38,400[\text{N} \cdot \text{mm}] = 38.4[\text{N} \cdot \text{m}]$

**07** [2017 | 국가직 9급]

그림과 같이 지름 40mm인 두 축이 플랜지 커플링에 의해 연결되어 최대 $9,600\text{kg}_f \cdot \text{mm}$의 토크를 전달한다. 커플링이 허용전단응력 $2\text{kg}_f/\text{mm}^2$인 M5 볼트로 체결되어 있을 때, 토크 전달에 필요한 볼트의 최소 개수는? (단, 전달동력 계산은 볼트의 전단강도만 고려하고, $\pi = 3.0$, M5 볼트 나사부 골지름은 4.0mm로 한다)

Keyword
$2 \times \dfrac{\pi}{4} \times 4^2 \times \dfrac{160}{2} \times n = 9,600$

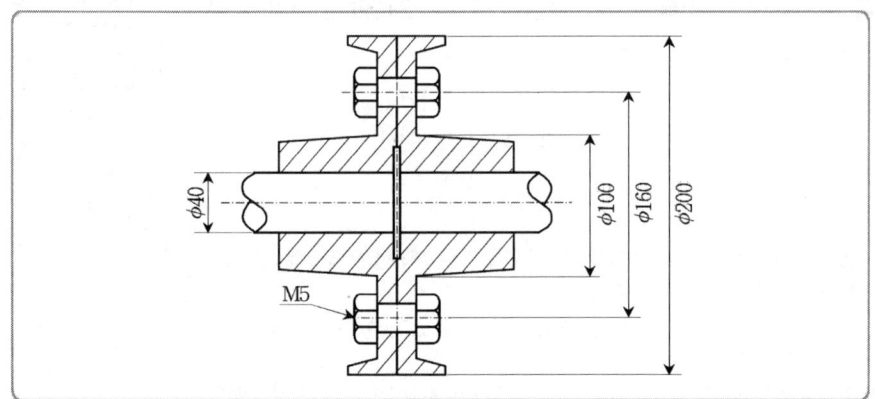

① 3  ② 4
③ 5  ④ 6

|해설| $2 \times \dfrac{\pi}{4} \times 4^2 \times \dfrac{160}{2} \times n = 9,600$이므로 $n = 5$개

정답 | 06 ② 07 ③

## 08 [2017 | 국회직 9급]

100마력 200rpm으로 동력을 전달하는 축이 볼트가 4개인 플랜지 커플링으로 연결되어 있다. 이 볼트의 안지름은 20mm이고, 볼트 피치원의 직경은 250mm이다. 플랜지 접촉면에 마찰이 없다고 가정하면 볼트에 발생하는 전단응력은 약 몇 $kgf/mm^2$인가?

① $7.16/\pi$
② $9.34/\pi$
③ $15.74/\pi$
④ $21.06/\pi$
⑤ $25.30/\pi$

**Keyword**

$T = 716,200 \times \dfrac{100}{200}$

|해설| $T = 716,200 \times \dfrac{100}{200} = 358,100 [kgf \cdot mm]$

$358,100 = \tau \times \dfrac{\pi \times 20^2}{4} \times 4 \times \dfrac{250}{2}$

$\tau = \dfrac{358,100}{20^2 \times 125 \times \pi} \simeq \dfrac{7.16}{\pi} [kgf/mm^2]$

## 09 [2017 | 국회직 9급]

두 축의 연결 부위에 고무나 스프링 등의 탄성체를 삽입하여 탄성변형이나 온도변화에 의한 변형 등으로 축심의 불일치가 발생할 경우, 원활한 운전과 충격 완화의 역할을 할 수 있는 축이음의 종류는?

① 올덤 커플링
② 플렉시블 커플링
③ 고정 커플링
④ 유니버설 조인트
⑤ 플랜지 커플링

**Keyword**
플렉시블 커플링
두 축의 연결 부위에 고무나 스프링 등의 탄성체를 삽입하여 탄성변형이나 온도변화에 의한 변형 등으로 축심의 불일치가 발생할 경우, 원활한 운전과 충격 완화의 역할을 할 수 있는 축이음

|오답 풀이|
① **올덤 커플링**: 평행한 두 축 사이의 거리가 약간 떨어져 있을 경우에 사용되는 것으로 기구적으로는 이중 슬라이더 회전기구를 구성하는 축이음
③ **고정 커플링**: 서로 연결되는 양축이 중심선이 정확하게 일치하고 있고, 상호간에 상대운동이 없는 경우에 사용되는 축이음
④ **유니버설 조인트**: 두 축이 비교적 떨어진 위치에 있는 경우나 두 축의 각도(편각)가 큰 경우에 이 두 축을 연결하기 위하여 사용되는 축이음
⑤ **플랜지 커플링**: 관 자체를 회전시키지 않고 플랜지 사이에 기밀을 유지하기 위해 개스킷을 삽입시킨 다음 볼트와 너트를 이용하여 접합시키는 축이음

정답 | 08 ① 09 ②

**10** [ 2016 | 서울시 9급 ] (상)(중)(하)

축지름이 150mm, 볼트의 피치원 지름이 450mm, 볼트 수가 6개인 플랜지커플링이 볼트의 전단저항만으로 동력을 전달한다고 할 때, 필요한 볼트의 지름은? (단, 축의 재료와 볼트의 재료는 동일하다)

① 15mm
② 20mm
③ 25mm
④ 30mm

|해설|
$$\tau \times \frac{\pi \times 150^3}{16} = \tau \times \frac{\pi d^2}{4} \times 6 \times \frac{450}{2}$$
$$d = \sqrt{\frac{4 \times 150^3}{16 \times 6 \times 225}} = 25 [\text{mm}]$$

**Keyword**
축이 전달하는 토크와 플랜지 커플링이 전달하는 토크가 같고 재료가 동일하므로 허용전단응력이 같다.

---

**11** [ 2015 | 국가직 7급 ] (상)(중)(하)

유니버설 조인트에서 원동축과 구동축의 각속도비의 변화에 대한 설명으로 옳지 않은 것은? (단, $\delta$는 원동축과 구동축의 교차각이다)

① 종동축의 최고 각속도는 원동축 각속도의 $\frac{1}{\cos\delta}$배이다.

② 종동축의 최저 각속도는 원동축 각속도의 $\cos\delta$배이다.

③ 원동축이 1회전할 때, 종동축의 각속도는 최고 각속도 및 최저 각속도에 각각 1번씩 도달하는 각속도의 변화를 보인다.

④ 종동축의 회전각에 따라 원동축의 각속도와 종동축의 각속도가 같은 경우가 생길 수 있다.

|해설| 원동축이 1회전할 때, 종동축의 각속도는 최고 각속도 및 최저 각속도에 각각 2번씩 도달하는 각속도의 변화를 보인다.

|참고| 유니버설 조인트에서 원동축과 구동축의 각속도비의 변화

- 종동축의 최고 각속도=원동축 각속도$\times \frac{1}{\cos\delta}$
- 종동축의 최저 각속도=원동축 각속도$\times \cos\delta$
- 원동축이 1회전할 때, 종동축의 각속도는 최고 각속도 및 최저 각속도에 각각 2번씩 도달하는 각속도의 변화를 보인다.
- 종동축의 회전각에 따라 원동축의 각속도와 종동축의 각속도가 같은 경우가 생길 수 있다.

정답 | 10 ③  11 ③

**12** [2015 | 국회직 9급] 상 중 하

두 축의 연결에 있어서 두 축이 일정한 각도를 가지며 교차하는 경우 일반적으로 사용되는 커플링은?

① 플렉시블 커플링  ② 올덤 커플링
③ 유니버설 커플링  ④ 플랜지 커플링
⑤ 클램프 커플링

**Keyword**

유니버설 커플링
두 축의 연결에 있어서 두 축이 일정한 각도를 가지며 교차하는 경우 일반적으로 사용되는 커플링

|오답풀이|
① **플렉시블 커플링** : 편심, 편각이 어느 정도 허용되는 축이음
② **올덤 커플링** : 2축이 평행을 이루면서 다소 편심되어 있는 경우 각속도(角速度)를 조금도 변화시키지 않고 동력을 전달할 수 있는 축이음
④ **플랜지 커플링** : 양축의 끝에 플랜지를 각각 억지 끼워맞춤하여 플랜지를 리머볼트로 연결시킨 축이음
⑤ **클램프 커플링** : 축 양단을 단단히 죄어 고정시키는데 사용하는 축이음

**13** [2013 | 국가직 9급] 상 중 하

회전수 200[rpm], 출력 40[kW]의 모터를 4개의 볼트를 사용하는 플랜지 커플링으로 연결하였다. 플랜지 마찰면의 마찰은 없고, 동력을 지름 d[mm]의 볼트에 의해서만 전달할 때, $d^2[\text{mm}^2]$을 나타내는 값은? (단, 플랜지 볼트 구멍 중심을 지나는 피치원의 지름은 200[mm]이고, 볼트의 허용전단응력은 $2[\text{kg}_f/\text{mm}^2]$, 허용인장응력은 $4[\text{kg}_f/\text{mm}^2]$이다)

① $\dfrac{358}{\pi}$  ② $\dfrac{487}{\pi}$
③ $\dfrac{716}{\pi}$  ④ $\dfrac{974}{\pi}$

**Keyword**

$T = 974,000 \times \dfrac{40}{200}$

|해설|
$T = 974,000 \times \dfrac{40}{200} = 194,800[\text{kg}_f \cdot \text{mm}]$

$2 \times \dfrac{\pi d^2}{4} \times 4 \times \dfrac{200}{2} = 194,800$

$d^2 = \dfrac{194,800}{\pi \times 200} = \dfrac{974}{\pi}[\text{mm}^2]$

정답 | 12 ③  13 ④

**14**

원통 커플링에서 모든 볼트에 작용하는 총힘이 1kN이고, 커플링의 전달토크는 75N·m이며, 마찰계수가 0.2일 때 축의 지름을 몇 mm로 하여야 하는가? (단, $\pi = 3$으로 계산하시오)

① 150
② 200
③ 250
④ 300
⑤ 350

**Keyword**

$T = \mu \dfrac{FD}{2}$

|해설| $75 = 0.2 \times \pi \times 10^3 \times \dfrac{d}{2}$

$d = \dfrac{75}{300} = \dfrac{1}{4} = 0.25[\text{m}] = 250[\text{mm}]$

**15**

유니버설 이음(Hook's joint)에서 2축의 교차각을 $\alpha$라 하고 원동축이 $\theta$만큼 회전할 때 종동축의 회전각 $\phi$를 옳게 나타낸 것은?

① $\tan\phi = \tan\theta\cos\alpha$
② $\tan\phi = \cos\theta\tan\alpha$
③ $\tan\phi = \cos\theta\sin\alpha$
④ $\tan\phi = \tan\alpha\sin\theta$
⑤ $\tan\phi = \tan\alpha\tan\theta$

**Keyword**

유니버설 이음(Hook's joint)에서 2축의 교차각을 $\alpha$라 하고 원동축이 $\theta$만큼 회전할 때 종동축의 회전각 $\phi$은 $\tan\phi = \tan\theta\cos\alpha$의 관계를 갖는다.

|해설|

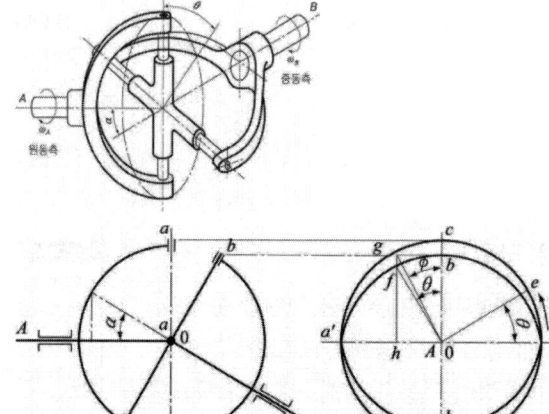

핀의 끝 $a$, $b$가 그리는 2개의 원을 A축에 직각인 평면상에 투영하면 점 $a$의 괘적은 $\widehat{aca'}$이며 점 $b$의 괘적은 $\widehat{aba'}$이다. 점 $a$가 $\theta$만큼 각운동하여 점 $e$에 오면 $\angle aoe = \angle bof = \theta$가 되는 점 $b$는 $f$에 온다. 그러나 투영도에 있어서 점 $b$가 움직인 실제의 각도는 점 $f$를 지나 $\overline{co}$에 평행하게 직선을 그려서 점 $b$의 수선과의 교점을 $g$라 하면 $\angle bog$가 된다. 즉, A축이 $\theta$만큼 회전하면 B축은 $\phi$만큼 회전한다.

따라서 $\dfrac{\tan\phi}{\tan\theta} = \dfrac{oh/gh}{dh/fh} = \dfrac{fh}{gh} = \dfrac{ob}{oc} = \cos\alpha$이므로 $\tan\phi = \tan\theta\cos\alpha$가 된다.

정답 | 14 ③  15 ①

## 16

[2017 | 서울시 9급]

원추 클러치에서 전달토크가 $T$, 평균지름이 $D_m$, 원추면의 경사각(꼭지각의 1/2)이 $\alpha$, 접촉면의 마찰계수가 $\mu$일 때 축방향으로 밀어 붙이는 힘 $P$를 구하면?

① $P = \dfrac{\mu D_m}{2T}(\sin\alpha + \mu\cos\alpha)$
② $P = \dfrac{\mu D_m}{2T}(\cos\alpha + \mu\sin\alpha)$
③ $P = \dfrac{2T}{\mu D_m}(\cos\alpha + \mu\sin\alpha)$
④ $P = \dfrac{2T}{\mu D_m}(\sin\alpha + \mu\cos\alpha)$

|해설| $T = \mu Q \dfrac{D_m}{2} = \mu \dfrac{P}{\sin\alpha + \mu\cos\alpha} \times \dfrac{D_m}{2}$ 이므로 $P = \dfrac{2T}{\mu D_m}(\sin\alpha + \mu\cos\alpha)$

**Keyword**
$T = \mu Q \dfrac{D_m}{2}$
$= \mu \dfrac{P}{\sin\alpha + \mu\cos\alpha} \times \dfrac{D_m}{2}$

## 17

[2017 | 국가직 7급]

접촉면의 바깥지름이 80mm, 안지름이 40mm인 단판 클러치에 평균 접촉면압력 $0.2[N/mm^2]$이 작용할 때, 단판 클러치의 전달토크[N·mm]는? (단, 마찰계수는 0.2이고, 전체 마찰면에서 마모량이 균일하다)

① $1,440\pi$
② $2,880\pi$
③ $3,600\pi$
④ $7,200\pi$

|해설| 단판 클러치의 전달토크 $T$
$= \dfrac{\mu\pi(D_2^2 - D_1^2)(D_2 + D_1)p_m}{16} = \dfrac{0.2 \times \pi \times (80^2 - 40^2)(80+40) \times 0.2}{16} = 1,440\pi[N \cdot mm]$

**Keyword**
단판 클러치의 전달토크 $T$
$= \mu P \dfrac{D_m}{2}$
$= \mu \dfrac{\pi}{4}(D_2^2 - D_1^2)p_m \dfrac{D_1 + D_2}{4}$
$= \dfrac{\mu\pi(D_2^2 - D_1^2)(D_2 + D_1)p_m}{16}$
($\mu$ : 접촉면의 마찰계수, $P$ : 접촉면에 가해지는 축방향의 힘, $D_m$ : 접촉면의 평균지름, $D_2$ : 접촉면의 바깥지름, $D_1$ : 접촉면의 안지름, $p_m$ : 접촉면의 평균압력)

## 18

[2017 | 국가직 7급]

클러치(clutch)에 대한 설명으로 옳지 않은 것은?

① 사각형 맞물림 클러치(claw clutch)는 회전방향을 바꾸어 동력을 전달할 수 있다.
② 원추 클러치(cone clutch)는 원추각을 크게 할수록 큰 동력을 전달할 수 있다.
③ 원판 클러치(disk clutch)에서 마찰면의 마찰력이 구동축의 회전력보다 작으면 구동축의 회전토크를 피동축에 충분히 전달하기 어렵다.
④ 원심 클러치(centrifugal clutch)는 구동축의 회전 속도에 따라 구동축의 회전토크를 피동축에 전달하거나 차단할 수 있다.

|해설| 원추 클러치(cone clutch)는 원추각을 작게 할수록 큰 동력을 전달할 수 있다.

**Keyword**
원추 클러치(cone clutch)는 원추각을 크게 할수록 전달 토크가 감소되므로 결국은 전달 동력도 감소된다.

정답 | 16 ④ 17 ① 18 ②

**19** [ 2022 | 지방직 9급 ]

안지름이 40mm, 바깥지름이 60mm인 단판 클러치가 전달하는 최대 토크가 5 N·m일 때, 클러치 접촉면에서 축방향으로 미는 힘[N]은? (단, 접촉면의 마찰계수는 0.2이고, 균일 마모 조건이다)

① 1,000  ② 1,500
③ 2,000  ④ 2,500

**Keyword**
단판 클러치의 접촉면에서 축방향으로 미는 힘
$$P = \frac{2T_{max}}{\mu D_m}$$
(여기서, $T_{max}$ : 최대 토크, $\mu$ : 마찰계수, $D_m$ : 평균지름)

|해설| 단판 클러치의 접촉면에서 축방향으로 미는 힘
$$P = \frac{2T}{\mu D_m} = \frac{2T}{\mu \times \frac{D_1 + D_2}{2}} = \frac{4T}{\mu \times (D_1 + D_2)} = \frac{4 \times 5 \times 10^3}{0.2 \times (40 + 60)} = 1000[N]$$

**20** [ 2020 | 국회직 9급 ]

955rpm으로 회전하는 축에 원판 클러치(단판클러치)가 설치되어 미끄럼 없이 10kW의 동력을 전달하고 있다. 이때 원판 클러치를 밀어 붙이는데 필요한 힘(N)은? (단, 마찰판의 마찰계수 $\mu$ = 0.2이고, 마찰판의 평균지름 $D_m$ = 100mm이다)

① 5,000  ② 10,000
③ 15,000  ④ 20,000
⑤ 25,000

**Keyword**
전달 동력 $H = \omega T$
($\omega$ : 각속도, $T$ : 토크)
토크 $T = F \cdot \frac{D_m}{2} = \mu Q \frac{D_m}{2}$
($F$ : 접촉면에 가해지는 축방향의 힘, $D_m$ : 마찰판의 평균지름, $\mu$ : 마찰판의 마찰계수, $Q$ : 원판 클러치를 밀어붙이는데 필요한 힘)

|해설| 전달 동력 $H = \omega T = \frac{2\pi \times 955}{60} \times T \simeq 100T = 10,000$에서
$T = 100[N \cdot m] = 100 \times 10^3 [N \cdot mm]$
$T = F \cdot \frac{D_m}{2} = \mu Q \frac{D_m}{2} = 0.2 \times Q \times \frac{100}{2} = 10Q = 100 \times 10^3$에서 $Q = 10,000[N]$

정답 | 19 ① 20 ②

**21** [2019 | 서울시 9급 2차]

접촉면의 안지름이 60mm, 바깥지름이 80mm이고 접촉면의 마찰계수가 0.3인 단판 클러치가 200kgf·mm의 토크를 전달시키는데 필요한 접촉면압의 값 [kgf/mm²]은?

① $\dfrac{1}{294\pi}\,\text{kg}_f/\text{mm}^2$  ② $\dfrac{1}{588\pi}\,\text{kg}_f/\text{mm}^2$

③ $\dfrac{2}{147\pi}\,\text{kg}_f/\text{mm}^2$  ④ $\dfrac{4}{147\pi}\,\text{kg}_f/\text{mm}^2$

|해설| 단판 클러치의 전달토크 $T = \dfrac{\mu\pi(D_2^2 - D_1^2)(D_2 + D_1)p_m}{16}$ 에서

접촉면압 $p_m = \dfrac{16T}{\mu\pi(D_2^2 - D_1^2)(D_2 + D_1)} = \dfrac{16 \times 200}{0.3\pi(80^2 - 60^2)(80 + 60)}$

$= \dfrac{16 \times 200}{0.3\pi \times 2,800 \times 140} = \dfrac{4}{147\pi}\,[kg_f/mm^2]$

**Keyword**
단판 클러치의 전달토크
$T = \dfrac{\mu\pi(D_2^2 - D_1^2)(D_2 + D_1)}{16}$

**22** [2016 | 국가직 9급]

접촉면의 안지름과 바깥지름이 각각 20mm, 40mm이고, 마찰계수가 $\mu$인 단판 클러치로 450N·mm의 토크를 전달시키는 데 필요한 접촉면압[MPa]은? (단, 힘은 균일 압력조건, 토크는 균일 마모조건으로 가정한다)

① $\dfrac{1}{2\pi\mu}$  ② $\dfrac{1}{4\pi\mu}$

③ $\dfrac{1}{5\pi\mu}$  ④ $\dfrac{1}{10\pi\mu}$

|해설| $T = \mu P \dfrac{D_m}{2} = \mu\dfrac{\pi}{4}(D_2^2 - D_1^2)p_m\dfrac{D_1 + D_2}{4} = \mu\dfrac{\pi}{4}(40^2 - 20^2)p_m\dfrac{40 + 20}{4}$

$= \mu\dfrac{\pi}{4} \times 1,200 \times p_m \times 15$이므로

$p_m = \dfrac{T \times 4}{\pi\mu \times 18,000} = \dfrac{450 \times 4}{\pi\mu \times 18,000} = \dfrac{1,800}{\pi\mu \times 18,000} = \dfrac{1}{10\pi\mu}\,[\text{MPa}]$

**Keyword**
$T = \mu P \dfrac{D_m}{2}$
$= \mu \dfrac{\pi}{4}(D_2^2 - D_1^2)p_m$
$\dfrac{D_1 + D_2}{4}$

정답 | 21 ④  22 ④

**23** [2016 | 지방직 9급] 상 **중** 하

원추각(꼭지각의 1/2) $\alpha$, 접촉면의 평균지름이 230[mm], 접촉 너비가 50[mm], 접촉면의 허용압력이 $0.02[\text{kg}_f/\text{mm}^2]$인 원추 클러치에 $160[\text{kg}_f]$의 축방향 힘을 가할 때 전달할 수 있는 최대 토크$[\text{kg}_f \cdot \text{mm}]$는? (단, 접촉면의 마찰계수는 0.3, $\cos \alpha \fallingdotseq 0.95$, $\sin \alpha \fallingdotseq 0.315$로 한다)

① 5,520
② 7,200
③ 9,200
④ 9,800

**Keyword**

원추 클러치의 최대 토크
$T = F \cdot \dfrac{D_m}{2} = \mu Q \dfrac{D_m}{2}$
$= \mu \times \dfrac{P}{\sin\alpha + \mu\cos\alpha}$
$\times \dfrac{D_m}{2}$

($F$ : 접촉면에 가해지는 축방향의 힘, $D_m$ : 접촉면의 평균지름, $\mu$ : 접촉면의 마찰계수, $Q$ : 접촉면에 수직하게 생기는 힘, $\alpha$ : 원추각의 $\dfrac{1}{2}°$, $P$ : 축방향으로 밀어 붙이는 힘)

| 해설 | 원추 클러치의 최대 토크 $T = F \cdot \dfrac{D_m}{2} = \mu Q \dfrac{D_m}{2} = \mu \times \dfrac{P}{\sin\alpha + \mu\cos\alpha} \times \dfrac{D_m}{2}$
$= 0.3 \times \dfrac{160}{0.315 + 0.3 \times 0.95} \times \dfrac{230}{2} = 9,200 [\text{kg}_f \cdot \text{mm}]$

**24** [2016 | 지방직 9급] 상 **중** 하

동력을 전달하는 단판의 원판 클러치가 있다. 클러치 디스크의 접촉면의 외경이 $2d[\text{mm}]$, 내경이 $d[\text{mm}]$, 전달토크가 $T[\text{N} \cdot \text{m}]$일 때 디스크 접촉면의 평균압력[MPa]은? (단, 접촉면은 균일 마모조건이며 $\mu$는 마찰계수이다)

① $\dfrac{2T}{\mu\pi d^3}$
② $\dfrac{8T}{9\mu\pi d^3}$
③ $\dfrac{12T}{4\mu\pi d^3}$
④ $\dfrac{16T}{9\mu\pi d^3}$

**Keyword**

$T = \mu q \dfrac{\pi\{(2d)^2 - d^2\}}{4} \times \dfrac{3d}{4}$

| 해설 | 디스크 접촉면의 평균압력을 $q$라 하면 $T = \mu q \dfrac{\pi\{(2d)^2 - d^2\}}{4} \times \dfrac{3d}{4}$에서 $q = \dfrac{16T}{9\mu\pi d^3}$이다.

**25** [2019 | 서울시 9급 2차] 상 **중** 하

마찰면의 바깥지름이 110mm, 안지름이 90mm, 폭이 20mm인 원추 클러치가 접촉면압이 $0.1\text{N/mm}^2$ 이하로 사용될 때 최대 전달토크의 값$[\text{N} \cdot \text{mm}]$은? (단, 마찰계수는 0.2, $\pi = 3$으로 계산한다)

① 1,000N · mm
② 2,000N · mm
③ 4,000N · mm
④ 6,000N · mm

**Keyword**

최대 전달토크의 값
$T = \mu Q \times \dfrac{D_m}{2}$

| 해설 | 최대 전달토크의 값
$T = \mu Q \times \dfrac{D_m}{2} = 0.2 \times 0.1 \times \dfrac{3 \times (110+90)}{2} \times 20 \times \dfrac{110+90}{4} = 6,000[N \cdot mm]$

정답  23 ③  24 ④  25 ④

## 26

[2016 | 서울시 9급]

접촉면의 안지름과 바깥지름이 각각 80mm, 120mm이고, 마찰면의 수가 3개인 다판 클러치가 100kg의 축방향 하중을 받을 때, 전달토크는? (단, 마찰계수는 0.25이다)

① 1,000kg · mm  
② 1,250kg · mm  
③ 2,500kg · mm  
④ 3,750kg · mm  

| 해설 | 전달토크 $T = \mu P \dfrac{D_m}{2} = 0.25 \times 100 \times \dfrac{100}{2} = 1,250 [\text{kg} \cdot \text{mm}]$

**Keyword**

전달토크 $T = \mu P \dfrac{D_m}{2}$

($\mu$ : 접촉면의 마찰계수, $P$ : 접촉면에 가해지는 축방향의 힘, $D_m$ : 접촉면의 평균지름)

## 27

[2015 | 국가직 9급]

다판 클러치에서 접촉면의 안지름이 100[mm], 바깥지름이 300[mm]이고, 접촉면압이 0.01[kgf/mm²]일 경우, 50,000[kgf · mm] 이상의 토크를 전달하기 위해 필요한 접촉면 수가 최소 몇 개인가? (단, 마찰계수는 0.2이며, 제동효율은 고려하지 않고, $\pi = 3$으로 한다)

① 1  
② 3  
③ 5  
④ 7  

| 해설 | $50,000 = Z \times 0.2 \times 0.01 \times \dfrac{\pi(300^2 - 100^2)}{4} \times \dfrac{200}{2}$ 이므로 $Z = \dfrac{25}{6} \approx 4.17$이므로 최소 5개이다.

**Keyword**

전달토크

$T = 50,000$
$= Z \times 0.2 \times 0.01$
$\times \dfrac{\pi(300^2 - 100^2)}{4}$
$\times \dfrac{200}{2}$

## 28

[2015 | 서울시 9급]

접촉면의 바깥지름이 300mm, 안지름이 100mm이고 회전수가 974rpm인 단판 마찰 클러치로 1kW의 동력을 전달하는 데 필요한 축방향으로 밀어붙이는 힘의 크기는? (단, 클러치 접촉면의 마찰계수는 0.2이다)

① 50kg$_f$  
② 100kg$_f$  
③ 150kg$_f$  
④ 200kg$_f$  

| 해설 | 전달토크 $T = 974,000 \times \dfrac{H}{n} = 974,000 \times \dfrac{1}{974} = 1,000 [\text{kg}_f \cdot \text{mm}]$이며

전달토크 $T = \mu P \dfrac{D_m}{2} = 1,000 = 0.2 \times P \times \dfrac{300 + 100}{4}$에서 $P = 50[\text{kg}_f]$이다.

**Keyword**

• 전달토크
$T = 974,000 \times \dfrac{H}{n}$

• 전달토크 $T = \mu P \dfrac{D_m}{2}$

정답 | 26 ② 27 ③ 28 ①

**29** 안지름이 30mm이고 바깥지름이 50mm인 원판 클러치에 $0.5N/mm^2$ 균일접촉 압력이 작용하고 마찰계수가 0.3일 때, 단일 원판 클러치가 전달할 수 있는 최대 토크[N·mm]에 가장 근접한 값은? (단, $\pi=3$으로 하고, 마찰면 중심 지름은 안지름과 바깥지름의 평균지름으로 한다)

① 1,800　　　　　　② 3,600
③ 5,400　　　　　　④ 6,200

**Keyword**
원판 클러치의 전달토크
$T = \mu P \dfrac{D_m}{2}$
$= \mu \dfrac{\pi}{4}(D_2^2 - D_1^2) p_m \dfrac{D_1 + D_2}{4}$
$= \dfrac{\mu\pi(D_2^2 - D_1^2)(D_2 + D_1)p_m}{16}$

|해설| 전달토크 $T = \dfrac{\mu\pi(D_2^2-D_1^2)(D_2+D_1)p_m}{16} = \dfrac{0.3 \times 3 \times (50^2-30^2)(50+30) \times 0.5}{16} = 3,600[N \cdot mm]$

---

**30** 단판 클러치에서 축방향으로 미는 힘 500N을 가해 토크 6,000N·mm를 전달하고자 한다. 마찰면의 바깥지름이 150mm일 때 안지름의 최소 크기[mm]는? (단, 마찰계수는 0.2이고, 마모량은 일정하다)

① 90　　　　　　② 100
③ 120　　　　　　④ 130

**Keyword**
전달토크 $T = \mu P \dfrac{D_m}{2}$

|해설| 전달토크 $T = \mu P \dfrac{D_m}{2} = 6,000 = 0.2 \times 500 \times \dfrac{150+D_1}{4}$ 에서 $D_1 = 90[mm]$

---

**31** 단판 클러치에서 전달토크가 70N·m, 마찰계수가 0.35, 축방향으로 밀어 붙이는 힘이 2kN일 때, 접촉부의 바깥지름이 260mm이라면 안지름의 크기는?

① 120mm　　　　② 130mm
③ 140mm　　　　④ 150mm
⑤ 160mm

**Keyword**
전달토크 $T = \mu P \dfrac{D_m}{2}$

|해설| 전달토크 $T = \mu P \dfrac{D_m}{2} = 70 = 0.35 \times 2 \times \dfrac{260+D_1}{2} \times \dfrac{1}{2}$ 이므로 $D_1 = 400 - 260 = 140[mm]$ 이다.

정답 | 29 ② 30 ① 31 ③

## 32

[2022 | 국가직 9급]

일반적인 사각형 맞물림 클러치의 턱(claw) 뿌리에 작용하는 굽힘응력에 영향을 주지 않는 것은?

① 턱의 높이
② 턱의 개수
③ 접촉 마찰계수
④ 클러치 바깥지름

**해설**
사각형 맞물림 클러치의 굽힘응력은 $\sigma_b = \dfrac{6Ph}{tb^2} = \dfrac{6Th}{Rtb^2Z} = \dfrac{24Th}{(D_1+D_2)tb^2Z}$ 이므로 접촉 마찰계수는 굽힘응력에 영향을 주지 않는다.

**Keyword**
사각형 맞물림 클러치의 굽힘응력

$$\sigma_b = \dfrac{6Ph}{tb^2} = \dfrac{6Th}{Rtb^2Z}$$
$$= \dfrac{24Th}{(D_1+D_2)tb^2Z}$$

여기서,
$P$ : 회전력, $h$ : 턱높이,
$t$ : 턱두께, $b$ : 턱의 폭,
$T$ : 전달토크, $T = ZPR$,
$R$ : 클러치의 평균반지름,
$R = \dfrac{D_1+D_2}{4}$,
$D_1$ : 클러치의 바깥지름,
$D_2$ : 클러치의 안지름,
$Z$ : 턱의 개수

## 33

[2019 | 국가직 9급]

다음은 유체 토크 컨버터(fluid torque converter)의 작동원리에 대한 설명이다. ㉠~㉢의 들어갈 말을 옳게 짝 지은 것은?

> 유체 토크 컨버터에서는 크랭크 축에 직결된 ( ㉠ )의 회전에 의해 동력을 전달받은 작동 유체가 ( ㉡ )을/를 회전시킨 다음 ( ㉢ )를 통과한다.

|   | ㉠ | ㉡ | ㉢ |
|---|---|---|---|
| ① | 스테이터 | 펌프 임펠러 | 터빈 러너 |
| ② | 펌프 임펠러 | 터빈 러너 | 스테이터 |
| ③ | 펌프 임펠러 | 스테이터 | 터빈 러너 |
| ④ | 유체 클러치 | 커플링 | 펌프 임펠러 |

**해설** 유체 토크 컨버터에서는 크랭크 축에 직결된 펌프 임펠러의 회전에 의해 동력을 전달받은 작동 유체가 터빈 러너를 회전시킨 다음 스테이터를 통과한다.

**Keyword**
유체 토크 컨버터는 자동변속에 활용된다.

정답 | 32 ③ 33 ②

# 3 베어링

**01** [2022 | 지방직 9급]

그림과 같은 레이디얼 저널(radial journal)의 베어링 압력을 구하는 식은? (단, $P$는 하중, $d$는 저널의 지름, $l$은 저널의 길이이고, 저널에서 압력분포가 일정하다)

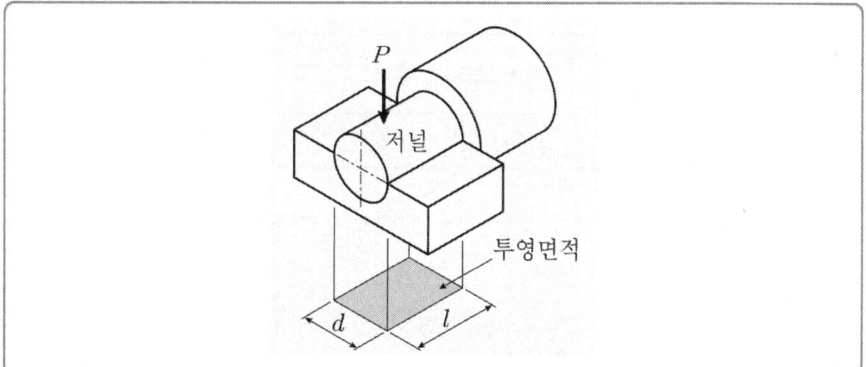

① $\dfrac{4P}{\pi d^2}$
② $\dfrac{\pi P}{d^2}$
③ $\dfrac{P}{l^2}$
④ $\dfrac{P}{dl}$

**해설** 레이디얼 저널(radial journal)의 베어링 압력을 구하는 식

$$p = \dfrac{P}{A} = \dfrac{P}{dl}$$

(여기서, $P$ : 하중, $d$ : 저널의 지름, $l$ : 저널의 길)

**Keyword**
레이디얼 저널 베어링(radial journal bearing)
반경방향 하중을 지지하는 베어링이다.

정답 | 01 ④

## 02 [2018 | 서울시 9급 2차]

**미끄럼 베어링과 구름 베어링의 특징을 비교한 것으로 가장 옳지 않은 것은?**

| 특징항목 | 미끄럼 베어링 | 구름 베어링 |
| --- | --- | --- |
| ① 충격흡수 | 유막에 의한 감쇠력이 우수하다. | 감쇠력이 작아 충격흡수력이 작다. |
| ② 운전속도 | 공진속도 이내에서만 운전하여야 한다. | 공진속도를 지나 운전할 수 있다. |
| ③ 기동토크 | 유막형성이 늦는 경우 기동토크가 크다. | 기동토크가 작다. |
| ④ 강성 | 작다. | 크다. |

**해설** 미끄럼 베어링은 공진속도를 지나 운전할 수 있으나, 구름 베어링은 공진속도 이내에서만 운전가능하다.

**Keyword**
구름 베어링은 공진속도 이내에서 운전하여야 하며, 저속 운전에 적당하다.

## 03 [2018 | 서울시 9급 2차]

**400rpm으로 회전하는 축으로부터 3,000N의 하중을 받는 끝저널 베어링에서 압력속도계수가 $pv = 0.2\text{N/mm}^2 \cdot \text{m/s}$일 때 저널의 길이[mm]는?**

① $100\pi$  ② $120\pi$
③ $150\pi$  ④ $190\pi$

**해설** 축의 지름 $d$, 저널의 길이 $l$일 때 $\dfrac{3,000}{dl} \times \dfrac{2\pi \times 400}{60} \times \dfrac{d}{2} \times 10^{-3} = 0.2$이므로

$l = 100\pi\,[\text{mm}]$

**Keyword**
발열계수
$$pv = \dfrac{P}{dl} \times \dfrac{2\pi n}{60} \times \dfrac{d}{2} \times 10^{-3}$$

## 04 [2018 | 서울시 9급 2차]

**저널 직경이 100mm, 회전수 600rpm, 작용하중 $2{,}500\text{kg}_f$인 베어링의 마찰계수가 $\mu = 0.01$일 때, 베어링의 마찰손실 마력[PS]은? (단, $\pi$는 3으로 한다)**

① 1  ② 5
③ 10  ④ 100

**해설** $H = 0.01 \times 2{,}500 \times \dfrac{2\pi \times 600}{60} \times \dfrac{100}{2} \times 10^{-3} \times \dfrac{1}{75} = 1[\text{PS}]$

**Keyword**
베어링의 마찰손실 마력[PS]
$$H = \mu P \times \dfrac{2\pi n}{60} \times \dfrac{d}{2} \times \dfrac{1}{75}$$

정답 | 02 ② 03 ① 04 ①

**05** [2022 | 지방직 9급]

미끄럼 베어링용 재료가 갖추어야 할 특성으로 옳지 않은 것은?

① 내식성이 좋아야 한다.
② 열전도율이 높아야 한다.
③ 충격 흡수력이 커야 한다.
④ 피로강도가 작아야 한다.

| 해설 | 피로강도가 커야 한다.

**Keyword**
미끄럼 베어링 재료는 내피로성, 내마모성, 내소착성, 내식성, 충격 흡수력, 접착성, 열전도율 등의 여러 가지 특성이 높아야 하며 특히 윤활환경이나 온도, 분위기, 상대편 재료, 속도 등 사용조건에 따른 적당한 재료의 선택이 필요하다.

**06** [2018 | 지방직 9급]

미끄럼 베어링에 요구되는 재료 특성으로 옳지 않은 것은?

① 내식성이 커야 한다.
② 열전도율이 높아야 한다.
③ 마찰계수가 작아야 한다.
④ 마모가 적고 피로강도가 낮아야 한다.

| 해설 | 마모가 적고 피로강도가 높아야 한다.

**Keyword**
미끄럼 베어링은 상반되는 성질인 붙임성과 면압강도와 피로강도가 동시에 요구되므로 이 두 가지를 모두 충족하는 합금재료가 주로 사용된다.

**07** [2018 | 서울시 9급]

20kN의 하중이 작용하는 축이 100rpm으로 회전하고 있다. 레이디얼 저널 베어링의 허용 최대 압력이 $4\text{N/mm}^2$, 저널의 길이와 지름의 비 $\dfrac{l}{d}=2$일 때 지름 $d$의 최솟값은?

① 10mm
② 50mm
③ 102mm
④ 122mm

| 해설 | $4=\dfrac{20\times 10^3}{dl}=\dfrac{20\times 10^3}{d\times 2d}$ 이므로 $d=\dfrac{100}{2}=50[\text{mm}]$

**Keyword**
$4=\dfrac{20\times 10^3}{dl}=\dfrac{20\times 10^3}{d\times 2d}$

**08** [2018 | 서울시 9급]

250rpm으로 회전하는 축의 끝 저널 베어링(End journal bearing)을 설계하고자 한다. 베어링에 전달되는 하중이 700kgf이고 발열계수가 $0.15\text{kgf}/\text{mm}^2\cdot\text{m/s}$일 때 저널의 길이에 가장 가까운 값은? (단, $\pi=3$이다)

① 60mm
② 100mm
③ 140mm
④ 200mm

| 해설 | $0.15=\dfrac{700}{dl}\times\dfrac{\pi d\times 250}{60,000}=\dfrac{700\times\pi\times 250}{l\times 60,000}$ 이므로 $l=\dfrac{175}{3}\fallingdotseq 60[\text{mm}]$

**Keyword**
$0.15=\dfrac{700}{dl}\times\dfrac{\pi d\times 250}{60,000}$

정답 | 05 ④ 06 ④ 07 ② 08 ①

## 09 [2020 | 국가직 9급] 상 중 하

동적 부하용량이 3,000kgf인 레이디얼 볼베어링이 하중 100kgf를 받고 있다. 회전수가 1,000rpm일 때, 베어링의 기본 정격 수명시간[hour]은? [단, 하중계수($f_w$) = 1이다]

① $9 \times 10^4$
② $30 \times 10^4$
③ $45 \times 10^4$
④ $90 \times 10^4$

**Keyword**
구름 베어링의 수명시간(단위: 시간)
$$L_h = L_n \times \frac{10^6}{60n}$$
$$= \left(\frac{C}{P}\right)^3 \times \frac{10^6}{60n}$$

**해설**
$$L_h = \left(\frac{3,000}{100}\right)^3 \times \frac{10^6}{60 \times 1,000} = 45 \times 10^4 [hr]$$

## 10 [2020 | 지방직 9급] 상 중 하

900rpm으로 회전하고 있는 단열 레이디얼 볼 베어링에 200kgf의 반경방향 하중이 작용하고 있다. 이 베어링의 기본 동적 부하용량이 900kgf이고 하중계수가 1.5일 때, 베어링의 수명[시간]은?

① 500
② 1,000
③ 1,500
④ 2,000

**Keyword**
구름 베어링의 수명시간(단위: 시간)
$$L_h = L_n \times \frac{10^6}{60n}$$
$$= \left(\frac{C}{P}\right)^3 \times \frac{10^6}{60n}$$

**해설**
$$L_h = \left(\frac{900}{200 \times 1.5}\right)^3 \times \frac{10^6}{60 \times 900} = 500[\text{시간}]$$

## 11 [2019 | 서울시 9급 2차] 상 중 하

베어링 번호가 6310인 단열 깊은 홈 볼 베어링을 그리스 윤활로 900시간의 수명을 주려고 할 때 베어링 하중의 값[kN]은? (단, 그리스 윤활의 dN값은 200,000이고 6310 베어링의 동적 부하용량은 48kN으로 계산한다)

① 4kN
② 6kN
③ 8kN
④ 10kN

**Keyword**
구름 베어링의 수명
$$L_h = \left(\frac{C}{P}\right)^r \times \frac{10^6}{60n}[hr]$$

**해설** 안지름 $d = 10 \times 5 = 50[mm]$

$dN = 200,000$에서 $N = \frac{200,000}{50} = 4,000[rpm]$

구름 베어링의 수명 $L_h = \left(\frac{C}{P}\right)^r \times \frac{10^6}{60n}[hr]$

$900 = \left(\frac{48}{P}\right)^3 \times \frac{10^6}{60 \times 4,000}$ 에서

$P^3 = \frac{48^3}{900} \times \frac{10^6}{60 \times 4,000} = \frac{48^3}{9 \times 6 \times 4} = \frac{48^3}{6^3}$ 이므로 $P = \frac{48}{6} = 8[kN]$

**정답** | 09 ③ 10 ① 11 ③

**12** [2018 | 지방직 9급] (상)(중)(하)

기본 동적 부하용량 64kN인 볼베어링에 동등가하중 8kN이 작용하고 있다. 이 볼베어링을 롤러 베어링으로 교체할 때, 롤러 베어링의 정격수명[회전]은? (단, 교체한 롤러 베어링에는 볼베어링과 같은 동등가하중이 작용하며, 롤러 베어링의 기본 동적 부하용량은 볼베어링과 같다)

① $2^3 \times 10^6$
② $2^{10} \times 10^6$
③ $2^{\frac{3}{10}} \times 10^6$
④ $2^{\frac{10}{3}} \times 10^6$

**Keyword**

$$L = \left(\frac{C}{P}\right)^{\frac{10}{3}} \times 10^6$$

|해설| $L = \left(\frac{C}{P}\right)^{\frac{10}{3}} \times 10^6 = \left(\frac{64}{8}\right)^{\frac{10}{3}} \times 10^6 = 2^{10} \times 10^6$ [회전]

---

**13** [2017 | 국가직 9급] (상)(중)(하)

길이가 10mm인 미끄럼 베어링이 반경방향으로 3,200N의 하중을 받고 있다. 이 미끄럼 베어링의 직경[mm]은? (단, 베어링의 허용압력은 20N/mm²이다)

① 12
② 16
③ 20
④ 32

**Keyword**

베어링의 허용압력 $P_a = \dfrac{W}{dl}$
($W$ : 하중, $d$ : 미끄럼 베어링의 직경, $l$ : 미끄럼 베어링의 길이)

|해설| 베어링의 허용압력 $P_a = \dfrac{W}{dl} = \dfrac{3,200}{d \times 10} = 20$이므로 $d = 16$[m]이다.

---

**14** [2017 | 국가직 9급] (상)(중)(하)

볼베어링의 기본 동정격하중이 10kN이고 베어링에 걸리는 하중이 500N이다. 이 볼베어링이 20,000시간의 수명을 갖기 위한 회전속도[rpm]에 가장 가까운 값은? (단, 하중계수 $f_w = 1.0$으로 한다)

① 6,660
② 7,770
③ 13,320
④ 15,540

**Keyword**

볼베어링이 20,000시간의 수명

$$20,000 = \frac{10^6}{60n}\left(\frac{10^4}{500}\right)^3$$

|해설| $20,000 = \dfrac{10^6}{60n}\left(\dfrac{10^4}{500}\right)^3$ 이므로

$n = \dfrac{10^{18}}{2 \times 10^4 \times 60 \times 5^3 \times 10^6} = \dfrac{10^{18}}{15 \times 10^{13}} = \dfrac{10^5}{15} = \dfrac{20,000}{3} \simeq 6,660$[rpm]

정답 | 12 ② 13 ② 14 ①

## 15 | 2017 | 지방직 9급 | 상 중 하

구름 베어링의 기본 동정격하중(동적 부하용량)에 대한 설명으로 옳은 것은?

① 한 개의 롤러 베어링에 부가할 수 있는 최대 하중이다.
② 동하중을 받는 내륜이 1,000만 회전을 견딜 수 있는 하중이다.
③ 전동체 지름의 1/10,000에 해당하는 영구변형량을 발생시키는 하중이다.
④ $33\frac{1}{3}$ rpm의 내륜속도에서 500시간의 수명을 얻을 수 있는 일정하중이다.

**해설** ④ $33\frac{1}{3}$ rpm의 내륜속도에서 500시간의 수명을 얻을 수 있는 일정하중은 회전수 $n = 33\frac{1}{3} \times 500 \times 60 = 1,000,000 [\mathrm{rpm}]$이므로 기본 동정격하중에 해당된다.

**오답풀이** ①, ② 기본 동정격하중은 동하중을 받는 내륜이 1,000,000 회전을 견딜 수 있는 하중이다.
③ 전동체 지름의 1/10,000에 해당하는 영구변형량을 발생시키는 하중은 기본 정정격하중이다.

## 16 | 2017 | 지방직 9급 | 상 중 하

허용 압력속도계수(발열계수)는 $2\mathrm{N/mm^2 \cdot ms}$, 지름은 70mm, 길이는 125mm의 중간저널 베어링을 250rpm으로 회전하는 축에 사용하였을 때, 최대 허용하중[N]은? (단, $\pi = 3$으로 한다)

① 15,000
② 18,000
③ 20,000
④ 25,000

**Keyword**
발열계수 $pv = 2$
$= \dfrac{W}{dl} \times \dfrac{2\pi n}{60} \times \dfrac{d}{2} \times 10^{-3}$

**해설** 발열계수는 $pv = 2 = \dfrac{W}{70 \times 125} \times \dfrac{2\pi \times 250}{60} \times \dfrac{70}{2} \times 10^{-3}$이므로 $P = 20,000 [\mathrm{N}]$

## 17 | 2017 | 지방직 9급 | 상 중 하

볼베어링의 수명시간 $L_h$와 베어링에 작용하는 동등가하중 $P$에 대한 관계로 옳은 것은?

① $L_h$는 $P$의 10/3승에 반비례한다.
② $L_h$는 $P$의 3승에 반비례한다.
③ $L_h$는 $P$의 3승에 비례한다.
④ $L_h$는 $P$의 10/3승에 비례한다.

**Keyword**
$L_h = \left(\dfrac{C}{P}\right)^3 \times \dfrac{10^6}{60n}$

**해설** $L_h = \left(\dfrac{C}{P}\right)^3 \times \dfrac{10^6}{60n}$이므로 $L_h$는 $P$의 3승에 반비례한다.

정답 | 15 ④  16 ③  17 ②

**18** 2017 | 지방직 9급　상 중 하

유체마찰 상태에 있는 동심 원통 미끄럼 베어링의 마찰계수에 대한 설명으로 옳지 않은 것은?

① 유막의 두께가 증가하면 마찰계수는 증가한다.
② 윤활유의 점도가 증가하면 마찰계수는 증가한다.
③ 베어링 압력이 증가하면 마찰계수는 감소한다.
④ 축의 회전속도가 증가하면 마찰계수는 증가한다.

|해설| 일반적으로 점도가 클수록, 회전속도가 빠를수록 마찰계수가 커진다. 그리고 유막의 두께도 점도가 클수록, 회전속도가 빠를수록 두꺼워진다. 그렇다면, 유막의 두께가 증가하면 마찰계수도 증가한다 라고 말할 수 있지만 실제로는 유막의 두께가 증가하여 유체윤활을 하게 되면 마찰계수는 감소한다. 유막의 두께가 경계윤활과 유체윤활 사이인 임계점을 지나서 더 두꺼워지면 유체윤활을 하게 되고 이때 마찰계수가 감소하게 된다.

Keyword
페트로프식
$\mu = \dfrac{\pi^2}{30} \times \eta \dfrac{n}{p} \times \dfrac{r}{\delta}$

**19** 2017 | 지방직 9급　상 중 하

축과 이를 지지하는 베어링 설계 과정에서 보기와 같이 깊은 홈 볼베어링을 변경하였다. 지름이 변경된 축이 전달 가능한 토크는 기존 축이 전달 가능한 토크의 몇 배인가? (단, 축은 중실축으로 비틀림 모멘트만 받으며, 축지름과 베어링 안지름은 동일하다)

> 기존 : 깊은 홈 볼베어링 No. 6003
> ⇩
> 변경 : 깊은 홈 볼베어링 No. 6004

① 약 1.33　　② 약 1.38
③ 약 1.63　　④ 약 2.37

|해설| 기존 베어링의 안지름 번호는 03이므로 베어링 안지름은 17[mm]이며 변경 베어링의 안지름 번호는 04이므로 베어링 안지름은 4×5=20[mm]이다. 축이 전달하는 토크는 $T = \dfrac{\pi d^3}{16}\tau$ 이므로 베어링을 변경하면 토크는 $\dfrac{20^3}{17^3} \simeq 1.63$배 증가된다.

Keyword
$T = \dfrac{\pi d^3}{16}\tau$

정답　18 ①　19 ③

## 20

[2019 | 지방직 9급] (상)(중)(하)

칼라(collar)의 바깥지름이 300mm, 안지름이 200mm인 칼라 베어링(collar bearing)에 축방향 하중 $3.6 \times 10^5$ N이 작용하고 있다. 칼라가 2개일 때, 베어링에 작용하는 평균 압력[N/mm²]은? (단, $\pi = 3$이며, 베어링에 작용하는 압력은 허용압력 범위 이내이다)

① 3.2
② 4.8
③ 6.2
④ 9.6

**해설** 베어링에 작용하는 평균 압력

$$P = \frac{W}{Z \times \frac{\pi}{4}(d_2^2 - d_1^2)} = \frac{3.6 \times 10^5}{2 \times \frac{3}{4}(300^2 - 200^2)} = 4.8 [N/mm^2]$$

**Keyword**
베어링에 작용하는 평균 압력
$$P = \frac{W}{Z \times \frac{\pi}{4}(d_2^2 - d_1^2)}$$
($W$: 축방향 하중, $Z$: 칼라의 수량, $d_2$: 칼라의 바깥지름, $d_1$: 칼라의 안지름)

## 21

[2017 | 서울시 9급] (상)(중)(하)

칼라 베어링(collar bearing)에서 $N$은 회전 각속도[rpm], $P$는 베어링에 가해지는 축방향 힘[kg$_f$], $Z$는 칼라의 수, $d_1$은 칼라의 안지름[mm], $d_2$는 칼라의 바깥지름[mm]일 때, 칼라 베어링의 발열계수($pv$)[kg$_f$/mm²·m/s]는?

① $pv = \dfrac{PN}{30,000Z(d_2 - d_1)}$
② $pv = \dfrac{PN}{60,000Z(d_2 - d_1)}$
③ $pv = \dfrac{PN}{3,000Z(d_2 - d_1)}$
④ $pv = \dfrac{PN}{6,000Z(d_2 - d_1)}$

**해설** $pv = \dfrac{P}{\frac{\pi}{4}(d_2^2 - d_1^2)} \times \dfrac{d_1 + d_2}{4} \times 10^{-3} \times \dfrac{2\pi n}{60} = \dfrac{Pn}{30,000Z(d_2 - d_1)}$

**Keyword**
발열계수
$$pv = \frac{P}{\frac{\pi}{4}(d_2^2 - d_1^2)} \times \frac{d_1 + d_2}{4} \times 10^{-3} \times \frac{2\pi n}{60}$$

## 22

[2022 | 국가직 9급] (상)(중)(하)

축방향 하중 $P = 45$kg$_f$를 지지하는 칼라(collar) 베어링에서 칼라의 안지름이 5mm, 바깥지름이 10mm이고, 칼라 베어링의 허용 압력이 0.2kg$_f$/mm²일 때, 필요한 칼라의 최소 개수는? (단, $\pi = 3$이다)

① 2
② 4
③ 6
④ 8

**해설** 베어링에 작용하는 평균압력 $p_m = \dfrac{W}{An} = \dfrac{4W}{\pi(d_2^2 - d_1^2)n}$에서

칼라 베어링의 칼라 개수 $n = \dfrac{4W}{\pi(d_2^2 - d_1^2)p_m} = \dfrac{4 \times 45}{3 \times (10^2 - 5^2) \times 0.2} = 4$개

**Keyword**
베어링에 작용하는 평균압력
$$p_m = \frac{W}{An} = \frac{4W}{\pi(d_2^2 - d_1^2)}$$

**정답** | 20 ② 21 ① 22 ②

**23** [2019 | 서울시 9급 2차] (상)(중)(하)

지름이 250mm인 축이 9,000kg$_f$의 스러스트 하중을 받고, 칼라 베어링의 칼라의 외경이 350mm이고 최대 허용압력이 0.04kg$_f$/mm$^2$라 하면 최소 몇 개의 칼라가 필요한가? (단, $\pi$ = 3으로 한다)

① 3개  ② 5개
③ 7개  ④ 10개

| 해설 | 베어링에 작용하는 평균 압력

$$P = \frac{W}{Z \times \frac{\pi}{4}(d_2^2 - d_1^2)}$$ 에서 칼라의 수량은

$$Z = \frac{W}{P \times \frac{\pi}{4}(d_2^2 - d_1^2)} = \frac{9,000}{0.04 \times \frac{3}{4}(350^2 - 250^2)} = \frac{3,000}{0.01 \times (350^2 - 250^2)} = 5개$$

**Keyword**
베어링에 작용하는 평균 압력
$$P = \frac{W}{Z \times \frac{\pi}{4}(d_2^2 - d_1^2)}$$
($W$ : 축방향 하중, $Z$ : 칼라의 수량, $d_2$ : 칼라의 바깥지름, $d_1$ : 칼라의 안지름)

**24** [2017 | 서울시 9급] (상)(중)(하)

볼베어링의 정격수명을 2배로 늘리려면 동등가하중을 몇 배로 해야 하는가?

① 1/4  ② 1/2
③ 1/$\sqrt{2}$  ④ 1/$\sqrt[3]{2}$

| 해설 | 볼베어링의 정격수명은 $L = \left(\frac{C}{P}\right)^3 \times 10^6 [\text{rev}]$이므로 정격수명 $L$이 2배가 되려면

동등가하중 $P$가 $\left(\frac{1}{2}\right)^{\frac{1}{3}} = \frac{1}{\sqrt[3]{2}}$ 배가 되어야 한다.

**Keyword**
볼베어링의 정격수명
$$L = \left(\frac{C}{P}\right)^3 \times 10^6 [\text{rev}]$$

**25** [2017 | 서울시 9급] (상)(중)(하)

바깥지름이 120mm, 안지름이 80mm인 피벗 저널 베어링(pivot journal bearing)이 500rpm으로 회전하는 축을 지지한다. 베어링에 작용하는 압력이 1.5MPa로 균일하고, 마찰계수가 0.02라고 할 때, 마찰손실동력은?

① $50\pi^2$W  ② $100\pi^2$W
③ $200\pi^2$W  ④ $500\pi^2$W

| 해설 | $H = 0.02 \times 1.5 \times \frac{\pi}{4} \times (120^2 - 80^2) \times \frac{120 + 80}{4} \times 10^{-3} \times \frac{2\pi \times 500}{60} = 50\pi^2 [\text{W}]$

**Keyword**
$$H = \mu p \times \frac{\pi}{4} \times (d_2^2 - d_1^2)$$
$$\times \frac{d_2 + d_1}{4} \times 10^{-3} \times \frac{2\pi n}{60}$$

| 정답 | 23 ② 24 ④ 25 ①

**26** [2021 | 지방직 9급]

강도를 고려하여 지름 $d$ 인 끝저널(엔드저널)을 설계하기 위해 베어링 폭이 $l$인 미끄럼베어링 내의 평균압력 $p_m$을 길이 $l$인 저널 중앙지점에 작용하는 집중하중 $P$로 대체하고 저널을 외팔보로 취급하여 설계한다면 $\dfrac{l}{d}$ 은? (단, 저널의 허용굽힘응력은 $\sigma_a$ 이다)

**Keyword**
- $M = \sigma_a Z$
- $\dfrac{Pl}{2} = \sigma_a \dfrac{\pi d^3}{32}$
- $P = p_m dl$

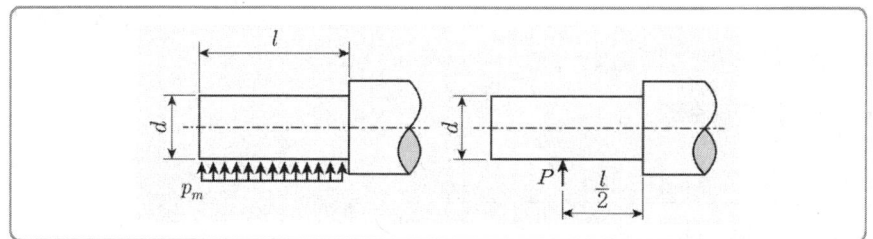

① $\sqrt{\dfrac{32p_m}{\pi \sigma_a}}$   ② $\sqrt{\dfrac{\pi \sigma_a}{32p_m}}$

③ $\sqrt{\dfrac{16p_m}{\pi \sigma_a}}$   ④ $\sqrt{\dfrac{\pi \sigma_a}{16p_m}}$

| 해설 | $M = \sigma_a Z$ 에서 $\dfrac{Pl}{2} = \sigma_a \dfrac{\pi d^3}{32}$ 이며 $P = p_m dl$ 이므로 $\dfrac{p_m dl^2}{2} = \sigma_a \dfrac{\pi d^3}{32}$ 이며

$p_m l^2 = \sigma_a \dfrac{\pi d^2}{16}$ 에서 $\left(\dfrac{l}{d}\right)^2 = \dfrac{\pi \sigma_a}{16 p_m}$ 이므로 $\dfrac{l}{d} = \sqrt{\dfrac{\pi \sigma_a}{16 p_m}}$

**27** [2017 | 국가직 7급]

레이디얼 하중(P) $300\,[\mathrm{kg_f}]$을 지지할 수 있는 엔드저널의 최소 지름 $d\,[\mathrm{mm}]$는? (단, 저널의 허용굽힘응력은 $8\,[\mathrm{kg_f/mm^2}]$, 허용베어링압력은 $\dfrac{3}{8}\,[\mathrm{kg_f/mm^2}]$ 이고, $\pi$는 3으로 계산한다)

**Keyword**
- 허용굽힘응력에서 최대 굽힘 모멘트 $M_b = \dfrac{1}{2}Pl$
- 허용베어링압력 $P_a = \dfrac{W}{dl}$

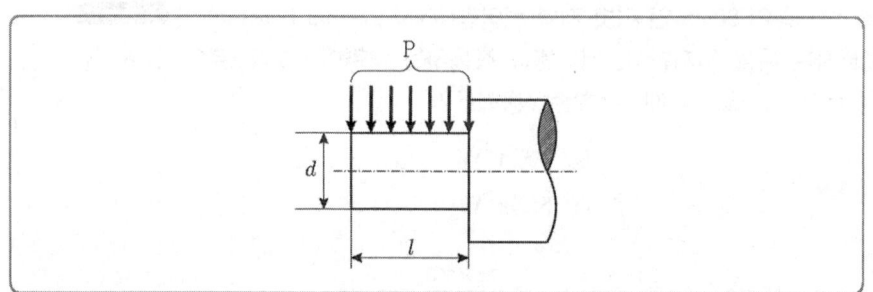

① 10    ② 20
③ 30    ④ 40

정답 | 26 ④ 27 ②

**해설** 허용굽힘응력에서 최대 굽힘 모멘트는 $M_b = \frac{1}{2}Pl$이고 최대 굽힘응력을 축지름에 대하여 풀면

$$d = \sqrt[3]{\frac{16Pl}{\pi\sigma_a}} = \sqrt[3]{\frac{16 \times 300 \times l}{3 \times 8}} = \sqrt[3]{200l}$$

허용베어링압력에서 $\frac{300}{dl} = \frac{3}{8}$이므로 $dl = 800 [\text{mm}^2]$

따라서 $l = 40[\text{mm}]$ 그리고 $d = 20[\text{mm}]$이다.

---

**28** [2017 | 국회직 9급]

공기압축기에 설치된 지름 50mm, 길이 300mm인 레이디얼 저널 베어링이 600rpm으로 3,000kgf의 최대 하중을 지지하고 있다. 압력속도계수 $pv [\text{kgf/mm}^2 \cdot \text{m/s}]$의 값은?

① $\pi/2$    ② $\pi/4$
③ $\pi/6$    ④ $\pi/8$
⑤ $\pi/10$

**Keyword**
압력속도계수
$pv = \frac{W}{dl} \times \frac{\pi dn}{60 \times 1,000}$

**해설** 압력속도계수 $pv = \frac{3,000}{50 \times 300} \times \frac{\pi \times 50 \times 600}{60,000} = \frac{\pi}{10} [\text{kgf/mm}^2 \cdot \text{m/s}]$

---

**29** [2016 | 국가직 9급]

볼베어링의 처음 정격수명이 $L_n$인 경우, 동일 조건에서 베어링의 하중을 2배로 증가시킬 때 정격수명은?

① $\frac{1}{3}L_n$    ② $\frac{1}{4}L_n$
③ $\frac{1}{6}L_n$    ④ $\frac{1}{8}L_n$

**Keyword**
$L_n \propto \left(\frac{C}{P}\right)^r = \frac{1}{2^3} = \frac{1}{8}$ 배

**해설** $L_n \propto \left(\frac{C}{P}\right)^r = \frac{1}{2^3} = \frac{1}{8}$ 배가 되므로 정격수명은 $\frac{1}{8}L_n$

정답 | 28 ⑤  29 ④

**30** [2016 | 국가직 9급] (상)(중)(하)

안지름이 150mm, 바깥지름이 200mm, 칼라 수가 2개인 칼라 베어링이 견딜 수 있는 최대 축방향 하중[N]은? (단, 평균 베어링 압력 = 0.06MPa, $\pi = 3$으로 한다)

① 1,155
② 1,575
③ 2,310
④ 3,150

Keyword
$$W = p \times \frac{\pi d^2}{4} \times Z$$

|해설| $W = p \times \frac{\pi d^2}{4} \times Z = 0.06 \times \frac{3 \times (200^2 - 150^2)}{4} \times 2 = 1,575[\text{N}]$

**31** [2016 | 서울시 9급] (상)(중)(하)

단일 볼베어링(축방향 하중이 가해지지 않음)에 대해 반경 방향 하중이 75N의 하중을 받고, 100rpm으로 회전할 때의 수명이 150,000분이다. 만약 500rpm으로 회전할 때, 수명이 240,000분이 되기 위한 허용하중 값은 얼마인가?

① 12.5N
② 25N
③ 37.5N
④ 50N

Keyword
$$L_h = \left(\frac{C}{P}\right)^3 \times \frac{10^6}{60n} [\text{시간}]$$

|해설| $L_h = \left(\frac{C}{P}\right)^3 \times \frac{10^6}{60n}$ [시간]

i) $\frac{150,000}{60} = \left(\frac{C}{75}\right)^3 \times \frac{10^6}{60 \times 100}$ 에서 $\left(\frac{C}{75}\right)^3 = 5$

ii) $\frac{240,000}{60} = \left(\frac{C}{P}\right)^3 \times \frac{10^6}{60 \times 500}$ 에서 $\left(\frac{C}{P}\right)^3 = 120$

$\therefore \frac{\left(\frac{C}{P}\right)^3}{\left(\frac{C}{75}\right)^3} = \left(\frac{75}{P}\right)^3 = \frac{120}{5} = 8 = 2^3$ 에서

$P = \frac{75}{2} = 37.5[\text{N}]$

정답 | 30 ② 31 ③

## 32

[2016 | 서울시 9급]

구름 베어링의 기본 정정격하중(basic static load rating)에 대한 설명으로 가장 옳지 않은 것은?

① 베어링이 정하중을 받거나 저속으로 회전하는 경우에 정정격하중을 기준으로 베어링을 선정한다.
② 가장 큰 하중이 작용하는 접촉부에서 전동체의 변형량과 궤도륜의 영구 변형량의 합이 전동체 지름의 0.001이 되는 정지하중을 말한다.
③ 전동체 및 궤도륜의 변형을 일으키는 접촉응력은 헤르츠(Hertz)의 이론으로 계산한다.
④ 반경방향 하중을 받을 때는 주로 레이디얼 베어링을, 축방향 하중을 받을 때는 주로 스러스트 베어링을 선택한다.

**해설** 가장 큰 하중이 작용하는 접촉부에서 전동체의 변형량과 궤도륜의 영구 변형량의 합이 전동체 지름의 0.0001이 되는 정지하중을 구름 베어링의 기본 정정격하중(basic static load rating)이라고 한다.

**Keyword**
구름 베어링의 기본 정정격하중(basic static load rating) 가장 큰 하중이 작용하는 접촉부에서 전동체의 변형량과 궤도륜의 영구 변형량의 합이 전동체 지름의 0.0001이 되는 정지하중

## 33

[2016 | 국가직 7급]

고속회전시 미끄러짐을 방지하기 위하여 스러스트(thrust) 볼베어링에 예압(preload)을 줄 때, 가장 적절한 예압[N]은? (단, 기본 정정격하중(basic static load rating)은 40[kN], 운전속도는 1,000[rpm], 제한속도는 2,000[rpm]이다)

① 20
② 40
③ 100
④ 200

**해설**
$$F_a = \frac{C_0}{100}\left(\frac{N}{N_{amx}}\right)^2 = \frac{40 \times 10^3}{100}\left(\frac{1,000}{2,000}\right)^2 = 100[\text{N}]$$

$$F_a = \frac{C_0}{1,000} = \frac{40 \times 10^3}{1,000} = 40[\text{N}]$$

두 식 중에서 큰 값으로 예압을 주므로 100[N]으로 예압을 준다.

**Keyword**
스러스트 볼베어링의 예압은 고속회전시 미끄러짐을 방지한다. 예압량은 다음의 두 식 중 큰 값으로 한다.
$F_a = \frac{C_0}{100}\left(\frac{N}{N_{amx}}\right)^2$ 또는
$F_a = \frac{C_0}{1,000}$ ($F_a$ : 최소 축방향 하중[N 또는 kgf], $C_0$ : 기본 정격하중[N 또는 kgf], $N$ : 운전속도[rpm], $N_{max}$ : 제한속도[rpm])

정답 | 32 ② 33 ③

## 기계설계 기출문제집

**34** [2016 | 국가직 7급] 상 중 하

베어링 선정시 검토사항으로 옳지 않은 것은?

① 하중이 큰 경우에는 선접촉을 하는 롤러 베어링을 선택한다.
② 전동기 또는 계기 등과 같이 저소음이 요구되는 곳에서는 깊은 홈 볼베어링을 선택한다.
③ 설치오차 또는 큰 진동으로 큰 경사가 예상되는 곳에서는 배면조합된 앵귤러 볼베어링을 선택한다.
④ 반경방향 하중만 받고 고속회전이 요구될 때에는 깊은 홈 볼베어링이나 원통 롤러 베어링을 선택한다.

|해설| 설치오차 또는 큰 진동으로 큰 경사가 예상되는 곳에서는 정면조합된 앵귤러 볼베어링을 선택한다.

|참고| **구름 베어링 선정시 검토사항**
- 하중이 큰 경우에는 선접촉을 하는 롤러 베어링을 선택한다.
- 전동기 또는 계기 등과 같이 저소음이 요구되는 곳에서는 깊은 홈 볼베어링을 선택한다.
- 설치오차 또는 큰 진동으로 큰 경사가 예상되는 곳에서는 정면조합된 앵귤러 볼베어링을 선택한다.
- 반경방향 하중만 받고 고속회전이 요구될 때에는 깊은 홈 볼베어링이나 원통 롤러 베어링을 선택한다.

**35** [2019 | 국가직 9급] 상 중 하

금속분말을 가압·소결하여 성형한 뒤 윤활유를 입자 사이의 공간에 스며들게 한 것으로, 급유가 곤란한 곳 또는 급유를 못하는 곳에 사용하는 베어링은?

① 오일리스 베어링(oilless bearing)
② 니들 베어링(needle bearing)
③ 앵귤러 볼 베어링(angular ball bearing)
④ 롤러 베어링(roller bearing)

|오답풀이|
② 니들 베어링(needle bearing) : 길이에 비하여 지름이 매우 작은 롤러(지름 2~5mm)를 사용한 베어링
③ 앵귤러 볼 베어링(angular ball bearing) : 볼과 외륜과의 접촉각을 상당히 크게 하여 레이디얼 하중과 함께 비교적 큰 스러스트 하중도 받게 한 베어링
④ 롤러 베어링(roller bearing) : 원통형 모양의 롤러를 회전체로 한 베어링

**Keyword**
오일리스 베어링(oilless bearing) 금속분말을 가압·소결하여 성형한 뒤 윤활유를 입자 사이의 공간에 스며들게 한 것으로 급유가 곤란한 곳 또는 급유를 못하는 곳에 사용하는 베어링

정답 | 34 ③  35 ①

**36** 2015 | 지방직 9급

150[rpm]으로 회전하고 있는 볼베어링의 수명이 3,000시간일 때, 이 베어링에 작용하는 최대 하중[kgf]은? (단, 기본 동정격하중은 1,350[kgf]이다)

① 450  ② 550
③ 650  ④ 750

**해설** $\left(\dfrac{1,350}{P}\right)^3 \times 10^6 = 150 \times 60 \times 3,000$이므로 $P = 450[\mathrm{kg_f}]$

Keyword
$\left(\dfrac{1,350}{P}\right)^3 \times 10^6$
$= 150 \times 60 \times 3,000$

**37** 2015 | 서울시 9급

기본 동정격하중 $C = 40\,\mathrm{kN}$인 단열 깊은 홈형 볼베어링에 $8 \times 10^6 (\mathrm{rev})$의 회전수명을 주려고 할 때 최대 베어링 하중은 얼마인가?

① 10kN  ② 20kN
③ 40kN  ④ 80kN

**해설** $L = \left(\dfrac{40}{P}\right)^3 \times 10^6 = 8 \times 10^6$에서 $P = 20[\mathrm{kN}]$이다.

Keyword
$L = \left(\dfrac{40}{P}\right)^3 \times 10^6 = 8 \times 10^6$

**38** 2015 | 서울시 9급

바깥지름 500mm, 안지름 400mm의 칼라 저널 베어링에서 1,000 kgf의 하중을 받으면서 700rpm으로 회전하려면 칼라의 수는 몇 개로 하면 좋은가? (단, 발열계수의 최대 허용치는 $pv = 0.1\,\mathrm{kg_f/mm^2 \cdot m/s}$으로 한다)

① 1개  ② 2개
③ 3개  ④ 4개

**해설** $\dfrac{1,000}{\dfrac{\pi(500^2 - 400^2)}{4} \times n} \times \dfrac{450}{2} \times 10^{-3} \times \dfrac{2\pi \times 700}{60} = 0.1$에서 $n = 7/3 \approx 2.3$이므로 칼라의 수를 3개로 한다.

Keyword
$\dfrac{1,000}{\dfrac{\pi(500^2 - 400^2)}{4} \times n} \times$
$\dfrac{450}{2} \times 10^{-3} \times \dfrac{2\pi \times 700}{60}$
$= 0.1$

정답 | 36 ① 37 ② 38 ③

**39** [2015 | 서울시 9급] 상(중)(하)

폭경비가 1.5인 끝저널 베어링이 3,000 kg$_f$의 하중을 받고 있다. 축의 허용굽힘응력이 3kg$_f$/mm$^2$일 때 베어링의 길이를 구하여라.

① 87.4mm
② 105.1mm
③ 118.3mm
④ 131.1mm

**| 해설 |** $\dfrac{l}{d} = 1.5$에서 $l = 1.5d$

굽힘 모멘트 $= 3,000 \times \dfrac{l}{2} = 3,000 \times 0.75d = 2,250d$

$\dfrac{2,250d \times \dfrac{d}{2}}{\dfrac{\pi d^4}{64}} = 3$에서 $\dfrac{1,125 \times 64}{\pi d^2} = 3$이므로 $d = \sqrt{\dfrac{1,125 \times 64}{3\pi}} = \sqrt{\dfrac{24,000}{\pi}} \approx 87.4 [\text{mm}]$이며

따라서 $l = 1.5d = 1.5 \times 87.4 = 131.1[\text{mm}]$

**Keyword**
- $\dfrac{l}{d} = 1.5$
- $\dfrac{2,250d \times \dfrac{d}{2}}{\dfrac{\pi d^4}{64}} = 3$

---

**40** [2015 | 국가직 7급] 상(중)(하)

좀머펠트 수(Sommerfeld number)에 대한 설명으로 옳은 것은?

① 베어링을 지지할 수 있는 하중을 말하며 차원이 있다.
② 틈새비의 제곱에 비례한다.
③ 베어링 정(계)수에 반비례한다.
④ 설계시 좀머펠트 수가 같다면 같은 베어링으로 간주한다.

**| 오답 풀이 |** ① 베어링이 지지할 수 있는 하중을 말하며 무차원이다.
② 틈새비 역수의 제곱에 비례한다.
③ 베어링 정(계)수에 비례한다.

**Keyword**
설계시 좀머펠트 수가 같다면 같은 베어링으로 간주한다. 좀머펠트 수는 $S = \left(\dfrac{r}{\delta}\right)^2 \dfrac{\eta N}{p}$이다.

정답 | 39 ④  40 ④

**41** [2015 | 국가직 7급]

저널 베어링의 눌러 붙음을 방지하기 위하여 축과 베어링 사이의 거리인 유막두께를 고려하여야 한다. 축 중심과 베어링 중심을 잇는 선으로부터 반시계방향으로 측정한 각도를 $\theta$라 할 때, 최소 유막두께가 나타나는 각도(A)와 최대 유막두께가 나타나는 각도(B)는?

|  | A | B |
|---|---|---|
| ① | 0° | 90° |
| ② | 90° | 270° |
| ③ | 180° | 0° |
| ④ | 180° | 270° |

**Keyword**
최소 유막두께는 $\theta = 180°$인 위치에 있으며 최대 유막두께는 $\theta = 0°$인 위치에 있다.

**해설** 유막두께는 $h(\theta) = C + e\cos\theta$ [$C$ : 평균두께(축 중심과 베어링 중심이 일치할 때 틈새), $e$ : 축 중심과 베어링 중심과의 거리, $\theta$ : 축 중심과 베어링 중심을 잇는 각]이므로 최소 유막두께는 $\theta = 180°$인 위치에 있으며 최대 유막두께는 $\theta = 0°$인 위치에 있다.

**42** [2015 | 국회직 9급]

베어링의 정격하중에 대한 설명이다. 이 중 옳지 않은 것은?

① 정격하중에는 기본 정정격하중과 기본 동정격하중이 있다.
② 기본 정정격하중은 전동체 지름의 $1/10^4$에 해당하는 영구변형이 발생하는 정하중이다.
③ 기본 동정격하중은 $10^6$ 회전의 수명을 갖는 베어링의 지탱하중이다.
④ 기본 동정격하중은 동적 부하용량이라고도 한다.
⑤ 레이디얼 베어링의 기본 동정격하중은 축방향 하중을 기준으로 한다.

**해설** 레이디얼 베어링의 기본 동정격하중은 반경방향 하중을 기준으로 한다.

**참고** 베어링의 정격하중
- 정격하중에는 기본 정정격하중과 기본 동정격하중이 있다.
- 기본 정정격하중은 전동체 지름의 $1/10^4$에 해당하는 영구변형이 발생하는 정하중이다.
- 기본 동정격하중은 $10^6$ 회전의 수명을 갖는 베어링의 지탱하중이다.
- 기본 동정격하중은 동적 부하용량이라고도 한다.
- 레이디얼 베어링의 기본 동정격하중은 반경방향 하중을 기준으로 한다.

정답 | 41 ③  42 ⑤

## 43

[2015 | 국회직 9급]

기본 동정격하중이 4,800kgf인 볼베어링이 800kgf의 실제 베어링 하중을 받으면서 300rpm으로 회전하고 있다. 이 볼베어링의 수명시간은?

① 3,000시간  ② 6,000시간
③ 9,000시간  ④ 12,000시간
⑤ 15,000시간

**Keyword**
정격수명
$L = \left(\dfrac{C}{P}\right)^3 \times 10^6 \,[\text{rev}]$

**해설** 정격수명 $L = \left(\dfrac{4,800}{800}\right)^3 \times 10^6 = 216 \times 10^6 \,[\text{rev}]$

$h = \dfrac{216 \times 10^6}{300 \times 60} = 12,000 \,[\text{hrs}]$

## 44

[2014 | 국가직 9급]

1,200rpm으로 회전하고 5kN의 반지름 방향 하중이 작용하는 축을 미끄럼 베어링이 지지하고 있다. 축의 지름이 100mm, 저널 길이가 50mm, 마찰계수가 0.01일 때, 미끄럼 베어링의 손실동력[W]은? (단, $\pi = 3$으로 한다)

① 150  ② 300
③ 450  ④ 600

**Keyword**
$P = \mu W \times \dfrac{d}{2} \times \dfrac{2\pi n}{60}$

**해설** $P = 0.01 \times 5 \times 10^3 \times \dfrac{0.1}{2} \times \dfrac{2\pi \times 1,200}{60} = 300 \,[\text{W}]$

## 45

[2014 | 지방직 9급]

볼베어링의 수명시간을 125배로 증가시키려면 베어링 하중은 몇 배가 되어야 하는가?

① $\dfrac{1}{3}$  ② $\dfrac{1}{4}$
③ $\dfrac{1}{5}$  ④ $\dfrac{1}{6}$

**Keyword**
정격수명
$L = \left(\dfrac{C}{P}\right)^3 \times 10^6$

**해설** 정격수명 $L = \left(\dfrac{C}{P}\right)^3 \times 10^6$이므로 정격수명은 베어링 하중의 세제곱에 반비례한다.

따라서 수명시간을 125배로 증가시키려면 베어링 하중은 $\sqrt[3]{\dfrac{1}{125}} = \dfrac{1}{5}$배가 되어야 한다.

정답 | 43 ④  44 ②  45 ③

**46** [2014 | 지방직 9급]

300N의 베어링 하중을 받고 600rpm으로 회전하는 축에 끝저널(end journal) 베어링이 설치되어 있다. 이 베어링의 허용압력 속도계수가 $\frac{\pi}{10}$N/mm$^2$·ms 일 때, 끝저널 베어링의 길이[mm]는?

① 10
② 20
③ 30
④ 40

|해설| $\frac{300}{dl} \times \frac{\pi d \times 600}{60,000} = \frac{\pi}{10}$ 이므로 $l=30$[mm]이다.

Keyword
$$\frac{W}{dl} \times \frac{\pi dn}{60 \times 1,000} = \frac{\pi}{10}$$

**47** [2014 | 서울시 9급]

500rpm으로 회전을 하고, 베어링 하중 36kN을 지지하는 축끝 가로 저널이 있다. 허용 베어링 압력이 5N/mm$^2$일 때, 저널의 지름 $d$와 길이 $l$은 각각 얼마인가? (단, 지름비 $l/d = 2$이다)

① $d=60$mm, $l=120$mm
② $d=55$mm, $l=110$mm
③ $d=50$mm, $l=100$mm
④ $d=45$mm, $l=90$mm
⑤ $d=40$mm, $l=80$mm

|해설| $\frac{36 \times 10^3}{l \times d} = \frac{36 \times 10^3}{2d^2} = 5$

$d = \sqrt{\frac{36 \times 10^3}{10}} = 60$[mm], $l = 2d = 120$[mm]

Keyword
$$\frac{W}{ld} = \frac{36 \times 10^3}{l \times d} = \frac{36 \times 10^3}{2d^2}$$

**48** [2014 | 서울시 9급]

다음 중 베어링에 대한 설명으로 옳지 않은 것은?

① 롤링 베어링은 구조상 윤활유 소비가 적다.
② 실링(sealing)으로 윤활유의 유출방지와 유해물 침입을 방지한다.
③ 오일리스 베어링은 주유가 곤란한 부분에 사용된다.
④ 스러스트 베어링은 축 반경방향으로 하중이 작용할 때 사용한다.
⑤ 미끄럼 베어링은 유체 윤활을 통해 마찰열을 발산한다.

|해설| 스러스트 베어링은 축 방향으로 하중이 작용할 때 사용한다.

Keyword
레이디얼 베어링은 축 반경방향으로 하중이 작용할 때 사용한다.

정답 | 46 ③  47 ①  48 ④

## 49  [2014 | 국가직 7급] [2017 | 지방직 9급]

미끄럼 베어링의 마찰현상을 설명하는 페트로프(Petroff)식에 대한 설명으로 옳지 않은 것은? (단, 유체윤활 영역으로 가정한다)

① 윤활유의 점도가 클수록 유막의 두께는 두꺼워진다.
② 점도가 일정하면 저널(축)의 회전수가 클수록 유막의 두께는 두꺼워진다.
③ 베어링 압력이 작을수록 유막의 두께는 두꺼워진다.
④ 마찰계수는 베어링계수(bearing modulus)와 반비례한다.

| 해설 | 마찰계수는 베어링계수(bearing modulus)에 따라 달라진다.

**Keyword**
윤활구간
- 경계윤활 구간 : 마찰계수가 크며 일정
- 혼합윤활 구간 : 마찰계수는 베어링계수에 반비례하며 급격히 변화
- 유체윤활 구간 : 마찰계수는 베어링계수에 비례

## 50  [2014 | 국가직 7급]

기본 동정격하중이 5kN인 스러스트 볼베어링이 있다. 이 베어링에 축방향 하중 4kN, 반경방향 하중 1kN이 작용한다. 축방향 하중계수는 1.0, 반경방향 하중계수는 2.0이라고 한다. 신뢰도 90%를 기준으로 한 이 베어링의 정격수명에 가장 가까운 회전수는?

① $3.2 \times 10^5$   ② $4.8 \times 10^5$
③ $5.2 \times 10^5$   ④ $5.8 \times 10^5$

| 해설 | $P_r = 1.0 \times 4 + 2.0 \times 1 = 6 [kN]$
$L = \left(\dfrac{5}{6}\right)^3 \times 10^6 = \dfrac{1,250}{216} \times 10^5 \simeq 5.8 \times 10^5 [\text{rev}]$

**Keyword**
$L = \left(\dfrac{C}{P}\right)^3 \times 10^6$

## 51  [2013 | 국가직 9급]

미끄럼 베어링과 구름 베어링을 비교한 것으로 옳지 않은 것은?

① 미끄럼 베어링은 유막형성이 늦는 경우 구름 베어링에 비해 기동토크가 크다.
② 미끄럼 베어링은 구름 베어링에 비해 강성이 작으나, 유막에 의한 감쇠능력이 우수하다.
③ 미끄럼 베어링은 표준화가 부족하여 제작시 전문지식이 필요하다.
④ 미끄럼 베어링은 공진속도 이내에서 운전하여야 하며, 저속 운전에 적당하다.

| 해설 | 미끄럼 베어링은 공진속도 이상에서 운전 가능하며 고속 운전에 적당하다.

**Keyword**
구름 베어링은 공진속도 이내에서 운전하여야 하며, 저속 운전에 적당하다.

정답 | 49 ④  50 ④  51 ④

**52** [2013 | 지방직 9급]

회전속도 450[rpm]에서 1,000시간의 정격수명시간을 갖는 단열 레이디얼 볼베어링을 선정하고자 한다. 베어링 하중 $200[\text{kg}_f]$, 하중계수 $f_w = 1$일 때, 기본 동정격하중 $C[\text{kg}_f]$는?

① 400
② 600
③ 800
④ 1,000

**Keyword**
$n \times 60 \times 1,000 = \left(\dfrac{C}{P}\right)^3 \times 10^6$

| 해설 | $450 \times 60 \times 1,000 = \left(\dfrac{C}{200}\right)^3 \times 10^6$ 이므로 $C = 600[\text{kg}_f]$

**53** [2013 | 국가직 7급]

다음 그림과 같이 피스톤 핀으로 연결된 중간 저널 베어링에 $120[\text{N}]$의 하중(P)이 반경방향으로 작용하고 있다. 축지름(d)에 대한 베어링 폭(l)의 폭경비 $\left(\dfrac{l}{d}\right)$가 1.5이고 $L = 2l$일 때, 베어링의 폭(l)[mm]은? (단, 축의 허용굽힘응력은 $10[\text{N/mm}^2]$이다)

**Keyword**
굽힘 모멘트 $M = \dfrac{120 \times 2l}{8}$

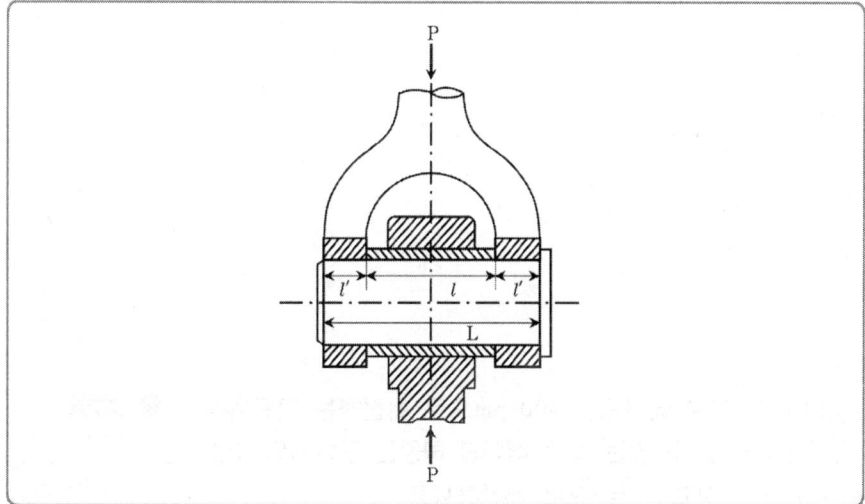

① $\dfrac{24}{\sqrt{\pi}}$
② $\dfrac{18}{\sqrt{\pi}}$
③ $\dfrac{12}{\sqrt{\pi}}$
④ $\dfrac{6}{\sqrt{\pi}}$

| 해설 | 굽힘 모멘트 $M = \dfrac{120 \times 2l}{8} = 30l[\text{N} \cdot \text{mm}]$

$30l = 10 \times \dfrac{\pi d^3}{32}$ 에서 $30 \times 1.5d = 10 \times \dfrac{\pi d^3}{32}$ 이며 $d = \dfrac{12}{\sqrt{\pi}}[\text{mm}]$ 이므로

$l = 1.5 \times \dfrac{12}{\sqrt{\pi}} = \dfrac{18}{\sqrt{\pi}}[\text{mm}]$

정답 | 52 ② 53 ②

## 54 [2013 | 국가직 7급]

수명이 L인 롤러 베어링에 작용하는 하중(P)이 $\frac{P}{2}$로 변경될 때, 베어링 수명은?

① $2^{-3}L$
② $2^{-\frac{10}{3}}L$
③ $2^{\frac{10}{3}}L$
④ $2^3L$

**| 해설 |** 정격수명 $L=\left(\frac{C}{P}\right)^{\frac{10}{3}}\times 10^6\,[\text{rev}]$이므로 하중이 절반이 되면 수명은 $2^{\frac{10}{3}}L$이 된다.

**Keyword**
정격수명
$L=\left(\frac{C}{P}\right)^{\frac{10}{3}}\times 10^6\,[\text{rev}]$

## 55 [2013 | 국회직 9급]

기본 동적 부하용량이 1,200N인 볼베어링에 400N의 하중이 작용하고 회전속도 45rpm으로 회전하는 경우 베어링 수명시간은?

① 1,000시간
② 2,000시간
③ 5,000시간
④ 10,000시간
⑤ 20,000시간

**| 해설 |** 정격수명 $L=\left(\frac{1,200}{400}\right)^3\times 10^6 = 27\times 10^6\,[\text{rev}]$

$h=\frac{27\times 10^6}{45\times 60}=10,000$시간

**Keyword**
정격수명
$L=\left(\frac{C}{P}\right)^3\times 10^6$

## 56 [2013 | 국회직 9급]

안지름 10mm, 길이 16cm의 저널 베어링을 400rpm으로 회전하는 전동축용으로 사용할 경우 안전하게 받을 수 있는 최대 베어링 하중을 구하시오. (단, $pv=0.8\,[\text{kgf/mm}^2\cdot\text{m/sec}]$이고, $\pi=3$으로 계산하시오)

① 3,000kgf
② 4,000kgf
③ 5,400kgf
④ 6,400kgf
⑤ 8,400kgf

**| 해설 |** 발열계수 $pv=0.8=\frac{W}{10\times 160}\times\frac{10}{2}\times 10^{-3}\times\frac{2\pi\times 400}{60}$

$W=6,400\,[\text{kgf}]$

**Keyword**
발열계수
$pv=0.8=\frac{W}{dl}\times\frac{d}{2}\times\frac{2\pi n}{60}$

정답 | 54 ③  55 ④  56 ④

## 57

[2012 | 국가직 9급]

볼베어링에 걸리는 하중이 500N, 베어링의 동정격하중이 1,500N일 때, 베어링을 10,000시간 이상 사용하기 위한 최대 회전수[rpm]는?

① 30
② 45
③ 300
④ 450

Keyword

$L = \left(\dfrac{C}{P}\right)^3 \times 10^6$

| 해설 |

$L = \left(\dfrac{1,500}{500}\right)^3 \times 10^6 = 3^3 \times 10^6 \,[\text{rev}]$

$N \times 60 \times 10,000 = 3^3 \times 10^6$

$N = \dfrac{3^3 \times 10^6}{6 \times 10^5} = \dfrac{270}{6} = 45\,[\text{rpm}]$

## 58

[2012 | 국가직 7급]

구름 베어링의 수명에 대한 설명으로 옳지 않은 것은?

① 볼베어링에 작용하는 동적 등가하중을 2배로 증가시키면 수명은 $\dfrac{1}{8}$ 배로 감소한다.

② 회전축을 설계할 때, 베어링에 작용하는 하중이 작아지도록 설계하여야 베어링 수명이 길어져 유지보수비용이 적게 든다.

③ 베어링의 기본 정격수명이란 기본 동정격하중의 크기에 해당하는 등가하중이 작용하는 경우, 90%의 신뢰도를 갖고 100만 회전하는 것을 기준으로 정한다.

④ 회전속도를 2배로 증가시키면 수명은 $\dfrac{1}{8}$ 배로 감소한다.

| 해설 | 회전속도를 2배로 증가시키면 수명은 $\dfrac{1}{2}$ 배로 감소한다.

Keyword

회전속도를 2배로 증가시키면 같은 시간에 2배 더 회전하므로 수명은 1/2배로 감소한다.

정답 | 57 ② 58 ④

**59** [2021 | 지방직 9급]

다음 그림은 두 개의 기어로 이루어진 감속장치 개념도이다. 입력축은 10rad/s의 각속도로 10kW의 동력을 받아 모듈 5mm, 압력각 30°인 두 개의 표준 스퍼 기어($G_1$, $G_2$)를 통하여 출력축으로 내보낸다. 입력축에서 $G_1$ 기어와 $B_1$, $B_2$ 베어링 사이의 수평거리가 각각 100mm일 때, $B_1$ 베어링에 작용하는 하중[N]은? (단, 입력축 $G_1$ 기어의 잇수는 40개이다)

Keyword
- 동력 $H = \omega T$
- 전달토크 $T = F_t \times \dfrac{D_1}{2}$

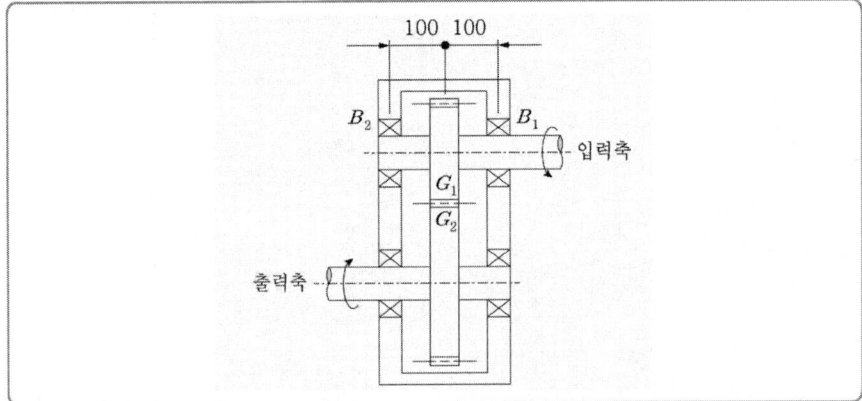

① 5,000
② $\dfrac{5,000}{\sqrt{3}}$
③ $\dfrac{10,000}{\sqrt{3}}$
④ $\dfrac{20,000}{\sqrt{3}}$

|해설|

동력 $H = \omega T$에서 전달토크 $T = \dfrac{H}{\omega} = \dfrac{10 \times 10^3}{10} = 10^3 [\text{N} \cdot \text{m}] = 10^6 [\text{N} \cdot \text{mm}]$

$G_1$ 기어의 피치원지름 $D_1 = mZ_1 = 5 \times 40 = 200 [\text{mm}]$

기어를 회전시키려는 회전력(접선력)이 $F_t$, 이에 작용하는 전체하중이 $F_n$일 때

전달토크 $T = F_t \times \dfrac{D_1}{2} = F_n \cos 30° \times \dfrac{D_1}{2}$에서 $F_n = \dfrac{2T}{D_1 \cos 30°} = \dfrac{2 \times 10^6}{200 \times \cos 30°} = \dfrac{20,000}{\sqrt{3}}$ [N]

$G_1$ 기어에서 B1, B2 베어링까지의 거리가 같으므로 베어링에 걸리는 하중은 각각 전체 하중의 절반인 $\dfrac{10,000}{\sqrt{3}}$ [N]이다.

정답 | 59 ③

## 60 | 2012 | 국회직 9급

다음 그림과 같이 길이가 $l$인 축이 양 끝단에 볼베어링에 지지되어 회전하고 있다. 수직하중 $P$가 작용하는 경우 A측 볼베어링 수명이 $8 \times 10^6 [\text{rev}]$이었다. B측 볼베어링의 수명도 A와 동일하게 설계하기 위한 B측 볼베어링의 기본 동적 부하용량 $C$는? (단, 볼베어링은 레이디얼 하중만을 받으며 양단은 단순지지라 가정한다)

**Keyword**
B에 작용하는 반력을 $F_B$라 하면 모멘트 평형에 의해
$P \times \frac{3}{4}l = F_B \times l$

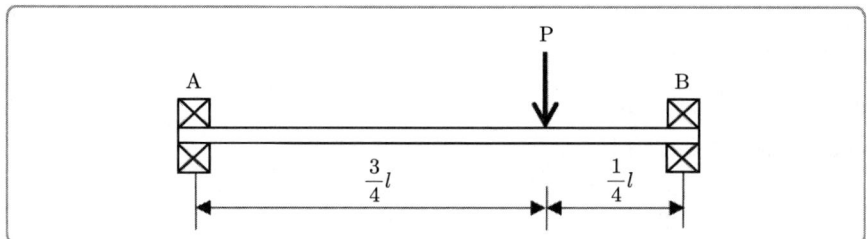

① $\frac{2}{3}P$   ② $\frac{3}{4}P$

③ $P$   ④ $\frac{4}{3}P$

⑤ $\frac{3}{2}P$

**해설** | B에 작용하는 반력을 $F_B$라 하면 모멘트 평형에 의해 $P \times \frac{3}{4}l = F_B \times l$

$F_B = \frac{3}{4}P$, $F_A = \frac{1}{4}P$

$L_B = \left(\dfrac{C_B}{\frac{3}{4}P}\right)^3 \times 10^6 = 8 \times 10^6 [\text{rev}]$

$\dfrac{4C_B}{3P} = 2$에서 $C_B = \frac{3}{2}P$

정답 | 60 ⑤

## 61

[ 2012 | 국회직 9급 ] 상(중)하

저널부 반지름이 30mm인 미끄럼 베어링에 반경방향 하중 750kgf이 가해져 1,000rpm으로 회전하고 있다. 이 미끄럼 베어링의 저널부에서 발생하는 마찰손실마력[PS]과 저널부의 원주속도[m/s]는? (단, 마찰계수는 0.01이고 $\pi=3.14$이다)

① 마찰손실마력 : 0.628, 원주속도 : 6.28
② 마찰손실마력 : 0.314, 원주속도 : 3.14
③ 마찰손실마력 : 0.157, 원주속도 : 1.57
④ 마찰손실마력 : 0.314, 원주속도 : 6.28
⑤ 마찰손실마력 : 0.628, 원주속도 : 3.14

**Keyword**
- 접선력 $F=\mu P$
- 손실마력$= Wd \times \dfrac{2\pi n}{60}$
- 원주속도 $v=r\omega$

|해설| 접선력 $F=\mu P=0.01\times 750=7.5[\mathrm{kgf}]$

손실마력 $=7.5\times 30\times 10^{-3}\times \dfrac{2\pi\times 1,000}{60\times 75}=\dfrac{\pi}{10}=0.314[\mathrm{PS}]$

원주속도 $v=r\omega=30\times 10^{-3}\times \dfrac{2\pi\times 1,000}{60}=\pi=3.14[\mathrm{m/s}]$

정답 | 61 ②

PART

# 04

# 제어용 기계요소

제1장 • 완충용 기계요소

제2장 • 제동용 기계요소

기계설계 기출문제집

# 01 완충용 기계요소
CHAPTER

**01** [ 2022 | 지방직 9급 ] 상 **중** 하

다음에서 설명하는 스프링으로 옳은 것은?

- 미소 진동의 흡수가 가능하다.
- 측면 강성이 없다.
- 하중과 변형의 관계가 비선형적이다.
- 스프링 상수의 크기를 조절할 수 있다.

① 판 스프링  
② 접시 스프링  
③ 공기 스프링  
④ 고무 스프링

| 해설 | ① 판 스프링(leaf spring) : 스프링 강재로 만든 널빤지 모양의 평판을 7~8매 또는 10여 매를 포갠 판 모양의 스프링으로, 겹판 스프링이라고도 한다. 노면으로부터 충격을 흡수하기 위해 차량 하부에 설치하는 완충장치로 많이 사용된다.
② 접시 스프링(disc spring) : 단면이 접시모양인 원형의 스프링으로 작은 공간에서 적은 변위로서 큰 하중을 지지하고 있고 단위체적당 축척에너지가 코일 스프링에 비하여 매우 크기 때문에 작은 공간에서 짧은 스트로크로도 큰 부하 능력을 가진다.
④ 고무 스프링(rubber spring) : 인장, 압축, 전단에 대해 고무가 지닌 탄성을 이용한 스프링이다. 고무 스프링은 완충, 방진 등으로 사용된다. 천연의 생고무를 가소성형하여 금속편에 접착시켜서 사용하며, 특히 내유성이 필요한 곳에는 합성고무를 사용한다. 고무 스프링은 변형하더라도 부피가 변하지 않는 성질을 가지고 있으며, 세로 탄성계수도 변형률과 더불어 변한다.

**Keyword**
공기 스프링(air spring)
원통 모양의 공기 주머니(air bag)에 공기를 넣어 압축된 공기의 변형특성을 이용한 스프링으로 완충작용이 매우 우수하고 미소 진동의 흡수가 가능하며 스프링 상수의 크기를 조절할 수 있다. 하중과 변형의 관계가 비선형적이며 측면 강성이 없다.

**02** [ 2021 | 국가직 9급 ] **상** 중 하

코일 스프링이 압축력에 의해 변형하여 저장한 탄성에너지가 600N·mm일 때, 코일 스프링에 작용한 압축력[N]은? (단, 스프링 상수는 3N/mm이다)

① 40  
② 50  
③ 60  
④ 70

**Keyword**
압축력 $W = k\delta$
탄성에너지 $U = \dfrac{W\delta}{2}$

| 해설 | 압축력 $W = k\delta$에서 $\delta = \dfrac{W}{k}$이며

탄성에너지 $U = \dfrac{W\delta}{2} = \dfrac{W}{2} \times \dfrac{W}{k} = \dfrac{W^2}{2k}$이므로

압축력 $W = \sqrt{2kU} = \sqrt{2 \times 3 \times 600} = 60[\text{N}]$

정답 | 01 ③ 02 ③

## 03 [2019 | 국가직 9급] 상 중 하

그림은 스프링의 변형을 이용하는 악력기이다. 스프링에 작용하는 주된 변형에너지는?

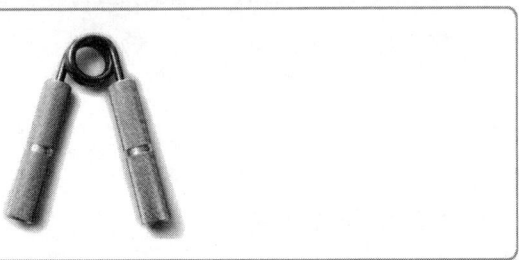

① 굽힘  ② 압축
③ 비틀림  ④ 인장

**Keyword**
악력기의 스프링은 비틀림 코일 스프링이다.

**해설** 악력기의 스프링은 비틀림 코일 스프링이므로 굽힘 모멘트가 작용하여 소선이 굽혀지기 때문에 압력기의 스프링에 작용하는 주된 변형에너지는 굽힘 변형에너지이다.

## 04 [2018 | 서울시 9급 2차] 상 중 하

스프링의 종류 중, 봉재를 비틀어 스프링으로 사용하는 것으로, 큰 에너지를 축적할 수 있고 경량이며 간단한 형상을 갖는 것은?

① 코일 스프링  ② 판 스프링
③ 공기 스프링  ④ 토션 바

**Keyword**
토션 바
봉재를 비틀어 스프링으로 사용하는 것으로, 큰 에너지를 축적할 수 있고 경량이며 간단한 형상을 갖는 스프링

**오답풀이**
① 코일 스프링 : 봉재를 나선상으로 감은 스프링으로 압축, 인장, 비틀림 등 여러 종류가 있음
② 판 스프링 : 판자 모양으로 된 재료의 탄성을 이용한 스프링
③ 공기 스프링 : 내부의 공압을 조정하여 하중 변화에 유연하게 대응하는 스프링

## 05 [2020 | 지방직 9급] 상 중 하

원통코일 스프링에 3kN의 힘이 작용하였을 때, 변형이 50mm가 되도록 설계하려면 유효감김수는? [단, 소선의 지름은 15mm, 스프링지수는 10, 스프링 재료의 전단탄성계수(Shear modulus of elasticity)는 80GPa이다]

① 2.5  ② 4
③ 5.5  ④ 6

**Keyword**
스프링의 변형량
$\delta = \dfrac{8PD^3 n}{Gd^4}$

**해설** $\delta = \dfrac{8PD^3 n}{Gd^4}$ 에서 $50 = \dfrac{8 \times 3 \times 10^3 \times 150^3 \times n}{80 \times 10^3 \times 15^4}$ 이므로 유효감김수 $n = \dfrac{5}{2} = 2.5$[회]이다.

정답 | 03 ① 04 ④ 05 ①

## 06 [2019 | 서울시 9급 2차] 상 중 하

소선의 지름이 10mm, 코일의 평균 지름이 50mm, 스프링 상수가 $4\text{kg}_f/\text{mm}$인 원통 코일 스프링의 유효감김수는 몇 회인가? (단, 횡탄성계수 $G = 4 \times 10^3 \text{kg}_f/\text{mm}^2$이다)

① 6회
② 8회
③ 10회
④ 12회

**Keyword**
스프링 상수
$k = \dfrac{W}{\delta} = \dfrac{Gd^4}{8nD^3}$

| 해설 | 스프링 상수 $k = \dfrac{W}{\delta} = \dfrac{Gd^4}{8nD^3}$ 에서

유효감김수 $n = \dfrac{Gd^4}{8kD^3} = \dfrac{4 \times 10^3 \times 10^4}{8 \times 4 \times 50^3} = 10$회

## 07 [2018 | 국가직 9급] 상 중 하

스프링 지수가 10이고 소선의 지름이 2[mm]인 압축 코일 스프링에서 하중이 70[kgf]에서 50[kgf]로 감소할 때 처짐의 변화가 50[mm]가 되는 스프링의 유효 감김수는? (단, 전단탄성계수는 $8 \times 10^3 [\text{kgf/mm}^2]$이다)

① 5
② 6
③ 7
④ 8

**Keyword**
축방향 하중에 대한 스프링의 처짐
$\delta = \dfrac{8nWD^3}{Gd^4}$
($n$ : 유효감김수, $W$ : 수직하중, $D$ : 코일 스프링의 평균지름, $G$ : 전단탄성계수, $d$ : 소선지름)

| 해설 | $\delta = \dfrac{8nWD^3}{Gd^4}$ 이므로 $50 = \dfrac{8 \times n \times (70-50) \times 20^3}{8 \times 10^3 \times 2^4}$ 이고 $n = 5$

## 08 [2018 | 지방직 9급] 상 중 하

마찰이 없는 양단지지형 겹판 스프링에 하중이 작용하여 최대 처짐 $\delta_{\max}$가 발생하였다. 이 겹판 스프링에서 판의 두께만 2배로 증가시킬 때 최대 처짐은?

① $\dfrac{1}{2}\delta_{\max}$
② $\dfrac{1}{4}\delta_{\max}$
③ $\dfrac{1}{8}\delta_{\max}$
④ $\dfrac{1}{16}\delta_{\max}$

**Keyword**
$\delta_{\max} = K \cdot \dfrac{1}{4} \times \dfrac{Pl^3}{nbh^3E}$

| 해설 | $\delta_{\max} = K \cdot \dfrac{1}{4} \times \dfrac{Pl^3}{nbh^3E}$ 이므로 판의 두께 $h$가 2배 증가되면

최대 처짐은 $\dfrac{1}{2^3}\delta_{\max} = \dfrac{1}{8}\delta_{\max}$ 가 된다.

**정답** | 06 ③ 07 ① 08 ③

**09** [2018 | 서울시 9급]

축하중이 작용하는 압축 코일 스프링의 처짐량에 대한 설명으로 가장 옳은 것은?

① 하중이 2배가 되면 처짐량은 $\frac{1}{2}$로 줄어든다.

② 소선의 지름이 2배가 되면 처짐량은 $\frac{1}{16}$로 줄어든다.

③ 코일의 평균 지름이 2배가 되면 처짐량은 2배 증가한다.

④ 유효 감김수가 2배가 되면 처짐량은 4배 증가한다.

| 오답풀이 | ① 하중이 2배가 되면 처짐량도 2배가 된다.
③ 코일의 평균 지름이 2배가 되면 처짐량은 $8(2^3)$배 증가한다.
④ 유효 감김수가 2배가 되면 처짐량은 2배 증가한다.

**Keyword**

처짐량 $\delta = \frac{8PD^3 n}{Gd^4}$ 이므로 소선의 지름이 2배가 되면 처짐량은 $\frac{1}{16}$로 줄어든다.

---

**10** [2017 | 지방직 9급]

스프링 전체의 평균지름이 32mm인 코일 스프링이 하중 100[N]을 받아 처짐이 2mm 생겼을 때, 스프링 지수는? (단, 전단탄성계수 $G = 80$GPa, 스프링의 유효 감김수는 25이다)

① 4  
② 8  
③ 16  
④ 32

| 해설 | 스프링의 변형량은 $\delta = \frac{8nD^3}{Gd^4}P$에서 $2 = \frac{8 \times 25 \times 32^3}{80 \times 10^3 \times d^4} \times 100$이므로 소선의 지름은 $d = 8$[mm]이며 스프링 지수는 $C = \frac{D}{d} = \frac{32}{8} = 4$이다.

**Keyword**

- 스프링의 변형량
$\delta = \frac{8nD^3}{Gd^4}P$
($n$: 스프링의 유효 감김수, $D$: 스프링의 평균지름, $G$: 전단 탄성계수, $d$: 소선의 지름, $P$: 하중)
- 스프링 지수 $C = \frac{D}{d}$

---

**11** [2017 | 지방직 9급]

지름 d인 소선을 감아 제작한 스프링 평균지름 D인 압축 코일 스프링이 있다. 이 코일 스프링의 유효 감김수를 2배로 증가시켰을 때의 처짐량을 $\delta_1$, 소선의 지름을 2배로 증가시켰을 때의 처짐량을 $\delta_2$라 할 때, $\delta_1/\delta_2$의 값은?

① $\frac{1}{32}$  
② $\frac{1}{16}$  
③ 16  
④ 32

| 해설 | 스프링의 변형량 $\delta = \frac{8nD^3}{Gd^4}P$이므로 $\frac{\delta_1}{\delta_2} = \frac{2}{\frac{1}{2^4}} = 32$

**Keyword**

스프링의 변형량
$\delta = \frac{8nD^3}{Gd^4}P$

정답 | 09 ② 10 ① 11 ④

**12** [2017 | 서울시 9급]

원통형 코일 스프링의 스프링 상수($k$)는 스프링 재료 또는 치수와 밀접한 관계를 가진다. 이 관계를 설명한 것 중 옳지 않은 것은?

① 재료의 전단탄성계수에 비례한다.
② 소선(스프링 소재) 지름의 4제곱에 비례한다.
③ 스프링 평균지름의 제곱에 반비례한다.
④ 코일의 유효 감김수에 반비례한다.

**해설** 스프링 평균지름의 3제곱에 반비례한다.

**Keyword**
스프링 상수
$$k = \frac{P}{\delta} = \frac{Gd^4}{8nD^3}$$

---

**13** [2017 | 국가직 7급]

각각의 스프링 상수가 100[N/mm]인 6개의 접시 스프링을 그림과 같이 병렬과 직렬로 조합하고, 조합된 스프링에 100[N]의 수직 정하중[P]이 작용할 때, 처짐량[mm]은? (단, 접시 스프링의 변형은 사용 범위에서 선형이며, 스프링 자중은 무시한다)

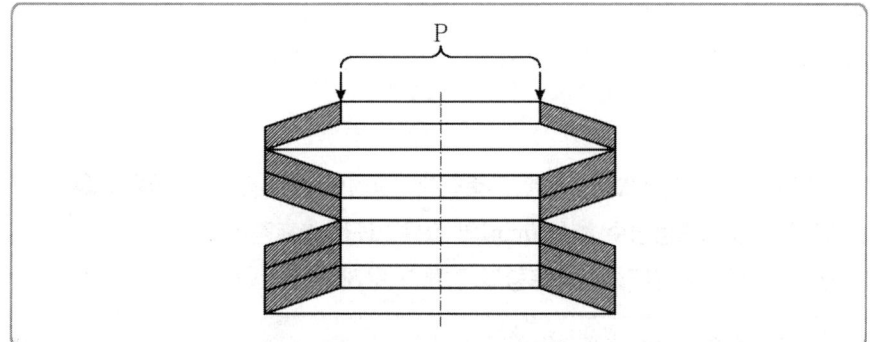

① $\frac{1}{6}$
② $\frac{6}{11}$
③ $\frac{11}{6}$
④ 6

**해설** 접시 스프링을 같은 방향으로 겹쳐 놓았을 때는 병렬 연결의 강성 성질을 갖고 다른 방향으로 겹쳐 놓았을 때는 직렬 연결의 강성 성질을 가지므로

상당 스프링 상수 $k_e$는 $\frac{1}{k_e} = \frac{1}{k} + \frac{1}{2k} + \frac{1}{3k} = \frac{6+3+2}{6k} = \frac{11}{6k}$ 이므로

$k_e = \frac{6k}{11} = \frac{600}{11}$[N/mm]이며 $\delta = \frac{P}{k_e} = \frac{100}{\frac{600}{11}} = \frac{11}{6}$[mm]이다.

**Keyword**
접시 스프링을 같은 방향으로 겹쳐 놓았을 때는 병렬 연결의 강성 성질을 갖고 다른 방향으로 겹쳐 놓았을 때는 직렬 연결의 강성 성질을 갖는다.

## 14 [2017 | 국가직 7급]

스프링 전체의 평균지름이 20[mm], 소선의 지름이 2[mm], 유효 감김수가 20인 코일 스프링의 스프링 상수[N/mm]는? (단, 선재의 전단탄성계수는 80[GPa]이다)

① 0.25
② 0.5
③ 1
④ 2

**해설** 스프링 상수 $k = \dfrac{P}{\delta} = \dfrac{Gd^4}{8nD^3} = \dfrac{80 \times 10^3 \times 2^4}{8 \times 20 \times 20^3} = 1[\text{N/mm}]$

**Keyword** 스프링 상수
$k = \dfrac{P}{\delta} = \dfrac{Gd^4}{8nD^3}$

## 15 [2016 | 국가직 9급]

스프링의 탄성 변형 에너지에 대한 설명으로 옳지 않은 것은?

① 하중이 커질수록 탄성 변형 에너지는 커진다.
② 변형량이 커질수록 탄성 변형 에너지는 커진다.
③ 비틀림각이 커질수록 탄성 변형 에너지는 작아진다.
④ 토크가 커질수록 탄성 변형 에너지는 커진다.

**해설** 비틀림각이 커질수록 탄성 변형 에너지는 커진다.

**Keyword** 탄성 변형 에너지
$U = \dfrac{P\delta}{2} = \dfrac{T\theta}{2}$

## 16 [2022 | 국가직 9급]

그림과 같이 4개의 스프링에 의해 지지되는 강체의 중앙에 600N의 하중을 가하여 강체가 60mm 내려갈 때, 스프링상수 $k_3$[N/mm]의 값은? (단, 스프링상수 값은 $k_1 = 2k_3$, $k_2 = 4k_3$의 관계를 가지며, 스프링과 강체의 무게는 무시한다)

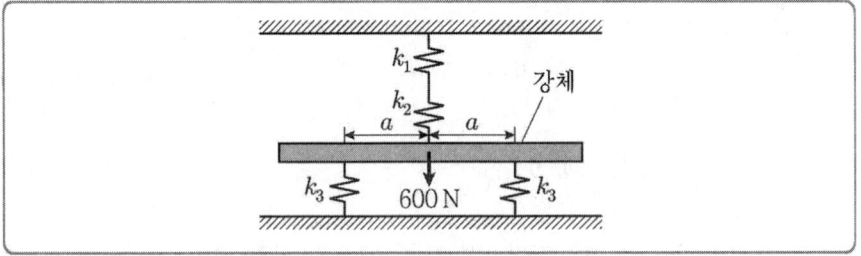

① 2
② 2.5
③ 3
④ 3.5

**해설** 강체 위에서의 스프링연결을 A, 강체 아래에서의 스프링연결을 B, 전체 스프링연결을 C라 하면
$\dfrac{1}{k_A} = \dfrac{1}{k_1} + \dfrac{1}{k_2} = \dfrac{1}{2k_3} + \dfrac{1}{4k_3} = \dfrac{3}{4k_3}$ ∴ $k_A = \dfrac{4}{3}k_3$

**Keyword** 스프링의 연결방식에 따른 스프링상수($k$)
• 병렬연결방식:
$k = k_1 + k_2$
(스프링 상수는 커진다)
• 직렬연결방식:
$k = \dfrac{1}{\dfrac{1}{k_1} + \dfrac{1}{k_2}}$
(스프링 상수는 작아진다)

정답 | 14 ③  15 ③  16 ③

$k_B = k_3 + k_3 = 2k_3$

$k_C = k_A + k_B = \dfrac{4}{3}k_3 + 2k_3 = \dfrac{10}{3}k_3$

전체 스프링에 걸리는 하중 $W = k_C \times \delta = \dfrac{10}{3}k_3 \times \delta$

$\therefore k_3 = \dfrac{3W}{10\delta} = \dfrac{3 \times 600}{10 \times 60} = 3[\text{N/mm}]$

## 17 [ 2019 | 서울시 9급 2차 ]  상 **중** 하

두 개의 스프링이 직렬로 연결되어 P[N]의 하중이 작용될 때, 늘어난 길이를 계산한 식으로 가장 옳은 것은?

**Keyword**
스프링 상수 $k = \dfrac{W}{\delta} = \dfrac{P}{\delta}$

① $\dfrac{P(k_1 + k_2)}{k_1 k_2}$

② $\dfrac{Pk_1 k_2}{(k_1 + k_2)}$

③ $\dfrac{Pk_1}{k_2}$

④ $\dfrac{Pk_2}{k_1}$

|해설| 직렬연결이므로 $\dfrac{1}{k} = \dfrac{1}{k_1} + \dfrac{1}{k_2} = \dfrac{k_1 + k_2}{k_1 k_2}$ 에서 $k = \dfrac{k_1 k_2}{k_1 + k_2}$

$k = \dfrac{W}{\delta} = \dfrac{P}{\delta}$ 에서 $\delta = \dfrac{P}{k} = \dfrac{P(k_1 + k_2)}{k_1 k_2}$

정답 17 ①

## 18

| 2016 | 지방직 9급 |

그림과 같은 스프링 장치에 $2,400[\text{N}]$의 하중을 아래 방향으로 가할 때 스프링의 **처짐량**[mm]은? (단, $k_1, k_2, k_3 = 200[\text{N/mm}]$, $k_4, k_5, k_6 = 300[\text{N/mm}]$이다)

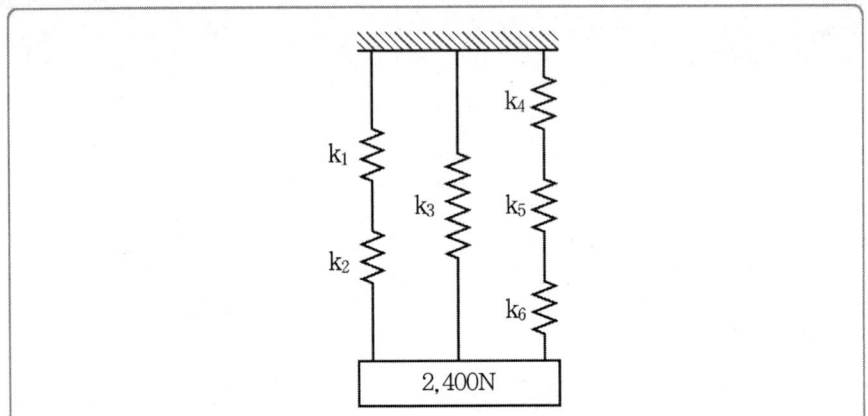

① 2
② 3
③ 6
④ 12

**Keyword**
등가 스프링 상수
- **병렬** : 모든 스프링 상수를 합한 값
- **직렬** : 각 스프링 상수의 역수의 합의 역수

| 해설 | 왼쪽 줄의 등가 스프링 상수는 $\dfrac{1}{k_e} = \dfrac{1}{200} + \dfrac{1}{200}$에서 $K_e = 100[\text{N/mm}]$

오른쪽 줄의 등가 스프링 상수는 $\dfrac{1}{k_e} = \dfrac{1}{300} + \dfrac{1}{300} + \dfrac{1}{300}$에서 $k_e = 100[\text{N/mm}]$

따라서 전체 줄의 등가 스프링 상수는 $100 + 200 + 100 = 400[\text{N/mm}]$이며

처짐량은 $\delta = \dfrac{F}{k} = \dfrac{2,400}{400} = 6[\text{mm}]$이다.

정답 | 18 ③

**19** [2016 | 서울시 9급]

다음 그림과 같이 A, B, C에 대해 같은 하중 $W$가 가해졌다면, 각 스프링의 변형된 길이의 비로 옳은 것은? (단, 각 스프링의 강성은 동일하고, 스프링의 무게는 무시한다)

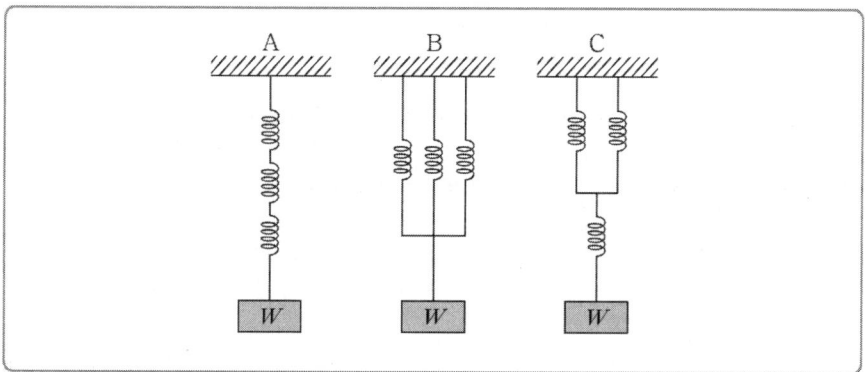

① A : B : C = 9 : 1 : 3
② A : B : C = 12 : 2 : 9
③ A : B : C = 18 : 2 : 9
④ A : B : C = 24 : 4 : 9

**해설** 스프링 1개의 스프링 상수를 $k$라고 하면 A의 상당 스프링 상수는 $\frac{k}{3}$, B의 상당 스프링 상수는 $3k$, C의 상당 스프링 상수는 $\frac{2k \times k}{2k+k} = \frac{2}{3}k$이다. 변형된 길이는 스프링 상수에 반비례하므로 변형량의 비는 $3 : \frac{1}{3} : \frac{3}{2} = 18 : 2 : 9$이다.

**Keyword**
등가 스프링 상수
- **병렬** : 모든 스프링 상수를 합한 값
- **직렬** : 각 스프링 상수의 역수의 합의 역수

**20** [2016 | 서울시 9급]

스팬이 1,500mm이고, 스프링 폭이 80mm, 판 두께가 10mm, 판의 수가 5개인 양단 지지형 겹판 스프링의 중앙에 80kg의 하중이 작용할 때 스프링의 중앙에 발생하는 굽힘응력은?

① $3.5\text{kg/mm}^2$
② $4\text{kg/mm}^2$
③ $4.5\text{kg/mm}^2$
④ $5\text{kg/mm}^2$

**해설** $\sigma = \frac{3Pl}{2nbh^2} = \frac{3 \times 80 \times 1,500}{2 \times 5 \times 80 \times 10^2} = 4.5[\text{kg/mm}^2]$

**Keyword**
$\sigma = \frac{3Pl}{2nbh^2}$

정답 | 19 ③  20 ③

## 21

[2016 | 국가직 7급]

압축 코일 스프링의 유효 감김수, 소선지름, 스프링 전체 평균지름만 각각 2배로 하면 스프링 상수는 몇 배가 되는가?

① 1
② 2
③ 4
④ 8

**Keyword**
스프링 상수
$k = \dfrac{P}{\delta} = \dfrac{Gd^4}{8nD^3}$

**해설** 스프링 상수 $k = \dfrac{P}{\delta} = \dfrac{Gd^4}{8nD^3}$ 이므로 유효 감김수($n$), 소선지름($d$), 스프링 전체 평균지름($D$)이 각각 2배가 되면 스프링 상수의 변화는 $k = \dfrac{2^4}{2^3 \times 2} = 1$ 이므로 변함이 없이 같다.

## 22

[2016 | 국가직 7급]

압축 코일 스프링의 좌굴에 대한 설명으로 옳은 것은? (단, $D$는 스프링 전체 평균지름, $\delta$는 변형길이, $L_f$는 스프링 자유길이이다)

① 좌굴상수 $\alpha$는 스프링 자유길이 $L_f$ 및 변형길이 $\delta$에 의해 결정된다.
② 스프링 안쪽에 삽입하는 가이드는 좌굴한도에 영향을 미치지 않는다.
③ $\dfrac{L_f}{D}$ 값이 클수록 압축에 의한 좌굴이 발생할 수 있다.
④ 좌굴이 발생하지 않는 안정영역과 발생하는 불안정영역은 양단의 경계조건과는 무관하고 $\dfrac{L_f}{D}$ 과 $\dfrac{\delta}{L_f}$ 에 의해서 결정된다.

**Keyword**
$\dfrac{L_f}{D}$ (평균지름에 대한 자유길이의 비)값이 클수록 압축에 의한 좌굴이 발생할 수 있다.

**오답풀이**
① 좌굴상수 $\alpha$는 경계조건에 따라 크기가 다르다.
② 스프링 안쪽에 삽입하는 가이드는 좌굴한도를 감소시킨다.
④ 좌굴이 발생하지 않는 안정영역과 발생하는 불안정영역은 양단의 경계조건 그리고 $\dfrac{L_f}{D}$ 과 $\dfrac{\delta}{L_f}$ (자유길이에 대한 변형길이의 비)에 의해서 결정된다.

정답 | 21 ① 22 ③

**23** [2016 | 국회직 9급]

지름이 d, 길이가 L이고 재료의 전단계수가 G인 토션 바(torsion bar)가 비틀림 스프링으로 사용될 때, 스프링 상수 $k_t$는 어떤 식으로 표현되는가?

① $\dfrac{\pi d^4 G}{32 L}$  ② $\dfrac{32 d^4 G}{\pi L}$

③ $\dfrac{\pi L}{32 d^3 G}$  ④ $\dfrac{16 d^4 L}{\pi G}$

⑤ $\dfrac{\pi d^3 G}{16 L}$

**Keyword**
$k_t = \dfrac{T}{\theta}$

| 해설 |

$k_t = \dfrac{T}{\theta} = \dfrac{T}{\dfrac{TL}{I_p G}} = \dfrac{I_p G}{L} = \dfrac{\dfrac{\pi d^4}{32} G}{L} = \dfrac{\pi d^4 G}{32 L}$

---

**24** [2016 | 국회직 9급]

코일 스프링에서 소선의 지름을 2배로 하고 스프링의 평균 코일 지름도 2배로 하면, 같은 축하중에 대하여 처짐량은 몇 배로 되는가?

① 1  ② 1/2

③ 1/4  ④ 1/8

⑤ 1/16

**Keyword**
스프링의 변형량
$\delta = \dfrac{8nD^3}{Gd^4}P$

| 해설 |

스프링의 변형량 $\delta = \dfrac{8nD^3}{Gd^4}P$ 이므로 소선의 지름(d)과 스프링의 평균 코일 지름(D)이 2배가 되면 처짐량은 $\dfrac{2^3}{2^4} = \dfrac{1}{2}$배가 된다.

---

**25** [2015 | 서울시 9급]

압축 코일 스프링에서 유효 감김수(n), 코일의 평균지름(D), 와이어의 지름(d)이 모두 2배 증가된다면 같은 크기의 축방향 하중에 대해 처짐량(δ)은 어떻게 되는가?

① 1/2배 증가  ② 2배 증가
③ 4배 증가  ④ 변하지 않는다.

**Keyword**
스프링의 변형량
$\delta = \dfrac{8nD^3}{Gd^4}P$

| 해설 |

스프링의 변형량 $\delta = \dfrac{8nD^3}{Gd^4}P$ 이므로 유효 감김수(n), 코일의 평균지름(D), 와이어의 지름(d) 등이 모두 2배 증가하면 처짐량은 $\dfrac{2^3 \times 2}{2^4} = 1$배이므로 변하지 않는다.

정답 | 23 ① 24 ② 25 ④

**26** [2015 | 서울시 9급]

다음 스프링 시스템에 같은 하중 F가 가해졌을 때, A점의 변형량이 가장 적은 것은 무엇인가? (단, $k$는 스프링 상수를 의미한다)

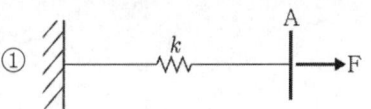
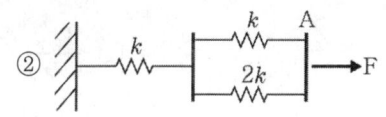
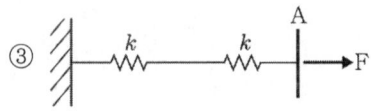
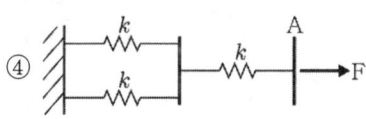

**Keyword**
같은 힘이 작용할 때는 스프링 상수가 제일 큰 것의 변형량이 가장 작다.

|해설| ① 스프링 상수 = $k$
①의 스프링 상수가 제일 크므로 변형량이 가장 작다.

|오답풀이| ② 스프링 상수 = $\dfrac{k \times 3k}{k + 3k} = \dfrac{3}{4}k$

③ 스프링 상수 = $\dfrac{k \times k}{k + k} = \dfrac{1}{2}k$

④ 스프링 상수 = $\dfrac{2k \times k}{2k + k} = \dfrac{2}{3}k$

---

**27** [2015 | 국가직 7급]

원형 단면을 갖는 토션 바의 한쪽 끝을 고정하고 다른 쪽 끝을 비틀었을 때, 토션 바에 저장된 단위체적당 평균 탄성에너지는? (단, 전단응력 $\tau$, 비틀림각 $\theta$, 토션 바의 길이 $L$, 비틀림 모멘트 $T$, 재료의 가로탄성계수 $G$, 토션 바의 지름 $d$, 극2차 단면계수 $I_p$, 토션 바의 반지름 $r_{\max}$, 비틀림 스프링 상수 $k_t$이다)

① $\dfrac{1}{16} \dfrac{\tau^2}{G}$  ② $\dfrac{1}{8} \dfrac{\tau^2}{G}$

③ $\dfrac{1}{4} \dfrac{\tau^2}{G}$  ④ $\dfrac{1}{2} \dfrac{\tau^2}{G}$

**Keyword**
• 탄성에너지 $U = \dfrac{1}{2} T\theta$
• $\dfrac{U}{V} = \dfrac{T^2 L}{\pi r_{\max}^4 G} \times \dfrac{1}{\pi r_{\max}^2 L}$
• 전단응력 $\tau = \dfrac{T}{I_p}$

|해설| 탄성에너지는 $U = \dfrac{1}{2} T\theta = \dfrac{1}{2} T \times \dfrac{TL}{\dfrac{\pi r_{\max}^4}{2} G} = \dfrac{T^2 L}{\pi r_{\max}^4 G}$이며

$\dfrac{U}{V} = \dfrac{T^2 L}{\pi r_{\max}^4 G} \times \dfrac{1}{\pi r_{\max}^2 L} = \dfrac{T^2}{\pi^2 r_{\max}^6 G}$이다. 전단응력 $\tau = \dfrac{T}{I_p} = \dfrac{T}{\dfrac{\pi r_{\max}^3}{2}}$이므로

$\dfrac{U}{V} = \dfrac{T^2}{\pi^2 r_{\max}^6 G} = \dfrac{T^2}{4 \times \left(\dfrac{\pi r_{\max}^3}{2}\right)^2 G} = \dfrac{1}{4} \dfrac{\tau^2}{G}$이다.

정답 | 26 ① 27 ③

**28** 2021 | 지방직 9급

다음 그림과 같이 길이가 $l$이며 폭, 높이가 각각 $b$, $h$인 직사각형 단면으로 한쪽 끝이 고정된 단판스프링이 있다. 다른 한쪽 끝에 수직하중 $P$가 작용할 때, 단판스프링에 작용하는 최대 굽힘응력 $\sigma_{max}$와 끝단 처짐에 따른 등가 스프링 상수 $k$는? (단, $E$는 단판스프링 재료의 세로탄성계수이다)

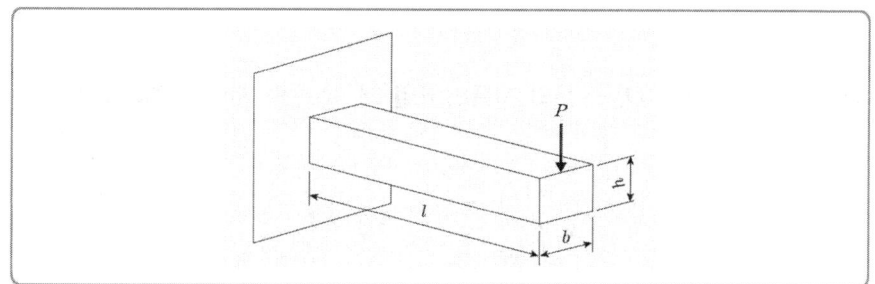

① $\dfrac{3Pl}{bh^2}$  $\dfrac{Ebh^3}{2l^3}$

② $\dfrac{3Pl}{bh^2}$  $\dfrac{Ebh^3}{4l^3}$

③ $\dfrac{6Pl}{bh^2}$  $\dfrac{Ebh^3}{2l^3}$

④ $\dfrac{6Pl}{bh^2}$  $\dfrac{Ebh^3}{4l^3}$

**Keyword**

- 최대 처짐 $\delta_{max} = \dfrac{4Pl^3}{bh^3 E}$
- 최대 굽힘응력

$$\sigma_{max} = \dfrac{M_c}{I} = \dfrac{Pl \times \dfrac{h}{2}}{\dfrac{bh^3}{12}}$$

- 등가 스프링 상수

$$k = \dfrac{P}{\delta_{max}} = \dfrac{P}{\dfrac{4Pl^3}{bh^3 E}} = \dfrac{Ebh^3}{4l^3}$$

**해설**

최대 처짐 $\delta_{max} = \dfrac{4Pl^3}{bh^3 E}$

최대 굽힘응력 $\sigma_{max} = \dfrac{M_c}{I} = \dfrac{Pl \times \dfrac{h}{2}}{\dfrac{bh^3}{12}} = \dfrac{6Pl}{bh^2}$

등가 스프링 상수 $k = \dfrac{P}{\delta_{max}} = \dfrac{P}{\dfrac{4Pl^3}{bh^3 E}} = \dfrac{Ebh^3}{4l^3}$

**29** 2014 | 국가직 9급

그림과 같이 판의 수가 $n$, 두께가 $h$, 길이가 $l$이고 폭이 일정한 외팔보형 겹판 스프링에 최대 하중 $P$가 작용하고 있다. 판의 수, 두께, 길이가 각각 $2n$, $2h$, $2l$로 변경될 때 스프링이 지지할 수 있는 최대 하중은?

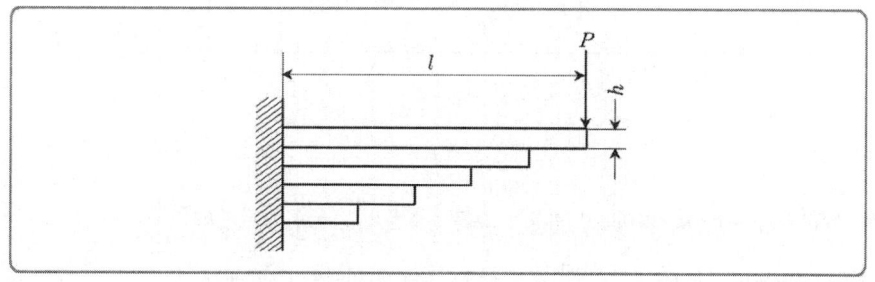

① $1P$
② $2P$
③ $4P$
④ $8P$

**Keyword**

외팔보형 겹판 스프링의 고정단 부분 응력은 $\sigma = \dfrac{6Pl}{nbh^2}$이므로 $P = \dfrac{\sigma nbh^2}{6l}$이다.

정답 | 28 ④  29 ③

| 해설 | 외팔보형 겹판 스프링의 고정단 부분 응력은 $\sigma = \dfrac{6Pl}{nbh^2}$ 이므로 $P = \dfrac{\sigma nbh^2}{6l}$ 이다. 따라서 판의 수, 두께, 길이가 각각 2배가 되면 최대하중은 $P' = \dfrac{2 \times 2^2}{2} \times P = 4P$가 된다.

## 30 [2014 | 지방직 9급] 상 중 하

원통 코일 스프링 전체의 평균지름이 $D$, 소선의 지름이 $d$일 때, 스프링 지수를 나타내는 식은?

① $\dfrac{d}{D}$  ② $\dfrac{D}{d}$

③ $\dfrac{d}{D+d}$  ④ $\dfrac{D}{D+d}$

**Keyword**
스프링 지수 $C = \dfrac{D}{d}$

| 해설 | 스프링 지수는 소선의 지름에 대한 스프링의 평균지름의 비 $C = \dfrac{D}{d}$ 이다.

## 31 [2014 | 지방직 9급] 상 중 하

그림 (A), (B)와 같이 동일한 스프링 상수 k를 갖는 스프링의 연결에 동일 하중 W가 작용하고 있다. (A)의 처짐량을 $\delta_1$, (B)의 처짐량을 $\delta_2$라 할 때 $\delta_1 : \delta_2$는? (단, 스프링의 자중은 무시한다)

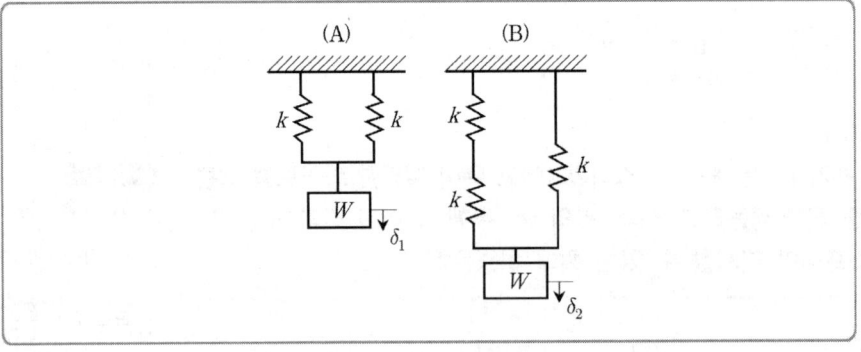

① 1 : 2  ② 2 : 3
③ 3 : 4  ④ 4 : 5

**Keyword**
등가 스프링 상수
• 병렬 : 모든 스프링 상수를 합한 값
• 직렬 : 각 스프링 상수의 역수의 합의 역수

| 해설 | (A)의 등가 스프링 상수는 $k_{e(A)} = k + k = 2k$이며 (B)의 등가 스프링 상수는 $k_{e(B)} = \dfrac{k}{2} + k = \dfrac{3}{2}k$ 이므로 등가 스프링 상수의 비는 $k_{e(A)} : k_{e(B)} = 2 : \dfrac{3}{2} = 4 : 3$이다. 처짐량의 비는 등가 스프링 상수의 비의 역수이므로 $\delta_1 : \delta_2 = 3 : 4$가 된다.

정답 | 30 ② 31 ③

**32** 그림과 같은 단순보에 두 개의 스프링이 연결되어 있으며, 그 두 개의 스프링을 그림과 같이 아래로 5cm를 잡아당겼을 때 반력 $R_A$, $R_B$를 구하여라. (단, $k_1 = 10\text{N/mm}$, $k_2 = 20\text{N/mm}$)

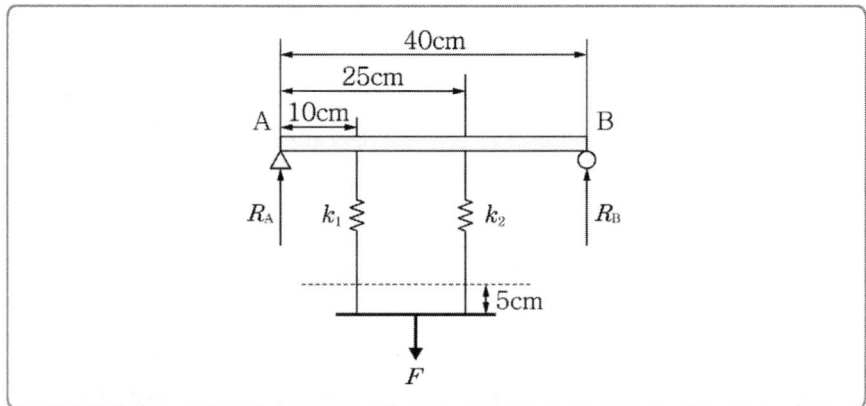

① $R_A = 700\text{N}$, $R_B = 800\text{N}$
② $R_A = 800\text{N}$, $R_B = 700\text{N}$
③ $R_A = 750\text{N}$, $R_B = 750\text{N}$
④ $R_A = 850\text{N}$, $R_B = 650\text{N}$
⑤ $R_A = 900\text{N}$, $R_B = 600\text{N}$

|해설| 스프링 $k_1$에 걸리는 힘의 크기는 $F_1 = 10 \times 50 = 500[N]$이며
스프링 $k_2$에 걸리는 힘의 크기는 $F_2 = 20 \times 50 = 1,000[N]$이다.
따라서 $R_B \times 40 = 500 \times 10 + 1,000 \times 25 = 30,000$에서 $R_B = 750[\text{N}]$이며
$R_A + 750 = 500 + 1,000$에서 $R_A = 750[\text{N}]$이다.

**Keyword**
• 스프링 $k_1$에 걸리는 힘의 크기
 $F_1 = 10 \times 50 = 500[N]$
• 스프링 $k_2$에 걸리는 힘의 크기
 $F_2 = 20 \times 50 = 1,000[N]$

**33** 직경 $d$의 철사를 사용하여 평균직경 $D$인 코일 스프링을 제작하였다. 제작된 코일 스프링의 스프링 상수를 높이기 위한 방법으로 옳지 않은 것은?

① 철사직경($d$)을 증가시킨다.
② 스프링 평균직경($D$)을 증가시킨다.
③ 코일 권선수를 감소시킨다.
④ 재질의 전단탄성계수를 증가시킨다.

|해설| 스프링 상수 $k = \dfrac{P}{\delta} = \dfrac{Gd^4}{8nD^3}$이므로 스프링의 평균직경 $D$가 증가하면 스프링 상수는 작아진다.

**Keyword**
스프링 상수
$k = \dfrac{P}{\delta} = \dfrac{Gd^4}{8nD^3}$

정답 | 32 ③  33 ②

**34** 평균지름 40mm, 소선의 지름 10mm, 유효권수 20인 압축 코일 스프링이 하중 50kgf을 받을 때, 스프링의 처짐량[mm]을 구하시오. (단, 가로탄성계수 $G=8,000$kgf/mm$^2$으로 하시오)

① 6.4
② 9.6
③ 12.8
④ 15.2
⑤ 17.3

해설 │ 스프링의 변형량 $\delta = \dfrac{8nD^3}{Gd^4}P = \dfrac{8 \times 20 \times 40^3}{8,000 \times 10^4} \times 50 = 6.4$[mm]

Keyword
스프링의 변형량
$\delta = \dfrac{8nD^3}{Gd^4}P$

**35** 다음 그림과 같이 스프링 상수가 $k$인 접시 스프링(disk spring)을 8개 겹쳐 놓았다. 이 때 조합된 스프링의 상당 스프링 상수 $k_{eq}$는? (단, 접시 스프링에 가해지는 힘은 스프링이 선형으로 변형되는 영역에 있다고 가정한다)

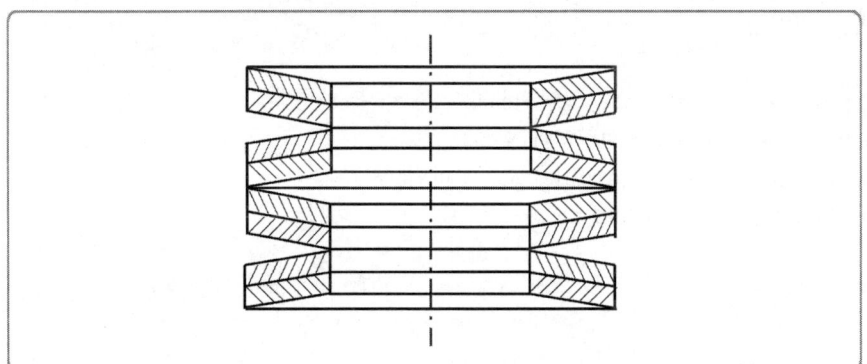

① $2k$
② $\dfrac{4}{k}$
③ $\dfrac{k}{2}$
④ $\dfrac{2}{k}$

해설 │ 접시 스프링을 같은 방향으로 겹쳐 놓았을 때는 병렬연결의 강성성질을 갖고, 다른 방향으로 겹쳐 놓았을 때는 직렬연결의 강성성질을 가지므로
상당 스프링 상수 $k_{eq}$는 $\dfrac{1}{k_{eq}} = \dfrac{1}{2k} + \dfrac{1}{2k} + \dfrac{1}{2k} + \dfrac{1}{2k} = \dfrac{4}{2k} = \dfrac{2}{k}$에서 $k_{eq} = \dfrac{k}{2}$이다.

Keyword
접시 스프링을 같은 방향으로 겹쳐 놓았을 때는 병렬연결의 강성성질을 갖고, 다른 방향으로 겹쳐 놓았을 때는 직렬연결의 강성성질을 갖는다.

정답 │ 34 ① 35 ③

**36** [2012 | 국가직 7급] (상)**(중)**(하)

토션 바(torsion bar)의 길이를 원래 길이의 $\dfrac{1}{4}$로 줄였다. 동일 비틀림 강성이 유지되도록 토션 바의 원형 단면봉 지름을 설계 변경하였다면 토션 바의 부피는 몇 배가 되는가?

① 1
② $\dfrac{1}{2}$
③ $\dfrac{1}{4}$
④ $\dfrac{1}{8}$

**Keyword**

비틀림 강성

$$k_t = \dfrac{T}{\theta} = \dfrac{T}{\dfrac{TL}{\dfrac{\pi d^4}{32} \times G}} = \dfrac{\pi d^4}{32} \times \dfrac{G}{L}$$

**| 해설 |** 비틀림 강성 $k_t = \dfrac{T}{\theta} = \dfrac{T}{\dfrac{TL}{\dfrac{\pi d^4}{32} \times G}} = \dfrac{\pi d^4}{32} \times \dfrac{G}{L}$ 이므로 길이의 1/4배가 될 때 비틀림 강성이 유지되기 위해서는 축의 지름 $d$는 $\dfrac{1}{\sqrt[4]{4}}$ 배가 되어야 한다.

따라서 토션 바의 부피는 $\left(\dfrac{1}{\sqrt[4]{4}}\right)^2 \times \dfrac{1}{4} = \dfrac{1}{8}$ 배가 된다.

---

**37** [2012 | 국가직 7급] (상)**(중)**(하)

항복응력이 700MPa, 인장강도(극한강도)가 900MPa, 피로한도(내구한도)가 300MPa인 반복하중을 받는 스프링이 있다. 안전계수를 1로 할 때, 다음 하중 조건 중 스프링이 파손될 가능성이 가장 높은 것은? [단, 일반 항복응력에 대한 피로파손이론 중 굿맨선(Goodman line)을 적용한다]

| | 평균응력[MPa] | 응력진폭[MPa] |
|---|---|---|
| ① | 340 | 150 |
| ② | 420 | 130 |
| ③ | 580 | 120 |
| ④ | 600 | 80 |

**Keyword**

• 일반 항복응력에 대한 피로파손이론 중 굿맨선(Goodman line)을 적용하여 모두 계산해본다.
• 굿맨선(Goodman line) :
$$\dfrac{\sigma_a}{\sigma_e} + \dfrac{\sigma_m}{\sigma_u} \leq 1$$
($\sigma_a$ : 응력진폭, $\sigma_e$ : 피로한도 혹은 내구한도, $\sigma_m$ : 평균응력, $\sigma_u$ : 인장강도 혹은 극한강도)

**| 해설 |** ③ $\dfrac{120}{300} + \dfrac{580}{900} = \dfrac{47}{45} = \dfrac{94}{90} > 1$

따라서 ③이 1보다 크므로 파손될 가능성이 가장 높다.

**| 오답 풀이 |** ① $\dfrac{150}{300} + \dfrac{340}{900} = \dfrac{79}{90} < 1$

② $\dfrac{130}{300} + \dfrac{420}{900} = \dfrac{9}{10} = \dfrac{81}{90} < 1$

④ $\dfrac{80}{300} + \dfrac{600}{900} = \dfrac{14}{15} = \dfrac{84}{90} < 1$

**정답** | 36 ④  37 ③

# 02 제동용 기계요소
CHAPTER

**01** [2022 | 국가직 9급]

단판 원판 브레이크를 이용하여 회전하는 축을 제동하려고 한다. 브레이크를 축방향으로 미는 하중 $P=100\text{N}$, 원판 브레이크 접촉면의 평균 반지름 $R_m=25\text{mm}$, 마찰계수 $\mu=0.1$일 때, 제동할 수 있는 최대 토크 $T[\text{N}\cdot\text{mm}]$는? (단, 축방향 힘은 균일압력조건, 토크는 균일마모조건으로 한다)

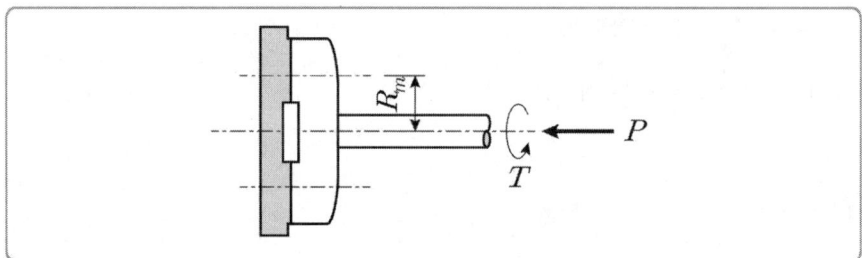

① 125② 200
③ 250④ 500

|해설| 단판 원판 브레이크의 제동 토크

$$T=\mu P\frac{D_m}{2}=\mu PR=0.1\times100\times25=250[\text{N}\cdot\text{mm}]$$

**Keyword**
단판 원판 브레이크의 제동 토크
$T=\mu P\dfrac{D_m}{2}[\text{N}\cdot\text{mm}]$

**02** [2020 | 지방직 9급]

마찰계수가 0.5인 단판 브레이크에서 축방향으로의 힘이 400N일 때, 제동 토크[N·m]는? (단, 원판의 평균지름은 500mm이다)

① 30② 40
③ 50④ 60

|해설| 단판 브레이크의 제동토크

$$T=F\cdot\frac{D}{2}=\frac{\mu PD_m}{2}=0.5\times400\times\frac{0.5}{2}=50[N\cdot m]$$

**Keyword**
단판 브레이크의 제동토크
$T=F\cdot\dfrac{D}{2}=\dfrac{\mu PD_m}{2}$
$\left(D_m=\dfrac{D_1+D_2}{2}\right)$

정답 | 01 ③  02 ③

**03** [2019 | 국가직 9급]

디스크 중심으로부터 마찰패드 중심까지의 거리가 100mm이고, 마찰계수가 0.5인 양면 디스크 브레이크에서 제동토크 50N·m가 발생할 때, 패드 하나가 디스크를 수직으로 미는 힘[N]은?

① 250
② 500
③ 1,000
④ 2,000

**Keyword**
양면 디스크 브레이크의 제동 토크 $T=2\mu Pc$ ($\mu$ : 마찰계수, $P$ : 패드 하나가 디스크를 수직으로 미는 힘, $c$ : 디스크 중심으로부터 마찰패드 중심까지의 거리)

**해설** 양면 디스크 브레이크의 제동토크 $T=2\mu Pc$이므로

패드 하나가 디스크를 수직으로 미는 힘 $P=\dfrac{T}{2\mu c}=\dfrac{50}{2\times 0.5\times 0.1}=500[N]$

---

**04** [2018 | 서울시 9급 2차]

300rpm으로 3PS의 동력을 전달하는 회전축을 원추 브레이크로 제동하고자 한다. 마찰면의 평균지름은 $D_m$[mm]이고, 원추 반각은 $\alpha$이며 접촉면의 마찰계수는 $\mu$일 때, 축방향으로 가해야 할 하중 $Q[\text{kg}_f]$를 계산하는 가장 옳은 수식은?

① $Q=\dfrac{7,162}{\left(\dfrac{\mu}{\sin\alpha}\times\dfrac{D_m}{2}\right)}$

② $Q=\dfrac{7,162}{\left(\dfrac{\mu}{\cos\alpha}\times\dfrac{D_m}{2}\right)}$

③ $Q=\dfrac{9,740}{\left(\dfrac{\mu}{\sin\alpha}\times\dfrac{D_m}{2}\right)}$

④ $Q=\dfrac{9,740}{\left(\dfrac{\mu}{\cos\alpha}\times\dfrac{D_m}{2}\right)}$

**Keyword**
마찰면에 수직으로 작용하는 힘 $P$, 축방향으로 미는 힘 $Q$일 때
$T=\mu P\dfrac{D_m}{2}=\dfrac{\mu}{\sin\alpha}Q\dfrac{D_m}{2}$

**해설** 마찰면에 수직으로 작용하는 힘 $P$, 축방향으로 미는 힘 $Q$일 때

$T=\mu P\dfrac{D_m}{2}=\dfrac{\mu}{\sin\alpha}Q\dfrac{D_m}{2}$ 이므로 $Q=\dfrac{T}{\left(\dfrac{\mu}{\sin\alpha}\times\dfrac{D_m}{2}\right)}$ 이며

토크 $T=716,200\times\dfrac{3}{300}=7,162[\text{kg}_f\cdot\text{mm}]$이므로 $Q=\dfrac{7,162}{\left(\dfrac{\mu}{\sin\alpha}\times\dfrac{D_m}{2}\right)}$

정답 | 03 ② 04 ①

## 05 [2018 | 지방직 9급]

브레이크에 대한 설명으로 옳지 않은 것은?

① 밴드 브레이크는 레버 조작력이 동일해도 드럼 회전방향에 따라 제동력이 달라진다.
② 복식 블록 브레이크를 축에 대칭으로 설치하면 축에는 굽힘 모멘트가 작용하지 않는다.
③ 블록 브레이크의 냉각이 원활하지 못한 경우에는 브레이크 용량(brake capacity)을 작게 해야 한다.
④ 내부확장식 브레이크에서 브레이크 블록을 확장하는 힘이 동일하면 두 접촉면에 작용하는 수직력의 크기가 동일하다.

| 해설 | 내부확장식 브레이크에서 브레이크 블록을 확장하는 힘이 동일하더라도 두 접촉면에 작용하는 수직력의 크기는 동일하지 않다.

**Keyword**
브레이크는 주행 중인 차를 감속·정지시키거나 정지된 상태를 유지하기 위해 사용되는 기계요소이며 작동이 확실하고 효과가 좋아야 하며 신뢰성, 내구성이 뛰어나고 점검·조정이 용이해야 한다.

## 06 [2021 | 국가직 9급]

단식 블록 브레이크에서 블록에 작용하는 힘 P = 20N, 마찰계수 $\mu$ = 0.2일 때, 드럼을 정지시키기 위해 레버에 작용해야 하는 최소 힘 F[N]은?

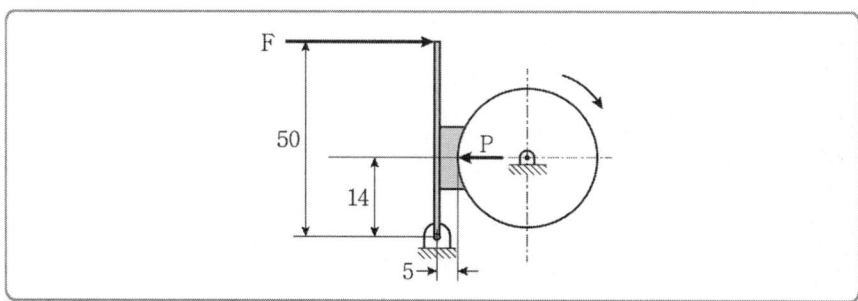

① 6
② 7
③ 8
④ 9

| 해설 | $F \times 50 = 20 \times 14 + 0.2 \times 20 \times 5$
$\therefore F = 6[N]$

정답 | 05 ④  06 ①

**07** [2018 | 서울시 9급]

〈보기〉와 같은 단식 블록 브레이크가 있다. 레버에 최대로 가할 수 있는 힘이 100[N]일 때, 제동력 60[N]을 얻기 위한 레버의 최소 길이는? (단, 마찰계수 $\mu = 0.3$이다.)

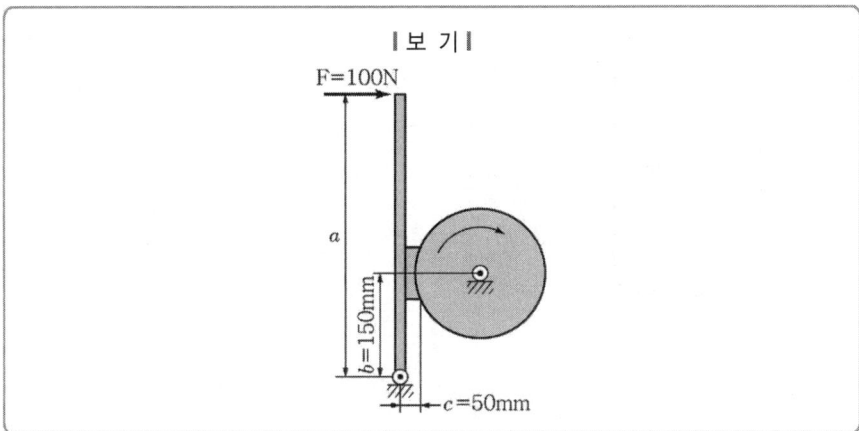

① 310mm
② 320mm
③ 330mm
④ 340mm

**Keyword**
조작력
$$F = \frac{f(b+\mu c)}{\mu a} \ (f: 제동력)$$

| 해설 | 조작력 $F = \dfrac{f(b+\mu c)}{\mu a}$ 에서 $100 = \dfrac{60(150+0.3\times 50)}{0.3a}$ 이므로

$$a = \frac{60 \times (150 + 0.3 \times 50)}{0.3 \times 100} = \frac{60 \times 165}{30} = 2 \times 165 = 330[\text{mm}]$$

---

**08** [2018 | 국가직 9급]

플라이 휠(flywheel)에 대한 설명으로 옳지 않은 것은?

① 내연기관, 왕복펌프, 공기압축기 등에서 흔히 사용된다.
② 구동토크가 많이 발생하면 운동에너지를 흡수하여 각속도 증가량이 둔화된다.
③ 동일 4행정기관에서는 직렬 기통 수가 많아질수록 에너지 변동계수도 커지므로 이를 고려하여 설계하여야 한다.
④ 축적된 운동에너지를 전단기 및 프레스 등의 작업에너지로 사용할 수 있으며, 그 출력은 극관성 모멘트의 크기에 따라 결정된다.

| 해설 | 동일 4행정기관에서는 직렬 기통 수가 많아질수록 에너지 변동계수는 작아진다.

**Keyword**
플라이 휠은 기관의 회전을 고르게 하기 위한 장치이다. 왕복운동을 회전운동으로 변환해주는 과정에서 왕복운동은 불연속적이므로 크랭크샤프트를 통해 회전축으로 전달되는 과정에서 필연적으로 회전이 고르지 않게 단속적으로 이루어진다. 피스톤-실린더의 왕복과정에서 발생하는 구동력과 부하의 차이로 인해 불필요한 에너지 소모가 발생한다. 기관의 회전출력을 고르게 하고, 회전운동 효율을 높이기 위하여 높은 관성 모멘트를 가지는 바퀴(wheel)를 회전축에 추가한 것이 플라이 휠(flywheel)이다.

정답 | 07 ③ 08 ③

## 09 [2017 | 국가직 9급]

그림과 같이 200kN·mm의 토크가 작용하여 브레이크 드럼이 시계방향으로 회전하는 경우, 드럼을 정지시키기 위해 브레이크 레버에 가해야 할 힘 $F[\text{N}]$는? (단, $d=400\text{mm}$, $a=1,500\text{mm}$, $b=280\text{mm}$, $c=100\text{mm}$, 마찰계수 $\mu=0.2$이다)

**Keyword**
- 토크 $T = \dfrac{\mu P d}{2} = f\dfrac{d}{2}$
  ($f$ : 브레이크의 제동력)
- 드럼 정지를 위해 브레이크 레버에 가해야 할 힘
  $F = \dfrac{f(b+\mu c)}{\mu a}$

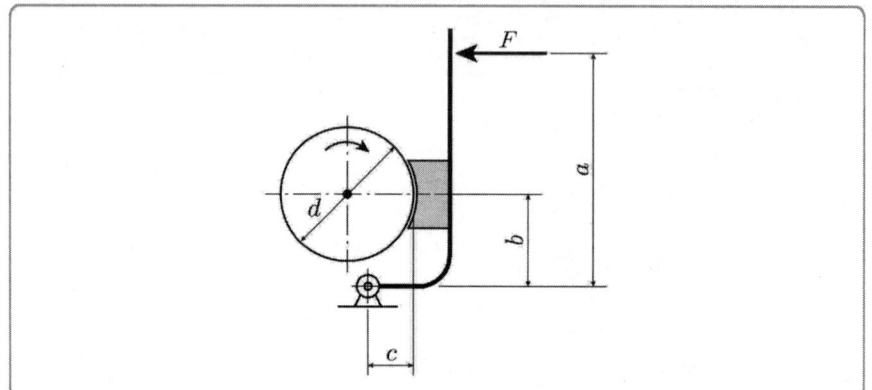

① 866.7  ② 1,000
③ 1,733.3  ④ 2,000

**해설** 토크 $T = \dfrac{\mu P d}{2} = f\dfrac{d}{2} = 200\times 10^3$에서 $f = \dfrac{2\times 200\times 10^3}{400} = 1,000[\text{N}]$이며, 드럼 정지를 위해 브레이크 레버에 가해야 할 힘은 $F = \dfrac{f(b+\mu c)}{\mu a} = \dfrac{1,000\times(280+0.2\times 100)}{0.2\times 1,500} = 1,000[\text{N}]$이다.

## 10 [2017 | 지방직 9급]

그림과 같이 캘리퍼형 원판제동장치는 회전하는 원판의 바깥에 있는 두 개의 블록에 각각 $Q$의 힘을 대칭으로 작용시켜 원판에 마찰력을 발생시킨다. 블록과 원판 사이의 마찰계수를 $\mu$, 원판의 중심에서 각 블록의 중심까지 거리가 $R$일 때, 이 제동장치의 최대 제동토크는?

**Keyword**
$T = R\times 2\mu Q$

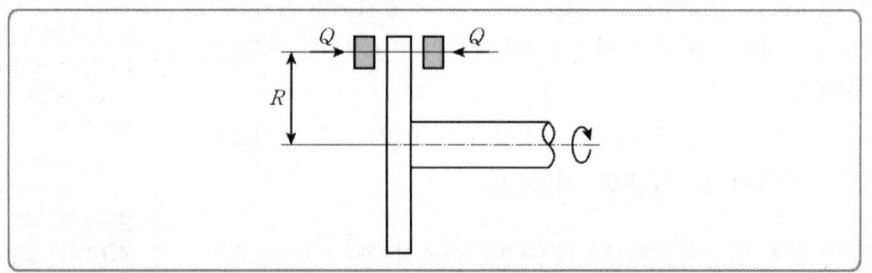

① $0.5\mu QR$  ② $\mu QR$
③ $2\mu QR$  ④ $4\mu QR$

**해설** $T = R\times 2\mu Q = 2\mu QR$

**정답** | 09 ②  10 ③

**11** 브레이크 용량(brake capacity)에 대한 바른 정의는?

① 마찰계수 × 속도 × 압력
② 제동토크 × 속도
③ 제동토크 × 속도감소율
④ 마찰력 × 속도감소율

**해설** 브레이크 용량(brake capacity)에 대한 바른 정의는 '마찰계수 × 속도 × 압력'이다.

**Keyword**
브레이크 용량(brake capacity)
㉠ 단위마찰면적당 제동동력,
㉡ 단위마찰면적마다 시간당 발생되는 열량, ㉢ 마찰계수×속도×압력

**12** 그림과 같은 조화 밴드 브레이크에서 반시계 방향으로 회전하는 드럼을 제동하기 위한 마찰력이 $P$일 때 레버에 가해야 할 힘 $F$는 $P$의 몇 배인가?

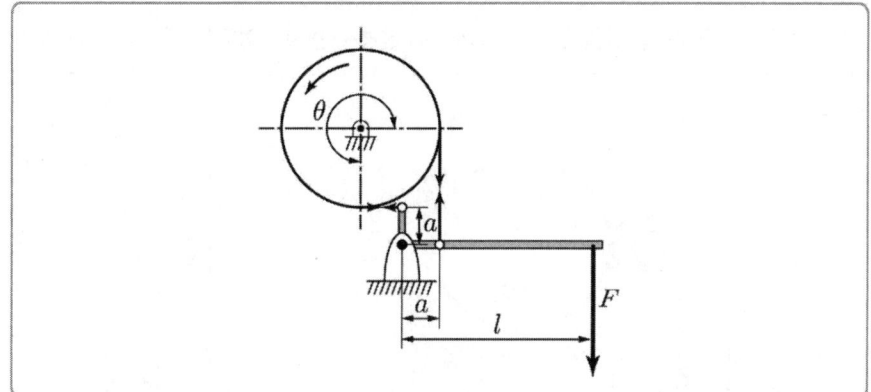

① $\dfrac{a}{l} \dfrac{e^{\mu\theta}-1}{e^{\mu\theta}+1}$
② $\dfrac{a}{l} \dfrac{e^{\mu\theta}}{e^{\mu\theta}+1}$
③ $\dfrac{a}{l} \dfrac{e^{\mu\theta}+1}{e^{\mu\theta}-1}$
④ $\dfrac{a}{l} \dfrac{e^{\mu\theta}-1}{e^{\mu\theta}}$

**Keyword**
• $Fl = T_t a + T_s a$
• $P = T_t - T_s$

**해설**
$Fl = T_t a + T_s a$
$P = T_t - T_s$

$$\dfrac{F}{P} = \dfrac{(T_t + T_s)\dfrac{a}{l}}{T_t - T_s} = \dfrac{a}{l} \times \dfrac{\dfrac{T_t}{T_s}+1}{\dfrac{T_t}{T_s}-1} = \dfrac{a}{l} \dfrac{e^{\mu\theta}+1}{e^{\mu\theta}-1}$$

**13** 드럼의 원주속도가 20[m/s]인 단식 블록 브레이크에서 블록을 드럼에 밀어붙이는 힘은 50[kgf]이고 블록의 폭은 100[mm], 길이는 20[mm]일 때, 브레이크 용량[$kgf/mm^2 \cdot m/s$]은? (단, 마찰계수는 0.2이고, 브레이크 압력은 균일하다)

① 0.1
② 0.5
③ 1
④ 5

Keyword
$C = \mu q v$

|해설| $C = \mu q v = 0.2 \times \dfrac{50}{100 \times 20} \times 20 = 0.1 [kgf/mm^2 \cdot m/s]$

**14** 그림과 같은 단식 블록 브레이크에서 드럼의 좌회전을 정지시키기 위해 레버(lever) 끝에 가할 힘 $F_1$은 몇 N인가? (단, 제동토크는 22,500N·mm, $a = 500$mm, $b = 250$mm, $c = 50$mm이고, 드럼의 지름은 300mm, 마찰계수는 0.3이다)

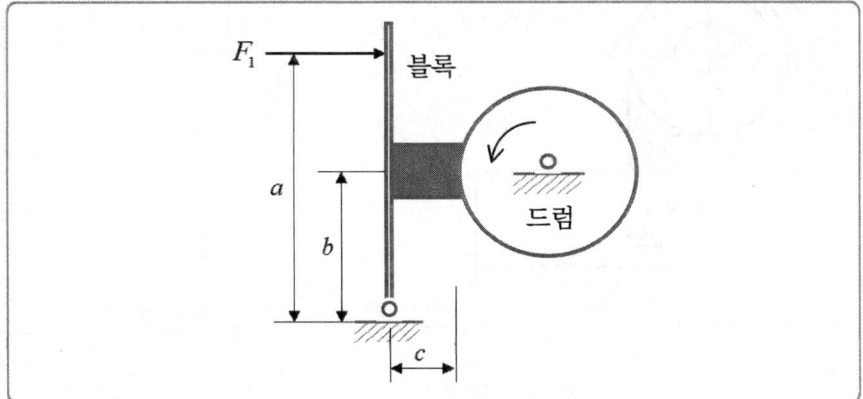

① 235
② 265
③ 295
④ 325
⑤ 355

Keyword
- 토크 $T = \dfrac{\mu P d}{2} = f \dfrac{d}{2}$
  ($f$ : 브레이크의 제동력)
- 드럼 정지를 위해 브레이크 레버에 가해야 할 힘
  $F = \dfrac{f(b - \mu c)}{\mu a}$

|해설| 토크 $T = \dfrac{\mu P d}{2} = f \dfrac{d}{2} = 22,500$에서 $f = \dfrac{2 \times 22,500}{300} = 150[N]$이며, 드럼 정지를 위해 브레이크 레버에 가해야 할 힘은 $F = \dfrac{f(b - \mu c)}{\mu a} = \dfrac{150 \times (250 - 0.3 \times 50)}{0.3 \times 500} = 235[N]$이다.

## 15

[2019 | 지방직 9급]

그림과 같이 드럼축에 토크 $M$이 작용하여 드럼이 시계방향으로 돌고 있다. 밴드와 드럼 사이의 마찰계수가 $\mu$이고 접촉각이 $\theta$일 때, 드럼을 정지시키기 위해 밴드와 연결된 브레이크 레버에 작용시켜야 할 최소 힘 $F$는? (단, $b = 2a$ 이다)

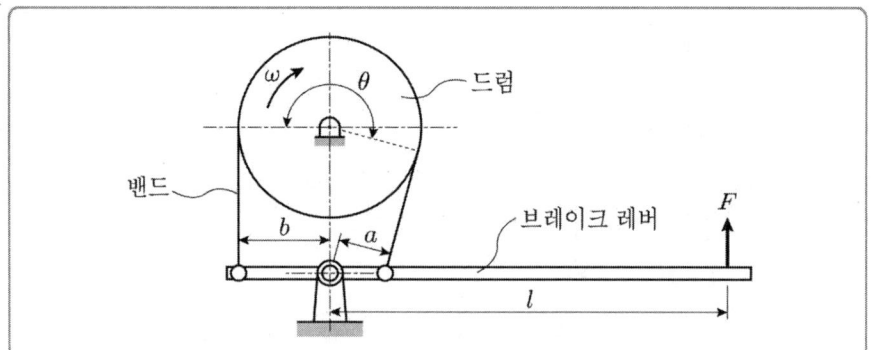

① $\dfrac{M(e^{\mu\theta}-1)}{2l(2e^{\mu\theta}-1)}$

② $\dfrac{M(2e^{\mu\theta}-1)}{2l(e^{\mu\theta}-1)}$

③ $\dfrac{M(e^{\mu\theta}-1)}{l(2e^{\mu\theta}-1)}$

④ $\dfrac{M(2e^{\mu\theta}-1)}{l(e^{\mu\theta}-1)}$

**Keyword**

드럼을 정지시키기 위해 밴드와 연결된 브레이크 레버에 작용시켜야 할 최소 힘

$F = \dfrac{M(2e^{\mu\theta}-1)}{2l(e^{\mu\theta}-1)}$

**| 해설 |** 긴장측 장력을 $T_1$, 이완측 장력을 $T_2$라고 하면

$M = (T_1 - T_2)b = (e^{\mu\theta}-1)T_2 b$에서 $T_2 b = \dfrac{M}{e^{\mu\theta}-1}$

$T_1 b = T_2 a + Fl$에서

$F = \dfrac{T_1 b - T_2 a}{l} = \dfrac{T_2 e^{\mu\theta} b - T_2 \dfrac{b}{2}}{l} = \dfrac{(2e^{\mu\theta}-1)T_2 b}{l}$

$= \dfrac{M(2e^{\mu\theta}-1)}{2l(e^{\mu\theta}-1)}$

$F = \dfrac{M(2e^{\mu\theta}-1)}{2l(e^{\mu\theta}-1)}$

정답 | 15 ②

## 16

**2016 | 국가직 9급**

밴드 브레이크에서 드럼이 그림과 같이 우회전할 때 레버에 작용하는 힘 $F$는? (단, $T_t$와 $T_s$는 장력, $\mu$는 마찰계수, $\theta$는 접촉각, $f$는 제동력이며, 원심력의 영향은 무시하고, 브레이크 작동의 기구학적 조건은 만족한다)

**Keyword**

$T_t = \dfrac{e^{\mu\theta}}{e^{\mu\theta}-1}f$

$T_s = \dfrac{1}{e^{\mu\theta}-1}f$

($T_t$ : 밴드의 긴장측 장력[kg], $T_s$ : 밴드의 이완측 장력[kg], $e$ : 자연대수의 밑수(=2.718…), $\mu$ : 마찰계수, $\theta$ : 밴드와 브레이크 드럼의 접촉각[rad], $f$ : 브레이크의 제동력[kg])

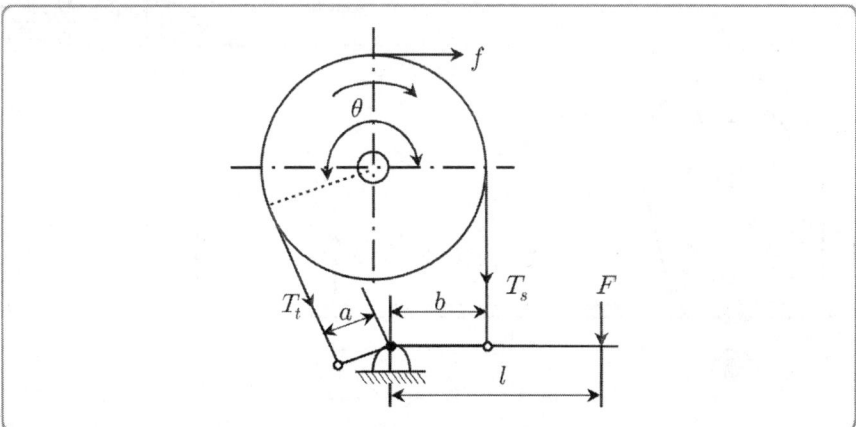

① $\dfrac{fb}{l(e^{\mu\theta}-1)}$

② $\dfrac{f(a-bem^{\mu\theta})}{l(e^{\mu\theta}-1)}$

③ $\dfrac{fbe^{\mu\theta}}{l(e^{\mu\theta}-1)}$

④ $\dfrac{f(b-ae^{\mu\theta})}{l(e^{\mu\theta}-1)}$

**해설** 그림은 차동식 밴드 브레이크 우회전의 경우이므로 $Fl = T_s b - T_t a$이므로 $F = \dfrac{f(b-ae^{\mu\theta})}{l(e^{\mu\theta}-1)}$이다.

## 17

**2016 | 서울시 9급**

**다음 중 브레이크에 대한 설명으로 옳지 않은 것은?**

① 단식 블록 브레이크는 축에 굽힘 모멘트를 발생시킨다.
② 냉각이 원활하지 못한 경우에는 브레이크 용량을 크게 해야 한다.
③ 밴드 브레이크는 레버 조작력이 동일해도 드럼 회전방향에 따라 제동력에 차이가 있다.
④ 밴드 브레이크의 종류로는 단동식, 합동식, 차동식이 있다.

**해설** 냉각이 원활하지 못한 경우에는 브레이크 용량을 작게 해야 한다.

**Keyword**

브레이크 용량은 단위마찰면적당 시간상 발생되는 열량으로 브레이크 용량이 너무 크면 브레이크에 축적되는 열을 소산할 수 없으므로 눌어붙음이 발생한다. 따라서 냉각이 원활하지 못한 경우에는 브레이크 용량을 작게 해야 한다.

**정답** 16 ④ 17 ②

**18** ⌈2016 | 국가직 7급⌉ 상 **중** 하

마찰면의 수가 1개이고 평균지름이 200[mm]인 원판 브레이크로 100[rpm]으로 회전하고 있는 회전체를 제동하고자 한다. 축방향으로 5[kN]을 가할 때, 발생하는 제동동력[kW]은? (단, 접촉면은 균일 마모조건이며, 원판의 마찰계수는 0.3이고, $\pi$는 3.0으로 한다)

① 1.5
② 15.0
③ 3.0
④ 30.0

**Keyword**
- 제동력 $f = \mu P$
  ($\mu$ : 원판의 마찰계수, $P$ : 축방향 힘)
- 원주속도 $v = \dfrac{\pi d n}{1,000 \times 60}$
- 제동동력 $H = fv$
  ($v$ : 원주속도)

|해설| 제동력은 $f = \mu P = 0.3 \times 5 = 1.5 [\text{kN}]$이며

원주속도는 $v = \dfrac{\pi d n}{1,000 \times 60} = \dfrac{3 \times 200 \times 100}{1,000 \times 60} = 1 [\text{m/s}]$이다.

따라서 제동동력은 $H = fv = 1.5 \times 1 = 1.5 [\text{kW}]$이다.

**19** ⌈2015 | 서울시 9급⌉ **상** 중 하

다음 그림과 같은 단식 블록 브레이크에서 레버에 F = 120N의 힘을 가했을 때 우회전시의 제동토크를 구하여라. (단, 마찰계수 $\mu = 0.2$, $a = 850$mm, $b = 250$mm, $c = 50$mm, 드럼의 지름 D = 300mm이다)

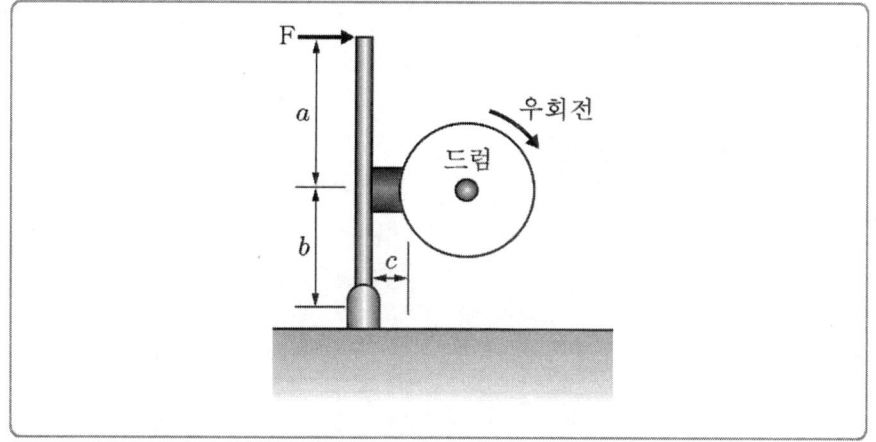

**Keyword**
- 드럼 정지를 위해 브레이크 레버에 가해야 할 힘
  $F = \dfrac{f(b + \mu c)}{\mu a}$
- 제동토크 $T = \dfrac{\mu P d}{2} = f\dfrac{d}{2}$
  ($f$ : 브레이크의 제동력)

① $1.48 \times 10^4 [\text{N} \cdot \text{mm}]$
② $1.52 \times 10^4 [\text{N} \cdot \text{mm}]$
③ $1.61 \times 10^4 [\text{N} \cdot \text{mm}]$
④ $1.65 \times 10^4 [\text{N} \cdot \text{mm}]$

|해설| 드럼 정지를 위해 브레이크 레버에 가해야 할 힘은 $F = \dfrac{f(b + \mu c)}{\mu a}$이므로

$120 = \dfrac{f(250 + 0.2 \times 50)}{0.2 \times (850 + 250)}$에서 $f = 101.538$이다.

따라서 제동토크는 $T = \dfrac{\mu P d}{2} = f\dfrac{d}{2} = 101.538 \times \dfrac{300}{2} = 15,230 \approx 1.52 \times 10^4 [\text{N} \cdot \text{mm}]$이다.

정답 | 18 ① 19 ②

## 20 [2015 | 서울시 9급]

그림과 같은 단식 블록 브레이크에서 우회전할 때의 레버 조작력 $F_1$에 대한 좌회전할 때의 레버 조작력 $F_2$의 비($F_2/F_1$)는? (단, $\mu$는 마찰계수이다)

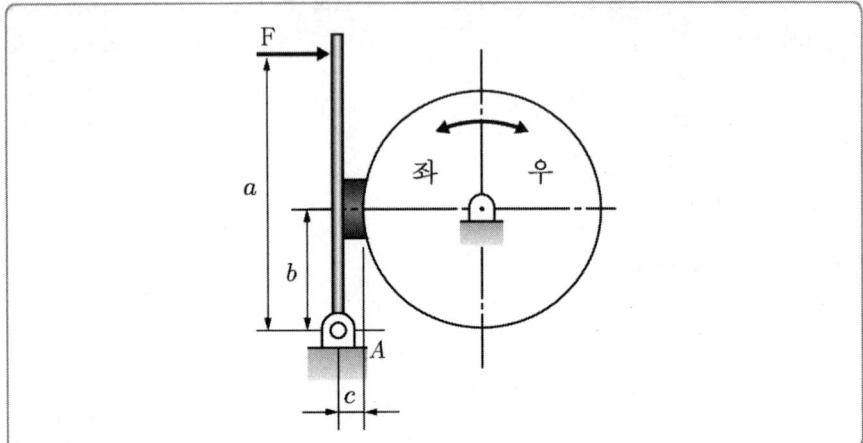

① $\dfrac{a+\mu c}{a-\mu c}$  ② $\dfrac{a-\mu c}{a+\mu c}$

③ $\dfrac{b+\mu c}{b-\mu c}$  ④ $\dfrac{b-\mu c}{b+\mu c}$

**| 해설 |** 수직력을 $Q$라고 하면

우회전시 $F_1 a = Qb + \mu Qc$에서 $F_1 = \dfrac{b+\mu c}{a}Q$,

좌회전시 $F_2 a + \mu Qc = Qb$에서 $F_2 = \dfrac{b-\mu c}{a}Q$이므로

$$\dfrac{F_2}{F_1} = \dfrac{\dfrac{b-\mu c}{a}Q}{\dfrac{b+\mu c}{a}Q} = \dfrac{b-\mu c}{b+\mu c}\text{이다.}$$

**Keyword**

수직력을 $Q$라고 하면
- 우회전시
  $F_1 a = Qb + \mu Qc$에서
  $F_1 = \dfrac{b+\mu c}{a}Q$
- 좌회전시
  $F_2 a + \mu Qc = Qb$에서
  $F_2 = \dfrac{b-\mu c}{a}Q$

**정답 | 20 ④**

**21** 그림과 같이 내부확장식 드럼 브레이크에 하중 F가 작용할 때, 제동토크는?

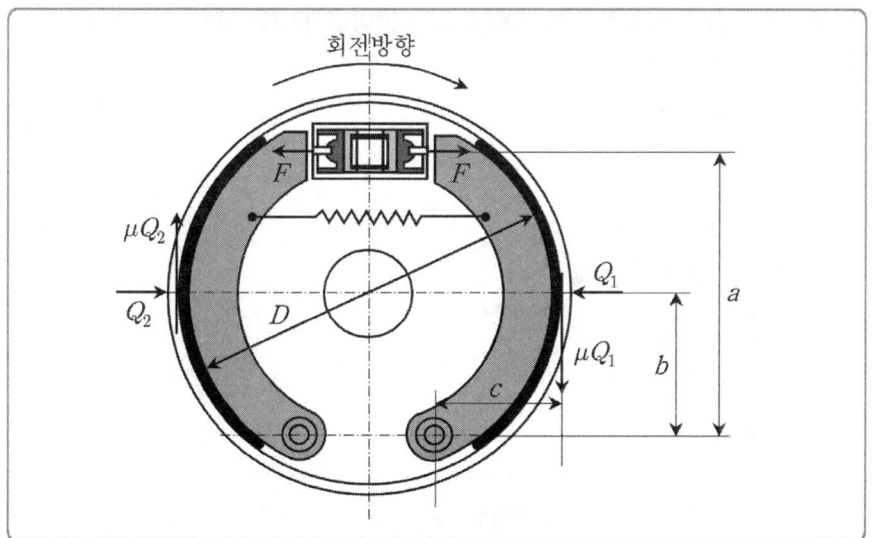

① $\dfrac{D}{2}F\left(\dfrac{\mu a}{b+\mu c} + \dfrac{\mu a}{b-\mu c}\right)$
② $\dfrac{D}{2}F\left(\dfrac{\mu a}{b+\mu c} - \dfrac{\mu a}{b-\mu c}\right)$
③ $\dfrac{D}{2}F\left(\dfrac{\mu b}{a+\mu c} + \dfrac{\mu b}{a-\mu c}\right)$
④ $\dfrac{D}{2}F\left(\dfrac{\mu b}{a+\mu c} - \dfrac{\mu n}{a-\mu c}\right)$

**Keyword**
- 왼쪽 브레이크 슈에 대한 모멘트 평형
  $Fa = Q_2 b + \mu Q_2 c$
- 오른쪽 브레이크 슈에 대한 모멘트 평형
  $Fa + \mu Q_1 c = Q_1 b$

| 해설 | 왼쪽 브레이크 슈에 대한 모멘트 평형 $Fa = Q_2 b + \mu Q_2 c$에서 $Q_2 = \dfrac{Fa}{b+\mu c}$이며

오른쪽 브레이크 슈에 대한 모멘트 평형 $Fa + \mu Q_1 c = Q_1 b$에서 $Q_1 = \dfrac{Fa}{b-\mu c}$이다.

따라서 제동토크는 $T = \mu(Q_1 + Q_2)\dfrac{D}{2} = \dfrac{D}{2}F\left(\dfrac{\mu a}{b+\mu c} + \dfrac{\mu a}{b-\mu c}\right)$이다.

정답 | 21 ①

**22** [2015 | 국회직 9급]

그림에서와 같이 단식 블록 브레이크에서 드럼이 우회전(시계방향 회전)을 하고 브레이크 레버에 150N의 힘을 작용시켰을 때 제동토크는 얼마인가? (단, 브레이크 블록과 드럼 사이의 마찰계수는 0.2이다)

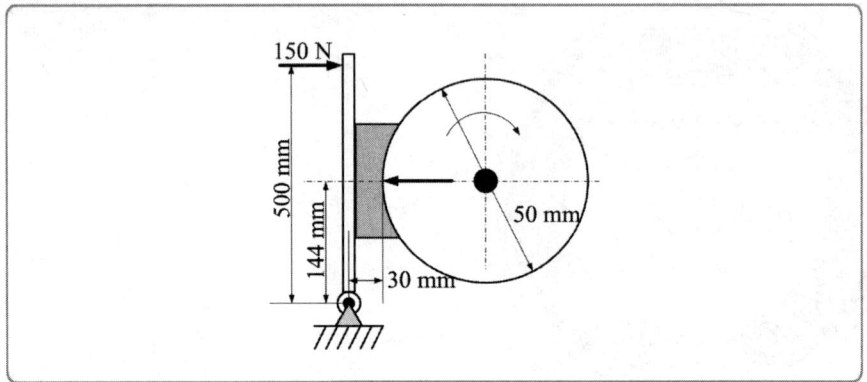

① 2.0Nm  ② 2.5Nm
③ 3.0Nm  ④ 3.5Nm
⑤ 4.0Nm

**Keyword**
- 토크 $T = \dfrac{\mu P d}{2} = f\dfrac{d}{2}$
  ($f$ : 브레이크의 제동력)
- 드럼 정지를 위해 브레이크 레버에 가해야 할 힘
  $F = \dfrac{f(b + \mu c)}{\mu a}$

|해설| 드럼 정지를 위해 브레이크 레버에 가해야 할 힘은 $F = \dfrac{f(b+\mu c)}{\mu a}$ 이므로

$150 = \dfrac{f(144 + 0.2 \times 30)}{0.2 \times 500}$ 에서 $f = 100$이다.

따라서 제동토크는 $T = \dfrac{\mu P d}{2} = f\dfrac{d}{2} = 100 \times \dfrac{50}{2} = 2,500 = 2.5 \times 10^3 [\text{N} \cdot \text{mm}] = 2.5[\text{N} \cdot \text{m}]$ 이다.

정답 | 22 ②

**23** [2019 | 서울시 9급 2차]

브레이크 드럼축에 300,000N·mm의 토크가 작용하는 밴드 브레이크가 있다. 드럼축의 우회전을 멈추기 위해 브레이크 레버에 주는 힘 F의 값[N]은? (단, $D = 200mm$, $l = 500mm$, $a = 50mm$, $e^{\mu\theta} = 4$로 한다)

**Keyword**

브레이크의 제동력 $f = \dfrac{2T}{D}$

드럼축의 우회전을 멈추기 위해 브레이크 레버에 주는 힘 $F = f\dfrac{a}{l} \times \dfrac{1}{e^{\mu\theta}-1}$

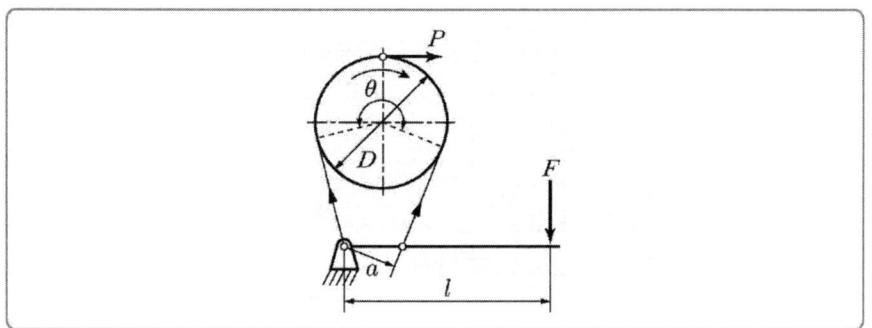

① 40N    ② 60N
③ 80N    ④ 100N

|해설| 브레이크의 제동력 $f = \dfrac{2T}{D} = \dfrac{2 \times 300,000}{200} = 3,000[N]$

드럼축의 우회전을 멈추기 위해 브레이크 레버에 주는 힘

$F = f\dfrac{a}{l} \times \dfrac{1}{e^{\mu\theta}-1} = 3,000 \times \dfrac{50}{500} \times \dfrac{1}{4-1} = 100[N]$

**24** [2014 | 국가직 9급]

그림과 같이 지름이 $500mm$, $a = 50mm$, $\ell = 1,000mm$, 마찰계수 $\mu$, 접촉각 $\theta$인 브레이크 드럼에 $30kg_f \cdot m$의 토크가 작용하고 있다. 이 드럼을 멈추게 하기 위한 최소 조작력 $F[kg_f]$는? (단, $e^{\mu\theta} = 4$로 한다)

**Keyword**

$T = (T_t - T_s)\dfrac{D}{2}$

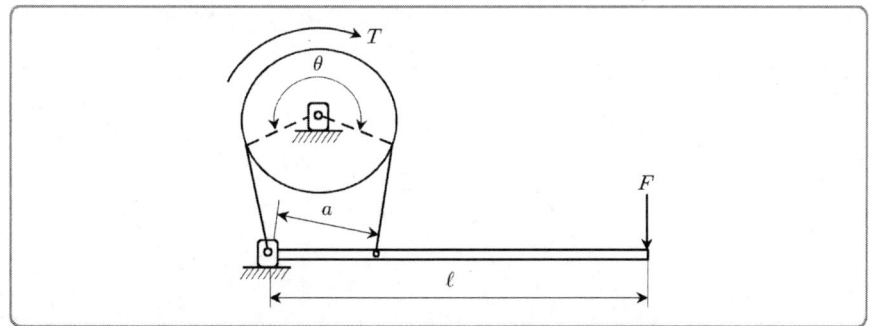

① 2    ② 3
③ 4    ④ 5

|해설| $T = (T_t - T_s)\dfrac{D}{2}$ 에서 $30 = (4T_s - T_s) \times \dfrac{0.5}{2}$ 이므로 $T_s = 40[kg_f]$이며 $T_t = 160[kg_f]$이다.

따라서 $40 \times 50 = F \times 1,000$ 이므로 $F = 2[kg_f]$이다.

정답 | 23 ④  24 ①

**25** [2014 | 지방직 9급]

그림과 같은 단식 블록 브레이크에서 드럼의 회전방향에 관계없이 레버 끝에 가하는 조작력이 $F = \dfrac{Qb}{a}$ 가 되려면 $c$의 값은?

**Keyword**
- 좌회전시의 모멘트 평형 $Fa = Qb + \mu Qc$
- 우회전시의 모멘트 평형 $Fa + \mu Qc = Qb$

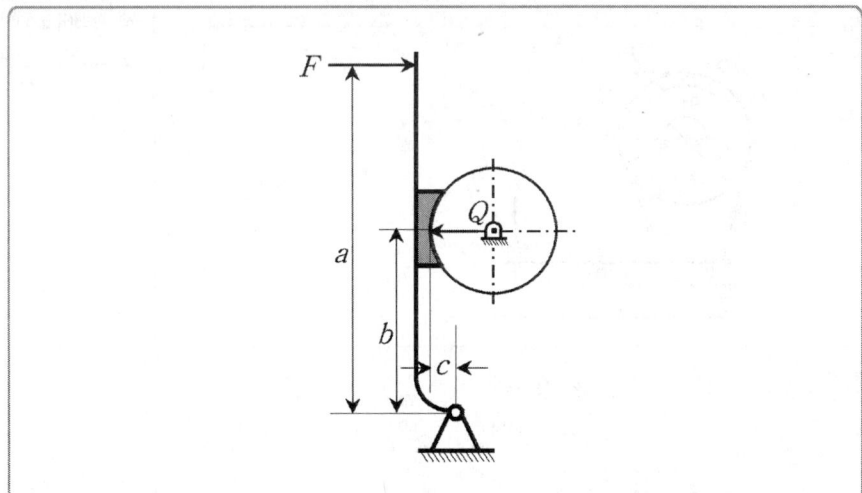

① $-1$  ② $1$
③ $\dfrac{1}{2}$  ④ $0$

**해설** 좌회전시의 모멘트 평형 $Fa = Qb + \mu Qc$에서 $F = \dfrac{Q(b + \mu c)}{a}$ 이며

우회전시의 모멘트 평형 $Fa + \mu Qc = Qb$에서 $F = \dfrac{Q(b - \mu c)}{a}$ 이다.

따라서 $c = 0$이면 회전방향에 무관하게 $F = \dfrac{Qb}{a}$ 가 된다.

정답 | 25 ④

**26** [2014 | 서울시 9급]

길이가 150mm이고 폭이 50mm인 브레이크의 제동동력이 20PS일 때의 브레이크 용량은 얼마인가?

① $0.30 \text{kg/mm}^2 \cdot \text{m/s}$
② $0.25 \text{kg/mm}^2 \cdot \text{m/s}$
③ $0.20 \text{kg/mm}^2 \cdot \text{m/s}$
④ $0.15 \text{kg/mm}^2 \cdot \text{m/s}$
⑤ $0.10 \text{kg/mm}^2 \cdot \text{m/s}$

**Keyword**
브레이크 용량
$\mu pv = \dfrac{75 H_{PS}}{A}$

| 해설 | 브레이크 용량 $\mu pv = \dfrac{75 H_{PS}}{A} = \dfrac{75 \times 20}{150 \times 50} = 0.2 [\text{kg/mm}^2 \cdot \text{m/s}]$

**27** [2014 | 국가직 7급]

단식 블록 브레이크에서 직경 200mm인 브레이크 드럼 축에 $3,000 \text{N} \cdot \text{cm}$의 토크가 작용하고 있을 때, 이 축을 정지시키기 위해 필요한 브레이크 블록과 드럼 사이의 작용력[N]은? (단, 브레이크 블록과 드럼 사이의 마찰계수는 0.2로 한다)

① 75
② 150
③ 750
④ 1,500

**Keyword**
$T = \mu P \dfrac{d}{2}$

| 해설 | $3,000 = 0.2 \times P \times \dfrac{20}{2}$ 에서 $P = 1,500 [\text{N}]$

정답 | 26 ③  27 ④

## 28 [2013 | 국가직 9급] 그림과 같은 두 가지 형태의 블록 브레이크에 대한 설명으로 옳은 것은?

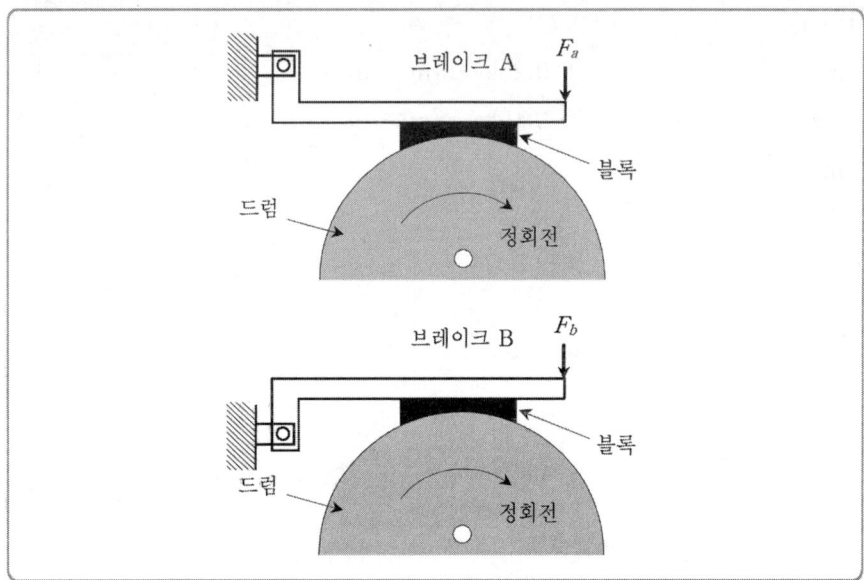

① 드럼을 정지시키기 위한 힘의 크기는 $F_a > F_b$이고, 브레이크 A는 역회전시 자동 정지될 수 있도록 설계할 수 있다.
② 드럼을 정지시키기 위한 힘의 크기는 $F_a > F_b$이고, 브레이크 B는 역회전시 자동 정지될 수 있도록 설계할 수 있다.
③ 드럼을 정지시키기 위한 힘의 크기는 $F_a < F_b$이고, 브레이크 A는 역회전시 자동 정지될 수 있도록 설계할 수 있다.
④ 드럼을 정지시키기 위한 힘의 크기는 $F_a < F_b$이고, 브레이크 B는 역회전시 자동 정지될 수 있도록 설계할 수 있다.

**Keyword**
그림을 왼쪽으로 90° 회전했을 때의 수직력을 $Q$라고 하면
- 브레이크 A의 모멘트 평형
  $F_a a = Qb + \mu Qc$
- 브레이크 B의 모멘트 평형
  $F_b a = Qb - \mu Qc$

|해설| 작용점에서 레버 끝까지의 길이를 $a$
작용점에서 블록 중심까지의 길이를 $b$
작용점과 블록끝면 사이의 수평길이를 $c$
그림을 왼쪽으로 90° 회전했을 때의 수직력을 $Q$라고 하면
브레이크 A의 모멘트 평형 $F_a a = Qb + \mu Qc$에서 $F_a = \dfrac{Q}{a}(b+\mu c)$
브레이크 B의 모멘트 평형 $F_b a = Qb - \mu Qc$에서 $F_b = \dfrac{Q}{a}(b-\mu c)$
따라서 드럼을 정지시키기 위한 힘의 크기는 $F_a > F_b$이고,
브레이크 A가 역회전하는 경우 $F_a = \dfrac{Q}{a}(b-\mu c)$이므로 $b = \mu c$인 경우 $F_a = 0$이므로
브레이크 A는 역회전시 자동 정지될 수 있도록 설계할 수 있다.

정답 | 28 ①

## 29

그림과 같은 단식 블록 브레이크에서 드럼의 지름이 360[mm]이고 브레이크 레버의 조작력 F가 200[N]일 때, 드럼이 우회전할 경우 제동토크[N·mm]는? (단, $l_1 = 500$[mm], $l_2 = 190$[mm], $l_3 = 50$[mm], 마찰계수 $\mu = 0.2$)

**Keyword**
• 토크 $T = \dfrac{\mu P d}{2} = f\dfrac{d}{2}$
 ($f$ : 브레이크의 제동력)
• 드럼 정지를 위해 브레이크 레버에 가해야 할 힘
 $F = \dfrac{f(b + \mu c)}{\mu a}$

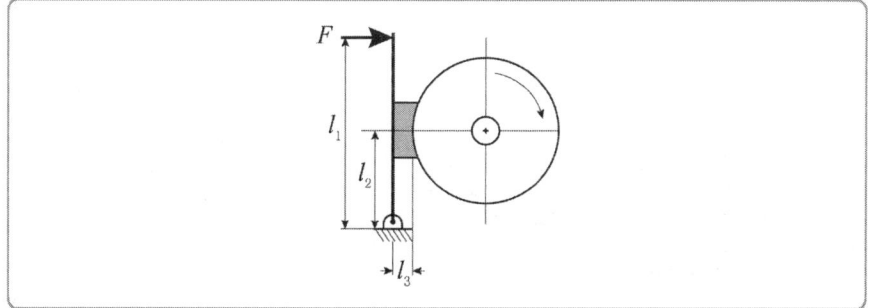

① 9,000　　　　② 10,000
③ 18,000　　　　④ 20,000

**|해설|** 드럼 정지를 위해 브레이크 레버에 가해야 할 힘은 $F = \dfrac{f(b + \mu c)}{\mu a}$ 이므로

$200 = \dfrac{f(190 + 0.2 \times 50)}{0.2 \times 500}$ 에서 $f = 100$이다.

따라서 제동토크는 $T = \dfrac{\mu P d}{2} = f\dfrac{d}{2} = 100 \times \dfrac{360}{2} = 18,000$[N·mm]이다.

## 30

클러치형 원판 브레이크가 〈보기〉와 같은 조건에서 사용되고 있을 때 제동할 수 있는 동력에 가장 가까운 값[PS]은?

**Keyword**
동력 $H = \omega T$
($\omega$ : 각속도, $T$ : 제동토크)

| 보 기 |
접촉면의 평균지름이 100mm, 밀어서 접촉시키는 힘이 500$kg_f$, 회전각속도가 200rpm, 마찰계수는 0.2

① 0.14PS　　　　② 1.40PS
③ 14.00PS　　　　④ 140.00PS

**|해설|** 동력 $H = \omega T = \dfrac{2\pi n}{60} \times Z \mu P \dfrac{D_m}{2} = \dfrac{2 \times 3 \times 200}{60} \times 1 \times 0.2 \times 500 \times \dfrac{0.1}{2}$

$= 100[kg_f \cdot m/s] = \dfrac{100}{75}[PS] \approx 1.33[PS] \approx 1.4[PS]$

정답 | 29 ③　30 ②

## 31

[2012 | 지방직 9급]

다음과 같은 클러치형 원판 브레이크에서 접촉면의 평균지름($D_m$)이 80mm, 접촉면에 수직으로 작용하는 힘(Q)이 600kg$_f$, 회전 각속도가 716.2rpm일 때, 제동할 수 있는 최대 동력[PS]은? (단, 접촉면의 마찰계수는 0.3이다)

**Keyword**

$\mu Q \times \dfrac{D_m}{2}$

$= 716,200 \times \dfrac{H_{PS}}{716.2}$

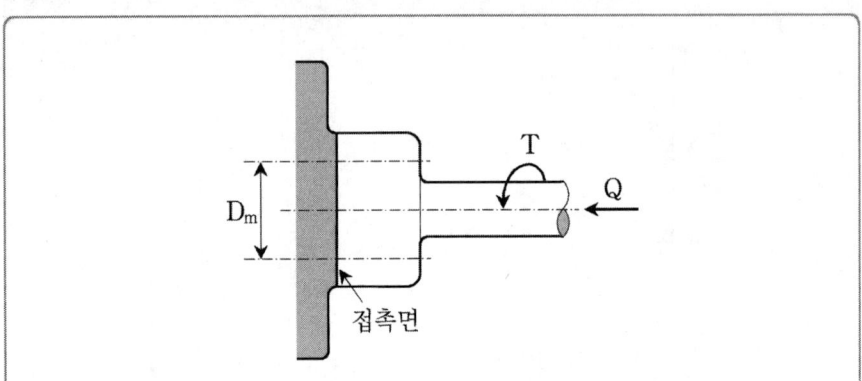

① 7.2
② 14.4
③ 7,200
④ 14,400

|해설|
$0.3 \times 600 \times \dfrac{80}{2} = 716,200 \times \dfrac{H_{PS}}{716.2}$

$H_{PS} = \dfrac{0.3 \times 600 \times 80}{2 \times 1,000} = 7.2[\text{PS}]$

정답 | 31 ①

**32** 다음 그림과 같은 복식 블록 브레이크에서 드럼의 지름을 $D$, 조작력 P에 의해 양 레버 1, 2의 끝에 작용하는 힘을 각각 $F_1$, $F_2$, 양 마찰면에 작용하는 수직 하중을 $Q_1$, $Q_2$라 하면, 드럼이 우회전하는 경우 제동토크 $T$는? (단, $\mu$는 마찰계수이고 표시된 모든 변수는 0이 아니다)

**Keyword**
- 레버 1에서의 모멘트 평형은 $F_1 a_1 = Q_1 b + \mu Q_1 c$
- 레버 2에서의 모멘트 평형은 $F_2 a_2 = Q_2 b - \mu Q_2 c$

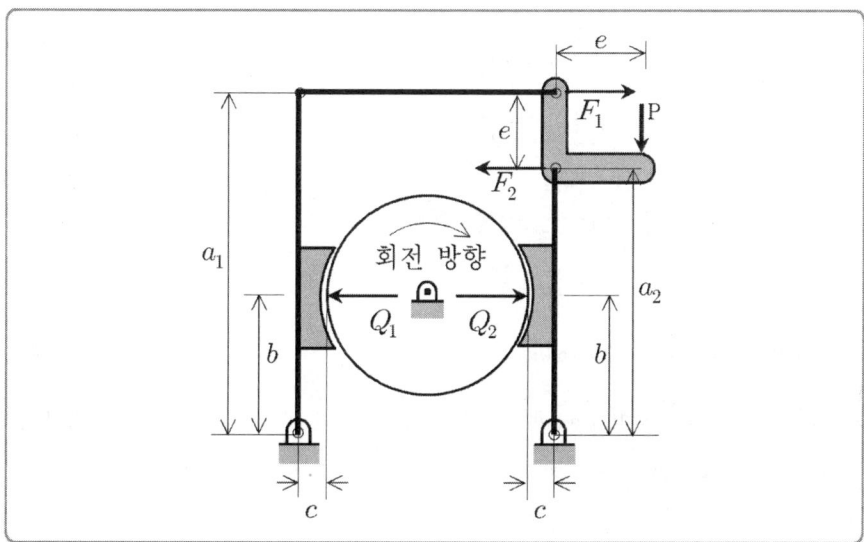

① $T = \mu \left( \dfrac{a_1 F_1}{b + \mu c} + \dfrac{a_2 F_2}{b - \mu c} \right) \dfrac{D}{2}$

② $T = \mu \left( \dfrac{a_1 F_1}{b - \mu c} + \dfrac{a_2 F_2}{b + \mu c} \right) \dfrac{D}{2}$

③ $T = \mu \left( \dfrac{a_1 F_1}{b + \mu c} - \dfrac{a_2 F_2}{b - \mu c} \right) \dfrac{D}{2}$

④ $T = \mu \left( \dfrac{a_1 F_1}{b - \mu c} - \dfrac{a_2 F_2}{b + \mu c} \right) \dfrac{D}{2}$

|해설| 레버 1에서의 모멘트 평형은 $F_1 a_1 = Q_1 b + \mu Q_1 c$이므로 $Q_1 = \dfrac{a_1 F_1}{b + \mu c}$이며

레버 2에서의 모멘트 평형은 $F_2 a_2 = Q_2 b - \mu Q_2 c$이므로 $Q_2 = \dfrac{a_2 F_2}{b - \mu c}$이다.

따라서 제동토크는 $T = \mu (Q_1 + Q_2) \times \dfrac{D}{2} = \mu \left( \dfrac{a_1 F_1}{b + \mu c} + \dfrac{a_2 F_2}{b - \mu c} \right) \dfrac{D}{2}$이 된다.

정답 | 32 ①

**33** [2021 | 지방직 9급] 상(중)하

질량 40kg인 원판형 플라이휠이 장착된 절단기는 강판을 한 번 절단할 때 플라이휠의 회전속도가 2,000rpm에서 1,000rpm으로 줄어들어 30kJ의 운동에너지가 소모된다. 이 플라이휠의 반지름[m]은? (단, $\pi = 3$이고, 플라이휠의 재료는 균일하다)

① $\dfrac{1}{\sqrt{5}}$  
② $\dfrac{1}{\sqrt{10}}$  
③ $\dfrac{1}{\sqrt{20}}$  
④ $\dfrac{1}{\sqrt{40}}$

|해설|
질량관성모멘트 $J = \dfrac{1}{2}mr^2 = \dfrac{1}{2} \times 40 \times r^2 = 20r^2$

최소 각속도 $\omega_1 = \dfrac{2\pi n_1}{60} = \dfrac{2 \times 3 \times 1,000}{60} = 100\,[\text{rad/s}]$

최대 각속도 $\omega_2 = \dfrac{2\pi n_2}{60} = \dfrac{2 \times 3 \times 2,000}{60} = 200\,[\text{rad/s}]$

평균각속도 $\omega_m = \dfrac{\omega_1 + \omega_2}{2} = \dfrac{100 + 200}{2} = 150\,[\text{rad/s}]$

각속도변동계수 $\delta = \dfrac{\omega_2 - \omega_1}{\omega_m} = \dfrac{200 - 100}{150} = \dfrac{2}{3}$

에너지변화량 $\Delta E = I\omega_m^2 \delta = 20r^2 \omega_m^2 \delta$에서

플라이휠의 반지름 $r = \sqrt{\dfrac{\Delta E}{20\omega_m^2 \delta}} = \sqrt{\dfrac{30 \times 10^3}{20 \times 150^2 \times \dfrac{2}{3}}} = \dfrac{1}{\sqrt{10}}$

**Keyword**
- 질량관성모멘트 $J = \dfrac{1}{2}mr^2$
- 최소 각속도 $\omega_1 = \dfrac{2\pi n_1}{60}$
- 최대 각속도 $\omega_2 = \dfrac{2\pi n_2}{60}$
- 평균각속도 $\omega_m = \dfrac{\omega_1 + \omega_2}{2}$
- 각속도변동계수 $\delta = \dfrac{\omega_2 - \omega_1}{\omega_m}$
- 에너지변화량 $\Delta E = I\omega_m^2 \delta = 20r^2 \omega_m^2 \delta$
- 플라이휠의 반지름 $r = \sqrt{\dfrac{\Delta E}{20\omega_m^2 \delta}} \ \dfrac{1}{\sqrt{10}}$

---

**34** [2015 | 지방직 9급] 상(중)하

판재 전단용 전단기(shearing machine)에 강철제 원판형 관성차(플라이 휠, fly wheel)가 설치되어 있다. 관성차의 극관성 모멘트가 $I[\text{kg}_f \cdot \text{m} \cdot \text{s}^2]$이고, 최고 회전수가 N[rpm]일 때, 이 관성차의 최대 운동에너지$[\text{kg}_f \cdot \text{m}]$는? (단, $\pi$는 3으로 한다)

① $0.001 J\,N^2$  
② $0.005 J\,N^2$  
③ $0.05 J\,N^2$  
④ $0.01 J\,N^2$

|해설| $E = \dfrac{1}{2}I\omega^2 = 0.5 \times I \times \left(\dfrac{2\pi n}{60}\right)^2 = 0.005 Jn^2\,[\text{kg}_f \cdot \text{m}]$

**Keyword**
$E = \dfrac{1}{2}I\omega^2$

정답 | 33 ② 34 ②

PART

# 05

# 관계 기계요소

기계설계 기출문제집

## 01 [2022 | 국가직 9급] 상중하

배관에서 조립 플랜지와 파이프를 이음하는 방식으로 옳지 않은 것은?

① 나사 플랜지
② 주조 플랜지
③ 리벳이음 플랜지
④ 용접이음 플랜

**해설** 주조 플랜지라는 이음방법은 없다.

**Keyword**
배관에서 조립 플랜지와 파이프를 이음하는 방식
나사 플랜지, 리벳이음 플랜지, 용접이음 플랜지

## 02 [2019 | 국가직 9급] 상중하

관로에서 입구 단면적이 $80cm^2$이고, 출구 단면적은 $20cm^2$일 때, 입구에서 4m/s의 속도로 비압축성 유체가 흘러 들어가고 있다면, 출구에서 유체 속도[m/s]는?

① 4
② 8
③ 12
④ 16

**해설** 유량 $Q = Av$이며 $A_1 v_1 = A_2 v_2$

$$v_2 = \frac{A_1 v_1}{A_2} = \frac{80 \times 4}{20} = 16 [m/s]$$

**Keyword**
유량 $Q = Av$
($A$ : 단면적, $v$ : 유체의 속도)

## 03 [2018 | 서울시 9급 2차] 상중하

유량 $3m^3/s$, 유속 4m/s인 액체 수송관의 안지름[m]은? (단, $\pi = 3$으로 계산한다)

① 0.5
② 0.75
③ 1.0
④ 1.25

**해설** $Q = Av = \frac{\pi d^2}{4} v$에서 $d = \sqrt{\frac{4Q}{\pi v}} = \sqrt{\frac{4 \times 3}{3 \times 4}} = 1 [m]$

**Keyword**
$Q = Av = \frac{\pi d^2}{4} v$

## 04 [2018 | 국가직 9급] 상중하

내식성, 내압성, 경제성이 우수하여 가스압송관, 광산용 양수관 등에 가장 많이 사용하는 관은?

① 강관
② 주철관
③ 비철금속관
④ 비금속관

**해설** 내식성, 내압성, 경제성이 우수하여 가스압송관, 광산용 양수관 등에 가장 많이 사용하는 관은 주철관이다.

**Keyword**
관(파이프)의 재료로 주철이 일반적으로 가장 많이 사용된다.

**정답** | 01 ② 02 ④ 03 ③ 04 ②

**05** [2018 | 국가직 9급] 상 중 하

바깥지름이 $D$, 두께가 $t$이며 양단이 고정되어 있는 강관이 초기온도 $T_o$에서 $T$로 가열되었을 때, 강관에 발생하는 축방향 압축력은? (단, 선열팽창계수는 $\alpha$, 탄성계수는 $E$이다)

① $\alpha\pi E(T-T_o)(Dt-2t^2)/2$
② $\alpha\pi E(T-T_o)tD^2/4$
③ $\alpha\pi E(T-T_o)tD$
④ $\alpha\pi E(T-T_o)(tD-t^2)$

**Keyword**
$\varepsilon = \alpha(T-T_0)$이며
$\sigma = E\varepsilon = \alpha E(T-T_0)$

**해설**  $\varepsilon = \alpha(T-T_0)$이며 $\sigma = E\varepsilon = \alpha E(T-T_0)$이므로

압축력 $F = \sigma \times \dfrac{\pi}{4}\{D^2-(D-2t)^2\} = \sigma\dfrac{\pi}{4}(4tD-4t^2) = \sigma\pi(tD-t^2)$
$= \alpha\pi E(T-T_o)(tD-t^2)$

---

**06** [2018 | 지방직 9급] 상 중 하

두께 6mm, 바깥지름 400mm인 두께가 얇은 원통형 압력용기의 최대 허용내압 [MPa]은? (단, 압력용기 재료의 허용인장응력 100MPa, 이음효율 80%, 부식여유 1mm이다)

① 1
② 2
③ $\dfrac{100}{97}$
④ $\dfrac{200}{97}$

**Keyword**
최소 두께 $t = \dfrac{pDS}{2\sigma\eta}+C$
($p$ : 최고 압력, $D$ : 안지름, $S$ : 안전계수, $\sigma$ : 재료의 인장강도, $\eta$ : 용접부 이음효율, $C$ : 부식여유)

**해설**  최소 두께 $t = \dfrac{pDS}{2\sigma\eta}+C$에서 $6 = \dfrac{p\times(400-2\times6)\times1}{2\times100\times0.8}+1$이므로 $p = \dfrac{800}{388} = \dfrac{200}{97}$[MPa]

---

**07** [2022 | 지방직 9급] 상 중 하

밸브에 대한 설명으로 옳지 않은 것은?

① 글로브 밸브는 밸브 몸통이 둥근형이고 내부에서 유체가 S자 모양으로 흐른다.
② 버터플라이 밸브는 밸브 몸통 입구와 출구의 중심선이 직각이고 유체도 직각으로 흐른다.
③ 안전 밸브는 유체의 압력이 일정값을 초과했을 때 밸브가 열려서 압력 상승을 억제할 수 있다.
④ 게이트 밸브는 밸브 디스크가 유체의 관로를 수직으로 막아서 개폐하고 유체가 일직선으로 흐른다.

**Keyword**
버터플라이 밸브(Butterfly valve)
밸브 몸통 속에서 밸브대를 축으로 하여 원판 모양의 밸브 디스크가 회전하는 밸브

**해설**  밸브 몸통 입구와 출구의 중심선이 직각이고 유체도 직각으로 흐르는 밸브는 앵글 밸브이다.

정답 | 05 ④  06 ④  07 ②

## 08 | 2021 | 지방직 9급 | 상 중 하

원통 또는 원뿔의 플러그를 90° 회전시켜 유체의 흐름을 개폐시킬 수 있는 밸브는?

① 콕
② 스톱 밸브
③ 슬루스 밸브
④ 버터플라이 밸브

**해설** 콕은 원통 또는 원뿔의 플러그를 90° 회전시켜 유체의 흐름을 개폐시킬 수 있는 밸브이며 구조가 간단하다.

**Keyword**
콕은 제한적으로 유량조절도 가능하지만, 주로 개폐를 신속하게 해야 하는 곳에 사용된다.

## 09 | 2019 | 국가직 9급 | 상 중 하

원판 모양의 디스크를 회전시켜 관을 개폐하는 방식의 밸브로서 디스크의 열림 각도를 변화시켜 유량을 조절하며, 지름이 큰 관로에 사용되는 것은?

① 버터플라이 밸브(butterfly valve)
② 체크 밸브(check valve)
③ 리듀싱 밸브(reducing valve)
④ 코크 밸브(cock valve)

**오답풀이**
② 체크 밸브(check valve) : 역류방지 밸브
③ 리듀싱 밸브(reducing valve) : 감압 밸브
④ 코크 밸브(cock valve) : 중앙 회전체의 90도 각도 회전으로 완전 개방과 완전 닫힘이 되는 밸브이며 볼밸브와 비슷하다.

**Keyword**
버터플라이 밸브(butterfly valve) 판 모양의 디스크를 회전시켜 관을 개폐하는 방식의 밸브로서 디스크의 열림 각도를 변화시켜 유량을 조절하며, 지름이 큰 관로에 사용되는 밸브

## 10 | 2018 | 지방직 9급 | 상 중 하

밸브에 대한 설명으로 옳지 않은 것은?

① 스톱 밸브(stop valve)는 밸브의 개폐가 빠르고 값이 싸다.
② 글로브 밸브(glove valve)는 유체의 흐름이 S자 모양이 되므로 유체흐름 저항이 크다.
③ 게이트 밸브(gate valve)는 밸브 디스크가 유체의 관로를 수평으로 막아서 개폐한다.
④ 콕(cock)은 구조가 간단하나 기밀성이 나쁘다.

**해설** 게이트 밸브(gate valve)는 밸브 디스크가 유체의 관로를 수직으로 막아 개폐한다.

**Keyword**
밸브는 유체의 압력, 유량, 방향 등을 제어하는 기계요소이다.

정답 | 08 ① 09 ① 10 ③

## 11 [2019 | 지방직 9급]

용기 내에서 유체의 압력이 일정 압을 초과하였을 때, 자동적으로 열리면서 유체를 외부로 방출하여 압력 상승을 억제하는 밸브는?

① 게이트 밸브
② 안전 밸브
③ 체크 밸브
④ 스톱 밸브

**오답풀이**
① 게이트 밸브 : 유체 흐름의 방향에 수직으로 움직이는 슬라이딩 디스크나 게이트로 관로를 열고 막는 밸브
③ 체크 밸브 : 역류방지 밸브
④ 스톱 밸브 : 유체의 차단장치로서 가장 널리 사용되는 밸브

**Keyword**
안전 밸브
용기 내에서 유체의 압력이 일정 압을 초과하였을 때, 자동적으로 열리면서 유체를 외부로 방출하여 압력 상승을 억제하는 밸브

## 12 [2017 | 국가직 9급]

관(pipe)에 흐르는 유체의 평균속도가 8m/s이고 유량은 $1.5\text{m}^3/\text{s}$일 때 관(pipe)의 안지름[m]은? (단, $\pi=3$으로 한다)

① 0.2
② 0.3
③ 0.5
④ 1.0

**해설**
유량 $Q=Av_m$에서 $1.5=\dfrac{\pi d^2}{4}\times 8$이므로 $d=\sqrt{\dfrac{1.5\times 4}{\pi\times 8}}=\sqrt{\dfrac{1}{4}}=\dfrac{1}{2}=0.5[\text{m}]$

**Keyword**
유량 $Q=Av_m$
($A$ : 관의 단면적, $v_m$ : 유체의 평균속도)

## 13 [2020 | 지방직 9급]

얇은 벽의 원통형 압력용기 설계식으로 옳지 않은 것은? (단, 압력 $p[\text{N/cm}^2]$, 원통의 안지름 $D[\text{mm}]$, 원통길이 $l[\text{mm}]$, 철판두께 $t[\text{mm}]$, 부식에 대한 상수 $C[\text{mm}]$, 허용인장응력 $\sigma_a[\text{MPa}]$, 이음효율 $\eta$이다)

① 원주방향 하중[N] $= \dfrac{pDl}{100}$

② 길이방향 하중[N] $= \dfrac{\pi pDt}{400}$

③ 길이방향의 인장응력[MPa] $= \dfrac{Dp}{400\,t}$

④ 용기 두께[mm] $= \dfrac{Dp}{200\,\sigma_a\,\eta}+C$

**해설**
① 원주방향 하중[N] = 원주방향의 압력 × 투영면적 $=\dfrac{p}{10^2}\times Dl=\dfrac{pDl}{100}$

**Keyword**
• 원주방향 하중[N] = 원주방향의 압력 × 투영면적
• 길이방향 하중[N] = 길이방향의 압력 × 투영면적
• 길이방향의 인장응력[MPa] = 길이방향의 하중 ÷ 길이방향의 압력용기의 면적
• 용기 두께[mm] $=\dfrac{Dp}{200\,\sigma_a\,\eta}+C$

**정답** | 11 ② 12 ③ 13 ②

② 길이방향 하중[N] = 길이방향의 압력 × 투영면적 = $\frac{p}{10^2} \times \frac{\pi D^2}{4} = \frac{\pi p D^2}{400}$

③ 길이방향의 인장응력[MPa] = 길이방향의 하중 ÷ 길이방향의 압력용기의 면적
$= \left(\frac{\pi p D^2}{400}\right) \div \pi Dt = \frac{Dp}{400\,t}$

④ 허용응력 $\sigma_a = \dfrac{\frac{p}{100}D}{2(t-D)\times \eta}$ 에서 용기 두께[mm] $= \dfrac{Dp}{200\,\sigma_a\,\eta} + C$

## 14 [2017 | 국가직 7급] 상 중 하

안지름이 1,200[mm]이고 두께가 얇은 원통형 압력용기가 2[N/mm²]의 내압을 받고 있을 때, 압력용기의 최소 두께[mm]는? (단, 재료의 인장강도는 200[MPa], 안전계수는 4, 용접부 이음효율은 80%, 부식여유는 2[mm]이다)

① 26　　　　　　　　　② 32
③ 64　　　　　　　　　④ 128

**| 해설 |** 압력용기의 최소 두께 $t = \dfrac{pDS}{2\sigma\eta} + C = \dfrac{2\times 1{,}200 \times 4}{2\times 200 \times 0.8} + 2 = 32[\text{mm}]$

**Keyword**
압력용기의 최소 두께
$t = \dfrac{pDS}{2\sigma\eta} + C$
($p$ : 최고 압력, $D$ : 안지름, $S$ : 안전계수, $\sigma$ : 재료의 인장강도, $\eta$ : 용접부 이음효율, $C$ : 부식여유)

## 15 [2020 | 지방직 9급] 상 중 하

내경 600mm, 두께 10mm인 원통형 압력용기의 내압이 1.6N/mm²일 때, 얇은 벽 이론에 의한 원주-길이 방향면 내 최대 전단응력[N/mm²]은?

① 6　　　　　　　　　② 12
③ 24　　　　　　　　　④ 48

**| 해설 |**
원주방향 응력 $\sigma_1 = \dfrac{pd}{2t} = \dfrac{1.6\times 600}{2\times 10} = 48[N/mm^2]$

길이방향 응력 $\sigma_2 = \dfrac{pd}{4t} = \dfrac{1.6\times 600}{4\times 10} = 24[N/mm^2]$

최대 전단응력 $\tau_{\max} = \dfrac{\sigma_1-\sigma_2}{2} = \dfrac{48-24}{2} = 12[N/mm^2]$

**Keyword**
- 원주방향 응력 $\sigma_1 = \dfrac{pd}{2t}$
- 길이방향 응력 $\sigma_2 = \dfrac{pd}{4t}$
- 최대 전단응력
  $\tau_{\max} = \dfrac{\sigma_1-\sigma_2}{2}$

정답 | 14 ② 15 ②

**16** [2019 | 국가직 9급] 상 중 **하**

두께가 얇은 내경 $d$, 두께 $t$를 갖는 원통형 압력용기에 내압 $p$가 작용하고 있다. 길이방향 응력이 벽 두께에 걸쳐 균일하게 분포할 때, 응력의 크기를 계산하는 식은?

① $\dfrac{pd}{2t}$

② $\dfrac{p(d+t)}{2t}$

③ $\dfrac{pd}{4t}$

④ $\dfrac{p(d+t)}{4t}$

**해설** 길이방향의 응력 : $\sigma_2 = \dfrac{pd}{4t}$

반경방향의 응력 : $\sigma_1 = \dfrac{pd}{2t}$

**Keyword**
길이방향의 응력은 축방향의 응력이라고도 하며 반경방향의 응력의 1/2의 크기이다.

**17** [2017 | 지방직 9급] 상 **중** 하

내압을 받는 얇은 원통형 압력용기가 있다. 이 압력용기의 내부 게이지 압력이 1MPa이고, 용기 두께가 1mm, 내부지름이 2m, 용기 길이가 3m일 때, 이 압력용기에 걸리는 최대 응력[GPa]은?

① 0.5
② 1
③ 2
④ 5

**해설** 최대 응력 $\sigma_1 = \dfrac{pD}{2t} = \dfrac{1 \times 2 \times 10^3}{2 \times 1} = 1,000[\text{MPa}] = 1[\text{GPa}]$

**Keyword**
최대 응력 $\sigma_1 = \dfrac{pD}{2t}$
($p$ : 최고 압력, $D$ : 안지름, $t$ : 용기 두께)

정답 | 16 ③ 17 ②

**18** [2019 | 지방직 9급]

두께가 얇은 원통형 압력용기 내부에 일정한 압력이 작용할 때, 압력용기 원통 벽면에 발생하는 응력 중 원주방향 응력($\sigma_1$)에 대한 길이방향 응력($\sigma_2$)의 비 ($\frac{\sigma_2}{\sigma_1}$)는?

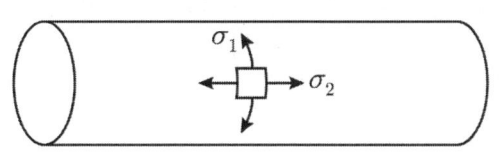

① 0.5  ② 1
③ 2   ④ 4

| 해설 |
$$\frac{\sigma_2}{\sigma_1} = \frac{\frac{pd}{4t}}{\frac{pd}{2t}} = \frac{1}{2} = 0.5$$

> **Keyword**
> 원주방향 응력은 길이방향 응력의 2배이다.

**19** [2017 | 지방직 9급]

직선 배관에서 관의 지름을 변화시키거나 길이를 연장할 때 사용하는 파이프 이음쇠는?

① 티(T)  ② 소켓
③ 엘보   ④ 크로스

| 오답풀이 |
① **티(T)** : 관을 T자형으로 분기할 때 사용되는 이음쇠
③ **엘보** : 관을 직각으로 연결할 때 사용되는 이음쇠
④ **크로스** : 관을 열십자(十) 형으로 분기할 때 사용되는 이음쇠

> **Keyword**
> 소켓
> 직선 배관에서 관의 지름을 변화시키거나 길이를 연장할 때 사용하는 파이프 이음쇠

정답 | 18 ① 19 ②

## 20 [2017 | 지방직 9급]

얇은 두께 강판의 원통 압력용기 설계에 대한 설명으로 옳지 않은 것은?

① 부식여유를 고려하여 최소 강판 두께를 선정한다.
② 이음효율이 높을수록 최소 강판 두께가 얇아진다.
③ 최소 강판 두께는 원주방향 응력을 기준으로 결정한다.
④ 강판 두께와 작용 압력이 일정할 때 용기 안지름이 클수록 발생 응력이 작다.

**해설** 강판 두께와 작용 압력이 일정할 때 용기 안지름이 클수록 발생 응력이 크다.

**Keyword**
강판 두께와 작용 압력이 일정할 때 용기 안지름이 작을수록 발생 응력이 작다.

## 21 [2017 | 서울시 9급]

내압을 받는 보일러의 길이방향(축방향) 응력과 원주방향 응력은 서로 어떤 관계에 있는가?

① 길이방향의 응력은 원주방향 응력의 2배이다.
② 원주방향의 응력은 길이방향 응력의 1/2배이다.
③ 원주방향의 응력은 길이방향 응력의 2배이다.
④ 원주방향의 응력은 길이방향 응력의 4배이다.

**해설** 원주방향의 응력은 $\frac{pd}{2t}$ 이며 길이방향의 응력은 $\frac{pd}{4t}$ 이므로 원주방향의 응력은 길이방향 응력의 2배이다.

**Keyword**
원주방향의 응력은 $\frac{pd}{2t}$ 이며 길이방향의 응력은 $\frac{pd}{4t}$ 이다.

## 22 [2022 | 국가직 9급]

상온에서 초기응력 없이 양단이 고정되어 있는 강관에 고온의 유체가 흐를 때 발생하는 현상 및 그 특징으로 옳지 않은 것은?

① 강관에 발생하는 길이 방향 하중은 압축력이다.
② 강관에 발생하는 길이 방향 응력은 온도변화에 비례한다.
③ 강관에 발생하는 길이 방향 하중은 종탄성계수에 비례한다.
④ 강관에 발생하는 길이 방향 응력은 관 길이의 제곱에 비례한다.

**해설** 강관에 발생하는 길이 방향 응력은 관 길이와 무관하다.

**Keyword**
열응력
$\sigma = E\alpha\Delta t = E\alpha(t_2 - t_1)$
(여기서, $E$ : 종탄성계수, $\alpha$ : 열팽창계수, $\Delta t$ : 온도변화, $t_1$ : 처음 온도, $t_2$ : 나중 온도)

**정답** 20 ④  21 ③  22 ④

**23** [2017 | 지방직 9급]

양단이 고정된 20℃의 강관에 $T$로 온도를 상승시켜 60MPa의 열응력이 발생하였을 때, 온도 $T[℃]$는? (단, 강관의 탄성계수 $E=200\text{GPa}$, 선(열)팽창계수는 $1.2\times10^{-5}/℃$ 이다)

① 25  ② 30
③ 45  ④ 60

**Keyword**
열응력 $\sigma_t = E\alpha(t-t_0)$
($E$: 강관의 탄성계수, $\alpha$: 열팽창계수, $t$: 관의 사용온도, $t_0$: 외기의 온도)

|해설| $\sigma = 200\times10^3\times1.2\times10^{-5}\times(t-20) = 60$이므로 $t = \dfrac{60}{2.4}+20 = 45[℃]$

**24** [2016 | 국가직 9급]

내경 1m, 두께 1cm의 강판으로 원통형 압력용기를 만들 경우 허용할 수 있는 압력[kPa]은? (단, 강판의 허용응력은 70MPa, 이음효율은 70%, 압력은 게이지 압력, 응력은 얇은 벽 응력으로 가정한다)

① 98  ② 196
③ 980  ④ 1,960

**Keyword**
$\sigma_a = \dfrac{pd}{2t\eta}$

|해설| $\sigma_a = \dfrac{pd}{2t\eta}$ 이므로 $p = \dfrac{2\sigma_a t\eta}{d} = \dfrac{2\times70\times10\times0.7}{1,000} = 0.98[\text{MPa}] = 980[\text{kPa}]$

**25** [2016 | 국가직 9급]

안지름 $d$와 얇은 벽두께 $t$를 가진 압력용기를 설계하고자 한다. 압력용기 내의 압력(게이지 압력)이 $p$이고 $\theta Z$ 평면응력으로 가정할 때, 면내 최대 전단응력은? (단, $d \gg t$, 반경방향 응력은 무시한다)

**Keyword**
• $\sigma_t = \dfrac{pd}{2t}$
• $\sigma_z = \dfrac{pd}{4t}$

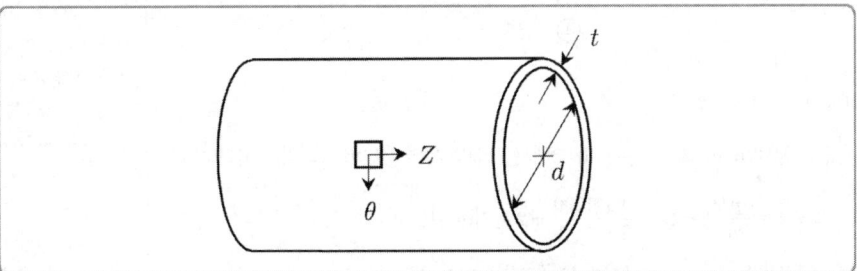

① $\dfrac{pd}{8t}$  ② $\dfrac{pd}{4t}$
③ $\dfrac{pt}{8d}$  ④ $\dfrac{pt}{8d}$

|해설| $\sigma_t = \dfrac{pd}{2t}$, $\sigma_z = \dfrac{pd}{4t}$ 이므로 $\tau_{\max} = \dfrac{\sigma_t - \sigma_z}{2} = \dfrac{pd}{8t}$

정답 | 23 ③  24 ③  25 ①

**26** [2016 | 지방직 9급] 상 중 하

유체의 흐름을 단절시키거나 유량, 압력 등을 조정하기 위하여 사용되는 배관 부품인 밸브에 대한 설명으로 옳지 않은 것은?

① 스톱 밸브 – 리프트 밸브의 일종으로 밸브 디스크가 밸브대에 의하여 밸브 시트에 직각방향으로 작동함
② 게이트 밸브 – 용기 내의 유체 압력이 일정압을 초과하였을 때 자동적으로 밸브가 열려서 유체의 방출 및 압력 상승을 억제함
③ 체크 밸브 – 역방향으로의 유체 흐름을 방지하는 기능을 가지고 있어 관 내부를 흐르는 유체를 한 방향으로만 흘러가게 함
④ 버터플라이 밸브 – 밸브의 몸통 안에서 밸브대를 축으로 하여 원판 모양의 밸브 디스크가 회전하면서 관을 개폐함

**해설** 용기 내의 유체 압력이 일정압을 초과하였을 때 자동적으로 밸브가 열려서 유체의 방출 및 압력 상승을 억제하는 밸브는 게이트 밸브가 아니라 안전 밸브이다.

**Keyword**
게이트 밸브는 부분적으로 개폐될 때 유체의 흐름에 와류가 생겨 내부에 먼지가 쌓이기 쉽다.

---

**27** [2016 | 지방직 9급] 상 중 하

이음매 없는 강관에서 내부압력은 0.3[MPa], 유량이 0.3[m³/sec], 평균유속이 10[m/sec]일 때 강관의 최소 바깥지름[mm]은? (단, 강관의 허용응력은 6[MPa], 부식여유는 2[mm], 이음효율은 100%, $\pi = 3$으로 한다)

① 207  ② 214
③ 217  ④ 234

**해설** 유량 $Q = Av_m$에서 $0.3 = A \times 10$에서

강관의 단면적은 $\frac{0.3}{10} = 0.03[m^2]$이므로 $\frac{\pi d^2}{4} = 0.03$에서 안지름 $d_1 = 0.2[m] = 200[mm]$이다.

압력용기의 최소 두께는 $t = \frac{pD}{2\sigma_a \eta} + C = \frac{0.3 \times 200}{2 \times 6 \times 1} + 2 = 7[mm]$이며

따라서 강관의 최소 바깥지름은 $d_{\min(o)} = 200 + 2 \times 7 = 214[mm]$이다.

**Keyword**
• 유량 $Q = Av_m$
 ($A$ : 단면적, $v_m$ : 평균유속)
• 압력용기의 최소 두께
$t = \frac{pD}{2\sigma_a \eta} + C$
($p$ : 최고 압력, $D$ : 안지름, $S$ : 안전계수, $\sigma$ : 재료의 인장강도, $\eta$ : 용접부 이음효율, $C$ : 부식여유)

**28** [2016 | 국가직 7급]

원심펌프가 동력 6[kW], 회전수 2,400[rpm]으로 구동된다. 펌프의 회전차가 길이 500[mm], 지름 10[mm]인 축에 설치되었을 때, 이 축의 허용전단응력에 대한 안전계수는? (단, 허용굽힘응력은 $\sigma_b = 480[\text{MPa}]$이고, 허용전단응력은 $\tau_a = \dfrac{\sigma_b}{2}$로 하며, $\pi$는 3.0으로 한다)

① 1.8
② 3.6
③ 5.4
④ 7.2

**Keyword**
- 토크 $T = \dfrac{H}{\omega}$
- 전단응력 $\tau = \dfrac{T \times \dfrac{d}{2}}{\dfrac{\pi d^4}{32}}$
- $SF = \dfrac{\tau_a}{\tau}$

| 해설 |

$$T = \frac{6 \times 10^3}{\dfrac{2\pi \times 2,400}{60}} = 25[\text{N} \cdot \text{m}]$$

$$\tau = \frac{25 \times 10^3 \times 5}{\dfrac{\pi \times 10^4}{32}} = \frac{400}{3}[\text{MPa}]$$

$$SF = \frac{240}{\dfrac{400}{3}} = 1.8$$

**29** [2020 | 국가직 9급]

얇은 원통형 용기에 내부압력 $P$와 축방향 압축하중 $F$가 동시에 가해지고 있다. 용기에 걸리는 전단응력 최댓값($\tau_{\max}$)이 허용전단응력($\tau_a$)을 넘지 않는 조건에서 용기둘레 최소 두께 $t$를 구하는 식은? (단, $r$ = 용기의 내측 반경이다)

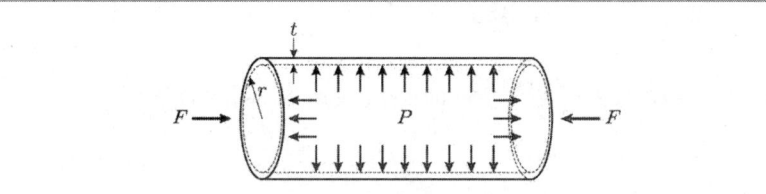

① $\dfrac{1}{2\tau_a}\left(F \cdot r + \dfrac{P}{\pi r}\right)$
② $\dfrac{1}{2\tau_a}\left(P \cdot r + \dfrac{F}{\pi r}\right)$
③ $\dfrac{1}{4\tau_a}\left(F \cdot r + \dfrac{P}{\pi r}\right)$
④ $\dfrac{1}{4\tau_a}\left(P \cdot r + \dfrac{F}{\pi r}\right)$

**Keyword**
- 접선방향의 응력 $\sigma_1 = \dfrac{Pr}{t}$
- 길이방향의 응력 $\sigma_2 = \dfrac{Pr}{2t} - \dfrac{F}{2\pi rt}$

| 해설 |

- 접선방향의 응력 $\sigma_1 = \dfrac{Pr}{t}$
- 길이방향의 응력 $\sigma_2 = \dfrac{Pr}{2t} - \dfrac{F}{2\pi rt}$
- 전단응력의 최대값 $\tau_{\max} = \left|\dfrac{\sigma_1 - \sigma_2}{2}\right| = \dfrac{\dfrac{Pr}{t} - \left(\dfrac{Pr}{2t} - \dfrac{F}{2\pi rt}\right)}{2} = \dfrac{Pr}{4t} + \dfrac{F}{4\pi rt} = \tau_a$ 이므로

최소 두께 $t = \dfrac{1}{4\tau_a}\left(Pr + \dfrac{F}{4\pi r}\right)$

## 30. [2021 | 국가직 9급]

두께 $t$, 구 안쪽 반지름이 $r$인 얇은 벽의 구형 압력용기 안쪽 표면에서 압력 $p$에 의해 발생하는 면외(out-of-plane) 최대 전단응력은?

① $\dfrac{pr}{2t} + \dfrac{p}{4}$  
② $\dfrac{pr}{4t} + \dfrac{p}{2}$  
③ $\dfrac{pr}{4t} + \dfrac{p}{4}$  
④ $\dfrac{pr}{t} + \dfrac{p}{2}$

**Keyword**  
접선방향응력  
$\sigma_1 = \sigma_2 = \dfrac{pr}{2t}$  
반경방향응력  
$\sigma_3 = -p$

|해설| 접선방향응력 $\sigma_1 = \sigma_2 = \dfrac{pr}{2t}$

반경방향응력 $\sigma_3 = -p$

$\tau_{max} = \left|\dfrac{\sigma_1 - \sigma_3}{2}\right| = \left|\dfrac{\dfrac{pr}{2t} - (-p)}{2}\right| = \dfrac{pr}{4t} + \dfrac{p}{2}$

## 31. [2015 | 국가직 9급]

적절한 재료로 안전율 3을 적용하여 안지름이 600[mm], 공급유체의 내압이 4[N/mm²]인 원통용기를 설계한 결과, 용기의 두께가 8[mm]로 되었다. 이 재료의 기준강도[N/mm²]는?

① 75  
② 150  
③ 225  
④ 450

**Keyword**  
압력용기의 최소 두께  
$t = \dfrac{pDS}{2\sigma\eta} + C$  
($p$ : 최고 압력, $D$ : 안지름, $S$ : 안전계수, $\sigma$ : 재료의 인장강도, $\eta$ : 용접부 이음효율, $C$ : 부식여유)

|해설| 압력용기의 최소 두께 $t = \dfrac{pDS}{2\sigma\eta} + C$에서 $8 = \dfrac{4 \times 600 \times 3}{2\sigma \times 1} + 0$이므로 $\sigma = 450[N/mm^2]$이다.

## 32. [2015 | 지방직 9급]

내압을 받는 얇은 두께의 원통형 관(pipe)에서, 관내의 내압(P)이 두 배가 되어 2P로 변경되었다. 변경 후에 관의 길이방향(축방향) 응력($\sigma_1$)에 대한 원주방향 응력($\sigma_2$)의 비($\sigma_2/\sigma_1$)는?

① 4  
② 2  
③ 0.5  
④ 0.25

**Keyword**  
$\dfrac{\sigma_2}{\sigma_1} = \dfrac{\dfrac{2Pd}{2t}}{\dfrac{2Pd}{4t}}$

|해설| $\dfrac{\sigma_2}{\sigma_1} = \dfrac{\dfrac{2Pd}{2t}}{\dfrac{2Pd}{4t}} = 2$

정답 | 30 ② 31 ④ 32 ②

**33** [2015 | 서울시 9급]

재료의 허용응력 $\sigma_a = 80\text{N/mm}^2$, 여유치수 C = 1mm이고 이음매가 없는 관을 사용할 때, 안지름 D = 100mm, 관 벽 두께 t = 8mm인 압력용기가 견딜 수 있는 최대 내부압력은 얼마인가?

① $9.2\text{N/mm}^2$
② $10.2\text{N/mm}^2$
③ $11.2\text{N/mm}^2$
④ $12.2\text{N/mm}^2$

**해설** 파이프의 최소 두께 $t = \dfrac{pD}{2\sigma_a \eta} + C$에서 $8 = \dfrac{p \times 100}{2 \times 80 \times 1} + 1$이므로 $p = 11.2[\text{N/mm}^2]$이다.

**Keyword**
관의 최소 두께
$t = \dfrac{pD}{2\sigma_a \eta} + C$
($p$ : 최고 압력, $D$ : 안지름, $S$ : 안전계수, $\sigma$ : 재료의 인장강도, $\eta$ : 용접부 이음효율, $C$ : 부식여유)

**34** [2015 | 국가직 7급]

내압이 $40[\text{kgf/cm}^2]$이고, 안지름이 20mm인 압력배관용 관을 설계하고자 한다. 관의 내경과 외경의 치수공차는 각각 ±0.5[mm]이며 부식여유는 1[mm]라고 할 때, 가장 적합한 관의 외경 치수[mm]는? (단, 관의 길이는 2,000[mm], 허용인장응력은 $4[\text{kgf/mm}^2]$, 허용전단응력은 $2[\text{kgf/mm}^2]$이다)

① 22
② 23
③ 24
④ 25

**해설** 내압 $= 40[\text{kgf/cm}^2] = 0.4[\text{kgf/mm}^2]$

관의 응력상태 $\sigma_1 = \dfrac{pd}{2t}$, $\sigma_2 = \dfrac{pd}{4t}$, $\sigma_3 = 0$이다.

따라서 최대 주응력은 $\dfrac{pd}{2t}$이며 최대 전단응력은 $\dfrac{|\sigma_1|}{2} = \dfrac{pd}{4t}$이다.

최대 주응력설 $\dfrac{0.4 \times 20}{2 \times (t-1)} \leq 4$, $t \geq 2[\text{mm}]$

최대 전단응력설 $\dfrac{0.4 \times 20}{2 \times (t-1)} \leq 2$, $t \geq 2[\text{mm}]$

$t = \dfrac{D_o - D_i}{2} \geq 2$이므로 외경 $D_o \geq D_i + 4$이다. 따라서 내경이 최대 치수 20.5[mm]를 가질 때에도 식을 만족해야 하므로 $D_o \geq 24.5[\text{mm}]$이다. 따라서 보기 중에서 가장 적합한 관의 외경 치수는 ④이다.

**Keyword**
$\sigma_1 = \dfrac{pd}{2t}$, $\sigma_2 = \dfrac{pd}{4t}$,
$\sigma_3 = 0$

**35** [2014 | 국가직 9급]

내압력 $0.9\text{N/mm}^2$를 받는 보일러 설계에서 안지름이 3m, 안전계수가 5, 이음효율이 50%, 부식여유가 1.0mm, 강판의 인장강도가 $500\text{N/mm}^2$일 때, 보일러 동체의 두께[mm]는?

① 26
② 28
③ 30
④ 32

**해설** 압력용기의 최소 두께 $t = \dfrac{pDS}{2\sigma\eta} + C = \dfrac{0.9 \times 3,000 \times 5}{2 \times 500 \times 0.5} + 1.0 = 28[\text{mm}]$

**Keyword**
압력용기의 최소 두께
$t = \dfrac{pDS}{2\sigma\eta} + C$
($p$ : 최고 압력, $D$ : 안지름, $S$ : 안전계수, $\sigma$ : 재료의 인장강도, $\eta$ : 용접부 이음효율, $C$ : 부식여유)

정답 | 33 ③  34 ④  35 ②

**36** [2013 | 국가직 9급]

최대 내압 $0.2[kgf/mm^2]$가 작용하는 얇은 원통형 압력용기를 설계하고자 한다. 다음 재료 중 설계조건을 만족시키지 못하는 것은? (단, 압력용기의 안지름은 200[mm], 안전율은 5, 부식여유는 1.0[mm], 이음효율은 100[%]으로 한다)

① 인장강도 $8[kgf/mm^2]$, 두께 $14[mm]$인 재료
② 인장강도 $12[kgf/mm^2]$, 두께 $9[mm]$인 재료
③ 인장강도 $10[kgf/mm^2]$, 두께 $12[mm]$인 재료
④ 인장강도 $15[kgf/mm^2]$, 두께 $8[mm]$인 재료

**Keyword**

$\dfrac{0.2 \times 200}{2(t-1)} \leq \dfrac{\sigma}{5}$,
$\sigma(t-1) \geq 100$

|해설| ② 인장강도 $12[kgf/mm^2]$, 두께 $9[mm]$인 재료 : $12(9-1) = 96 \leq 100$

|오답풀이| ① 인장강도 $8[kgf/mm^2]$, 두께 $14[mm]$인 재료 : $8(14-1) = 104 \geq 100$
③ 인장강도 $10[kgf/mm^2]$, 두께 $12[mm]$인 재료 : $10(12-1) = 110 \geq 100$
④ 인장강도 $15[kgf/mm^2]$, 두께 $8[mm]$인 재료 : $15(8-1) = 105 \geq 100$

**37** [2013 | 지방직 9급]

평균 반지름 $r$, 두께 $t$인 원통의 압력용기에 내압이 작용할 때, 축방향 응력은 원주방향 응력의 몇 배인가? (단, $t/r$는 0.1 이내로 두께가 얇음)

① 0.5   ② 1.0
③ 1.5   ④ 2.0

**Keyword**

• 원주방향 응력 $\sigma_1 = \dfrac{pr}{t}$
• 축방향 응력 $\sigma_2 = \dfrac{pr}{2t}$

|해설| 원주방향 응력 $\sigma_1 = \dfrac{pr}{t}$이며 축방향 응력 $\sigma_2 = \dfrac{pr}{2t}$이므로 축방향 응력은 원주방향 응력의 0.5배이다.

**38** [2013 | 국회직 9급]

안지름 150mm, 두께 8mm인 주철제 파이프의 허용인장응력을 $4kgf/mm^2$라 할 때 최대 내압은 몇 $kgf/mm^2$까지 적용시킬 수 있는가? (단, 부식여유는 1mm, 리벳 효율은 75%로 한다)

① 0.26   ② 0.28
③ 0.30   ④ 0.32
⑤ 0.34

**Keyword**

파이프의 최소 두께
$t = \dfrac{pD}{2\sigma_a \eta} + C$
($p$ : 최고 압력, $D$ : 안지름, $S$ : 안전계수, $\sigma$ : 재료의 인장강도, $\eta$ : 용접부 이음효율, $C$ : 부식여유)

|해설| 파이프의 최소 두께 $t = \dfrac{pD}{2\sigma_a \eta} + C$에서 $8 = \dfrac{p \times 150}{2 \times 4 \times 0.75} + 1$이므로 $p = 0.28[kgf/mm^2]$이다.

정답 | 36 ② 37 ① 38 ②

## 39

[ 2012 | 국가직 9급 ] (상)(중)(하)

주철제 원통형 압력용기의 설계에서 원통의 안지름이 16mm, 내압이 5MPa, 안전율이 2, 허용인장응력이 40MPa일 때, 용기의 두께[mm]는? (단, 이음매가 없는 경우로 효율은 1로 간주하고, 부식 효과는 무시한다)

① 1
② 2
③ 3
④ 4

**해설** $t = \dfrac{pDS}{2\sigma\eta} + C = \dfrac{pD}{2\sigma_a\eta} + C = \dfrac{5 \times 16}{2 \times 40 \times 1} + 0 = 1[\text{mm}]$

**Keyword**

$t = \dfrac{pDS}{2\sigma\eta} + C = \dfrac{pD}{2\sigma_a\eta} + C$

## 40

[ 2012 | 지방직 9급 ] (상)(중)(하)

소형 디젤기관에서 원형단면 흡입관로의 평균 공기유속을 25m/s, 초당 공기유입량을 50m³으로 하는 관의 안지름[m]은?

① $\sqrt{\dfrac{2}{\pi}}$
② $2\sqrt{\dfrac{2}{\pi}}$
③ $4\sqrt{\dfrac{2}{\pi}}$
④ $5\sqrt{\dfrac{2}{\pi}}$

**해설** 유량 $Q = Av_m$ 에서 $50 = 25 \times \dfrac{\pi d^2}{4}$ 이므로 $d = \sqrt{\dfrac{4 \times 50}{25\pi}} = \sqrt{\dfrac{8}{\pi}} = 2\sqrt{\dfrac{2}{\pi}} [\text{m}]$

**Keyword**

유량 $Q = Av_m$
($A$ : 단면적, $v_m$ : 평균유속)

## 41

[ 2012 | 지방직 9급 ] (상)(중)(하)

바깥지름 210mm, 두께 5mm인 얇은 관의 소재 허용응력이 100MPa일 때, 이 관에 가할 수 있는 최대 내압[MPa]은?

① 5
② 10
③ 20
④ 50

**해설** 관의 최소 두께 $t = \dfrac{pD}{2\sigma_a\eta} + C$ 에서 $5 = \dfrac{p \times (210 - 10)}{2 \times 100 \times 1} + 0$ 에서 $p = 5[\text{MPa}]$

**Keyword**

관의 최소 두께
$t = \dfrac{pD}{2\sigma_a\eta} + C$
($p$ : 최고 압력, $D$ : 안지름, $S$ : 안전계수, $\sigma$ : 재료의 인장강도, $\eta$ : 용접부 이음효율, $C$ : 부식여유)

정답 | 39 ① 40 ② 41 ①

## 42 [2022 | 지방직 9급]

안지름이 200mm이고, 20N/mm² 의 내압을 받는 두꺼운 강관의 최소 바깥지름[mm]은? (단, 강관의 허용인장응력은 60MPa이다)

① 250
② $200\sqrt{2}$
③ 300
④ $220\sqrt{2}$

**해설** 내압을 받는 두꺼운 관의 두께

$$t = \frac{d_i}{2}\left(\sqrt{\frac{\sigma_a + p}{\sigma_a - p}} - 1\right) = \frac{200}{2}\left(\sqrt{\frac{60+20}{60-20}} - 1\right) = 100(\sqrt{2} - 1)[\text{mm}]$$

∴ 두꺼운 강관의 최소 바깥지름
$d_o = d_i + 2t = 200 + 2 \times [100(\sqrt{2} - 1)] = 200\sqrt{2}\,[\text{mm}]$

**Keyword**
내압을 받는 두꺼운 관의 두께
$$t = \frac{d_i}{2}\left(\sqrt{\frac{\sigma_a + p}{\sigma_a - p}} - 1\right)$$
(여기서, $d_i$ : 안지름, $\sigma_a$ : 허용인장응력, $p$ : 내압)

## 43 [2015 | 지방직 9급]

밸브대를 축으로 원판형의 밸브 디스크가 회전함으로써 관로의 열림 각도가 변화하여 유량을 조절할 수 있는 밸브는?

① 체크 밸브(check valve)
② 안전 밸브(safety valve)
③ 버터플라이 밸브(butterfly valve)
④ 글로브 밸브(glove valve)

**오답풀이**
① **체크 밸브(check valve)** : 유체를 한 방향으로만 흐르도록 하고 역류를 방지할 목적으로 사용하는 밸브이다.
② **안전 밸브(safety valve)** : 과대 압력에 의해 기기·배관계의 파괴를 방지하기 위해 사용되는 밸브이다.
④ **글로브 밸브(glove valve)** : 스톱 밸브라고도 하며 나사에 의해 밸브를 밸브 시트에 꽉 눌러 유체의 개폐를 실행하는 밸브이며 밸브 내에서 흐름의 방향이 바뀌고, 모두 열렸을 때에도 밸브가 유체 속에 있으므로 유체의 에너지 손실이 크지만 밸브의 개폐 속도는 빠르다.

**Keyword**
버터플라이 밸브(butterfly valve) : 밸브대를 축으로 원판형의 밸브 디스크가 회전함으로써 관로의 열림 각도가 변화하여 유량을 조절할 수 있는 밸브

## 44 [2013 | 지방직 9급]

유체를 한 방향으로만 흐르도록 하고 역류를 방지할 목적으로 사용하는 밸브는?

① 체크 밸브
② 슬루스 밸브
③ 스톱 밸브
④ 안전 밸브

**오답풀이**
② **슬루스 밸브** : 밸브 본체가 흐름에 직각으로 놓여 있어 밸브 시트에 대해 미끄럼 운동을 하면서 개폐하는 형식의 밸브
③ **스톱 밸브** : 밸브 디스크가 밸브대에 의하여 밸브 시트에 직각방향으로 작동하는 밸브
④ **안전 밸브** : 일정한 압력을 초과하면 자동적으로 밸브가 열려서 공기 또는 증기를 외부로 방출하여 압력을 저하시켜 기계를 보호하는 밸브

**Keyword**
체크 밸브 : 유체를 한 방향으로만 흐르도록 하고 역류를 방지할 목적으로 사용하는 밸브

**정답** | 42 ② 43 ③ 44 ①

## 45

2012 | 국가직 9급

**밸브에 대한 설명으로 옳지 않은 것은?**

① 스톱 밸브(stop valve)는 밸브 디스크가 밸브대에 의하여 밸브 시트에 직각방향으로 작동한다.
② 버터플라이 밸브(butterfly valve)는 밸브의 몸통 안에서 밸브대를 축으로 하여 원판 모양의 밸브 디스크가 회전하면서 관을 개폐하여 관로의 열림 각도가 변화하여 유량이 조절된다.
③ 게이트 밸브(gate valve)는 부분적으로 개폐될 때 유체의 흐름에 와류가 생겨 내부에 먼지가 쌓이기 쉽다.
④ 체크 밸브(check valve)는 유체를 두 방향으로 흘러가게 하고, 역류를 방지할 목적으로는 적합하지 않다.

| 해설 | 체크 밸브(check valve)는 유체를 한 방향으로 흘러가게 하고, 역류를 방지할 목적으로 적합하다.

> **Keyword**
> 체크 밸브(check valve)는 유체의 역류를 방지하는 밸브이다.

정답 | 45 ④

기계설계 기출문제집

# 부록
## 기출문제

- 2023.4. 8. 국가직 9급 기출문제
- 2023.6.10. 지방직 9급 기출문제
- 2024.3.23. 국가직 9급 기출문제
- 2024.6.22. 지방직 9급 기출문제

기계설계 기출문제집

# 2023 국가직 9급 기출문제

**01**

기계설계 시 적용되는 기하공차 중 모양공차(form tolerance)가 아닌 것은?

① 직각도
② 평면도
③ 진직도
④ 원통도

**02**

미끄럼베어링에 대한 설명으로 옳은 것은?

① 구름베어링에 비해 기동마찰이 작다.
② 구름베어링에 비해 고속회전에 유리하다.
③ 정압 미끄럼베어링이 동압 미끄럼베어링보다 설치비용이 적다.
④ 급유가 용이한 곳에서는 주로 오일리스(oilless) 베어링을 사용한다.

**03**

유연성 커플링(flexible coupling)이 아닌 것은?

① 기어 커플링
② 그리드 커플링
③ 롤러체인 커플링
④ 분할원통 커플링

**04**

그림과 같은 단식 블록 브레이크에서 레버에 힘 $F=105\text{N}$이 작용할 때, 제동토크[N·mm]는? (단, $D=200\text{mm}$, $l_1=1{,}000\text{mm}$, $l_2=200\text{mm}$, $l_3=50\text{mm}$, 마찰계수 $\mu=0.2$이다)

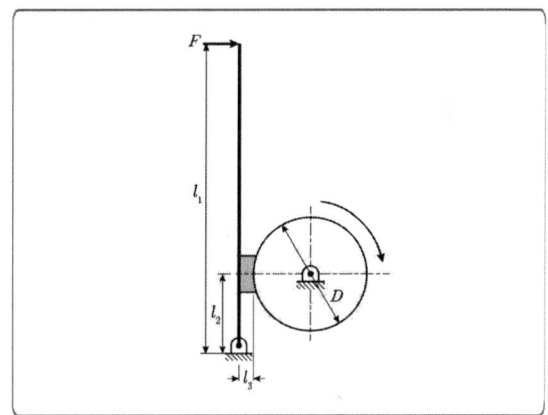

① 1,000
② 2,000
③ 10,000
④ 20,000

**05**

바깥지름이 8cm인 중공축에 축방향으로 8,400N의 하중을 가하여 4MPa의 압축응력이 발생하였을 때, 안지름[cm]은? (단, $\pi=3$이다)

① 4
② 5
③ 6
④ 7

## 06

그림과 같이 볼트에 축하중 $Q$가 작용할 때 볼트 머리부의 전단응력은 볼트축 인장응력의 $\frac{1}{2}$이다. 이 때 볼트 머리부의 높이($H$)와 볼트 지름($d$)의 비 $\left(\frac{H}{d}\right)$는?

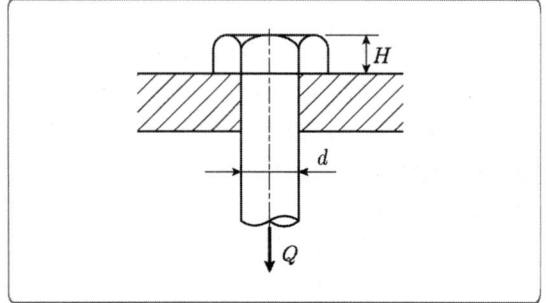

① $\frac{1}{3}$
② $\frac{1}{2}$
③ $\frac{2}{3}$
④ $\frac{3}{4}$

## 07

두께 5mm, 바깥지름 305mm인 원통형 압력용기의 원주방향 허용응력이 90MPa일 때, 용기 내 최대허용압력[MPa]에 가장 가까운 값은? (단, 박판 용기로 가정한다)

① 1.5
② 3.0
③ 4.5
④ 6.0

## 08

기계도면에서 데이텀에 대한 설명으로 옳지 않은 것은?

① 데이텀 삼각기호는 직각이등변 삼각형으로 표시할 수 있다.
② 공차 영역을 규제하기 위해 설정한 이론적으로 정확한 기하학적 기준이다.
③ 공통 축직선 또는 중심평면이 데이텀인 경우 중심선에 데이텀 삼각기호를 붙인다.
④ 데이텀의 우선순위를 지정할 때는 데이텀을 지시하는 문자를 우선순위가 높은 순서대로 같은 구획에 기입한다.

## 09

KS 재료 규격에 대한 설명으로 옳지 않은 것은?

① GC150 : 회주철품으로 최저인장강도가 $150N/mm^2$이다.
② SF340A : 탄소강 단강품으로 최저인장강도가 $340N/mm^2$이다.
③ SS400 : 일반 구조용 압연 강재로 최저인장강도가 $400N/mm^2$이다.
④ SM20C : 기계구조용 탄소 강재로 최저인장강도가 $20N/mm^2$이다.

## 10

베어링 위에 설치한 윤활유 탱크로부터 베어링에 급유하고, 이때 흘러나온 윤활유는 펌프를 이용하여 탱크로 순환시키는 방식의 윤활법은?

① 링 윤활법
② 적하 윤활법
③ 중력 윤활법
④ 그리스 윤활법

## 11

축에 대한 설명으로 옳지 않은 것은?

① 비틀림 모멘트만을 받는 원형 중실축의 중심에서 전단응력은 없다.
② 바흐(Bach)의 축 설계조건은 굽힘모멘트를 받는 축의 강도설계에 사용된다.
③ 축에 묻힘키를 사용하는 경우 축에 파여진 키홈의 영향으로 축의 강도가 저하된다.
④ 같은 크기의 토크를 전달할 때, 중공축이 중실축에 비해 무게를 가볍게 할 수 있다.

## 12

안지름 200mm인 관 속을 흐르는 유체의 평균유량이 0.3m³/s일 때, 유체의 평균유속[m/s]은? (단, π=3이다)

① 5  ② 10
③ 15 ④ 20

## 13

볼나사(ball screw)의 특징으로 옳은 것만을 모두 고르면?

> ㄱ. 고속 구동 시 소음이 작다.
> ㄴ. 가격이 저렴하고 가공하기 쉽다.
> ㄷ. 나사효율이 높고 백래시가 작다.
> ㄹ. NC 공작기계, 자동차의 조향장치에 사용된다.

① ㄱ, ㄴ  ② ㄱ, ㄹ
③ ㄴ, ㄷ  ④ ㄷ, ㄹ

## 14

외접하는 두 평기어(spur gear)의 각속도 비가 1:3, 잇수 합이 80개, 모듈이 5mm일 때, 두 기어 사이의 중심거리[mm]는?

① 200  ② 250
③ 300  ④ 350

## 15

벨트전동과 체인전동에 대한 설명으로 옳지 않은 것은?

① 벨트전동은 피동축에 과부하가 걸렸을 때 충격을 흡수할 수 있다.
② 벨트전동은 초기 장력이 필요 없는 반면 체인전동은 초기 장력이 필요하다.
③ 벨트전동은 마찰에 의한 전동이며 체인전동은 맞물림에 의한 전동이다.
④ 체인전동은 미끄럼이 없어 일정한 속도비를 얻을 수 있다.

## 16

질량관성모멘트가 4kg·m²인 플라이휠이 부착된 전단기가 강판을 절단하여 회전속도가 2,400/π rpm에서 1,200/π rpm으로 감소하였을 경우 전단기가 한 일[kJ]은?

① 2.4  ② 4.8
③ 9.6  ④ 19.2

## 17

두께가 10mm인 평벨트로 연결된 원동축 풀리와 종동축 풀리를 각각 300rpm, 200rpm으로 회전시키려고 할 때, 종동축 풀리의 지름[mm]은? (단, 원동축 풀리의 지름은 600mm이고 벨트 두께를 고려하며 벨트와 풀리 사이에 미끄럼은 없다)

① 895
② 900
③ 905
④ 910

## 18

그림과 같이 질량관성모멘트가 $J[kg \cdot m^2]$인 강체 원판이 설치된 축에 주기적인 토크 $T[N \cdot m]$가 작용하여 비틀림 진동이 발생할 때, 위험속도[rpm]는? (단, 축의 길이는 $l[m]$, 지름은 $d[m]$, 전단탄성계수는 $G[N/m^2]$이고, 축의 자중은 무시한다)

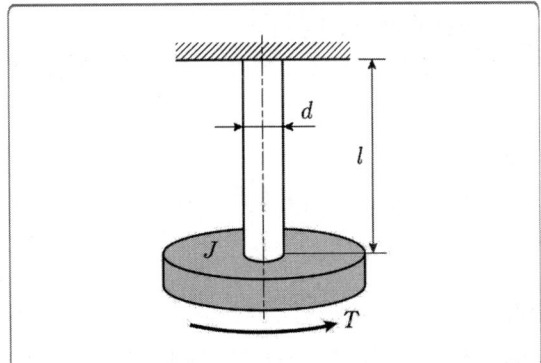

① $\dfrac{15d^2}{2\pi}\sqrt{\dfrac{\pi G}{2Jl}}$

② $\dfrac{15d^2}{2\pi}\sqrt{\dfrac{\pi Jl}{G}}$

③ $\dfrac{30d^2}{\pi}\sqrt{\dfrac{G}{\pi Jl}}$

④ $\dfrac{30d^2}{\pi}\sqrt{\dfrac{\pi Jl}{G}}$

## 19

내접원통마찰차에서 축간거리가 600mm, 원동차의 회전속도가 1,000rpm, 종동차의 회전속도가 250rpm, 마찰차를 밀어붙이는 힘이 600N일 때, 최대전달동력[W]은? (단, 마찰계수 $\mu=0.2$이다)

① $600\pi$
② $800\pi$
③ $1,200\pi$
④ $1,600\pi$

## 20

와이어 로프에 대한 설명으로 옳지 않은 것은?

① 철 또는 강철의 철사를 꼬아서 만든다.
② 원치, 기중기 등에서 동력을 전달할 때 사용된다.
③ 와이어 로프를 거는 방법에는 연속식과 병렬식이 있다.
④ 스트랜드의 꼬임과 소선의 꼬임이 반대 방향인 꼬임 방식은 랭꼬임이다.

# 2023 지방직 9급 기출문제

• 일시 : 2023. 6. 10    • 틀린 개수 :    / 20    정답 및 해설 : 379p

## 01
나사의 풀림 방지에 이용하는 요소가 아닌 것은?

① 분할핀
② 아이볼트(eye bolt)
③ 혀붙이 와셔
④ 록너트(lock nut)

## 02
벨트 전동장치에서 벨트의 속도가 4m/s, 긴장측 장력이 2kN, 이완측 장력이 1kN일 때 전달 동력[kW]은?

① 2         ② 3
③ 4         ④ 5

## 03
헬리컬기어에 대한 설명으로 옳지 않은 것은?

① 치직각 모듈은 축직각 모듈보다 작다.
② 비틀림각에 의해 축방향 하중이 발생한다.
③ 평기어보다 탄성변형이 적어 진동과 소음이 작다.
④ 축이 평행한 기어 한 쌍이 맞물리려면 비틀림각의 방향이 같아야 한다.

## 04
그림과 같이 원판마찰차 무단변속기에서 원판차 $A$가 $N_A = 500$rpm으로 회전할 때 원판차 $B$가 $N_B = 200$rpm으로 회전하도록 하는 원판차 $A$의 위치 $x$ [mm]는? (단, 원판차 $A$의 반경 $r_A = 80$mm이다)

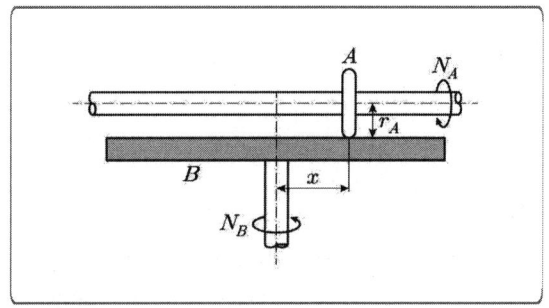

① 32        ② 64
③ 160       ④ 200

## 05
인벌류트 치형을 가진 표준 평기어의 물림률에 대한 설명으로 옳지 않은 것은?

① 잇수가 같을 때 압력각이 클수록 물림률이 커진다.
② 압력각이 같을 때 잇수가 많을수록 물림률이 커진다.
③ 물림률이 1보다 작으면 연속적인 회전을 전달할 수 없다.
④ 물림률은 접근 물림길이와 퇴거 물림길이의 합을 법선 피치로 나눈 값이다.

## 06

구멍과 축의 치수 허용차 표에서 기준 치수 φ20mm인 구멍과 축의 끼워맞춤에 대한 설명으로 옳은 것은?

| 치수의 구분[mm] | | p6[μm] | H6[μm] |
|---|---|---|---|
| 18 초과 | 24 이하 | +35 | +13 |
| | | +22 | 0 |

① 최대 죔새는 0.035mm이다.
② 최소 죔새는 0.022mm이다.
③ 축의 최소 허용치수는 20.013mm이다.
④ 구멍의 최대 허용치수는 20.035mm이다.

## 07

그림과 같이 평행키(묻힘키)가 폭 15mm, 높이 10mm, 길이 100mm이며, 지름이 50mm인 축에 걸리는 토크 T=10,000kgf·mm일 때 키 홈 측면에 작용하는 압축응력[kgf/mm²]은?

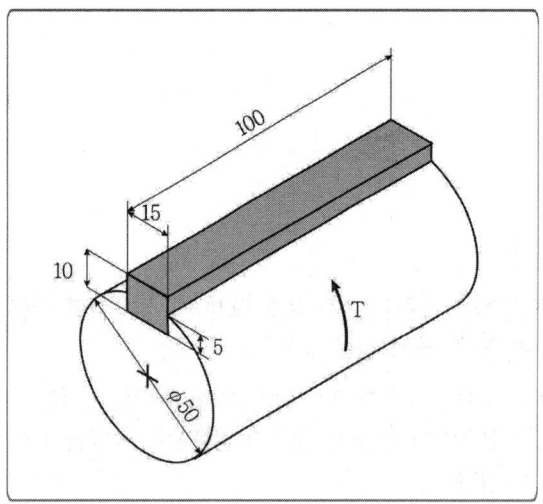

① 0.3　　② 0.5
③ 0.8　　④ 1.2

## 08

부재에 주응력 $\sigma_1$=65MPa, $\sigma_2$=0MPa, $\sigma_3$=−35MPa이 작용할 때 최대 전단응력설에 따른 안전계수는? (단, 부재의 인장 항복강도는 600MPa, 전단 항복강도는 300MPa이다)

① 6　　② 10
③ 12　　④ 20

## 09

그림과 같이 겹치기 리벳 이음에서 판 두께 15.7mm, 판 폭 140mm, 리벳의 지름 20mm, 피치 60mm이고 하중 P=3,140kgf이 작용한다. A위치에서 판의 인장응력($\sigma_t$)과 리벳의 전단응력($\tau_s$)의 크기비($\frac{\sigma_t}{\tau_s}$)는? (단, π=3.14이다)

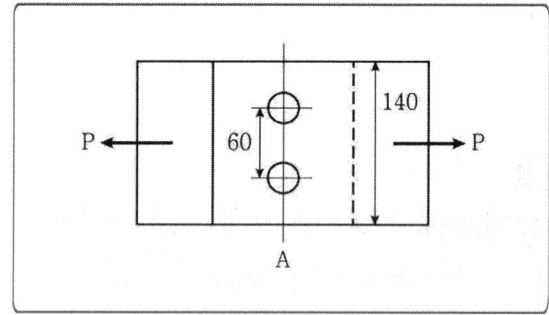

① 0.4　　② 0.8
③ 1.25　　④ 2.5

## 10

피로한도 200MPa, 항복강도 400MPa, 극한강도가 600MPa인 재료에 그림과 같은 반복응력이 작용할 때 굿맨선(Goodman line)을 적용하여 안전계수를 구하면?

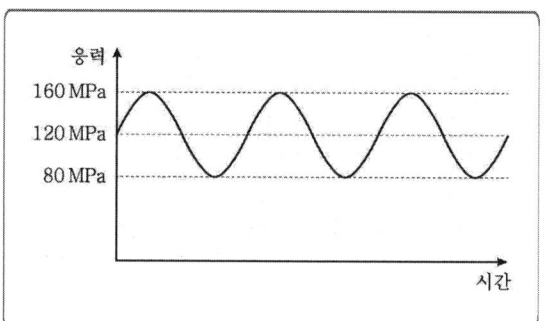

① 2
② 2.5
③ 3
④ 3.5

## 11

구멍과 축이 억지끼워맞춤인 것은?

① $\phi 50 F8/h7$
② $\phi 50 H7/h7$
③ $\phi 50 P6/h5$
④ $\phi 50 H6/g5$

## 12

나사로 중간재를 체결하여 초기인장력 9kN이 나사에 작용하고 있다. 인장하중 6kN이 나사 체결부에 추가로 작용할 때 나사에 발생하는 최대 인장응력 [MPa]은? (단, 중간재 강성계수($k_c$)와 나사 강성계수($k_b$)의 비가 $k_c/k_b=5$, 나사의 최소 단면적은 250mm²으로 가정한다)

① 25
② 30
③ 35
④ 40

## 13

치공구의 사용에 대한 설명으로 옳지 않은 것은?

① 작업의 숙련도 요구가 감소한다.
② 제품의 가공정밀도를 향상하고 호환성을 주어 불량품을 방지한다.
③ 제품의 품질을 유지하고 생산성을 향상시키면서 제조원가를 줄인다.
④ 소품종 대량생산보다 다품종 소량생산 시에 치공구를 사용하는 것이 치공구 제작비 면에서 더 유리하다.

## 14

유성기어장치에서 태양기어의 잇수가 36개, 링기어 잇수가 80개, 모듈이 2mm일 때 유성기어의 지름 [mm]은?

① 30
② 36
③ 44
④ 48

## 15

벨트 전동장치에서 원동 풀리의 지름이 650mm, 회전속도 800rpm, 벨트의 두께 7mm, 종동 풀리의 지름이 400mm일 때 미끄럼을 무시하고 벨트의 두께를 고려한 종동 풀리의 회전속도[rpm]에 가장 가까운 값은? (단, 풀리의 회전속도는 벨트의 중립면을 기준으로 한다)

① 953
② 1049
③ 1288
④ 1300

## 16

그림과 같은 짧은 슈(shoe) 원통 브레이크에서 마찰계수가 0.5, 원통의 반지름은 0.4m, 작동력 $F_a$ = 250N일 때 브레이크의 제동토크 [N·m]는?

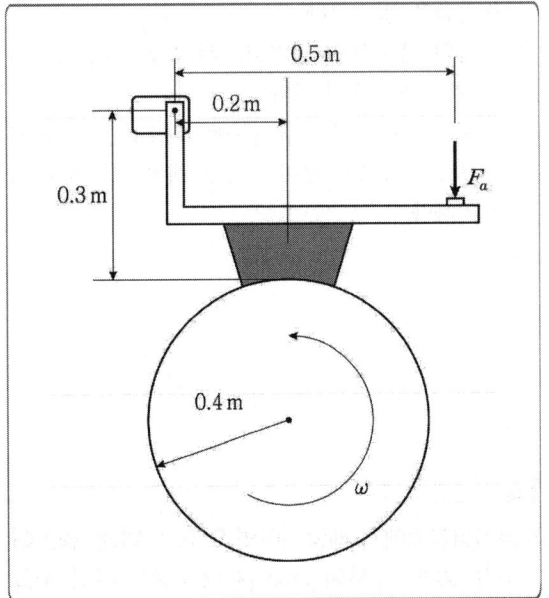

① 250
② 500
③ 750
④ 1000

## 17

그림과 같이 풀리에 하중 W, 긴장측 장력 $T_1$, 이완측 장력 $T_2$가 작용할 때 옳지 않은 것은? (단, T는 비틀림모멘트, M은 굽힘모멘트이다)

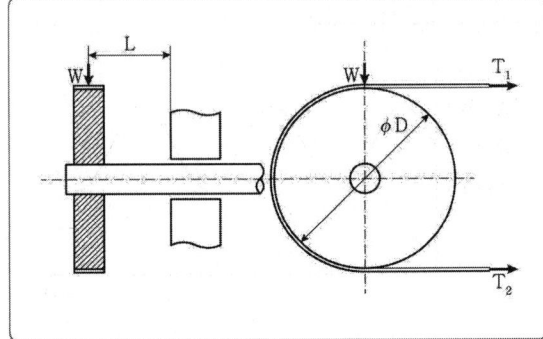

① 축의 비틀림모멘트 : $T = (T_1 - T_2) \times \dfrac{D}{2}$

② 축의 최대 굽힘모멘트 :
$M_{max} = \sqrt{W^2 + T_1^2 + T_2^2} \times L$

③ 상당 비틀림모멘트 : $T_e = \sqrt{T^2 + M^2}$

④ 상당 굽힘모멘트 :
$M_e = \dfrac{1}{2} \times (M + \sqrt{T^2 + M^2})$

## 18

안지름 5m, 두께 50mm인 두 반구를 용접하여 제작된 압력용기의 최대 허용압력[MPa]은? (단, 용접부의 단위길이당 허용 인장하중 10MN/m, 안전계수 2.5, 얇은 벽으로 가정한다)

① 3.2
② 8
③ 32
④ 80

## 19

바깥지름 120mm, 두께 10mm, 길이 15m인 강관을 상온 20°C에서 양쪽 끝을 고정한 뒤 220°C로 가열하였을 때 강관 길이방향에 가해지는 압축력[kN]은? (단, 강의 탄성계수는 200GPa이고, 선열팽창계수는 $1.0 \times 10^{-6}$[1/°C]이다)

① $22\pi$
② $44\pi$
③ $66\pi$
④ $88\pi$

## 20

모터 회전속도가 $N$[rpm]이고 동력 $H$[W]를 전달받는 평기어 1과 2의 피치원 지름이 각각 $D_1$[m], $D_2$[m]이고 공구압력각이 $\alpha$일 때 기어 2가 연결된 축을 지지하는 각 베어링의 힘[N]은?

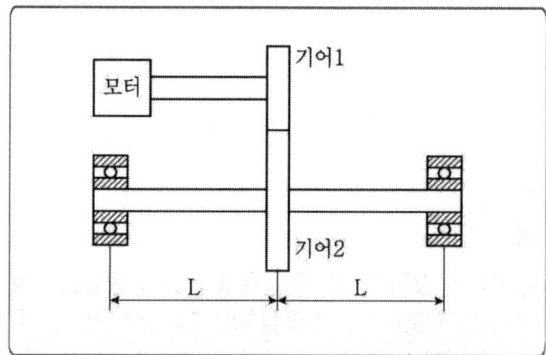

① $\dfrac{15H\cos\alpha}{\pi ND_1}$
② $\dfrac{15H}{\pi ND_1\cos\alpha}$
③ $\dfrac{30H\cos\alpha}{\pi ND_1}$
④ $\dfrac{30H}{\pi ND_1\cos\alpha}$

# 2024 국가직 9급 기출문제

• 일시 : 2024. 3. 23    • 틀린 개수 :    / 20    정답 및 해설 : 382p

## 01
축과 구멍의 끼워맞춤에 대한 설명으로 옳지 않은 것은?

① 끼워맞춤 방식은 구멍기준 끼워맞춤과 축기준 끼워맞춤이 있다.
② 구멍이 크고 축이 작아서 헐겁게 끼워 맞출 때, 그 치수의 차가 틈새이다.
③ 헐거운 끼워맞춤에서 최소 틈새는 구멍의 최소 허용치수에서 축의 최대 허용치수를 뺀 수치이다.
④ 억지 끼워맞춤에서 최대 죔새는 축의 최소 허용치수에서 구멍의 최대 허용치수를 뺀 수치이다.

## 02
미터나사에 대한 설명으로 옳지 않은 것은?

① 두줄 나사에서 리드는 피치의 두 배이다.
② 미터 가는나사는 호칭지름×피치로 표시한다.
③ 수나사의 골지름과 암나사의 안지름이 최대지름이다.
④ M24 수나사는 미터 보통나사로서 바깥지름이 24mm이다.

## 03
시간에 따라 크기가 변하는 동하중에 해당하는 것만을 모두 고르면?

| ㄱ. 충격하중 | ㄴ. 분포하중 |
| ㄷ. 반복하중 | ㄹ. 양진하중 |

① ㄱ, ㄴ
② ㄷ, ㄹ
③ ㄱ, ㄷ, ㄹ
④ ㄴ, ㄷ, ㄹ

## 04
지름이 $d$, 길이가 $l$인 중실축과 동일한 비틀림각을 나타내는 지름이 $2d$인 중실축의 길이는? (단, 두 축에는 동일한 비틀림 모멘트가 작용하고, 재료는 동일하다)

① $4l$
② $8l$
③ $12l$
④ $16l$

## 05

두 축의 중심선이 일직선상에 있지 않은 경우에 사용할 수 있는 커플링만을 모두 고르면?

| ㄱ. 원통 커플링 | ㄴ. 올덤 커플링 |
| ㄷ. 플랜지 커플링 | ㄹ. 유니버설 커플링 |

① ㄱ, ㄴ
② ㄱ, ㄷ
③ ㄴ, ㄹ
④ ㄷ, ㄹ

## 06

사각나사를 조일 때, 유효지름의 원주에서 접선방향으로 가해지는 회전력($P$)이 축방향 하중($Q$)을 받는 너트를 밀어 올리는 것으로 해석할 경우, $P$는? (단, 접촉면의 마찰계수는 $\mu$, 리드각(나선각)은 $\alpha$이다)

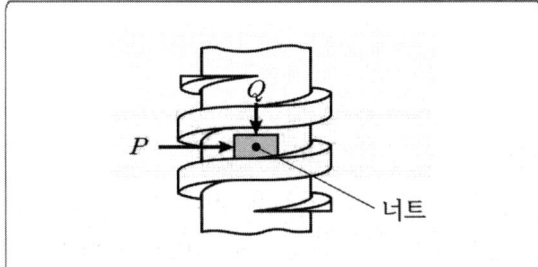

① $Q \dfrac{\mu \sin\alpha - \cos\alpha}{\sin\alpha + \mu\cos\alpha}$

② $Q \dfrac{\mu \cos\alpha - \sin\alpha}{\cos\alpha + \mu\sin\alpha}$

③ $Q \dfrac{\mu \cos\alpha + \sin\alpha}{\cos\alpha - \mu\sin\alpha}$

④ $Q \dfrac{\mu \sin\alpha + \cos\alpha}{\sin\alpha - \mu\cos\alpha}$

## 07

그림과 같이 단면이 비대칭인 앵글(angle)의 측면필릿 용접이음에서, 앵글의 도심($G$)으로부터 편위되어 부재에 인장하중($P$)이 작용할 때 용접길이비($l_1/l_2$)는? (단, 용접부 목두께는 같고, $x_1$, $x_2$에 비해 충분히 작다)

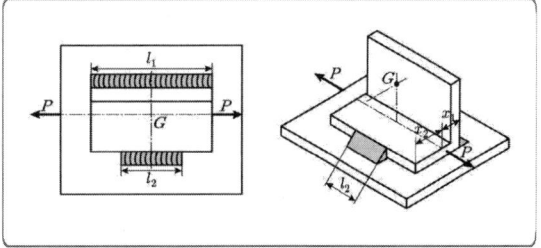

① $\dfrac{x_1}{x_2}$
② $\dfrac{x_2}{x_1}$
③ $\dfrac{(x_1 + x_2)}{x_1}$
④ $\dfrac{(x_1 + x_2)}{x_2}$

## 08

잇수가 $z$인 헬리컬 기어의 축직각 모듈을 $m_1$, 치직각 모듈을 $m_2$라고 할 때, 상당 스퍼기어 잇수는?

① $\dfrac{z m_2}{m_1}$
② $\dfrac{z m_1}{m_2}$
③ $\dfrac{z m_2^3}{m_1^3}$
④ $\dfrac{z m_1^3}{m_2^3}$

## 09

한쪽 덮개판 한줄 맞대기 이음과 양쪽 덮개판 두줄 맞대기 이음에서, 리벳 1피치당 허용 인장하중을 각각 $W_1$, $W_2$라고 할 때, 하중비($W_2/W_1$)는? (단, 리벳의 전단만을 고려한다)

① 1
② 1.8
③ 2
④ 3.6

## 10

마찰면의 수가 6개인 다판 브레이크에서 원판 마찰면의 평균 지름이 100mm일 때, 제동 토크 75N·m를 발생시키는 축방향으로 미는 힘[N]은? (단, 마찰면은 균일마모조건이고, 마찰계수는 0.25이다)

① 1,000
② 2,000
③ 3,000
④ 4,000

## 11

그림과 같이 90kN의 하중 $P$를 받는 피벗(pivot) 베어링의 안지름 $d_1$이 100mm일 때, 베어링의 바깥지름 $d_2$[mm]는? (단, 평균 베어링 압력은 4MPa, $\pi = 3$이다)

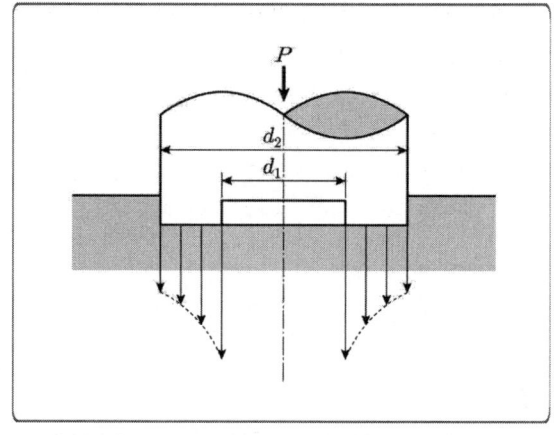

① 150
② 200
③ 250
④ 300

## 12

회전 중인 엔진의 출력은 30PS이고 토크는 50kgf·m일 때, 엔진 회전수[rpm]는? (단, $\pi = 3$이다)

① 300
② 450
③ 600
④ 900

## 13

고정용 치공구 중 클램프(clamp)의 설계 조건으로 옳지 않은 것은?

① 클램핑 기구는 조작이 간단하고 급속 클램핑 형식을 택한다.
② 클램프의 고정력은 위치결정구나 지지구에 직접 가하여 공작물을 견고히 고정한다.
③ 공작물의 손상, 변형, 뒤틀림을 방지하기 위하여 여러 개의 작은 힘으로 분산하여 고정한다.
④ 절삭력은 클램프가 위치한 방향으로 작용하도록 하고, 절삭력의 반대편에 고정력을 배치한다.

## 14

원통 코일 스프링에 작용하는 하중 1,750N에 의한 스프링 소선의 최대 전단응력이 800N/mm²일 때, 소선의 지름[mm]은? (단, 스프링 지수는 7, Wahl의 응력수정계수는 1.2, $\pi = 3$이다)

① 7
② 8
③ 9
④ 10

## 15

원추각이 15°, 원추 접촉면의 평균지름이 200mm인 원추 클러치에 축방향 힘 440N이 작용할 때, 원추 클러치의 최대 전달토크[N·m]는? (단, 접촉면은 균일마모조건이고, 마찰계수는 0.20이며, sin 15°=0.25, cos 15°=0.95이다)

① 10
② 15
③ 20
④ 25

## 16

일정한 내부 압력 $p$를 받는 얇은 벽의 원통형 압력용기에서, 원주방향 응력(hoop stress) $\sigma_1$, 길이방향 응력(axial stress) $\sigma_2$, 원통용기 바깥 표면에서 최대 면내(in-plane) 전단응력 $\tau$로 옳은 것은? (단, 압력용기 안쪽 반지름은 $r$, 벽 두께는 $t$이다)

| | $\sigma_1$ | $\sigma_2$ | $\tau$ |
|---|---|---|---|
| ① | $\dfrac{pr}{2t}$ | $\dfrac{pr}{t}$ | $\dfrac{pr}{2t}$ |
| ② | $\dfrac{pr}{t}$ | $\dfrac{pr}{2t}$ | $\dfrac{pr}{t}$ |
| ③ | $\dfrac{pr}{2t}$ | $\dfrac{pr}{t}$ | $\dfrac{pr}{4t}$ |
| ④ | $\dfrac{pr}{t}$ | $\dfrac{pr}{2t}$ | $\dfrac{pr}{4t}$ |

## 17

현가장치로 이용되는 토션 바 스프링에서 비틀림 스프링 상수[N·m/rad]를 구하는 식은? (단, 토션 바의 길이 $L$[mm], 봉의 지름 $d$[mm], 봉과 하중 사이 거리 $R$[mm], 가로 탄성계수는 $G$[GPa]이다)

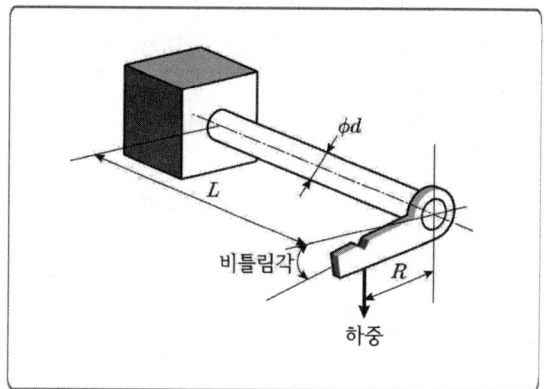

① $\dfrac{\pi d^3 RG}{64L}$
② $\dfrac{\pi d^3 RG}{32L}$
③ $\dfrac{\pi d^4 G}{32L}$
④ $\dfrac{\pi d^4 G}{16L}$

## 18

엔드 저널 베어링에서 저널의 지름이 30mm, 저널면에 작용하는 평균압력이 3MPa, 허용굽힘응력이 64MPa일 때, 베어링 폭[mm]은? (단, 저널을 외팔보 구조로 가정하여 베어링의 폭 길이에 걸쳐 균일 분포하중이 작용하는 것으로 설계하고, $\pi=3$이다)

① 30
② 40
③ 50
④ 60

## 19

잇수가 30개인 스프로킷 휠이 500rpm으로 회전할 때, 피치가 20mm인 롤러 체인의 평균속도[m/s]는?

① 5
② 10
③ 15
④ 20

## 20

온도변화에 따른 관의 신축을 허용하는 관이음에 해당하지 않는 것은?

① 유니온 이음
② 미끄럼 이음
③ 신축형 밴드
④ 고무관 이음

# 2024 지방직 9급 기출문제

• 일시 : 2024. 6. 22   • 틀린 개수 :   / 20   정답및해설 : 386p

## 01
재료에 높은 온도로 큰 하중을 일정하게 작용시킬 때 재료 내의 응력이 일정함에도 불구하고 시간의 경과에 따라 변형률이 점차 증가하는 현상은?

① 시효현상
② 피로현상
③ 크리프현상
④ 응력집중현상

## 02
지그와 고정구에서 로케이터(locator)에 대한 설명으로 옳은 것은?

① 각도를 측정하는 도구
② 공작물의 움직임을 제한하는 도구
③ 공구의 경로를 제어하는 구성 요소
④ 공작물의 위치를 설정하는 구성 요소

## 03
커플링 설계에서 고려되는 사항으로 옳지 않은 것은?

① 설치, 분해가 쉽도록 할 것
② 운전 중 원활한 단속이 가능할 것
③ 진동에 의하여 이완되지 않게 할 것
④ 소형으로도 충분한 전동능력을 갖추게 할 것

## 04
리벳 작업에서 코킹(caulking) 공정이 사용되는 이유로 옳은 것은?

① 기밀을 유지하기 위하여
② 리벳 구멍을 뚫기 위하여
③ 패킹재료를 끼우기 위하여
④ 강판의 강도를 보강하기 위하여

## 05
평행키의 전단응력을 나타내는 식으로 옳은 것은? (단, $T$ : 회전토크, $b$ : 키의 폭, $l$ : 키의 길이, $h$ : 키의 높이, $d$ : 회전축 지름)

① $\dfrac{2T}{hld}$
② $\dfrac{2T}{bld}$
③ $\dfrac{4T}{hld}$
④ $\dfrac{4T}{bld}$

## 06
원형 봉에 비틀림모멘트를 가하면 비틀림변형이 생기는 원리를 이용한 스프링은?

① 토션 바
② 겹판 스프링
③ 태엽 스프링
④ 벌류트 스프링

## 07
용기 내 유체의 압력이 일정압을 초과하였을 때 자동으로 밸브를 열어 유체를 방출하여 압력상승을 억제하는 밸브는?

① 스톱 밸브(stop valve)
② 안전 밸브(safety valve)
③ 체크 밸브(check valve)
④ 게이트 밸브(gate valve)

## 08
원통 마찰차(friction wheel)의 특성에 대한 설명으로 옳은 것은?

① 각속도비가 일정하게 유지된다.
② 원동차에 대한 종동차의 비율에서, 두 마찰차가 구름 접촉하는 경우 각속도비는 지름비와 같다.
③ 외접의 경우 원동차와 종동차 사이에 중간차를 삽입하면 종동차의 회전방향을 바꿀 수 있다.
④ 지름 $D_A$와 $D_B$를 갖는 두 마찰차는 외접과 내접 마찰차 구성에 상관없이 두 축 사이의 중심거리는 동일하다.

## 09
보통이의 표준 평기어에 대한 관계식으로 옳지 않은 것은?

① 총이높이 = 이끝높이 + 이뿌리높이
② 모듈 = 원주피치 × π
③ 피치원지름 = 모듈 × 잇수
④ 이끝원지름 = 모듈 × (잇수 + 2)

## 10
가공하지 않은 축에 사용하며 마찰력에 의해서만 회전을 전달하므로 토크가 클 때 불확실한 전달이 되기 쉬운 키(key)는?

① 안장키(saddle key)
② 평키(flat key)
③ 평행키(parallel key)
④ 접선키(tangential key)

## 11
축방향의 인장하중을 받는 2개의 축을 연결하는 데 사용되며, 축의 한쪽을 포크(fork)로 하고 이것에 아이(eye)를 넣은 후 끼워 사용하는 핀은?

① 너클 핀
② 스프링 핀
③ 스플릿 핀
④ 테이퍼 핀

## 12
강관에 대한 일반적인 설명으로 옳지 않은 것은?

① 보일러용으로도 사용된다.
② 용접으로 이음이 가능하다.
③ 물에 대한 내식성이 주철관보다 뛰어나다.
④ 주철관보다 가볍고 인장강도가 크다.

## 13

항복 강도 이하의 평균 응력이 가해진 상태에서, 평균 응력과 응력 진폭을 고려하여 재료의 피로한도를 제시하는 내구 선도 모델들인 조더버그선(soderberg line), 굿맨선(goodman line), 거버선(gerber line)의 안전 응력 진폭 크기를 작은 것부터 순서대로 나열하면?

① 거버선, 굿맨선, 조더버그선
② 굿맨선, 거버선, 조더버그선
③ 굿맨선, 조더버그선, 거버선
④ 조더버그선, 굿맨선, 거버선

## 14

벨트를 엇걸기하여 동력을 전달할 때, 종동 풀리에서의 벨트 접촉각은? (단, $D_1$ : 원동 풀리의 지름, $D_2$ : 종동 풀리의 지름, $C$ : 축간거리, $D_1$이 $D_2$보다 크다고 가정한다)

① $\pi + 2\sin^{-1}\left(\dfrac{D_1 + D_2}{2C}\right)$
② $\pi + 4\sin^{-1}\left(\dfrac{D_1 + D_2}{4C}\right)$
③ $\pi - 2\sin^{-1}\left(\dfrac{D_1 - D_2}{2C}\right)$
④ $\pi - 4\sin^{-1}\left(\dfrac{D_1 - D_2}{4C}\right)$

## 15

회전하는 원통 마찰차가 원주속도 4m/s로 2kW의 동력을 전달하려면 마찰차를 누르는 힘[kN]은? (단, 마찰계수는 0.2이고, 동력 전달 시 손실이 없다고 가정한다)

① 1.5
② 2.5
③ 4
④ 5

## 16

피치가 9mm인 한 줄 사각나사가 있다. 마찰계수가 0.15일 때, 나사의 자립조건을 만족하는 최소 유효지름[mm]은? (단, $\pi = 3$이다)

① 12
② 16
③ 20
④ 24

## 17

원형 중실축이 2,400N·mm의 굽힘모멘트를 받고 있을 때 축의 지름[mm]은? (단, 축의 허용굽힘응력은 64MPa이고, $\pi = 3$이다)

① $\sqrt[3]{50}$
② $\sqrt[3]{100}$
③ $\sqrt[3]{200}$
④ $\sqrt[3]{400}$

## 18

축이 베어링으로 단순 지지되어 회전하고 있다. 베어링 사이의 간격이 증가하여 축의 최대 처짐량이 두 배가 된다면 축의 위험속도는 몇 배가 되는가?

① $\dfrac{1}{\sqrt{2}}$  ② $\dfrac{1}{2}$
③ $\sqrt{2}$  ④ $2$

## 19

기본 동정격하중이 2,700kgf인 레이디얼 볼 베어링에 반지름방향으로 900kgf의 실제하중이 작용하고 있다. 베어링이 500rpm으로 회전하는 경우 수명시간[hr]은?

① 300  ② 600
③ 900  ④ 1,800

## 20

구동축과 종동축을 교차각 $\alpha$인 유니버설(universal) 조인트로 연결하였다. 구동축 각속도가 $\omega_1$으로 등속운동을 하더라도 종동축의 각속도 $\omega_2$는 $\omega_1 \cos\alpha \sim \dfrac{\omega_1}{\cos\alpha}$ 범위 내에서 변화한다. 구동축의 비틀림모멘트가 $T_1$이라면, 종동축 비틀림모멘트 $T_2$의 최댓값은? (단, 동력 전달 시 손실이 없다고 가정한다)

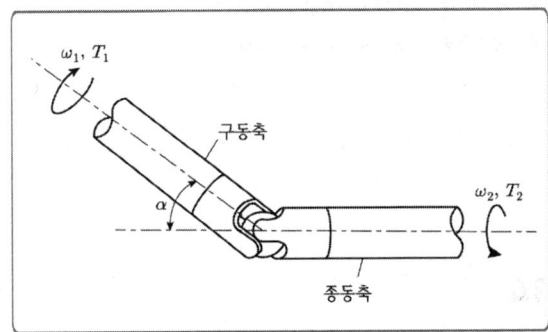

① $T_1 \sin\alpha$  ② $\dfrac{T_1}{\sin\alpha}$
③ $T_1 \cos\alpha$  ④ $\dfrac{T_1}{\cos\alpha}$

# 정답 및 해설

## 2023.4.8 국가직 9급 기출문제
본문 : 357p

### 빠른 정답

| 01 | 02 | 03 | 04 | 05 | 06 | 07 | 08 | 09 | 10 |
|----|----|----|----|----|----|----|----|----|----|
| ① | ② | ④ | ③ | ③ | ② | ② | ④ | ③,④ | ③ |
| 11 | 12 | 13 | 14 | 15 | 16 | 17 | 18 | 19 | 20 |
| ② | ② | ④ | ① | ② | ③ | ③ | ① | ② | ④ |

---

### 01 상중하 | ①

**KEY WORD** 기하공차의 종류
- 모양공차(형상공차) : 진직도, 평면도, 진원도, 원통도, 선의 윤곽도, 면의 윤곽도
- 자세공차 : 평행도, 직각도, 경사도
- 위치공차 : 위치도, 동축도(동심도), 대칭도
- 흔들림공차 : 원주흔들림, 온흔들림

직각도는 기하공차 중 자세공차에 해당한다.

### 02 상중하 | ②

**KEY WORD** 미끄럼베어링은 베어링이 저널부의 표면 전부 또는 표면의 일부를 둘러싼 것 같은 형태로 이루어져 있으며 베어링과 저널의 접촉면 사이에 윤활유가 있는 베어링을 말한다. 미끄럼베어링은 면과 면이 직접적으로 접촉하기 때문에 축이 회전할 때 생기는 마찰저항이 구름베어링보다 높지만 하중을 지지하는 능력은 크다.

① 구름베어링에 비해 기동마찰이 크다.
③ 정압 미끄럼베어링이 동압 미끄럼베어링보다 설치비용이 많이 든다.
④ 급유가 용이하지 않은 곳에서는 주로 오일리스(oilless) 베어링을 사용한다.

### 03 상중하 | ④

**KEY WORD** 유연성 커플링(flexible coupling)은 회전축의 이동이 자유로운 커플링이다. 두 축 중심이 약간 어긋남, 축의 수축 및 팽창을 이용하여 커플링의 균형을 유지한다. 두 축의 중심선을 정확히 맞추기 곤란한 경우에 주로 사용된다.

분할원통 커플링은 고정(rigid) 커플링에 해당하며 클램프 커플링이라고도 한다.

### 04 상중하 | ③

**KEY WORD** $F = \dfrac{f(l_2 + \mu l_3)}{\mu l_1}$

제동토크 $T = \dfrac{\mu P d}{2} = f \times \dfrac{d}{2}$

$F = \dfrac{f(l_2 + \mu l_3)}{\mu l_1}$ 에서

$105 = \dfrac{f(200 + 0.2 \times 50)}{0.2 \times 1000} = \dfrac{210f}{200}$

∴ 브레이크의 제동력

$f = \dfrac{105 \times 200}{210} = \dfrac{(3 \times 35) \times (2 \times 100)}{3 \times 70} = 100\text{N}$

∴ 제동토크 $T = \dfrac{\mu P d}{2} = f \times \dfrac{d}{2} = 100 \times \dfrac{200}{2}$
$= 10,000[\text{N} \cdot \text{mm}]$

[별해]
$\sum M = 0$에서 $Fl_1 = Pl_2 + \mu Pl_3$

∴ 작용력 $P = \dfrac{Fl_1}{l_2 + \mu l_3} = \dfrac{105 \times 1000}{200 + 0.2 \times 50} = 500\text{N}$

∴ 제동토크 $T = \dfrac{\mu P d}{2} = \dfrac{0.2 \times 500 \times 200}{2}$
$= 10,000[\text{N} \cdot \text{mm}]$

### 05  상중하 | ③

KEY WORD  중공축에 발생하는 압축응력
$$\sigma = \dfrac{P}{A} = \dfrac{P}{\dfrac{\pi}{4} \times (d_2^2 - d_1^2)}$$

중공축에 발생하는 압축응력
$\sigma = \dfrac{P}{A} = \dfrac{P}{\dfrac{\pi}{4} \times (d_2^2 - d_1^2)}$ 에서

$d_2^2 - d_1^2 = \dfrac{4P}{\pi \sigma}$ 이며 $d_1^2 = d_2^2 - \dfrac{4P}{\pi \sigma}$ 이므로

∴ 안지름 $d_1 = \sqrt{d_2^2 - \dfrac{4P}{\pi \sigma}} = \sqrt{80^2 - \dfrac{4 \times 8400}{3 \times 4}}$
$= 60[\text{mm}] = 6[\text{cm}]$

### 06  상중하 | ②

KEY WORD  볼트머리부의 전단응력 $\tau = \dfrac{Q}{A} = \dfrac{Q}{\pi d H}$

볼트축 인장응력 $\sigma = \dfrac{Q}{A} = \dfrac{4Q}{\pi d^2}$

볼트머리부의 전단응력 $\tau = \dfrac{Q}{A} = \dfrac{Q}{\pi d H}$

볼트축 인장응력 $\sigma = \dfrac{Q}{A} = \dfrac{4Q}{\pi d^2}$

볼트머리부의 전단응력은 볼트축 인장응력의 $\dfrac{1}{2}$ 이므로

∴ $\dfrac{Q}{\pi d H} = \dfrac{1}{2} \times \dfrac{4Q}{\pi d^2}$

∴ $\dfrac{H}{d} = \dfrac{1}{2}$

### 07  상중하 | ②

KEY WORD  원주방향의 허용응력 $\sigma_1 = \dfrac{P d_1}{2t}$

원주방향의 허용응력 $\sigma_1 = \dfrac{P d_1}{2t}$

∴ 용기 내 최대허용압력
$P = \dfrac{2t\sigma_1}{d_1} = \dfrac{2t\sigma_1}{d_2 - 2t} = \dfrac{2 \times 5 \times 90}{305 - 2 \times 5} \simeq 3.05[\text{MPa}]$

### 08  상중하 | ④

KEY WORD  데이텀은 이론적이며 이상적인 형체로 실존하지는 않는다. 데이텀은 가공이나 치수 측정을 할 때 기준이 되는 면 또는 선·점이다.

데이텀의 우선순위를 지정할 때는 데이텀을 지시하는 문자를 우선순위가 높은 순서대로 다른 구획에 왼쪽부터 기입한다.

### 09  상중하 | ③, ④

SM20C : 기계구조용 탄소 강재로 탄소함유량이 약 0.2% 이다.

### 10  상중하 | ③

① 링 윤활법 : 링의 회전에 의해 오일을 튕겨 접촉면에 급유하는 윤활법
② 적하 윤활법 : 용기에 오일을 넣어 두고 급유량을 조절하면서 급유하는 윤활법
④ 그리스 윤활법 : 윤활유에 유지를 가하여 반고형상으로 만든 것인 그리스를 윤활부위에 공급하는 윤활법이다. 손을 이용하여 공급하는 방법, 수동식 기계 장치를 이용하여 간헐적으로 공급하는 방법, 펌프를 이용하여 연속적으로 동시에 많은 곳에 그리스를 공급하는 방법으로 분류할 수 있다.

### 11  상중하 | ②

바흐(Bach)의 축 설계조건은 비틀림모멘트를 받는 축의 강성설계에 사용된다.

## 12 | ②

**KEY WORD** 유체의 평균유량 $Q = Av$

유체의 평균유량 $Q = Av$

$$\therefore \text{평균유속 } v = \frac{Q}{A} = \frac{4Q}{\pi d^2} = \frac{4 \times 0.3}{3 \times 0.2^2}$$
$$= \frac{4 \times 3 \times (10 \times 10)}{30 \times 4} = 10[\text{m/s}]$$

## 13 | ④

**KEY WORD** 볼나사(ball screw) : 흔히 볼스크류라고 부르며 모터의 회전운동을 직선운동으로 변환시키는 사다리꼴나사 혹은 슬라이드나사 같은 부품에 비해 고정밀도로 직선운동을 할 수 있다. 마찰이 적어 공작기계의 이송나사, 정밀기계류 등에 사용된다.

ㄱ. 고속 구동 시 소음이 크다.
ㄴ. 가격이 비싸고 가공하기 쉽지 않다.

## 14 | ①

**KEY WORD** 기어 사이의 중심거리
$$C = \frac{D_1 + D_2}{2} = \frac{m(Z_1 + Z_2)}{2}$$

기어 사이의 중심거리
$$C = \frac{D_1 + D_2}{2} = \frac{m(Z_1 + Z_2)}{2} = \frac{5 \times 80}{2} = 200[\text{mm}]$$

## 15 | ②

벨트전동은 초기 장력이 필요한 반면 체인전동은 초기 장력이 필요하지 않다.

## 16 | ③

**KEY WORD** 최소 각속도 $\omega_1 = \frac{2\pi n_1}{60}$ [rad/s]

최대 각속도 $\omega_2 = \frac{2\pi n_2}{60}$ [rad/s]

평균 각속도 $\omega_m = \frac{\omega_1 + \omega_2}{2}$ [rad/s]

각속도 변동계수 $\delta = \frac{\omega_2 - \omega_1}{\omega_m}$

전단기가 한 일 = 에너지 변화량
$\Delta E = I\omega_m^2 \delta$ [J]

최소 각속도 $\omega_1 = \frac{2\pi n_1}{60} = \frac{2\pi \times \frac{1200}{\pi}}{60} = 40$ [rad/s]

최대 각속도 $\omega_2 = \frac{2\pi n_2}{60} = \frac{2\pi \times \frac{2400}{\pi}}{60} = 80$ [rad/s]

평균 각속도 $\omega_m = \frac{\omega_1 + \omega_2}{2} = \frac{40 + 80}{2} = 60$ [rad/s]

각속도 변동계수 $\delta = \frac{\omega_2 - \omega_1}{\omega_m} = \frac{80 - 40}{60} = \frac{2}{3}$

전단기가 한 일 = 에너지 변화량
$\Delta E = I\omega_m^2 \delta = 4 \times 60^2 \times \frac{2}{3} = 9600[\text{J}] = 9.6[\text{kJ}]$

## 17 | ③

**KEY WORD** 속도비 $i = \frac{n_2}{n_1} = \frac{D_1 + t}{D_2 + t}$

속도비 $i = \frac{n_2}{n_1} = \frac{D_1 + t}{D_2 + t}$

$$\therefore \text{종동축 풀리의 지름 } D_2 = \frac{n_1}{n_2} \times (D_1 + t) - t$$
$$= \frac{300}{200} \times (600 + 10) - 10$$
$$= 905[\text{mm}]$$

## 18 | ①

**KEY WORD** 축의 비틀림 상수 $k_t = \frac{T}{\theta} = \frac{GI_p}{l}$

축의 극단면 2차 모멘트 $I_p = \frac{\pi d^4}{32l}$

위험속도 $N_c = \frac{60\omega}{2\pi} = \frac{30\omega}{\pi}$
$$= \frac{30}{\pi}\sqrt{\frac{k_t}{J}} = \frac{30}{\pi}\sqrt{\frac{GI_p}{Jl}}$$

축의 비틀림 상수 $k_t = \frac{T}{\theta} = \frac{GI_p}{l}$

축의 극단면 2차 모멘트 $I_p = \frac{\pi d^4}{32l}$

위험속도 $N_c = \frac{60\omega}{2\pi} = \frac{30\omega}{\pi} = \frac{30}{\pi}\sqrt{\frac{k_t}{J}} = \frac{30}{\pi}\sqrt{\frac{GI_p}{Jl}}$
$$= \frac{30}{\pi}\sqrt{\frac{\pi d^4 G}{32Jl}} = \frac{30}{\pi}\sqrt{\frac{\pi d^4 G}{(16 \times 2)Jl}}$$
$$= \frac{15d^2}{2\pi}\sqrt{\frac{\pi G}{2Jl}} [\text{rpm}]$$

### 19 상중하 | ②

**KEY WORD** 속도비 $i = \dfrac{n_2}{n_1} = \dfrac{D_1}{D_2}$

축간거리 $C = \dfrac{D_2 - D_1}{2}$

최대전달동력 $H' = \mu Pv = \mu P \times \dfrac{\pi D_1 n}{1000 \times 60}$

속도비 $i = \dfrac{n_2}{n_1} = \dfrac{D_1}{D_2}$ 에서 $\dfrac{250}{1000} = \dfrac{1}{4} = \dfrac{D_1}{D_2}$

∴ 종동차의 지름 $D_2 = 4D_1$

축간거리 $C = 600 = \dfrac{D_2 - D_1}{2}$

$= \dfrac{4D_1 - D_1}{2} = \dfrac{3D_1}{2}$

∴ $600 = \dfrac{3D_1}{2}$

∴ $D_1 = 600 \times \dfrac{2}{3} = 400[\text{mm}]$

∴ 최대전달동력

$H' = \mu Pv = \mu P \times \dfrac{\pi D_1 n}{1000 \times 60}$

$= 0.2 \times 600 \times \dfrac{\pi \times 400 \times 1000}{1000 \times 60}$

$= 800\pi[\text{W}]$

### 20 상중하 | ④

**KEY WORD**
- 보통 꼬임(common lay) : 스트랜드의 꼬임과 소선의 꼬임이 반대 방향인 꼬임 방식
- 랭 꼬임(Lang's lay) : 스트랜드의 꼬임과 소선의 꼬임이 같은 방향인 꼬임 방식

스트랜드의 꼬임과 소선의 꼬임이 반대 방향인 꼬임 방식은 보통 꼬임이다.

# 2023.6.10 지방직 9급 기출문제

본문 : 361p

## 빠른 정답

| 01 | 02 | 03 | 04 | 05 | 06 | 07 | 08 | 09 | 10 |
|---|---|---|---|---|---|---|---|---|---|
| ② | ③ | ④ | ④ | ① | ① | ③ | ① | ① | ② |
| 11 | 12 | 13 | 14 | 15 | 16 | 17 | 18 | 19 | 20 |
| ③ | ④ | ④ | ③ | ③ | ② | ② | ① | ② | ④ |

### 01 상중하 | ②

**KEY WORD** 나사의 풀림 방지에 이용하는 요소
- 분할핀
- 혀붙이 와셔
- 록너트(lock nut)
- 스프링 와셔
- 핀 또는 작은 나사
- 철사
- 더블 너트
- 자동죔 너트
- 세트 스크류

아이볼트(eye bolt)는 머리 부분에 둥근 구멍이 있는 링 모양의 고리가 달린 볼트로 주로 기계 설비 등 큰 중량물을 크레인으로 들어 올리거나 이동할 때 사용한다.

### 02 상중하 | ③

**KEY WORD** 유효장력 $T_e = T_1 - T_2$
전달동력 $H = T_e \times v$

(여기서, $T_1$ : 긴장측 장력, $T_2$ : 이완측 장력, $v$ : 벨트의 속도)

긴장측 장력 $T_1 = 2$kN, 이완측 장력 $T_2 = 1$kN
유효장력 $T_e = T_1 - T_2 = 2 - 1 = 1$kN
전달동력 $H = T_e \times v = 1[\text{kN}] \times 4[\text{m/s}]$
$= 4[\text{kN} \cdot \text{m/s}] = 4[\text{kJ/s}] = 4[\text{kW}]$

### 03 상중하 | ④

**KEY WORD** 헬리컬기어는 평기어와 같이 평행 축으로 사용되며 비틀어진 잇줄을 가진 원통형 기어를 말하며 평기어보다 물림율이 우수하고 탄성변형이 적어 진동과 소음이 작으나 비틀림각에 의해 축방향 하중이 발생한다.

축이 평행한 기어 한 쌍이 맞물리려면 비틀림각의 방향이 반대이어야 한다.

### 04 상중하 | ④

**KEY WORD** $\dfrac{N_B}{N_A} = \dfrac{D_A}{D_B}$

$\dfrac{N_B}{N_A} = \dfrac{D_A}{D_B}$ 이므로 $\dfrac{200}{500} = \dfrac{80 \times 2}{2x}$

$\therefore \dfrac{2}{5} = \dfrac{80}{x}$ 에서 $2x = 5 \times 80$

$\therefore x = \dfrac{5 \times 80}{2} = 200$[mm]

### 05 상중하 | ①

**KEY WORD** 인벌류트 치형을 가진 표준 평기어는 잇수가 같을 때 압력각이 작을수록 물림률이 커진다.

잇수가 같을 때 압력각이 클수록 물림률이 나빠진다.

### 06 상중하 | ①

**KEY WORD** 끼워맞춤(fit)이란 부품을 조립할 때 구멍과 축이 적당한 틈새(클리어런스)와 죔새를 가지고 원하는 용도로 끼워맞추어지는 관계를 말한다.

① 최대 죔새 = 0.035 − 0 = 0.035mm
② 최소 죔새 = 0.022 − 0.013 = 0.009mm
③ 축의 최소 허용치수 = 20 + 0.022 = 20.022mm
④ 구멍의 최대 허용치수 = 20 + 0.013 = 20.013mm

### 07 상중하 | ③

**KEY WORD** 압축응력 $\sigma_c = \dfrac{P}{hl/2} = \dfrac{4T}{hld}$

압축응력 $\sigma_c = \dfrac{P}{hl/2} = \dfrac{4T}{hld} = \dfrac{4 \times 10000}{10 \times 100 \times 50}$
$= 0.8[\text{kg}_f/\text{mm}^2]$

## 08 | ①

**KEY WORD**
- 최대 전단응력 $\tau_{max} = \dfrac{\sigma_1 - \sigma_3}{2}$
- 안전계수 $= \dfrac{\text{기준강도}}{\text{허용응력}}$

최대 전단응력 $\tau_{max} = \dfrac{\sigma_1 - \sigma_3}{2} = \dfrac{65 - (-35)}{2}$
$= 50\text{MPa}$

안전계수 $= \dfrac{\text{기준강도}}{\text{허용응력}}$ 이므로

안전계수 $S = \dfrac{\tau_y}{\tau_{max}} = \dfrac{300}{50} = 6$

## 09 | ①

**KEY WORD**
- 판의 인장응력 $\sigma_t = \dfrac{P}{(b-2d)t}$
- 리벳의 전단응력 $\tau_s = \dfrac{P}{2 \times \dfrac{\pi d^2}{4}}$

판의 인장응력 $\sigma_t = \dfrac{P}{(b-2d)t}$

리벳의 전단응력 $\tau_s = \dfrac{P}{2 \times \dfrac{\pi d^2}{4}}$

$\therefore \dfrac{\sigma_t}{\tau_s} = \dfrac{\dfrac{P}{(b-2d)t}}{\dfrac{P}{2 \times \dfrac{\pi d^2}{4}}} = \dfrac{\pi d^2}{2(b-2d)t}$

$= \dfrac{3.14 \times 20^2}{2 \times (140 - 2 \times 20) \times 15.7}$
$= 0.4$

## 10 | ②

**KEY WORD** 굿맨선도 $\dfrac{\sigma_a}{\sigma_e} + \dfrac{\sigma_m}{\sigma_u} = \dfrac{1}{S}$

응력진폭 $\sigma_a = 40\text{MPa}$, 평균응력 $\sigma_m = 120\text{MPa}$

굿맨선도 $\dfrac{\sigma_a}{\sigma_e} + \dfrac{\sigma_m}{\sigma_u} = \dfrac{1}{S}$ 에서 $\dfrac{40}{200} + \dfrac{120}{600} = \dfrac{1}{S}$ 이므로

안전계수 $S = \dfrac{5}{2} = 2.5$

## 11 | ③

**KEY WORD** 억지끼워맞춤은 구멍의 크기가 항상 축보다 작고, 분해, 조립을 하지 않는 부품에 적용한다.

구멍과 축이 억지끼워맞춤인 것은 ③번이며 나머지는 모두 헐거운 끼워맞춤에 해당한다.

## 12 | ④

**KEY WORD** 볼트에 작용하는 인장력 $Q_b = Q_1 + Q_2 \times \dfrac{k_b}{k_b + k_c}$
(여기서, $Q_1$ : 초기인장력, $Q_2$ : 추가인장하중,
$k_b$ : 나사 강성계수, $k_c$ : 중간재 강성계수)

볼트에 걸리는 최대 인장응력 $\sigma_{t,max} = \dfrac{Q_b}{A}$
(여기서, $A$ : 볼트의 단면적)

나사에 작용하는 총 인장하중

$Q_b = Q_1 + Q_2 \times \dfrac{k_b}{k_b + k_c} = 9 + 6 \times \dfrac{k_b}{k_b + 5k_b} = 10[\text{kN}]$

나사에 발생하는 최대 인장응력

$\sigma_{t,max} = \dfrac{Q_b}{A} = \dfrac{10 \times 10^3}{250} = 40[\text{MPa}]$

## 13 | ④

**KEY WORD** 치공구(治工具, Jig & Fixture)는 지그(Jig)와 고정구(Fixture)로 분류되며 각종 공작물의 가공 및 검사, 조립 등의 작업을 가장 경제적이며 정밀도를 향상시키기 위하여 사용되는 보조 장치를 말한다.

다품종 소량생산보다 소품종 대량생산 시에 치공구를 사용하는 것이 치공구 제작비 면에서 더 유리하다.

## 14 | ③

**KEY WORD** $mZ_R = mZ_S + 2D_P$
(여기서, $m$ : 모듈, $Z_R$ : 링기어의 잇수,
$Z_S$ : 태양기어의 잇수,
$D_P$ : 유성기어의 지름)

$mZ_R = mZ_S + 2D_P$ 이므로

$\therefore D_P = \dfrac{m(Z_R - Z_S)}{2} = \dfrac{2 \times (80 - 36)}{2} = 44[\text{mm}]$

## 15 상중하 | ③

KEY WORD  $\dfrac{N_2}{N_1} = \dfrac{D_1 + t}{D_2 + t}$

$\dfrac{N_2}{800} = \dfrac{650 + 7}{400 + 7}$ 에서 $N_2 = \dfrac{657}{407} \times 800 = 1291.4[\text{rpm}]$

∴ 가장 가까운 값 1288[rpm]인 ③번이 정답이다.

## 16 상중하 | ②

수직력을 $Q$라 하면 브레이크 레버의 힘의 평형관계로부터
$0.5 \times F_a + 0.5 \times Q \times 0.3 = Q \times 0.2$ 이므로

수직력 $Q = \dfrac{0.5 \times 250}{0.2 - 0.5 \times 0.3} = 2,500[\text{N}]$

∴ 제동토크 $T = 0.5 \times 2500 \times 0.4 = 500[\text{N}]$

## 17 상중하 | ②

② 축의 최대 굽힘모멘트 :
$M_{\max} = \sqrt{W^2 + T_1^2 + T_2^2} \times L$

## 18 상중하 | ①

힘의 평형관계로부터 용접부에 작용하는 인장하중=내부 압력에 의한 힘

∴ $\sigma \pi d = P \times \dfrac{\pi d^2}{4}$

$P = \dfrac{4\sigma}{d} = \dfrac{4 \times 10}{5} = 8[\text{MPa}]$

안전계수 $S = 2.5$이므로

최대허용압력 $P_{a,\max} = \dfrac{8}{2.5} = 3.2[\text{MPa}]$

## 19 상중하 | ②

열응력 $\sigma_T = E\alpha \Delta T$
$\quad = 200 \times 10^3 \times 1.0 \times 10^{-6} \times (220 - 20)$
$\quad = 40[\text{MPa}]$

압축력 $F_c = 40 \times \dfrac{\pi \times [120^2 - (120 - 2 \times 10)^2]}{4}$
$\quad = 10\pi \times (120^2 - 100^2)$
$\quad = 44\pi \times 10^3[N] = 44\pi[\text{kN}]$

## 20 상중하 | ④

동력 $H = \omega T$ 이므로

토크 $T = \dfrac{H}{2\pi N/60} = \dfrac{30H}{\pi N}[N \cdot m]$

$F_t \times \dfrac{D_1}{2} = \dfrac{30H}{\pi N}$ 에서 기어1의 접선력 $F_t = \dfrac{60H}{\pi N D_1}[N]$

기어1이 받는 전체 하중 $F_n = \dfrac{F_t}{\cos\alpha}$
$\qquad\qquad\qquad\qquad\quad = \dfrac{60H}{\pi N D_1 \cos\alpha}[N]$

작용-반작용의 원리에 의하여 기어2에도 같은 크기의 전체 하중이 전달되며 베어링 2개가 힘을 나누어 받고 있으므로

∴ 기어2가 연결된 축을 지지하는 각 베어링의 힘
$F = \dfrac{F_n}{2} = \dfrac{1}{2} \times \dfrac{60H}{\pi N D_1 \cos\alpha} = \dfrac{30H}{\pi N D_1 \cos\alpha}$

# 2024.3.23 국가직 9급 기출문제

본문: 366p

## 빠른 정답

| 01 | 02 | 03 | 04 | 05 | 06 | 07 | 08 | 09 | 10 |
|----|----|----|----|----|----|----|----|----|----|
| ④ | ③ | ③ | ④ | ③ | ③ | ② | ④ | ④ | ① |
| 11 | 12 | 13 | 14 | 15 | 16 | 17 | 18 | 19 | 20 |
| ② | ② | ④ | ① | ③ | ④ | ③ | ④ | ① | ① |

### 01 상중하 | ④

**KEY WORD** 축과 구멍 사이의 끼워 맞춤은 대부분의 기구에서 조립성이나 성능을 좌우하는 것으로서 아주 중요하다. 끼워맞춤의 종류는 헐거운 끼워맞춤, 중간 끼워맞춤, 억지 끼워맞춤의 3가지가 있다.

억지 끼워맞춤에서 최대 죔새는 축의 최대 허용치수에서 구멍의 최소 허용치수를 뺀 수치이다.

### 02 상중하 | ③

수나사의 바깥지름과 암나사의 골지름이 최대지름이다.

### 03 상중하 | ③

**KEY WORD** 하중(load)은 물체가 외부로부터 힘을 받았을 때의 힘인 외력(external force)을 말하며 정하중과 동하중으로 구분된다.
㉠ 정하중(static load) : 사하중, 점가하중
㉡ 동하중(dynamic load) : 활하중(반복하중, 교번하중, 편진하중), 충격하중, 변동하중

### 04 상중하 | ④

**KEY WORD** 비틀림각 $\theta = \dfrac{Tl}{GI_p} \times \dfrac{360}{2\pi} = \dfrac{32Tl}{\pi d^4 G} \times \dfrac{180}{\pi}$

비틀림각 $\theta = \dfrac{Tl}{GI_p} \times \dfrac{360}{2\pi} = \dfrac{32Tl}{\pi d^4 G} \times \dfrac{180}{\pi}$ 이 같아야 하므로 지름이 $2d$인 경우 $(2d)^4 = 16d^4$이므로 길이는 $l' = 16l$이 된다.

### 05 상중하 | ③

**KEY WORD** 축이음(shaft coupling) : 2개의 회전축인 구동축과 전동축을 연결하는 장치

| 원통형 커플링 | 동일선상의 2축을 결합하는 고정 커플링(rigid coupling) |
| 플랜지 커플링 | |
| 플렉시블 커플링 | 동일선상 혹은 여러 경우의 2축 결합 |
| 올덤 커플링 | 약간 처진 평행 2축 결합 |
| 유니버셜 이음 커플링 | 각도를 지닌 2축 결합 |
| 유체 커플링 | 유체를 이용한 커플링 |

### 06 상중하 | ③

**KEY WORD** 회전력 $P = Q\dfrac{\mu\cos\alpha + \sin\alpha}{\cos\alpha - \mu\sin\alpha}$

회전력 $P = Q\dfrac{\sin\alpha + \mu\cos\alpha}{\cos\alpha - \mu\sin\alpha}$ 에서
마찰계수 $\mu = \tan\rho$이므로
$P = Q\dfrac{\sin\alpha + \mu\cos\alpha}{\cos\alpha - \mu\sin\alpha} = Q\dfrac{\sin\alpha + \tan\rho\cos\alpha}{\cos\alpha - \tan\rho\sin\alpha}$ 가 되며
분모, 분자를 $\cos\alpha$로 나누면
$P = Q\dfrac{\tan\alpha + \tan\rho}{1 - \tan\rho\tan\alpha} = Q\tan(\rho + \alpha)$

### 07 상중하 | ②

**KEY WORD** 축선이 편심되어 있는 부재는 도심에 대하여 모멘트의 평형을 이루도록 용접길이의 비를 조절하여야 한다.

인장하중 $P$, 용접부의 허용전단응력 $\tau_a$, 목두께 $a$일 때
$P_1 x_1 = P_2 x_2$
$\tau_a(al_1)x_1 = \tau_a(al_2)x_2$
$\therefore\ l_1 x_1 = l_2 x_2$
$\therefore\ l_1/l_2 = \dfrac{x_2}{x_1}$

## 08 ④

**KEY WORD** 상당 스퍼기어 잇수 $z_e = \dfrac{z m_1^3}{m_2^3}$

여기서, $z$ : 잇수
$m_1$ : 헬리컬 기어의 축직각 모듈
$m_2$ : 헬리컬 기어의 치직각 모듈

상당 스퍼기어 잇수 $z_e = \dfrac{z}{\cos^3\beta}$ 이며

헬리컬 기어의 축직각 모듈 $m_1$,
헬리컬 기어의 치직각 모듈 $m_2$일 때

$m_2 = m_1 \cos\beta$에서 $\dfrac{1}{\cos\beta} = \dfrac{m_1}{m_2}$ 이므로

상당 스퍼기어 잇수 $z_e = \dfrac{z}{\cos^3\beta} = \dfrac{z m_1^3}{m_2^3}$

## 09 ④

한쪽 덮개판 한줄 맞대기 이음과 양쪽 덮개판 두줄 맞대기 이음이므로 하중비 $W_2/W_1 = 1.8 \times 2 = 3.6$
(안전을 고려하여 2배가 아닌 1.8배에 2줄을 곱한 것임)

## 10 ①

**KEY WORD** 제동토크 $T = f \dfrac{D_m}{2} = z\mu \dfrac{D_m}{2}$

여기서, $f$ : 브레이크의 제동력
$D_m$ : 브레이크 드럼의 평균지름
$z$ : 마찰면의 수
$\mu$ : 마찰계수
$P$ : 축 방향으로 미는 힘

제동토크 $T = f \dfrac{D_m}{2} = z\mu P \dfrac{D_m}{2}$ 에서

축 방향으로 미는 힘

$PT = f \dfrac{2T}{z\mu D_m} = \dfrac{2 \times 75}{6 \times 0.25 \times 0.1} = 1000 [\text{N}\cdot\text{m}]$

## 11 ②

**KEY WORD** 피벗(pivot) 베어링의 평균 베어링 압력

$p = \dfrac{P}{\dfrac{\pi}{4}(d_2^2 - d_1^2)}$

여기서, $P$ : 하중, $d_2$ : 바깥지름, $d_1$ : 안지름

피벗(pivot) 베어링의 평균 베어링 압력

$p = \dfrac{P}{\dfrac{\pi}{4}(d_2^2 - d_1^2)}$ 에서

$d_2^2 = \dfrac{4P}{\pi p} + d_1^2 = \dfrac{4 \times (90 \times 10^3)}{3 \times 4} + 100^2 = 40000$

∴ 바깥지름 $d_2 = \sqrt{40000} = 200 [\text{mm}]$

## 12 ②

출력 $H = Fv = T\omega = T \times \dfrac{2\pi n}{60}$ 이므로

$30 \times 75 = 50 \times \dfrac{2 \times 3 \times n}{60}$

∴ $n = \dfrac{30 \times 75 \times 60}{50 \times 2 \times 3} = 450 [\text{rpm}]$

## 13 ④

**KEY WORD** 클램프(clamp)는 공작물을 주어진 위치에서 고정 및 구속하는 부품을 말한다. 공작물은 치공구의 위치 결정면에 장착된 후에 절삭 가공 및 기타 작업이 이루어지게 된다. 그러나 공작물은 주어진 위치에 고정이 이루어지지 않게 되면 절삭력이나 진동, 외력에 의하여 이탈되어 절삭이 불가능해진다. 따라서 여러 가지 방법에 의해 공작물을 고정하게 되는데 이러한 고정용 요소를 클램프라 한다. 클램프의 적절한 선정은 제품의 품질과 생산성 향상, 원가절감과 관련되므로 치공구의 제작 시 상각비를 고려하여 가장 경제적으로 제품을 생산할 수 있도록 제작하여 사용토록 한다.

클램핑 시 주의사항

㉠ 절삭력은 클램프가 위치한 방향으로 작용하지 않도록 한다.
㉡ 절삭면은 가능한 테이블에 가깝게 설치되도록 하여야 절삭 시 진동을 방지할 수 있다.
㉢ 클램핑 위치는 가공 시 절삭압력을 고려하여 가장 좋은 위치를 택한다.
㉣ 클램핑력은 공작물에 변형을 주지 않아야 하며, 공작물이 휨 또는 영구변형이 생기지 않도록 한다. 가능한 한 절삭력보다 너무 크지 않도록 최소화하는 것이 좋다.
㉤ 공작물의 손상이 우려 시 클램프에 다음과 같이 처리하여 사용한다.
  ⓐ 알루미늄, 구리 등을 연질 재료의 보호대를 부착한다.
  ⓑ 받침대를 부착하여 사용한다.
  ⓒ 베이클라이트 또는 단단한 플라스틱 보호대를 사용한다.

ⓗ 비강성의 공작물에 대한 손상, 변형, 뒤틀림을 방지하기 위하여 여러 개의 작은 힘으로 분산하여 클램핑하며, 클램핑력이 균일하게 작용하도록 한다.
ⓢ 클램핑 기구는 조작이 간단하고 급속 클램핑 형식을 택한다.
ⓞ 공작물의 형상에 적합한 클램핑 기구를 택한다.
ⓙ 클램프로 인한 휨이나 비틀림이 발생하지 않도록 공작물의 견고한 부위를 가압한다.
ⓒ 클램프는 상대 위치 결정구 또는 지지구에 직접 가하고 공작물을 견고히 고정하여 공구력에 충분히 견딜 수 있도록 하며, 공작물이 지지구에 대해 힘이 가해지지 않도록 한다.
ⓚ 클램프는 진동, 떨림 또는 중압 등 공작물에 발생되는 힘에 충분히 견딜 수 있도록 한다.
ⓔ 클램프는 공작물을 장·탈착할 때 간섭이 없도록 한다.
ⓟ 클램프는 치공구 본체에 설치 및 제거가 용이해야 한다.
ⓗ 중요하지 않는 곳을 클램핑함으로써 공작물이 손상되지 않게 한다.
  ㉮ 가능한 한 복잡한 구조의 클램프보다는 간단한 구조의 클램프를 사용한다.
  ㉯ 가능한 한 클램프는 앞쪽으로부터, 바깥쪽에서 안쪽으로, 위에서 아래로 작동되도록 설계하며, 나사 클램프에서는 왼손 조작일 경우는 왼나사를 사용한다.
  ㉰ 클램프의 심한 마모가 우려될 경우 열처리된 보호대를 부착시켜 사용한다.
  ㉱ 기계 가공면의 고정 시 가공 표면이 손상되지 않도록 주의하고 가공 중 또는 그 전후에 있어 작업자, 공작물, 치공구에 대한 위험이 없도록 클램프를 설치한다.
  ㉲ 절삭력, 추력은 치공구에서 흡수하도록 한다.

### 14 상중하 | ①

**KEY WORD** 스프링 소선의 최대 전단응력

$$\tau_{max} = \frac{16PRK}{\pi d^3} = \frac{8PDK}{\pi d^3}$$

여기서, $P$ : 축방향 하중
$R$ : 코일의 평균 반지름
$D$ : 코일의 평균 지름
$K$ : Wahl의 응력수정계수
$d$ : 소선의 지름

스프링 소선의 최대 전단응력

$\tau_{max} = \frac{16PRK}{\pi d^3} = \frac{8PDK}{\pi d^3}$ 이고

스프링지수 $C = \frac{D}{d}$ 에서 $D = Cd = 7d$ 이므로

$$\tau_{max} = \frac{8PDK}{\pi d^3} = \frac{8P \times (7d) \times K}{\pi d^3} = \frac{8P \times 7 \times K}{\pi d^2}$$

$$\therefore 800 = \frac{(8 \times 1750) \times 7 \times 1.2}{3 \times d^2}$$

$$\therefore \text{소선의 지름 } d = \sqrt{\frac{(8 \times 1750) \times 7 \times 1.2}{3 \times 800}} = 7[mm]$$

### 15 상중하 | ③

**KEY WORD** 원추 클러치의 최대 토크

$$T = F \cdot \frac{D_m}{2} = \mu Q \frac{D_m}{2}$$
$$= \mu \times \frac{P}{\sin\alpha + \mu\cos\alpha} \times \frac{D_m}{2}$$

여기서, $F$ : 접촉면에 가해지는 축방향의 힘
$D_m$ : 접촉면의 평균지름
$\mu$ : 접촉면의 마찰계수
$Q$ : 접촉면에 수직하게 생기는 힘
$\alpha$ : 원추각(꼭지각의 $\frac{1}{2}$)
$P$ : 축방향으로 밀어 붙이는 힘

원추 클러치의 최대 토크

$T = F \cdot \frac{D_m}{2} = \mu Q \frac{D_m}{2}$

$= \mu \times \frac{P}{\sin 15° + \mu \cos 15°} \times \frac{D_m}{2}$

$= 0.2 \times \frac{440}{0.25 + 0.2 \times 0.95} \times \frac{0.2}{2}$

$= 20[N \cdot m]$

### 16 상중하 | ④

원주방향 응력(hoop stress) $\sigma_1 = \frac{pd}{2t} = \frac{p \times 2r}{2t} = \frac{pr}{t}$

길이방향 응력(axial stress) $\sigma_2 = \frac{pd}{4t} = \frac{p \times 2r}{4t} = \frac{pr}{2t}$

원통용기 바깥 표면에서 최대 면내(in-plane) 전단응력

$\tau = \frac{\sigma_1 - \sigma_2}{2} = \frac{1}{2} \times \left(\frac{pr}{t} - \frac{pr}{2t}\right) = \frac{pr}{4t}$

### 17 상중하 | ③

토션 바가 비틀림 스프링으로 사용될 때의 스프링 상수

$k_t = \frac{\pi d^4 G}{32 L}$

여기서, $d$ : 토션 바의 지름, $G$ : 재료의 전단계수,
$L$ : 토션 바의 길이

### 18 상중하 | ④

**KEY WORD** 베어링 압력 $P = \dfrac{W}{A} = \dfrac{W}{dl}$

여기서, $W$ : 하중, $A$ : 단면적
$d$ : 베어링 직경,
$l$ : 베어링 폭

허용굽힙응력 $\sigma_b = \dfrac{M}{Z}$

여기서, $M$ : 굽힘모멘트, $Z$ : 단면계수

베어링 압력 $P = \dfrac{W}{A} = \dfrac{W}{dl}$ 에서

하중 $W = dlP$

허용굽힙응력 $\sigma_b = \dfrac{M}{Z} = \dfrac{W \times \dfrac{l}{2}}{\dfrac{\pi d^3}{32}} = \dfrac{(dlP) \times \dfrac{l}{2}}{\dfrac{3d^3}{32}}$

$= \dfrac{P \times \dfrac{l^2}{2}}{\dfrac{3d^2}{32}} = P \times \dfrac{l^2}{2} \times \dfrac{32}{3d^2}$

∴ $64 = 3 \times \dfrac{l^2}{2} \times \dfrac{32}{3 \times 30^2}$

∴ $l^2 = \dfrac{64 \times 2 \times 3 \times 30^2}{3 \times 32} = 3600$

∴ 베어링 폭 $l = \sqrt{3600} = 60[\text{mm}]$

### 19 상중하 | ①

**KEY WORD** 체인의 평균속도 $v = \dfrac{pZn}{1{,}000 \times 60}[m/s]$

여기서, $p$ : 체인의 피치
$Z$ : 스프로킷 휠의 잇수
$n$ : 분당 회전수

체인의 평균속도
$v = \dfrac{pZn}{1{,}000 \times 60} = \dfrac{20 \times 30 \times 500}{1{,}000 \times 60} = 5[m/s]$

### 20 상중하 | ①

**KEY WORD** 신축이음(expansion joint) : 관의 수축과 팽창을 흡수할 수 있는 이음이며 온도변화에 따른 관의 신축을 허용한다.

㉠ 신축이음의 종류 : 미끄럼 이음, 신축형 밴드, 고무관 이음, 파형(주름관) 이음 등
㉡ 유니온 이음 : 관과 관을 접속할때 흔히 쓰이는 관이음쇠의 일종으로서 부착 및 탈착이 자유로워 관을 접속하거나 해체할때 회전할 필요가 없다.

# 2024.6.22 지방직 9급 기출문제

본문: 371p

## 빠른 정답

| 01 | 02 | 03 | 04 | 05 | 06 | 07 | 08 | 09 | 10 |
|----|----|----|----|----|----|----|----|----|----|
| ③ | ④ | ② | ① | ② | ① | ② | ③ | ② | ① |
| 11 | 12 | 13 | 14 | 15 | 16 | 17 | 18 | 19 | 20 |
| ① | ③ | ④ | ① | ② | ③ | ④ | ① | ③ | ④ |

### 01 상중하 | ③

**KEY WORD** 크리프현상(creep)dms 소재에 일정한 하중이 가해진 상태에서 시간의 경과에 따라 소재의 변형이 계속되는 현상이다. 크리프 현상은 물체의 파괴(fatigue)를 일으키는 요인 중의 하나이다. 따라서 상온에서는 외부로부터 받는 하중의 크기가 안전한 수준이라고 할지라도 고온에서는 그 하중이 계속 유지되면 변형이 시간이 지남에 따라 계속 증가하므로 파괴에 도달할 수 있다. 따라서 고온에서 작동되야 하는 부품이다. 조립품의 설계 시는 구조물의 안전성 확보를 위하여 반드시 크리프현상에 대한 대책을 설계에 반영하여야 한다.

① 시효현상 : 시간이 경과함에 따라 재료의 물성이 변화되는 현상을 말한다. 금속재료를 일정한 시간 적당한 온도하에 놓아두면 단단해지는 현상인 시효경화현상이 대표적이다.
② 피로현상 : 재료에 반복적인 하중을 지속적으로 가하게 되면 그 재료의 강도가 저하되어 가는 현상을 말한다.
④ 응력집중현상 : 재료 내 불균일한 부분에서 응력이 집중되는 현상을 말한다.

### 02 상중하 | ④

**KEY WORD** 로케이터(locator)는 공작물의 위치를 설정하는 구성요소로 위치결정자 또는 위치결정구라고도 한다.
① 각도를 측정하는 도구는 각도기라 한다.
② 공작물의 움직임을 제한하는 도구는 클램퍼(clamper)라 한다.
③ 공구의 경로 제어는 CNC 프로그램으로 한다.

### 03 상중하 | ②

**KEY WORD** 커플링 설계에서 고려되는 사항
- 설치, 분해가 쉽도록 할 것
- 동력 전달에 용이한 형상일 것
- 볼트와 키의 전단, 플랜지 마찰면의 회전마찰 저항, 보스와 플랜지 사이의 전단 등을 고려할 것
- 진동에 의하여 이완되지 않게 할 것
- 소형으로도 충분한 전동능력을 갖추게 할 것

운전 중 원활한 단속이 가능할 것은 클러치(clutch) 설계에서 고려되어야 할 사항이다.

### 04 상중하 | ①

코킹(caulking)은 리벳 작업에서 기밀을 유지하기 위하여 정(chisel) 등의 공구를 사용하여 리벳머리의 주위와 강판의 가장자리를 두드리는 작업을 말한다. 기밀을 더욱 완벽하게 하기 위하여 강판과 같은 나비의 끝이 넓은 공구로 때리는데 작업을 플러링(fullering)이라 한다

### 05 상중하 | ②

**KEY WORD** 평행키의 전단응력 $\tau = \dfrac{2T}{bld}$

여기서, $T$ : 회전토크
$b$ : 키의 폭
$l$ : 키의 길이
$h$ : 키의 높이
$d$ : 회전축 지름

평행키의 전단응력
$$\tau = \frac{W}{A} = \frac{W}{bl} = \frac{(2T/b)}{bl} = \frac{2T}{bld}$$

### 06 상중하 | ①

**KEY WORD** 토션 바(torsion bar) : 곧은 금속 막대(강봉)의 한 끝을 고정하고 다른쪽 끝을 비틀어 그때의 비틀림 변위를 이용하는 스프링을 말한다.

② 겹판 스프링(leaf spring) : 얇고 편평한 형태의 합금 스프링 플레이트를 겹쳐 만든 탄성 빔으로, 자동차 서스펜션에 가장 널리 사용되는 부품이다. 중심부분이 약간 휜 모양으로, 자동차가 내려앉았다가 튀어 오를 때 스프링 판이 펴졌다가 원래 형상으로 되돌아간다.
③ 태엽 스프링 : 탄성이 뛰어난 얇고 가는 띠 모양의 금속판을 달팽이처럼 나선 형태로 말아 놓은 스프링을 말하는데 나선형 스프링이라고도 부르며 감았을 때 금속판이 가지는 탄성에너지를 축적하게 되고 원래의 상태로 풀리려는 힘을 동력으로 이용한다.
④ 벌류트 스프링 : 압축 스프링으로 사용되며 볼류트로 감긴 평평한 재료로 만든다. 재료의 코일은 서로 겹치고 압축하는 동안 서로에 의해 방사형으로 안내되므로 볼류트 스프링은 기존 압축 스프링으로는 얻을 수 없는 좌굴에 대한 안정성을 지닌다.

### 07 상중하 | ②

**KEY WORD** 안전 밸브(safety valve) : 용기 내 유체의 압력이 일정압을 초과하였을 때 자동으로 밸브를 열어 유체를 방출하여 압력상승을 억제하는 밸브

① 스톱 밸브(stop valve) : 밸브 디스크가 밸브대에 의하여 밸브 시트에 직각 방향으로 작동하는 밸브로 주로 파이프라인의 매체를 연결하거나 차단하는 데 사용된다.
③ 체크 밸브(check valve) : 배관에 설치되어 유체가 한쪽 방향으로만 흐르도록 하는 데 사용되는 역류 방지 밸브
④ 게이트 밸브(gate valve) : 밸브 디스크가 유체의 통로를 수직으로 막아서 개폐하고, 유체의 흐름이 일직선 위에 있는 밸브로 배관 및 물류 시스템에서 유체의 흐름을 조절하고 개폐한다.

### 08 상중하 | ③

① 회전 시 두 마찰차 사이에서 미끄럼이 발생하므로 각속도비가 일정하게 유지되지 않는다.
② 원동차에 대한 종동차의 비율에서, 두 마찰차가 구름 접촉하는 경우 각속도비와 지름비는 서로 반비례한다.
④ 지름 $D_A$와 $D_B$를 갖는 두 마찰차는 외접과 내접 마찰차 구성과 관련하여 두 축 사이의 중심거리는 다르다.

### 09 상중하 | ②

② 모듈 = 원주피치 ÷ 잇수

### 10 상중하 | ①

② 평키(flat key) : 납작한 장방형 단면의 키. 보스에만 홈을 파고, 키가 닿는 축의 면을 평편하게 깎고 이곳에 때려박는 키로서 윗면에 1/100의 기울기가 있으며 그다지 하중이 걸리지 않는 곳에 사용한다.
③ 평행키(parallel key) : 전달 토크가 크고 정밀도가 높아 가장 널리 사용되는 키로서 축과 보스의 양쪽에 키홈을 파서 때려 박는 키로서, 묻힘키(sunk key)라고도 한다.
④ 접선키(tangential key) : 키를 이용한 동력의 전달은 실제로는 접선방향으로 작용한다는 것을 고려하여, 축의 접선 방향으로 압축력이 걸리게 하는 키가 접선키이다. 축 및 보스에 접선키를 받아들일 수 있는 서로 평탄한 면 속에 1/60~1/100(보통 1/40~1/45)의 기울기를 가진 2개의 키를 합쳐 때려 박아 그 기울기가 쐐기의 역할을 하게 하여 키에 축의 접선 방향의 압축력이 걸리게 한다.

### 11 상중하 | ①

② 스프링 핀 : 얇은 철판을 말아서 만든 핀이며 속이 비어 있고 반지름방향으로 탄성을 유지한다.
③ 스플릿 핀 : 접히는 형상의 선재로 나사나 핀에 뚫린 홀에 삽입하여 나사나 핀이 빠져 나가는 것을 방지하는데 사용하는 핀이다.
④ 테이퍼 핀 : 1/50 테이퍼가 있으며 주축을 보스에 고정 할 때 사용되며 끝이 갈라진 것을 슬롯테이퍼핀이라고 한다.

### 12 상중하 | ③

③ 강관의 물에 대한 내식성은 주철관보다 떨어진다.

### 13 상중하 | ④

안전 응력 진폭 크기 : 조더버그선 < 굿맨선 < ASME선 < 거버선

## 14 ① 

㉠ 벨트를 엇걸기하여 동력전달 시 접촉각
$$\theta = 180 + 2\sin^{-1}\left(\frac{D_2 + D_1}{2C}\right)$$
㉡ 벨트를 평행걸기하여 동력전달 시 접촉각
$$\theta = 180 \pm 2\sin^{-1}\left(\frac{D_2 - D_1}{2C}\right)$$
여기서, $D_1$ : 원동풀리의 지름
$D_2$ : 종동풀리의 지름
$C$ : 풀리의 중심 간 거리
$D_1 < D_2$

## 15 ②

**KEY WORD** 전달동력 $H_W = \mu Q v$
여기서, $\mu$ : 마찰계수
$Q$ : 두 마찰차를 밀어 붙이는 힘
$v$ : 원주속도

전달동력 $H_W = \mu Q v$ 이므로
$\therefore 2 = 0.2 \times Q \times 4$
$\therefore Q = \dfrac{2}{0.2 \times 4} = \dfrac{1}{0.2 \times 2} = \dfrac{10}{4} = 2.5[\text{kN}]$

## 16 ③

**KEY WORD** 나사의 자립조건
$\tan\rho = \mu \geq \tan\lambda$
(여기서, $\rho$ : 마찰각, $\mu$ : 마찰계수,
$\lambda$ : 리드각 혹은 나선각)
$\tan\lambda = \dfrac{l}{\pi d_2}$
(여기서, $\lambda$ : 리드각, $l$ : 리드, $d_2$ : 유효지름)

$\tan\lambda = \dfrac{l}{\pi d_2} = \mu$
$\therefore \dfrac{9}{3 \times d_2} = 0.15$
$\therefore d_2 = \dfrac{9}{3 \times 0.15} = \dfrac{3}{0.15} = 20[\text{mm}]$

## 17 ④

**KEY WORD** 원형 중실축의 지름 $d = \sqrt[3]{\dfrac{32M}{\pi\sigma}}$
여기서, $M$ : 굽힘모멘트, $\sigma$ : 허용굽힘응력

축의 지름 $d = \sqrt[3]{\dfrac{32M}{\pi\sigma}} = \sqrt[3]{\dfrac{32 \times 2400}{3 \times 64}} = \sqrt[3]{400}[\text{mm}]$

## 18 ①

**KEY WORD** 축의 위험속도 $N_{cr} = \dfrac{30}{\pi}\sqrt{\dfrac{g}{\delta}}$
여기서, $g$ : 중력가속도, $\delta$ : 처짐량

축의 위험속도 $N_{cr} = \dfrac{30}{\pi}\sqrt{\dfrac{g}{\delta}}$ 이므로
처짐량이 2배가 되면 축의 위험속도
$N_{cr}' = \dfrac{30}{\pi}\sqrt{\dfrac{g}{2\delta}} = \dfrac{1}{\sqrt{2}} \times \dfrac{30}{\pi}\sqrt{\dfrac{g}{\delta}} = \dfrac{1}{\sqrt{2}}N_{cr}$

## 19 ③

**KEY WORD** 베어링 수명시간 $L_h = 500\left(\dfrac{C}{P}\right)^3\dfrac{33.3}{N}$
여기서, $C$ : 기본 동정격하중
$P$ : 실제하중
$N$ : 회전수

베어링 수명시간
$L_h = 500\left(\dfrac{C}{P}\right)^3\dfrac{33.3}{N} = 500 \times \left(\dfrac{2700}{900}\right)^3 \times \dfrac{33.3}{500}$
$= (3)^3 \times 33.3 = 3^3 \times \dfrac{100}{3} = 900[\text{hr}]$

## 20 ④

속비 $\phi = \dfrac{\omega_2}{\omega_1} = \dfrac{T_1}{T_2} = \cos\alpha$ 에서

종동축 비틀림모멘트 $T_2$의 최댓값은 $T_2 = \dfrac{T_1}{\cos\alpha}$

**기계설계 기출문제집**

기계설계 기출문제집